Beck-Wirtschaftsberater
Lexikon der Volkswirtschaft

dtv

Beck-Wirtschaftsberater

Lexikon der Volkswirtschaft

Über 2000 Begriffe für Studium und Beruf

von

Prof. Dr. Michael Hohlstein
Dr. Barbara Pflugmann-Hohlstein
Prof. Dr. Herbert Sperber
Prof. Dr. Joachim Sprink

Deutscher Taschenbuch Verlag

Originalausgabe

Januar 2000

Redaktionelle Verantwortung: Verlag C. H. Beck, München
Umschlaggestaltung: Agentur 42 (Fuhr & Partner), Mainz
Satz: Otto Gutfreund, Darmstadt
Druck und Bindung: C. H. Beck'sche Buchdruckerei, Nördlingen
ISBN 3 423 05898 6 (dtv)
ISBN 3 406 45275 2 (C. H. Beck)

Vorwort

Das Verständnis volkswirtschaftlicher Zusammenhänge wird nicht nur durch deren Komplexität erschwert. Die Volkswirtschaftslehre hat sich nämlich – wie andere Wissenschaften – eine eigene Begriffswelt geschaffen. Diese einer breiten Leserschaft durch eine möglichst verständliche Wortwahl zu erschließen, ist das Hauptanliegen unseres Lexikons.
Es bezieht sich ausschließlich auf volkswirtschaftliche Begriffe. Das heißt, wir erklären Begriffe der Betriebswirtschaftslehre nur insoweit, als sie in unmittelbarem Zusammenhang mit der Volkswirtschaftslehre stehen, und verzichten auf die Erläuterung von Begriffen, die in allgemeinen Lexika zu finden sind. Dadurch haben wir den Raum, uns über den Standardinhalt volkswirtschaftlicher Lexika hinaus mit Themen wie z. B. der Europäischen Integration, der Arbeitsmarktpolitik, neueren Entwicklungen auf den internationalen Finanzmärkten oder der Steuer- und Rentenreform ausführlicher zu widmen. Gleiches gilt für bestimmte Teildisziplinen der Volkswirtschaftslehre wie z. B. die Empirische Wirtschaftsforschung. Um möglichst aktuell und realitätsnah zu bleiben, haben wir zudem die Schwerpunkte eher auf wirtschaftspolitische Probleme und Diskussionen und weniger auf theoretische oder lehrgeschichtliche Feinheiten gelegt.
Der Leser wird mittels vielfältiger Querverweise durch das Werk geführt, so daß ein zusammenhängender Begriffsapparat zu den einzelnen Fachgebieten zur Verfügung steht. Das Werk richtet sich an Studierende an Universitäten, Fachhochschulen und Berufsakademien. Daneben wollen wir aber auch Praktikern, die im beruflichen Alltag oder zur Weiterbildung volkswirtschaftliche Begriffe nachschlagen, sowie dem Leser des Wirtschaftsteils einer Zeitung Erklärungen geben, die fundiert, sachlich korrekt und gut verständlich sind.
Dabei sollte dem Leser bewußt sein, daß es sich bei begrifflichen Festlegungen stets um Konventionen handelt. Definitio-

nen lassen sich deshalb nicht als wahr oder falsch klassifizieren; sie können lediglich als mehr oder weniger zweckmäßig angesehen werden. Dies gilt auch für die in diesem Werk definierten Begriffe.

Dr. Barbara Pflugmann-Hohlstein erstellte die Stichwörter zur Sozialpolitik, Finanzwissenschaft und Wachstumspolitik und übernahm die Gesamtkoordination des Gemeinschaftsprojekts. *Prof. Dr. Herbert Sperber* bearbeitete die Gebiete Geldtheorie und -politik, Makroökonomie, Allgemeine Wirtschaftspolitik, Außenwirtschafts- und Entwicklungspolitik sowie Volkswirtschaftliches Rechnungswesen. Für die Bereiche Arbeitsmarkttheorie und -politik, Mikroökonomie, Empirische Wirtschaftsforschung sowie Wirtschafts- und Sozialstatistik zeichnet *Prof. Dr. Michael Hohlstein* verantwortlich. Die Ausführungen zur Agrar- und Umweltpolitik, den internationalen Organisationen und zur Wettbewerbspolitik hat *Prof. Dr. Joachim Sprink* übernommen.

Es mögen, bei aller Sorgfalt, Fehler und Ungenauigkeiten verblieben sein. Über kritische Hinweise und Anregungen aufmerksamer Nutzer freuen wir uns deshalb sehr. Sie würden einen Beitrag leisten, das Lexikon zu verbessern und an den Bedürfnissen der Leser zu orientieren. Wenden Sie sich diesbezüglich bitte an den Verlag C. H. Beck, Wirtschaftswissenschaftliches Lektorat, Wilhelmstr. 9, 80801 München.

Last but not least möchten wir Herrn Diplom-Volkswirt *Hermann Schenk* vom Verlag C. H. Beck herzlichen Dank sagen für die beispielhafte Zusammenarbeit bei der Erstellung dieses Buches.

Nürtingen und Ravensburg, im Oktober 1999

Michael Hohlstein, Barbara Pflugmann,
Herbert Sperber, Joachim Sprink

A

Abgabe

Oberbegriff für alle Geldleistungen, die die Bürger an öffentlich-rechtliche Körperschaften (z. B. Bund, Länder, Gemeinden) aufgrund deren Finanzhoheit abführen. Dazu gehören Abgaben aus Steuerschuldverhältnissen (→ Steuern und → Steuerliche Nebenleistungen) sowie Abgaben im Zusammenhang mit staatlichen Leistungen wie → Gebühren, → Beiträge und → Sonderabgaben. Zu den Steuern gehören nach § 312 → Abgabenordnung (AO) auch → Zölle und Abschöpfungen (→ Agrarabgaben).

Abgabeninduzierte Arbeitslosigkeit

Arbeitslosigkeit, die zum einen dadurch bedingt ist, daß Arbeitnehmer „schwarz arbeiten", um eine subjektiv als zu hoch beurteilte Belastung mit → Steuern und → Sozialabgaben zu vermeiden, zum anderen dadurch entsteht, daß Arbeitgeber Arbeitnehmer illegal beschäftigen, um Sozialabgaben zu vermeiden.

Abgabeninzidenz

analysiert, wer durch → Steuern, → Gebühren und → Abgaben belastet wird. Die Abgabeninzidenz geht über die → Steuerinzidenz hinaus, indem sie auch Gebühren und Beiträge, Sonderabgaben und sonstige Zwangsbeiträge mit einbezieht. Beide Inzidenzarten gehören zur → Einnahmeninzidenz, welche wiederum zusammen mit der → Ausgabeninzidenz zur → Budgetinzidenz führt.

Abgabenordnung

faßt als allgemeines Steuerrecht die für alle Steuern geltenden Regeln zusammen. Sie regelt insbesondere das Besteuerungsverfahren von der Festlegung der Besteuerungsgrundlagen an über die Erhebung der Steuern bis hin zur Vollstreckung, zu den außergerichtlichen Rechtsbehelfen und zum steuerlichen Straf- und Bußgeldrecht. Während die einzelnen Steuergesetze regeln, in welchen Fällen welche Steuern zu zahlen sind, bestimmt die Abgabenordnung, in welcher Weise dies geschieht.

Abgabenquote

Verhältnis von → Steuern und Sozialversicherungsbeiträgen zum → Bruttosozialprodukt (in jeweiligen Preisen). In Deutschland ist

Abgestimmtes Verhalten

die Abgabenquote bis zu Beginn der achtziger Jahre tendenziell gestiegen, bis zum Beginn der neunziger Jahre ist sie leicht gesunken, danach durch die Belastungen im Rahmen der Vereinigung wieder angestiegen.

Land	1970	1975	1980	1985	1990	1995
Deutschland	34,4	38,6	40,4	40,3	38,5	41,9
Belgien	35,7	41,8	44,4	47,3	44,4	46,5
Dänemark	40,4	41,4	45,5	49,0	48,7	51,3
Frankreich	35,1	36,9	41,7	44,5	43,7	44,5
Griechenland	25,3	25,5	29,4	34,5	36,5	41,4
Irland	31,0	31,3	33,8	36,4	34,8	33,8
Italien	26,1	26,2	30,4	34,5	39,2	41,3
Japan	19,7	20,9	25,4	27,6	31,3	28,5
Niederlande	37,1	43,0	45,2	44,1	44,6	44,0
Norwegen	34,9	39,9	42,7	43,3	41,8	41,5
Österreich	35,7	38,6	40,3	42,4	41,0	42,4
Portugal	20,2	21,7	25,2	27,8	31,0	33,8
Schweden	39,8	43,4	48,8	50,0	55,6	49,4
Spanien	16,9	19,5	24,1	28,8	34,4	34,0
Vereinigtes Königreich	36,9	35,5	35,3	37,9	36,4	35,3
USA	27,4	26,7	26,9	26,0	26,7	27,9

Abgabenquote im internationalen Vergleich
Quelle: OECD: Revenue Statistics 1965–1996, Paris 1997

Abgestimmtes Verhalten → Aufeinander abgestimmtes Verhalten

Abgestufte Integration

bezeichnet einen Einigungsprozeß mit unterschiedlichen Geschwindigkeiten. So ist mit der Idee des „Europa der zwei Geschwindigkeiten" gemeint, daß die Vertiefung der Gemeinschaft zunächst nur von solchen Mitgliedstaaten getragen wird, die sich dazu in der Lage sehen. Vorteil dieses

Modells ist, daß die Einigungsgeschwindigkeit nicht abhängig von dem langsamsten oder sich in der Integration am meisten widersetzenden Mitglied ist. Auf der anderen Seite liegt eine mögliche Gefahr der abgestuften Integration in einem Auseinanderfallen des gemeinsamen Integrationsweges.

Abhängig Beschäftigte → Erwerbstätige

Ability-to-pay-Prinzip → Leistungsfähigkeitsprinzip

Ablaufspolitik → Prozeßpolitik

Absatzschicht → Preisdifferenzierung

Abschließungseffekt

Bezeichnung für die handelsumlenkende Wirkung von → Zollunionen. Ein solcher Effekt tritt immer dann auf, wenn die Exportpreise eines Unternehmens aus einem Drittland, die vor der Gründung der Zollunion unter denen der Konkurrenten aus einem an der Zollunion beteiligten Land lagen, nach der Schaffung der Zollunion darüber liegen, weil für die → Importe aus Partnerländern kein Zoll mehr erhoben wird.

Abschnittsdeckungsverfahren

als Variante des → Anwartschaftsdeckungsverfahrens eine Finanzierungsmöglichkeit der Rentenversicherung. Es sieht die Anwartschaftsdeckung für einen begrenzten Zeitraum vor, das bedeutet, daß die vom Versicherten bezahlten Beiträge einschließlich Zinsen beim Eintritt des Versicherungsfalles für einen begrenzten Zeitraum zur Verfügung stehen.

Abschöpfung → Agrarabgaben

Abschreibung

Erfassung der Wertminderung des → Anlagevermögens während der Nutzungsdauer. Wertminderungen ergeben sich insbesondere beim Einsatz des → Kapitalstocks im → Produktionsprozeß oder durch Veraltung infolge technischen Fortschritts.

Abschreibungen bei der Gewinnermittlung

Die Anschaffungs- oder Herstellungskosten abnutzbarer Wirtschaftsgüter (z. B. Maschinen, Kraftfahrzeuge, Einrichtungsgegenstände, Gebäude) dürfen bei der Ermittlung des zu versteuernden Gewinns im Rahmen der → Einkommensteuer oder der → Körperschaftsteuer nicht in voller Höhe auf einmal, sondern nur zeitanteilig entsprechend der

Abschreibungen bei der Gewinnermittlung

betriebsgewöhnlichen Nutzungsdauer angesetzt werden. So muß z. B. ein neues Auto auf 5 Jahre abgeschrieben werden.

Neben der linearen Abschreibung (gleichmäßige Verteilung auf die Nutzungsjahre) gibt es die Möglichkeit der degressiven Abschreibung, also eine Abschreibung für Abnutzung (AfA) mit fallenden Jahresbeträgen. Dabei ist im Falle beweglicher Anlagegüter ein unveränderlicher Prozentsatz auf den jeweiligen Restwert anzulegen. Der Prozentsatz darf das 3fache des bei linearer AfA zulässigen Prozentsatzes und 30% nicht übersteigen. Bei der Anwendung der degressiven Methode bleibt zwangsläufig ein Restwert am Ende der angenommenen Nutzungsdauer. Wenn dies unerwünscht ist, sollte schon vorher zur linearen Methode übergegangen werden. Der Übergang von degressiv nach linear (nicht umgekehrt) ist jederzeit möglich.

Beispiel: Anschaffung einer Maschine mit 7.200 DM Anschaffungskosten, betriebsgewöhnliche Nutzungsdauer 9 Jahre (AfA linear wäre daher 11,11% oder ca. 800 DM, das 3fache der linearen AfA wäre 33,33%, degressive AfA also höchstens 30%)

Lösung bei degressiver AfA und Übergang zur linearen AfA im 6. Wirtschaftsjahr

	Bemessungsgrundlage	degressive AfA	AfA bei Übergang
1. Wirtschaftsjahr: 30% aus	7.200	2.160	
2. Wirtschaftsjahr: 30% aus	5.040	1.512	
3. Wirtschaftsjahr: 30% aus	3.528	1.058	
4. Wirtschaftsjahr: 30% aus	2.470	741	
5. Wirtschaftsjahr: 30% aus	1.729	519	
6. Wirtschaftsjahr	1.210		303 (lin.)
7. Wirtschaftsjahr			303 (lin.
8. Wirtschaftsjahr			303 (lin.)
9. Wirtschaftsjahr			301 (lin.)
			7.200 DM

Die degressive Abschreibung gewährt in den ersten Jahren höhere Abschreibungsbeträge. Der steuerliche Gewinn wird in diesen Jahren besonders stark vermindert, die Unternehmen also steuerlich stärker entlastet als bei der linearen AfA. In unserem Beispiel können im ersten Jahr anstelle der 800 DM bei der degressiven Abschreibung 2.160 DM bei der Ermittlung des steuerlichen

Gewinns abgezogen werden. In den Folgejahren werden die Abschreibungsbeträge bei der degressiven Abschreibung immer kleiner, so daß hier der steuerliche Gewinn um immer weniger geschmälert wird. Insofern wird die Steuer hier wieder hereingeholt. Es bleibt jedoch bei der degressiven Abschreibung immer ein Zinsvorteil gegenüber der linearen Abschreibung.

Abschreibungserleichterungen

Abschreibungen werden häufig als Instrument der Wirtschaftsförderung eingesetzt. So existieren Sonderabschreibungsregelungen für kleine und mittlere Betriebe bis zu insgesamt 20% der Anschaffungs- oder Herstellungskosten. Das bedeutet, daß ergänzend zur normalen Abschreibung entsprechend der gewöhnlichen Nutzungsdauer zusätzlich bis zu 20% abgeschrieben werden kann. Auch im Rahmen der Wirtschaftsförderung in den neuen Bundesländern und Berlin hat man zahlreiche Sonderabschreibungsregelungen eingeführt, die eine zusätzliche Abschreibung von bis zu 40% der Anschaffungs- oder Herstellkosten erlauben. Dadurch wird der steuerliche Gewinn in den ersten Jahren deutlich gesenkt und somit auch die Steuerbelastung. Abschreibungen erhöhen die Steuerersparnis für den Investor und diese ist um so größer, je zeitiger die Aufwendungen für die Anlagegüter abgesetzt werden können. Eine Beschleunigung der Abschreibung bedeutet im Grunde ein Hinausschieben des Steuerzahlungstermins. Das ist vom Standpunkt des Investors aus einem zinsfreien Darlehen gleichzusetzen. Wenn ein Vermögensteil ersetzt wird, sobald er abgeschrieben ist, so bleibt die Abschreibungsbasis unverändert. Der Gewinn des Steuerzahlers aus der zeitlichen Verzögerung der Steuerschuld steigt in den ersten Jahren und läuft dann aus. Solange weitere Investitionen vorgenommen werden, bleibt ein Gewinn für den Investor bestehen. Wenn die Abschreibung genügend schnell und die Investitionsausdehnung genügend hoch ist, kann ein Unternehmen in der Lage sein, die Steuerzahlung uneingeschränkt hinauszuschieben.

Absolute Einkommenshypothese

Absolute Einkommenshypothese unterstellt, daß die Konsumausgaben der → privaten Haushalte von deren → verfügbarem Einkommen derselben Periode abhängen. Dies ist die einfachste, allerdings nicht sehr plausible Hypothese über die → makroökonomische Konsumfunktion. Sie bildet einen Eckpfeiler des → *Keynes*-Modells. In der Forschung wurde sie seit den 50er Jahren durch die → Relative Einkommenshypothese, die → Permanente Einkommenshypothese

Absorption

und die → Lebenszyklushypothese abgelöst.

Absorption

Summe aus → privatem und → staatlichem Konsum und der → Investition (brutto). Es handelt sich um ein Aggregat aus der → Verwendungsrechnung des → Sozialprodukts. Als letzte inländische Güterverwendung ist sie neben dem → Außenbeitrag die zweite Komponente der volkswirtschaftlichen Gesamtnachfrage und damit ein wesentlicher Bestimmungsfaktor der → Konjunktur.

Absorptionskapazität

bezeichnet das maximale Investitionsvolumen, welches eine Volkswirtschaft in einem gegebenen Zeitraum effizient einsetzen kann. In der → Entwicklungspolitik markiert die Absorptionskapazität die obere Grenze des → Kapitals, das ein → Entwicklungsland ökonomisch sinnvoll nutzen kann.

Abwasserabgabe

fiskalisches Instrument der → Umweltpolitik. Es handelt sich um öffentliche Einnahmen mit zweckgebundener Verwendung für das Ziel, Anreize bzw. Finanzierungsmöglichkeiten zu schaffen oder zu verbessern, um umweltpolitische Ziele für die Güte von Gewässern zu erreichen. Die Höhe der Abwasserabgabe ist durch Menge und Qualität der Abwasser bestimmt. Weil die im Abwasserabgabegesetz festgelegten Abgabesätze zu niedrig sind, um für alle Gewässer die Güteklasse 2 zu erreichen, müssen kommunale und industrielle Einleiter bestimmte Reinigungsgrade erfüllen. Diese Auflagenkomponente dominiert über der Abgabe.

Abwertung

Rückgang des → Außenwertes einer Währung. Bei festen → Wechselkursen erfolgt die Abwertung durch Beschluß der zuständigen Instanz (beispielsweise des EU-Ministerrates). Bei flexiblen Wechselkursen kann sich eine Abwertung aus dem freien Spiel von Devisenangebot und -nachfrage ergeben. Als Folge werden im abwertenden Land die → Importe teurer, seine → Exporte werden hingegen aus Sicht des Auslandes billiger. Insofern kann eine Abwertung dazu beitragen, die → Leistungsbilanz bzw. den → Außenbeitrag zu verbessern – man spricht von einer Normalreaktion. Dies gilt jedoch nicht unbedingt auf längere Sicht, da die Abwertung insbesondere mit der Gefahr der → Importierten Inflation verbunden ist.

Abwertungswettlauf → Beggar-my-neighbour-policy

Abzugsfähigkeit

liegt dann vor, wenn ein bestimmter Posten (z. B. ein → Freibetrag oder eine tatsächliche Ausgabe) von der Bemessungsgrundlage einer Steuer oder von der Steuerschuld abgezogen werden darf. Abzüge von Ausgaben in der Einkommensteuer sind in Deutschland vor allem als Sonderausgaben und außergewöhnliche Belastungen möglich. Je nachdem, ob die Abzüge von der Bemessungsgrundlage oder von der Steuerschuld abgesetzt werden können, ergeben sich höchst unterschiedliche Verteilungswirkungen. Um wieviel sich bei Abzügen von der Bemessungsgrundlage die Steuerschuld mindert, ergibt sich unter Berücksichtigung des Steuersatzes. Die Steuerminderung steigt hier mit steigendem Einkommen entsprechend der Progression prozentual an. Ist ein solcher verteilungspolitischer Effekt unerwünscht, ist ein einheitlicher Abzug von der Steuerschuld sinnvoll. So sind etwa die Spenden an politische Parteien zur Hälfte von der Steuerschuld abziehbar.

Adaptive Erwartungen → Erwartungen

Adäquationsproblem

bezeichnet in der → empirischen Wirtschaftsforschung die möglicherweise auftretende Diskrepanz zwischen wirtschaftstheoretischen Begriffen und statistisch vorliegenden bzw. überhaupt ermittelbaren Daten. Häufig können die relevanten wirtschaftstheoretischen Begriffe (z. B. der „Lebensstandard" einer Bevölkerung) nicht direkt gemessen, sondern nur mittels sogenannter Indikatoren (hier z. B. das Bruttoinlandsprodukt pro Kopf, das Pro-Kopf-Vermögen, die Ausstattung mit bestimmten Gütern, usw.) umschrieben werden. Um das Adäquationsproblem zu lösen und somit erste logische Fehler in empirischen Analysen zu vermeiden, müssen die zu erfassenden Tatbestände in sachlicher, räumlicher und zeitlicher Hinsicht möglichst exakt operationalisiert und abgegrenzt werden.

Adding-up-Theorem

– auch als Ausschöpfungstheorem oder Eulersches Theorem bezeichnet – beschreibt die verteilungspolitischen Auswirkungen einer linearhomogenen volkswirtschaftlichen Produktionsfunktion. Die Summe der mit den jeweils eingesetzten Mengen multiplizierten Grenzproduktivitäten der Faktoren ist gleich der Ausbringungsmenge. Werden die Anbieter der Produktionsfaktoren entsprechend ihren jeweiligen physischen Grenzprodukten entlohnt, so wird das Realeinkommen vollständig auf die Produktionsfaktoren verteilt.

Administered Prices

Administered Prices

Die von *G. C. Means* entwickelte Theorie versucht, den Einfluß des Verhaltens der Anbieter auf das Preisniveau bzw. die → Inflation zu erklären. Unter Administered Prices versteht man in diesem Zusammenhang entweder unternehmerische Preissetzungen, die auf einem bestimmten Grad von Marktmacht beruhen, wobei in erster Linie an Oligopolmärkte zu denken ist, oder Preise gelten als „administriert", wenn sie nach Methoden fixiert werden, die vom Grenzkostenprinzip abweichen. Zu diesen Preissetzungsmethoden rechnen im Grunde alle Verfahren, bei denen auf die Stückkosten eine bestimmte Spanne zur Preisermittlung aufgeschlagen wird (→ Mark-up Pricing). Die Höhe dieses Aufschlages richtet sich nach der jeweiligen Zielsetzung des Unternehmens; in Frage kommt z. B. die Realisierung einer befriedigenden Rendite des eingesetzten Kapitals (Target-return Pricing).

Afrikanische Entwicklungsbank (AfDB)

Die African Development Bank (AfDB) wurde 1963 gegründet und hat ihren Sitz in Abidjan, Côte d'Ivoire. Ursprünglich bestanden ihre Mitglieder lediglich aus afrikanischen Staaten. Seit 1979 können auch nichtregionale Industrieländer die Mitgliedschaft beantragen. Deutschland ist der Bank 1983 als Mitglied beigetreten. Das gezeichnete Grundkapital der Bank belief sich Ende 1997 auf 15,96 Mrd. Sonderziehungsrechte (SZR), wovon 1,96 Mrd. SZR eingezahlt sind, der Rest ist Haftungskapital. Unter den nicht-regionalen Mitgliedern nimmt Deutschland mit einem Kapitalanteil von 3,51% hinter den USA und Japan die dritte Position ein. 1997 bewilligte die Bank Darlehen zu marktnahen Zinsen in Höhe von insgesamt 587 Mio. SZR. Die wirtschaftliche Förderung und Integration der afrikanischen Staaten durch eine gezielte Kreditvergabepolitik und eine fachkundige Beratung in allen wirtschaftlichen Angelegenheiten sind die zentralen Aufgaben der Bank. Neben den finanzierungsspezifischen Tätigkeitsbereichen leistet die Bank auch technische Hilfestellungen bei der organisatorischen Umsetzung der einzelnen Finanzierungsprojekte und unterstützt die Qualifizierung von Fachkräften. Auch wenn der Umfang der Geschäftstätigkeit vom Volumen her betrachtet nicht die Bedeutung der anderen Entwicklungsbanken erreicht, so stellt die Möglichkeit einer Kreditaufnahme bei der AfDB für zahlreiche unterentwickelte afrikanische Staaten die einzige Finanzierungsquelle für neue Investitionsprojekte dar. Ein Großteil der von der AfDB unterstützten Projekte kommt direkt den ärmsten Bevölkerungsschichten der Welt zu Gute; es handelt sich dabei größtenteils um Vorhaben, für die sich aufgrund ihrer geringen Renditeerwartungen keine anderweitigen Investoren finden lassen.

Afro-asiatische Organisation für wirtschaftliche Zusammenarbeit (AFRASEC)

Die Afro-Asian-Organization for Economic Cooperation (AFRASEC) wurde 1960 gegründet und hat 45 Mitgliedsländer. Sitz des ständigen Komitees ist Kairo. Ziele der Organisation sind unter anderem die regionale und sektorale Zusammenarbeit der Mitglieder.

Agglomeration

Häufung der Standorte meherer Industriebetriebe, die zufällig oder in bestimmten Fällen aus rein ökonomischen Gründen dadurch erfolgen, daß spezielle Standortfaktoren sich in gleicher Weise auswirken.

Agio

Fachbegriff für Aufgeld. → Wertpapiere – vor allem → Aktien – werden beim erstmaligen Absatz oft mit einem Agio verkauft, d. h. der Käufer zahlt den Nennbetrag des Wertpapiers zuzüglich eines Aufpreises. Entsprechend wird ein Abschlag als Disagio bezeichnet.

Agrarabgaben

Agrarabgaben

Für die Mehrzahl aller Agrarprodukte wird in der Europäischen Union (EU) eine Marktlenkung über den Preis angestrebt. Jährlich werden etwa 3.000 Agrarverordnungen von der EU erlassen, die die einzelnen Produkte und deren Preise betreffen. Die wichtigsten Agararabgaben sind auf der Basis dieser Verordnungen die sogenannte Einfuhrabgaben oder → Abschöpfungen. Die innergemeinschaftlich jährlich festgesetzten Preise müssen gegenüber Drittländern, deren Preise wesentlich vom Weltmarktpreis bestimmt werden, ausgeglichen und gehalten werden. Liegt der Weltmarktpreis unter dem innergemeinschaftlichen Preis – dies ist bei den meisten Agrarprodukten der Fall – wird die Differenz zum Weltmarktpreis bei der Einfuhr einer Agrarware als Einfuhrabgabe erhoben. Die Einfuhrabgabe wirkt daher wie ein variabler Zoll (→ Zölle). Eine weitere Agrarabgabe ist die sogenannte Produktionsabgabe für Zucker. Hier handelt es sich um eine Erzeugerbeteiligung. Bei Zukker bestand und besteht ein großer Überschuß, daher wurde eine Quotenregelung eingeführt. Jedem Hersteller von Zucker und Isoglukose in der EU ist eine A- und B-Quote zugeteilt worden. Die im Rahmen dieser Quote hergestellten Erzeugnisse unterliegen keinen Absatzbeschränkungen. Die durch den Absatz der Über-

Agrarbericht

schüsse an Zucker und Isoglukose entstehenden Kosten (z. B. für die Gewährung von Ausfuhrerstattungen) sind von den Herstellern in vollem Umfang selbst zu finanzieren. Zu diesem Zweck werden von ihnen Produktionsabgaben für die Erzeugung im Rahmen ihrer Quoten erhoben, und zwar eine Grundproduktionsabgabe für die Erzeugung im Rahmen der A- und B-Quote und eine zusätzliche B-Abgabe für die Erzeugung im Rahmen der B-Quote. Reicht das Aufkommen nicht aus, werden Ergänzungsabgaben festgelegt.

Agrarbericht

Nach dem Landwirtschaftsgesetz von 1955 ist jährlich durch die Bundesregierung ein Agrarbericht vorzulegen, in dem auszuweisen ist, inwieweit in der Landwirtschaft ein mit anderen Bereichen vergleichbares Einkommen erzielt wurde.

Agrarfonds → Europäischer Ausrichtungs- und Agrarfonds für die Landwirtschaft

Agrarkredit

Kredit an landwirtschaftliche Betriebe. Unterschiede des Agrarkredits gegenüber Krediten in anderen Branchen resultieren aus den spezifischen Gegebenheiten der Landwirtschaft. Agrarkredite werden in Deutschland häufig durch die Subventionierung des Zinsaufwandes verbilligt. Mit diesem Instrument läßt sich die gezielte Förderung bestimmter Investitionen erreichen. Subventionierte Investitionskredite bringen allerdings das Problem mit sich, daß sie mit der Technisierung der Landwirtschaft die Produktivität erhöhen, was mit steigender Produktion den Preisverfall fördert. Der kurzfristige Kreditbedarf der Landwirtschaft ergibt sich aus saisonalen Differenzen zwischen Aufwendungen und Erträgen. Auf Betriebsmittelkredite an die Landwirtschaft haben sich in erster Linie die ländlichen Kreditgenossenschaften (Raiffeisenbanken) spezialisiert.

Agrarmarktordnung

Staatliche Eingriffe in den Marktprozeß im Rahmen der EU-Agrarpolitik werden in Marktordnungen für einzelne Agrarmärkte zusammengefaßt. Erste Marktordnungen, z. B. für Getreide, wurden 1962 beschlossen. Mittlerweile beträgt der wertmäßige Anteil der marktgeordneten Erzeugnisse an der landwirtschaftlichen Endproduktion in der EU 95%. Die einzelnen Marktorganisationen sehen staatliche Einflußnahmen in unterschiedlichen Intensität vor. Weitgehende staatliche Interventionen sehen z. B. die Zucker- oder Milchmarktordnung vor, die die Produktion kontingentieren. Geringen Produzentenschutz bieten demgegenüber bspw. die Obst- oder Gemüsemarktordnungen, da staatliche Aufkäufe dieser Produkte wegen mangelnder Lagerfähigkeit sehr teuer wären und eine Kontingentierung nur mit sehr hohem Kontrollaufwand durchzusetzen wäre. Die Marktordnungen ermöglichen es, den EU-Binnenmarkt vollkommen von den Weltagrarmärkten abzukoppeln, so daß die Erzeuger- und Verbraucherpreise in der EU zum Teil bei einem Mehrfachen der jeweiligen Weltmarktpreise liegen.

Agrarpolitik

Gesamtheit aller Bestrebungen, Handlungen oder Maßnahmen, die darauf abzielen, den Ablauf des agrarpolitischen Geschehens entsprechend den gegebenen Zielsetzungen zu beeinflussen. Die Ziele der Agrarpolitik, wie sie im § 1 des Landwirtschaftsgesetzes von 1955 sowie Artikel 39 des EWG-Vertrages von 1957 formuliert sind, umfassen die Verbesserung der Lebensverhältnisse im ländlichen Raum, die Teilnahme der in der Landwirtschaft Tätigen an der allgemeinen Einkommens- und Wohlstandsentwicklung, die Versorgung der Bevölkerung mit qualitativ hochwertigen Nahrungsmitteln zu angemessenen Preisen, die Herbeiführung eines Marktgleichgewichts sowie die Erhaltung der natürlichen Produktionsgrundlagen, einschließlich der Pflege von Natur und Landschaft. Träger der Agrarpolitik sind neben den staatlichen und supranationalen Instanzen auch Institutionen wie etwa der Deutsche Bauernverband. Mit der Gründung der EWG ging die Kompetenz für die Markt- und Preispolitik auf die Gemeinschaft über. Für die Agrarstrukturpolitik besitzt die Gemeinschaft lediglich eine Rahmenkompetenz, die Ausführung liegt bei den Mitgliedsstaaten. Die EG-Agrarpolitik und die nationale Agrarpolitik verfügen über einen umfangreichen Katalog von Instrumenten zur direkten und indirekten Beeinflussung des Marktergebnisses. Das Hauptproblem der Agrarpolitik ergibt sich in entwickelten Ländern aus der geringen Einkommenselastizität der Nachfrage nach Nahrungsmitteln. Der deutliche Anstieg der Produktivität in der landwirtschaftlichen Produktion bewirkt, daß die Warenproduktion wesentlich schneller als der Verbrauch steigt. Deshalb werden ohne staatliche Interventionen die Preise der landwirtschaftlichen Erzeugnisse im Verhältnis zu denen der übrigen Güter sinken und der Anteil der Landwirtschaft am Sozialprodukt abnehmen. Wenn die in der Landwirtschaft erzielten Einkommen nicht sinken sollen, muß die Zahl der dort beschäftigten Erwerbstätigen zurückgehen. Staatliche Eingriffe sollen diesen Strukturwandel abmildern, insbe-

Agrarpreispolitik

sondere wenn die erforderliche Mobilität nicht gegeben ist oder durch die Arbeitsmarktsituation erschwert wird.

Agrarpreispolitik

Die Agrarpreispolitik ist neben der → Agrarstrukturpolitik und der → Agrarsozialpolitik eine der drei Komponenten der → Agrarpolitik. Die Agrarpreispolitik versucht, das Ergebnis auf den Agrarmärkten entsprechend der agrarpolitischen Zielsetzung zu beeinflussen. Die Markt- und Preispolitik der EU setzt vor allem an den Absatzmärkten der Landwirtschaft an. Die Instrumente werden innerhalb der einzelnen Agrarmarktordnungen eingesetzt. Durch ein System staatlich festgelegter oder beeinflusster Preise werden einzelne Produktpreise stabilisiert und – zum Teil sehr deutlich – über das Niveau angehoben, das sich bei freier Preisbildung ergeben würde.

Agrarsozialpolitik

Die Agrarsozialpolitik ist neben der → Agrarpreispolitik und der → Agrarstrukturpolitik eine von drei Komponenten der → Agrarpolitik. Sie hat die Funktion, Risiken der Minderung der Erwerbsfähigkeit durch Alter, Krankheit oder Unfall für die in der Landwirtschaft Erwerbstätigen abzuschwächen. Neben den traditionellen Absicherungsformen auf familiärer Ebene existiert ein eigenständiges Versicherungssystem für Landwirte. Durch die staatlichen Zuschüsse zu diesem Bereich der Sozialversicherung findet ein indirekter Einkommenstransfer zugunsten der Landwirtschaft statt.

Agrarstatistik

Sammelbegriff für alle Erhebungen der amtlichen Statistik im Bereich der Land- und Forstwirtschaft. Kern des Erhebungssystems ist die zweijährliche Agrarberichterstattung, die eine Integration der meisten Agrarstatistiken ermöglicht. Hierzu zählen im Grundprogramm die Bodennutzungserhebung, die Viehzählung und die Arbeitskräfteerhebung in der Landwirtschaft und im Ergänzungs- und Zusatzprogramm die Erfassung verschiedener sozioökonomischer Merkmale in den Betrieben (z. B. die Eigentums- und Pachtverhältnisse). Daneben gibt es eine Reihe weiterer Erhebungen wie die Ernteerhebung und die Landwirtschaftszählung. Die Bedeutung der Agrarstatistik ergibt sich weniger aus der eher geringen Bedeutung des Agrarsektors für die Gesamtwirtschaft, sondern vielmehr aus der ausgeprägten Subventionierung dieses Wirtschaftsbereichs.

Agrarstrukturpolitik

Die Agrarstrukturpolitik ist neben der → Agrarsozialpolitik und der

→ Agrarpreispolitik eine von drei Komponenten der → Agrarpolitik. In den letzten 35 Jahren hat sich die Bruttowertschöpfung je Erwerbstätigem in der Land- und Forstwirtschaft von 16.300 DM auf 34.000 DM mehr als verdoppelt. Dies entspricht einem jährlichen Produktivitätszuwachs von gut 2%. Die daraus resultierende Mehrproduktion bewirkt einen Preisdruck. Das hat dazu geführt, daß die Anzahl der Erwerbstätigen in der Land- und Forstwirtschaft in Deutschland heute auf ein Drittel des Standes von 1960 gesunken ist. Die Agrarstrukturpolitik soll solche Anpassungszwänge mildern, wenn sie im System der Sozialen Marktwirtschaft als sozial nicht akzeptabel angesehen werden. In Deutschland wird die Agrarstrukturpolitik durch Zuschüsse der EG entsprechend den Richtlinien für die Durchführung der Strukturpolitik in den Mitgliedsländern der EG sowie durch Bund und Länder finanziert. Da die Agrarstrukturpolitik unter sozialpolitischer Zielsetzung eingesetzt wird, besteht die Gefahr, daß auf den Agrarmärkten falsche Signale gesetzt werden.

Agrarüberschüsse

liegen vor, wenn die inländische Produktion höher ist als der inländische Verbrauch. Sie sind in der EU regelmäßig auf staatlich gestützte Preise (→ Agrarpreispolitik) zurückzuführen.

Akkumulation

bedeutet eine ständige Erhöhung des Kapitalbestandes einer Volkswirtschaft. Sie wurde zuerst von *D. Ricardo* als eine wichtige Bedingung für das → Wirtschaftswachstum genannt. Kapital kann nach Ricardo nur angesammelt, also akkumuliert werden, wenn den Unternehmern nach Auszahlung der Löhne ein Gewinn bleibt. *K. Marx* griff Ricardos Überlegungen auf und kam zu dem Schluß, daß eine Wirtschaft mit konstanter Rate wachsen kann, wenn Kapital akkumuliert wird. Da es das Ziel eines jeden Kapitalisten ist, aus Geld mehr Geld zu machen, legen die Kapitalisten ihren Gewinn („realisierter Mehrwert") in Form von Kapital an, damit dieses wiederum Geld hervorbringt.

AKP-Staaten

Entwicklungsländer im afrikanischen, karibischen und pazifischen Raum, die durch die → Lomé-Abkommen mit der EU verbunden sind.

Aktie

→ Wertpapier, das einen auf einen festen Betrag lautenden Anteil am Grundkapital einer Aktiengesellschaft verbrieft. Rechtlich gesehen gewährt die Aktiengesellschaft dem Käufer (Aktionär) vor allem ein Stimmrecht in der Hauptversammlung der AG und damit eine Einflußmöglichkeit auf die Geschäftspolitik. Wirtschaftlich bedeutet der Erwerb einer Aktie, daß der Aktionär einen bestimmten Geldbetrag für unbegrenzte Zeit zur Verfügung stellt. Als Gegenleistung erhält der Aktionär einen Gewinnanteil aus dem Reingewinn der AG (Dividende) auf seine Aktie. Aktien werden deshalb als sog. → Dividendenwerte, im Gegensatz zu → Rentenwerte, bezeichnet. Aktien werden an der → Börse gehandelt, wobei sich der Kurs nach Angebot und Nachfrage richtet und typischerweise vom Nennwert abweicht bzw. im Laufe der Zeit ein Vielfaches davon erreichen kann.

Aktive Arbeitsmarktpolitik

umfaßt alle arbeitsmarktpolitischen Maßnahmen mit präventivem Charakter, die darauf ausgerichtet sind, individuelle Arbeitslosigkeit zu vermeiden. Hierzu zählen insbesondere die → Arbeitsvermittlung, Fördermaßnahmen hinsichtlich der individuellen Qualifikation und Mobilität, regionale und sektorale Strukturpolitik, Maßnahmen der beruflichen Aus- und Fortbildung sowie Umschulung, berufliche Rehabilitationsmaßnahmen, die Gewährung von → Kurzarbeitergeld und → Winterausfallgeld sowie → Arbeitsbeschaffungsmaßnahmen (ABM) und die Gewährung von → Lohnkostenzuschüsse. Der Erfolg der aktiven Arbeitsmarktpolitik kann grob durch deren → Entlastungswirkung abgeschätzt werden.

Aktives Geld → Geldfunktionen

Aktueller Rentenwert

Element der → Rentenformel zur Berechnung der Höhe des → Altersruhegeldes, der Hinterbliebenenrenten, der → Berufsunfähigkeitsrente und der → Erwerbsunfähigkeitsrente im Rahmen der → gesetzlichen Rentenversicherung. Er läßt sich berechnen aus der Veränderung der durchschnittlichen Bruttolohn- und Gehaltssumme korrigiert um die Veränderung der Nettoquote des Arbeitsentgelts und der Nettoquote der Renten. Die Anbindung der Renten an die Entwicklung des Arbeitseinkommens nennt man auch → Dynamisierung der Rente. Der aktuelle Rentenwert berücksichtigt nicht nur die Bruttolohnentwicklung, sondern reagiert auch auf Veränderungen der Nettoarbeitseinkommen, so daß höhere Abgabenbelastungen der Arbeitnehmer seinen Anstieg bremsen bzw. niedrigere Abgabenbelastungen ihn erhöhen. Er berücksichtigt darüber hinaus Veränderungen der Nettorenten, das bedeutet z.B. daß er bei einer steigenden Belastung der Renten, z.B. durch Krankenversicherungsbeiträge, steigt.

$$aR_t = aR_{t-1} \cdot \frac{BE_{t-1}}{BE_{t-2}} \cdot \frac{NQ_{t-1}}{NQ_{t-2}} \cdot \frac{RQ_{t-2}}{RQ_{t-1}}$$

aR_t = aktueller Rentenwert im betrachteten Jahr

aR_{t-1} = aktueller Rentenwert im Vorjahr

BE_{t-1}, BE_{t-2} = Durchschnittliches Bruttoentgelt des vergangenen Jahres bzw. des vorvergangenen Jahres

NQ_{t-1}, NQ_{t-2} = Nettoquote für Arbeitsentgelte nach der → Volkswirtschaftlichen Gesamtrechnung für das vergangene bzw. vorvergangene Jahr

RQ_{t-1}, RQ_{t-2} = Rentennettoquote des vergangenen bzw. des vorvergangenen Jahres

Akzeleratorprinzip

– auch als Beschleunigungs- bzw. Verstärkungsprinzip bezeichnet – besagt, daß im Verlauf von gesamtwirtschaftlichen Expansions- oder Kontraktionsprozessen die Güterproduzenten ihre Investitionen aus Kapazitätsgründen an die sich ändernde Nachfrage anpassen. Im Zusammenwirken mit dem → Multiplikatorprinzip lassen sich so endogene Schwankungen des → Sozialprodukts, das heißt die → Konjunktur, erklären.

Allgemeines Zoll- und Handelsabkommen (GATT)

Allgemeine Markttheorie

besagt im Kern, daß es bei freier Preisbildung zum Ausgleich von Angebot und Nachfrage kommt. Reagiert der → Preis auf einem → Markt nicht unmittelbar auf Veränderungen des Angebots oder der Nachfrage, so entsteht zunächst ein Überschuß auf einer der beiden Marktseiten, der kompensierende Preisreaktionen auslöst. Die Überlegungen dienen unter anderem der Erklärung der → Phillips-Kurve. Dabei wird ein hoher Beschäftigungsstand (bzw. eine niedrige Arbeitslosenquote) als Überschußnachfrage nach Arbeit interpretiert, die marktbedingt zu stärkeren Lohnsteigerungen führen wird. Umgekehrtes gilt bei hoher → Arbeitslosigkeit bzw. dem ihr zugrundeliegenden Überschußangebot auf dem → Arbeitsmarkt.

Allgemeines Zoll- und Handelsabkommen (GATT)

Das General Agreement on Tariffs and Trade (GATT) trat 1948 in Kraft. Im Laufe der Jahre hat sich das GATT-Abkommen selbst institutionalisiert, d.h. aus dem Abkommen wurde in der Praxis eine internationale Organisation. In bisher acht multilateralen Verhandlungsrunden, die achte, die sog. Uruguay-Runde, wurde 1993 abgeschlossen, wurde über den Abbau von Hemmnissen im internationalen Handel verhandelt.

Allgemeines Zoll- und Handelsabkommen (GATT)

Das Ziel des GATT-Abkommens ist es, den Lebensstandard, die Beschäftigung das Realeinkommen und die Versorgung mit Ressourcen über ein möglichst freies Welthandelssystem zu verbessern. Auch die Beilegung von Handelskonflikten sowie die Analyse der Entwicklung des Welthandels zählen zu seinen Aufgaben. Zur Verwirklichung dieser Ziele sollen durch das GATT vorwiegend folgende Grundsätze verwirklicht werden:

- Gewährung der allgemeinen Meistbegünstigung, d. h., daß jede Vertragspartei in den Genuss des günstigsten Zollsatzes sowie der übrigen bei der Ein- und Ausfuhr erhobenen Abgaben und Belastungen kommt, die eine Vertragspartei irgendeinem anderen Land bei der Ein- und Ausfuhr von Waren einräumt. Nach erfolgter Einfuhr sind die aus GATT-Ländern stammenden Waren wie im Inland erzeugte Waren zu behandeln (sog. Inländerbehandlung).
- Abbau der Zölle: Der Abbau der Zollschranken zur Steigerung des Welthandels ist zentrale Aufgabe des GATT.
- Abbau von mengenmäßigen Handelsbeschränkungen: Eine Vertragspartei des GATT darf gegenüber den anderen Vertragsparteien bei der Ein- und Ausfuhr von Waren keinerlei mengenmäßige Kontigentierung, gleich welcher Form, vornehmen. Dieses Ziel konnte in den letzten Jahrzehnten jedoch kaum verwirklicht werden.
- Retorsionen: Bei Handelsstreitigkeiten zwischen den Vertragsparteien tritt ein abgestuftes Konfliktlösungsprogramm in Kraft: Zunächst müssen die Kontrahenten versuchen, Differenzen durch Verhandlungen zu lösen. Schlägt dies fehl, wird der zuständige Fachausschuss des GATT mit der Schlichtung beauftragt. Bringt auch dies keine Lösung, setzt der Ausschuss eine Sonderarbeitsgruppe für diesen Konfliktfall ein. Am Ende können sog. Retorsionen stehen: Es handelt sich dabei um handelspolitische Vergeltungsmaßnahmen der Vertragsparteien gegenüber der sich nicht GATT-konform verhaltenden Vertragspartei.

Darüber hinaus hat es sich das GATT zur Aufgabe gemacht, den Handel der Entwicklungsländer zu fördern. Einseitige Zollerleichterungen der Industrieländer an die Entwicklungsländer wurden zu diesem Zweck ebenso vereinbart wie die Erlaubnis, an die Entwicklungsländer unter bestimmten Umständen einseitige handelspolitische Protektionsmaßnahmen ergreifen zu können. Mit dem Inkrafttreten der Vereinbarungen der „Uruguay-Runde" wurde die → Welthandelsorganisation (World Trade Organization WTO) geschaffen. Die WTO soll mit einer institutionalisierten Schlichtung in Streitfällen das Vertrauen in multilaterale Handelsvereinbarungen stärken und insbesondere den Schutz der Entwicklungsländer verbessern. Neben dem GATT existieren seit 1993 das GATS (General Agreement on Trade in Services) und TRIPS (Agreement on Trade-Related Aspects of Intellectual Property Rights). Der WTO gehören derzeit 132 Vertragspartner an.

Allgemeinverbindlichkeitserklärung → Tarifbindung

Allmenderessource

Begriff für natürliche Ressourcen (wie z. B. Luft), bei denen keine technische Möglichkeit besteht, Nutzer auszuschließen. Es können also keine spezifischen Nutzungsrechte zugeordnet werden. Andererseits ist gleichzeitig eine Rivalität im Konsum festzustellen. Vgl. auch → Öffentliche Güter.

Allokation

Aufteilung des vorhandenen Bestandes an Produktionsfaktoren in einer Volkswirtschaft auf die jeweilige Produktion verschiedener Güter. Man spricht in diesem Zusammenhang auch von der „Lenkung der Produktionsfaktoren in ihre volkswirtschaftliche Verwendung".

Allokationsfunktion des öffentlichen Haushalts

betrifft die Aufteilung der volkswirtschaftlichen → Ressourcen zwischen dem privaten und dem öffentlichen Bereich, sowie innerhalb des öffentlichen Sektors auf einzelne öffentliche Ausgaben(bereiche). Hier muß entschieden werden, welche → Öffentlichen Güter bereitgestellt werden sollen, welche Ressourcen zu dieser Bereitstellung eingesetzt werden und wie die Zusammensetzung des öffentlichen Güterangebots bestimmt wird. Hintergrund ist dabei die Tatsache, daß der Markt bei der Bereitstellung bestimmter Güter ganz oder teilweise versagt und daher die entsprechenden Güter öffentlich bereitgestellt werden müssen.

Als-ob-Konkurrenz → Mißbrauchsaufsicht

Alternativkosten → Opportunitätskosten

Altersrente für Frauen → Vorgezogenes Altersruhegeld

Altersrente für langjährige Versicherte → Vorgezogenes Altersruhegeld

Altersrente für Schwerbehinderte, Berufs- und Erwerbsunfähige → Vorgezogenes Altersruhegeld

Altersrente wegen Arbeitslosigkeit

Altersrente wegen Arbeitslosigkeit → Vorgezogenes Altersruhegeld

Altersruhegeld

Leistung der → gesetzlichen Rentenversicherung. Es wird für Männer und Frauen spätestens bei Erreichen des 65. Lebensjahres gewährt. Die Wartezeit beträgt 60 Kalendermonate. Sogenanntes → vorgezogenes Altersruhegeld können auf Antrag bestimmte Personengruppen unter bestimmten Bedingungen erhalten. Dieses vorgezogene Altersruhegeld darf nicht mit dem sog. → Vorruhestandsgeld oder Tarifrente verwechselt werden. Folgende Faktoren bestimmen die Höhe des Altersruhegeldes:

1. Die Zahl der „persönlichen → Entgeltpunkte" unter Berücksichtigung des Zugangsfaktors: Die Entgeltpunkte orientieren sich vor allem am Arbeitsentgelt der anrechnungsfähigen Jahre, wobei das individuelle Entgelt mit dem Durchschnittsentgelt aller Versicherten im entsprechenden Jahr verglichen wird. Bestimmte beitragsfreie Zeiten, wie Erziehungsjahre werden ebenfalls berücksichtigt. Der Zugangsfaktor hat die Funktion bei vorzeitiger oder bei aufgeschobener Inanspruchnahme der Altersrente die im Vergleich mit der „Normalrente zum 65. Lebensjahr" unterschiedliche Rentenbezugsdauer zu berücksichtigen.
2. Der → aktuelle Rentenwert, der sicherstellt, daß die Rente an die Entwicklung der Löhne und Gehälter angepaßt wird. Seit 1990 wird dabei nicht mehr nur am Bruttoeinkommen angesetzt, sondern es werden auch Änderungen der Abgabenbelastung der Beitragszahler und der Rentenbezieher berücksichtigt (→ Rentenformel).

Renten unterliegen grundsätzlich der Besteuerung, allerdings wird nur der sog. → Ertragsanteil besteuert.

Alterssicherung der Landwirte

Die 1957 eingeführte Altershilfe für Landwirte stellte zunächst einen Bargeldzuschuß zum Altenteil für landwirtschaftliche Unternehmer dar und sollte eine frühzeitige Hofübergabe erleichtern. Der Bargeldzuschuß sollte Verzögerungen beseitigen, die sich durch die ungesicherte Bargeldversorgung der Altenteiler ergeben können. Die Alterssicherung der Landwirte ist heute Teil der Gesetzlichen Rentenversicherung. Neben die agrarpolitische Zielsetzung ist die sozialpolitische getreten. Die Alterssicherung wird von den Landwirtschaftlichen Alterskassen getragen, die bei den Landwirtschaftlichen Berufsgenossenschaften eingerichtet sind. Sie sind Körperschaften des öffentlichen Rechts und unterstehen staatlicher Aufsicht.

Altersteilzeitgesetz

gesetzliche Rahmenregelung für → Tarifverträge, die für Arbeitnehmer ab dem 55. Lebensjahr die Möglichkeit schaffen, ihr Vollzeitarbeitsverhältnis bis zum Übergang in den Ruhestand in ein Teilzeitarbeitsverhältnis umzuwandeln. Ziel der Regelung ist die Förderung der Einstellung von Auszubildenden und Arbeitslosen. Im Regelfall erfolgt dabei eine Halbierung der tariflichen Arbeitszeit. Das → Arbeitsentgelt wird durch einen von der → Bundesanstalt für Arbeit bezahlten Aufstockungsbetrag jedoch so erhöht, daß es netto mindestens 83% des Arbeitsentgelts einer entsprechenden Vollzeitarbeitskraft beträgt. Ähnlich wie das ehemalige → Vorruhestandsgeld ist die Altersteilzeitregelung somit ein Instrument der → aktiven Arbeitsmarktpolitik.

Altersübergangsgeld

seit der Wiedervereinigung in den neuen Bundesländern gewährte → Lohnersatzleistung im Rahmen der → Arbeitslosenversicherung. Das Altersübergangsgeld wurde Arbeitnehmern, die bis zum 31. 12. 1992 das 55. Lebensjahr vollendet hatten und arbeitslos geworden waren, für die Dauer von maximal 60 Monate ausbezahlt. Seine Höhe betrug 65% des letzten pauschalierten Nettoarbeitsentgelts. Aufgrund der zeitlichen Begrenzung lief diese Regelung Ende 1997 endgültig aus.

Altlasten

Der Begriff der Altlasten wird in unterschiedlicher Weise verwendet:
1. Im Bereich der → Umweltpolitik versteht man unter Altlasten Bodenverunreinigungen durch ehemalige Produktionsstätten, Tankstellen, Lackierfirmen, Schrotthändler, Kasernen und Truppenübungsplätze, Aufschüttungen und Mülldeponien. Altlasten bergen Gefahren für Gesundheit und Umwelt und führen bei der notwendigen Sanierung zu erheblichen Kosten. Das Problem der Altlasten wurde im Zuge der deutschen Vereinigung noch gravierender, da vor allem die chemische Industrie der ehemaligen DDR zahlreiche Bodenverunreinigungen hinterließ.
2. Im Zusammenhang mit öffentlichen Haushalten versteht man unter Altlasten auch finanzielle Altschulden.

Amoroso-Robinson-Relation → Grenzumsatz

Amsterdamer Vertrag

Nach der → Einheitlichen Europäischen Akte von 1986 und dem

Amtliche Statistik

sogenannten „Maastrichter Vertrag" von 1992 ist der Vertrag von Amsterdam von 1997 die dritte große Vertragsreform der → Europäischen Union. Sie soll einerseits politische Defizite (Justiz, Asylpolitik, Außen- und Sicherheitspolitik, Verteidigungspolitik, Beschäftigungspolitik, Stärkung des Europäischen Parlaments), des Maastrichter Vertrags ausgleichen und andererseits die Gemeinschaft auf die Erweiterung um die mittel- und osteuropäischen Reformstaaten vorbereiten.

Amtliche Statistik

Begriff für alle statistischen Erhebungen, die von staatlichen Behörden durchgeführt werden. In Deutschland sind dies das Statistische Bundesamt, die Statistischen Landesämter der Bundesländer, die Statistischen Ämter der (größeren) Gemeinden und Städte sowie einzelne mit Statistiken befaßte Behördenteile (Abteilungen z. B. der → Bundesanstalt für Arbeit, der → Bundesbank oder des Kraftfahrtbundesamts). Dabei herrschen als Organisationsprinzipien eine weitgehende fachliche Zentralisation (Konzentration der meisten Statistiken in den Statistischen Ämtern), eine regionale Dezentralisation gemäß dem Föderalismusprinzip mit einer klaren Kompetenzabgrenzung zwischen Statistischem Bundesamt und Statistischen Landesämtern sowie die Legalisierung aller statistischer Erhebungen durch eine Rechtsgrundlage (i. d. R. Gesetz oder EU-Verordnung). Auf internationaler Ebene tritt insbesondere EUROSTAT, das Statistische Amt der Europäischen Union als Teil der EU-Kommission, als Initiator europaeinheitlicher Erhebungen in Erscheinung. Die Durchführung obliegt aber i. d. R. – ähnlich dem deutschen Föderalismus- und Dezentralisationsprinzip – den nationalen statistischen Ämtern der EU-Mitgliedsstaaten. Daneben gibt es eine teilweise intensive Zusammenarbeit des Statistischen Bundesamts mit inter- und supranationalen Organisationen wie dem Statistischen Amt und anderen Sonderorganisationen der UNO oder mit der OECD.

Andengruppe

Die Andengruppe (Grupo Andino) wurde 1969 von Bolivien, Peru, Ecuador, Kolumbien und Venezuela als „Andenpakt" gegründet. Ziel ist die Abschaffung der Binnenzölle als Vorstufe zu einer Freihandelsregion, dem „Anden Common Market". Zum 1. 1. 1992 ist ein großer Teil der Binnenzölle zwischen diesen Ländern abgeschafft worden. Weitere Integrationserfolge auf dem Weg zu einer Wirtschaftsunion nach europäischem Vorbild konnten bisher aber nicht erreicht werden.

Angebotsfunktion

Die individuelle Angebotsfunktion zeigt die funktionale Abhängigkeit der von einem Unternehmen am Markt angebotenen Menge eines Gutes vom jeweiligen Marktpreis desselben. Durch Addition aller Angebotsmengen beim jeweiligen Preis entsteht die Gesamtangebotsfunktion aller Unternehmen an diesem Markt. Angebotsfunktionen existieren dann, wenn das einzelne Unternehmen die → Verhaltensweise der Mengenanpassung an gegebene Preise wählt, sind also insbesondere auf dem vollkommenen → Polypol von Bedeutung.

Angebotsinflation

→ Inflation, deren Ursachen auf der gesamtwirtschaftlichen Angebotsseite liegen. Man unterscheidet zwischen der Kosteninflation und der Gewinninflation. Kosteninflation (Cost-push-Inflation) liegt vor, wenn die Güterpreise durch erhöhte Kosten nach oben gedrückt werden. Eine spezielle Form der Kosteninflation ist die Lohnkosteninflation (Wage-push). Ein Kostendruck kann auch durch steigende → Steuern (tax-push) oder Rohstoffpreise ausgelöst werden. Von Gewinninflation spricht man, wenn ein erhöhter Gewinnanspruch der Unternehmen die Preise nach oben treibt (Profit-push). Vgl. auch → Lohn-Preis-Spirale.

Angebotslücke → Inflatorische Lücke

Angebotsmengenüberschuß → Preisvorschriften

Angebotsökonomik

wirtschaftstheoretischer bzw. -politischer Ansatz, der im Gegensatz zur → Nachfrageökonomik die Bedeutung des gesamtwirtschaftlichen Angebots für die Funktionsweise der modernen → Marktwirtschaft allgemein und für die Entwicklung der Beschäftigung im speziellen hervorhebt. Die Vertreter der Angebotsökonomik betrachten die Fülle staatlicher Eingriffe in den Wirtschaftsprozeß und vor allem -damit verbunden – die hohe Besteuerung als negativ für Initiative, Risikobereitschaft und Arbeitswillen der → Wirtschaftssubjekte. Entsprechend treten sie für die Zurückdrängung der staatlichen wirtschaftlichen Aktivität ein. Die Angebotsökonomik greift in bezug auf Theorie und wirtschaftspolitische Folgerungen auf die Gedanken der → Klassik bzw. des → Monetarismus zurück. Den Ausgangspunkt darauf gerichteter Überlegungen bildet eine weiterentwickelte Form der Quantitätsgleichung, nämlich die Kassenhaltungs- (auch: Cambridge-)Gleichung. Zentrale wirtschaftspolitische Empfehlung sind Maßnahmen zur Deregulierung und Erhöhung der Effizienz der

Angebotsorientierte Wirtschaftspolitik

Wirtschaft, der Abbau von Staatsausgaben und vor allem die Senkung der Einkommen- und Körperschaftsteuer sowie der Sozialbeiträge. Die Anhänger der Angebotsökonomik verweisen auf die erhebliche Spanne zwischen den Kosten einer zusätzlich geleisteten Arbeitsstunde für den Unternehmer und dem zusätzlichen Nettoeinkommen des Arbeitnehmers sowie auf die Verdrängungseffekte der staatlichen Aktivität (siehe → Crowding-Out). Die Angebotsökonomik entstand Ende der 70er Jahre in den Vereinigten Staaten. Die „Supply-Side-Economics" – populär als „Reaganomics" bezeichnet – begründete 1981 die Durchsetzung eines massiven Steuersenkungsprogrammes zur Belebung der Wirtschaft, das den USA niedrige Arbeitslosenquoten, aber auch eine historisch beispiellose Erhöhung der Staatsverschuldung einbrachte. Ihren Niederschlag in der praktischen Wirtschaftspolitik fand die Angebotsökonomik ebenfalls in der Wirtschaftspolitik der britischen Konservativen unter *Margaret Thatcher*. In Deutschland werden die Gedanken der Angebotsökonomik vor allem von der Mehrheit des *Sachverständigenrates* geteilt.

Angebotsorientierte Wirtschaftspolitik

– auch als Angebotspolitik oder Angebotssteuerung bezeichnet –.

Nach Ende des Zweiten Weltkriegs herrscht in den Industrieländern zunächst die keynesianische Politik der Nachfragesteuerung vor. Diese führte allerdings bei der Bekämpfung von → Stagflation, steigender Inflationsrate und zunehmender → Arbeitslosigkeit, wie sie seit den siebziger Jahren auftraten, nicht mehr zum gewünschten Erfolg und wurde zunehmend durch eine angebotsorientierte Wirtschaftspolitik abgelöst. Als erstes wurde sie von der englischen Regierung unter *M. Thatcher* ab 1979, ab 1981 auch in den USA unter *R. Reagan* betrieben. Wesentliches Kennzeichen der angebotsorientierten Wirtschaftspolitik ist, daß sie an den Einflußgrößen des gesamtwirtschaftlichen Angebots bzw. der → Produktionskapazität ansetzt und versucht die Bedingungen für → Wirtschaftswachstum und → Effizienz der Produktion zu verbessern. Wichtige Instrumente sind dabei:

- die → Deregulierung der Wirtschaft,
- die steuerliche Entlastung der Wirtschaft,
- die Kürzung von Staatsausgaben
- Privatisierungen,
- ein stabilitätsorientiertes Wachstum der → Geldmenge.

Die angebotsorientierte Wirtschaftspolitik basierte nicht auf einem geschlossenen theoretischen Konzept. Daher finden sich in einzelnen Ländern recht unterschiedliche Ausprägungen dieser Politik. Während in den USA mit Hinweis auf die → *Laffer*-Kurve eine extreme Variante mit drastischen Steuersenkungen betrieben wurde, vertrat in Deutschland der → *Sachverständigenrat zur Begutachtung der gesamtwirtschaftlichen Entwicklung* eine gemäßigtere Position und plädierte für eine kreislaufmäßige Absicherung der angebotsorientierten Wirtschaftspolitik durch Maßnahmen der Nachfragesteuerung.

Angebotspolitik → Angebotsorientierte Wirtschaftspolitik

Angebotssteuerung → Angebotsorientierte Wirtschaftspolitik

Angestellte → Arbeitnehmer

Ankerwährung

Eine Ankerwährung stellt den Fixpunkt in einem System fester Wechselkurse dar. Das Ankerwährungsland kann eine eigenständige → Geldpolitik betreiben, während sich die Geldpolitik der anderen Teilnehmerländer ausschließlich auf die Stabilisierung der Wechselkurse ausrichtet.

Ankündigungs- oder Signalwirkungen

– auch als Announcement-Effects bezeichnet – Folgen geplanter wirtschaftspolitischer oder finanzpolitischer Maßnahmen. Schon die bloße Ankündigung kann einen Betrieb oder Haushalt veranlassen, Dispositionen zu überprüfen oder zu treffen, um den erwarteten negativen Folgen auszuweichen oder die positiven Wirkungen später in Anspruch nehmen zu können (z. B. geplante Steuer-, Zoll-, Preisänderungen oder Subventionen). Ist etwa eine Investitionshilfe geplant, deren Haushaltsansatz begrenzt ist, so werden die Ankündigungs- oder Signalwirkungen zu einem Aufschub entsprechender Vorhaben, bis zum Zeitpunkt, ab dem die Investitionshilfe gewährt wird, führen.

Anlageinvestition → Investition

Anlagevermögen

Volkswirtschaftlich versteht man darunter den Teil des → Vermögens, der reproduzierbares Sachvermögen in Form dauerhafter Produktionsmittel der → Unternehmen, des Staates und der privaten → Organisationen ohne Erwerbszweck darstellt. Man spricht auch vom Produktivvermögen. Durch Abzug der → Abschreibungen vom Bruttoanlagevermögen ergibt sich das Nettoanlagevermögen. Das Anlagevermögen wird in Bauten und Ausrüstungen gegliedert. Nicht dazu zählen also etwa Finanzanlagen,

Anleihe

Lagerbestände oder Grundstücke (Boden), weiterhin auch nicht militärische Güter.

Anleihe

festverzinsliches → Wertpapier, durch dessen Verkauf am → Kapitalmarkt sich Kreditnehmer Geld geschaffen können. Verzinsung, Tilgungsmodalitäten, Sicherheiten etc. sind vertraglich fixiert.

Anpassungssubventionen → Subventionen

Anrechnungsverfahren → Körperschaftsteuer

Anrechnungszeiten

In der gesetzlichen → Rentenversicherung werden bestimmte beitragsfreie Zeiten bei der Berechnung des Rentenanspruchs berücksichtigt. Diesen Zeiten werden Entgeltpunkte zugeordnet, die gemäß der → Rentenformel die Renten erhöhen, allerdings in geringerem Maße als vollwertige Beitragszeiten. Im einzelnen handelt es sich um Zeiten der Krankheit und der Rehabilitation, der Schwangerschaft, der Mutterschaft, des Bezugs von Arbeitslosengeld bzw. -hilfe – soweit keine Versicherungspflicht bestand – und Zeiten des Schul-, Fachhochschul- oder Hochschulbesuchs nach dem vollendeten 16. Lebensjahr bis zu 7 Jahre und Ersatzzeiten, d. h. Zeiten des Wehrdienstes und des Zivildienstes. Nicht zu den Anrechnungszeiten gehören Kindererziehungszeiten (→ Erziehungsjahre). Diese werden vielmehr als vollwertige Beitragszeiten betrachtet.

Anreizmechanismen → Incentives

Anspruchsinflation

→ Inflation, die letztlich auf den Wunsch der sozialen Gruppen und Verbände nach einer Erhöhung ihres Anteils am → Sozialprodukt zurückzuführen ist. Inflationsimpulse entstehen, wenn die Summe aller durchgesetzten nominellen Ansprüche an das Sozialprodukt stärker steigt als die reale Produktion.

Antagonismusthese

– auch als „Unvereinbarkeitsthese" bezeichnet – besagt, daß gegensätzliche Gesellschafts- und → Wirtschaftsordnungen nebeneinander existieren können. Dabei wird eine gewisse Tendenz zur Transformation, wodurch gemischte Wirtschaftsordnungen (Mixed Economies) entstehen können, nicht geleugnet. Vgl. die unterschiedlichen Auffassungen der → Dominanz- und der → Konvergenzthese.

Antizyklische Wirtschaftspolitik
→ Fiscal-Policy

Anwartschaftsdeckungsverfahren

ein mögliches Finanzierungsverfahren im Rahmen von Rentenversicherungen. Es sieht vor, daß beim Eintritt des Versicherungsfalles die von dem Versicherten bezahlten Beiträge einschließlich Zinsen zur Verfügung stehen. Es ähnelt damit dem → Kapitaldekkungsverfahren, bei dem allerdings Erträge aus der Gesamtheit des von der Versicherung akkumulierten Kapitals dazu dienen, die fällig werdenden Ansprüche der Versicherten abzudecken.

Äquivalenzprinzip

Ganz allgemein ist das Äquivalenzprinzip dann erfüllt, wenn sich Leistung und Gegenleistung entsprechen. Das Äquivalenzprinzip ist als Grundprinzip von Versicherungen, aber auch als wichtiges Besteuerungsprinzip bedeutsam.
1. Bei Versicherungen ist das Äquivalenzprinzip dann gewahrt, wenn sich die Versicherungsleistungen streng an den Beitragsleistungen und diese sich an der versicherungstechnischen Wahrscheinlichkeit des Schadenseintrittes orientieren.
2. Das Äquivalenzprinzip ist außerdem einer der Ansätze zur Steuergerechtigkeit. Es fordert, daß von jedem Steuerzahler ein Beitrag zur Finanzierung der öffentlichen Leistungen erbracht werden soll, der den Vorteilen (Nutzen) aus diesen Leistungen entspricht. Damit ist das Äquivalenzprinzip nicht nur ein Steuerprinzip, sondern ein Prinzip der Steuer- und Ausgabengestaltung. Da es nicht einfach ist, die Nutzen aus der staatlichen Leistung zu konkretisieren, ist das Äquivalenzprinzip häufig als sogenannte „kostenmäßige Äquivalenz" umgesetzt worden. In diesem Fall wird eine Äquivalenz zwischen den Kosten der öffentlichen Leistungen und den erhobenen Abgaben angestrebt. Der Staat wird z. B. versuchen, über Entgelte eine Kostendeckung zu erreichen. Steuern, die aufgrund des Äquivalenzprinzips gerechtfertigt werden, sind in Deutschland etwa die Mineralölsteuer, durch die die Kosten des Straßenbaus abgegolten werden sollen, oder die Grundsteuer, die zumindest teilweise Erschließungskosten abdecken soll. Das Äquivalenzprinzip kann jedoch nicht zur Finanzierung der gesamten Staatstätigkeit angewendet werden, da bei vielen staatlichen Leistungen eine Zurechnung auf den einzelnen nicht möglich ist. Außerdem lassen sich mit dem Äquivalenzprinzip keine verteilungspolitischen Ziele verfolgen. Daher muß ergänzend ein zweites Prinzip einer

Arab Monetary Fund (AMF)

gerechten Besteuerung, das Leistungsfähigkeitsprinzip, berücksichtigt werden.

Arab Monetary Fund (AMF)

Der Arabische Währungsfonds (AMF) mit Sitz in Abu Dhabi wurde 1976 als Sonderinstitution im Rahmen der → Arabischen Liga gegründet. Aufgabe des Fonds ist es unter anderem, seine Mitglieder bei Zahlungsbilanzschwierigkeiten zu unterstützen, die Wechselkursstabilität und den Abbau von Devisenbeschränkungen im arabischen Raum zu fördern und zur Wirtschafts- und Währungsintegration der Mitgliedsstaaten beizutragen.

Arabische Liga

Die Arabische Liga wurde 1945 auf der Grundlage der Charta von Kairo gegründet. Ziel der Arabischen Liga ist die Förderung der Beziehungen und die Koordinierung der Politik ihrer Mitglieder auf wirtschaftlichem, finanziellem, sozialem, kulturellem und militärischem Gebiet sowie die Sicherung ihrer Unabhängigkeit und Souveränität. Organe sind der Rat der Liga und das General Sekretariat. Das wichtigste politische Organ ist der Rat der Könige. Der Rat der Liga, der zweimal jährlich zu ordentlichen Sitzungen zusammentritt, wird durch eine Reihe ständiger Ausschüsse (insbesondere den politischen Ausschuß der Außenminister, den Militärausschuß und den Wirtschaftsausschuß) unterstützt. Das General Sekretariat (Sitz in Kairo und Tunis) führt die Verwaltung, bereitet Beschlußvorlagen vor und sorgt für die Ausführung der Entscheidungen des Rates.

Arbeit

neben Kapital und Boden bzw. Umwelt einer der drei volkswirtschaftlichen → Produktionsfaktoren. Der gesamtwirtschaftliche (oder gesamtwirtschaftlich mögliche) Arbeitseinsatz wird häufig vereinfachend gleichgesetzt mit der Zahl der Arbeitskräfte. Diese Betrachtungsweise greift genaugenommen aber zu kurz, da für das Produktionsergebnis nicht die jeweilige Person, sondern die von ihr erbrachte Arbeitsleistung entscheidend ist. So gesehen gewinnen sowohl Arbeitszeit- als auch Qualifikationsaspekte große Bedeutung.

Arbeiter → Arbeitnehmer

Arbeitgeber

im Sinne des Arbeitsrechts jede natürliche oder juristische Person, die mindestens eine andere natürliche Person, den → Arbeitnehmer, beschäftigt und diesem gegenüber mit Weisungsrechten ausgestattet ist. Im Gegenzug ist der Arbeitgeber zur Zahlung eines Arbeitsentgelts und zur Fürsorge für seine Beschäftigten verpflichtet. Weitere Rechte und Pflichten werden im → Arbeitsvertrag geregelt.

Arbeitgeberverbände

Vereinigungen von Unternehmen zur Wahrnehmung kollektiver Arbeitgeberinteressen. Hauptanliegen und zugleich Abrenzungskriterium zu anderen Unternehmensverbänden ist ihr Auftreten als → Tarifpartner. Daneben widmen sich die Arbeitgeberverbände vor allem der juristischen Beratung ihrer Mitglieder, der Bildungs- und Öffentlichkeits- sowie der politischen Lobbyarbeit. In Deutschland sind etwa 90% der privaten Unternehmen in regional und fachlich gegliederten Arbeitgeberverbänden organisiert. Die fachlichen Organisationen sind ihrerseits in Landes- oder Bundesverbänden zusammengeschlossen. Die Dachorganisation aller Arbeitgeberverbände ist die *Bundesvereinigung der deutschen Arbeitgeberverbände* mit Sitz in Köln, die derzeit 48 Branchen- und 15 Landesverbände repräsentiert.

Arbeitnehmer

im Sinne des Arbeitsrechts jede natürliche Person, die einer anderen natürlichen oder juristischen Person, dem → Arbeitgeber, durch einen privatrechtlichen → Arbeitsvertrag zur Erbringung einer regelmäßigen Arbeitsleistung verpflichtet ist. Als Arbeitnehmer zählen somit Arbeiter, Angestellte und Auszubildende, nicht aber Beamte, Richter, Wehr- und Zivildienstleistende, da letztere aufgrund eines öffentlich-rechtlichen Dienstverhältnisses beschäftigt werden. Die Unterscheidung zwischen Arbeitern und Angestellten kann einerseits durch → Tarifverträge (Arbeiter als Lohn- und Angestellte als Gehaltsempfänger), andererseits anhand der Versicherungspflicht bei der → gesetzlichen Rentenversicherung der Arbeiter bzw. der der Angestellten erfolgen.

Arbeitnehmerähnliche Personen

Personen, die zwar keine → Arbeitnehmer sind, weil sie keinen → Arbeitsvertrag besitzen, sondern im Rahmen von Werkverträgen Auftragnehmer sind, deren hohe wirtschaftliche Abhängigkeit von Unternehmen ihnen aber einen ähnlichen sozialen Schutz und die rechtliche Zuständigkeit von → Arbeitsgerichten verschafft. Hierzu zählen insbesondere Heimarbeiter und Handelsvertreter sowie unter bestimmten Voraussetzungen auch Hausgewerbetreibende.

Arbeitnehmer-Entsendegesetz

Kurzbezeichnung für das am 1. 3. 1996 in Deutschland in Kraft getretene „Gesetz über zwingende

Arbeitnehmer-Pauschbetrag

Arbeitsbedingungen bei grenzüberschreitenden Dienstleistungen". Durch dieses Gesetz soll der vor allem in der Baubranche durch Einsatz von „Niedriglohn-Arbeitnehmern" verursachte Abbau von Arbeitsplätzen verhindert werden. Danach gelten → Tarifverträge, die eine → Tarifbindung für alle deutschen Arbeitgeber enthalten (mit einer sogenannten Allgemeinverbindlichkeitserklärung), auch für alle ausländischen Arbeitgeber hinsichtlich ihrer in Deutschland beschäftigten Arbeitnehmer.

Arbeitnehmer-Pauschbetrag

Im Rahmen der Einkommensteuer kann bei Einkünften aus nichtselbständiger Arbeit anstelle einzeln nachgewiesener Werbungskosten ein Betrag von jährlich 2.000 DM vom Bruttolohn abgezogen werden. Bei Ehegatten kann jeder einen Pauschbetrag in Anspruch nehmen.

Arbeitnehmerquote

Anteil der abhängig Beschäftigten (= Arbeitnehmer) an den → Erwerbstätigen. Zu den Arbeitnehmern zählen auch (vorübergehend) Erkrankte, Urlauber, Streikende und von Aussperrung betroffene Personen; weiterhin Saison-, Aushilfs-, Kurzarbeiter, Teilzeitbeschäftigte, Heimarbeiter und Hausgehilfen sowie Auszubildende einschließlich Praktikanten und Volontäre. Nicht gerechnet werden Grund- und Zivildienstleistende, Strafgefangene und ehrenamtlich Tätige.

Arbeitnehmerschutz

– auch als Arbeitsschutz oder Arbeiterschutz bezeichnet – Gesamtheit aller sozialpolitischen Maßnahmen zum Schutze der abhängig Arbeitenden gegen materielle und immaterielle Schädigungen und Gefahren, die aus der Arbeitsausübung und aus dem Abhängigkeitscharakter des Lohnarbeitsverhältnisses erwachsen. Die Notwendigkeit zur Entwicklung eines Arbeitnehmerschutzrechts ergab sich aus den im Zeitalter der Industrialisierung existierenden schwerwiegenden Mißständen wie Kinderarbeit, extrem lange Arbeitszeiten, gesundheitsgefährdende Arbeitsumwelt- und Arbeitsplatzbedingungen, insbesondere für Frauen und Jugendliche, Unregelmäßigkeiten in der Lohnzahlung, die Entlohnung in Waren statt in Geld und die Möglichkeit uneingeschränkter fristloser Kündigung. Teilbereiche des Arbeitnehmerschutzes stellen der → Arbeitszeitschutz (einschließlich Mutterschutz und Jugendarbeitsschutz), der → Betriebsschutz, der → Unfallschutz, der Gefahrenschutz, aber auch der → Bestandschutz des Arbeitsverhältnisses.

Arbeitnehmerschutzinduzierte Arbeitslosigkeit

kann dadurch geschaffen werden, daß eine Beschäftigung von Arbeitnehmern unterbleibt, weil ihre Beschäftigung aufgrund von bestimmten Schutzvorschriften (z.b. starke zeitliche oder quantitative Beschäftigungseinschränkungen für Jugendliche, besonderer Kündigungsschutz für ältere Arbeitnehmer und für Mütter) oder aufgrund von Mindestlohnvorschriften (z.b. von Ausbildungsvergütungen oder von Tariflöhnen für weniger qualifizierte Kräfte) im Verhältnis zu anderen Arbeitnehmergruppen – bezogen auf die Unterschiede in der Arbeitsproduktivität – zu teuer wird. Die Arbeitsmarktsegmentierung wird dadurch verstärkt. Kündigungsschutz erhöht generell die Beschäftigungskosten, weil die Anpassungsflexibilität dadurch reduziert wird und die Bereitschaft der Unternehmer, Einstellung vorzunehmen, sinkt.

Arbeitnehmersparzulage

Instrument der Förderung der → Vermögensbildung in Arbeitnehmerhand. Sie ist nach dem 5. Vermögensbildungsgesetz und durch Begünstigung nach § 19a des Einkommensteuergesetzes derzeit folgendermaßen ausgestaltet: Arbeitnehmersparzulage erhalten Arbeitnehmer, deren Einkommen bestimmte Grenzen nicht übersteigt, für vermögenswirksame Leistungen, die sie in den Anlageformen anlegen, für die das Gesetz eine Förderung vorsieht. Seit 1994 beträgt die Sparzulage 10% der jährlich angelegten vermögenswirksamen Leistungen bis zum Höchstbetrag von 936 DM, also maximal 94 DM. Sie wird auf Antrag jährlich vom Finanzamt festgesetzt. Die Einkommensgrenzen liegen bei zu versteuernden Einkommen von 54.000 DM für Verheiratete und 27.000 DM für Alleinstehende.

Arbeitsamt → Bundesanstalt für Arbeit

Arbeitsangebot → Gesamtwirtschaftliches Arbeitsangebot

Arbeitsbeschaffungsmaßnahmen

– kurz ABM – zahlenmäßig wichtigstes Instrument der → aktiven Arbeitsmarktpolitik. Durch Zuschüsse oder Darlehen der → Bundesanstalt für Arbeit werden Arbeiten bei privaten oder juristischen Personen des öffentlichen Rechts – vor allem Kommunen und Wohlfahrtsverbänden – gefördert, die im öffentlichen Interesse liegen, sonst nicht oder erst zu einem späteren Zeitpunkt durchgeführt würden und die Lage am Arbeitsmarkt verbessern. Förderbar sind solche Arbeiten, wenn dazu Arbeitnehmer eingestellt werden, die vom jeweiligen Ar-

Arbeitsentgelt

beitsamt zugewiesen werden, Anspruch auf Leistungen der → Arbeitslosenversicherung haben und zuvor mindestens sechs Monate als arbeitslos gemeldet waren. Die Höhe des Zuschusses beträgt im ersten Förderungsjahr maximal 75% (in Ausnahmefällen sogar 90%), in der Regel aber 50% des berücksichtigungsfähigen → Arbeitsentgeltes und mindert sich danach jährlich um 10% bis auf mindestens 30%. Danach endet die Förderung. Sonderregelungen mit verstärkter Förderung gelten für ältere Arbeitnehmer, die mindestens 50 Jahre alt sind. Da reine Mitnahmeeffekte durch die gesetzlichen Regelungen weitgehend ausgeschlossen sind, erwiesen sich Arbeitsbeschaffungsmaßnahmen als bislang erfolgreichste Maßnahme innerhalb der aktiven Arbeitsmarktpolitik (vgl. → Entlastungswirkungen der Arbeitsmarktpolitik). Auch der Übergang von Arbeitnehmern aus Arbeitsbeschaffungsmaßnahmen in unsubventionierte Arbeitsverhältnisse fiel bislang erfreulich hoch aus.

Arbeitsentgelt

im engeren Sinne Oberbegriff für alle Einkommen, die mit einer unselbständigen Tätigkeit erzielt werden. Voneinander unterschieden werden können dabei folgende Arten des Arbeitsentgelts, die jeweils von den verschiedenen Gruppen von → Arbeitnehmern bezogen werden: Lohn (Arbeiter), Gehalt (Angestellte), Besoldung (Beamte). Im weiteren Sinne bezeichnet es jedes Entgelt für die Erbringung einer menschlichen Arbeitsleistung. Nach dieser Definition zählen auch Honorare (Freiberufler) und der (fiktive) Unternehmerlohn zum Arbeitsentgelt.

Arbeitsförderungsgesetz

Das am 25. 6. 1969 verabschiedete Arbeitsförderungsgesetz – kurz AFG – bildete viele Jahre lang die rechtliche Grundlage und stellte die Ziele, Maßnahmen und Einzelregelungen der gesamten → Arbeitsmarktpolitik in Deutschland, des Handelns der → Bundesanstalt für Arbeit und der Durchführung der → Arbeitslosenversicherung dar. Das AFG hat eindeutig präventiven Charakter, d.h. es stellt den Vorrang der → aktiven, Arbeitslosigkeit vorbeugenden vor der → passiven, sich in der Gewährung von → Lohnersatzleistungen erschöpfenden, Arbeitsmarktpolitik heraus. Im → Arbeitsförderungsreformgesetz wurde es 1997 reformiert bzw. durch dieses abgelöst; die Neuregelungen behielten aber den Grundcharakter des AFG weitgehend bei.

Arbeitsförderungsgesetz-DDR

bezeichnet das in der ehemaligen DDR 1990 beschlossene Arbeitsförderungsgesetz, das in Teilen durch den Einigungsvertrag in Form von (zeitlich befristeten) Sonderbestimmungen in das → Arbeitsförderungsgesetz aufgenommen wurde, um den besonderen Problemen des ostdeutschen Arbeitsmarkts gerecht zu werden.

Arbeitsförderungsreformgesetz

im März 1997 vom Bundestag verabschiedetes Gesetz, das durch die Eingliederung als drittes Buch in das Sozialgesetzbuch am 1. 1. 1998 das bis dahin geltende → Arbeitsförderungsgesetz (AFG) als Rechtsgrundlage der → Arbeitsmarktpolitik und des Handelns der → Bundesanstalt für Arbeit reformierte und ablöste. Zielsetzungen des Arbeitsförderungsreformgesetzes sind in erster Linie eine Erhöhung der Effizienz der Arbeitsmarktpolitik, die Bekämpfung deren Mißbrauchs und eine Entlastung der Beitragszahler in der → Arbeitslosenversicherung. Gegenüber dem AFG wurden daher einige arbeitsmarktpolitische Instrumente modifiziert und vor allem das Leistungsrecht der Arbeitslosenversicherung und das Recht der → Arbeitslosenhilfe geändert.

Arbeitsgebundener technischer Fortschritt → Technischer Fortschritt

Arbeitsgerichte

Institutionen der deutschen Arbeitsgerichtsbarkeit, einem selbständigen Zweig der Gerichtsbarkeit, in der Rechtsstreitigkeiten des Arbeitslebens entschieden werden. Die Arbeitsgerichtsbarkeit hat drei Instanzen: Die erste Instanz bilden die Kammern bzw. Fachkammern der Arbeitsgerichte, die mit einem Berufsrichter und zwei ehrenamtlichen Richtern (je einer von Arbeitgeber- und Arbeitnehmerseite gestellt) besetzt sind. In zweiter Instanz entscheiden die Kammern der Landesarbeitsgerichte, denen ebenfalls ein Berufs- und zwei ehrenamtliche Richter vorstehen. Die dritte und höchste Instanz ist schließlich das Bundesarbeitsgericht in Kassel mit neun Senaten, die jeweils mit dem Vorsitzenden Richter, zwei berufsrichterlichen und zwei ehrenamtlichen Richtern besetzt sind. In bürgerlichen Rechtsstreitigkeiten fällen die Gerichte Entscheidungen in Form von Urteilen, in Angelegenheiten, die das → Betriebsverfassungs- oder das → Mitbestimmungsgesetz betreffen, in Form von Beschlüssen. Sowohl gegen Urteile als auch Beschlüsse der Arbeitsgerichte sind Revisionen (Berufung bzw. Beschwerde) bei der nächsthöheren, in besonderen Fällen auch übernächsten Instanz möglich. Die → Tarifpartner können für Rechtsstreitigkeiten im Tarifrecht durch ausdrückliche Vereinbarung auch Schiedsgerichte oder -stellen mit jeweils gleich vielen Vertretern von Arbeitgebern und -nehmern sowie häufig einem

Arbeitsintensität

Unparteiischen einrichten, die dann in diesen Fällen die Arbeitsgerichte ersetzen.

Arbeitsintensität

gibt an, in welchem Verhältnis der Faktor → Arbeit zum Faktor → Kapital bei der Produktion eingesetzt wird. Gilt eine gesamtwirtschaftliche Produktionsfunktion
Y = Y(A, K)
   mit Y = Sozialprodukt,
   A = Arbeitseinsatz
und K = Kapitaleinsatz,
so ist die Arbeitsintensität = A/K. Die Arbeitsintensität wird häufig zur Klassifizierung des → technischen Fortschritts herangezogen. So liegt gemäß Hicks neutraler technischer Fortschritt vor, wenn nach Einführung technischer Neuerungen die Arbeitsintensität gleich bleibt. Arbeitsparender technischer Fortschritt liegt dagegen dann vor, wenn relativ mehr Arbeit als Kapital gespart wird, sich die Arbeitsintensität also verringert.

Arbeitskampf

von Arbeitnehmer- oder Arbeitgeberseite gezielt vorgenommene Störung des regulären, vertraglich vereinbarten Arbeits- und Wirtschaftsablaufs, um v. a. bei Tarifverhandlungen auf die jeweils andere Seite Druck auszuüben. Der Arbeitskampf ist in Deutschland nicht gesetzlich geregelt, gilt aber allgemein im Rahmen der → Tarifautonomie als gerechtfertigt und ist in einigen Bundesländern teilweise sogar verfassungsmäßig abgesichert. Mögliche Erscheinungsformen sind der → Streik, die → Aussperrung und der → Boykott.

Arbeitskapital → Humankapital

Arbeitskoeffizient

Verhältnis des Arbeitseinsatzes zum damit erzielten Produktionsergebnis und somit Kehrwert der → Arbeitsproduktivität.

Arbeitskosten

in der → Volkswirtschaftlichen Gesamtrechnung durchschnittlicher Stundenlohn der Arbeitnehmer in einer → Volkswirtschaft, einem → Sektor oder einem → Unternehmen, gemessen als Relation aus → Einkommen aus unselbständiger Tätigkeit und → Arbeitsvolumen in einem bestimmten Zeitraum.

Arbeitskostenerhebung

seit 1959 in zunächst drei- und später vierjährigem Abstand in den Mitgliedstaaten der Europäischen Union durchgeführte Erhebung der amtlichen Statistik mit dem Ziel, die → Personalkosten der Unternehmen des Produzierenden Gewerbes und des Dienstleistungsbereichs zu erfassen. Die Ergebnisse dieser Erhebung finden vor allem in der Debatte um die Qualität eines Wirtschaftsstandorts große Beachtung.

Arbeitskräftebilanz

jährlich vom Institut für Arbeitsmarkt- und Berufsforschung veröffentlichte Zusammenstellung von → Erwerbspersonenpotential, → Erwerbstätigen, → registrierten Arbeitslosen und → Stiller Reserve. Aus der Veränderung der genannten Größen können erste Erkenntnisse über mögliche Arbeitslosigkeitsursachen und die Entlastungswirkungen der → aktiven Arbeitsmarktpolitik für den Arbeitsmarkt gewonnen werden.

Arbeitskräftepotential → Erwerbspersonenpotential

Arbeitslose → Registrierte Arbeitslose

Arbeitslosengeld

wichtigste → Lohnersatzleistung im Rahmen der → Arbeitslosenversicherung, deren Bezug im → Arbeitsförderungs- bzw. → Arbeitsförderungsreformgesetz geregelt ist. Anspruchsberechtigt ist danach, wer
1. arbeitslos ist (eine → geringfügige Beschäftigung ist jedoch gestattet),
2. beim zuständigen Arbeitsamt als arbeitslos registriert ist (→ registrierte Arbeitslose),

Arbeitslosengeld

3. Arbeitslosengeld beantragt hat,
4. der Arbeitsvermittlung zur Verfügung steht,
5. die Anwartschaftszeit erfüllt hat, d. h. innerhalb der letzten drei Jahre vor der Arbeitslosigkeit mindestens ein Jahr – als Saisonarbeiter mindestens sechs Monate – lang Beiträge zur Arbeitslosenversicherung gezahlt hat oder z. B. als Wehr- oder Zivildienstleistender der Beitragszahlung gleichgestellte Zeiten aufweist und
6. das 65. Lebensjahr noch nicht vollendet hat.

Bei einer Eigenkündigung des Arbeitnehmers beträgt die Sperrfrist für den Bezug von Arbeitslosengeld in der Regel 12 Wochen. Erhält der Arbeitslose eine Abfindung von seinem ehemaligen Arbeitgeber, kann sein Anspruch ebenfalls ruhen. Die Anspruchsdauer richtet sich nach der Dauer der vorangegangenen Beschäftigung und nach dem Lebensalter und beträgt zwischen sechs und 32 Monaten. Danach besteht meistens ein Anspruch auf → Arbeitslosenhilfe. Die Höhe des Arbeitslosengeldes beträgt je nach Familienstand des Betroffenen 60 bis 67% des letzten Nettoentgelts. Dabei findet jedoch einerseits eine Dynamisierung entsprechend der allgemeinen Lohnentwicklung und andererseits eine Anrechnung von Nebeneinkommen und Entlassungsentschädigungen statt.

Arbeitslosenhilfe

Arbeitslosenhilfe

aus Steuermitteln finanzierte, fürsorgeähnliche → Lohnersatzleistung im Rahmen der → Arbeitslosenversicherung, die im Anschluß an das → Arbeitslosengeld gewährt wird. Im Gegensatz zu diesem hängt die Gewährung von Arbeitslosenhilfe jedoch auch von der Bedürftigkeit der Betroffenen ab. Bei der Bedürftigkeitsprüfung spielen sowohl das Einkommen als auch das Vermögen des Arbeitslosen und seiner Angehörigen eine Rolle. Die Höhe der Arbeitslosenhilfe beträgt zwischen 53% und 57% des für die Bemessung maßgeblichen Nettoarbeitsentgelts. Die Bezugsdauer liegt bei maximal einem Jahr, danach haben die Betroffenen in aller Regel Anspruch auf → Sozialhilfe.

Arbeitslosenquote

wichtigste Kennzahl zur Beschreibung der aktuellen Arbeitsmarktsituation bzw. der gesamtwirtschaftlichen → Beschäftigung. In der deutschen amtlichen Statistik ist die Arbeitslosenquote definiert als Quotient aus der Zahl der → registrierten Arbeitslosen und der Zahl der abhängigen Erwerbspersonen (Beamte, Angestellte, Arbeiter, geringfügig Beschäftigte und registrierte Arbeitslose), ausgedrückt in Prozent. Die Aussagekraft dieser so definierten Arbeitslosenquote ist insbesondere deshalb eingeschränkt, weil:
1. im Zähler einerseits nicht registrierte Arbeitssuchende, die der sogenannten → Stille Reserve angehören, nicht enthalten sind, andererseits aber nicht vermittlungswillige registrierte Arbeitslose dazu zählen,
2. im Nenner einerseits Selbständige und mithelfende Familienangehörige fehlen, obwohl sie gegebenenfalls auch auf den Arbeitsmarkt drängen, andererseits aber Beamte und Angestellte des öffentlichen Dienstes enthalten sind, obwohl diese kein echtes Risiko tragen, unverschuldet arbeitslos zu werden.

Die Arbeitslosenquote ist in ihre ursprünglichen Form eine Bestands- bzw. Zeitpunktgröße. Über einen bestimmten Zeitraum hinweg kann jedoch auch eine (z. B. jahres-) durchschnittliche Arbeitslosenquote berechnet werden. Diese wiederum kann wie folgt in drei Komponenten zerlegt werden:

$$\frac{\text{Durchschnittliche}}{\text{Arbeitslosenquote}} = \frac{\text{durchschnittlicher Arbeitslosenbestand}}{\text{durchschnittlicher Erwerbspersonenbestand}} =$$

$$\frac{\text{durchschnittl. Arbeitslosigkeitsdauer}}{\text{Länge des betrachtenden Zeitraums}} \times \frac{\text{Zahl der Arbeitslosigkeitsfälle}}{\text{Zahl der arbeitslosen Personen}}$$

$$\times \frac{\text{Zahl der arbeitslosen Personen}}{\text{durchschnittlichen Erwerbspersonenbestand}}$$

Arbeitslosigkeit

Als Bestimmungsgrößen der Arbeitslosenquote treten damit die individuelle Dauer der Arbeitslosigkeit (Zeitraum des Arbeitsloseins), das individuelle Risiko der Arbeitslosigkeit (Häufigkeit des Arbeitsloswerdens) und die allgemeine Betroffenheit von der Arbeitslosigkeit (Anteil der mindestens einmal arbeitslos gewordenen Personen) in den Vordergrund. Eine hohe durchschnittliche Arbeitslosenquote kann also ebenso aus einem hohen Anteil Langzeitarbeitsloser wie aus einem häufigen Wechsel zwischen Erwerbstätigkeit und Arbeitslosigkeit („hire and fire") oder aus einem hohen Anteil (einmal) Arbeitsloser resultieren. Die Komponentenzerlegung ermöglicht mithin eine genauere Analyse der → Arbeitsmarktdynamik und eine Verbesserung der → Arbeitsmarktpolitik.

Arbeitslosenversicherung

in Deutschland 1927 gegründete Pflichtversicherung und Teil des Systems der → Sozialversicherungen. Die heutige gesetzliche Grundlage bilden das Sozialgesetzbuch und das → Arbeitsförderungsreformgesetz, wonach grundsätzlich alle gegen Entgelt beschäftigten → Arbeitnehmer und ihnen gleichgestellte Personen mit Ausnahme von Beamten der Arbeitslosenversicherungspflicht unterliegen. Durch die Befreiung → geringfügiger Beschäftigungen und die Einführung von → Beitragsbemessungsgrenzen wird jedoch ein Teil der Arbeitnehmer bzw. → Arbeitsentgelte von der Versicherungspflicht ausgenommen. Träger und durchführende Behörde der Arbeitslosenversicherung ist die → Bundesanstalt für Arbeit. Die Finanzierung erfolgt nach dem Beitragssystem, wobei die Beitragssätze in Höhe von derzeit 3,25% je zur Hälfte von Arbeitnehmern und → Arbeitgebern entrichtet werden. Als Versicherungsleistung gewährt die Bundesanstalt für Arbeit den Betroffenen unter bestimmten Voraussetzungen die → Lohnersatzleistungen → Arbeitslosengeld, → Arbeitslosenhilfe, → Altersübergangsgeld, → Unterhaltsgeld, → Übergangsgeld, → Kurzarbeitergeld, → Eingliederungsgeld, → Winterausfalleld oder → Insolvenzgeld.

Arbeitslosigkeit

In der Wirtschaftstheorie wird Arbeitslosigkeit in der Regel als zahlenmäßiger Überschuß des → Arbeitsangebots über die → Arbeitsnachfrage auf dem gesamten → Arbeitsmarkt oder auf mindestens einem → Teilarbeitsmarkt definiert (markttheoretische Definition). Da es bei dieser Definition unerheblich ist, ob sich die Arbeitslosen offiziell melden, unterscheidet sich der theoretische Begriff der Arbeitslosigkeit von dem engeren, in der Arbeitsmarktstati-

Arbeitslosigkeit

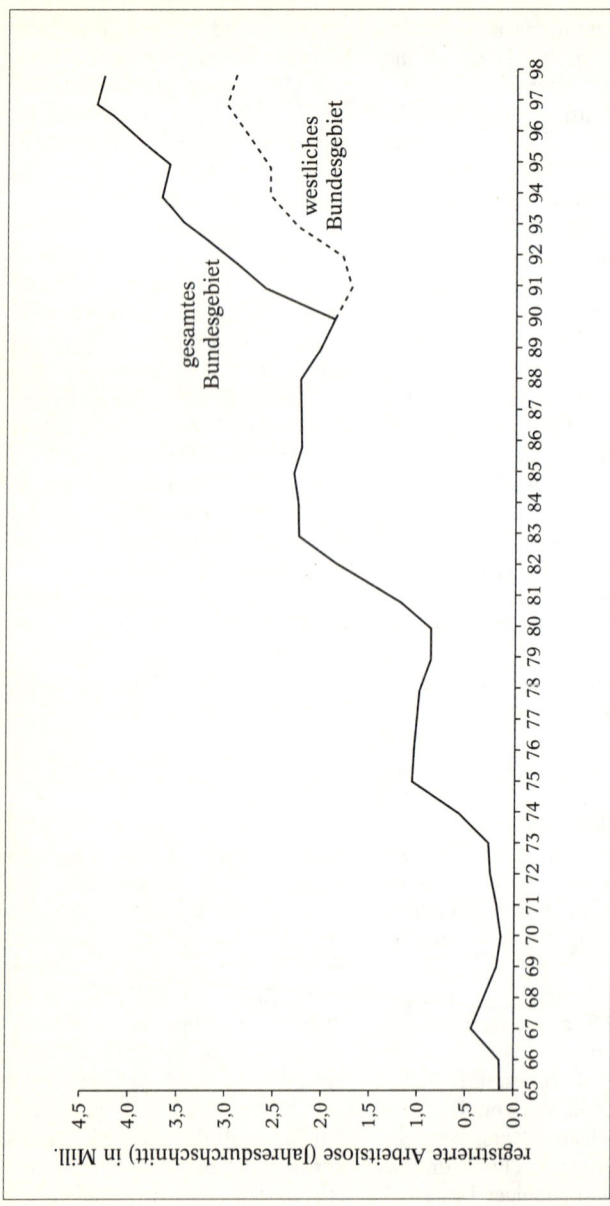

Entwicklung der Arbeitslosigkeit in Deutschland seit 1965
Quelle: Bundesanstalt für Arbeit

stik verwendete, der nur die bei den Arbeitsämtern → registrierten Arbeitslosen erfaßt. Im Gegensatz zum weiter gefaßten, eher produktionstheoretischen Begriff der → Unterbeschäftigung stellt die markttheoretische Definition der Arbeitslosigkeit lediglich auf die Anzahl der arbeitslosen Personen, nicht aber auf die tatsächliche oder hypothetische Arbeitszeit der beschäftigten und arbeitslosen Personen ab. Arbeitslosigkeit kann unter verschiedenen Zielsetzungen nach einer Vielzahl von Kriterien klassifiziert werden (→ Arbeitslosigkeitsarten).

Arbeitslosigkeitsarten

unterschiedliche Erscheinungsformen von Arbeitslosigkeit. Die Komplexität des Phänomens bedingt, daß sie nach den verschiedensten Gesichtspunkten gegliedert werden kann. Die systematischste, aber bei weitem nicht vollständige Aufzählung von Arbeitslosigkeitsarten findet sich in der → Kausalklassifikation der Arbeitslosigkeit, die nach deren Ursachen fragt.

Übersicht der verschiedenen Arbeitslosigkeitsarten

- abgabeninduzierte Arbeitslosigkeit
- arbeitnehmerschutzinduzierte Arbeitslosigkeit
- bevölkerungs- oder demographisch bedingte Arbeitslosigkeit

Arbeitslosigkeitsdeterminanten

- Bodensatz- oder Rest- bzw., Sockelarbeitslosigkeit
- exportierte Arbeitslosigkeit
- freiwillige Arbeitslosigkeit
- friktionelle oder Fluktuations- bzw. Sucharbeitslosigkeit
- globale Arbeitslosigkeit
- inflationsneutrale Arbeitslosigkeit
- Kapitalmangelarbeitslosigkeit
- konjunkturelle Arbeitslosigkeit
- Langzeitarbeitslosigkeit
- Mindestlohnarbeitslosigkeit
- Nachfragemangelarbeitslosigkeit
- reallohnbedingte oder lohninduzierte bzw. neoklassische Arbeitslosigkeit
- natürliche Arbeitslosigkeit
- saisonale Arbeitslosigkeit
- strukturelle Arbeitslosigkeit
- technologische oder produktivitätsbedingte Arbeitslosigkeit
- unechte Arbeitslosigkeit
- verdeckte oder versteckte Arbeitslosigkeit
- wachstumsbedingte Arbeitslosigkeit

Arbeitslosigkeitsdeterminanten

sind alle Einflußgrößen, die direkt oder indirekt die Höhe der Arbeitslosigkeit bestimmen. Als direkte Determinanten gelten jeweils die Höhe und Struktur des → gesamtwirtschaftlichen Arbeitsangebots und der → gesamtwirtschaftlichen Arbeitsnachfrage sowie die → Funktionsfähigkeit des Arbeitsmarkts. Als indirekte Determinanten können all die Grö-

Arbeitsmarkt

ßen angesehen werden, die ihrerseits die direkten Determinanten beeinflußen, also z. B. Bevölkerungszahl und -struktur, Höhe und Struktur der Güternachfrage, Ausmaß des technischen Fortschritts, politische Rahmenbedingungen, usw.

Arbeitsmarkt

im Rahmen wirtschaftstheoretischer Modelle der → Markt, auf dem das → gesamtwirtschaftliche Arbeitsangebot und die → gesamtwirtschaftliche Arbeitsnachfrage aufeinandertreffen. Als Marktergebnisse resultieren die gesamtwirtschaftliche → Beschäftigung, das Ausmaß an → Arbeitslosigkeit bzw. → Unterbeschäftigung und die Lohnsätze als Preis der Arbeit. Für analytische und vor allem arbeitsmarktpolitische Ziele ist es zweckmäßig, die unrealistische Annahme eines einzigen, homogenen Arbeitsmarktes aufzugeben und von mehreren, nach verschiedenen Kriterien voneinander abgrenzbaren → Teilarbeitsmärkten auszugehen.

Arbeitsmarktdynamik

beschreibt die Intensität der Veränderungen am → Arbeitsmarkt. Im Gegensatz zu den häufig zur Beschreibung der jeweiligen Arbeitsmarktsituation verwendeten Bestandsgrößen wie z. B. Zahl der → Erwerbstätigen, Zahl der → registrierten Arbtitslosen oder Zahl der → Offenen Stellen wird hier auf Bewegungsgrößen wie Zugänge in die Arbeitslosigkeit, Abgänge aus der Arbeitslosigkeit, insbesondere durch Vermittlung in Arbeitsverhältnisse, oder Zu- und Abgänge bei den Offenen stellen abgehoben. Im Hintergrund steht also nicht der jeweilige Status („arbeitslos oder beschäftigt sein") der betrachteten Personen, sondern deren Statuswechsel („arbeitslos oder Beschäftigter werden"). Die Betrachtung von Bewegungsgrößen am Arbeitsmarkt ist, wenn auch unüblicher und aufwendiger, so doch wesentlich informativer als der Vergleich einer Bestandsgröße zu verschiedenen Zeitpunkten, weil hierdurch deren Veränderung erklärt werden. Mit der Arbeitsmarktdynamik wird einerseits die → Funktionsfähigkeit des Arbeitsmarktes beschrieben, andererseits aber auch die Arbeitsplatzsicherheit. So kann eine hohe Arbeitsmarktdynamik sowohl positiv (von momentan Arbeitslosen) als auch negativ (von Beschäftigten, die um ihren Arbeitsplatz fürchten) empfunden werden. (vgl. hierzu auch die mögliche Komponentenzerlegung der → Arbeitslosenquote).

Arbeitsmarktordnung

Gesamtheit aller Normen und Institutionen, die die Rahmenbedingungen für das Geschehen auf dem → Arbeitsmarkt bilden. Aufgrund früherer Erfahrungen, vor

Arbeitsmarktpolitik

allem denen aus der Weltwirtschaftskrise 1929, erfuhr der Arbeitsmarkt in Deutschland im Rahmen der → Sozialen Marktwirtschaft sozialpolitisch motiviert eine gegenüber sonstigen Märkten besondere Ausgestaltung. Hierzu zählen insbesondere die → Tarifautonomie, gesetzliche Arbeitnehmerschutznormen (→ Arbeitsschutzrecht), die Einrichtung der → Bundesanstalt für Arbeit mit ihrer vorrangigen Aufgabe der → Arbeitsvermittlung, die individuelle Einkommenssicherung bei Arbeitslosigkeit durch → Lohnersatzleistungen im Rahmen der → Arbeitslosenversicherung sowie die → Mitbestimmung.

Arbeitsmarktpolitik

– einer OECD-Definition von 1967 folgend – Gesamtheit der finanziellen Leistungen, Beratungs- und Vermittlungsdiensten, Maßnahmen und Institutionen, die
1. Menge, Struktur und Qualität des Erwerbspersonenpotentials aus dem In- und Ausland optimieren,
2. auf dem Gesamtarbeitsmarkt bzw. seinen Teilarbeitsmärkten eine bestmögliche gegenseitige Anpassung von verfügbaren Arbeitskräften und -plätzen herbeiführen,
3. das Erwerbspersonenpotential möglichst vollständig, kontinuierlich und produktiv zur Wohlfahrtssteigerung nutzen.

In Abweichung von bzw. Erweiterung der → Beschäftigungspolitik liegen die Ansatzpunkte der Arbeitsmarktpolitik nicht nur auf der Nachfrageseite, sondern vor allem auf der Angebotsseite und bei der → Funktionsfähigkeit des Arbeitsmarktes. Außerdem beinhaltet die Arbeitsmarktpolitik die Erwerbs- und Lebensinteressen der betroffenen Personen, was insbesondere in der Gewährung von → Lohnersatzleistungen zum Ausdruck kommt. Träger der Arbeitsmarktpolitik in Deutschland ist in erster Linie die → Bundesanstalt für Arbeit. Daneben kommen dem Bundestag (durch seine allgemeine Gesetzgebungskompetenz) und der Bundesregierung (durch Rechtsverordnungen, Erlasse und Sonderprogramme, die von der Bundesanstalt für Arbeit durchzuführen sind, und über die Finanzierung eventueller Haushaltsdefizite der Arbeitsverwaltung) eine große Bedeutung zu. Die Rolle der Bundesländer (landesspezifische Umsetzung von EU- und Bundesprogrammen), Kommunen (Schaffung von Arbeitsgelegenheiten für Sozialhilfeempfänger) und der Europäischen Union (Finanzierung von Sonderprogrammen aus EU-Fonds) sind dagegen eher gering. Bei einer weiten Auslegung können auch Gewerkschaften und Arbeitgeberverbände im Rahmen der → Tarifautonomie sowie einzelne Betriebe und Verwaltungen in Form ihrer Personalpolitik als Träger der

Arbeitsmarktpolitik bezeichnet werden. Danach, ob die Maßnahmen präventiven, Arbeitslosigkeit vermeidenden oder nur deren finanziellen Folgen für den einzelnen kurierenden Charakter haben, unterscheidet man zwischen → aktiver und → passiver Arbeitsmarktpolitik. Der Erfolg ersterer kann grob anhand der → Entlastungswirkungen der Arbeitsmarktpolitik beurteilt werden.

Arbeitsmarktsegmentation

Aufspaltung des gesamten → Arbeitsmarkts in voneinander abgrenzbare → Teilarbeitsmärkte. Im Rahmen der → Segmentationstheorien dienen dabei vor allem institutionelle Besonderheiten des Arbeitsmarkts als Trennungskriterien.

Arbeitsmarktstatistik

im weiteren Sinne Gesamtheit aller arbeitsmarktrelevanten amtlichen Statistiken, einschließlich der → Erwerbstätigkeitsstatistiken und der → Beschäftigtenstatistiken. Im engeren Sinne wird der Begriff für die Statistiken verwendet, die von der Arbeitsverwaltung durch Auswertung von Geschäftsunterlagen der Arbeitsämter erstellt werden. Zu nennen sind insbesondere die Statistiken über Bestand, Struktur, Zu- und Abgänge der → registrierten Arbeitslosen, die Statistik der Arbeitsvermittlungen, die Statistik der Berufsberatung sowie die Statistik der → Offenen Stellen und die Statistik der → Kurzarbeit.

Arbeitsmarkttheorien

Versuche, die Funktionsweise des → Arbeitsmarktes, seine Besonderheiten gegenüber anderen Märkten und zum Teil auch das Entstehen von Arbeitslosigkeit zu erklären. Insoweit korrespondieren zumindest einige Arbeitsmarkttheorien mit der → Kausalklassifikation der Arbeitslosigkeit. Im wesentlichen können folgende Arbeitsmarkttheorien voneinander unterschieden werden:
1. Basismodell der → neoklassischen Arbeitsmarkttheorie,
2. Weiterentwicklungen des neoklassischen Modells:
   → Such- (oder: job-search-, labor-turnover-)Theorien,
   → Kontrakttheorien,
   → Humankapitaltheorien,
   → Effizienzlohntheorien und
   → Insider-Outsider-Theorien,
3. Institutionalistischen Arbeitsmarkttheorien:
   → Segmentationstheorien und
   → Insider-Outsider-Theorien unter Einbeziehung von Gewerkschaften.

Arbeitsnachfrage → Gesamtwirtschaftliche Arbeitsnachfrage

Arbeitsparender technischer Fortschritt → Technischer Fortschritt

Arbeitsplatzkonzept → Segmentationstheorien

Arbeitsplatzpotential

Schätzgröße für die gesamtwirtschaftlich maximal verfügbare Anzahl von Arbeitsplätzen. Das auf das Jahresgutachten 1976 des → Sachverständigenrates zurückgehende Arbeitsplatzpotential wird mit Hilfe des → Kapitalstocks und einer potentiellen → Kapitalintensität bei Vollauslastung der Produktionskapazitäten berechnet. Es liefert so ansatzweise ein Maß für die potentielle → gesamtwirtschaftliche Arbeitsnachfrage, wird aber wegen der globalen, nicht nach Branchen oder Qualifikationen spezifizierten Berechnung kritisiert, da auf diese Weise bei Prognosen der Strukturwandel in der Volkswirtschaft vernachlässigt wird.

Arbeitsproduktivität

gibt an, welcher Output mit einem bestimmten Arbeitseinsatz hergestellt werden kann. Unterschiede im Lebensstandard verschiedener Länder lassen sich letztlich immer auf unterschiedliche Arbeitsproduktivitäten zurückführen. Die wesentlichen Faktoren, die die Arbeitsproduktivität eines Landes bestimmen sind:
1. das Realkapital, also der Bestand an produzierten Produktionsmitteln, die für die Produktion von Waren und Dienstleistungen verwendet werden;

Arbeitsproduktivität

2. das → Humankapital, d.h. das Wissen und die Fähigkeiten, die Arbeitskräfte durch Ausbildung und Berufserfahrung erwerben;
3. die natürlichen → Ressourcen, sprich die bei der Produktion von Waren und Dienstleistungen eingesetzten Inputs, die von der Natur bereitgestellt werden, z. B. Land, Flüsse, Bodenschätze, saubere Luft;
4. technologisches Wissen, d.h. das Wissen der Gesellschaft um die besten Wege zur Herstellung von Waren und Dienstleistungen.

Berücksichtigt man diese Faktoren, so läßt sich die volkswirtschaftliche Produktionsfunktion folgendermaßen definieren:

$Y = F(A, K, H, N)$

Y = Menge der produzierten Güter und Dienstleistungen,

A = die Menge des Produktionsfaktors Arbeit,

K = die Menge des Produktionsfaktors Realkapital,

H = die Menge des Produktionsfaktors Humankapital,

N = die Menge des Produktionsfaktors natürliche Ressourcen und

F = eine Funktion, die angibt, wie die Inputs zur Produktion des Output kombiniert werden. Sie fällt je nach der verfügbaren Produktionstechnologie unterschiedlich aus.

Arbeitsproduktivität

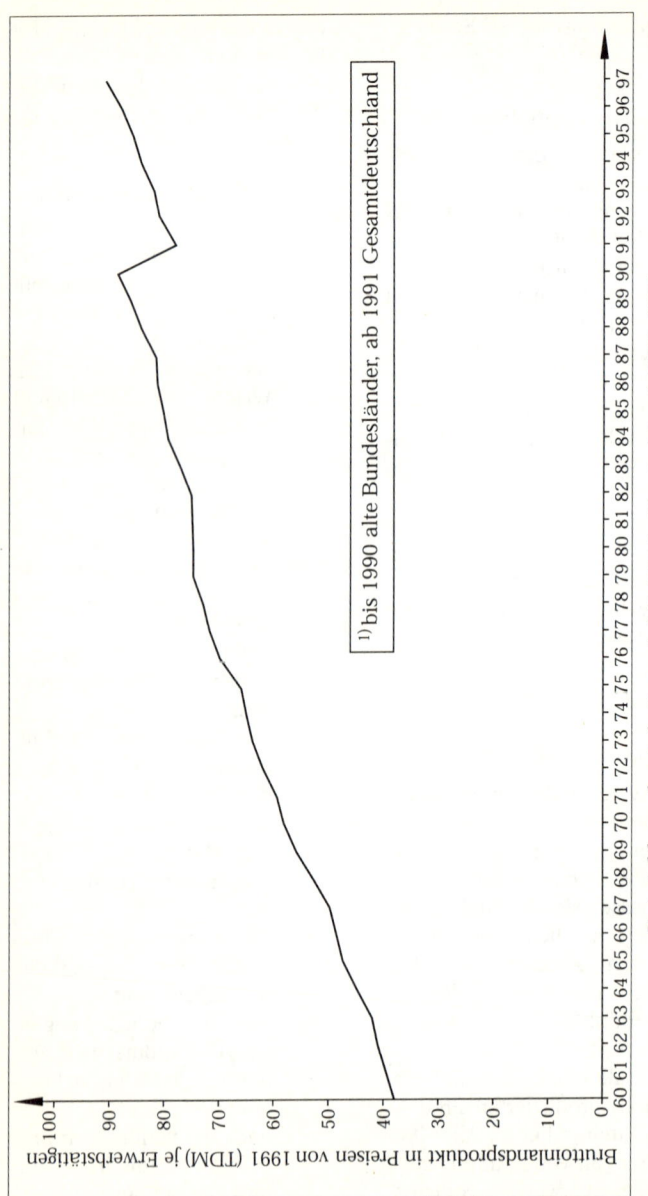

Entwicklung der Arbeitsproduktivität in Deutschland 1960–1997
Quelle: *Sachverständigenrat zur Begutachtung der gesamtwirtschaftlichen Entwicklung;
Jahresgutachten 1998/99, S. 352.*

Die Arbeitsproduktivität (Output pro Arbeitskraft) ergibt sich als

$$\frac{Y}{A} = F(1, \frac{K}{A}, \frac{H}{A}, \frac{N}{A})$$

Sie hängt ab vom eingesetzten Realkapital pro Arbeitskraft (K/A), vom eingesetzten Humankapital pro Arbeitskraft (H/A) und von den eingesetzten natürlichen Ressourcen pro Arbeitskraft (N/A). Die Produktivität wird außerdem durch den Stand der Technologie bestimmt, die sich in der Funktion F widerspiegelt. Die amtliche Statistik mißt die Arbeitsproduktivität durch das reale Bruttoinlandsprodukt zu Marktpreisen je Erwerbstätigen. Sie ist in der Bundesrepublik seit 1950 absolut gestiegen, allerdings seit 1973 mit abnehmenden Zuwächsen und zyklischen Schwankungen. Diese Schwankungen belegen, daß → Erwerbstätige in den Phasen des → Konjunkturzykluses unterschiedlich stark in Anspruch genommen werden. Der Arbeitseinsatz wird eher in Form von Überstunden bzw. → Kurzarbeit an die konjunkturellen Gegebenheiten angepaßt als durch Einstellungen bzw. Entlassungen. Große Bedeutung hat die jährliche Wachstumsrate der Arbeitsproduktivität als Eckdatum bei Tarifverhandlungen. Zur Messung der Arbeitsproduktivität durch das Bruttoinlandsprodukt je Erwerbstätigen ist kritisch anzumerken, daß Veränderungen der jährliche Arbeitszeit nicht beachtet werden. Die jährliche Arbeitszeit hängt von der tariflichen Arbeitszeit (die in Deutschland seit 1950 von 48 auf 35 Stunden pro Woche gesunken ist), der Anzahl der Überstunden, der Kurzarbeits,- der Urlaubs- und Streiktage ab. Da die jährliche Arbeitszeit in Deutschland stark zurückgegangen ist, ergibt sich bei der Berechnung der Arbeitsproduktivität auf Stundenbasis ein wesentlich höherer Wert, als bei der auf die Erwerbspersonen bezogenen Arbeitsproduktivität.

Arbeitsrecht

Gesamtheit aller Rechtsnormen, die das jeweilige Arbeitsverhältnis zwischen → Arbeitgebern und → Arbeitnehmern gestalten sowie die rechtlichen Rahmenbedingungen für die Erbringung von individuellen Arbeitsleistungen bilden. Das Arbeitsrecht umfaßt sowohl gesetzliche als auch vertragliche Regelungen als auch richterliche Entscheidungen der → Arbeitsgerichte. Inhaltlich wird das Arbeitsrecht im allgemeinen in drei Komplexe gegliedert:
1. das individuelle Arbeitsrecht (Arbeitsvertragsrecht, Betriebsvereinbarungen, usw.),
2. das kollektive Arbeitsrecht (Tarifvertragsrecht, Mitbestimmungsrecht, usw.) und
3. das → Arbeitsschutzrecht (allgemeine und besondere Schutzvorschriften für Arbeitnehmer).

Arbeitsrechtliches Beschäftigungsförderungsgesetz

Arbeitsrechtliches Beschäftigungsförderungsgesetz

am 1. 10 1996 in Deutschland in Kraft getretenes Gesetz, das hauptsächlich eine Verringerung der → Lohnnebenkosten zum Ziel hatte. Zu diesem Zweck wurden die gesetzlich vorgeschriebene → Lohnfortzahlung im Krankheitsfall von 100% auf 80% reduziert, der → Kündigungsschutz gelockert und der Abschluß befristeter Arbeitsverträge erleichtert.

Arbeitsschutzrecht

Gesamtheit aller Rechtsnormen zum Schutz von Arbeitnehmern. Zu unterscheiden sind dabei
1. allgemeine Schutzvorschriften für alle Arbeitnehmer wie z. B. Maßnahmen zum → Arbeitsschutz oder → Betriebsschutz und
2. Sonderschutzvorschriften für bestimmte Personengruppen wie Mütter (→ Mutterschutz), Jugendliche (→ Jugendschutz) oder Schwerbehinderte.

Konkrete Maßnahmen zum Arbeitsschutz in Betrieben sind grundsätzlich mitbestimmungspflichtig.

Arbeitsstättenzählung

→ Totalerhebung der amtlichen Statistik zur Erfassung aller Arbeitsstätten und Unternehmen außerhalb der Landwirtschaft. Die in Deutschland seit 1925 zusammen mit der → Volkszählung durchgeführten Arbeitsstättenzählungen haben kein allzu differenziertes Fragenprogramm, sondern dienen vielmehr zur Schaffung einer regional und strukturell tief gegliederten Auswahlgrundlage für eine Vielzahl spezieller Unternehmens- und Betriebsbefragungen und zur Abrundung des nicht vollständigen Systems der Bereichszählungen in den einzelnen Wirtschaftsbereichen.

Arbeitsteilung

Aufspaltung des Wirtschaftsprozesses auf für bestimmte Tätigkeiten besonders geeignete Wirtschaftseinheiten mit dem Ziel einer Steigerung der → Produktivität. Arbeitsteilung kann innerbetrieblicher, volkswirtschaftlicher oder internationaler Art sein. Im Außenhandel bedeutet internationale Arbeitsteilung insbesondere, daß sich jedes Land auf die Produktion derjenigen Güter spezialisiert, die es am kostengünstigsten herstellen kann. Kostenunterschiede können prinzipiell aus Unterschieden in den Produktionsverfahren (Theorie der → komparativen Kosten von *David Ricardo*) oder aus Unterschieden in der Ausstattung mit → Produktionsfaktoren (→ *Heckscher-Ohlin*-Theorem) resultieren. Ihre Messung erfolgt typischerweise anhand von Indizes.

Arbeitsvermittlung

einer der klassischen Bereiche der → aktiven Arbeitsmarktpolitik und damit zugleich eine der zentralen Aufgaben der → Bundesanstalt für Arbeit. Diese sammelt alle relevanten Informationen über den Arbeitsmarkt und gibt sie an Arbeitgeber und Arbeitssuchende weiter. Auf diese Weise wird die Markttransparenz erhöht und das Ausmaß vor allem → friktioneller und → struktureller Arbeitslosigkeit verringert. Durch die Vermittlung gerade von Problemgruppen am Arbeitsmarkt wird aber auch eine sozialpolitische Funktion erfüllt. Obwohl seit August 1994 in Deutschland auch private Arbeitsvermittler zugelassen sind, ist die Arbeitsvermittlung bislang eine Domäne der Bundesanstalt für Arbeit, die 1997 1.779.000 Arbeitsverhältnisse im Westen und 679.000 im Osten vermitteln konnte.

Arbeitsvermögen → Humankapital

Arbeitsvertrag

privatrechtlicher Vertrag zwischen einem → Arbeitgeber und einem → Arbeitnehmer, durch den ein gegenseitiges schuldrechtliches Verhältnis entsteht. Die Verpflichtungen des Arbeitgebers bestehen insbesondere in der Bezahlung eines → Arbeitsentgelts, die des Arbeitnehmers in der regelmäßigen Erbringung einer bestimmten Arbeitsleistung. Überdies besteht eine generelle Weisungsgebundenheit des Arbeitnehmers und eine allgemeine Fürsorgepflicht des Arbeitgebers für den Arbeitnehmer. Weitere Rechte und Pflichten können im Arbeitsvertrag frei vereinbart werden, sofern sie nicht gesetzlichen Regelungen oder dem Inhalt von → Tarifverträgen widersprechen.

Arbeitsvolumen

Summe der während eines Zeitraums in einer → Volkswirtschaft, einem → Sektor oder einem → Unternehmen geleisteten Arbeitsstunden. In der Regel wird das Arbeitsvolumen gemessen als Zahl der Beschäftigten mal durchschnittlicher Arbeitszeit.

Arbeitszeit

In einzelwirtschaftlicher Betrachtung ist die Arbeitszeit durch das → Arbeitszeitgesetz definiert als Zeitspanne vom Beginn bis zum Ende der von einem → Arbeitnehmer ausgeübten Tätigkeit ohne die dabei in Anspruch genommenen Ruhepausen. Gesamtwirtschaftlich gesehen stellt die Arbeitszeit neben der Zahl der Arbeitskräfte die zweite wesentliche Komponente der in einer Volkswirtschaft tatsächlich geleisteten → Arbeit bzw. des → gesamtwirtschaftlichen Arbeitsangebots dar. Maßgeblich sind hierfür die von

Arbeitszeitgesetz

den Arbeitnehmern durchschnittlich geleistete Wochen- und Jahresarbeitszeit sowie deren Lebensarbeitszeit. Die wichtigsten Bestimmungsgrößen der gesamtwirtschaftlichen Arbeitszeit sind damit
1. kalendermäßige Vorgaben (z. B. Zahl und Lage von Feiertagen),
2. tarifliche Vorgaben (Festschreibung von Wochenarbeitszeit, Jahresurlaub, etc.),
3. das Verhältnis von Teilzeit- zu Vollzeitbeschäftigten,
4. die Zahl der tatsächlich geleisteten Überstunden,
5. die Zahl der durch Krankheit, → Kurzarbeit oder → Arbeitskämpfe ausgefallenen Arbeitsstunden sowie
6. Regelungen über Beginn und Ende des individuellen Erwerbslebens.

Die aktuelle Entwicklung in Deutschland zeigt einen deutlichen Rückgang der Arbeitszeit an. Entscheidend hierfür waren vor allem die tarifvertraglich vereinbarte Wochenarbeitszeitverkürzung, die starke Zunahme von Teilzeitstellen zu Lasten von Vollzeitarbeitsplätzen, der konjunkturbedingte Rückgang von Überstunden sowie diverse Frühverrentungsmodelle (z. B. → Vorruhestandsgeld). Diese allgemeine Arbeitszeitverkürzung wurde jedoch von einer allgemeinen Flexibilisierung der Arbeitszeiten begleitet, womit gleichzeitig eine Verlängerung der Betriebs- und Maschinenlaufzeiten realisiert werden konnte.

Arbeitszeitgesetz

in Deutschland gesetzliche Grundlage zur Regelung der individuellen und betrieblichen → Arbeitszeit. Das Arbeitszeitgesetz trat zum 1. 7. 1994 in Kraft und setzte die bis dahin geltende Arbeitszeitordnung aus dem Jahre 1938 außer Kraft. Geregelt werden u. a. die werktägliche Höchstarbeitszeit und damit auch die maximale Wochenarbeitszeit in Verbindung mit möglichen Ausgleichsregelungen, die eine Flexibilisierung der Arbeitszeiten ermöglichen sollen, um den betrieblichen Notwendigkeiten zu entsprechen. Das Arbeitszeitgesetz ist vorrangig als Arbeitnehmerschutzregelung gedacht. Es kann durch → Tarifverträge ersetzt, erweitert und teilweise auch eingeschränkt werden, gilt aber immer dann, wenn kein Tarifvertrag existiert oder Arbeitgeber bzw. Arbeitnehmer keiner → Tarifbindung unterliegen.

Arbeitszeitmaßnahmen → Arbeitszeitpolitik

Arbeitszeitordnung → Arbeitszeitgesetz

Arbeitszeitpolitik

Gesamtheit aller Maßnahmen zur Gestaltung der individuellen und

Arbeitszeitschutz

betrieblichen → Arbeitszeiten. Die Träger der Arbeitszeitpolitik sind der Gesetzgeber, die → Tarifpartner (Arbeitszeitpolitik als Bestandteil der → Tarifpolitik) sowie Unternehmensleitungen und Personal- bzw. Betriebsräte durch Abschluß von Betriebsvereinbarungen (→ Arbeitszeitregelung). Die gesetzlichen Regelungen sind überwiegend sozialpolitisch motiviert (→ Arbeitszeitschutz), teilweise spielen aber auch beschäftigungs- und arbeitsmarktpolitische Aspekte eine Rolle, wie z. B. beim → Vorruhestandsgeld, mit dem durch die Verkürzung der Lebensarbeitszeit von Arbeitnehmern der Arbeitsmarkt entlastet werden sollte. Bei Tarifverhandlungen über die Arbeitszeit führen die Gewerkschaften häufig sowohl den Schutz von Arbeitnehmern als auch beschäftigungspolitische Argumente, mit denen im allgemeinen die Forderung nach Arbeitszeitverkürzungen gestützt werden, ins Feld. Für die Arbeitgeberverbände steht dagegen ebenso wie für die einzelnen Unternehmensleitungen in der Regel die Flexibilisierung der Arbeitszeiten im Mittelpunkt, um den branchen- oder betriebsspezifischen Anforderungen besser gerecht werden zu können. Für die Personal- und Betriebsräte sind daneben wiederum die spezifischen Schutzbedürfnisse einzelner Mitarbeiter von Interesse.

Arbeitszeitregelung

konkrete betriebliche Umsetzung von gesetzlichen Vorschriften oder tarifvertraglichen Vereinbarungen über → Arbeitszeiten. Wesentliche Punkte von Arbeitszeitregelungen sind häufig Umfang, Häufigkeit und Organisation von Nacht-, Schicht- und Sonntagsarbeit einschließlich des dafür erfolgenden Arbeitszeitausgleichs, Gleitzeit- und Pausenregelungen, die Länge eines Arbeitstages, die Zahl und Lage der Arbeitstage in der Woche sowie Urlaubsregelungen.

Arbeitszeitschutz

Ziele des Arbeitszeitschutzes sind
1. der Schutz der Arbeitnehmer vor physischer und psychischer Überforderung,
2. die Sicherung einer die Gesundheit nicht gefährdenden und der wirtschaftlichen Leistungsfähigkeit der Arbeitnehmer nicht abträglichen jährlichen, wöchentlichen und täglichen Arbeitszeit und
3. die Sicherung ausreichender Freizeit zur Entfaltung der Persönlichkeit und zur Teilnahme am politischen, kulturellen und kirchlichen Leben.

Der Arbeitszeitschutz dient damit gleichzeitig dem Schutz vor Ausbeutung der Arbeitskraft, dem Gesundheits- und Unfallschutz und dem Persönlichkeitsschutz. Instrumente des Arbeitszeitschutzes

Arbeitszeitschutz

sind öffentlich-rechtliche Verbote wie z. B. das Verbot von Sonn- und Feiertagsarbeit und das Verbot der Nachtarbeit von Jugendlichen, sowie öffentlich-rechtliche Gebote, so vor allem die Festlegung von Höchstarbeitszeiten pro Tag, aber auch die Festlegung von Mindestruhezeiten und Mindestruhepausen. Die Einhaltung dieser Verbote und Gebote wird durch Aufsicht, Zwang und Strafe bei Verstößen gesichert.

Wichtige Arbeitszeitregelungen im Überblick:

Die regelmäßige werktägliche Arbeitszeit darf die Dauer von 8 Stunden nicht überschreiten; sie kann auf bis zu 10 Stunden verlängert werden, wenn innerhalb von 6 Monaten im Durchschnitt 8 Stunden werktäglich nicht überschritten werden (§ 3 ArbZG). Für Arbeitnehmer, die unter besonderen Gefahren für Leben oder Gesundheit arbeiten, kann die Arbeitszeit durch Rechtsverordnung der Bundesregierung mit Zustimmung des Bundesrates über § 3 ArbZG hinaus beschränkt werden (§ 8 ArbZG).

Im allgemeinen darf an Sonn- und Feiertagen nicht gearbeitet werden (§ 9 ArbZG); zahlreiche wirtschaftlich und technisch bedingte Ausnahmen – z. B., wenn Arbeiten im öffentlichen Interesse liegen, wenn Betriebsanlagen überwacht werden müssen oder wenn aus technischen Gründen kontinuierlich produziert werden muß – sind zugelassen (§ 10 ArbZG). Für die von Sonntagsarbeit betroffenen Arbeitnehmer müssen mindestens 15 Sonntage im Jahr arbeitsfrei bleiben, für jeden auf einen Sonntag fallenden Arbeitstag ist ein Ersatzruhetag zwingend vorgeschrieben und es muß eine Ruhezeit von 35 Stunden sichergestellt sein (§ 11 ArbZG).

Verkaufstellen dürfen – von wenigen Ausnahmen abgesehen – nur innerhalb der im Ladenschlußgesetz festgelegten Zeiten geöffnet sein.

Sonderregelungen in bezug auf die Arbeitszeiten gelten insbesondere für das Verkehrs- und Gaststättengewerbe, für Energie- und Wasserversorgungsbetriebe, für Krankenpflegeanstalten und Apotheken, für die Schiffahrt und die Landwirtschaft.

Besondere Vorschriften bestehen über die Ruhezeiten, d.h. Zeiten, die zwischen zwei Arbeitsschichten liegen müssen, und über die Ruhepausen während der Arbeitszeit.

Nacht-, Sonn- und Feiertagsarbeit Jugendlicher ist grundsätzlich verboten (§§ 14, 17 und 18 Jugendarbeitsschutzgesetz); auch für werdende Mütter besteht ein Verbot der Nacht- und Sonntagsarbeit (§ 8 Mutterschutzgesetz) sowie ein Verbot der Beschäftigung in den letzten 6 Wochen vor und in den ersten 8 Wochen nach der Geburt (→ §§ 3 und 6 Mutterschutzgesetz). Nach der Geburt des Kindes kann ein Erziehungsurlaub von 18 Monaten nach der Geburt des Kindes beansprucht werden (§§ 4 und 15 Bundeserziehungsgeldgesetz).

Jedem erwachsenen Arbeitnehmer steht ein jährlicher bezahlter Mindesturlaub von 24 Werktagen zu (§ 3 Bundesurlaubsgesetz), jugendlichen Arbeitnehmern je nach Alter ein Mindesturlaub von 30 bis 25 Tagen (§ 19 Jugendarbeitsschutzgesetz).

Arbeitszeitverkürzung → Arbeitszeitpolitik

Arbeitvermehrender technischer Fortschritt → Technischer Fortschritt

Arbitrage

langfristiger Ausgleich von Preisdifferenzen beim selben Gut auf verschiedenen Märkten (z. B. Aktienkurse an räumlich verschiedenen Wertpapierbörsen) dadurch, daß das Angebot und die Nachfrage, angelockt durch den höheren bzw. niedrigeren Preis auf einem anderen Markt, zwischen diesen Märkten hin und her wechseln. Durch Arbitrage wird eine → Preisdifferenzierung seitens der Anbieter enorm erschwert.

Arithmetisches Mittel

– umgangssprachlich auch als Durchschnitt bezeichnet – die in der → empirischen Wirtschaftsforschung gängigste Form der Durchschnittsbildung über vorliegende Daten bzw. das am häufigsten verwandte → Lagemaß zur Beschreibung einer → Häufigkeitsverteilung. Zu unterscheiden ist dabei das ungewogene arithmetische Mittel

$$x = \frac{1}{n} \sum_{i=1}^{n} x_i,$$

bei dem alle Merkmalswerte addiert und durch deren Gesamtzahl dividiert werden, und das gewogene arithmetische Mittel

$$x = \sum_{j=1}^{m} x_j p_j \text{ mit } \sum_{j=1}^{m} p_j = 1,$$

bei dem die Einzeldaten mit unterschiedlichen Gewichten in die Durchschnittsbildung eingehen, was insbesondere bei klassierten Häufigkeitsverteilungen relevant ist. Eine spezielle Ausprägung des arithmetischen Mittels sind die in der → Zeitreihenanalyse relevanten → gleitenden Durchschnitte, eine Entsprechung bei → Zufallsvariablen ist der → Erwartungswert. Vom arithmetischen Mittel zu unterscheiden ist das → geometrische Mittel und das – in der empirischen Wirtschaftsforschung unbedeutende – harmonische Mittel.

Armutsmessung

beschäftigt sich mit den Möglichkeiten zur Identifikation der Ar-

Arrow-Paradoxon

men und der Entwicklung von Armutsmaßen, welche das Ausmaß der Armut in einer Volkswirtschaft in einem einzigen Indikator zusammenfassen. Durch die Festlegung einer Armutsschwelle (poverty line), die das Einkommen kennzeichnet, unterhalb dessen eine Person als arm gilt, werden die Armen identifiziert. Die Armutsschwelle kann entsprechend einem absoluten Armutskonzept (z. B. minimale Unterhaltskosten) oder einem relativen Armutskonzept (z. B. die untersten 10% der Einkommenempfänger) festgelegt werden. Erste Armutsmaße, wie z. B. die headcount ration, messen die Armut einfach durch den relativen Anteil der Armen an der Bevölkerung. Damit wird jedoch nur das Ausmaß, nicht aber die Intensität von Armut gemessen. Eine Weiterentwicklung stellte die aggregierte Armutslücke dar, die die Differenzen zwischen Armutsschwelle und Einkommen der Armen summiert. *Sen* entwickelte ein noch differenziertes Armutsmaß, in das unter anderem auch der → Gini-Koeffizient eingeht.

Arrow-Paradoxon

kann sich bei Abstimmungen ergeben, wenn mehrere Wähler für die verschiedenen zur Wahl stehenden Alternativen unterschiedliche (mehrgipflige) Präferenzen haben. Das Ergebnis einer Mehrheitswahl kann in diesem Fall durch die Reihenfolge bestimmt sein, in der die Alternativen zur Abstimmung kommen. Diese Zufallskomponente in der Entscheidung wird auch als Wahlparadoxon bezeichnet.

ASEAN → Association of South East Asian Nations

Asiatische Entwicklungsbank (AsDB)

Die Asiatische Entwicklungsbank (AsDB) wurde 1966 in Manila errichtet. Deutschland ist Gründungsmitglied und hält einen Anteil am gezeichneten Grundkapital in Höhe von 4,8%. Die Bank fördert vor allem Projekte in den Bereichen Armutsbekämpfung, Soziales und Umweltschutz. 1997 bewilligte die Bank 42 Projekte zu marktnahen Zinsen mit einem Volumen von 7,8 Mrd. US-$. Die täglichen Geschäfte führt das Direktorium, daneben besteht ein Gouverneursrat. Die Mitgliedschaft können alle Nationen beantragen, die Mitglied in den Vereinten Nationen sind. Um den regionalen Charakter der Bank zu wahren setzt sich das Direktorium aus acht Vertretern regionaler und vier Vertretern nicht-regionaler Mitgliedsländer zusammen. Dennoch tritt bei der AsDB bei Mitgliedschaften der Regionalgedanke weit weniger in den Vordergrund als bei anderen Entwicklungsbanken. Die AsDB ist in ihrer Geschäftspolitik als die fortschrittlichste aller Entwicklungsbanken anzusehen. Dies zeigt sich u. a. in der Einbeziehung des privaten Sektors als möglichen Kreditnehmer als auch in der Anwendung von Währungsswapgeschäften bei ihrer Emissionstätigkeit zur Senkung der Refinanzierungskosten. Die hohe wirtschaftliche Bonität ihrer Mitgliedsstaaten erleichtert ihr den Zugang zu den verschiedensten Refinanzierungsquellen.

Asiatische Freihandelszone (AFTA)

1967 schlossen sich die süd-ost-asiatischen Schwellenländer Indonesien, Malaysia, die Philippinen, Singapur, Brunei (seit 1984) und Thailand zur sog. ASEAN-Gruppe (→ Association of South East Asian Nations) zusammen. Grundlegendes Motiv für den Zusammenschluss war die Hoffnung, durch das Auftreten als Staatengruppe eine bessere Verhandlungsposition insbesondere bei wirtschaftlichen Differenzen gegenüber Japan und den USA zu besitzen. Im Oktober 1991 konnten sich diese Länder darauf verständigen, während der nächsten 15 Jahre schrittweise alle nichttarifären Handelshemmnisse aufzuheben und die Binnenzölle abzubauen. Ziel ist die Errichtung einer Asian Free Trade Area (AFTA). Das Bestreben der ASEAN-Gruppe, die ökonomischen Beziehungen zu den wirtschaftlichen Großmächten Japan und den USA zu verstärken, führte zur Mitwirkung der Gruppe in der → „Asiatisch-pazifischen Wirtschaftskooperation", APEC.

Asiatisch-pazifische Wirtschaftskooperation (APEC)

Die Asian Pacific Economic Cooperation (APEC) wurde 1989 auf Initiative der USA gegründet. Neben den Staaten der ASEAN-Gruppe gehören dieser Organisation zum Zwecke einer regionalen wirtschaftlichen Zusammenarbeit Australien, Japan, Kanada, die USA, Südkorea, Neuseeland, China, Taiwan und Hongkong an. Ziele der APEC sind zunächst die Koordinierung der wirtschaftlichen Zusammenarbeit, des Handels und aufeinander abgestimmte strukturelle, wirtschaftliche Investitionen. Der nach OECD-Vorbild geschaffene Staatenverbund soll die Vorstufe zu einem asiatisch-pazifischen Handelsblock darstellen. Diese Freihandelszone hat bisher noch nicht den Integrationsgrad anderer Freihandelsregionen erreicht.

Assignment-Problem

Bezeichnung für die Frage, welches wirtschafts-, geld- oder fiskalpolitische Instrument welchem Ziel zugeordnet werden soll. Als einfache Regel gilt, daß ein bestimmtes Instrument demjenigen

Association of South East Asian Nations (ASEAN)

Ziel zugeordnet wird, auf das es in besonders starkem Maße wirkt. Das Prinzip läßt sich anhand der Wirkungsweise eines → policy mix veranschaulichen.

Association of South East Asian Nations (ASEAN)

Die Association of South East Asian Nations (ASEAN) wurde 1967 in Bangkok gegründet. Sie soll durch verstärkte Zusammenarbeit auf politischem, wirtschaftlichem, handelspolitischem, sozialem und kulturellen Gebiet den wirtschaftlichen Fortschritt fördern. Organe sind das ständige Generalsekretariat in Jakarta, außerdem die Gipfeltreffen der Regierungschefs, Außenminister- und Wirtschaftsministerkonferenzen sowie ständige Fachausschüsse.

Assoziierung

nennt man die Schaffung eines besonderen Rechtsstatus zwischen einem Drittstaat oder Gebiet und den Europäischen Gemeinschaften. Die Einzelheiten dieses Status werden von Fall zu Fall ausgehandelt und im zugehörigen Assoziierungsvertrag niedergelegt. Grundsätzlich sind die Vertragspartner hierbei frei in der Ausgestaltung. Es werden vier Grundformen der Assoziierung mit entsprechend unterschiedlichen Zielen unterschieden:
- Beitrittsassoziierung, d.h. mit konkreter Aussage über späteren Beitritt (z.B. Assozziierungsabkommens EWG – Türkei von 1964,
- Freihandelsassoziierung,
- Entwicklungs-(hilfe-)assoziierung (z.B. → Lomé-Abkommen),
- Assoziierung der überseeischen Länder und Gebiete.

Assoziierungsabkommen werden von den → Europäischen Gemeinschaften seit Juli 1987 nach Zustimmung durch das Europäische Parlament geschlossen. Diese begründen EG-Vertrag eine besondere Zusammenarbeit der EG mit Drittstaaten, Staatenverbindungen oder einer internationalen Organisation „mit gegenseitigen Rechten und Pflichten, gemeinsamem Vorgehen und besonderen Verfahren".

Asylbewerberleistungsgesetz

Nach diesem Gesetz, das seit 1993 in Kraft ist, haben für Asylbewerber im ersten Jahr ihres Aufenthaltes in der Bundesrepublik Sachleistungen, also Unterkunft und Verpflegung, Vorrang vor Geldleistungen. Das Taschengeld für Asylbewerber in Aufnahmeeinrichtungen beträgt bis zum 15. Lebensjahr monatlich 40 DM, für Personen über 15 Jahren 80 DM. Werden Asylbewerber außerhalb zentraler Aufnahmeeinrichtungen untergebracht, können notwendige Leistungen von den zuständigen Behörden in Form von Wertgutscheinen oder Geld erbracht werden.

Aufeinander abgestimmtes Verhalten

liegt vor, wenn Unternehmen ihr Verhalten bewußt und gewollt voneinander abhängig machen und damit die Risiken des Wettbewerbs, insbesondere die Unsicherheiten über das wechselseitige Verhalten, beseitigen. Im Gegensatz zum → Kartell, das eine vertragliche rechtliche Bindung begründet, liegt bei einem aufeinander abgestimmten Verhalten eine schwierig zu erfassende wirtschaftliche Bindung vor. Es bezeichnet eine Form der → Wettbewerbsbeschränkung, die es ermöglicht, ein → Kartellverbot wirksam zu umgehen. Man begnügt sich nicht mit einem bewußten Parallelverhalten, sondern es erfolgt eine formlose Verständigung, das eigene Verhalten mit dem seiner Konkurrenten so abzustimmen, daß jede Unsicherheit, die bei wirksamem Wettbewerb besteht, ausgeschaltet ist. Bewußtes Parallelverhalten und aufeinander abgestimmtes Verhalten unterscheiden sich somit vor allem dadurch, daß sich die Unternehmen im ersten Fall unabhängig voneinander, also gleichsam spontan dazu entschlossen haben, ihr Verhalten abzustimmen, während diese Koordination im zweiten Fall Konsequenz einer zuvor erfolgten Verständigung, also einer gemeinsamen Willensbildung ist. Das aufeinander abgestimmte Verhalten wird in § 25 Abs. 1 GWB untersagt. Der Nachweis einer solchen formlosen Verhaltensabstimmung ist allerdings außerordentlich schwierig zu führen. Es kann meist von außen nicht beurteilt werden, ob es sich um aufeinander abgestimmtes Verhalten oder um bloßes Parallelverhalten handelt.

Aufkommenselastizität

Die relative Veränderung des Steueraufkommens (T) im Verhältnis zur relativen Veränderung der gewählten Bezugsgröße (z. B. des Volkseinkommens (Y)) wird als Aufkommenselastizität einer Steuer oder eines gesamten Steuersystems bezeichnet.

$$E = \frac{dT}{T} : \frac{dY}{Y}$$

E gibt an, um wieviel Prozent sich das Steueraufkommen (T) ändert, wenn das Volkseinkommen (Y) um ein Prozent zu- oder abnimmt. Wenn E=1 gilt, wachsen beide Größen gleich stark, ist ihre Beziehung also proportional zueinander; für E > 1 ist sie überproportional, für E < 1 unterproportional. Progressive Tarife (Progression) führen stets zu E > 1, denn hier ist die relative Änderung des Steueraufkommens immer größer als die relative Änderung der Bemessungsgrundlage. In diesem Fall greift in der Finanzpolitik die → Built-in-flexibility. Der Ausdruck

$$\frac{dT}{T}$$

Aufschlagskalkulation

drückt als marginale Steuerquote die Steuerflexibilität aus.

Aufschlagskalkulation

Form der Preiskalkulation, bei der sich ein → Unternehmen im Gegensatz zur → Gewinnmaximierung damit begnügt, eine bestimmte, angestrebte Gewinnspanne auf die durchschnittlichen Kosten eines Produkts aufzuschlagen. Ein solches Satisfizierungsziel (satisficing) ist insbesondere im Handel in Form von sogenannten Handelsspannen zu beobachten. Im einzelnen ist zu unterscheiden zwischen dem Mark-up-Pricing (Aufschlag auf die variablen → Stückkosten) und dem Full-cost-Pricing (Aufschlag auf die gesamten → Stückkosten incl. Fixkosten).

Auftragseingangsindex

monatliche Erhebung der amtlichen Statistik im Bereich des Verarbeitenden Gewerbes über den Wert des Auftragseingangs, der jeweils auf den Wert eines Basisjahres bezogen wird. Als Auftragseingang erfaßt werden der Gesamtwert der angenommenen Auftragseingänge bei den Unternehmen und der Wert der aus dem Ausland eingegangenen Aufträge. Die Inlandsaufträge werden als Restgröße ermittelt. Die große Bedeutung des Auftragseingangsindexes liegt in seiner Funktion als frühzeitiger → Konjunkturindikator für die Produktion nachfolgender Perioden.

Aufwertung

Anstieg des → Außenwertes einer Währung. Bei festen → Wechselkursen erfolgt die Aufwertung durch Beschluß der zuständigen Instanz (beispielsweise des EU-Ministerrates). Bei flexiblen Wechselkursen kann sich eine Aufwertung aus dem freien Spiel von Devisenangebot und -nachfrage ergeben. Als Folge werden im aufwertenden Land die → Importe billiger, seine → Exporte werden aus Sicht des Auslandes hingegen teurer. Dadurch kann sich die → Leistungsbilanz bzw. der → Außenbeitrag verschlechtern („Normalreaktion"). Auf längere Sicht kann sich indes der mit der Aufwertung verbundene „Stabilitätsimport" positiv auswirken.

Ausbeutung → bilaterales Monopol

Ausbeutungsmißbrauch → Mißbrauchsaufsicht

Ausbildungsförderung

Instrument der → Familienpolitik. Das Bundesausbildungsförderungsgesetz (Bafög) verfolgt das Ziel, jedem Jugendlichen in der Bundesrepublik eine seiner Neigung, Eignung und Leistung entsprechende Ausbildung finanziell

Ausbildungsgebundener technischer Fortschritt

zu sichern, wenn dem Auszubildenden die für seinen Lebensunterhalt und seine Ausbildung erforderlichen Mittel anderweitig nicht zur Verfügung stehen. Gefördert wird der Besuch von
- weiterführenden allgemeinbildenden Schulen (ab Klasse 10),
- Abendhauptschulen, Berufsaufbauschulen, Abendrealschulen und Abendgymnasien,
- Berufsfachschulen (ab Klasse 10) und Fachschulen,
- Höhere Fachschulen und Akademien,
- Hochschulen jeweils vom Beginn der Ausbildung an.

Die Ausbildungsförderung wird bei allen Förderungsarten für Schüler als Zuschuß geleistet, für Studierende dagegen als zinsloses Darlehen. Der monatliche Förderungsbedarf (= Lebensunterhalt und Ausbildungskosten) wird pauschal festgelegt. Die entsprechenden Beträge werden ebenso wie die Freibeträge alle zwei Jahre überprüft und gegebenenfalls neu festgesetzt. Auf den Bedarf sind Einkommen und Vermögen des Auszubildenden, seines Ehegatten und seiner Eltern anzurechnen. Die dabei anzurechnenden Freibeträge erhöhen sich nach Familienstand und Kinderzahl. Eine weitere Maßnahme der Ausbildungsförderung sind die steuerlichen Ausbildungsfreibeträge, die für Kinder unter 18 Jahren bei auswärtiger Unterbringung 1.800 DM betragen, für Kinder über 18 Jahren im Elternhaushalt 2.400 DM, bei auswärtiger Unterbringung 4.200 DM. In der Jahren 1993 bis 1997 wurden schließlich in den neuen Bundesländern durch die Bundesregierung im Rahmen der Programme „Gemeinschaftsinitiativen Ost" und Aktionsprogramm „Lehrstellen Ost" jedes Jahr ungefähr 14.000 zusätzliche Ausbildungsmöglichkeiten geschaffen. Diese Programme wurden vom → EU-Sozialfonds teilweise mitfinanziert. Daneben werden von der Bundesanstalt für Arbeit laufend Ausbildungsplätze in außerbetrieblichen Einrichtungen für lernbeeinträchtigte oder sozial benachteiligte Auszubildende zur Verfügung gestellt.

Für die neuen und die alten Bundesländer sind in der Ausbildungsförderung die ausbildungsbegleitenden Hilfen nach dem Arbeitsförderungsgesetz sehr wichtig.

1996 wurden in den neuen Bundesländern 9.825 und in den alten Bundesländern 41.200 Lehrlinge gefördert. Die Mobilität von bedürftigen Auszubildenden wird durch Zuschüsse (Berufsausbildungsbeihilfe) gefördert. 1997 erhielten rund 182.300 Auszubildende diese Leistungen.

Ausbildungsfreibeträge → Ausbildungsförderung

Ausbildungsgebundener technischer Fortschritt → Technischer Fortschritt

Ausfuhr

Ausfuhr → Export

Ausfuhrerstattungen

Instrument der Agrarmarktordnung. Bei der Ausfuhr von Agrarprodukten in Drittstaaten, ist das EG-Preisniveau, das in der Regel über dem Weltmarktniveau liegt, Bestimmungsgröße für die Höhe der Exporterstattungen, die die Differenz zu den Weltmarktpreisen ausgleichen.

Ausgabenflexibilität

Ausmaß, in dem die öffentlichen Ausgaben kurzfristig variiert werden können. Häufig wird eine zu geringe Ausgabenflexibilität beklagt, da ca. 90% der Ausgaben von Bund, Ländern und Gemeinden durch gesetzliche Regelungen, Verträge u. ä. festgeschrieben sind und kurzfristig nicht eingeschränkt werden können.

Ausgabenintensität

Ausmaß, in dem man Staatsaufgaben mit Hilfe von Ausgaben erfüllt. Dabei ist zu berücksichtigen, daß selbst bei Ge- und Verboten die finanzielle Auswirkung auf das Budget beachtlich sein kann.

Ausgabeninzidenz

versucht die Frage zu beantworten, wem die Nutzen der öffentlichen Ausgaben letztlich zugute kommen. Die Ausgabeninzidenz ist analytisch und empirisch erheblich schwieriger zu ermitteln als die → Steuerinzidenz, weil die Ausgaben zu realen Nutzen führen, die teilweise aus → öffentlichen Gütern resultieren. Solche Güter können erstens gleichzeitig ge- und verbraucht werden, zweitens über eine lange Zeit hin Leistungen abgeben, drittens können sie nicht mit Hilfe von Marktpreisen bewertet werden und viertens weisen sie häufig hohe externe Effekte auf. Daher ist die Erfassung des aus ihnen fließenden Nutzen sehr schwierig. Einfacher ist die Bestimmung der Ausgabeninzidenz bei direkten Geldzuwendungen des Staates (z. B. bei Wohngeld, BAföG, Sozialhilfe), da diese direkt bestimmten Personen zugerechnet werden können. Allerdings ist zu berücksichtigen, daß die direkt Begünstigten nicht nur allein Nutznießer der öffentlichen Ausgaben sein können, vielmehr können Überwälzungseffekte (Ausgabenüberwälzung) auftreten, die bei der Ausgabeninzidenz mitberücksichtigt werden müssen.

Ausgabenüberwälzung

will analog zur → Steuerüberwälzung den Weg und die Richtung beschreiben und erklären, den eine öffentliche Ausgabe vom direkt Begünstigten bis zum tatsächlichen Nutznießer nehmen kann. Die Ausgabenüberwälzung kann bei → Transfers und bei → Subventionen eintreten, aber

Ausgleichsposten

auch bei realen öffentlichen Leistungen, wenn diese als Zwischenprodukt genutzt werden (z. B. Nutzung der Straße für Transportzwecke; neben dem Spediteur ist der Verbraucher der beförderten Ware Nutznießer). Bei Transferleistungen, wie z. B. → Wohngeld profitieren nicht nur die begünstigten Haushalte, sondern indirekt über ein höheres Mietniveau auch Vermieter. Die Kenntnis der Ausgabenüberwälzung ist wichtig, um die effektive → Ausgabeninzidenz zu erfassen.

Ausgleichsarbitrage → Devisenarbitrage

Ausgleichsforderung

langfristige Verschuldung des Bundes bei der Bundesbank, die im Zuge der Erstausstattung der Wirtschaft der Bundesrepublik mit DM anläßlich der Währungsreform im Jahre 1948 entstanden ist.

Ausgleichsmeßzahl

Kennziffer, die zusammen mit der → Finanzkraftmeßzahl Richtung und Ausmaß der finanziellen Ströme zwischen gleichrangigen Gebietskörperschaften, etwa zwischen den Bundesländern (horizontaler → Finanzausgleich, → Länderfinanzausgleich) bestimmt. Die Ausgleichsmeßzahl gibt an, wie hoch die Finanzkraft eines Bundeslandes theoretisch sein müßte, damit sie den Bundesdurchschnitt erreicht. Ein Land ist ausgleichsgerechtigt, wenn seine Finanzkraft einen bestimmten Prozentsatz der Ausgleichsmeßzahl nicht erreicht und ist ausgleichspflichtig, wenn die Finanzkraft größer ist als die Ausgleichsmeßzahl. Die Ausgleichsmeßzahl wird in Deutschland wie untenstehend berechnet.

Man berücksichtigt dabei die „veredelte" Einwohnerzahl, indem man die Wohnbevölkerung anhand einer Gemeindegrößenstaffel gewichtet, um der Bevölkerungsdichte Rechnung zu tragen (Brecht'sches Gesetz).

Ausgleichsposten

Buchungsposten in der → Zahlungsbilanz, der die Änderungen der → Netto-Auslandsposition der → Deutschen Bundesbank bzw. der → Europäischen Zentralbank erfaßt, die nicht in der → Leistungs- oder → Kapitalbilanz gegengebucht werden. Im einzelnen handelt es sich um die Zuteilung von → Sonderziehungsrechten durch den → Internationalen Währungsfonds, Bewertungsände-

$$\frac{\Sigma \text{ aller Ländersteuern}}{\text{Bevölkerungszahl der BR}} \times \frac{\text{Bevölkerung eines}}{\text{Landes}} = \frac{\text{Ausgleichsmeßzahl}}{\text{der Landessteuern}}$$

Ausländerbeschäftigung

rungen der Auslandsaktiva und -passiva sowie die Diskrepanz zwischen der Bewertung der laufenden Fremdwährungstransaktionen zu Transaktions- und zu Bilanzkursen.

Ausländerbeschäftigung

erfaßt die abhängige Beschäftigung von Personen mit ausländischer Staatsangehörigkeit. Ausländische Arbeitnehmer aus EU-Mitgliedstaaten haben aufgrund der Art. 48 und 49 der Römischen Verträge das Recht, in Deutschland zu arbeiten. Diese Freizügigkeitsgarantie genießen vor allem die italienischen, griechischen, spanischen und portugiesischen Arbeitnehmer. Alle Arbeitnehmer aus Drittländern benötigen eine Arbeitserlaubnis, die von der Bundesanstalt für Arbeit nur erteilt wird, wenn ein Arbeitsvertrag mit einem deutschen Arbeitgeber vorliegt und die freien Stellen nicht mit deutschen Arbeitnehmern besetzt werden können. Die Arbeitserlaubnis ist die Voraussetzung für die Erteilung einer Aufenthaltsgenehmigung.

Auslandsposition → Netto-Auslandsposition

Auslastungsgrad → Produktionspotential

Ausnahmebereiche

Branchen, die von der Geltung des → Gesetzes gegen Wettbewerbsbeschränkungen (GWB) ausgenommen sind. Diese Bereiche wie z. B. die Landwirtschaft, Unternehmen der Verkehrswirtschaft oder das Gesundheitswesen, unterliegen jedoch einer → Mißbrauchsaufsicht.

Ausschließlichkeitsbindung

vertraglich vereinbarte → Wettbewerbsbeschränkungen, die einen Vertragspartner zum ausschließlichen Bezug bzw. zur ausschließlichen Lieferung eines Produkts von dem anderen Partner verpflichtet. Beispiele für Ausschließlichkeitsbindungen sind die Käuferbindungen für Bier an Gaststätten oder von Kraftfahrzeugen an Autohändler. Ausschließlichkeitsbindungen behindern den Zugang zum Markt für potentielle Konkurrenten. Nach dem → Gesetz gegen Wettbewerbsbeschränkungen (GWB) sind Ausschließlichkeitsbindungen zulässig, unterliegen aber der → Mißbrauchsaufsicht. Vgl. → Markteintrittsschranken.

Ausschlußprinzip

– auch als Exclusion Principle bezeichnet – wird aus der Eigenschaft der Unteilbarkeit eines Gutes abgeleitet und ist in der Theorie des → öffentlichen Gutes ein wichtiges Kriterium, um → private Güter von → öffentlichen Gütern zu unterscheiden. Ist das Ausschlußprinzip anwendbar, kann man allen die Nutzung verweigern, die nicht bereit sind, einen Preis dafür zu bezahlen. Dies ist eine der Grundvoraussetzungen für ein → privates Gut.

Ausschöpfungstheorem → Adding-up-Theorem

Ausschreibung → Vergabe öffentlicher Aufträge

Außenbeitrag

Teil der → Leistungsbilanz, der den wertmäßigen Saldo aus → Exporten und → Importen von Gütern ausweist. Der Außenbeitrag zum → Inlandsprodukt entspricht dem Saldo der zusammengefaßten → Handels- und → Dienstleistungsbilanz, also ohne grenzüberschreitende → Erwerbs- und Vermögenseinkommen. Nach Hinzurechnung der aus dem Ausland empfangenen abzüglich der an das Ausland geleisteten Erwerbs- und Vermögenseinkommen (als Gegenwert von Faktorleistungen) entsteht der Außenbeitrag zum → Sozialprodukt. Als Aggregat der → Verwendungsrechnung des → Sozialprodukts ist der Außenbeitrag neben der inländischen Güterverwendung (→ Absorption) die zweite Komponente der volkswirtschaftlichen

Außenhandelsstatistik

Gesamtnachfrage und deshalb ein wichtiger Bestimmungsfaktor der → Konjunktur.

Außengeld

Engl. Outside Money. Von *J. G. Gurley/E. S. Shaw* eingeführte Bezeichnung in Abgrenzung zu → Innengeld. Außengeld entsteht durch → Geldschöpfung, die nicht auf einer entsprechenden Zunahme der Verschuldung der privaten → Wirtschaftssubjekte beruht. In diesem Fall steigt also das private Netto-Vermögen in der → Volkswirtschaft. Typische Fälle sind der Ankauf von → Devisen oder staatlicher Schuldtitel durch die Notenbank.

Außenhandelspolitik

Teil der → Außenwirtschaftspolitik, der sich auf die Beeinflussung des Außenhandels erstreckt. Im wesentlichen gehören dazu Maßnahmen zur Beschränkung des → Imports, zur Förderung des → Exports, der Abschluß von Handelsverträgen sowie die Beteiligung an internationalen Wirtschaftsorganisationen zur Liberalisierung des internationalen Handels. Mit der Außenhandelspolitik können neben wirtschaftlichen auch politische Ziele verfolgt werden. Vgl. → Handelspolitik.

Außenhandelsstatistik

Erhebung in der amtlichen Statistik, bei der der Wert des grenz-

Außenwert einer Währung

überschreitenden Warenverkehrs nach Warenart und Herkunfts- bzw. Zielländern erfaßt wird. Aufgrund eines unterschiedlichen Erhebungsverfahrens wird zwischen der Extrahandelsstatistik mit Ländern außerhalb der Europäischen Union (auf Grundlage von Zollpapieren) und der Intrahandelsstatistik mit EU-Mitgliedsstaaten (durch Befragung der im- bzw. exportierenden Unternehmen) differenziert. Der Dienstleistungs- und Kapitalverkehr mit dem Ausland wird dagegen in der Außenhandelsstatistik nicht erfaßt.

Außenwert einer Währung

wird nominal gemessen durch den → Wechselkurs in Mengennotierung, z. B. US-Dollar pro Euro. Der reale Außenwert entspricht den Terms of Trade des betreffenden Landes. Der von der → Europäischen Zentralbank laufend berechnete und veröffentlichte gewogene Außenwert des Euro (er wird als „effektiver" Wechselkurs bezeichnet) umfaßt die Währungen von 16 Ländern. Dabei werden die jeweiligen bilateralen (nominalen oder realen) Außenwertindizes mit den entsprechenden Außenhandelsgewichten zu einem geometrisch gewogenen Außenwert des Euro zusammengefaßt.

Außenwirtschaftliche Absicherung

Gesamtheit der Maßnahmen zur Abwehr störender externer Einflüsse auf die Binnenwirtschaft. Die außenwirtschaftliche Absicherung ist insofern Teil der → Außenwirtschaftspolitik, speziell der → Währungspolitik, die unter anderem der Verhinderung eines unerwünschten Anwachsens der inländischen → Geldmenge durch → Devisenmarktinterventionen dient.

Außenwirtschaftliches Gleichgewicht

Die Bezeichnung knüpft an den Begriff des Zahlungsbilanzgleichgewichtes an. Ein solches wird als gegeben angesehen, wenn Gleichgewicht auf dem → Devisenmarkt besteht, d. h. wenn der Saldo der → Devisenbilanz gleich Null ist bzw. keine Ausgleichstransaktionen (→ Devisenmarktinterventionen) erforderlich sind. Diese Kennzeichnung des Zahlungsbilanzgleichgewichtes ist vom → Sachverständigenrat zur Begutachtung der gesamtwirtschaftlichen Entwicklung begrifflich zum außenwirtschaftlichen Gleichgewicht ausgeweitet worden, das dann besteht, wenn von außenwirtschaftlichen Transaktionen keine nachteiligen Wertungen auf Vollbeschäftigung und Geldwert- bzw. Preisniveaustabilität ausgehen.

Außenwirtschaftsgesetz (AWG)

Deutsches Bundesgesetz vom 28. 4. 1961 zur Regelung des wirtschaftlichen Verkehrs mit dem Ausland. Grundsatz des AWG ist der freie Außenwirtschaftsverkehr, doch sind generelle oder spezielle Beschränkungen möglich. Diese werden durch die Außenwirtschaftsverordnung (AWV) geregelt.

Außenwirtschaftsordnung

Gesamtheit aller institutionellen Regelungen für den Außenwirtschaftsverkehr eines Staates als Teil seiner → Wirtschaftsordnung. Die Außenwirtschaftsordnung bildet die Grundlage der → Außenwirtschaftspolitik. Man unterscheidet grundsätzlich zwischen einer liberalen und einer dirigistischen Außenwirtschaftsordnung. Regelungen zur Außenwirtschaftsordnung sind in der nationalen Wirtschaftsverfassung (z. B. → Außenwirtschaftsgesetz), aber auch in multilateralen Verträgen (z. B. → Allgemeines Zoll- und Handelsabkommen GATT) und bilateralen Verträgen (z. B. → Doppelbesteuerungsabkommen) enthalten.

Außenwirtschaftspolitik

Gesamtheit aller Maßnahmen zur Beeinflussung und Steuerung des Außenwirtschaftsverkehrs, und zwar sowohl des Warenverkehrs (→ Außenhandelspolitik) als auch der Finanztransaktionen, der unentgeltlichen Leistungen sowie des Dienstleistungsverkehrs. Vgl. auch → Zahlungsbilanzpolitik.

Außenwirtschaftstheorie

Teil der allgemeinen Wirtschaftstheorie, der sich mit dem Zusammenwirken von Wirtschaftssubjekten verschiedener Länder befaßt. Im Mittelpunkt stehen die → Theorie des internationalen Handels sowie die Analyse der internationalen Kapitalbewegungen. Entsprechend erfolgt traditionell eine gewisse Trennung zwischen güterwirtschaftlicher (reiner) und monetärer Theorie der Außenwirtschaft.

Außenwirtschaftsverordnung
(AWV) → Außenwirtschaftsgesetz

Außergewöhnliche Belastungen

können bei der Berechnung des zu versteuernden Einkommens im Rahmen der Einkommensteuer vom Gesamtbetrag der Einkünfte abgezogen werden. Es handelt sich hierbei um Aufwendungen, die einem Steuerpflichtigen im privaten Bereich zwangsläufig und in größerem Umfang als der überwiegenden Mehrzahl vergleichbarer Steuerpflichtiger erwachsen. Sie können dann berücksichtigt werden, wenn sie die nach Familienstand und Gesamt-

Aussperrung

betrag der Einkünfte gestaffelte zumutbare Belastung übersteigen.

Beispiel: Aufwendungen für die Beschäftigung einer Haushaltshilfe in besonderen Fällen von Alter und Krankheit, Aufwendungen infolge einer Behinderung, Aufwendungen für die Pflege einer hilflosen Person, Aufwendungen für die Kinderbetreuung, wenn Alleinerziehende länger krank oder behindert sind, Scheidungskosten.

Aussperrung

planmäßig vorgenommene Nichtzulassung von → Arbeitnehmern zur Arbeit in Verbindung mit Unterlassung der Lohnzahlung durch die → Arbeitgeber. Die Aussperung ist das Gegenmittel der Arbeitgeberseite zum → Streik im → Arbeitskampf. Nach der neueren Rechtssprechung entspricht die sogenannte „Abwehraussperrung" als Reaktion auf Streiks der verfassungsmäßig garantierten → Tarifautonomie, sofern sie sich auf das umkämpfte Tarifgebiet beschränkt und keine Diskriminierungen von gewerkschaftlich organisierten Arbeitnehmern vornimmt. Ansonsten gelten für die Rechtmäßigkeit einer Aussperrung dieselben Grundsätze wie bei Streiks. Rechtmäßige Aussperrungen führen wie rechtmäßige Streiks in aller Regel nicht zur Auflösung, sondern nur zur Aussetzung bestehender Arbeitsverhältnisse.

Austauschverhältnis → Substitution

Autarkie

völlige wirtschaftliche Unabhängigkeit eines Landes vom Ausland. Man spricht in diesem Zusammenhang auch von einer Selbstversorgung des betreffenden Landes.

Autarkiepolitik

Strategie und Maßnahmenkomplex zur Erreichung von → Autarkie, etwa für den Fall eines Krieges. Die Autarkiepolitik umfaßt insbesondere Einfuhrverbote bzw. -beschränkungen, Ausfuhrverbote, Konsumverbote sowie die Produktion von Importersatzgütern, weiterhin die Maßnahmen der → Devisenbewirtschaftung.

Autokorrelation

im Rahmen der → Regressionsanalyse auftretendes Phänomen, bei dem eine systematische Beziehung zwischen den → Störvariablen mehrerer Wertepaare besteht. Autokorrelation tritt insbesondere bei Längsschnittdaten auf und ist ein Indiz dafür, daß in der aufgestellten Regression wesentliche Regressoren als solche vergessen und deren Einflüsse auf den Regressanden fälschlicherweise unter die Störvariable subsumiert wurden. Das Auftreten von Autokorrelation mindert die Schätzqualitäten der → Methode der kleinsten Quadrate zum Teil erheblich. Sie kann durch die Aufnahme vieler Regressoren in die Regressionsanalyse gemindert werden, was seinerseits allerdings die Gefahr des Auftretens von → Kollinearität erhöht.

Automation

Umsetzung des technischen und wissenschaftlichen Fortschritts im Rahmen der Produktion von Gütern und Dienstleistungen, die seit den 50er Jahren durch Mechanisierung und → Rationalisierung zu einem Ersatz der menschlichen Arbeitskraft geführt hat. Automation ist vor allem wirksam, wenn durch Verkettung von Betriebsmitteln Fertigungsabläufe ganz oder teilweise miteinander verbunden werden. Durch Automatisierung soll die Wirtschaftlichkeit erhöht werden. Sie erfordert einen höheren Kapitalbedarf und führt dazu, daß weniger Mitarbeiter in der direkten Fertigung und mehr bei der Planung, Steuerung, Überwachung und Instandhaltung eingesetzt werden. Dies stellt ganz andere Voraussetzungen an die Qualifikation von Mitarbeitern.

Automatischer Stabilisator

institutionelle Vorkehrung oder (institutionalisierte) Verhaltensweise in einer Volkswirtschaft, die Konjunkturschwankungen dämpft. Insbesondere einkommensabhängige Steuern mit progressiven Sätzen können eine Expansion des → Sozialprodukts bremsen bzw. einem Abschwung tendenziell entgegenwirken. (Siehe auch → Built-in-Flexibility).

Autonomer technischer Fortschritt → Technischer Fortschritt

AWG → Außenwirtschaftsgesetz

AWV → Außenwirtschaftsverordnung

B

Backstop-Technologie

Kann eine erschöpfbare Ressource, z. B. Kohle oder Erdöl, vollständig durch eine neue → Technologie ersetzt werden und ist die dabei entwickelte Substitutionsressource (Backstop-Ressource) in unbegrenzter Menge verfügbar, wie etwa die Sonnenenergie, so spricht man von einer Backstop-Technologie. In marktwirtschaftlichen Systemen, bei denen ein funktionierender Preismechanismus vorliegt, führt die Verknappung von Ressourcen zwar zu Preissteigerungen und löst damit Substitutionsvorgänge aus. Dies löst das Problem der langfristigen Verknappung allerdings dann nicht, wenn ein nichtsubstituierbarer Teil von Verwendungen übrig bleibt und Recyclingverfahren nur begrenzt verfügbar sind. Backstop-Technologien weisen einen Ausweg aus der prinzipiellen Begrenztheit des Vorrats an Ressourcen. Ihre Entwicklung kann vom Staat unterstützt werden durch Grundlagenforschung oder durch eine Verteuerung (z. B. durch Besteuerung) der erschöpfbaren Ressourcen.

Bagatellsteuern

nennt man Abgaben, deren Aufkommen so gering ist, daß der Verwaltungsaufwand überwiegt, so z. b. beim Bund: Schaumweinsteuer, bei den Ländern: Feuerschutzsteuer, bei den Gemeinden: Hundesteuer.

Bailout

Bürgschaft für die Übernahme der Staatsschulden eines Landes durch andere Länder im Rahmen der internationalen → Währungspolitik. Der Begriff bedeutet ursprünglich „jemanden gegen eine Bürgschaft freikaufen". Das Risiko eines bailout liegt darin, daß hochverschuldeten Ländern von den → Kapitalmärkten keine finanzielle Disziplin auferlegt wird, da die Gläubiger das bailout antizipieren. Deshalb ist z. B. im → Maastricht-Vertrag eine sogenannte no-bailout-Klausel aufgenommen worden (Art. 104 EU-Vertrag): Dieser soll eine Schuldenübernahme innerhalb der → Europäischen Union bzw. der Europäischen → Wirtschafts- und Währungsunion ausschließen.

BAK → Bundesaufsichtsamt für das Kreditwesen

Balanced Growth

Balanced Growth liegt in wachstumstheoretischen Modellen dann vor, wenn die wichtigsten Variablen mit übereinstimmender Rate wachsen.

Band Wagon Effect → Nachfrageinterdependenzen

Bank für internationalen Zahlungsausgleich (BIZ)

Die 1930 in Basel gegründete Bank für internationalen Zahlungsausgleich (BIZ) sieht ihre Hauptaufgabe darin, die Zusammenarbeit der Zentralbanken zu fördern, neue Möglichkeiten für internationale Finanzgeschäfte zu schaffen und als Treuhänder oder Makler bei den ihr aufgrund von Verträgen mit den beteiligten Parteien übertragenen internationalen Zahlungsgeschäften zu wirken. Besondere Bedeutung erlangte die BIZ nach dem 2. Weltkrieg durch ihre unterstützenden Tätigkeiten im Rahmen der europäischen Harmonisierung. Der bei den monatlichen Verwaltungsratssitzungen stattfindende Gedankenaustausch zwischen den Präsidenten der einzelnen nationalen Notenbanken ist darüber hinaus von Bedeutung für die internationale Währungspolitik. Die BIZ besteht in der Rechtsform einer AG. Das Nominalkapital beträgt 1.500 Mio. Goldfranken (1 Goldfranken = ca. 1,94 US-$) und ist aufgeteilt in 600.000 Aktien im Nennwert von jeweils 2.500 Goldfranken. Das Stammkapital ist zu 25 % eingezahlt, der Rest kann jederzeit durch die BIZ von den Aktionären abgerufen werden. Als Aktionäre treten nahezu alle europäische Zentralbanken sowie die Notenbanken Australiens, Japans, der USA, Südafrikas und Kanadas auf. Die Generalversammlung der Aktionäre fällt Grundsatzentscheidungen über die Geschäftspolitik der Bank. Dem Verwaltungsrat obliegt die Geschäftsführung. Er besteht aus den Zentralbankpräsidenten einzelner Aktionärsländer und aus bedeutenden Wirtschaftsvertretern und umfasst derzeit 13 Personen. Der Verwaltungsrat wählt seinen Vorsitzenden, bestellt den Präsidenten der Bank, der dem Verwaltungsrat für die Umsetzung der beschlossenen Geschäftspolitik verantwortlich ist. Weiterhin wird der Generaldirektor von ihm ernannt, der wiederum dem Präsidenten für die Durchführung bzw. Abwicklung der einzelnen Geschäfte verantwortlich ist. Die BIZ gibt Kredite an Notenbanken hochverschuldeter Länder, um deren Zahlungsfähigkeit zu erhalten und die Stabilität des internationalen Bankensystems zu sichern. Ferner überwacht die BIZ die weltweiten Finanzmärkte und versucht insbesondere den europäischen Geld- und Kapitalmarkt zu steuern. Der „Ständige Ausschuss für den Eurogeldmarkt" überwacht dabei

u. a. die entsprechenden Geschäftstätigkeiten der Zentralbanken, Fremdwährungseinflüsse, inflationäre Tendenzen und die Einhaltung kreditpolitischer Kontrollmechanismen. Weiterhin werden bankaufsichtliche Vereinbarungen in verschiedenen Arbeitskreisen der BIZ erarbeitet. Der „Basler Ausschuss für Bankaufsicht" ermöglicht einen ständigen Informationsaustausch über nationale, bankaufsichtsrechtliche Bestimmungen und gibt Empfehlungen für eine angemessene Berücksichtigung neuer Finanzinnovationen. Die in der EG-Bankenaufsichtsrichtlinie verankerte Konsolidierungspflicht für Kreditinstitute mit ausländischen Niederlassungen geht genauso auf Empfehlungen des Ausschusses zurück wie die Neubestimmung des Eigenkapitalbegriffs. Fragen der Liquiditätsbeurteilung von Kreditinstituten, die Einbeziehung von Fristentransformationen und eine Länderrisikobewertung stellen ebenfalls wichtige Arbeitsfelder des Ausschusses dar. Der „Ad-hoc-Ausschuss für Interbank-Netting-Systeme" erarbeitete Mindestanforderungen für das Betreiben von grenzüberschreitenden Netting-Systemen. Um die Transparenz der internationalen Finanzmärkte zu verbessern, fungiert die BIZ als „Zentrale Meldestelle des internationalen Bankgeschäfts". Damit kann die Kreditvergabepolitik einzelner Länder und das damit verbundene Länderrisiko dargestellt und zu einer Statistik des internationalen Bankgeschäftes zusammengefasst werden.

Bankenaufsicht

Überwachung der Banken (Kreditinstitute) durch den Staat. In Deutschland existiert im wesentlichen eine allgemeine Aufsicht, die im Gesetz über das Kreditwesen (KWG) geregelt ist. Sie soll dem Gläubigerschutz und der Erhaltung der Funktionsfähigkeit des Bankengewerbes dienen. Bestimmte Kreditinstitute, z. B. Sparkassen und Girozentralen unterliegen darüber hinaus einer behördlichen Sonderaufsicht. Ausgeübt wird die allgemeine Bankenaufsicht vom → Bundesaufsichtsamt für das Kreditwesen und der → Deutschen Bundesbank. An das Betreiben eines Bankgeschäftes sind in Deutschland zahlreiche qualitative und quantitative Anforderungen geknüpft, so z. B.:

- Ein Bankgeschäft darf nur betreiben, wer die nötige Erlaubnis besitzt. Die Bankleiter müssen fachlich qualifiziert und persönlich zuverlässig sein. Eine Bank muß mindestens zwei Geschäftsführer haben.
- Alle Geschäftsleiter müssen über die Gewährung und Aufstockung von Großkrediten (mehr als 10% des haftenden Eigenkapitals) einstimmig beschließen.

Bankenstatistik

- Bei der Organisation und Handhabung ihrer Geschäfte haben die Banken bestimmte bankenaufsichtliche Mindestanforderungen zu erfüllen, z. B. muß bei der Bonitätsprüfung eine Bilanz vorgelegt werden.
- Ausreichende Eigenmittelausstattung sowohl bei der Gründng als auch im Geschäftsbetrieb.
- Begrenzungen für Großkredite.
- Mindestvorschriften zur Liquiditätsausstattung.

Bankenstatistik

Sammelbegriff für alle Erhebungen, zu der die → Deutsche Bundesbank gemäß dem Bundesbankgesetz Kreditinstitute und Bausparkassen verpflichten darf. Die Bankenstatistik ist gleichzeitig der zentrale Bestandteil der → Geld- und Kapitalmarktstatistik. Sie beruht auf der monatlichen Meldung von über 4.000 Banken und dem sogenannten Wochenausweis der Bundesbank selbst. Im Mittelpunkt der Bankenstatistik stehen naturgemäß Bankbilanzen, die in konsolidierter Form Auskunft unter anderem über die Geld- und Währungspolitik, die Kreditbeziehungen in einer Volkswirtschaft und das Geldvolumen geben.

Banking-Theorie

Gegenposition zur → Currency-Theorie bei der in England im 19. Jh. geführten Auseinandersetzung um die „richtige" Abgrenzung der → Geldmenge. Die Banking-Theoretiker plädierten dafür, in die Geldmenge nicht nur die umlaufenden Münzen und Noten der Bank von England, sondern auch die damals von den Geschäftsbanken ausgegebenen Noten, die Sichtguthaben, Handelswechsel und andere Kredittitel miteinzubeziehen. Nach Meinung der Banking Theorie würde der Großteil der → ökonomischen Transaktionen über diese, von der Wirtschaft je nach Bedarf selbst geschaffenen Zahlungsmittel abgewickelt. Eine Begrenzung des Umlaufs an Münzen und Noten der Bank von England wäre deshalb keine geeignete Maßnahme zur Regulierung der Wirtschaftstätigkeit. In Umkehrung der von der → Quantitätstheorie angeführten Kausalität ging die Banking Theorie vielmehr davon aus, daß die Steigerung der Wirtschaftsaktivität eine Zunahme der Geldmenge bewirkt. Vgl. auch → Liquiditätstheorie des Geldes.

Bankschuldverschreibungen

festverzinsliche Wertpapiere, die von den Banken emittiert werden. Sie umfassen → Pfandbriefe, → Kommunalobligationen, → Schuldverschreibungen von Spezialkreditinstituten (z. B. Deutsche Genossenschaftskasse, Deutsche Siedlungs- und Landesrentenbank, Industriekreditbank,

Landwirtschaftliche Rentenbank, Lastenausgleichsbank) sowie Schuldverschreibungen von Girozentralen, deren Verkaufserlös vorwiegend zur Kreditgewährung an die gewerbliche Wirtschaft bestimmt ist. Der Verkauf von Bankschuldverschreibungen dient den Kreditinstituten zur Beschaffung von Geldern auf mittlere und lange Fristen. Vgl. auch → Anleihe.

Bankstatistische Gesamtrechnungen

Übersichten der Entwicklung der Geldbestände im Bilanzzusammenhang, der → konsolidierten Bilanz des Bankenssystems und des Zentralbankgeldbedarfs der Banken sowie der liquiditätspolitischen Maßnahmen der → Deutschen Bundesbank (bis 1998) bzw. der Europäischen Zentralbank. Sie sind in den Monatsberichten der Deutschen Bundesbank bzw. der EZB abgedruckt. Vgl. auch → Bankenstatistik.

Bardepotpolitik

Maßnahme zur Abwehr zinsinduzierter Liquiditätsströme aus dem Ausland. Inländische Nichtbanken müssen in diesem Falle nach Abzug eines eventuellen Freibetrages einen bestimmten Prozentsatz (Bardepotsatz, zwischen 0 und 100%) ihrer im Ausland aufgenommenen Kredite zinslos bei der → Zentralbank einlegen (Bardepot). In der Bundesrepublik Deutschland ist die Bardepotpolitik Anfang der 70er Jahre zuletzt eingesetzt worden.

Bargaining

Bargaining oder Verhandeln ist eine Form der → Preisbildung, die insbesondere bei einem → Bilateralen Monopol zu beobachten ist. Preis und Menge eines Gutes sind dabei zwischen Anbieter und Nachfrager auszuhandeln, wobei das Verhandlungsergebnis von der relativen Machtposition der Verhandlungspartner abhängt. Diese wird ihrerseits vor allem vom Verhandlungsgeschick, den finanziellen Reserven und dem Informationsstand bestimmt. Zu bargaining kommt es insbesondere bei Tarifverhandlungen zwischen Gewerkschaften und Arbeitgeberverbänden.

Bargaining-Theorie

Erklärung der → Phillips-Kurve als Ergebnis der Lohnverhandlungen zwischen den Tarifpartnern. Demnach geht bei günstiger Wirtschaftslage die → Arbeitslosigkeit zurück und die → Gewerkschaften stellen höhere Lohnforderungen. Die → Unternehmen akzeptieren diese und wälzen die gestiegenen Lohnkosten in Preiserhöhungen ab. Umgekehrt im Falle einer ungünstigen Wirtschaftslage.

Bargeld

Bargeld

gesetzliches Zahlungsmittel (Annahmezwang) in Form von Banknoten und Münzen.

Bargeldquote → Bargeldumlauf

Bargeldumlauf

Bestand der von der → Europäischen Zentralbank netto in den Verkehr gegebenen Banknoten und Münzen. Eingeschlossen ist (in unbekannter Menge) auch das Bargeld, welches etwa verlorengegangen ist oder zerstört wurde oder sich im Ausland befindet. Der Anteil des Bargeldumlaufs an der → Geldmenge heißt Bargeldquote.

Barreserve

von den Geschäftsbanken gehaltener Vorrat an → Zentralbankgeld in Form von → Mindestreserve und → Überschußreserve sowie (in geringem Umfang) Kassenbeständen.

Barter trade → Ökonomische Transaktion

Barwert

in Geldeinheiten ausgedrückter Gegenwartswert einer auf den Berechnungszeitpunkt abgezinsten künftigen Zahlung oder Zahlungsreihe.

Basiseffekt → Veränderungsrate

Baukindergeld

Instrument der → Familienpolitik bei der Berechnung der → Eigenheimzulage. Beim Erwerb von Wohneigentum werden für jedes Kind über einen Zeitraum von acht Jahren 1.500 DM im Jahr als Baukindergeld gewährt.

Baumol-Tobin-Modell

Modell zur Erklärung der → Geldnachfrage für Transaktionszwecke. Angenommen wird, daß die Monetisierung ertragbringender Vermögensobjekte Transaktionskosten verursacht. Im Ergebnis steht, daß die Nachfrage nach Transaktionskasse der → Wirtschaftssubjekte mit zunehmendem → Einkommen sowie mit der Höhe der zu leistenden Zahlungen ansteigt, während sie auf steigende Zinsen negativ reagiert.

BDI → Bundesverband der Deutschen Industrie

Bedarfsdeckungsprinzip

Gestaltungsprinzip im Rahmen der → Sozialhilfe. Nach ihm soll die → Sozialhilfe die Deckung eines soziokulturellen Existenzminimums sichern.

Beggar-my-neighbour-policy

von *J. Robinson* als solche bezeichnete Strategie von Ländern, eine Konjunkturschwäche durch Exportüberschüsse – beispielsweise über eine → Abwertung – auszugleichen. Der damit verbundene Importüberschuß im Rest der Welt kann dort zu → Arbeitslosigkeit führen. Typischerweise wird eine solche Politik durch Gegenmaßnahmen des Auslandes (Retorsionsmaßnahmen) beantwortet. Eine solche Verhaltenskonstellation war kennzeichnend für den Abwertungswettlauf in der → Weltwirtschaftskrise, der schließlich zu einer Abschottungsstrategie (→ Protektionismus) führte und den Welthandel zum Nachteil aller drastisch reduzierte. Die beggar-my-neighbour-policy kann auch als Neo-Merkantilismus bezeichnet werden, welcher der Integration der → Weltwirtschaft entgegensteht.

Behinderungsmißbrauch → Mißbrauchsaufsicht

Beiträge

sind, ähnlich wie → Gebühren, direkte Entgeltabgaben, die der Bürger für ihm zugerechnete Staatsleistungen zahlen muß. Diese Kopplung der Zahlung mit dem öffentlichen Angebot unterscheidet die Beiträge von den allgemeinen → Steuern, für die das → Non-Affektations-Prinzip gilt. Der Unterschied zur Gebühr liegt dagegen im Zwang, Abgaben an das Gemeinwesen entrichten zu müssen, unabhängig davon, ob der Bürger Nutzen aus der staatlichen Leistung zieht, ob er den konkreten Umfang der staatlichen Leistung wünscht oder nicht. Beispiele sind Anliegerbeiträge, Deichlasten, Kurbeiträge.

Beitragsbemessungsgrenze

Bei der → Gesetzlichen Rentenversicherung, der → Gesetzlichen Krankenversicherung und der → Arbeitslosenversicherung wird das Einkommen nur bis zu einer bestimmten Grenze als Grundlage für die Beiträge herangezogen. Für die Rentenversicherung und die Arbeitslosenversicherung lag diese Grenze 1997 bei 8.200 DM im Monat. Bei der Krankenversicherung betrug sie 6.150 DM im Monat. Die Beitragsbemessungsgrenze stellt hier außerdem die → Versicherungspflichtgrenze für Angestellte dar. Die Beitragsbemessungsgrenzen wurden im Laufe der Zeit immer wieder erhöht, um sie der Lohnentwicklung und der Entwicklung der Ausgaben der jeweiligen Zweige der sozialen Sicherung anzupassen (siehe S. 72).

Beitragssatz

bestimmt die Anteile des sozialversicherungspflichtigen (Brutto-) Arbeitsentgelts oder sonstigen

Beitragsbemessungsgrenze

Beitragsbemessungsgrenzen 1970 bis 1997 in DM/Monat				
Gültig ab	Beitragsbemessungsgrenze	Rentenversicherung	Krankenversicherung	Arbeitslosenversicherung
1. 1. 1970	1.800	1.200	1.800	
1. 1. 1971	1.900	1.425	1.900	
1. 1. 1972	2.100	1.575	2.100	
1. 1. 1973	2.300	1.725	2.300	
1. 1. 1974	2.500	1.875	2.500	
1. 1. 1975	2.800	2.100	2.800	
1. 1. 1976	3.100	2.325	3.100	
1. 1. 1977	3.400	2.550	3.400	
1. 1. 1978	3.700	2.775	3.700	
1. 1. 1979	4.000	3.000	4.000	
1. 1. 1980	4.200	3.150	4.200	
1. 1. 1981	4.400	3.300	4.400	
1. 1. 1982	4.700	3.525	4.700	
1. 1. 1983	5.000	3.750	5.000	
1. 1. 1984	5.200	3.900	5.200	
1. 1. 1985	5.400	4.050	5.400	
1. 1. 1986	5.600	4.200	5.600	
1. 1. 1987	5.700	4.275	5.700	
1. 1. 1988	6.000	4.500	6.000	
1. 1. 1989	6.100	4.575	6.100	
1. 1. 1990	6.300	4.725	6.300	
1. 1. 1991	6.500	4.875	6.500	
1. 1. 1992	6.800	5.100	6.800	
1. 1. 1993	7.200,	5.400	7.200	
1. 1. 1994	7.600	5.700	7.600	
1. 1. 1995	7.800	5.850	7.800	
1. 1. 1996	8.000	6.000	8.000	
1. 1. 1997	8.200	6.150	8.200	

Quelle: Bundesministerium für Arbeit und Sozialordnung:
Sozialbericht 1997.

Einkommens, die als Beiträge an die gesetzliche → Rentenversicherung, die → Arbeitslosenversicherung, die gesetzliche → Krankenversicherung und die → Pflegeversicherung zu entrichten sind. Die Beitragssätze sind für die einzelnen Sozialversicherungen getrennt jeweils so festzusetzen, daß die Einnahme (aus Beiträgen und eventuell einem Bundeszuschuß) die zu erwartenden Ausgaben im → Umlageverfahren decken. Die Sozialversicherungsbeiträge werden jeweils zur Hälfte von Arbeitnehmern und Arbeitgebern gezahlt. Im Laufe der Zeit läßt sich eine steigende Tendenz der Beitragssätze feststellen (siehe S. 74 f.), eine der Hauptursachen steigender → Lohnnebenkosten.

Berliner Verfahren → Saisonbereinigungsverfahren

Bernoulli-Variable

auch als Dummy-, Indikator- oder dichotome Variable bezeichnete → Zufallsvariable, die lediglich zwei Werte, nämlich 0 und 1, annehmen kann. Bernoulli-Variablen werden vor allem dazu eingesetzt, um nominal oder ordinal skalierte Merkmale mit zwei möglichen Ausprägungen (z. B. männlich-weiblich) darzustellen (vgl. → Skalierung). Ihr → Erwartungswert repräsentiert dann die Anteile, die die beiden möglichen Merkmalsausprägungen haben.

Berufsberatung

einer der klassischen Bereiche der → aktiven Arbeitsmarktpolitik und damit eine der zentralen Aufgaben der → Bundesanstalt für Arbeit, insbesondere deren örtlichen Arbeitsämter. Die Berufsberatung umfaßt die Teilgebiete Berufsorientierung, berufliche Beratung, Ausbildungsvermittlung und Ausbildungsförderung. Durch die Aufklärung und Beratung von Personen, die einen Ausbildungsplatz suchen oder ihren Beruf bzw. ihren Arbeitsplatz wechseln wollen, wird primär eine für den einzelnen Beratenen wertvolle Dienstleistung erbracht. Es wird jedoch auch eine Lenkungsfunktion derart erfüllt, daß die Berufswahl nicht nur nach den individuellen Fähigkeiten und Wünschen der Betroffenen erfolgt, sondern auch dem jeweils bestehenden Bedarf an den einzelnen Qualifikationen entspricht. Insofern dient die Berufsberatung insbesondere auch zur Vermeidung von → struktureller Arbeitslosigkeit.

Berufsunfähigkeitsrente

eine der Leistungen der gesetzlichen → Rentenversicherung. Als berufsunfähig gilt der Versicherte, wenn seine Erwerbsfähigkeit infolge von Krankheit oder Behinderung eingeschränkt ist und er eine Tätigkeit gemäß seiner Ausbildung und gleichwertiger Kennt-

Beitragssatz

Beitragssätze der Arbeitnehmer 1970 bis 1997 Beiträge der Arbeitnehmer in Prozent des Bruttoarbeitsentgelts					
Jahr	Renten-versicherung	Kranken-versicherung	Bundesanstalt für Arbeit	Pflege-versicherung	ins-gesamt
Früheres Bundesgebiet					
1970	8,5	4,1	0,65	–	13,25
1971	8,5	4,1	0,65	–	13,25
1972	8,5	4,2	0,85	–	13,55
1973	9	4,6	0,85	–	14,45
1974	9	4,75	0,85	–	14,6
1975	9	5,25	1,0	–	15,25
1976	9	5,65	1,5	–	16,15
1977	9	5,7	1,5	–	16,2
1978	9	5,7	1,5	–	16,2
1979	9	5,6	1,5	–	16,1
1980	9	5,7	1,5	–	16,2
1981	9,25	5,9	1,5	–	16,65
1982	9	6,0	2,0	–	17,0
1983	9,25	5,9	2,3	–	17,45
1984	9,25	5,7	2,3	–	17,25
1985	9,35	5,9	2,2	–	17,45
1986	9,6	6,1	2,0	–	17,7
1987	9,35	6,3	2,15	–	17,8
1988	9,35	6,45	2,15	–	17,95
1989	9,35	6,45	2,15	–	17,95
1990	9,35	6,25	2,15	–	17,75
1991	9,35	6,10	2,15	–	17,6
1992	8,85	6,37	3,15	–	18,37
1993	8,75	6,71	3,25	–	18,71
1994	9,60	6,62	3,25	–	19,47
1995	9,30	6,62	3,25	0,5	19,67
1996	9,60	6,74	3,25	0,5	20,09
1997	10,15	6,75	3,25	0,85	21,00

Beschäftigung

Beitragssätze der Arbeitnehmer 1990 bis 1997 Beiträge der Arbeitnehmer in Prozent des Bruttoarbeitsentgelts					
Jahr	Renten-versicherung	Kranken-versicherung	Bundesanstalt für Arbeit	Pflege-versicherung	ins-gesamt
Neue Länder					
1990	9,35	6,40	2,15	–	17,90
1991	9,35	6,40	2,15	–	17,90
1992	8,85	6,31	3,15	–	18,65
1993	8,75	6,31	3,25	–	18,30
1994	9,60	6,48	3,25	–	19,30
1995	9,30	6,41	3,25	0,5	19,46
1996	9,60	6,77	3,25	0,5	20,12
1997	10,15	6,95	3,25	0,85	21,20

nisse und Fähigkeiten nicht mehr ausüben kann. Anspruch auf Berufsunfähigkeitsrente haben Rentenversicherte, wenn sie in den letzten 5 Jahren vor Eintritt der Berufsunfähigkeit 3 Jahre Pflichtbeitragszeiten haben und die allgemeine Wartezeit von 5 Jahren erfüllt haben.

Beschäftigtenstatistiken

Auswertungen von Meldungen der Betriebe, bei denen → Arbeitnehmer beschäftigt sind, und der öffentlichen Verwaltungen. Zu nennen sind in erster Linie die Arbeitsstättenzählungen, die in Deutschland bisher in Verbindung mit den Volkszählungen durchgeführt wurden sowie verschiedene Bereichszählungen (u.a. die Personalstandsstatistiken im öffentlichen Dienst). Sie liefern wichtige Erkenntnisse über die Gesamtzahl und sektorale Struktur der Beschäftigten. Eine Sonderstellung nimmt dabei die Statistik der → sozialversicherungspflichtig Beschäftigten ein, die aus den Betriebsmeldungen an die Sozialversicherungen gewonnen wird.

Beschäftigter

Nach der Abgrenzung des für die → Bundesanstalt für Arbeit maßgeblichen → Arbeitsförderungsgesetzes zählen als Beschäftigte i.e.S. nur die → Erwerbstätigen, die mindestens 18 Stunden in der Woche einer oder mehreren Tätigkeiten nachgehen.

Beschäftigung

die im volkswirtschaftlichen Produktionsprozeß eingesetzte Menge des Produktionsfaktors → Arbeit. Statistisch meßbar ist die Be-

Beschäftigungsförderungsgesetz

schäftigung entweder durch die Zahl der → Erwerbstätigen oder der in einem bestimmten Zeitraum geleisteten Arbeitsstunden.

Beschäftigungsförderungsgesetz

am 1. 8. 1994 in Deutschland in Kraft getretenes Gesetz, das hauptsächlich eine Verbesserung der → Funktionsfähigkeit des Arbeitsmarktes zum Ziel hatte und zu diesem Zweck neben anderen Maßnahmen das Monopol der → Bundesanstalt für Arbeit bei der → Arbeitsvermittlung zugunsten gewerblichen Dienstleistern beseitigte. Hiervon zu unterscheiden ist das sogenannte → arbeitsrechtliche Beschäftigungsförderungsgesetz vom 1. 10. 1996.

Beschäftigungsgrad

Relation von tatsächlicher → Beschäftigung und → Vollbeschäftigung. Als solche ist der Beschäftigungsgrad eine Maßzahl sowohl für den Auslastungsgrad einer Volkswirtschaft als auch für das gesamtwirtschaftliche Beschäftigungsniveau. Statistisch meßbar ist er als Verhältnis zwischen der Zahl der → Erwerbstätigen und dem → Erwerbspersonenpotential.

Beschäftigungsindikatoren

quantitative Größen zur Beschreibung von Niveau und Struktur der → Beschäftigung in einer Volkswirtschaft. Häufig werden als Niveauindikatoren die Zahl oder Wachstumsrate der → Erwerbstätigen, der → registrierten Arbeitslosen, der → Offenen Stellen und der → Kurzarbeiter sowie die globale → Erwerbs- und → Arbeitslosenquote verwendet. Als Strukturindikatoren dienen in der Regel regionale, geschlechts-, alters-, branchen- und berufsspezifische Ausprägungen der Niveauindikatoren wie z. B. die Frauenerwerbsquote oder Arbeitslosenquoten in einzelnen Arbeitsamtsbezirken.

Beschäftigungspolitik

Gesamtheit aller Maßnahmen, die dazu dienen,
1. Höhe und Struktur der gesamtwirtschaftlichen Beschäftigung denen des → Erwerbspersonenpotentials anzupassen,
2. allen → Erwerbstätigen eine angemessene Beschäftigung mit möglichst geringem Risiko, arbeitslos zu werden, zu sichern und
3. die regionalen und sektoralen Beschäftigungsstrukturen zu verbessern.

Im Gegensatz zur → Arbeitsmarktpolitik konzentriert sich Beschäftigungspolitik demzufolge auf die Nachfrageseite des → Arbeitsmarktes. Sowohl mit ihren quantitativen Zielen, die Relation von Erwerbstätigen zum Erwerbspersonenpotential zu maximieren, als auch mit ihren qualitativen Aspekten, die Beschäftigungsstrukturen zu verbessern, dient die Beschäftigungspolitik letztlich der Förderung des gesamtwirtschaftlichen → Wachstums und so der Vermeidung von Wohlfahrtsverlusten. Angesichts der langanhaltenden Massenarbeitslosigkeit in Deutschland hat ihre unmittelbare Zielsetzung, der → Vollbeschäftigung näher zu kommen, jedoch im Sinne des → Stabilitäts- und Wachstumsgesetzes mittlerweile eine eigene Legitimation gewonnen haben.

Besitzsteuern

Zu den Besitzsteuern vom Einkommen zählt man die → Einkommensteuer, die → Körperschaftsteuer, den → Solidaritätszuschlag und die Gewerbeertragsteuer. Besitzsteuern vom Vermögen sind die Vermögensteuer, die → Erbschaftsteuer, die Grundsteuer und die → Gewerbekapitalsteuer.

Bestandsanpassungshypothese

geht davon aus, daß → Wirtschaftssubjekte eine Diskrepanz zwischen dem erwünschten und dem tatsächlichen Wert einer Bestandsgröße wie etwa → Geld in den folgenden Perioden abzubauen versuchen. Die Bestandsanpassungshypothese ist eine der zentralen Pfeiler der dynamischen Wirtschaftstheorie. Beispielsweise besagt die sog. Kapitalanpassungshypothese, daß Unternehmer eine Vorstellung über die optimale Größe ihres Kapitalstocks besitzen, die von den erwarteten Renditen und dem Kalkulationszinssatz abhängt. Die Bestandsanpassungshypothese findet auch im Rahmen neuerer Modelle zur Analyse der Geldwirkungen Verwendung.

Bestandschutz des Arbeitsverhältnisses

Ziel des Bestandschutzes des Arbeitsverhältnisses ist es, den Arbeitnehmer vor einer ungerechtfertigten und kurzfristigen Auflösung des Arbeitsverhältnisses zu schützen. Wichtigste Rechtsgrundlage ist dabei das Kündigungsschutzgesetz. Danach ist das Kündigungsrecht der Arbeitgeber insbesondere wie folgt eingeschränkt:
1. Die Kündigung des Arbeitsverhältnisses gegenüber einem Arbeitnehmer, der in einem Betrieb mit mehr als 5 Arbeitnehmer ohne Unterbrechung länger als 6 Monate wöchentlich mehr als 10 oder monatlich mehr als 45 Stunden beschäftigt war, ist nur wirksam, wenn sie durch bestimmte Gründe sozial gerechtfertigt ist. Eine Kündigung gilt als sozial gerechtfertigt, wenn sie durch Gründe bedingt ist, die in der Person des Arbeitnehmers liegen wie z.B. mangelnde Eignung, Nachlassen der Arbeitsfähigkeit oder im Verhalten, z.B. in Pflichtverletzungen,

Bestandschutz des Arbeitsverhältnisses

oder wenn sie durch dringende betriebliche Erfordernisse bedingt ist, wie z.B. durch Auftragsmangel, Änderung → Produktionsmethoden und Freisetzungen durch Rationalisierung. Die Beweispflicht, daß eine Kündigung sozial gerechtfertigt ist, liegt beim Arbeitgeber.

2. Ein Arbeitnehmer, der eine Kündigung für sozial ungerechtfertigt hält, kann beim → Betriebsrat Widerspruch einlegen, der dann versucht eine Verständigung mit dem Arbeitgeber herbeizuführen. Der Arbeitnehmer kann darüber hinaus das Arbeitsgericht anrufen.
3. Der Arbeitgeber ist verpflichtet, dem Arbeitsamt unter Beifügung der Stellungnahme des Betriebsrates schriftlich Anzeige zu erstatten, bevor er
   a) in Betrieben mit mehr als 20 und weniger als 60 Arbeitnehmer mehr als 5 Arbeitnehmer,
   b) in Betrieben mit mindestens 60 und weniger als 500 Arbeitnehmern 10% der im Betrieb regelmäßig beschäftigten Arbeitnehmer oder mehr als 25 Arbeitnehmer,
   c) in Betrieben mit mindestens 500 Arbeitnehmern mindestens 30 Arbeitnehmer innerhalb von 30 Kalendertagen entläßt.

Solche Massenkündigungen werden nur mit Zustimmung des Landesarbeitsamtes rechtswirksam.

4. Die Kündigung eines Mitglieds eines Betriebsrates, einer Jugendvertretung oder einer Personalvertretung ist unzulässig, wenn nicht Gründe vorliegen, die den Arbeitgeber ohne Einhaltung einer Kündigungsfrist zu einer Kündigung berechtigen würde, wie z.B. die Vornahme einer strafbarer Handlung im Betrieb oder grobe Pflichtverletzung.
5. Besondere Kündigungsschutzbestimmungen gelten auch für Schwerbehinderte, für werdende Mütter, denen während der Schwangerschaft und bis zum Ablauf von 4 Monaten nach der Entbindung sowie während des Erziehungsurlaubs nicht gekündigt werden darf, für Wehrpflichtige, deren Arbeitsverhältnis während der Einberufung zum Grundwehrdienst oder zu einer Wehrübung nicht gekündigt werden darf, und für Zivildienstleistende.

Die Fristen für ordentliche Kündigungen sind in § 622 BGB geregelt. Sie waren bis 1993 für Angestellte wesentlich günstiger als für Arbeiter unter vergleichbaren Umständen. Das Bundesverfassungsgericht entschied 1990, daß eine solche Ungleichbehandlung verfassungswidrig ist, daher führte der Gesetzgeber 1993 folgende einheitliche Regelungen ein:

Das Arbeitsverhältnis kann mit einer Frist von 4 Wochen zum Fünfzehnten eines Monats oder zum Monatsende gekündigt werden. Innerhalb einer Probezeit von maximal 6 Monaten gilt eine auf 2 Wochen verkürzte Kündigungsfrist.

Bei Arbeitnehmern, die 2 Jahre oder länger in einem Betrieb oder Unternehmen beschäftigt waren, kann das Arbeitsverhältnis nur zum Monatsende gekündigt werden. In diesen Fällen werden die Kündigungsfristen wie folgt nach der Dauer der Beschäftigung gestaffelt:

Beschäftigungsdauer	Kündigungsfrist
2 Jahre	1 Monat
5 Jahre	2 Monate
8 Jahre	3 Monate
10 Jahre	4 Monate
12 Jahre	5 Monate
15 Jahre	6 Monate
20 Jahre	7 Monate.

Bestandsgrößen

in Geldeinheiten oder physischen Einheiten gemessene Größe, die für einen bestimmten Zeitpunkt festgestellt wird (Beispiele: Kassenbestand, Bankguthaben, Warenlager). Die Zusammenstellung von Bestandsgrößen auf einzel- oder gesamtwirtschaftlicher Ebene nennt man Bestandsrechnung (Beispiel: Sektorale oder gesamtwirtschaftliche Vermögensrechnung, Geldbestandsrechnung).

Besteuerungsgrundsätze

Veränderungen der Werte einer Bestandsgröße im Zeitablauf werden in der sog. Bestandsänderungsrechnung erfaßt. Man spricht auch von der Kapitalflußrechnung oder Bewegungsbilanz (Beispiel: → Gesamtwirtschaftliche Finanzierungsrechnung, → Kapitalbilanz).

Besteuerungsgrundsätze

sind Forderungen zur zweckmäßigen Gestaltung einer → Steuer. So muß eine Steuer bestimmten Gerechtigkeitsvorstellungen entsprechen. Die horizontale Gerechtigkeit fordert, daß alle gleich besteuert werden, die unter gleichen oder gleichartigen Verhältnissen leben. Die vertikale Gerechtigkeit erfordert, daß Personen in ungleichen Verhältnissen entsprechend ungleich belastet werden. Dies sagt allerdings noch nichts darüber aus, ob ein Tarif proportional oder progressiv (→ Steuertarif) verlaufen soll. Ansätze zur Steuergerechtigkeit sind auf dieser Grundlage das → Äquivalenzprinzip und das → Leistungsfähigkeitsprinzip. Als weiterer Besteuerungsgrundsatz wird gefordert, daß Steuern so beschaffen sein sollen, daß sie wirtschaftliche Entscheidungen auf sonst effizienten Märkten möglichst wenig beeinträchtigen. Wenn die Steuerpolitik verwendet wird, um andere Ziele zu verfolgen, z.B. um Investitionsanreize zu schaffen, sollte dabei die Gerechtigkeit des

Bestimmtheitsmaß

Systems möglichst wenig gestört werden. Das Steuersytem sollte eine effiziente und nicht willkürliche Verwaltung ermöglichen und für den Steuerzahler verständlich sein. Schließlich sollten die Verwaltungs- und Erhebungskosten so niedrig sein, wie es mit den anderen Zielen vereinbar ist.

Bestimmtheitsmaß → Korrelationskoeffizient

Bestimmungslandprinzip

Grundsatz für die Besteuerung im Rahmen des internationalen Warenverkehrs. Das Bestimmungslandprinzip wird in der Regel für indirekte → Verbrauchsteuern angewendet. Nach ihm sollen im internationalen Warenverkehr Güter mit den → Steuern desjenigen Landes belastet werden, in dem sie verwendet bzw. verbraucht werden. Daher findet ein Grenzausgleich statt, bei dem Einfuhren mit einer → Einfuhrumsatzsteuer in Höhe der inländischen Mehrwertsteuer zu belasten sind, während Exporte dagegen von der inländischen Mehrwertsteuer entlastet werden, so daß inländische Güter und importierte Güter im Inland dem selben → Steuersatz unterliegen und so eine Verzerrung des Wettbewerbs vermieden wird. Das Bestimmungslandprinzip erfordert zwischenstaatliche Steuergrenzen, die den Grenzausgleich sicherstellen. Findet kein Grenzausgleich statt, so gilt das → Ursprungslandprinzip, d. h. die Güter, die in das Bestimmungsland geliefert werden, sind mit den Steuern des Ursprungslandes belastet. Im Handel mit dem Nicht-EU-Ausland wird das Bestimmungslandprinzip in der oben beschriebenen Form angewendet. Während vor der Verwirklichung des Gemeinsamen Marktes in der Europäischen Gemeinschaft das Bestimmungslandprinzip ebenfalls Anwendung fand, muß wegen des Abbaus der Grenzkontrollen im Innergemeinschaftlichen Handel auch das Bestimmungslandprinzip – zumindest in der alten Form – aufgegeben werden. Allerdings ging man bisher auch noch nicht konsequent zum Ursprungslandprinzip über: Während einer Übergangszeit versucht man das Bestimmungslandprinzip dadurch zu verwirklichen, daß der innergemeinschaftliche Handel in den Unternehmen erfaßt wird. Bei Käufen von Endverbrauchern gilt schon das Ursprungslandprinzip, Ausnahmen stellen der Versandhandel und Autokäufe im EU-Ausland dar.

Betrieb → Unternehmen

Betriebliche Altersversorgung

Sozialleistung, die ein Unternehmen den von ihm beschäftigten Arbeitnehmern und unter be-

Betriebliche Altersversorgung

stimmten Umständen auch an deren Familienangehörige gewährt, und zwar nach Beendigung des Arbeitsverhältnisses. Sie stellt eine Ergänzung der gesetzlichen Altersversorgung dar, kann diese aber nicht ersetzen. Die Leistungen der betrieblichen Altersvorsorge müssen im Rahmen eines Arbeitsvertrages geregelt sein. Das Gesetz zur Verbesserung der betrieblichen Altersversorgung aus dem Jahr 1974 stellt es in das Belieben des Arbeitgebers, ob, wann und in welcher Höhe er solche betrieblichen Versorgungsleistungen gewährt. In der Praxis finden sich vier verschiedene Formen der betrieblichen Altersversorgung: die Direktzusage (Pensionszusage), die Direktversicherung (Abschluß eines Lebensversicherungsvertrages bei einer Versicherungsgesellschaft) die Versorgung über eine Pensionskasse und die Versorgung über eine Unterstützungskasse.

a) Pensionszusage

Die Pensionszusage ist die gebräuchlichste Form der betrieblichen Altersversorgung. Bei ihr erhält der Arbeitnehmer unmittelbare Ansprüche gegenüber dem Arbeitgeber. Hat der Arbeitgeber eine solche Zusage (rechtsverbindlich) gegeben, so kann er während der Anwartschaft Rückstellungen bilden, die seinen steuerlichen Gewinn mindern (→ Pensionsrückstellungen). Darüber hinaus kann das Unternehmen gegen das wirtschaftliche Risiko aus seinen Pensionszusagen eine Rückdeckungsversicherung abschließen.

b) Direktversicherungen

Der Arbeitgeber kann zur betrieblichen Altersversorgung auch einen Lebensversicherungsvertrag zugunsten seines Arbeitnehmers abschließen. Ein entsprechender Vertrag kann eine Einzelversicherung oder eine Gruppenversicherung für alle Arbeitnehmer oder eine bestimmte Gruppe von Arbeitnehmern beinhalten. Die Beitragsleistungen für die Lebensversicherung können mit oder ohne Beteiligung der begünstigten Arbeitnehmer erfolgen.

c) Pensions- und Unterstützungskassen

werden von den Unternehmen allein oder zusammen mit anderen Unternehmen als rechtlich selbständige Einrichtungen gegründet. Bei Pensionskassen wird der Arbeitnehmer Mitglied dieser Einrichtung und kann zu Beitragsleistungen herangezogen werden. Er erwirbt einen Rechtsanspruch auf Pensionszahlungen und kann diese gegen die Kasse geltend machen. Pensionskassen unterliegen der Versicherungsaufsicht. Unterstützungskassen haben dagegen häufig die Form eines Vereins, dem die Betriebsangehörigen beitreten können. Ihre Finanzierung erfolgt ausschließlich aus Mitteln des Arbeitgebers. Hier erwerben die Arbeitnehmer keinen Rechtsanspruch auf spätere Leistungen, vielmehr erfolgen diese als einmalige oder laufende Auszahlungen entsprechend der Bedürftigkeit oder der Notlage des (ehemalige) Arbeitnehmers im Rahmen der verfügbaren Mittel.

Betriebliche Mitbestimmung

Recht der Arbeitnehmer eines Betriebes, an den sie betreffenden betrieblichen Entscheidungen, z. B. über Betriebsordnung, das Lohnsystem, über Umstufungen, Versetzungen und Urlaubsregelungen, über Betriebsverlagerungen und Betriebsstillegungen in bestimmter Weise beteiligt zu werden und diese Entscheidungen zu beeinflussen bzw. an ihnen mitzuwirken. Die Mitbestimmung im Unternehmen ist das Recht der Arbeitnehmer bzw. ihrer Vertreter, an Entscheidungen der leitenden Unternehmensorgane mitzuwirken. Ziel ist eine sozial orientierte Unternehmenspolitik zu fördern und eine Gleichberechtigung von Kapitaleignern und Arbeitnehmern herzustellen.

Betriebsminimum

– auch: Produktionsschwelle – Schnittpunkt von → Grenzkosten und variablen → Stückkosten eines Produktes. Im Gegensatz zum → Betriebsoptimum sind im Betriebsminimum nur die durchschnittlichen variablen Kosten des → Unternehmens gedeckt, nicht unbedingt aber auch deren durchschnittliche → Fixkosten. Insofern ist das Betriebsminimum betriebswirtschaftlich die kurzfristige Preisuntergrenze, auf die der Marktpreis vorübergehend sinken darf. Langfristig muß es dagegen auch zu einer Fixkostendeckung kommen.

Betriebsoptimum

– betriebswirtschaftlich auch: Gewinnschwelle oder Preisuntergrenze – Schnittpunkt von → Grenzkosten und → Stückkosten eines Produktes. Das Betriebsoptimum kennzeichnet volkswirtschaftlich die Menge, bei der das Produkt zu den geringst möglichen durchschnittlichen Kosten, d. h. mit der effizientesten Input-Output-Relation hergestellt werden kann. Betriebswirtschaftlich ist es in erster Linie die langfristige Preisuntergrenze, auf die der Marktpreis höchstens sinken darf, damit gerade noch verlustfrei produziert werden kann. Der Begriff ist insofern mißverständlich, als dieser Punkt zwar volkswirtschaftlich gesehen optimal ist, für das einzelne Unternehmen aber lediglich eine Minimalanforderung darstellt.

Betriebsrat → Betriebsverfassungsgesetz

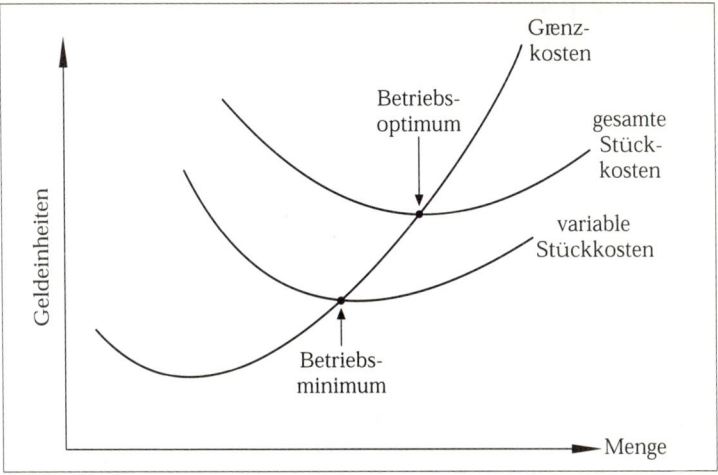

Betriebsoptimum und -minimum

Betriebsschutz

Ziel des Betriebsschutzes ist der Schutz des Arbeitnehmers vor den aus den Betriebsanlagen und der Produktionsweise durch Unfälle, Berufskrankheiten und körperliche sowie psychische Belastungen drohenden Gefahren für Leben und Gesundheit. Den allgemeinen Betriebsschutz begründen die §§ 120a und b der Gewerbeordnung (GewO).

§ 120a GewO (Betriebssicherheit)

(1) Die Gewerbeunternehmer sind verpflichtet, die Arbeitsräume, Betriebsvorrichtungen, Maschinen und Gerätschaften so einzurichten und zu erhalten und den Betrieb so zu regeln, daß die Arbeitnehmer gegen Gefahren für Leben und Gesundheit so weit geschützt sind, wie es die Natur des Betriebes gestattet.

(2) Insbesondere ist für genügendes Licht, ausreichenden Luftraum und Luftwechsel, Beseitigung des beim Betrieb entstehenden Staubes, der dabei entwickelten Dünste und Gase sowie der dabei entstehenden Abfälle Sorge zu tragen.

(3) Ebenso sind diejenigen Vorrichtungen herzustellen, welche zum Schutze der Arbeitnehmer gegen gefährliche Berührungen mit Maschinen oder Maschinenteilen oder gegen andere in der Natur der Betriebsstätte oder des Betriebs liegende Gefahren, namentlich auch gegen Gefahren, welche aus Fabrikbränden erwachsen können, erforderlich sind.

(4) Endlich sind diejenigen Vorschriften über die Ordnung des Betriebs und das Verhalten der Arbeitnehmer zu erlassen, welche zur Sicherung eines gefahrlosen Betriebs erforderlich sind.

Betriebsteuer

§ 120b GewO (Einrichtungen zur Aufrechterhaltung von Sitte und Anstand)

(1) Die Gewerbeunternehmer sind verpflichtet, diejenigen Einrichtungen zu treffen und zu unterhalten und diejenigen Vorschriften über das Verhalten der Arbeitnehmer im Betrieb zu erlassen, welche erforderlich sind, um die Aufrechterhaltung der guten Sitten und des Anstandes zu sichern.

(2) Insbesondere muß, soweit es die Natur des Betriebes zuläßt, bei der Arbeit die Trennung der Geschlechter durchgeführt werden, sofern nicht die Aufrechterhaltung der guten Sitten und des Anstandes durch die Einrichtung des Betriebs ohnehin gesichert ist.

(3) In Anlagen, deren Betrieb es mit sich bringt, daß die Arbeitnehmer sich umkleiden und nach der Arbeit sich reinigen, müssen ausreichende, nach Geschlechtern getrennte Ankleide- und Waschräume vorhanden sein.

(4) Die Bedürfnisanstalten müssen so eingerichtet sein, daß sie für die Zahl der Arbeitnehmer ausreichen, daß den Anforderungen der Gesundheitspflege entsprochen wird und daß ihre Benutzung ohne Verletzung von Sitte und Anstand erfolgen kann.

Dieser allgemeine Betriebsschutz wird durch einen besonderen Betriebsschutz ergänzt, der durch § 120e der GewO begründet wird. Nach dieser Vorschrift kann der Bundesminister für Arbeit mit Zustimmung des Bundesrates den spezifischen Eigenheiten bestimmter Betriebsarten, z.B. von Bergwerken und chemischen Betrieben, sowie spezifischen Schutzbedürfnissen von Personengruppen, z.B. Jugendlichen und Frauen, durch Rechtsverordnungen Rechnung tragen. Soweit der Bundesminister für Arbeit von diesem Recht nicht Gebrauch macht, können die Landesregierungen entsprechende Rechtsverordnungen erlassen. Zum Schutz der Arbeitnehmer trägt auch das Gerätesicherheitsgesetz bei, nach dem bestimmte Anlagen nur mit behördlicher Genehmigung und regelmäßiger Überprüfung betrieben werden dürfen. Zu den Rechtsquellen des Betriebsschutzes sind außerdem die von den Berufsgenossenschaften zu erlassenden Unfallverhütungsvorschriften. Diese bestimmen zum einen, welche Einrichtungen, Anordnungen und Maßnahmen die Unternehmer zu treffen haben, um Arbeitsunfälle zu verhindern, zum andern legen sie das vom versicherten Arbeitnehmer zur Verhütung von Unfällen erforderliche Verhalten fest.

Betriebsteuer

ein Reformvorschlag, der die → Gewerbe- und → Körperschaftsteuer ersetzen und beide mit der Einkommensteuer harmonisieren will. Es sollen dadurch die betriebliche Kapitalbildung gefördert und alle buchführenden Unternehmen unabhängig von ihrer Rechtsform einer Steuerart, der Betriebsteuer, unterworfen werden.

Betriebsverfassungsgesetz

Regelung der betrieblichen Rechte und Pflichten des Arbeitgebers und der Arbeitnehmer aufgrund gesetzlicher Vorschriften oder vertraglicher Vereinbarungen. Vor allem wird im Betriebsverfassungsgesetz geregelt, daß alle vier Jahre in geheimer und unmittelbarer Wahl ein Betriebsrat zu wählen ist, als Vertretung aller Arbeitnehmer eines Betriebes. Die Mitglieder des Betriebsrates stehen unter einem besonderen Kündigungsschutz. Die Kosten der Arbeit des Betriebsrates trägt der Arbeitgeber. In Betrieben, in denen mindesten 5 Jugendliche beschäftigt sind, werden von den Jugendlichen darüberhinaus Jugendvertreter gewählt. Die Aufgaben des Betriebsrates liegen vor allem in folgenden Bereichen:
- Soziale Angelegenheiten, z.B. Arbeitszeit- und Urlaubsregelungen, betriebliche Sozialleistungen, Regelungen über die Verhütung von Arbeitsunfällen und Berufskrankheiten;
- Lohngestaltung;
- personelle Angelegenheiten, z.B. Personalplanung, innerbetriebliche Stellenausschreibungen, Versetzungen, Umgruppiereungen, Entlassungen;
- wirtschaftliche Angelegenheiten: in Betrieben mit mehr als 100 ständigen Arbeitnehmern ist ein Wirtschaftsausschuß zu bilden, der bei wirtschaftlichen Angelegenheiten über Informations- und Beratungsrechte verfügt.

Den Betriebsräten stehen Informations-, Beratungs- und Mitbestimmungsrechte in den jeweiligen Bereichen zu. Betriebsräte und → Gewerkschaften sind institutionell und rechtlich selbständige Institutionenen, wobei es zu personellen Überschneidungen kommt und die Zusammenarbeit in der Regel sehr eng ist.

Beurteilende Statistik → Statistik

Bevölkerungsbedingte Arbeitslosigkeit → Demographisch bedingte Arbeitslosigkeit

Bevölkerungsentwicklung

– auch als Bevölkerungsdynamik bezeichnet – beschreibt, wie sich Bevölkerungsbestände im Laufe der Zeit verändern, und analysiert, welche Faktoren für die Veränderungen maßgeblich sind. Ein Wachstum der Bevölkerung kommt entweder durch Geburten oder durch Zuwanderung zustande, Abwanderung und Sterblichkeit reduzieren dagegen eine Bevölkerung. Theoretische Grundlagen liefert hier die → Demographie. Die statistische Erfassung ist Aufgabe der → Bevölkerungsstatistik. Die Bevölkerungsentwicklung in Deutschland (und in anderen hochentwickelten Staaten) ist davon gekennzeichnet, daß ohne Zuwanderung die Bevölke-

Bevölkerungspolitik

rungszahl bereits seit Jahrzehnten schrumpfen würde. Die dadurch ausgelösten Veränderungen in der Bevölkerungsstruktur führen vor allem mittel- bis langfristig zu Problemen im Bereich der → Sozialpolitik (z. B. → Rentenberg). Betrachtet man dagegen die Weltbevölkerung, so hat man hier mit dem entgegengesetzten Problem, nämlich einer sehr starken Zunahme zu tun. Seit ca. 100 Jahren hat sich das Phänomen der Bevölkerungsexplosion, das bis dahin ein europäisches Phänomen war, auf die Entwicklungsländer verlagert. Allerdings werden innerhalb dieser Gruppe von Ländern unterschiedliche Tendenzen sichtbar. Während in Ostasien und Südamerika z. B. das Wachstum der Bevölkerung gebremst wurde, wachsen die Bevölkerungen vor allem in Afrika und Indien ungebremst weiter. So werden künftig nicht nur die absolute Zahl, sondern die regionalen Unterschiede in der Bevölkerungsentwicklung ein Problem darstellen.

Bevölkerungspolitik

umfaßt alle Maßnahmen, die die Größe und Struktur einer Bevölkerung beeinflussen. Direkte bevölkerungspolitische Maßnahmen, wie z. B. die der Geburtenkontrolle, gibt es in Deutschland nicht, allerdings haben viele Maßnahmen im Rahmen der → Familienpolitik bevölkerungspolitische Konsequenzen.

Bevölkerungsstatistik

Sammelbegriff für alle Erhebungen und Analysen, die Auskunft über Größe, Zusammensetzung und Veränderung der Bevölkerung eines Landes geben. Dabei sind im wesentlichen drei Bereiche zu unterscheiden:
1. Statistiken der natürlichen Bevölkerungsberwegungen (Geburten, Sterbefälle, Eheschließungen und -lösungen) und Wanderungen,
2. Statistik des Bevölkerungsstandes (Größe und Struktur) und
3. Bevölkerungsmodelle, -prognosen und -analysen.

Die wichtigsten Datenquellen der Bevölkerungsstatistik sind die → Volkszählung und der → Mikrozensus sowie die Auswertung der Unterlagen der Standes- und Einwohnemeldeämter.

Bevölkerungsstruktur

Werden Bevölkerungsbestände nach bestimmten Merkmalen (vor allem Alter, Geschlecht, Familienstand, Wohnort, Form der Erwerbsbeteiligung) gegliedert, erhält man einen Überblick über die Bevölkerungsstruktur. Die entsprechenden Daten liefert die → Bevölkerungsstatistik. Das bekannteste Bild der Bevölkerungsstruktur liefert die sogenannte Bevölkerungspyramide, die übersichtlich die Alters- und Geschlechtsstruktur einer Bevölkerung zu einem bestimmten Stichtag abbildet. Dabei werden alle demographischen Ereignisse sichtbar, die in der Vergangenheit zu Unregelmäßigkeiten in der Abfolge der Geburtenjahrgänge geführt haben. So lassen sich in der deutschen Bevölkerungspyramide z. B. Kriegseinflüsse und „Pillenknick" ablesen. Das wichtigste langfristige Phänomen, das die deutsche Bevölkerungsstruktur kennzeichnet, ist die im zeitlichen Vergleich deutlich erkennbare demographische Alterung. Die Kenntnis über die Alters- und Geschlechtsstruktur einer Bevölkerung ist nicht nur für öffentliche Entscheidungsträger eine wichtige Planungsgrundlage (etwa bei der Planung von Infrastruktureinrichtungen oder bei der Gestaltung der → Systeme der sozialen Sicherung), sondern auch für viele private Entscheidungen (etwa für die Marketingentscheidungen von Konsumgutherstellern).

Bevölkerungswachstum → Bevölkerungsentwicklung

Bevölkerungswissenschaft → Demographie

Beziehungszahl

→ Verhältniszahl, bei der der Quotient zweier sachlich unterschiedlicher statistischer Zahlen gebildet wird. Im Gegensatz zur → Quote muß der Zähler dabei kein echter Teil des Nenners sein.

Man unterscheidet innerhalb der Beziehungszahlen zwischen Verursachungszahlen (z. B. Geburtenrate = Anzahl von Geburten, bezogen auf die Anzahl von Frauen), die einen gewissen Kausalzusammenhang darstellen, und Entsprechungszahlen (z. B. Rentabilität = Gewinn, bezogen auf das eingesetzte Kapital), zwischen denen nur ein logischer Zusammenhang besteht.

Biersteuer

spezielle → Verbrauchsteuer auf Bier und bierähnliche Getränke. Ihre Höhe richtet sich nach den Stammwürzegehalt des Bieres, wobei kleinere Brauereien ermäßigte → Steuersätze in Anspruch nehmen können. Diese Biermengenstaffel ist eine → Subvention, die zum Erhalt der mittelständisch geprägten Brauereiwirtschaft beitragen soll. Die Biersteuer ist die einzige spezielle → Verbrauchsteuer, deren Aufkommen den Ländern zufließt.

Bilanzgerade → Budgetgleichung

Bilanzgleichung → Budgetgleichung

Bilaterales Monopol

→ Marktform, bei der sich jeweils nur ein Anbieter und ein Nachfrager gegenüberstehen, wie z. B. Gewerkschaften und Arbeitgeberver-

Bilateralismus

bände bei Tarifverhandlungen. Neben den beim Monopol und Monopson seitens der Anbieter und Nachfrager üblichen → Verhaltensweisen der Preisfixierung und Mengenanpassung kann es beim bilateralen Monopol im Extremfall auch zu Optionsfixierung und -empfang kommen, d.h. entweder Anbieter oder Nachfrager bestimmen Preis und Menge, die vom jeweils anderen akzeptiert werden. In diesem Fall kommt es bei → Gewinnmaximierung des Optionfixierers zu einer Ausbeutung des Optionsempfängers. Welche der vielen möglichen, zwischen den beiden Ausbeutungspositionen liegenden, Marktergebnisse zustandekommt, wird im allgemeinen durch → Bargaining ermittelt und hängt somit von der relativen Machtposition der beiden Marktseiten ab.

Bilateralismus

außenpolitische Praxis von Staaten, die darauf abzielt, ihre diplomatischen und völkerrechtlichen Beziehungen bzw. ihren zwischenstaatlichen Wirtschaftsverkehr auf zweiseitiger Basis abzuwickeln. Anders als beim → Multilateralismus versuchen die Staaten nicht den Konsens einer möglichst großen Gruppe von Ländern zu erreichen. Eine besondere Form des Bilateralismus sind die sog. freiwilligen Exportselbstbeschränkungsabkommen.

Bildungsfinanzierung

Teilgebiet der → Bildungsökonomie, das sich mit der Frage befaßt, wie sich die Finanzierung der volkswirtschaftlich richtigen Größenordnung und Art von Bildung am besten gewährleisten läßt. Dabei geht es nicht nur um die Finanzierung der institutionellen Kosten (Kosten der Bildungsbetriebe), sondern auch um die Lebenshaltungskosten während der Bildungs- und Ausbildungsphase. Man unterscheidet bei den Bildungsfinanzierungen
- die Möglichkeiten der Eigenfinanzierung, z. B. durch Ausbildungsversicherungen, Bildungssparen, einzelbetriebliche Finanzierung,
- die Möglichkeiten der Fremdfinanzierung, z. B. staatliche, private Darlehen, Stipendien und
- die Möglichkeiten der Steuerfinanzierung, z. B. direkte staatliche Finanzierung der Bildungsbetriebe, Fondsfinanzierung, Finanzierung der Bildungsnachfrage durch Bildungsgeld (BAföG), Abzug der Bildungsausgaben bei der → Einkommensteuer, staatliche Stipendien u.ä.

Bildungsinvestitionen

Ausgaben zur Erhaltung und Erhöhung des → Humankapitals. Die menschliche Arbeitskraft wird insofern als produzierter Produktionsfaktor angesehen, als jeder

Mensch einer Ausbildung bedarf, um im Produktionsprozeß sinnvoll mitwirken zu können. Eine verbesserte Ausbildung kann die → Produktivität eines Landes erhöhen. Damit stellen Bildungsinvestitionen und das daraus resultierende → Humankapital eine wichtige Determinante des → Wirtschaftswachstums dar (siehe auch → Bildungsökonomie).

Bildungsökonomie

Zusammenfassung der theoretischen und empirischen Teilgebiete der Wirtschaftswissenschaften, die sich mit den allokations- und verteilungstheoretischen Problemen des Bildungssektors und mit Fragen seiner Finanzierung beschäftigen. Seit Ende der 50er Jahre wurde zunehmend die Frage nach der Bedeutung des Ausbildungsstandes einer Bevölkerung für die → Produktivität und das → Wirtschaftswachstum gestellt. Den Ausgangspunkt bildeten zunächst empirische Untersuchungsergebnisse der neoklassischen Wachstumstheorie, die zeigten, daß das Wachstum des Sozialproduktes nur teilweise durch die mengenmäßige Zunahme der Produktionsfaktoren Arbeit und Kapital erklärt werden kann. Die unerklärte „Restgröße" wurde dem → technischen Fortschritt zugeschrieben. Dieser hängt wiederum stark von der Forschung und der Ausbildung der Bevölkerung ab. Damit war die Bedeutung der Bildung für die volkswirtschaftliche Entwicklung erkannt. Heute kann man folgende Schwerpunkte der Bildungsökonomie benennen:

1. Fortführung der theoretischen und empirischen Arbeiten über den Zusammenhang von Ausbildung und Wirtschaftswachstum. So wird z. B. versucht den Beitrag von → Bildungsinvestitionen zum Wirtschaftswachstum zu ermitteln.
2. → Bildungsplanung.
3. Forschungen auf dem Gebiet der inneren Ökonomie der Bildungseinrichtungen. Hier geht es um Fragen der optimalen Schulgröße und der Steigerung der Effizienz der Ausbildung. Ein großes Problem ist hier die adäquate Outputmessung des Bildungssystems.
4. Forschungsarbeiten zu den Steuerungsmechanismen des Bildungssektors. Hier geht es um die Anreizmechanismen, die das Verhalten von Lehrenden und Lernenden steuern. Da Bildung → externe Effekte hervorruft, greift der Staat stark in den Prozeß der Produktion von Bildung ein. Neuere Ansätze untersuchen die Möglichkeiten durch mehr Wettbewerb (finanzielle Anreize, Prestigewettbewerb) die Leistungsanreize zu verstärken.
5. → Bildungsfinanzierung.

Bildungsplanung

Bildungsplanung

versucht durch Vorausschätzungen des quantitativen und qualitativen Bedarfs der Wirtschaft und des Staates an Arbeitskräften (Manpower-Ansatz) oder durch Vorausschätzung der Nachfrage von Eltern für ihre Kinder und anderen Nachfragern nach Bildungsplätzen, die Bildungskapazitäten zu bestimmen und eine Grundlage für die staatliche Bildungspolitik zu schaffen. Beim Manpower-Ansatz geht man von einer bestimmten Wachstumsrate des Sozialproduktes, gegliedert nach Wirtschaftsbereichen, aus und stellt eine sektorale Prognose der Arbeitsproduktivitäten und der zukünftigen Berufsstrukturen auf. Mit beiden Ansätzen sollen das Bildungssystem auf Arbeitsmarkt und Gütermarkt abgestimmt werden. Die Bildungsplanung liefert allerdings nur begrenzt eine rationale Grundlage für die staatliche Bildungspolitik, weil ihr ein theoretisches Fundament fehlt und sich die Prognosen als sehr problematisch erwiesen haben.

Binnenhandelspolitik

Teil der gesamten → Handelspolitik, der alle Maßnahmen umfaßt, die der Sicherung eines binnenwirtschaftlich ausgewogenen Verteilungssystems zwecks optimaler Versorgung der Bevölkerung dienen. Der Leistungswettbewerb soll gefördert und marktwirtschaftlich unerwünschte Entwicklungen, wie beispielsweise übermäßige Konzentration oder unlauterer Wettbewerb, sollen verhindert bzw. unterbunden werden.

Binnenmarkt

Die Vollendung eines einheitlichen europäischen Binnenmarktes war bereits im EWG-Vertrag von 1957 vorgesehen, doch konnte dieses Ziel zunächst nur teilweise verwirklicht werden. In der → Einheitlichen Europäischen Akte wurde daher im Februar 1986 ein neuer Anlauf beschlossen, um bis zum Ende des Jahres 1992 den Binnenmarkt schrittweise zu verwirklichen. Dieser wird definiert als „Raum ohne Binnengrenzen in dem der freie Verkehr von Waren, Personen, Dienstleistungen und Kapital ... gewährleistet ist" (Art. 7a Abs. 2 EGV).

Block-floating

Spielart des → Floating, bei dem die Mitglieder eines Währungsverbundes ihre → Wechselkurse untereinander fixieren (bzw. diese nur innerhalb vereinbarter Bandbreiten schwanken lassen, während sich die Kurse gegenüber Drittwährungen grundsätzlich frei entwickeln. Verschiedene europäische Länder praktizierten ein solches Wechselkursregime in der Zeit von 1973, also ab dem Zusammenbruch des → Bretton-Woods-Systems mit der Wechselkursfreigabe des US-Dollar, bis 1979 (als das → Europäische Währungssystem gegründet wurde). Siehe auch → Europäische Währungsschlange.

BLUE-Schätzer → Schätzqualitäten

Boden

ist als Produktionsfaktor neben → Arbeit und → Kapital wichtige Determinante für wirtschaftliches Handeln. Er dient der landwirtschaftlichen Produktion, dem Abbau von Bodenschätzen, als Standort für Betriebe und Verkehr. Seine Immobilität, geringe Vermehrbarkeit, geographisch bedingte Merkmale und seine steuerrechtliche Sonderbehandlung gegenüber anderen Vermögenswerten räumen ihm eine Sonderstellung unter den Produktionsfaktoren ein.

Bodenmarkt

faßt alle ökonomischen Beziehungen zwischen Anbietern und Nachfragern für das Gut Boden zusammen. Dabei sind nach der unterschiedlichen Verwendung als Produktionsfaktor (Landwirtschaft, Bergbau) oder als Konsumgut (Bauland), nach dem unterschiedlichen Stand der Erschließung (Bauerwartungsland, baureifes Land u. ä.) zahlreiche Teilmärkte zu unterscheiden.

Bodenpolitik

umfaßt alle staatlichen Maßnahmen, die den → Boden in seiner Eigenschaft als Produktionsfaktor und als Konsumgut betreffen. Wichtige Teilbereiche sind die Maßnahmen zur Erschließung, zur Verbesserung, zur Besiedlung und Bebauung des Bodens, die Regelungen der Eigentumsverhältnisse, des Bodenverkehrs sowie der Besteuerung des Bodens (→ Grundsteuer).

Bodenpreis

Entgelt für den Faktor → Boden in der Form einer Grundrente bzw. des Kaufpreises. Idealtypisch steuert der Bodenpreis die Zuweisung von Standorten, was bei freier Konkurrenz zu einer volkswirtschaftlich optimalen Nutzung führt.

Bodenreform

staatliche Eingriffe, die auf eine grundlegende Änderung der Bodeneigentumsverhältnisse und der bestehenden Bodenrechtsordnung gerichtet sind. Bodenreform bedeutete früher vor allem Umverteilung des agrarisch genutzten Bodens (auch Agrarreform). Aktuelle Bedeutung gewann die Bodenreform im Zuge der deutschen Einigung. Dabei galt grundsätz-

Bodensatzarbeitslosigkeit

lich bei der Regelung von Vermögensfragen der Grundsatz „Rückgabe vor Entschädigung", soweit sich dies praktisch umsetzen ließ. Wenn dabei Grundstücke und Gebäude für dringende Investitionszwecke und vor allem zur Sicherung von Arbeitsplätzen benötigt wurden, konnte die Rückgabe gesetzlich ausgeschlossen werden.

Bodensatzarbeitslosigkeit

– auch Rest- oder Sockelarbeitslosigkeit genannt – bezeichnet das Ausmaß an Arbeitslosigkeit, das selbst bei einer Minimierung der → friktionellen Arbeitslosigkeit und vollständiger Reduktion aller anderer Arbeitslosigkeitsursachen, insbesondere der → konjunkturellen Arbeitslosigkeit, als unvermeidlich angesehen wird. Diesen „Bodensatz" bilden Arbeitslose, denen in der Regel zwar nicht der Wille zur Arbeitsaufnahme fehlt, die jedoch wegen persönlicher Probleme wie z. B. gesundheitlicher Einschränkungen oder Annäherung an das Rentenalter keinen Arbeitsplatz finden.

Bolschewismus

weltanschaulich-politische Auffassung auf der Grundlage des → Sozialismus. Der Bolschewismus ist eine Variante des → Marxismus und prägt seit der Oktober-Revolution (1917) die Politik der kommunistischen Partei in Rußland. Sein Ziel ist die letztendliche Verwirklichung des → Kommunismus.

Boom

Ende der Aufschwungphase eines → Konjunkturzyklus, gekennzeichnet durch eine zunehmende Auslastung der Produktionsfaktoren. Ein weiterer Anstieg der Nachfrage führt zu verstärktem Kosten- und Preisanstieg.

Börse

amtlicher → Markt für → Effekten, → Devisen und andere vertretbare (fungible) Güter, auf dem durch einen Makler der bestmögliche Ausgleich zwischen Angebot und Nachfrage herbeigeführt und der damit verbundene Preis (Kurs) festgestellt wird.

Boykott

Erscheinungsform des → Arbeitskampfes, bei der der Boykottierer Dritte auffordert, Vertragsabschlüsse mit dem Boykottierten zu unterlassen. So kann z. B. eine Gewerkschaft die Arbeitnehmer eines Betriebes auffordern, bestimmten Betriebsvereinbarungen mit einem Unternehmen nicht zuzustimmen. Für Boykotts gelten im wesentlichen die gleichen Rechtsgrundsätze wie für → Streiks oder → Aussperrungen.

Brain Drain

Man unterscheidet zwei Formen des Brain Drain:
1. Externer Brain Drain: hochqualifizierte, z.T. in den Entwicklungsländern selbst ausgebildete heimische Arbeitskräfte wandern in die Industrieländer ab, da sie in ihrer Heimat keinen Arbeitsplatz finden oder weil sie in den Industrieländern besser bezahlt werden und die Arbeitsplätze dort attraktiver ausgestaltet sind.
2. Interner Brain Drain: Wissenschaftliche Arbeit in den Entwicklungsländern, die sich mit Problemen beschäftigen, die vorrangig für die Industrieländer bedeutsam sind.

Durch das Phänomen des Brain Drains wird die Entwicklung in ärmeren Ländern gehemmt.

Branchenstruktur → Sektorale Wirtschaftstruktur

Bravais-Pearson'scher Korrelationskoeffizient → Korrelationskoeffizient

Break-even-Point → Gewinnzone

Brechtsches Gesetz

Arnold Brecht faßte seine Beobachtung, daß mit zunehmender räumlicher Bevölkerungskonzentration (Ballungsgebiete) die öffentlichen Ausgaben pro Kopf der Bevölkerung steigen, in diesem „Gesetz" zusammen. Begründet wird es damit, daß in Ballungsräumen ein größeres Angebot an sozialer und materieller Infrastruktur notwendig ist und aufgrund der höheren Wirtschaftskraft dieser Zentren auch finanziert werden kann. Das Brechtsche Gesetz wird im Rahmen des deutschen → Finanzausgleichs durch die „Veredelte Einwohnerzahl" berücksichtigt. Dabei wird die Wohnbevölkerung der Bundesrepublik Deutschland anhand einer Gemeindegrößenstaffel gewichtet.

Bretton-Woods-System

→ Währungssystem der Nachkriegszeit, welches auf dem Bretton-Woods-Abkommen basiert. Dieses wurde im Juni 1944 in Bretton-Woods (New Hampshire, USA) abgeschlossen und trat Anfang 1946 in Kraft. Die Bundesrepublik Deutschland trat 1952 bei. Ziel dieses Abkommens war es, den → Welthandel durch ein neu gestaltetes internationales Währungssystem abzusichern, das zwar geeignet war, die Länder bei Zahlungsbilanzungleichgewichten (insbesondere Defiziten) zu größerer Zahlungsbilanzdisziplin zu veranlassen, daß andererseits aber keine sofortige binnenwirtschaftliche Anpassung verlangte (→ Diktat der Zahlungsbilanz) und auch nicht protektionistischen Bestrebungen Vorschub leisten

Bruttoinlandsprodukt

sollte. Zeitlich parallel zu dem Bretton-Woods-Abkommen entstand auch der → internationale Währungsfonds sowie die → Weltbank. Was das → Wechselkursregime anging, wurde eine Fixkurssystem zugrunde gelegt: Alle Währungen wurden in US-$, dieser in Gold definiert (1 Unze Feingold = 35 US-$). Dabei konnten die Währungen gegenüber dem US-$ in einer Bandbreite von +/- 1 Prozent sowie untereinander von +/- 2 Prozent schwanken. Bei fundamentalen Zahlungsbilanzungleichgewichten bestand das Recht zur Wechselkurskorrektur. Eine wesentliche Problematik des Bretton-Woods-Systems bestand darin, daß es auf lange Sicht ein Gleichgewicht der bilateralen Außenhandelssalden voraussetzte. Nach der Konstruktion des Systems konnten die USA indes aufgrund der Leitwährungsfunktion des US-$ – sie beruhte nicht zuletzt auf der offiziellen Zusage der USA, jederzeit zum festgelegten Preis Dollar in Gold umzutauschen (→ Goldkonversion) – ihr Defizit in eigener Währung finanzieren, solange die anderen Länder, im Vertrauen auf die Wertbeständigkeit des US-$, diese Währung akzeptierten. Mit steigendem Dollarbestand in der Welt stieg jedoch das Mißtrauen, ob die USA ihrer Goldkonversionszusage noch gerecht werden können. Als im Jahre 1958 die → Konvertibilität auch auf die Inländerkonvertibilität, d.h. dem Recht von Inländern, Inlandsguthaben in Auslandswährungen umzutauschen, ausgeweitet wurde, kam es zu massiven spekulativen Kapitalbewegungen gegen den US-$ und eine Flucht in Gold sowie andere Währungen. Trotz einer Bandbreitenerweiterung für Wechselkursschwankungen sowie mehrmaliger Dollarabwertungen bzw. → -aufwertungen anderer Währungen (vor allem DM, Yen, Schweizer Franken) blieb – insbesondere nachdem die USA 1971 die Goldkonversion ausgesetzt hatten – 1973 nur die Wechselkursfreigabe. Dies bedeutete den Zusammenbruch des Bretton-Woods-Systems.

Bruttoinlandsprodukt → Inlandsprodukt

Bruttosozialprodukt → Sozialprodukt

Bubbles

Preisentwicklung auf Finanzmärkten, bei denen sich die aktuellen Preise immer weiter von ihren Gleichgewichtswerten entfernen. Die Marktteilnehmer wissen aus Erfahrung, daß solche Blasen einmal platzen müssen, sie wissen allerdings nicht, wann. Da sie den genauen Zeitpunkt nicht kennen, bilden sie sich darüber Erwartungen. Diese Erwartungen haben Einfluß auf die weitere Preis- bzw. Kursentwicklung.

Buchgeld → Geschäftsbankengeld

Budget → Öffentlicher Haushaltsplan

Budgetausgleich

Haushaltsgrundsatz, nach dem die Summe der geplanten Ausgaben die Summe der (ordnungsgemäß geschätzten) Einnahmen entsprechen muß. Ohne Konkretisierung und Unterscheidung nach der Art der Einnahmen und Ausgaben bedeutet die Forderung nach der Vorlage eines ausgeglichenen Budgets, die z. B. auch im Grundgesetz erhoben wird, nur, daß die zur Deckung der Ausgaben notwendigen Einnahmen auch beschafft werden können (formaler Budgetausgleich). Von einem materiellen Budgetausgleich kann man dagegen nur bei einer bestimmten Art der Finanzierung und Ausgabenverwendung sprechen, wenn etwa alle Ausgaben unter Verzicht auf eine öffentliche Kreditaufnahme durch Steuern, Gebühren und Beiträge gedeckt werden müssen.

Budgetdefizit → Finanzierungssaldo

Budgetgerade → Budgetgleichung

Budgetgleichung

Die Budget- oder Bilanzgleichung eines privaten Haushalts gibt alle Gütermengenkombinationen an, die ein Haushalt bei gegebenen Güterpreisen und einer für Konsumzwecke zur Verfügung stehenden Summe (häufig vereinfachend: dem gesamten Einkommen) kaufen kann. In ihr spiegelt sich die finanzielle Restriktion des Haushalts bei der Ermittlung des → Optimalen Verbrauchsplans wider. Werden nur zwei Güter betrachtet, kann die Budgetgleichung graphisch als Budget- oder Bilanzgerade dargestellt werden.

Budgetgrundsätze → Haushaltsgrundsätze

Budgetierung im Gesundheitswesen

Festlegung von Obergrenzen für die Ausgaben für Arznei-, Verband-, Heil- und Hilfsmittel bei der ambulanten Behandlung und für die Ausgaben im Rahmen der stationären Behandlung. Eingeführt durch das → Gesundheitsstrukturgesetz vom 21. 12. 1992. Eine Budgetierung bedeutet grundsätzlich, daß sich die Ausgaben an den Einnahmen orientieren und daß sie nicht unbedingt dem Bedarf an Leistungen oder gesundheitspolitischen Zielen entsprechen.

Budgetinflation

Budgetinflation

→ Inflation, deren Ursprung in der über Kredite der → Zentralbank finanzierten defizitären Haushaltspolitik des Staates liegt.

Budgetinzidenz

versucht eine Antwort auf folgende praktisch wichtigen Fragen zu geben:
1. Wer sind die Nutznießer staatlicher Ausgaben für → Transferleistungen und → Öffentliche Güter?
2. Wen belastet letztlich die Finanzierung dieser staatlichen Tätigkeit?
3. Welcher Nettoeffekt ergibt sich für einzelne Haushalte oder Einkommengruppen und wie sieht die gesamte Umverteilung aus?

Die Budgetinzidenz erfaßt schrittweise den Ablauf der Umverteilung der Markteinkommen durch öffentliche Haushalte und vergleicht am Ende die Primärverteilung mit der Sekundärverteilung, die sich nach Abzug aller öffentlichen Einnahmen und Hinzurechnen aller monetären Übertragungen sowie bewerteter Nutzen aus öffentlichen Leistungen ergibt. Die Budgetinzidenz erfaßt somit die Umverteilungswirkungen öffentlicher Haushalte. Die Budgetinzidenz kann hinsichtlich Personen oder Privathaushalte (personale Budgetinzidenz), der drei Produktionsfaktoren (funktionale Budgetinzidenz), Gebiete (regionale Budgetinzidenz), Wirtschaftszweige (sektorale Budgetinzidenz) sowie hinsichtlich der Generationen (intertemporale Budgetinzidenz) untersucht werden. Gemessen werden kann der Umverteilungseffekt der öffentlichen Haushalte mit dem → Ginikoeffizienten. Zu beachten ist in der Bundesrepublik Deutschland, daß die Sozialversicherungsträger vom öffentlichen Haushalt getrennt sind, so daß die isolierte Budgetinzidenz einen Großteil der staatlichen → Verteilungspolitik vernachlässigt. Erst die zusätzliche Berücksichtigung des → Sozialbudgets führt hier zu einer Erfassung der gesamten Verteilungswirkungen.

Budgetkonzepte

Mit Hilfe von Budgetkonzepten wurde versucht, den Einfluß der öffentlichen Haushalte auf den Wirtschaftskreislauf, insbesondere auf die konjunkturelle Entwicklung, zu beurteilen. Wichtige Budgetkonzepte waren etwa der Finanzierungssaldo und das vom → *Sachverständigenrat zur Begutachtung der gesamtwirtschaftlichen Entwicklung* entwickelte Konzept des konjunkturneutralen Haushalts. Bei letzterem wurden Budgetänderungen auf einen als konjunkturneutral eingestuften Basishaushalt bezogen. So wurde ein Nullpunkt auf der Meßskala der Konjunkturwirkungen angestrebt, um den konjunkturellen Impuls der Finanzpolitik messen zu können. Dabei wurden der tatsächliche dem konjunkturneutralen Haushalt gegenübergestellt. „Ein Haushaltsvolumen ist nach dieser Konzeption dann konjunkturneutral, wenn es für sich genommen unmittelbar keine Abweichungen der Auslastung des gesamtwirtschaftlichen Produktionspotentials von dem bewirkt, was mittelfristig als normal angesehen wird." (SVR, 1993, S. 278) Der Rat hat das Konzept des konjunkturneutralen Haushalts mehrfach methodisch geändert und verwendet es seit der deutschen Vereinigung nicht mehr. Seit 1993 stellt er, basierend auf den methodischen Grundlagen des konjunkturneutralen Haushalts, allein auf das → Strukturelle Defizit ab.

Budgetkreislauf

wird in vier Phasen eingeteilt, in denen Regierung, Verwaltung, Parlament und Rechnungshof jeweils spezifische Aufgaben erfüllen. Die Verteilung dieser Funktionen ist historisch bedingt und in Verfassung und Gesetz verankert.

1. Phase: Regierung und Verwaltung legen den Entwurf des Haushaltsplanes vor, wobei der Finanzminister die Voranschläge der Ressorts vorab koordiniert. Im Konfliktfall kann er im Kabinett mit der Stimme des Bundeskanzlers bei der formellen Verabschiedung des Entwurfs grundsätzlich nicht überstimmt werden.
2. Phase: Das Parlament berät den Haushaltsplan und verabschiedet ihn mit dem Haushaltsgesetz nach drei Lesungen. Sollen die Einnahmen vermindert oder die Ausgaben erhöht werden, muß die Bundesregierung zustimmen (Art. 113 GG).
3. Phase: Regierung und Verwaltung vollziehen den Haushalt nach formalen und materiellen Grundsätzen (→ Haushaltsgrundsätze), wobei sie zur sparsamen und wirtschaftlichen Haushaltführung verpflichtet sind. Nur bei einem unvorhersehbaren und unabweisbaren Bedürfnis darf der Finanzminister über- und außerplanmäßige Ausgaben genehmigen.
4. Phase: Das Parlament kontrolliert den Budgetvollzug anhand der Haushalts- und Vermögensrechnung. Dabei hilft als neutrales Organ der Rechnungshof. Er kontrolliert nicht nur die Verwaltung, sondern legt auch dem Parlament einen Bericht über die sparsame und wirtschaftliche Haushaltsführung vor. Das Parlament entlastet die Regierung nach einer Diskussion dieser Prüfungsgrundlage.

Bufferstocks → Rohstoffpolitik

Built-in-flexibility

Built-in-flexibility

automatische Stabilisierungswirkungen, die in bestimmten institutionellen Regelungen eingebaut ist. Steigen z. B. im konjunkturellen Aufschwung bei wachsendem Sozialprodukt die Steuereinnahmen vor allem bei progressiven Steuern wie der Einkommensteuer überproportional an (→ Aufkommenselastizität größer eins), und/oder nehmen die Staatsausgaben (insbesondere die Transferzahlungen, etwa in Form von → Arbeitslosengeld, -hilfe, → Sozialhilfe u. ä.) unterproportional zu, so kann von der Besteuerung bzw. der Ausgabentätigkeit eine automatische Stabilisierungswirkung (→ Built-in-stability) auf den Wirtschaftsprozeß ausgehen, die im Fall des konjunkturellen Aufschwungs dämpfend wirkt. Analog kann auch in der Rezession ein Stabilisierungseffekt eintreten: die Steuern steigen nun unterproportional, die staatlichen Transferzahlungen dagegen überproportional, so daß hier automatisch ein konjunkturbelebender Effekt ausgeht.

Built-in-stabilizers

im Rahmen der → regelgebundenen Wirtschaftspolitik vorhandenen → Regelmechanismen zur automatischen Beeinflussung des Fiskalsystems. Beispielsweise steigen die öffentlichen Einnahmen durch einen progressiven Einkommensteuertarif im Konjunkturaufschwung schneller als private. Dies dämpft die Nachfrage. Auch für die öffentlichen Ausgaben können „eingebaute Stabilisatoren" angewandt werden, indem beispielsweise Überschüsse in der Arbeitslosenversicherung, angehäuft in der Hochkonjunktur, in der Rezession zur Finanzierung staatlicher Leistungen mit dem Ziel der Anregung privater Nachfrage eingesetzt werden. Vgl. auch → Built-in-flexibility.

Bundesanleihe

→ Anleihe der Bundesrepublik Deutschland oder ihrer Sondervermögen mit einer Laufzeit von meist 10 Jahren. Die Verzinsung erfolgt entweder fest oder variabel (floater). Bundesanleihen werden in unregelmäßigen Abständen im Konsortial- und → Tenderverfahren emittiert und direkt im Anschluß in den amtlichen Handel an der → Börse eingeführt.

Bundesanstalt für Arbeit

zentrale Behörde der Arbeitsverwaltung in Deutschland mit Sitz in Nürnberg. Der Bundesanstalt für Arbeit nachgeordnete Verwaltungseinheiten sind die Landesarbeitsämter, die örtlichen Arbeitsämter und deren Nebenstellen. Des weiteren ist ihr zum Zweck der wissenschaftlichen Arbeitsmarktanalyse und Beratung das Institut für Arbeitsmarkt- und Be-

Bundesanstalt für Arbeit

rufsforschung angegliedert. Die Rechts- und Haushaltsaufsicht über die Bundesanstalt für Arbeit obliegt dem Bundesministerium für Arbeit und Sozialordnung. Die Ziele ihrer Tätigkeit sind bereits im § 2 des → Arbeitsförderungsgesetzes definiert. Danach sollen die Maßnahmen der Bundesanstalt für Arbeit dazu beitragen, daß
1. weder Arbeitslosigkeit, unterwertige Beschäftigung noch Arbeitskräftemangel eintreten oder fortdauern,
2. die berufliche Beweglichkeit der Erwerbstätigen gesichert und verbessert wird,
3. nachteilige Entwicklungen für die Erwerbstätigen aus technischen Entwicklungen oder wirtschaftlichem Strukturwandel vermieden, ausgeglichen oder beseitigt werden,
4. die berufliche Eingliederung Behinderter gefördert wird,
5. geschlechtsspezifische Benachteiligungen überwunden werden,
6. ältere Erwerbstätige und schwervermittelbare Personen beruflich eingegliedert werden,
7. die Struktur der Beschäftigung nach Gebieten und Wirtschaftszweigen verbessert wird und
8. illegale Beschäftigung bekämpft und damit die → Arbeitsmarktordnung aufrecht erhalten wird.

Um diese Ziele erreichen zu können, steht der Bundesanstalt für Arbeit eine Vielfalt von Instrumenten und Maßnahmen zur Verfügung. Zu nennen sind hier insbesondere:
1. die → Berufsberatung in den örtlichen Arbeitsämtern,
2. die → Arbeitsvermittlung und die Vermittlung von Ausbildungsverhältnissen, ebenfalls in den örtlichen Arbeitsämtern,
3. die verwaltungsmäßige Durchführung der → Arbeitslosenversicherung und in deren Rahmen die Gewährung von → Lohnersatzleistungen an arbeitslos gewordene Arbeitnehmer,
4. die Förderung der beruflichen und sektoralen Mobilität durch die individuelle und institutionelle Förderung der beruflichen Fortbildung, Umschulung und Einarbeitung,
5. Maßnahmen zur Beeinflussung der Arbeitskräftenachfrage, z. B. durch Investitions- und → Lohnkostenzuschüsse an Unternehmen,
6. die Weiterentwicklung des analytischen und prognostischen Instrumentariums zur Erfassung der Beschäftigungsentwicklung durch die → Arbeitsmarktstatistiken der Landesarbeitsämter und die Arbeiten des Instituts für Arbeitsmarkt- und Berufsforschung sowie
7. gegebenenfalls die Durchführung Sonderprogrammen zur Verbesserung der Lage auf dem Arbeitsmarkt, die ihr von der Bundesregierung übertragen werden.

Bundesaufsichtsamt für das Kreditwesen

Das breite Spektrum sowohl der Ziele als auch der Instrumente macht die Bundesanstalt für Arbeit zum mit Abstand wichtigsten Träger der → Arbeitsmarktpolitik in Deutschland.

Bundesaufsichtsamt für das Kreditwesen

übt zusammen mit der Deutschen Bundesbank die → Bankenaufsicht in Deutschland aus. Es ist eine selbständige Bundesoberbehörde im Bereich des Bundeswirtschaftsministers mit Sitz in Berlin.

Bundesaufsichtsamt für den Wertpapierhandel (BAWe)

Das Bundesaufsichtsamt für den Wertpapierhandel (BAWe) wurde im Rahmen des 1994 verabschiedeten Zweiten Finanzmarktförderungsgesetz neu geschaffen. Es handelt sich um eine selbständige Bundesbehörde, die dem Bundesministerium der Finanzen direkt unterstellt ist. Sitz des BAWe ist Frankfurt am Main. Die zentrale Aufgabe dieser Behörde besteht darin, durch die Schaffung einer größeren Markttransparenz den Schutz der Anleger zu verbessern und möglichst „faire" Märkte zu schaffen. Um diese Aufgabe erfüllen zu können, wurden dem BAWe eine bis dahin in Deutschland nicht gekannte Machtbefugnis zugesprochen. Alle börslichen und außerbörslichen Wertpapiertransaktionen werden von den Banken und Maklern elektronisch dem BAWe gemeldet und werden vom BAWe überwacht. Bei auftretenden Verdachtsmomenten kann das BAWe alle notwendigen Informationen verlangen, auch wenn diese unter das Bankgeheimnis fallen. Verdichtet sich der Anfangsverdacht, übernimmt die Staatsanwaltschaft die weiteren Ermittlungen. Zur Verhinderung von Insidergeschäften und um eine möglichst ausgewogene Informationsversorgung aller Marktteilnehmer sicherzustellen, wurden die Regelungen über die sog. „Ad-hoc-Publizität" erlassen. Danach sind Unternehmen von börsennotierten Wertpapieren verpflichtet, für die weitere Kursentwicklung von erheblicher Bedeutung erscheinende Vorgänge umgehend der Allgemeinheit mitzuteilen. Bei einem Verstoß gegen diese Regelung kann das BAWe Geldbußen bis zu 3 Mio. DM aussprechen.

Bundesausbildungsförderungsgesetz (BAföG) → Ausbildungsförderung

Bundesbankgesetz (BBankG) → Gesetz über die Deutsche Bundesbank

Bundeskartellamt

selbständige Bundesbehörde mit Sitz in Berlin, die zum Geschäftsbereich des Bundesministers für

Wirtschaft gehört. Das Bundeskartellamt soll gemäß dem → Gesetz gegen Wettbewerbsbeschränkungen (GWB) Verstöße gegen das → Kartellverbot verfolgen und Ausnahmen vom Kartellverbot genehmigen. Des weiteren obliegen dem Bundeskartellamt die Kontrolle von Unternehmenszusammenschlüssen und ihr Verbot, wenn eine marktbeherrschende Stellung (→ Marktbeherrschung) zu erwarten ist sowie die staatliche → Mißbrauchsaufsicht über marktbeherrschende Unternehmen. Verstöße gegen das GWB sind Ordnungswidrigkeiten und werden vom Bundeskartellamt mit Bußgeldern belegt. Das Bundeskartellamt veröffentlicht in zweijährigen Abständen einen Bericht über seine Tätigkeit. Mit der zunehmenden europäischen Integration und der damit einhergehenden Verlagerung der Wettbewerbsaufsicht auf die Ebene der Europäischen Union nimmt die Bedeutung des Bundeskartellamtes ab, da die Zuständigkeit des Amtes nur dann gegeben ist, wenn ausschließlich der nationale Markt berührt ist.

Bundesobligation

vom Bund seit Ende 1979 als Dauerremission in aufeinanderfolgenden Serien mit festem Nominalzins und variablen Ausgabekursen emittiertes festverzinsliches → Wertpapier mit fünfjähriger Laufzeit. Zum Erwerb berechtigt sind nur natürliche Personen, gemeinnützige, mildtätige und kirchliche Einrichtungen. Direkt nach Einstellung des Verkaufs der jeweils laufenden Serie wird jeweils ein weiterer Teilbetrag der Serie im → Tenderverfahren begeben. Danach werden die Bundesobligationen an den Wertpapierbörsen eingeführt.

Bundesschatzanweisung

festverzinsliches → Wertpapier des Bundes bzw. seiner Sondervermögen, welches im → Tenderverfahren begeben wird, und zwar in regelmäßigen Abständen. Der Erwerb dieses Wertpapiers, welches einen mittleren Laufzeitbereich (ca. 2–7 Jahre) abdeckt, ist durch jedermann möglich, bietungsberechtigt im Tenderverfahren sind nur Kreditinstitute (indes auch im Kundenauftrag). Siehe auch → Schatzanweisungen.

Bundesschatzbrief

vom Bund emittiertes, mit jährlich steigenden Zinssätzen ausgestattetes → Wertpapier mit einer Laufzeit von 6 Jahren (Typ A mit jährlicher Zinszahlung) oder 7 Jahren (Typ B mit Zinsansammlung), bei dem eine vorzeitige Rückgabe nach frühestem 1 Jahr möglich ist. Bundesschatzbriefe werden nicht an der Wertpapierbörse gehandelt. Die Mittel aus der Dauerremission von Bundesschatzbriefen fließen dem Bund

Bündnis für Arbeit

zu, Käufer sind vor allem private Haushalte, die eine risikolose Geldanlage suchen.

Bündnis für Arbeit

Kurzbezeichnung für das „Bündnis für Arbeit, Ausbildung und Wettbewerbsfähigkeit", eine jüngst ins Leben gerufene Gesprächsrunde aus Bundesregierung, → Gewerkschaften und → Arbeitgeberverbänden. In seiner Zusammensetzung gleicht das Bündnis für Arbeit seinem Vorbild aus den 60er und 70er Jahren, der → Konzertierten Aktion. Vor dem Hintergrund veränderter gesamtwirtschaftlicher Rahmenbedingungen steht jedoch eine etwas andere Zielsetzung, nämlich die Arbeitslosigkeit in Deutschland abzubauen und der jungen Generation genügend Ausbildungsplätze zur Verfügung zu stellen, im Mittelpunkt. Dazu werden beim Bündnis für Arbeit auch andere Maßnahmen wie z. B. die Steuer-, Renten- und Arbeitszeitpolitik thematisiert. Aufgrund der verfassungsmäßig garantierten → Tarifautonomie spielt dagegen die → Lohnpolitik keine zentrale Rolle.

Bürgergeld

Reformvorschlag zur Beseitigung der Leistungsvielfalt, der Intransparenz und der fehlenden Koordinierung der verschiedenen bestehenden Sozialleistungen. Der Grundgedanke besteht darin, steuerfinanzierte Sozialleistungen (z.B. → Kindergeld, → Erziehungsgeld, → Wohngeld, → Ausbildungsförderungsleistungen, → Sozialhilfe usw.) zu einer Universalleistung zusammenzufassen, die sich nach individuellen Sozial- und Bedürftigkeitsmerkmalen richtet. Nicht betroffen durch das Bürgergeld sind die Leistungen des → Sozialversicherungssystems.

C

Cambridge-Gleichung → Kassenhaltungsgleichung

Capital Deepening

– auch als Kapitalvertiefung bezeichnet – bezieht sich auf die Länge des Intervalls zwischen Input und Output. Es geht hierbei vor allem um die Bestimmung der optimalen Dauer der Produktionsperiode bei gegebener Höhe der Investitionen.

Capital Widening

– auch als Kapitalerweiterung bezeichnet – bezieht sich auf die Proportionalität zwischen Kapitalinput und Kapitaloutput. Die Bestimmung der optimalen Höhe der Investitionen bei gegebener Dauer der Produktionsperiode steht hierbei im Vordergrund.

Catch-up-Effekt

Unter sonst gleichen Bedingungen ist es für ein Land einfacher, ein schnelles Wachstum zu erreichen, wenn es zunächst relativ arm ist. Diese Auswirkungen der Startbedingungen werden als Catch-up-Effekt bezeichnet. Dahinter verbirgt sich die Überlegung, daß mit dem Einsatz von Kapital abnehmende → Skalenerträge verbunden sind: wenn der Kapitalstock zunimmt, verringert sich der mit einer zusätzlichen Einheit Kapital hergestellte Output. Da es den Arbeitskräften in armen Ländern selbst an den einfachsten Werkzeugen mangelt, ist ihre Produktivität gering. Bereits geringe Investitionen in Kapital würden die Produktivität dieser Arbeitskräfte stark erhöhen. Im Gegensatz dazu haben Arbeitskräfte in reichen Ländern einen großen Kapitalstock zur Verfügung, wodurch sich ihre hohe Produktivität teilweise erklärt. Bei einem hohen Bestand an Kapital pro Arbeitskraft hat eine zusätzliche Investition in Kapital eine relativ geringe Auswirkung auf die Produktivität.

Cecchini-Bericht

Im Frühjahr 1988 wurde in Brüssel ein umfangreicher Bericht über die Auswirkungen des Binnenmarktes vorgelegt. Dieser entstand im Auftrag der Europäischen Kommission unter Leitung von *Paolo Cecchini* und sagte erhebliche Wachstumsimpulse und positive Auswirkungen für die Beschäftigung in der Gemeinschaft für die Jahre nach der Einrichtung des Binnenmarktes, also ab 1992, voraus.

Census-Verfahren → Saisonbereinigungsverfahren

Certificates of Deposits

von Banken emittierte fungible Inhaberpapiere über verbriefte Termineinlagen (Depositen- oder Einlagenzertifikate, kurz CDs). Die mit regelmäßiger oder auch variabler Verzinsung möglichen Papiere haben Laufzeiten zwischen einigen Tagen und 5 Jahren. Euro-Dollar-CDs wurden erstmals 1966 in London eingeführt, seit 1986 sind auf DM lautende CDs in der Bundesrepublik zugelassen. Gleichwohl waren sie hier vor Beginn der → Europäischen Währungsunion nicht gebräuchlich, da sie mit einer Laufzeit von bis zu 2 Jahren der → Mindestreserve unterlagen.

Ceteris-paribus-Klausel → Partialanalyse

Chartanalyse → Wechselkurstheorien

Chicago-Regel

von *M. Friedman* aufgestellte Theorie, nach der das Wohlfahrtsoptimum der Geldhaltung dann erreicht ist, wenn die Opportunitätskosten der Geldhaltung Null sind. Dies setzt einen Nominalzins von Null voraus. Bei positivem Realzins muß also die Inflationsrate (entsprechend dem → Preiserwartungseffekt) einen negativen Wert annehmen, der (absolut) gleich dem Wert des Realzinses ist. Die Notenbank muß unter diesen Bedingungen eine stetige → Deflation herbeiführen. Da die Grenzkosten der Geldproduktion faktisch Null sind, wäre dann die Optimalitätsbedingung Grenzkosten gleich Preis (Opportunitätskosten bzw. Nominalzins) erfüllt.

Chicago-School → Wettbewerbspolitisches Leitbild

CIF

– Cost, Insurance, Freight – Bewertung der Importe in der → Handelsbilanz entsprechend dem Marktwert der Warenimporte an der Zollgrenze des importierenden Landes einschließlich der bis zur Grenze anfallenden Transport-, Versicherungs- und Verladekosten sowie der Ausfuhrabgaben.

Club of Rome

1968 in Rom von Wissenschaftlern, Industriellen und anderen Persönlichkeiten aus Besorgnis um die Entwicklung der Menschheit gegründete private Vereinigung. Ihr Ziel ist es Ursachen und Zusammenhänge von Menschheitsproblemen zu analysieren und die Öffentlichkeit, aber auch politische Entscheidungsträger zur Reflexion anzuregen. Aufsehen erregten vor allem die Studien „Grenzen des Wachstums" und „Menschheit am Wendepunkt". Siehe auch → Grenzen des Wachstums.

Club-Theorie

Bei der Club-Theorie geht es um Mischgüter, die nicht marktlich angeboten werden (können) und es wird die Frage gestellt, welche Entscheidungseinheit grundsätzlich in der Lage ist, ein gewünschtes Gut anzubieten. Ein Verein, Club oder Verband wird beispielsweise gegründet, um ein Gut zu produzieren, das jedes Mitglied für sich nicht produzieren kann, sei es, weil die Kosten zu hoch wären, etwa wegen Unteilbarkeiten im Angebot, oder sei es, weil das Ausschlußprinzip nicht anwendbar ist. Durch „Club-Lösungen" werden also mehr Güter bereitgestellt, als wenn es nur rein private und rein öffentliche Güter gäbe. Sofern bei der Inanspruchnahme des Gutes oder in der Finanzierung ein Zwangselement enthalten ist, wird häufig ein Parafiscus begründet, der auf die Erfüllung nur einer – meist hoheitlichen – Aufgabe ausgerichtet ist und in die Gliederung nach Gebietskörperschaften nicht ohne weiteres einzuordnen ist (→ Mischgüter, → Öffentliche Güter).

Clubgüter

Sonderformen → öffentlicher Güter, bei denen die Zahl der möglichen gleichzeitigen Nutzer beschränkt ist. Es können dann Überfüllungseffekte entstehen. Beispielsweise kommt es auf einer Autobahn ab einer gewissen Anzahl von Fahrzeugen zu gegenseitig verursachten Nutzeneinbußen in Form von Verkehrsbehinderungen.

Clusteranalyse

→ multivariate Analysemethode in der → empirischen Wirtschaftsforschung, um bestimmte Merkmalsträger anhand vorliegender Merkmalsausprägungen in möglichst homogene Gruppen (Cluster) einzuteilen. Die Zahl und Größe der einzelnen Cluster steht dabei vor Beginn der Analyse – im Gegensatz etwa zur → Diskriminanzanalyse – noch nicht fest. Ausgangspunkt der Clusteranalyse ist das Vorliegen einer Datenmatrix, d.h. von allen Merkmalsträgern müssen Ausprägungen mindestens zweier Merkmale vorliegen. In einem ersten Schritt werden dann zwischen allen Merkmalen bilateral Distanz- oder Ähnlichkeitsmaßzahlen berechnet und in einer Distanz- bzw. Ähnlichkeitsmatrix zusammengefaßt. Anhand dieser Matrix werden dann mit einem Fusionsalgorithmus aus den sich besonders ähnelnden Merkmalsträger jeweils

Coase Theorem

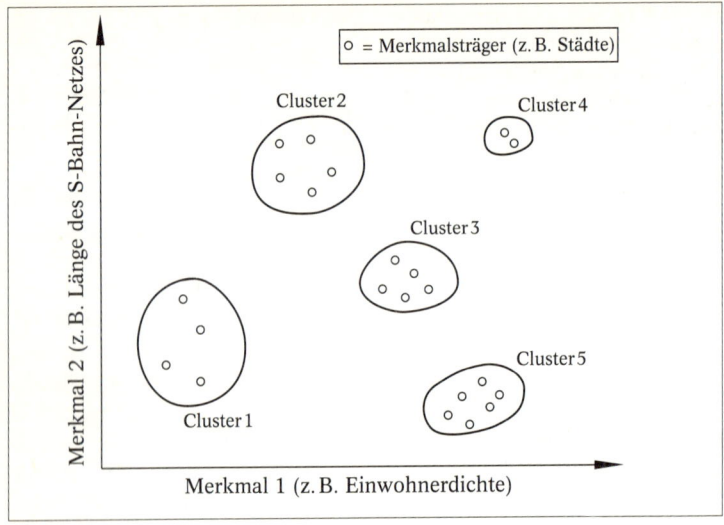

Clusteranalyse

verschiedene Cluster gebildet. Für die Verwendung bestimmter Distanzmaße oder Fusionsalgorithmen gibt es allerdings keine allgemeingültigen Regeln, so daß das Ergebnis von Clusteranalysen je nach den angewandten Methoden unterschiedlich sein kann. Besonders häufig wird die Clusteranalyse im Marketing angewandt, in dem anhand bestimmter Merkmale (z. B. Einkommen, sozialer Status, Haushaltsgröße) verschiedene Käuferschichten für ein Produkt gebildet werden, um z. B. unterschiedliche, jeweils besonders geeignete Werbestrategien zu entwickeln. Aus volkswirtschaftlicher Sicht bietet sich unter anderem die Regionalpolitik an, in der eine geeignete Klassifizierung verschiedener Regionen anhand von Merkmalen wie Pro-Kopf-Einkommen, Arbeitslosenquoten etc. erfolgen kann, um regionalpolitische Maßnahmen zu optimieren.

Coase Theorem

besagt, daß Marktversagen nicht durch staatliche Eingriffe über Steuern oder Subventionen korrigiert zu werden braucht. Durch eine Ausweitung des Marktprozesses können hiernach → externe Effekte freiwillig internalisiert werden. Für die Umweltpolitik bedeutet dies, daß ein umfassendes System von einklagbaren Eigentums-, Verfügungs- und Nutzungsrechten zu schaffen wäre. Nach dieser „Privatisierung" der

Umwelt als ordnungspolitische Maßnahme könnte der Staat die Bewirtschaftung dieses Gutes den Marktkräften überlassen. Ronald Coase erhielt 1991 für seine Überlegungen den Nobelpreis für Wirtschaftswissenschaften. Er vertritt die Ansicht, daß permanente staatliche Eingriffe zur Regulierung bzw. Internalisierung der externen Kosten der Umweltnutzung nicht notwendig seien. Vielmehr werden sich Verursacher und Geschädigte infolge gegenseitiger Gewinninteressen auf dem Verhandlungswege einigen. Das Coase Theorem ist theoretisch überzeugend, hat jedoch nur geringe praktische Bedeutung, da es an viele in der Realität selten vorliegende Bedingungen geknüpft ist. Es ignoriert zudem Verteilungsprobleme.

Cobb-Douglas-Produktionsfunktion → Produktionsfunktion

Cobweb-Theorem

Variation des Gleichgewichtsmodells des vollkommenen → Polypols. Im Rahmen des Cobweb-Theorems wird die Annahme gemacht, daß zur Produktion eines Gutes eine gewisse Herstellungszeit notwendig ist. Dies hat zur Folge, daß sich die Anbieter eines Gutes mit ihrer Angebotsmenge nicht am aktuellen Marktpreis orientieren können, sondern an dem der Vorperiode. So führt beispielsweise ein Steigen des Marktpreises erst eine Periode später zu Angebotsmengenerhöhungen. Ferner wird angenommen, daß die gesamte Menge des hergestellten Gutes wegen geringer Lagerfähigkeit oder hoher Lagerkosten in der jeweiligen Periode vollständig am Markt verkauft werden muß, notfalls durch Preissenkungen. Auf diese Weise kommt es am Markt zu sich gegenseitig bedingenden Preis- und Angebotsmengenschwankungen, die je nach Konstellation der Parameter der Angebots- und Nachfragefunktionen im Lauf der Zeit immer kleiner werden und dann ganz aufhören (→ Stabilität des Marktgleichgewichts) oder immer größer werden und nie zu einem Marktgleichgewicht führen (Instabilität). Vgl. S. 108.

COMECON

– Council for Mutual Economic Aid – → Rat für gegenseitige Wirtschaftshilfe

Commercial Paper

abgezinste und meist im Rahmen eines vereinbarten Programmvolumens je nach kurzfristigem Finanzierungsbedarf in Tranchen gegebene Inhaberschuldverschreibungen mit Laufzeiten von 7 Tagen bis 2 Jahren. Emittenten von CPs sind erstklassige Unternehmen im Industrie-, Handels- und Dienstleistungsbereich oder öffentliche

Commonwealth

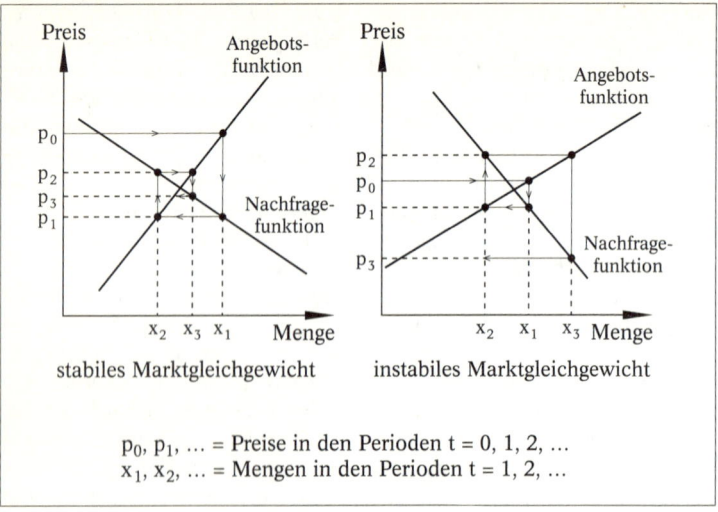

Cobweb-Theorem

Stellen. CPs zählen im weitesten Sinne zu den → Geldmarktpapieren. In Deutschland sind sie seit 1991 erlaubt, bisher aber nicht sehr bedeutsam. Weite Verbreitung haben sie hingegen am → Euromarkt, wobei die Anleger vorwiegend Investmentfonds, Versicherungen und Großunternehmen sind.

Commonwealth

lose Verbindung von rund 50 unabhängigen Staaten, die früher Teil des Britischen Empire waren. Ziel der Organisation ist es, die Bindungen zwischen den ehemaligen Kolonien und dem Mutterland zu pflegen, die technisch und wirtschaftliche Zusammenarbeit zwischen den Entwicklungsländern zu fördern und gemeinsam für die Interessen im internationalen Gremium einzutreten. Das Sekretariat mit Sitz in London nimmt die erforderlichen Koordinationsaufgaben wahr. Die Abstimmung der gemeinsamen Vorgehensweise erfolgt bei den alle zwei Jahre stattfindenden Treffen der Ministerpräsidenten und Staatsoberhäupter und den jährlichen Tagungen der Finanzminister sowie den Treffen zwischen Fachministern. Mit dem Beitritt Großbritanniens zur → Europäischen Gemeinschaft dehnte die EG die im → Lomé-Abkommen vereinbarten Wirtschaftsbeziehungen auf eine Reihe von Commonwealth-Ländern aus.

COREA-Plan

1974 wurden von den Entwicklungsländern Vorstellungen über rohstoffpolitische Maßnahmen bei der → Welthandelskonferenz (UNCTAD) vorgelegt. Sie forderten vor allem:
- eine weitreichende, quasiautomatische Marktregulierung;
- Ausgleichläger (→ Buffer Stocks) für 18 Rohstoffe;
- einen gemeinsamen Fonds mit einer Erstaustattung von 10–13 Mrd. US-$.

Der gemeinsame Fonds wurde 1989 als selbständige internationale Rohstofforganisation gegründet, seine Mittelausstattung blieb allerdings weit unter der ursprünglichen Forderung. Die Mittel sollen unter anderem als Finanzgrundlage für Buffer Stocks dienen.

Cost plus Pricing → Aufschlagskalkulation

Cost-Benefit-Analysis → Kosten-Nutzen-Analyse

Cost-push-Inflation → Angebotsinflation

Cournotscher Punkt → Monopol

Crawling peg

auf mittlere Sicht vereinbarter Paritätsanstieg in einem System grundsätzlich fester → Wechselkurse (→ Wechselkursregime). Die während eines bestimmten Zeitraums im voraus fest zugesagte stufenweise Änderung der Währungsparität bei engen Bandbreiten verfolgt das Ziel, Preisniveausteigerungen zu mindern und → Devisenspekulationen abzuwehren.

Cross rates

ergeben sich aus der im Devisenhandel üblichen Verfahrensweise, die Preise (Kurse) der einzelnen Währungen im Verhältnis zum US-$ darzustellen. Dieser fungiert insofern als „Vehikelwährung".

Crowding-out

Verdrängen Maßnahmen der → Fiskalpolitik private Wirtschaftsaktivitäten von den Märkten, so wird dies als Crowding-out-Effekt bezeichnet. Am häufigsten findet man solche Effekte als Folge der zunehmenden öffentlichen Verschuldung: durch die Staatsverschuldung können Zinserhöhungen induziert werden, die dann private Kreditnachfrager auf den Geld- und Kapitalmärkten verdrängen.

Currency-Board

Durch die Errichtung eines Currency-Board (Währungsamt) wird die inländische Währung fest an eine ausländische Währung (An-

Currency-Theorie

kerwährung) gebunden. Der Currency-Board verpflichtet sich, die Landeswährung zu dem festgelegten Kurs jederzeit in die Ankerwährung umzutauschen. Das bedeutet, daß die inländische → Geldbasis jederzeit durch Devisenreserven gedeckt sein muß. Die verfügbare → Geldmenge kann daher nur in dem Maße steigen, wie die Reserven in der Ankerwährung zunehmen. Damit gibt ein Land de facto seine eigene Geld- und Währungspolitik auf und „borgt" sich gewissermaßen die Stabilität einer internationalen Leitwährung. Als erfolgreiches Beispiel für eine solche Regelung zur Stabilisierung der Landeswährung gilt Argentinien, das sich durch Gesetz im April 1991 an den US-$ gebunden hat. Länder mit Erfahrungen mit einem Currency-Board sind daneben beispielsweise Hongkong und Litauen mit dem Dollar als Ankerwährung sowie Estland, Bosnien und Bulgarien mit der DM.

Currency-Theorie

Gegenposition zur → Banking-Theorie bei der in England im 19. Jh. geführten Auseinandersetzung um die „richtige" Abgrenzung der → Geldmenge. Nach Meinung der Currency-Theoretiker waren als → Geld nur die umlaufenden Münzen und Noten der Bank von England anzusehen. Die Anhänger der Currency Theorie vertraten dabei die These, die Notenbank müsse die so definierte Geldmenge begrenzen, um eine inflationistische Aufblähung des Geldumlaufs zu verhindern. Diese Ansicht entspricht der Aussage der → Quantitätstheorie. Vgl. auch → Liquiditätstheorie des Geldes.

D

DAC → Development Assistent Commitee

Darlehen

→ Kredit, bei dem zwischen Kreditgeber und Kreditnehmer die Kreditsumme, die Verzinsungs- und Rückzahlungsmodalitäten fest vereinbart sind (im Gegensatz zum Kontokorrentkredit, bei dem der Kreditnehmer über einen eine eingeräumte Kreditzusage nach eigenem Ermessen verfügt).

Debt Management

Umstrukturierung der Staatsverschuldung bei gegebenem Schuldenstand. Aktionsparameter sind die Wahl der Verschuldungsinstrumente, der Laufzeit, der Gläubigerstruktur und der Ausgabebedingungen. Das Hauptproblem des Dept Management liegt dabei in der Wahl der Fälligkeiten. Hier kommt es auf die erwartete Änderungsrichtung der Zinsen an. Wesentliches Ziel ist eine möglichst geringe Zinsbelastung. Darüber hinaus müssen die expansiven bzw. restriktiven Effekte, die von einer Verlängerung oder Verkürzung der Schuld ausgehen, auf die Stabilisierungsziele beachtet werden. Je größer die Staatsverschuldung ist, um so bedeutender ist das Dept Management auch für die Kontrolle der Geldmenge.

Defizit

Mit Defizit werden häufig zwei unterschiedliche Sachverhalte bezeichnet.
1. Zum einen versteht man unter Defizit einen unvorhergesehenen Fehlbetrag, der im Rahmen des Haushaltsvollzugs auftritt.
2. Zum anderen spricht man vom sogenannten eingeplanten Defizit, wenn Teile des öffentlichen Haushalts durch Nettoneuverschuldung am Kapitalmarkt finanziert werden müssen, oder wenn sich die öffentliche Hand bei der Zentralbank verschuldet, was allerdings in der Bundesrepublik Deutschland nur kurzfristig möglich ist.

Defizitfinanzierung

Finanzierung des Teils der öffentlichen Ausgaben, der nicht von öffentlichen Einnahmen gedeckt wird. In diesem Umfang entsteht eine Finanzierungslücke, die in der Regel durch Schuldaufnahme am Geld- und Kapitalmarkt gedeckt wird (→ Öffentliche Verschuldung).

Deflation

Deflation

Anhaltender Rückgang des Preisniveaus bzw. Anstieg der Kaufkraft des Geldes. Deshalb zögern die Verbraucher mit Käufen, so daß sich die konjunkturelle Abwärtsbewegung verfestigt. Vgl. auch → Weltwirtschaftskrise

Deflationierung

– auch als Preisbereinigung bezeichnet – Bewertung aktueller Mengen von Gütern mit den Preisen, die diese Güter in einer Basisperiode hatten. Ziel der Deflationierung ist die Ermittlung der realen Veränderung einer Größe (z. B. des → Bruttoinlandsprodukts) im Zeitablauf, d. h. ohne den reinen Preissteigerungseffekt, der in einer nominalen, also wertmäßigen Erfassung dieser Größe zu zwei verschiedenen Zeitpunkten enthalten ist. Zu diesem Zweck werden die Wertgrößen durch einen geeigneten → Preisindex dividiert. Die Deflationierung spielt vor allem in der → Volkswirtschaftlichen Gesamtrechnung eine große Rolle.

Deflatorische Lücke

gesamtwirtschaftliche Situation, in der die monetäre Nachfrage hinter dem möglichen Güterangebot (zu gegebenen Preisen) zurückbleibt. Eine solche „Nachfragelücke" führt typischerweise zu Preissenkungen oder sie hat Einschränkungen der Produktion und Beschäftigung und damit einen (multiplikativen) Rückgang des realen → Volkseinkommens zur Folge.

Deglomeration

räumliche Streuung von Industriebetrieben, Gegenstück zu → Agglomeration.

Delors-Bericht

Der 1988/1989 erarbeitete Delors-Bericht ist ein Dreistufenplan zur Schaffung der → Wirtschafts- und Währungsunion. Unter dem Vorsitz des seinerzeit amtierenden Kommissionspräsidenten *Jacques Delors* erarbeitete ein Komitee der EG-Notenbankpräsidenten und unabhängiger Sachverständiger ein konsensfähiges Programm, dessen Umsetzung der Europäische Rat auf seinem Gipfel in Madrid im Juni 1989 beschloß. Die erste Stufe, die Kapitalverkehrsliberalisierung und verstärkte Koordination vorsieht, begann am 1.7.1990. In der zweiten Stufe wurde das Europäische System der Zentralbanken eingerichtet. Die dritte Stufe, die Endstufe, begann am 1. Januar 1999 mit der Europäischen Währungsunion.

Demand-pull-Inflation → Nachfrageinflation

Demand-shift-Inflation

→ Inflation, die von einer Verschiebung der Nachfrage ausgelöst wird. Bei Preisstarrheit nach unten bleiben in den Bereichen, in denen die Nachfrage zurückgeht, die Preise konstant. In den Sektoren, denen sich eine höhere Nachfrage zuwendet, steigen indes die Preise an. Im Ergebnis erhöht sich dadurch das gesamte Preisniveau.

Demographie

– auch als Bevölkerungswissenschaft bezeichnet – wissenschaftliche Disziplin, die sich mit der Erforschung von Struktur und Dynamik von Bevölkerungen befaßt. Sie liefert als Hilfswissenschaft wichtige Daten für die Ökonomie.

Demographisch bedingte Arbeitslosigkeit

liegt vor, wenn Veränderungen der Bevölkerungszahl oder -struktur zu einem allgemeinen Überschuß des → Arbeitsangebots über die → Arbeitsnachfrage (→ globale Arbeitslosigkeit) oder zu Strukturdivergenzen zwischen beiden führen (→ strukturelle Arbeitslosigkeit). Veränderungen in der Bevölkerungszahl können durch Geburtenzu- oder -abnahmen, Veränderungen in der Sterblichkeit oder durch Wanderungsbewegungen ausgelöst werden. Die Struktur der Bevölkerung kann über ihre räumlichen Verteilung, nach Altersklassen, der Zahl und Größe von Haushalten, der Geschlechtsproportion oder der Nationalitätenstruktur definiert werden und sich entsprechend durch Veränderungen im Geburten-, Eheschließungs-, Scheidungs-, Sterbe- oder Wanderungsverhalten verändern. Die so bewirkten Änderungen der Bevölkerungszahl und -struktur können ihrerseits aber in vielfältiger Art Arbeitsangebot und/oder -nachfrage verändern und so auch zu Arbeitslosigkeit führen. Im wesentlichen können vier Fälle unterschieden werden:

1. Das Arbeitsangebot nimmt durch Zuwanderungen, eine höhere Erwerbsbeteiligung oder durch Altersstrukturveränderungen („Hereinwachsen geburtenstarker Jahrgänge ins Erwerbsleben") zu bzw. wächst stärker als die Arbeitsnachfrage. Da die Ursache der Entstehung von Arbeitslosigkeit hier auf der Seite des Arbeitsangebots liegt, handelt es sich hierbei nicht um eine → Nachfragemangel- oder → Kapitalmangelarbeitslosigkeit. Die demographisch bedingte Arbeitslosigkeit verdient daher zumindest in dieser Form eine Beachtung als eigenständige Arbeitslosigkeitsursache, obwohl hier empirische Abgrenzungsprobleme zur → wachstumsbedingten und → technologischen Arbeitslosigkeit entstehen.

Demonstrationseffekt

2. Die Arbeitsnachfrage geht zurück bzw. wächst weniger stark als die Arbeitsnachfrage, weil die gesamtwirtschaftliche Güternachfrage z. B. durch einen Bevölkerungsrückgang oder Altersstrukturveränderungen (Anwachsen des Anteils „weniger konsumfreudiger Altersklassen") negativ beeinflußt wird. In dieser Form gleicht demographisch bedingte Arbeitslosigkeit der → wachstumsbedingten Arbeitslosigkeit.

Zu Strukturdivergenzen zwischen Arbeitsangebot und -nachfrage und damit zu struktureller Arbeitslosigkeit kann es schießlich kommen,

3. weil sich z. B. die Qualifikationsstruktur des Arbeitsangebots durch Verschiebungen in der Alters- oder Nationalitätenstruktur verändert, oder
4. weil sich die Struktur der gesamtwirtschaftlichen Güter- und damit auch Arbeitsnachfrage z. B. durch Alterstrukturveränderungen auch ändert, da das Konsumverhalten verschiedener Altersklassen (z. B. hinsichtlich Mobilitätswünschen) sehr unterschiedlich sein kann.

Demonstrationseffekt

bedeutet bei Konsumentscheidungen, daß sich die Verbraucher nicht allein von ihrem → Einkommen beeinflussen lassen. Vielmehr orientiert sich der einzelne am Lebensstandard der jeweils höheren Einkommensschicht. Bei sinkenden Einkommen wird er versuchen, sein bisheriges Ausgabenniveau beizubehalten, so daß seine → Sparquote sinkt. Vgl. auch → Relative Einkommenshypothese.

Dependenztheorie

theoretisches Paradigma der → Entwicklungspolitik, nach dem die Ursache für die Unterentwicklung der Dritten Welt primär in der Abhängigkeit und Ausbeutung durch die Industriestaaten begründet wird. Im Gegensatz zu dieser exogenen Ursachenzuweisung werden in modernen Erklärungsansätzen vorrangig endogene Faktoren für Unterentwicklung verantwortlich gemacht.

Depositenzertifikate → Certificates of Deposits

Depression

länger andauernder und tiefgreifender Abschwung im → Konjunkturzyklus, gekennzeichnet insbesondere durch einen markanten Rückgang der gesamtwirtschaftlichen Produktion, hohe → Arbeitslosigkeit und Preisverfall. → Weltwirtschaftskrise.

Deregulierung

Staatliche Regelungen (z. B. in Form von bürokratischen Vorschriften, → Mindest- oder

Höchstpreisen, Marktordnungen oder Marktzutrittsbeschränkungen) sollen abgeschafft werden, um wohlfahrtssteigernde Effekte des → Wettbewerbs besser nutzen zu können.

Derivate

verbriefte oder unverbriefte, handelbare Rechte, die sich auf den Börsen- oder Marktwert eines zugrundeliegenden Basisinstrumentes (underlying) wie → Aktien, → Anleihen, → Devisen, aber auch variable Zinssätze oder Börsenindizes beziehen. Der Preis eines Derivats ist von Zeitraum, Risiko und Kurswert dieser Basisgröße abhängig, die laufende Bewertung ist unmittelbar mit der Entwicklung des Basiswertes verknüpft, wobei die Wertentwicklung über sog. Hebeleffekte um ein Vielfaches verstärkt auf die Derivate einwirkt. Dies bedingt ein teilweise erhebliches Risiko der Derivate, aber auch erhöhte Ertragschancen. Derivate können zur → Arbitrage, zur Absicherung (Hedging) von Kursrisiken oder aus rein spekulativen Motiven verwendet werden. Die Derivate umfassen beispielsweise → Futures, → Swaps und → Optionen.

Deskriptive Statistik → Statistik

Determinanten des Wachstums
→ Wachstumsdeterminanten

Deutsche Ausgleichsbank

1986 als Rechtsnachfolgerin der Lastenausgleichsbank (Bank für Vertriebene und Geschädigte) gegündet. Sie ist eine bundesmittelbare Anstalt des öffentlichen Rechts und zählt zu den Kreditinstituten, die in öffentlichem Auftrag auf Bundesebene Ziele der Wirtschaftsförderung verfolgen. Zu ihren Förderschwerpunkten gehören vor allem Maßnahmen zugunsten des gewerblichen Mittelstandes, gewerbliche und kommunale Umweltschutzinvestitionen und verbliebene Aufgaben im Rahmen des Lastenausgleichs. Ihre Finanzierungsmittel stammen größtenteil aus staatlichen Quellen, sie ist eine der drei Hauptleihinstitute des → ERP-Sondervermögens.

Deutsche Bundesbank

Mit dem Eintritt in die Endstufe der → Europäischen Wirtschafts- und Währungsunion (EWWU) wird die Deutsche Bundesbank integraler Bestandteil des → Europäischen Systems der Zentralbanken. Das bedingt eine Änderung der §§ 3 und 12 des Bundesbankgesetzes, in denen die Aufgaben der Bundesbank und ihr Verhältnis zur Bundesregierung geregelt sind. § 3 des Bundesbankgesetzes lautet nun: „Die Deutsche Bundesbank ist als Zentralbank der Bundesrepublik Deutschland integraler Bestandteil des europäi-

DEG

schen Systems der Zentralbanken. Sie wirkt an der Erfüllung seiner Aufgaben mit dem vorangigen Ziel mit, die Preisstabilität zu gewährleisten, und sorgt für die bankmäßige Abwicklung des Zahlungsverkehrs im Inland und mit dem Ausland". Die Teilnahme Deutschlands an der Endstufe der EWWU verändert die Rolle des Zentralbankrates des Deutschen Bundesbank erheblich. Nach § 6 (1) Bundesbankgesetz in der bis Ende 1998 gültigen Fassung bestimmt dieser „die Währungs- und Kreditpolitik der Bank", nach der vom 1. 1. 1999 an gültigen Fassung von § 6 (1) bestimmt er lediglich die „Geschäftspolitik der Bank" und handelt bei „der Erfüllung der Aufgaben des Europäischen Systems der Zentralbanken … im Rahmen der Leitlinien und Weisungen der Europäischen Zentralbank".

Deutsche Finanzierungsgesellschaft für Beteiligungen in Entwicklungsländern GmbH (DEG)

Die DEG wurde 1962 als Finanzierungs- und Beratungsinstitut gegründet. Sie unterstützt die partnerschaftliche Zusammenarbeit zwischen deutschen Unternehmen und Entwicklungsländern (Joint-Venture-Modell). Alleiniger Gesellschafter ist die Bundesrepublik Deutschland.

Deutsche Gesellschaft für technische Zusammenarbeit GmbH (GTZ)

Die Deutsche Gesellschaft für technische Zusammenarbeit (GTZ) führt überwiegend im Auftrag der Bundesregierung Projekte der technischen Zusammenarbeit mit Entwicklungsländern durch. Daneben übernimmt sie Aufträge für Dritte (Drittgeschäfte). In begrenztem Umfang werden Maßnahmen aus Eigenmitteln (Eigenmaßnahmen) finanziert. Ziel ihrer Tätigkeit ist es, Produktion und Beschäftigung in der Landwirtschaft, im Bergbau, im Energiesektor und in der gewerblichen Wirtschaft der Entwicklungsländer zu steigern. Die Länder sollen beim Aufbau geeigneter Produktions-, Kredit- und Absatzorganisationen und -systeme unterstützt werden. Des Weiteren berät die GTZ bei der Entwicklungsplanung und arbeitet mit, die Effektivität der Verwaltung zu verbessern.

Deutscher Industrie- und Handelstag (DIHT)

Dachorganisation der → Industrie- und Handskammern (IHK) in Form eines eingetragenen Vereins bürgerlichen Rechts. Er hat die Aufgabe, die Interessen der Wirtschaft gegenüber Bundestag und Bundesregierung zu vertreten, die IHK über wichtige wirtschaftspolitische und -rechtliche

Vorgänge zu informieren und die Arbeit der IHK zu koordinieren. Zur Vertretung der Interessen der deutschen Wirtschaft gegenüber den Organen der EU hat das DIHT ein Büro in Brüssel.

Development Assistent Commitee

Entwicklungshilfeausschuß der OECD, der für die Koordinierung der → Entwicklungshilfe ihrer Mitglieder zuständig ist; er vergibt selbst keine Entwicklungshilfe. Ihm gehören alle OECD-Mitgliedstaaten an, die nicht gleichzeitig → Entwicklungsländer sind. Die derzeit 22 DAC-Mitglieder erbringen rund 95% der öffentlichen Entwicklungshilfeleistungen der westlichen Industriestaaten.

Devisen

Zahlungsmittel in ausländischer Währung in Form von Guthaben bei ausländischen Banken sowie an ausländischen Plätzen zahlbaren Zahlungsanweisungen (Wechsel, Schecks). Bei den Bankguthaben handelt es sich typischerweise um täglich fällige (Sicht-)Guthaben. Teilweise werden auch sog. „geldnahe Forderungen" wie Terminguthaben oder (kurzfristige) Geldmarktpapiere mit einbezogen. Auf fremde Währung lautende Banknoten und Münzen werden als Sorten bezeichnet.

Devisenarbitrage

→ Arbitrage im Zusammenhang mit Devisengeschäften. Bei der reinen Devisen- bzw. Wechselkursarbitrage ist zwischen der Ausgleichs- und der Differenzarbitrage zu unterscheiden, die jeweils am Kassamarkt oder am Terminmarkt stattfindet. Differenzarbitrage ist das Ausnutzen von Preisunterschieden verschiedener Währungen, wobei der Arbitrageur nach Abschluß einer Reihe von möglichst gleichzeitigen Transaktionen seine Ausgangswährung zurückerhält und danach in keiner Fremdwährung mehr eine offene Position besitzt. Typischerweise kauft der Devisenhändler von einem Kunden eine Währung, die er einem anderen Kunden oder einem Zwischenhändler zu einem höheren Preis weiterverkauft. Von Ausgleichsarbitrage spricht man, wenn der Arbitrageur eine Position, die er ohnehin eingehen möchte, nicht auf direktem, sondern auf einem günstigeren Weg über eine andere Währung erwirbt. Will ein Marktteilnehmer beispielsweise Schweizer Franken erwerben, so muß er diese nicht direkt kaufen. Vielmehr wird er bei entsprechend günstigen Kursen etwa DM bzw. Euro gegen Japanische Yen und Japanische Yen gegen Schweizer Franken tauschen.

Devisenbewirtschaftung

Devisenbewirtschaftung

Reglementierung des Zahlungsverkehrs mit dem Ausland durch staatliche Vorschriften und Kontrollen. In einem solchen System ist die → Konvertibilität völlig aufgehoben. Der Staat legt die Preise für die jeweiligen ausländischen Zahlungsmittel fest. Einen → Devisenmarkt gibt es praktisch nicht; vielmehr dürfen An- und Verkauf von Devisen nur über dafür zuständige Behörden zu offiziellen Kursen geschehen. Typischerweise sind die Währungen solcher Länder oftmals überbewertet, so daß der Handel regelmäßig auf den „Schwarzen Markt" ausweicht. Die Devisenbewirtschaftung ist Folge der Devisenknappheit von Ländern.

Devisenbilanz

Teil der → Zahlungsbilanz, der die Veränderung der → Netto-Auslandsposition der zentralen Währungsbehörde anzeigt. Durch den → Ausgleichsposten werden die entsprechenden Transaktionswerte in die Veränderungen zu Bilanzkursen übergeleitet. Anstatt von Devisenbilanz spricht man genauer auch von Reservebilanz.

Devisenkurs → Wechselkurs

Devisenmarkt

abstrakter Ort des Zusammentreffens von Angebot an und Nachfrage nach → Devisen, durch das sich die Devisen- bzw. → Wechselkurse bilden. Zu unterscheiden sind der Devisenkassamarkt, an dem zum Kassakurs Devisengeschäfte durchgeführt werden, d.h. Übergabe und Bezahlung der Devisen erfolgen innerhalb von zwei Tagen nach Vertragsabschluß; am Devisenterminmarkt werden Devisentermingeschäfte abgewickelt, d.h. Übergabe und Bezahlung der Devisenbeträge erfolgen erst zu einem späteren Zeitpunkt (beispielsweise nach drei Monaten) unter Zugrundelegung der bei Geschäftsabschluß bestimmten Terminkurse.

Devisenmarktinterventionen

Eingriffe der Währungsbehörden am → Devisenmarkt zur Beeinflussung bzw. Steuerung des nominalen → Wechselkurses. Diese Interventionen erfolgen in Form von zusätzlicher Devisennachfrage oder zusätzlichem Devisenangebot im Falle von Devisenbilanzüberschüssen bzw. -defiziten. Der Ankauf (Verkauf) von Fremdwährungen ist mit einem Anstieg (Rückgang) des inländischen → Geldangebotes verbunden. Darin liegt ein zentrales Problem von Systemen fester → Wechselkurse (siehe → Wechselkursregime), in denen derartige Interventionen verpflichtend vorgeschrieben sind. In der Konsequenz entsteht dadurch eine starke Abhängigkeit von außenwirtschaftlichen Vorgängen und im Extremfall der Verlust der wirtschaftspolitischen Autonomie. Vgl. auch → Diktat der Zahlungsbilanz.

Devisenpensionsgeschäfte

Geschäfte, bei denen die → Zentralbank Devisenansprüche aus Fremdwährungstiteln (hauptsächlich handelt es sich hier um bei der Federal Reservebank lagernde US-Treasury-Wertpapiere, d.h. also Dollar-Titel) für eine bestimmte Zeit an Kreditinstitute überträgt. Das Ziel besteht in dem vorübergehenden Absaugen von Bankenliquidität. Der Vorteil von Devisenpensionsgeschäften gegenüber Devisenswapgeschäften liegt darin, daß keine effektiven beispielsweise Dollarüberträge erfolgen und damit der Dollarkurs nicht unmittelbar betroffen ist.

Devisenpolitik

– auch als Valutapolitik bezeichnet – umfaßt alle Maßnahmen zur Beeinflussung von → Wechselkursen, beispielsweise die → Devisenmarktinterventionen oder die → Devisenbewirtschaftung. Im weiteren Sinne beinhaltet sie die Steuerung der → Zahlungsbilanz auch durch andere Maßnahmen der → Wirtschaftspolitik, etwa der → Geld- und → Fiskalpolitik. Man spricht dann auch von indirekter Devisenpolitik.

Devisenreserven → Währungsreserven

Devisenspekulation

das Eingehen offener, d.h. nicht kursgesicherter Positionen am Devisenmarkt. Allgemein läßt sich unter Spekulation die Übernahme von Preisrisiken fassen. Als Ersatz für den umgangssprachlich negativen besetzten Begriff der Spekulation wird häufig auch von „trading" gesprochen. Spekulationsgeschäfte können sowohl auf dem Terminmarkt als auch auf dem Kassamarkt durchgeführt werden. In beiden Fällen bildet der erwartete Kassakurs die Grundlage für das Spekulationsgeschäft. Da der tatsächlich realisierte → Wechselkurs vom erwarteten abweichen kann, ist ein Spekulationsgeschäft immer mit einem Risiko verbunden.

Devisenswapgeschäfte → Geldpolitische Instrumente

Dichotome Zufallsvariable → Bernoulli-Variable

Dichtefunktion

Funktion einer stetigen → Zufallsvariablen, die aus der → Verteilungsfunktion dieser Zufallsvariablen durch Differentiation gewonnen werden kann. Aus mathematischen Gründen können die einzelnen Funktionswerte der Dich-

Dichtester Wert

tefunktion nicht direkt als → Wahrscheinlichkeit bezeichnet werden. Dennoch entspricht die Dichtefunktion gedanklich der → Wahrscheinlichkeitsfunktion einer diskreten Zufallsvariable, zumal aus ihr die Wahrscheinlichkeit, daß die stetige Zufallsvariable einen bestimmten Wert annimmt, mit einer Hilfskonstruktion zumindest näherungsweise bestimmt werden kann.

Dichtester Wert → Modus

Dienstleistungsbilanz

Teil der → Leistungsbilanz, in dem die Käufe und Verkäufe von Dienstleistungen zwischen → In- und Ausländern erfaßt werden. Beispiele sind etwa Reiseverkehr, Transport- oder Versicherungsleistungen. Man spricht auch von der Bilanz der unsichtbaren Ein- und Ausfuhr („invisibles").

Differenzarbitrage → Devisenarbitrage

Diffusionsindex → Konjunkturindikator

Diktat der Zahlungsbilanz

die sich im System fester → Wechselkurse ergebende (mehr oder weniger zwingende) Notwendigkeit, eine bestehendes Zahlungsbilanzungleichgewicht mit wirtschaftspolitischen Mitteln zu beseitigen. Eine solche Zahlungsbilanzkorrektur geschieht am konsequentesten dadurch, daß das Defizitland eine kontraktive und das Überschußland eine expansive → Geld- und → Fiskalpolitik verfolgen. Offensichtlich ergibt sich bei einer solchen Politik ein Zielkonflikt, wenn im Defizitland → Unterbeschäftigung bzw. im Überschußland → Vollbeschäftigung (d.h. drohende Kosten- und Preissteigerungen) herrschen. Zur Lösung dieses Konfliktes zwischen binnen- und außenwirtschaftlichen Zielen kommt der koordinierte Einsatz der Geld- und Fiskalpolitik zum Einsatz (→ policy mix).

Direkte Steuern

→ Steuern oder ähnliche Abgaben, die von → öffentlichen Haushalten laufend bei → Unternehmen oder → privaten Haushalten erhoben werden und deren → verfügbares Einkommen mindern. Man unterscheidet zwischen direkten Steuern auf → Einkommen und → Vermögen einerseits und direkten Steuern auf den privaten Verbrauch andererseits. Erstere umfassen die veranlagte Einkommensteuer, die Lohn-, Körperschaft- und Vermögensteuer sowie die Lastenausgleichsabgaben. Letztere beinhalten die Kraftfahrzeugsteuer der privaten Haushalte, weiterhin etwa die Hunde- und Jagdsteuer.

Direkte und indirekte Besteuerung

Wenn eine Steuer so erhoben wird, daß → Steuerschuldner und Steuerdestinatar identisch sind, liegt eine direkte Besteuerung vor. Indirekte Steuern werden bei → Steuerschuldnern erhoben, die nach dem Willen des Gesetzgebers nicht mit dem → Steuerdestinatar identisch sind. Vielmehr soll hier die Steuer vom Steuerzahler auf den eigentlich zu Belastenden überwälzt werden. (Beispiel: indirekte → Verbrauchsteuern werden bei den Unternehmen erhoben, diese sollen die Steuern aber über den Preis auf die Verbraucher überwälzen).

Direktinvestition

Gründung bzw. Kauf von → Unternehmen, Produktionsstätten oder Beteiligungen sowie Erwerb von Immobilien im Ausland einschl. der Kreditvergabe an verbundene (ausländische) Unternehmen. Im Gegensatz zu → Portfolioinvestitionen dienen sie der Schaffung dauerhafter Wirtschaftsverbindungen.

Dirigismus

durch staatliche Einflußnahme auf Produktion und Preisbildung gekennzeichnete → Wirtschaftspolitik, insbesondere mittels Ge- und Verboten. Der Dirigismus greift in den Steuerungsmechanismus der → Marktwirtschaft stärker ein als der → Interventionismus, er ist jedoch nicht gleichzusetzen mit der Wirtschaftspolitik in einer → Zentralverwaltungswirtschaft.

Disagio → Agio

Disincentives → Incentives

Disinflation

Rückgang der Inflationsrate. Im Gegensatz zur → Deflation steht der Begriff für eine Entwicklung, bei der das Preisniveau nach wie vor steigt, die Rate der Geldentwertung aber deutlich und nachhaltig abnimmt (z. B. von 4% auf 2%).

Diskontpolitik → Geldpolitische Instrumente

Diskrete Zufallsvariable → Skalierung

Diskretes Merkmal → Skalierung

Diskretionäre Wirtschaftspolitik

geldpolitische und finanzpolitische Maßnahmen, die je nach aktueller wirtschaftspolitischer Lage fallweise zum Einsatz kommen. Der diskretionären → Konjunkturpolitik wird vorgeworfen, daß

Diskriminanzanalyse

diese aufgrund → zeitlicher Verzögerungen der Maßnahmen prozyklisch wirken und destabilisierende Effekte auf die Erwartungen der Wirtschaftssubjekte haben kann. Der Monetarismus tritt deshalb für eine → regelgebundene Wirtschaftspolitik ein.

Diskriminanzanalyse

→ multivariate Analysemethode in der → empirischen Wirtschaftsforschung, um eine gegebene Einteilung bestimmter Merkmalsträger in Gruppen anhand verschiedener Merkmale (nachträglich) zu überprüfen und die mutmaßliche Zugehörigkeit neu hinzukommender Merkmalsträger zu prognostizieren. Im Gegensatz etwa zur → Clusteranalyse stehen also die Zahl und Größe der Gruppen bereits vor Beginn der Analyse durch externe Vorgaben fest. In der Diskriminanzanalyse werden nun zunächst bestimmte Merkmale in einer Diskriminanzfunktion zusammengefaßt und gewichtet. Mit Hilfe dieser Diskriminanzfunktion können für alle Merkmalsträger Diskriminanzwerte aus deren Merkmalsausprägungen berechnet werden. Ebenso erfolgt die Berechnung eines „kritischen" Diskriminanzwertes, mit dessen Hilfe eine nachträgliche Einteilung der Merkmalsträger auf die einzelnen Gruppen erfolgt. Die Festlegung der Koeffizienten dieser Diskriminanzfunktion erfolgt so, daß die Merkmalsträger derselben Gruppe einen möglichst ähnlichen Diskriminanzwert annehmen und bei Merkmalsträgern unterschiedlicher Gruppen die Diskriminanzwerte möglichst stark voneinander abweichen. Die Güte einer Diskriminanzfunktion wird gerne mit Hilfe einer „Trefferquote", die angibt, wie gut die nachträgliche Gruppeneinteilung gemäß den Diskriminanzwerten mit der tatsächlichen, vorgegebenen Gruppeneinteilung übereinstimmt. Daneben können auch Prognosen durchgeführt werden, indem für neu hinzukommende Merkmalsträger ebenfalls Diskriminanzwerte gemäß der ermittelten Diskriminanzfunktion berechnet werden. Auf dieser Basis kann entschieden werden, zu welcher Gruppe der neue Merkmalsträger voraussichtlich gehören wird. Schließlich können durch die Diskriminanzanalyse die zu einer Trennung der Gruppen besonders gut geeigneten Merkmale herausgefunden werden, indem jeweils die Güte der auf unterschiedlichen Merkmalen beruhenden Diskriminanzfunktionen miteinander verglichen wird. Anwendbar ist die Diskriminanzanalyse beispielsweise, wenn die Aussicht einer gerade arbeitslos gewordenen Person, innerhalb einer bestimmten Frist wieder einen Arbeitsplatz zu finden, beurteilt werden soll. In diesem Fall kann untersucht werden, durch welche Merkmale (z.B. Alter, Qualifikation, Gesundheitszustand) sich

Displacement Effect

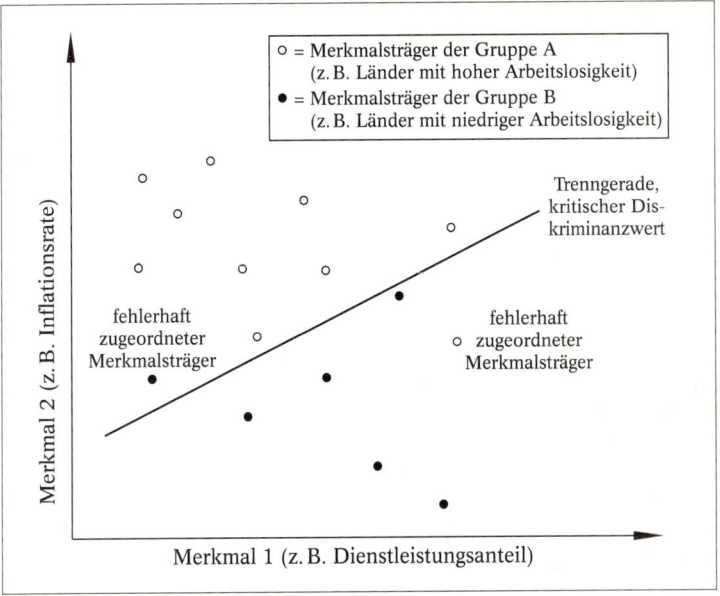

Diskriminanzanalyse

bisher Lang- und Kurzzeitarbeitslose besonders unterschieden haben. Für den neu hinzugekommenen Arbeitslosen können dann speziell diese Merkmale in eine Prognose eingebracht werden.

Diskriminierung

unterschiedliche Behandlung von gleich zu Behandelnden oder gleiche Behandlung von unterschiedlich zu Behandelnden.

Displacement Effect

liefert eine Erklärung für den langfristigen Anstieg der Staatsausgaben. Er geht davon aus, daß in Krisenzeiten → der Steuerwiderstand abnimmt und damit die Steuerquote und folglich auch der Umfang der Staatsausgaben erhöht werden kann. Da sich die Bürger nach Überwindung der Krise an diese höheren Niveaus gewöhnt haben, sinken staatliche → Abgaben nicht wieder auf die Werte vor der Krise ab. Die Theorie des Displacement Effects ist keine Prognose, wie seine beiden Autoren *Peacock* und *Wiseman* auch betonen. Ein Displacement Effect könnte auch durchaus abwärts gerichtet sein, und der kausale Zusammenhang zwischen Krisen und Staatsquote könne sich umkehren. So könnten zu-

Dispositionsgleichgewicht

nehmende Bürokratisierung und die Angst vor ausufernden Staatseingriffen Krisen erst bewirken und zu Umbrüchen mit dem Ziel führen, die politische Macht einzuschränken und die Staatsausgaben drastisch zu kürzen. Peacock und Wiseman wollten nur im Nachhinein die tatsächliche Entwicklung in England erklären und ihre Erklärung nicht unbedingt auf andere Länder übertragen. So ist der Displacement Effect in Deutschland empirisch nicht nachzuweisen.

Dispositionsgleichgewicht

stellt die rationale Entscheidung eines Wirtschaftssubjekts dahingehend dar, daß bei dieser Entscheidung sein Zielsystem optimiert wird. Beispielsweise ist der → optimale Verbrauchsplan das Dispositionsgleichgewicht eines privaten Haushalts bei → Nutzenmaximierung. Aus Dispositionsgleichgewichten können → Angebots- und → Nachfragefunktionen der einzelnen Wirtschaftssubjekte abgeleitet werden. Zu beachten ist in diesem Zusammenhang, daß Dispositionsgleichgewichte lediglich angestrebte, nicht notwendigerweise realisierte Zustände sind.

Dissoziation → Entwicklungsstrategien

Distributionsfunktion des öffentlichen Haushalts

besteht darin, die primäre Einkommens- und/oder Vermögensverteilung durch den Einsatz von öffentlichen Einnahmen und Ausgaben zu verändern. Sie führt zur Sekundärverteilung (Budgetinzidenz, → Verteilungspolitik).

Distributive Klassifikation der Arbeitslosigkeit

geht der Frage nach, wer jeweils von der Arbeitslosigkeit betroffen ist. Mit dieser Klassifikationsart kann etwa die regionale-, die Alters- oder Qualifikationsstruktur der Arbeitslosen ebenso herausgearbeitet werden wie die Verteilung der Arbeitslosen nach der individuellen Dauer oder der individuellen Häufigkeit der Arbeitslosigkeit. Auf diese Weise können zum einen Problemgruppen am Arbeitsmarkt (z. B. Behinderte, ältere Personen, Langzeitarbeitslose) identifiziert und zum anderen – wohl mehr noch als bei der → Kausalklassifikation der Arbeitslosigkeit – geeignete arbeitsmarktpolitische Maßnahmen geplant werden.

Dividendenwert

→ Wertpapier, das dem Inhaber nicht einen kalkulierbaren Zinsertrag erbringt (wie ein → Rentenwert), sondern auf das einen Gewinnanteil (Dividende) aus dem

Reingewinn des Unternehmens, das den Dividendenwert emittiert hat, ausgeschüttet wird. Die bekanntesten Dividendenwerte sind → Aktien und Investmentzertifikate.

Dollar-Block

Gruppe von 24 Ländern aus allen Erdteilen, die einen festen → Wechselkurs gegenüber dem US-$ aufrechterhalten.

Dominanzthese

besagt, daß bei sich entgegenstehenden Gesellschafts- und → Wirtschaftsordnungen zwangsläufig eine Ordnungsform vorherrschen wird. Vgl. hierzu auch → Antagonismus- sowie → Konvergenzthese.

Doppelbesteuerungsabkommen

Durch Doppelbesteuerungsabkommen soll vermieden werden, daß ein steuerlicher Tatbestand in verschiedenen Staaten mehrfach besteuert wird. Wenn beispielsweise ein Steuerpflichtiger in einem Land wohnt, das ihm gehörende gewinnbringende Unternehmen dagegen in einem anderen Land liegt, werden beide Länder Steuer erheben wollen. Um diese doppelte Belastung zu vermeiden, werden zwischen Staaten Abkommen zur Vermeidung der Doppelbesteuerung geschlossen. Die Bundesrepublik Deutschland unterhält mit über 100 Staaten allgemeine Doppelbesteuerungsabkommen zur Vermeidung der Doppelbesteuerung mit → Einkommensteuer, → Körperschaftsteuer, → Vermögensteuer und → Erbschaftsteuer. Sie lehnen sich weitgehend an ein entsprechendes OECD-Musterabkommen an. Die meisten Doppelbesteuerungsabkommen schränken den sachlichen Umfang durch Zuweisung des Besteuerungsrechts nach Art der Einkünfte und dem Ort der Einkünfteerzielung ein.

Dornbusch-Modell → Wechselkurstheorien

Dow-Jones-Index

Aktienindex der New Yorker Börse, berechnet anhand der Notierung von 30 führenden Industrieaktien und anderen Werten. Er existiert seit 1897 und wird von internationalen Kapitalanlegern sehr beachtet. Weitere für das Börsengeschehen maßgebliche Aktienindizes sind etwa der Japanische Nikkei-Index, der Deutsche Aktienindex (DAX) sowie der europäische Index Euro-Stoxx.

Drei-Sektoren-Hypothese

Hypothese über die langfristige Entwicklung einer in drei Sektoren aufgeteilten Volkswirtschaft. Zuerst von *A. G. B. Fisher* (1939) aufgrund von empirischen Ergeb-

Dritte Welt

nissen aufgestellt und von *C. Clark* und *J. Fourastié* (1949) weiterentwickelt. Die Entwicklung von Volkswirtschaften ist danach dadurch gekennzeichnet, daß zunächst der primäre Sektor (Land-, Forstwirtschaft, Fischerei) dominiert, diese Dominanz sich bei weiterer Entwicklung auf den sekundären Sektor (industrielle Produktion) und schließlich auf den tertiären Sektor (v. a. Dienstleistungen) verlagert. Während für viele Industrieländer ein solches Entwicklungsmuster in großen Zügen stimmt, paßt es nicht auf (alle) Entwicklungsländer.

Dritte Welt → Entwicklungsländer

Duale Entscheidungshypothese → Neue keynesianische Makroökonomik

Dualer Arbeitsmarkt → Theorie der dualen Arbeitsmärkte

Dualismus

Der Begriff des Dualismus wird unterschiedlich verwendet:
1. Interner Dualismus: Nebeneinander eines traditionellen und eines modernen Sozialsystems in Entwicklungsländern.
2. Externer Dualismus: Nebeneinander extrem unterschiedlicher Einkommensstandards zwischen Entwicklungsländern und Industrieländern.

Dummy-Variable → Bernoulli-Variable

Dumping

Sonderform der räumlichen → Preisdifferenzierung, bei der ein Gut im Ausland zu einem Preis angeboten wird, der die Herstellungskosten im Inland nicht deckt und damit auch unter dem Inlandspreis des Gutes liegt.

Durchschnittskosten → Stückkosten

Durchschnittssteuersatz

setzt den Steuerbetrag ins Verhältnis zur Höhe der Steuerbemessungsgrundlage.

Dynamische Portfolio-Modelle → Wechselkurstheorien

Dynamische Rente

in der → gesetzlichen Rentenversicherung ist eine Rentenformel festgelegt, bei der die Rente nicht nur nach individuellen Faktoren wie der persönliche Bruttolohn und die Zahl der anrechnungsfähigen Versicherungsjahre, sondern auch entsprechend dem Anstieg der durchschnittlichen Bruttolöhne der in der gesetzlichen Rentenversicherung Versicherten festgelegt ist. Werden neue Renten festgesetzt, so werden sie automatisch an die Entwicklung der

Löhne und Gehälter jährlich angepaßt. Die dynamische Rente soll Rentner an der Entwicklung des Sozialproduktes beteiligen. Sie sollen vor Einkommensverlusten durch Inflation geschützt werden und ihr Lebensstandard, den sie während ihres Berufslebens erworben haben, soll gesichert werden. Seit 1992 orientiert sich der → aktuelle Rentenwert allerdings nicht mehr nur an der Entwicklung der Bruttoarbeitsentgelte, sondern auch an den Veränderungen der Nettolöhne und -gehälter, so daß eine steigende Abgabenbelastung der Arbeitnehmer berücksichtigt werden kann.

Dynamischer Wettbewerb

bezeichnet in der Preistheorie bzw. in der Wettbewerbstheorie den Prozeß von Innovation und Imitation. Der dynamische Wettbewerb ist damit vor allem als Gegensatz zum statischen Gleichgewicht im Marktmodell zu sehen.

Dyopol → Oligopol

E

Easy Money

geldpolitisches Konzept, das durch eine Senkung der Zinsen und eine Vergrößerung des Geldangebots eine Steigerung der Beschäftigung und der Einkommen anstrebt.

Echo-Effekt

besagt, daß, wenn in dem Kapitalstock von → Unternehmen oder einer → Volkswirtschaft einige bestimmte Investitionsgüter überdurchschnittlich stark vertreten sind, nach Ablauf der Lebensdauer entsprechend gehäufte Ersatzinvestitionen vorgenommen werden. Man spricht auch von Reinvestitionszyklus.

Economies of scale → Skalenerträge

Economies of Scope

Verbundvorteile, die sich ergeben, wenn verschiedenartige Güter in einem einzigen Unternehmen kostengünstiger hergestellt werden können als in mehreren spezialisierten Unternehmen.

ECU → Europäische Währungseinheit

EEA → Einheitliche Europäische Akte

Effekten

fungible → Wertpapiere, die der Kapitalanlage dienen. Dazu gehören beispielsweise → Anleihen und → Aktien. Fungibel bedeutet, daß einzelne Wertpapierstücke aufgrund ihrer Gleichartigkeit gegeneinander austauschbar sind. Dies ist die Voraussetzung dafür, daß Effekten an der → Börse gehandelt werden können.

Effektiver Wechselkurs → Außenwert einer Währung

Effektivlohn

vom Arbeitgeber tatsächlich ausbezahlter Lohn. Der → Tariflohn hat weitgehend den Charakter eines Mindestlohnes, so daß der Effektivlohn nicht darunter, wohl aber, etwa durch übertarifliche Zuschläge, darüber festgelegt werden kann.

Effektivverzinsung

der auf den Kurswert eines Wertpapiers unter Berücksichtigung der Restlaufzeit bezogene nominale Zinsertrag. Wenn die Markt-

Effektivzoll

zinssätze steigen (fallen), sinken (steigen) in der Regel die Kurse alter Wertpapiere, so daß ihre Effektivverzinsung steigt (fällt).

Effektivzoll

Verhältnis von nominalem Zollsatz, der auf einem Produkt liegt, und der Wertschöpfung bei der Herstellung dieses Produkts. Der Effektivzoll unterscheidet sich insofern vom nominalen Zoll, als dieser die Belastung des Endproduktes erfaßt. Der Effektivzoll ist ceteris paribus um so größer, je größer der Anteil der Vorprodukte am Produktionswert ist. Dies ist bei Produkten aus → Entwicklungsländern häufig der Fall. In vielen Ländern – so auch in Deutschland – ist die effektive Zollbelastung und damit auch der effektive → Protektionismus höher als der nominale Zollschutz.

Effizienz

Der Begriff der Effizienz wird in den Wirtschaftswissenschaften in zwei, sehr unterschiedlichen Bedeutungen verwendet:
1. Effizienz bezeichnet das Ziel, mit gegebenen Ressourcen ein maximales Produktionsergebnis zu erzielen. Dies kann sich auf die effiziente Produktion in einem Unternehmen ebenso beziehen, wie auf die Eigenschaft einer ganzen Gesellschaft, soviel wie möglich aus ihren knappen Ressourcen herauszuholen. Ein Markt ist dann effizient, wenn er zu einer optimalen Allokation der Ressourcen führt, also zu einer Ressourcenallokation, die die Wohlfahrt aller Mitglieder der Gesellschaft maximiert.
2. Effizienz bezeichnet in der → Empirischen Wirtschaftsforschung eine wünschenswerte → Schätzqualität.

Effizienzlohntheorien

→ Arbeitsmarkttheorien, die als Weiterentwicklungen der → neoklassischen Theorie des Arbeitsmarktes auf die Besonderheiten des Arbeitsvertrages abstellen. Ausgangspunkt ist die Annahme, daß die jeweilige Arbeitsleistung in Niveau und Qualität nicht exakt definierbar, sondern innerhalb einer bestimmten Bandbreite vom Arbeitnehmer variierbar ist, ohne daß dies vom Arbeitgeber zu vertretbaren Kosten kontrolliert werden kann. Dies veranlaßt die Unternehmen, Löhne zu zahlen, die oberhalb der → Grenzproduktivität der Arbeit liegen, um die Arbeitnehmer zu einer höheren Arbeitsleistung zu motivieren (sog. Lohnleistungszusammenhang). Auf diese Weise kann es zwar zu Löhnen kommen, die höher sind, als es zur Markträumung bzw. Vollbeschäftigung notwendig wäre. Lohnsenkungen würden jedoch aus Sicht der Unternehmen wegen der damit verbundenen Demotivierung der Arbeitnehmer ihrerseits die → Arbeitsproduktivität senken und unterbleiben deshalb. Effizienzlohntheorien liefern insofern mikroökonomisch fundierte Erklärungen von → Lohnrigiditäten und einer daraus resultierenden → Mindestlohnarbeitslosigkeit, die jedoch aus Sicht der Arbeitnehmer unfreiwillig ist, da sie nicht auf zu hohen Lohnforderungen ihrerseits, sondern auf zu hohe Lohngebote seitens der Unternehmen beruht. Wenn auch die Behauptung, die individuelle Arbeitsleistung sei variier- und damit steuerbar, durchaus vertreten werden kann, konzentriert sich die Kritik an den Effizienzlohntheorien daran, daß zur Leistungsmotivation andere Mechanismen wie z. B. Akkordlohnsysteme oder leistungsabhängige Aufstiegsregelungen besser geeignet sind als allgemein überhöhte Löhne.

EFTA → Europäische Freihandelsassoziation

EG → Europäische Gemeinschaften

EGKS → Europäische Gemeinschaft für Kohle und Stahl

EIB → Europäische Investitionsbank

Eigentumsrechte

Eigenheimzulage

1996 wurde die bisherige steuerliche Förderung des Wohneigentums im Rahmen der → Einkommensteuer umgestellt: die bisherige Förderung, die gemäß § 10e EStG den Abzug der Baukosten bei der Ermittlung des zu versteuernden Einkommens zuließ und damit zu steigenden Entlastungswirkungen mit steigendem Einkommen führte, wurde ersetzt durch eine jährliche Zulage von bis zu 5.000 DM bei Neubauten und 2.500 DM bei Altbauten. Familien erhalten zusätzlich für jedes Kind 1.500 DM → Baukindergeld. Zusätzlich gefördert werden heizenergiesparende Maßnahmen und Niedrigenergiehäuser. Die Eigenheimzulage wird nur bis zu einem Gesamtbetrag der Einkünfte von maximal 240.000 bei Alleinstehenden und 480.000 bei Verheirateten gewährt.

Eigentumsordnung

Der Begriff der Eigentumsordnung wird in zwei unterschiedlichen Weisen verwendet:
1. als konstitutives Element einer Wirtschaftsordnung mit den Alternativen: Privateigentum oder Kollektiveigentum an Produktionsmitteln.
2. in der Theorie der Property Rights als Handlungs- oder Verfügungsrechte über knappe Güter.

Eigentumsrechte → Property Rights

Eigenverbrauch

Eigenverbrauch

Bei → Organisationen ohne Erwerbszweck versteht man darunter die unentgeltlich abgegebenen Dienstleistungen, bewertet zu den bei ihrer Produktion entstandenen Aufwendungen. Als Eigenverbrauch gelten auch die zu den gezahlten Löhnen bewerteten Verkäufe von Dienstleistungen der Hausangestellten, Putzfrauen, Butler etc. an → private Haushalte. Schließlich werden auch die im → Unternehmen hergestellten und im privaten Haushalt des Unternehmers verbrauchten Erzeugnisse als Eigenverbrauch bezeichnet.

Einfachregression

spezielle Form der → Regressionsanalyse, bei der zur Erklärung einer Variable, des Regressanden, nur eine andere, der Regressor, herangezogen wird. Einfachregressionen sind zwangsläufig auch immer → Eingleichungsmodelle. Vorteil der Einfachregression ist ihre Überschaubarkeit, der geringe Datenbeschaffungs- und Rechenaufwand sowie die Tatsache, daß die → Schätzfunktionen nach der → Kleinsten-Quadrate-Methode bei Zutreffen der jeweils gemachten Annahmen viele wünschenswerte → Schätzqualitäten besitzen. Ihr großer Nachteil ist freilich ihre mangelnde Realitätsnähe in vielen Fällen bzw. das häufige Nichtzutreffen ihres Annahmenkatalogs.

Einfuhr → Import

Einfuhrabgaben → Indirekte Steuern

Einfuhrumsatzsteuer

→ Verbrauchsteuer im Sinne der → Abgabenordnung und eine Einfuhrabgabe im Sinne des Zollrechts. Sie wird von der Bundeszollverwaltung erhoben. Ihr Aufkommen (1998: rund 44 Mrd. DM) steht dem Bund und den Ländern gemeinsam zu. Die Besteuerung der Einfuhren mit → Umsatzsteuer hat den Sinn, aus Drittländern (nicht EU-Mitgliedstaaten) eingeführte Waren, die regelmäßig von der → Umsatzsteuer des Ausfuhrlandes entlastet sind, der Umsatzsteuerbelastung gleichartiger inländischer Waren anzupassen und damit gleiche Wettbewerbsverhältnisse zwischen Waren der inländischen Produktion und eingeführten Drittlandswaren herzustellen (→ Bestimmungslandprinzip). Der Steuersatz für Wareneinfuhren ist damit der gleiche wie für Umsätze im Inland. Er beträgt 16% der Bemessungsgrundlage, für bestimmte Waren ermäßigt er sich auf 7%.

Eingleichungsmodell

spezielle Form der → Regressionsanalyse, bei der zwischen den betrachteten Größen nur eine einseitige Funktionalabhängigkeit zwischen Regressand einerseits und Regressoren andererseits unterstellt wird. Eingleichungsmodelle können eine → Einfachregression oder eine → Mehrfachregression beinhalten.

Eingliederungsbeihilfen

im Rahmen des → Arbeitsförderungsgesetzes vorgesehene Lohnkostenzuschüsse an Arbeitgeber für die unbefristete Einstellung (bei drohender Arbeitslosigkeit auch Weiterbeschäftigung) von schwer vermittelbaren Arbeitslosen, Spätaussiedlern und Behinderten. Da durch Eingliederungsbeihilfen individuelle Arbeitslosigkeit vermieden werden kann, zählen diese zu den Instrumenten der → aktiven Arbeitsmarktpolitik.

Eingliederungsgeld

an arbeitslose Aussiedler bis 1997 anstelle von → Arbeitslosengeld gewährte → Lohnersatzleistung im Rahmen der → Arbeitslosenversicherung. Die Bezugsdauer des Eingliederungsgelds betrug maximal 12 Monate, seine Höhe belief sich auf etwas über 60% des durchschnittlichen Nettoarbeitsentgelts der in der gesetzlichen Rentenversicherung pflichtversicherten Personen.

Eingliederungszuschüsse →
Lohnkostenzuschüsse

Einheitliche Europäische Akte (EEA)

Die Einheitliche Europäische Akte (EEA) ist das Abschlußdokument des Luxemburger EG-Gipfels vom Dezember 1985. Sie geht auf den deutsch-italienischen Entwurf einer „Europäischen Akte" (*Genscher-Colombo*-Plan, 1981) zurück, der die Zusammenarbeit in Europa auf die Sicherheits- und Kulturpolitik ausdehnen und ferner eine Demokratisierung im institutionellen Bereich herbeiführen wollte. Zielsetzung war die Weiterführung der → Europäischen Gemeinschaften zu einer politischen Union. Die EEA enthält u.a. folgende Regelungsbereiche:

- Binnenmarkt: Vollendung des Europäischen Binnenmarktes bis 1992,
- Wirtschafts- und Währungspolitik: Erreichen einer stärkeren wirtschafts- und währungspolitischen Konvergenz, Stärkung des wirtschaftlichen und sozialen Zusammenhalts,
- Außen- und Sicherheitspolitik: Die Europäische Politische Zusammenarbeit wird auf eine völkerrechtlich verbindliche Grundlage gestellt,
- Forschung und technologische Entwicklung: Bildung einer europäischen Technologiegemeinschaft mit dem Ziel, die wissenschaftlichen und technischen Grundlagen der europäischen Industrie zu stärken

und die Entwicklung ihrer nationalen Wettbewerbsfähigkeit zu fördern,
- Umwelt: Maßnahmen für grenzüberschreitenden Umweltschutz.

Die EEA stellt zusammen mit dem Unionsvertrag die bisher umfassendste Änderung der Gründungsverträge dar. Sie stärkte im institutionellen System die Kommission durch die Erweiterung der Delegationsbefugnisse auf diese und das Europäische Parlament durch die Einbeziehung in den Rechtsetzungsprozess.

Einheitlichkeit der Lebensverhältnisse

Im Grundgesetz wird in Art. 72 Abs. 2 und in Art. 106 Abs. 3 die Hilfsnorm „Einheitlichkeit der Lebensverhältnisse" verwendet. Mit dem Hinweis darauf, daß eine solche Norm für sich genommen wünschenswert sei, wird gelegentlich die Forderung nach einer möglichst gleichmäßigen Versorgung mit öffentlichen Einrichtungen in allen Regionen der Bundesrepublik abgeleitet (vgl. auch Länderfinanzausgleich).

Einheitswert

Für bestimmte Vermögensarten – nämlich für land- und forstwirtschaftliches Vermögen, Grundvermögen und Betriebsvermögen – werden im Rahmen der Besteuerung die entsprechenden Werte als sogenannte Einheitswerte ermittelt. Das bedeutet, daß diese Werte gleichzeitig für verschiedenen Steuerarten als Bemessungsgrundlage zugrunde gelegt werden. Bis 1996 galten die Einheitswerte für die Vermögensteuer und die Erbschaft- und Schenkungssteuer, bis 1997 für die Gewerbekapitalsteuer, sie gelten weiterhin für die Grundsteuer und die Grunderwerbsteuer. Der Einheitswert bei land- und forstwirtschaftlichem Vermögen wird als Ertragswert ermittelt. Das Verfahren sieht in seinen Grundzügen so aus, daß ein bestimmter, den bereichsüblichen Ertragsbedingungen entsprechender Reinertrag festgesetzt wird, der mit einem bestimmten Vielfachen multipliziert wird und so den Ertragswert ergibt. Die Bedenken gegen diese pauschale Art der Wertermittlung wären gering, wenn in relativ kurzen Zeitabständen Werte ermittelt würden, die den Verkehrswerten (Preise , wie sie unter normalen Umständen beim Verkauf zu erzielen sind) in etwa nahekämen. Die bisherige Praxis sah jedoch anders aus. Seit 1974 gelten Einheitswerte auf der Basis von 1964. Abgesehen davon, daß diese hinter dem Verkehrswert zum Zeitpunkt der Feststellung zurückblieben, bleiben alle zwischenzeitlich eingetretenen Wertänderungen bei land- und forstwirtschaftlichen Vermögen unberücksichtigt. Beim Grundvermögen sind die Probleme ähnlich gelagert, allerdings werden die Einheitswerte von 1964 mit einem Zuschlag von 40% versehen. Damit versucht man zu berücksichtigen, daß die Einheitswerte von 1964 überholt sind. Im übrigen ist beim Grundvermögen zu unterscheiden zwischen bebauten und unbebauten Grundstücken. Unbebaute Grundstücke sind mit dem Verkehrswert, bebaute Grundstücke nur mit dem Ertragswert anzusetzen. Der Wert von Gewerbebetrieben ist als Summe der Einzelwerte aller zugehöriger Wirtschaftsgüter zu ermitteln. Betriebsgrundstücke sind dabei mit dem Einheitswert für den Grundbesitz, Wertpapiere mit ihrem Verkehrswert und alle übrigen Wirtschaftsgüter mit ihrem Teilwert anzusetzen. Der Teilwert ist dabei der Betrag, den ein potentieller Erwerber des Betriebs mit der Absicht ihn fortführen zu wollen im Rahmen des Gesamtkaufpreises für das einzelne Wirtschaftsgut bezahlen würde. Von der Summe der Einzelwerte werden Schulden und Rückstellungen abgezogen und man erhält den Einheitswert des Betriebsvermögens. Die Einheitswerte des Betriebsvermögens (außer Betriebsgrundstücke) werden alle drei Jahre erhoben. Bei den Betriebsgrundstücken gilt wie beim Grundvermögen der Einheitswert von 1964 mit dem Aufschlag von 40%. Das Bundesverfassungsgericht hat 1995 entschieden, daß das Bewertungsgesetz mit dem Gleichheitsgrundsatz unvereinbar ist, da verschiedenen Vermögensteile ganz unterschiedlich bewertet werden. Die geltenden Regelungen konnten nur bis zum 31. 12. 1996 beibehalten werden. Da der Gesetzgeber keine Neuregelung für die Vermögensteuer geschaffen hatte, konnte sie ab dem 1. 1. 1997 nicht mehr erhoben werden. Bei der Erbschaftsteuer wurde die Bewertung des Grundvermögens neu geregelt. Die Grundsteuer verstieß nicht gegen den Gleichheitsgrundsatz, da hier nur Grundvermögen besteuert wird. Sie konnte also beibehalten werden.

Einkommen

ständige Einnahmen oder Güterempfänge eines → Wirtschaftssubjekts. Entsprechend der → funktionalen Einkommensverteilung unterscheidet man in → Einkommen aus unselbständiger Arbeit (auch: Arbeitnehmereinkommen bzw. Löhne und Gehälter) und → Einkommen aus Unternehmertätigkeit (auch: Gewinne), die zusammen das sog. Einkommen aus Erwerbstätigkeit (Erwerbseinkommen) bilden. Hinzu tritt das → Einkommen aus Vermögen (auch: Vermögenseinkommen). Die genannten Einkommensarten entstehen im → Produktionsprozeß und gelten deshalb als Faktor- oder Primäreinkommen. Eine weitere Komponente bildet das → Übertragungseinkommen (auch:

Einkommen aus unselbständiger Arbeit

Transfereinkommen), welches ohne (direkte) ökonomische Gegenleistung bereitgestellt wird. Man spricht demgemäß vom abgeleiteten oder Sekundäreinkommen. Hinsichtlich der → Kaufkraft ist zwischen dem Nominaleinkommen, d. h. dem zu laufenden Preisen gemessenen Einkommen, und dem Realeinkommen zu differenzieren. Letzteres ergibt sich aus der Division des Nominaleinkommens durch einen → Preisindex (Deflationierung).

Einkommen aus unselbständiger Arbeit

Das Bruttoeinkommen (aus unselbständiger Arbeit) entspricht der Summe aus Bruttolöhnen und -gehältern der Arbeiter, Angestellten, Beamten und Auszubildenden (einschl. Soldaten) zuzüglich der gesetzlichen Arbeitgeberbeiträge zur → Sozialversicherung. Ohne Berücksichtigung der Arbeitgeberbeiträge zur Sozialversicherung ergibt sich die Bruttolohn- und -gehaltsumme. Diese läßt sich durch Abzug der Arbeitnehmerbeiträge zur Sozialversicherung und der Lohnsteuer in die Nettolohn- und -gehaltsumme überführen.

Einkommen aus Unternehmertätigkeit

Das Bruttoeinkommen (aus Unternehmertätigkeit) umfaßt die entnommenen und nicht entnommenen Gewinne der Unternehmen und selbständig Tätigen einschließlich der Entgelte der mithelfenden Familienangehörigen sowie die Nettoeinnahmen aus Vermietung. Nach Abzug der → direkten Steuern ergibt sich das Nettoeinkommen (aus Unternehmertätigkeit).

Einkommen aus Vermögen

Summe der empfangenen → Zinsen, Dividenden bzw. Ausschüttungen, Einnahmen aus Patenten, Lizenzen und anderen immateriellen Vermögensobjekten sowie Nettoeinnahmen aus der Verpachtung von Grundstücken einschließlich landwirtschaftlicher Gebäude.

Einkommen- und Verbrauchsstichprobe

– kurz auch EVS genannt – umfangreichste und bedeutsamste Erhebung der amtlichen Statistik in Deutschland bei privaten Haushalten im Rahmen der Einkommens- und Verbrauchsstatistik. Sie ist als freiwillige → Stichprobenerhebung bei über 50.000 Haushalten konzipiert. Gegenstände der Erhebung sind die personelle Zusammensetzung eines Haushalts, seine soziale Stellung, die Einkommen des Haushalts sowie die Einkommen seiner einzelnen Mitglieder, die Einkommensverwendung (für Konsum, Steuern, Vermögensbildung, etc.) so-

Einkommens- und Verbrauchsstatistik

wie Angaben über Wohn- und Vermögensverhältnisse. Die große Bedeutung der Einkommen- und Verbrauchsstichprobe ergibt sich aus der Verwendung ihrer Ergebnisse für die → Volkswirtschaftliche Gesamtrechnung und für den → Preisindex der Lebenshaltung sowie als wichtige Grundlage für Analysen der → personellen Einkommensverteilung.

Einkommen-Ausgaben-Modell

dient der Bestimmung des Gleichgewichtssozialprodukts und bildet damit einen Kernbestandteil des → *Keynes*-Modells. Seine wesentlichen Annahmen sind, daß das gesamtwirtschaftliche Angebot gleich dem → Volkseinkommen ist und bis zur Kapazitätsgrenze in bezug auf die Preise völlig elastisch reagiert, weiterhin daß das Gleichgewichtseinkommen allein von der effektiven Nachfrage bestimmt wird und sich nicht notwendigerweise bei → Vollbeschäftigung einstellt. Das Einkommen-Ausgaben-Modell weicht also in zentralen Punkten von den Gedanken der → Klassik ab.

Einkommens- und Verbrauchsstatistik

Sammelbegriff für eine Vielzahl von Erhebungen der amtlichen Statistik, die Arbeitnehmerverdienste, sonstige Einnahmen und Verbrauchsgewohnheiten der privaten Haushalte zum Gegenstand haben. Kennzeichnend ist – wie für andere Gebiete der amtlichen Statistik auch – ein Nebeneinander von laufenden Erhebungen mit geringerem Fragenprogramm zur Erfassung aktueller Durchschnittsgrößen und umfangreiche Strukturerhebungen in mehrjährigen Abständen zur Erfassung von Einkommensstrukturen und -verteilungen. Im einzelnen zu nennen sind:

1. die Statistik der Tariflöhne und -gehälter (Erfassung der Grundlohnsätze aller Tarifverträge),
2. die laufenden Verdiensterhebungen (Erfassung der Summe und des Durchschnitts der Arbeitnehmerbruttoverdienste),
3. die Gehalts- und Lohnstrukturerhebung (Erfassung der Verdienstverteilung auf die Arbeitnehmer und der Bestimmungsgrößen der individuellen Verdienste),
4. die Einkommensteuerstatistik (Erfassung der zu versteuernden Einkommen),
5. die → Arbeitskostenerhebung (Erfassung von Löhnen, Gehältern und Lohnnebenkosten),
6. die laufenden Wirtschaftsrechnungen privater Haushalte (Erfassung von Einnahmen und Ausgaben ausgewählter Haushaltstypen) und
7. die → Einkommen- und Verbrauchsstichprobe (Erfassung der Einnahmen und Ausgaben sowie Wohnverhältnisse und

Einkommenseffekt

Vermögensbestände aller Haushaltstypen).

Einkommenseffekt

Der Begriff des Einkommenseffekts wird in zwei volkswirtschaftlichen Teildisziplinen unterschiedlich verwendet.
1. in der → Mikroökonomie bezeichnet er einen Teileffekt der → Substitution von Gütern infolge Preisänderungen,
2. in der → Geldtheorie beschreibt er den Wiederanstieg des → Zinses gegenüber der (zinssenkenden) Wirkung des Liquiditätseffektes einer Geldmengenausdehnung. Der Grund liegt in dem durch den monetär bewirkten Anstieg des → Volkseinkommens erhöhten Bedarf an → Transaktionskasse.

Einkommenselastizität der Nachfrage

Maß für die Reagibilität der Nachfrage auf Einkommensänderungen. Sie gibt gemäß der allgemeinen Definition von → Elastizitäten an, um wieviel Prozent sich die von einem Haushalt nachgefragte Menge eines Gutes ändert, wenn sich das Einkommen des Haushaltes um ein Prozent verändert. Nimmt die Einkommenselastizität der Nachfrage negative Werte an, geht also die Nachfrage nach dem Gut mit steigendem Einkommen zurück, spricht man von einem „absolut inferioren" oder anschaulicher: von (aus der Sicht des Haushalts) „minderwertigen" Gut. Bei Werten zwischen Null und Eins, also einem unterproportionalen Anstieg der Nachfrage liegt dagegen ein „relativ inferiores" Gut oder „normales Gebrauchsgut" vor. Ist die Einkommenselastizität der Nachfrage schließlich größer als Eins, nimmt also die Nachfrage nach einem Gut stärker zu als das Einkommen, spricht man von einem „superioren" Gut oder „Luxusgut".

Einkommensgeschwindigkeit des Geldes

im Rahmen der → Quantitätsgleichung verwendeter Quotient aus nominalem → Volkseinkommen und → Geldmenge. Beträgt z. B. das Volkseinkommen 100 und die Geldmenge 50, so muß offenbar die Geldmenge zweimal „umgeschlagen" werden, um diese Einkommenshöhe zu ermöglichen. Man spricht deshalb auch von der (Einkommens-)Kreislaufgeschwindigkeit oder einfach von der Umlaufsgeschwindigkeit des Geldes. Letztere Bezeichnung findet insbesondere dann Verwendung, wenn in der Quantitätsgleichung statt des Volkseinkommens das gesamte Handelsvolumen einer → Volkswirtschaft angesetzt wird. Die Frage nach dem Verhalten der Umlaufs- bzw. Kreislaufgeschwindigkeit im Zeitablauf ist entscheidend für die Gültigkeit der → Quantitäts- bzw. → Neo-

Einkommensgeschwindigkeit des Geldes

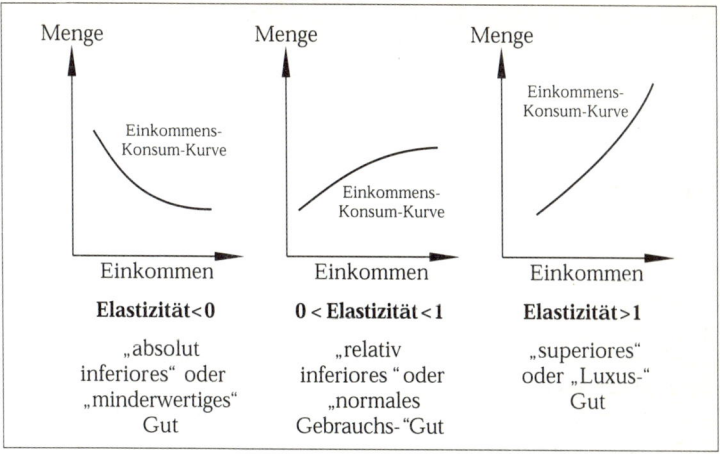

Abhängigkeit der Nachfrage nach einem Gut vom Einkommen des Haushalts

Quantitätstheorie. Geldtheoretisch wird diese Frage unter dem Stichwort der Stabilität der Geldnachfrage diskutiert. *M. Friedman* und *A. Schwartz* haben sie für die USA und den Zeitraum 1870 bis 1960 untersucht. Im Ergebnis stand, daß die Relation Volkseinkommen zu Geldmenge zwar nicht konstant geblieben ist, daß sie aber als stabile Funktion einiger weniger Variablen erklärt werden kann, wobei zwischen der langfristigen und der kurzfristigen Entwicklung zu unterscheiden ist. Friedman und Schwartz haben festgestellt, daß die Einkommensgeschwindigkeit in säkularer Sicht abgenommen hat. Sie erklären dies mit der → Luxusguthypothese des Geldes. Allerdings schlagen sich in der Einkommensgeschwindigkeit vermutlich auch Faktoren wie die Zunahme der Schattenwirtschaft, die Intensivierung der Arbeitsteilung sowie das Auftreten von Finanzinnovationen nieder. Kurzfristig, d.h. im konjunkturellen Ablauf zeigte sich folgende Entwicklung: Im Konjunkturaufschwung, also bei steigendem → Einkommen, nimmt die Einkommensgeschwindigkeit zu; wenn dagegen im Laufe eines Konjunkturabschwungs das Einkommen abnimmt (bzw. die Zuwachsrate zurückgeht), sinkt die Einkommensgeschwindigkeit des Geldes. Unter der von Friedman getroffenen Annahme, daß sich die → Wirtschaftssubjekte in ihrer → Geldnachfrage am → permanenten Einkommen orientieren, bleibt indes der Quotient aus permanentem Einkommen und Geldmenge im Kon-

Einkommens-Konsum-Kurve

junkturablauf weitgehend konstant. Alles in allem bestätigen diese Ergebnisse, ebenso wie eine Reihe neuerer empirischer Untersuchungen, den von der Neo-Quantitätstheorie behaupteten kausalen Zusammenhang zwischen Geldmenge und nominalem Volkseinkommen bzw. – langfristig – zwischen Geldmenge und Preisniveau.

Einkommens-Konsum-Kurve

Wird beim → optimalen Verbrauchsplan das Einkommen verändert, gibt die Einkommens-Konsum-Kurve (auch: *Engel*sche Kurve) im Zwei-Güter-Fall graphisch an, welche Mengen beider Güter der Haushalt jeweils bei verschiedenen Einkommen kaufen will. Die Einkommens-Konsum-Kurve ist insofern Grundlage für die Ermittlung der → Einkommenselastizität der Nachfrage.

Einkommensteuer

Gegenstand der Einkommensteuer ist das Einkommen der natürlichen, in der Bundesrepublik Deutschland ansässigen Personen. Sie zählt zu den Ertragsteuern und stellt für die öffentlichen Haushalte der Bundesrepublik Deutschland die größte Einnahmequelle dar. Das deutsche Einkommensteuerrecht kennt keine allgemeine Definition des Begriffs „Einkommen", sondern listet sieben verschiedene Einkunftsarten auf, die zusammen nach bestimmten Abzügen das zu versteuernde Einkommen bilden. Hierauf wird der Einkommensteuertarif angewendet. Dieser weist zunächst einen Grundfreibetrag von 13.020 DM auf, danach folgt eine sogenannte Progressionszone bei der die Grenzsteuersätze von 23,9% auf 53% (sogenannter Spitzensteuersatz) steigen. Für die kommenden Jahre sind bei diesen Steuersätzen allerdings Absenkungen geplant. In der sogenannten oberen Proportionalzone werden zusätzliche Einkünfte gleichbleibend mit einem Grenzsteuersatz von 53% belastet (vgl. S. 142). Da aber der Durchschnittsteuersatz weiter ansteigt, liegt in der oberen Proportionalzone eigentlich ein indirekt progressiver Tarif vor. Für gewerbliche Einkünfte gilt allerdings nur ein Spitzensteuersatz von 45% (Tarifbegrenzung für gewerbliche Einkünfte). Im Jahre 2000 bzw. 2002 soll der Grundfreibetrag weiter angehoben werden, zunächst auf 13.500 DM dann auf 14.000 DM. Der Eingangssteuersatz soll über 22,9% auf schließlich 19,9% gesenkt werden. Der Spitzensteuersatz soll unter 50% gesenkt werden. Schließlich soll 2002 eine einheitliche Unternehmensteuer für alle Unternehmen in Höhe von 35% eingeführt werden.

Für Ehegatten, die gemeinsam veranlagt werden, gilt das sogenannte → Splittingverfahren. Die

Einkommensverteilung

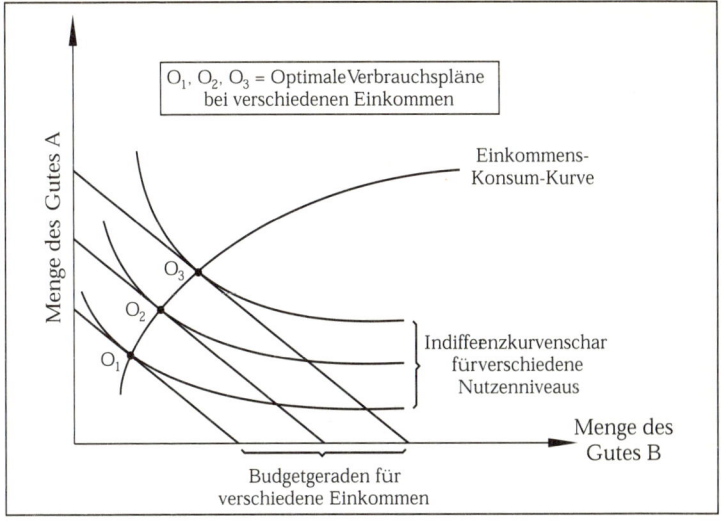

Einkommens-Konsum-Kurve

Einkommensteuer wird teilweise laufend durch Steuerabzug erhoben (z. B. → Lohnsteuer und → Kapitalertragsteuer). Die Lohnsteuer wird dabei aus Lohnsteuertabellen ermittelt. Um verschiedenen Lebensumständen (Familienstand u. ä.) der Arbeitnehmer besser Rechnung tragen zu können, hat man verschiedene Steuerklassen gebildet. Die Lohnsteuertabellen sind nach diesen Steuerklassen gegliedert. Die Lohnsteuer wird vom Arbeitgeber einbehalten und direkt an das Finanzamt abgeführt. Man spricht daher auch von einer → Quellensteuer. Bei den meisten anderen Einkunftsarten, vor allem den Gewinneinkunftsarten muß eine jährliche Einkommensteuererklärung abgegeben werden (Veranlagung zur Einkommensteuer).

Einkommenstheorie → Wechselkurstheorien

Einkommensverteilung

Aufteilung des Einkommens nach verschiedenen Kriterien:
1. Funktionale Einkommensverteilung: Verteilung des Volkseinkommens auf die an seiner Entstehung beteiligten Produktionsfaktoren, vor allem zwischen den Faktoren → Arbeit und → Kapital.
2. Einkommensverteilung im Sinne der → Volkswirtschaftlichen Gesamtrechnung.

Einlagenpolitik

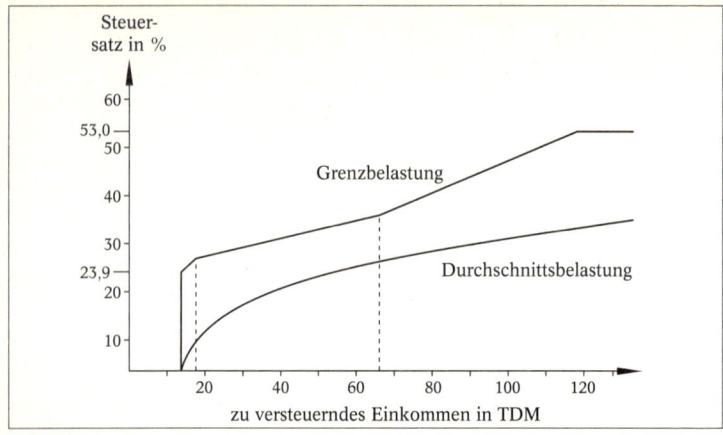

3. Personelle Einkommenverteilung: Verteilung des Einkommens auf einzelne Wirtschaftssubjekte oder auf nach geeigneten Kriterien geordnete Haushalte. Die personelle Einkommensverteilung steht im Mittelpunkt der → Verteilungspolitik. Ihre Darstellung kann anhand einer → Lorenzkurve erfolgen.

Einlagenpolitik → Geldpolitische Instrumente

Einnahmeninzidenz

drückt aus, wie staatliche Einnahmen (→ Steuern, → Gebühren und → Beiträge, öffentliche Kredite und → Erwerbseinkünfte des Staates) nach einem Überwälzungsprozeß auf Personen (Haushalte), Regionen, Sektoren und Generationen verteilt sind oder sein sollen. Im Gegensatz zur → Abgabeninzidenz werden zusätzlich Vermögensänderungen, öffentliche Kredite und sonstige öffentliche Einnahmen berücksichtigt. Umfassende empirische Analysen zur Einnahmeninzidenz gibt es allerdings kaum.

Einnahmenverteilung

Aufteilung der → Abgaben auf die Glieder eines föderativen Staatswesens (vor allem Gebietskörperschaften). Das Recht auf eine Abgabe, die sogenannte Finanzhoheit, wird in drei Bereiche geteilt:
1. die → Gesetzgebungshoheit legt fest, welche Gebietskörperschaft über Art und Höhe einer Abgabe entscheidet;
2. die → Ertragshoheit bestimmt, wer über das Aufkommen verfügt;
3. die Verwaltungshoheit bestimmt, wer die Abgabe einzieht und verwaltet.

Je nach Ausgestaltung lassen sich drei Systeme der Einnahmenverteilung (mit Untersystemen) unterscheiden: Das Trenn-, Zuweisungs- oder Mischsystem. Die Einnahmenverteilung in der Bundesrepublik Deutschland beruht weitgehend auf dem Mischsystem (Finanzausgleich).

Elastizität

Maß für den Wirkungszusammenhang zweier beliebiger ökonomischer Größen x und y, das angibt um wieviel Prozent sich y verändert, wenn x um ein Prozent verändert wird. Mathematisch werden dazu die jeweiligen relativen Veränderungen der beiden Größen in Relation zueinander gesetzt:

$$\varepsilon_{y,x} = \frac{\Delta y / y}{\Delta x / x}$$

Elastizitäten werden in der Volkswirtschaftslehre insbesondere zur Beurteilung der Reaktionen von Nachfragern und Konkurrenten auf Preisänderungen eines Unternehmens verwendet.

Embargo

Ausfuhrverbot für bestimmte Waren. Ein Embargo kann aus politischen Gründen oder zwecks Protektion wichtiger Rohstoffe oder Produkte für die heimische Wirtschaft verhängt werden.

Emission

Abgabe von Schadstoffen, wie Lärm, Gase, Strahlung o.ä. Um die durch Emissionen verursachten Umweltbelastungen gering zu halten, setzt die → Umweltpolitik häufig Grenzwerte fest, z.B. durch die Großfeuerungsanlagenverordnung für von Kohlekraftwerken abgegebenes Schwefeldioxid, um den Wald zu schonen.

Emissionsrendite → Umlaufsrendite

Emissionssteuer

Bei einer Emissionssteuer (Schadstoffsteuer) wird zur Eindämmung der Umweltverschmutzung die Art und Höhe der Schadstoffemission als Steuerbemessungsgrundlage herangezogen, um wegen der mit steigender Schadstoffemission zunehmenden steuerlichen Belastung einen Anreiz zu umweltfreundlichem Verhalten in Produktion und Konsum zu setzen. Eine Emissionssteuer setzt natürlich voraus, daß Verursacher von Emissionen klar ermittelt werden können, und daß die Höhe der Schadstoffabgabe kontrolliert werden kann.

Emissionszertifikate

Emissionszertifikate (auch als Umweltzertifikate oder Umweltlizenzen bezeichnet) sollen die Inanspruchnahme der Umwelt durch die Schaffung von Zertifikaten privatisieren. Um dieses zu ermöglichen, muß ein maximales Emissionsvolumen von Schadstoffen für eine Region durch den Staat festgelegt werden. Die Emissionsrechte können dann in Form fungibler Zertifikate auf einem Markt gehandelt werden. Dieses Instrument ist ökonomisch effizient. Da sich die Kosten der Reduzierung von Emissionen bei den einzelnen Anlagebetreibern in der Regel unterscheiden, entsteht ein Anreiz, die Zertifikate zu handeln. Es bildet sich somit ein Preis für die Umweltnutzungsrechte. Als Anbieter treten Unternehmen auf, denen es bei dem Preis, den sie für ihre Emissionszertifikate am Markt erzielen können, rentabler erscheint, ihre Emissionen durch entsprechende Maßnahmen zu reduzieren und die Rechte auf Verschmutzung zu verkaufen. Als Nachfrager treten Unternehmen mit höheren Vermeidungskosten auf und Unternehmen, die bspw. als Folge einer geplanten Erweiterung oder Neugründung einen zusätzlichen Bedarf an Nutzungsrechten haben. Der Vorteil gegenüber → Umweltabgaben liegt darin, daß das Ergebnis durch die Festlegung des Gesamtvolumens an Emissionen eindeutig prognostizierbar ist. Zudem ist diese Lösung nicht nur ökonomisch effizient, sondern auch ökologisch sinnvoll, da sie den umwelttechnischen Fortschritt fördert.

Empirische Wirtschaftsforschung

Teilgebiet der Wirtschaftswissenschaften, in dem ökonomische Zusammenhänge mit Hilfe statistischer Daten analysiert werden. Zur empirischen Wirtschaftsforschung zählen rein deskriptive Methoden wie die Beschreibung von → Häufigkeitsverteilungen oder die Bildung von → Verhältniszahlen, ursachenerklärende Methoden wie die → Regressionsanalyse, die → Korrelationsanalyse und die → Zeitreihenanalyse, die zur → Ökonometrie zusammengefaßt werden können, und die → multivariaten Analysemethoden.

Endnachfrage → Gesamtwirtschaftliche Endnachfrage

Endogene Variable

Bezeichnung für die allgemein in ökonomischen und speziell in ökonometrischen Modellen verwandten Größen, deren Werte in diesem Modell mit Hilfe anderer Größen erklärt werden. Das Gegenteil hiervon sind → exogene Variable.

Endogenes Wachstum → Wachstumstheorie

Endverbrauch

Summe aus → privatem und → staatlichem Konsum. Wird manchmal auch letzter Verbrauch genannt. In der → Verwendungsrechnung wird der Endverbrauch als Bestandteil der → gesamtwirtschaftlichen Endnachfrage ausgewiesen.

Energiebilanz

bildet den Energiefluß einer Volkswirtschaft oder einzelner Regionen während eines bestimmten Zeitraums vom Aufkommen bis zur Verwendung ab. In Deutschland ist die Matrixform gebräuchlich, in der horizontal nach einzelnen Energieträgern und vertikal nach Aufkommen, Umwandlung und abschließender Verwendung untergliedert wird.

Energiepolitik

Teil der → sektoralen Wirtschaftspolitik, die alle wirtschaftspolitischen Aktivitäten umfaßt, die auf die gesamte → Energiewirtschaft oder auf Teilbereiche Einfluß nehmen. Zum einen setzt die Energiepolitik einen Ordnungsrahmen, in dem sich die → Energiewirtschaft bewegen kann. So sind die leitungsgebundenen Energieträger (Gas, Strom, Fernwärme) besonderen Regelungen und staatlicher Aufsicht unterworfen worden. Außerdem sind für einzelne Branchen aus übergeordneten politischen Gründen Sonderregelungen getroffen worden (z. B. Kernenergie, deutsche Steinkohle). Freier Wettbewerb wird nur in wenigen Teilbereichen (z. B. auf dem Benzinmarkt) zugelassen. Begründet wurde die staatliche Energiepolitik bei leitungsgebundenen Energieträgern damit, daß hier ein natürliches Monopol vorliegt. Schon 1935 wurde daher ein Ordnungsrahmen für die Elektrizitätswirtschaft geschaffen, der in wesentlichen Zügen noch heute gilt und die Versorgungsunternehmen unter staatliche Preis- und Investitionsaufsicht stellt, um eine mißbräuchliche Ausnutzung der Monopolstellung zu vermeiden. Das Monopol bezieht sich dabei nicht nur auf die Erzeugungsanlagen, sondern auch auf die Verfügungsgewalt über das entsprechende Verteilungsnetz. Die Europäische Union versucht hier eine Lockerung zu erreichen, indem sie auch Dritten ein Durchleitungsrecht durch bestehende Ferntransportleitungen einräumen will. Ein weiterer wichtiger Bereich der Energiepolitik war die Förderung des Steinkohlebergbaus, die man mit dem Argument der Versorgungssicherheit und der regionalpolitischen Bedeutung des Steinkohlebergbaus im Ruhrgebiet begründete. Da die deutsche Steinkohle international nicht wettbewerbsfähig ist, hat man verschiedene Importbeschränkungen und ein Unterstützungssystem zugunsten der Steinkohle eingeführt. Im sogenannten Jahrhundertvertrag von 1977 verpflichteten sich die Stromversorgungsunternehmen, eine bestimmte Menge deutscher Kohle jährlich zu verstromen (→ Kohlepfennig). Die Nutzung der Kernenergie ist ebenfalls zahlreichen Regelungen unterworfen,

Energiepolitik

vor allem wurde die Haftung für die Folgen für Großunfälle beschränkt: Es wären kaum Versicherungen bereit, die unvorhersehbaren Risiken zu versichern. Die Forschung im Bereich der Kernenergie wurde seit den sechziger Jahren stark gefördert. Erst in jüngster Zeit hat die Förderung der regenerativen Energien (Wind, Wasser, Sonnenlicht) an Gewicht gewonnen. So wurden staatliche Vorschriften über Einspeisevergütungen sowie Zuschüsse für den Bau oder Betrieb gewährt. Damit soll die Marktfähigkeit der neuen → Technologien durch größere Serienanfertigungen und Erprobung in relevanten Größenordnungen vorangebracht werden.

Energiepolitik

Teilbereich der → sektoralen Strukturpolitik und umfaßt alle wirtschaftspolitischen Aktivitäten, die die Energieversorgung beeinflussen. Zur Energieversorgung zählen alle Aktivitäten, die Energie bereitstellen. Dies umschließt die Gewinnung von Primärenergien wie Kohle, Mineralöl, Naturgas, Natururan und Wasserkraft sowie die Sekundärenergien Heizöl, Strom usw. Als Ziel der Energiepolitik wird eine möglichst sichere und möglichst preisgünstige Energieversorgung angesehen.

Energieressourcen

Rohstoffe, die geeignet sind, Arbeit im physikalischen Sinne zu verrichten. Bis zum Beginn des 18. Jahrhunderts beruhten alle Produktionsprozesse auf dem Einsatz der verschiedenen Formen von Sonnenenergie. Erst die Nutzbarmachung von Beständen an Energieressourcen ermöglicht die industrielle Produktion. Die chemisch gebundene Energie in Kohle-, Gas- und Öllagerstätten resultiert aus der in der Vergangenheit eingestrahlten Sonnenenergie, die in Biomassen gespeichert wurde. Probleme im Zusammenhang mit der Nutzung dieser Energieressourcen entstehen durch die Verbrennung von Kohlenstoffverbindungen, die zwangsläufig CO_2, woraus Umweltbelastungen entstehen. Ferner entstehen bei Verbrennung von Fossilenbrennstoffen bei hohen Temperaturen auch Stickoxide (NO_X) und bei Kohle und Öl auch Schwefeldioxid (SO_2) die verschiedene Umweltbelastungen verursachen. Da eine unbegrenzte Substitution von Energieressourcen durch Sachkapitaleinsatz nicht möglich ist, ist langfristig der Übergang auf neue praktisch unbegrenzte Energieressourcen notwendig.

Energiewirtschaft

umfaßt die Branchen einer Volkswirtschaft, die sich mit der Gewinnung, dem Transport, der Umwandlung und dem Vertrieb von Energieträgern befassen. Bei den Energieträgern unterscheidet man

Primärenergieträger, die in natürlicher Form vorkommen (Kohle, Mineralöle, Naturgase, Uranbrennstoff, Wasserkraft). Den größten Anteil am Primärenergieverbrauch haben mit rund 40% die Mineralöle, gefolgt von den Naturgasen (21%), der Steinkohle (14%), der Kernenergie (13%) und der Braunkohle (11%). Diese können nicht immer direkt für die Produktion eingesetzt bzw. konsumiert werden, sondern müssen teilweise in Raffinerien, Kraftwerken u. ä. in sogenannte Sekundärenergieträger umgewandelt werden. Die Energieträger unterscheiden sich darüber hinaus in der Lagerfähigkeit und der Transporttechnik und eigenen sich nicht immer in gleicher Weise für bestimmte Produktionszwecke. Der gesamte Energiemarkt ist deshalb aus vielen Teilmärkten, z. B. für Wärmegewinnung, Treibstoffe, Kraft usw. zusammengesetzt. Diese Märkte sind unterschiedlich organisiert und unterschiedlich wettbewerbsintensiv: so unterscheidet sich die Situation der Elektizitätswirtschaft stark von den Märkten der leicht transportierbaren Produkten wie Kohle und Öl. Die einzelnen Energieträger verursachen auch in unterschiedlichem Maße Umweltschäden. Emissionen wie Staub, Schwefeldioxid, Stickoxide und Kohlendioxid fallen vor allem bei der Verbrennung fossiler Brennstoffe an und haben klimatische Auswirkungen. Diese Probleme treten bei der Kernenergie zwar nicht auf, hier sind jedoch das Katastrophenrisiko und die Endlagerung hochradioaktiver Abfälle problematisch. Erneuerbare Energien aus Wind, Wasser, Sonne machen bisher nur einen sehr geringen Teil der Energiewirtschaft aus: Ihr Anteil am Primärenergieverbrauch betrug 1995 lediglich 0,5%.

Energiewirtschaftsgesetz

Das Gesetz zur Förderung der → Energiewirtschaft vom 16. 12. 1935 (Energiewirtschaftsgesetz) stellt als bundesrechtliche Regelung den Staat als Aufsichtsorgan über die gesamte Energiewirtschaft. Öffentliche Versorgungsunternehmen der Energiewirtschaft stehen bspw. unter staatlicher Preisaufsicht und werden hinsichtlich der Geschäftsführung von den Eigentümerkörperschaften überwacht.

Engelsche Kurve → Einkommens-Konsum-Kurve

Entgeltersatzleistungen → Lohnersatzleistungen

Entgeltpunkte

einer der Faktoren bei der Berechnung von Renten im Rahmen der gesetzlichen → Rentenversicherung. Entgeltpunkte werden vor allem durch die Zahl der anrechenbaren Versicherungsjahre

Enthorten

und durch die Höhe des Arbeitsentgeltes in diesen Jahren bestimmt. Auch bestimmte versicherungsfreie Jahre erhöhen die Zahl der Entgeltpunkte, so z.B. → Erziehungjahre und → Anrechnungsjahre. (Siehe auch → Rentenformel).

Enthorten → Horten

Entlastungswirkung der Arbeitsmarktpolitik

gibt an, um wieviel die Zahl der → registrierten Arbeitslosen durch den Einsatz von Instrumenten der → aktiven Arbeitsmarktpolitik in etwa gesenkt werden kann und dient insofern zur Erfolgsmessung derselben. In Deutschland stellt das Institut für Arbeitsmarkt- und Berufsforschung regelmäßig die Zahl der an Maßnahmen der aktiven Arbeitsmarktpolitik teilnehmenden Personen zusammen und schätzt daraus die jeweilige Entlastungswirkung für den Arbeitsmarkt. Letztere ist nicht exakt berechenbar und durchweg geringer als die Teilnehmerzahl, da nicht alle Personen, die an den einzelnen Maßnahmen teilnehmen, sich sonst automatisch als arbeitslos registrieren lassen würden, sondern teilweise der → Stillen Reserve angehören würden.

Entstehungsrechnung

Ausweis der von den einzelnen Wirtschaftsbereichen (→ Sektoren) jeweils geleisteten → Wertschöpfungs-Beiträge zum → Inlandsprodukt einer → Volkswirtschaft.

Entwicklungshilfe

– auch als Entwicklungszusammenarbeit bezeichnet – Teil der internationalen → Entwicklungspolitik. Gemäß den DAC-Richtlinien werden Übertragungen als offizielle Entwicklungshilfe (ODA: Official Development Assistance) bezeichnet, die von der öffentlichen Hand getätigt werden, vorwiegend entwicklungspolitische Ziele verfolgen und ein sog. Zuschußelement von mind. 25% aufweisen. Die meisten Industrieländer haben sich zu dem von den Vereinten Nationen proklamierten Ziel, die offizielle Entwicklungshilfe auf 0,7% des Bruttosozialproduktes anzuheben, bekannt, ihre tatsächlichen Leistungen sind aber wesentlich geringer.

Entwicklungsländer

Bezeichnung für die Staaten, deren Bruttosozialprodukt pro Kopf (Pro-Kopf-Einkommen) einen bestimmten Wert nicht überschreitet. Stark vereinfachend spricht man manchmal von Entwicklungsländern, wenn diese nicht der OECD angehören und „als weniger entwickelt" angesehen werden. Aus der Gruppe der gesamten Entwicklungsländer werden unter Zugrundelegung bestimmter ökonomischer Kriterien die „am wenigsten entwickelten Länder" (→ least developed countries), die „am schwersten betroffenen Länder" (most seriously affected countries), die „ärmsten hochverschuldeten Länder" in Schwarzafrika, Lateinamerika und Asien (highly indebded poor countries) und die „Schwellenländer" Südasiens und Lateinamerikas (newly industrializing countries) herausgegriffen. Nach dem Zusammenbruch des Ostblocks werden auch einige ehemalige Staatshandelsländer den Entwicklungsländern zugerechnet.

Entwicklungspolitik

Gesamtheit der Maßnahmen, die mit dem Ziel unternommen werden, die „Entwicklung" in den → Entwicklungsländern zu fördern. Kernelemente der Entwicklung sind etwa die Überwindung der Armut und die Sicherung der Menschenrechte. Als Träger der Entwicklungspolitik lassen sich einerseits die Regierungen in den Entwicklungsländern, andererseits die Regierungen und Institutionen vorwiegend der Industriestaaten sowie internationale Institutionen erfassen. Die im zweiten genannte internationale Entwicklungspolitik im weiteren Sinne umfaßt neben der → Entwicklungshilfe auch Maßnahmen in anderen Politikfeldern, insbesondere der → Außenwirtschafts- und allgemeinen → Wirtschafts-

Entwicklungsstrategien

politik. Dabei ist festzustellen, daß nahezu alle Felder der Beziehungen zwischen Industrie- und Entwicklungsländern eine entwicklungspolitische Dimension aufweisen. Relevant sind insbesondere die → Handelspolitik, die → Agrarpolitik, die → Umweltpolitik und die Rüstungskontrollpolitik. Den Aktivitäten der Entwicklungspolitik liegt im Idealfall eine → Entwicklungsstrategie zugrunde.

Entwicklungsstrategien

gemeinsames Konzept für einzelne Maßnahmen der → Entwicklungspolitik. Entwicklungsstrategien beruhen auf bestimmten Entwicklungstheorien. In den 50er und 60er Jahren wurde diesbezüglich Entwicklung weitgehend mit wirtschaftlichem Wachstum gleichgesetzt und Unterentwicklung vor allem auf eine unzureichende Kapitalbildung zurückgeführt. Die wachstumsorientierte Entwicklungsstrategie sah infolgedessen in einer verstärkten Kapitalakkumulation und einer forcierten Industrialisierung den Schlüssel zu einer Lösung der Probleme der → Entwicklungsländer. Mitte der 60er Jahre wurde zunehmend Kritik an diesem Ansatz geäußert (bekannt ist der sog. *Pearson*-Bericht von 1969). Dies mündete in der Konzeption sog. zielgruppenorientierter Entwicklungsstrategien, in denen insbesondere Verteilungsaspekte stär-

Erblastentilgungsfonds

kere Berücksichtigung finden sollten. Zu Beginn der 70er Jahre rückte in diesem Zusammenhang mit der sog. Grundbedürfnisorientierung die Befriedigung der grundlegenden physischen und sozialen Bedürfnisse des Menschen in den Mittelpunkt des entwicklungspolitischen Interesses. Ebenfalls in den 70er Jahren wurde auf externe Faktoren der Unterentwicklung hingewiesen (vgl. etwa die → Dependenztheorie). Empfohlen wurde eine Strategie der Abkoppelung (Dissoziation) bei gleichzeitiger Intensivierung der Handelsbeziehungen zwischen den Entwicklungsländern. Auch wurde eine Modifizierung der geltenden → Weltwirtschaftsordnung und die Errichtung einer sog. → Neuen Weltwirtschaftsordnung gefordert. Mit dem Ausbruch der Verschuldungskrise Anfang der 80er Jahre zeigte sich, daß die über Jahrzehnte hinweg verfolgten Entwicklungsstrategien, die auf Binnenmarktorientierung und Importsubstitution gerichtet waren, wenig erfolgreich gewesen waren. Offenkundig wurde zudem, daß einige ostasiatische Schwellenländer mit ihrer ausgeprägten Exportorientierung große wirtschaftliche Fortschritte erzielten. Dies führte zur Betonung von marktwirtschaftlichen Entwicklungsstrategien, die eine Deregulierung und Liberalisierung der Wirtschaft sowie eine Privatisierung der zahlreichen Staatsbetriebe als prioritär erachten. In den 90er Jahren wurden in diesem Rahmen weitere moderne Strömungen erkennbar. Sie beziehen sich auf verstärkte regionale Kooperations- und Integrationsbemühungen, auf die Bekämpfung der Korruption, auf ökologische Aspekte, zielgruppenorientierte Maßnahmen (Frauen), staatliche Gesundheits- und Bildungsthemen sowie einen Abbau des → Protektionismus.

Erblastentilgungsfonds

Im Erblastentilgungsfonds werden seit 1995 die wesentlichen Elemente der finanziellen Erblast der ehemaligen DDR zusammengefaßt, verzinst und getilgt. Dazu gehören z. B. die verbliebenen Verbindlichkeiten des Ende 1994 aufgelösten Kreditabwicklungsfonds, die zum 1. 1. 1995 vorhandenen Verbindlichkeiten der Treuhandanstalt aus aufgenommenen Krediten, übernommenen Altkrediten und Ausgleichsforderungen von Treuhand-Unternehmen, die Altverbindlichkeiten von Wohnungsbauunternehmen der ehemaligen DDR nach dem Altschuldenhilfegesetz u. ä. Die Finanzierung des Erblastentilgungsfonds erfolgt in erster Linie durch jährliche Zuführungen aus dem Bundeshaushalt.

Erbschaft- und Schenkungsteuer

Die deutsche Erbschaft- und Schenkungsteuer besteuert das Vermögen, das der Erbe (bzw. der

Erbschaft- und Schenkungsteuer

Beschenkte) empfängt. Für die Bewertung des Vermögens galten bis 1997 dieselben Vorschriften bei der → Vermögensteuer mit einer entsprechenden Bevorzugung des Grundbesitzes (→ Einheitswert). Seit 1997 gelten neue Regelungen:
- Der Wert unbebauter Grundstücke ergibt sich aus der Multiplikation der Grundfläche mit den Bodenrichtwerten, die von Gutachterausschüssen der Gemeinden oder Landkreise zum 1. 1. 1996 ermittelt wurden. Dieser Wert wird allerdings noch um 20% gekürzt.
- Der Wert bebauter Grundstücke wird grundsätzlich in einem Ertragswertverfahren ermittelt, wobei im Durchschnitt rund 50% des Verkehrswerts erreicht werden. Zunächst ist die im Durchschnitt der letzten drei Jahre erzielbare Jahresnettokaltmiete mit 12,5 zu multiplizieren (bei selbstgenutzen Grundstücken wird die ortsübliche Miete angesetzt). Für jedes Jahr der Bezugsfertigkeit darf eine Alterswertminderung von 0,5% abgezogen werden, maximal jedoch 25%.
- Diese neuen Bewertungen werden nur im Bedarfsfall vorgenommen, müssen also nicht flächendeckend gemacht werden, wie es bei der Vermögensteuer notwendig gewesen wäre.

Der Erbschaftsteuertarif bzw. der Schenkungsteuertarif ist gestaffelt nach dem Verwandtschaftsverhältnis (Steuerklassen) und nach dem Wert des Erbes bzw. der Schenkung. Auch die Freibeträge, die bei diesen Steuern gewährt werden, sind je nach Verwandtschaftsverhältnis unterschiedlich (z. B. Ehegatten 600.000 DM, Kinder 400.000 DM, nicht direkt Verwandte 10.000 DM). Die Erbschaftsteuer konnte früher für Personenunternehmen zum Problem werden, vor allem, wenn der Firmengründer starb und der Nachfolger nicht eng mit ihm verwandt war. Die Erbschaftsteuer bedeutete einen starken Eingriff in die Substanz des Unternehmens. Um solche Effekte bei der Erbschaft von Betriebsvermögen zu mildern, wird den Erben von Betriebsvermögen ein Freibetrag von 500 000 DM und ein Bewertungsabschlag von 40% gewährt, wenn das erworbene Betriebsvermögen mindestens 5 Jahre in der Nachfolgegeneration erhalten bleibt. Eine entsprechende Befreiung gilt für das Erbe von Anteilen an Kapitalgesellschaften, wenn der Erblasser am Nennkapital dieser Gesellschaft zu mehr als einem Viertel beteiligt war und für land- und forstwirtschaftliches Vermögen. Außerdem gelten bei Betriebsvermögen grundsätzlich für alle Bewerber die günstigen Steuersätze der Steuerklasse I (sonst nur Ehegatten, Kinder, Enkelkinder und Eltern).

Erforderliche Wachstumsrate

Erforderliche Wachstumsrate

Begriff aus der Wachstumstheorie. Er bezeichnet die Expansion des realen → Sozialprodukts, bei der das Sozialprodukt „gleichgewichtig" wächst. Insbesondere sehen in diesem Falle die Produzenten und Anbieter ihre Pläne erfüllt, weil Investition und Ersparnis ex ante gleich groß sind. Sie fahren deshalb fort, mit konstanter Wachstumsrate zu produzieren und zu investieren. Man spricht auch von der befriedigenden Wachstumsrate bzw. nach *Harrod* von der Warranted Rate of Growth.

Erhaltungssubventionen → Subventionen

Erlös → Umsatz

Ernährungs- und Landwirtschaftsorganisation (FAO)

Die Food and Agriculture Organization (FAO) wurde 1945 als Sonderorganisation der Vereinten Nationen gegründet. Ihre Ziele sind die Verbesserung des Ernährungs- und Lebensstandards in der Welt, die Steigerung der Agrarproduktion, die Verbesserung der Lebensbedingungen für die ländliche Bevölkerung und die Bekämpfung von Hunger und Unterernährung. Die FAO führt eigene Programme durch, versteht sich aber auch als Koordinierungsstelle für Entwicklungsprogramme im gesamten Bereich der Landwirtschaft, Forstwirtschaft und Fischerei. Die FAO hat 175 Mitgliedsländer. Sitz der Organiation ist Rom.

ERP → Marshall-Plan

ERP-Sondervermögen

rechtlich unselbständiger, finanzwirtschaftlich und verwaltungstechnisch selbständiger Teil des Bundesvermögens. Es entstand vor allem aus den DM-Gegenwerten der Einfuhren im Rahmen des → European Recovery Program nach dem Zweiten Weltkrieg und den daraus erzielten Zinserträgen. Es diente zunächst der Darlehensgewährung für den Wiederaufbau und die Förderung der Wirtschaft. Seit den sechziger Jahren wurden auch Darlehen für entwicklungspolitische Projekte vergeben. Das ERP-Investitionshilfegesetz von 1967 erweiterte den Kreis der Nutznießer und das Spektrum der Förderprogramme. Nach der Vereinigung Deutschlands beteiligte sich das ERP-Sondervermögen auch an Aufbau- und Modernisierungsprogrammen in den neuen Bundesländern.

Ersatzinvestition → Investitionen

Ersparnis

der nicht für → Übertragungen, → privaten oder → staatlichen Konsum verausgabte Teil des → Einkommens eines → Wirtschaftssubjekts, → Sektors oder einer → Volkswirtschaft. Die Ersparnis entspricht der Veränderung des jeweiligen Reinvermögens.

Erstinvestition → Investitionen

Ertragsanteil der Rente

Renten unterliegen mit ihrem sog. Ertragsanteil der Besteuerung. Man geht dabei von der Fiktion aus, daß die Rentenbeiträge angelegt und verzinst würden, wie es bei einem → Kapitaldeckungsverfahren der Fall ist. Nur die aus dem durch Beitragszahlung angesammelten Kapital fließenden Zinsen müssen versteuert werden. Da beim → Umlageverfahren, das der → gesetzlichen Rentenversicherung zugrunde liegt, keine wirklichen Zinsen angesammelt werden, wird der Ertragsanteil gesetzlich festgelegt. Der Ertragsanteil der Rente ist abhängig vom Alter bei Beginn der Rente:

bei 50 Jahren	43%	der Rente
55 Jahren	38%	
60 Jahren	32%	
61 Jahren	31%	
62 Jahren	30%	
63 Jahren	29%	
64 Jahren	28%	
65 Jahren	27%	

(Beispiel: Beginn der Rente mit 62 Jahren, Höhe der Rente im Jahr 60.000 Ertragsanteil 60.000 30% = 18.000. D.h.: hier würden nur 18.000 DM in die steuerliche Bemessungsgrundlage einfließen.)

Ertragsfunktion → Produktionsfunktion

Ertragsgebirge → Produktionsfunktion

Ertragsgesetz → Produktionsfunktion

Ertragshoheit

Mit der Bestimmung der Ertragshoheit als Teil der Einnahmenverteilung wird im Rahmen des Finanzausgleichs festgelegt, welcher Gebietskörperschaft die Steuereinnahmen zur Verwendung zufließen.

Ertragsteuern

→ Abgaben, deren → Steuergegenstand ertragbringende Objekte oder aus diesen fließende Erträge sind. Erträge ergeben sich als Resultat der Kombination von Produktionsfaktoren und werden daher ertragbringenden Objekten zugeordnet. Dabei ist es für Ertragsteuern nicht von Bedeutung, wem (Haushalten oder Unternehmen) die Erträge zufließen und wer Eigentümer der Objekte ist. Ertragsteuern können auch die Arbeitskraft oder die Erträge ihres Einsatzes besteuern. Schließlich zeichnen sich Ertragsteuern da-

Ertragsteuern

Biersteuer	Länder
Branntweinsteuer	Bund
Einfuhrumsatzsteuer	1997: 50,5% Bund, 49,5% Länder
Einkommensteuer	Bund: 42,5%, Länder: 42,5% Gemeinden: 15%
Erbschaft- und Schenkungsteuer	Länder
Gewerbesteuer	Gemeinden (mit Umlage an Bund und Länder, bis 1990 knapp 15%; als Folge der Beteiligung der Gemeinden in den alten Ländern am Fonds „Deutsche Einheit" und an den Länderlasten aus der Neuregelung des bundesstaatlichen Finanzausgleichs führen die Gemeinden in den alten Ländern ca. 20% ihres Gewerbesteueraufkommens ab, davon drei Viertel an die Länder ein Viertel an den Bund. Die Gewerbsteuerumlage in den neuen Ländern beläuft sich auf ca. 10% des Gewerbesteueraufkommens)
Grundsteuer	Gemeinden
Grunderwerbsteuer	Länder (nach den jeweiligen Ländergesetzen werden die Gemeinden und Gemeindeverbände am Aufkommen der Grunderwerbsteuer in unterschiedlicher Höhe beteiligt)
Kaffeesteuer	Bund
Körpeschaftsteuer	Bund: 50%, Länder: 50%
Kraftfahrzeugsteuer	Länder
Mineralölsteuer	Bund
Solidaritätszuschlag	Bund
Tabaksteuer	Bund
Umsatzsteuer	Bund 50,5%, Länder 49,5%
Versicherungssteuer	Bund

Ertragshoheit der wichtigsten deutschen Steuern

durch aus, daß bei der Steuerbemessung die persönlichen Verhältnisse des Zensiten keine Rolle spielen. Die Bemessungsgrundlage der Ertragsteuer kann der – unterschiedlich zu berechnende Rohertrag, der Reinertrag oder ein anderer Ertragsanteil sein. Der Rohertrag entspricht der Nettowertschöpfung eines Unternehmens und kann durch Addition von Löhnen, Mieten und Pachten, Zinsen und dem Reinertrag ermittelt werden. Entsprechend ergeben sich Anknüpfungspunkte für vier Teilertragsteuern: die Arbeitsertragsteuer, deren Bemessungsgrundlage die Löhne sind, die Grundertragsteuer, die an den Mieten und Pachten ansetzt, die Kapitalertragsteuer, deren Bemessungsgrundlage die Zinsen sind, und schließlich die Reinertragsteuer, die die Gewinne besteuert. In der Bundesrepublik Deutschland werden verschiedenen Erhebungsformen bei den Ertragsteuern praktiziert. Die → Grundsteuer stellt eine sogenannte → Soll-Ertragsteuer dar, da hier nicht der tatsächliche Ertrag des Faktors Boden besteuert wird, sondern mit dem → Ertragswert ein davon abweichender Soll-Ertrag. Ebenfalls eine Soll-Ertragsteuer stellt die Gewerbekapitalsteuer dar. Die Gewerbeertragsteuer ist dagegen eine Ist-Ertragsteuer, deren Bemessungsgrundlage der Reinertrag ist.

Erwartungen

Spielen in der ökonomischen Diskussion, insbesondere in der → Keynesianischen Theorie, eine große Rolle, beispielsweise für die Kreditnachfrage der Unternehmen oder die Wirkungen der → Inflation. Über die Art der Erwartungsbildung hat die Theorie im wesentlichen drei Formen entwickelt, die hier am Beispiel der Inflationserwartung kurz dargestellt werden: Extrapolative Erwartungen liegen vor, wenn die Erfahrungen mit der Inflation der Vergangenheit auf die Zukunft übertragen werden. Im Falle adaptiver Erwartungen lernen die → Wirtschaftssubjekte aus Prognosefehlern der Vergangenheit, d.h. sie korrigieren ihre Erwartungen entsprechend. Rationale Erwartungen bedingen, daß die Wirtschaftssubjekte alle verfügbaren Informationen modelltheoretisch richtig verwerten, wie vor allem über die zukünftige Entwicklung der → Geldmenge etc.. Die erwartete Inflationsrate kann dann nur aufgrund von nicht vorhersehbaren stochastischen Einflüssen von der tatsächlichen zukünftigen Rate abweichen. Die Art der Erwartungsbildung ist wirtschaftspolitisch von hoher Bedeutung. Je mehr beispielsweise der Ansatz rationaler Erwartungen die Wirklichkeit zutreffend beschreibt, desto mehr verliert eine Politik an Einfluß, die über Inflation reale Wirkungen erreichen will. Im

Erwartungstheorie der Zinsstruktur

Falle rationaler Erwartungen verläuft die → Phillips-Kurve auch kurzfristig als Senkrechte, d. h. eine Beschäftigungssteigerung läßt sich – außer durch „überraschende Aktionen" – durch eine Expansionspolitik überhaupt nicht realisieren (These der → Politikineffizienz).

Erwartungstheorie der Zinsstruktur

älteste und bis heute am weitesten akzeptierte Theorie zur Erklärung der zeitlichen → Zinsstruktur. Sie geht auf *I. Fisher* zurück und wurde von *J. R. Hicks* und *F. A. Lutz* weiterentwickelt. Nach der Erwartungstheorie ist der langfristige → Zins gleich dem Durchschnitt der erwarteten kurzfristigen Zinssätze. Dahinter steht die Überlegung, daß eine Geldanlage für einen bestimmten Zeitraum den gleichen Ertrag bringen muß, egal ob der Betrag aufeinander folgend in mehreren kurzfristigen oder einmalig in einem längerfristigen Papier investiert wird. Andernfalls werden sofort Arbitrage-Geschäfte einsetzen, die den Renditeunterschied einebnen. Erwarten die → Wirtschaftssubjekte einen Anstieg (Rückgang) der kurzfristigen Zinsen in der Zukunft, so muß demzufolge der aktuell gültige langfristige Zins über (unter) dem gegenwärtigen kurzfristigen Satz liegen. Wird keine Änderung der kurzfristigen Zinsen erwartet, so können keine Unterschiede zwischen kurz- und langfristigen Sätzen auftreten.

Erwartungstreue → Schätzqualitäten

Erwartungswert

gebräuchlichste Maßzahl zur Beschreibung der Lage der Verteilung einer → Zufallsvariable. Der Erwartungswert ist definiert als

$$E\tilde{x} = \sum_{i=1}^{n} x_i \times f(x_i)$$

bzw.

$$E\tilde{x} = \int_{-\infty}^{\infty} x \times f(x)dx,$$

(mit f(x) = → Wahrscheinlichkeits- bzw. → Dichtefunktion der diskreten bzw. stetigen Zufallsvariablen) und entspricht dem (gewogenen) → arithmetischen Mittel einer → Häufigkeitsverteilung.

Erweiterungsinvestition → Investitionen

Erwerbs- und Vermögenseinkommen

im → Produktionsprozeß entstehendes → Einkommen aus unselbständiger Arbeit, Unternehmertätigkeit und Vermögen.

Erwerbsbeteiligung → Erwerbsverhalten

Erwerbsbevölkerung → Erwerbsperson

Erwerbseinkünfte des Staates

Erwerbseinkünfte erzielt der Staat, indem die durch Einsatz seines Erwerbsvermögens erstellten Leistungen am Markt angeboten werden und gegen spezielles Entgelt (Preise) abgegeben werden. Erwerbseinkünften fehlt weitgehend der hoheitliche Zwang. Ein Beispiel für Erwerbsvermögen sind Versorgungunternehmen, die in staatlichem Besitz sind oder an denen der Staat beteiligt ist.

Erwerbsfähiges Alter → Personen im erwerbsfähigen Alter

Erwerbskonzept

gliedert die Wohnbevölkerung eines Landes danach, ob die einzelnen Personen sich am Erwerbsleben beteiligen oder nicht, in → Erwerbspersonen und → Nichterwerbspersonen. Das Erwerbskonzept liegt den → Erwerbstätigkeitsstatistiken in der Amtlichen Statistik in Deutschland zugrunde.

Erwerbslose

Personen ohne Arbeitsverhältnis, die sich jedoch um eine Arbeitsstelle bemühen, unabhängig davon, ob sie beim Arbeitsamt als → registrierte Arbeitslose gemel-

Erwerbspersonenpotential

det sind oder nicht. Zusammen mit den → Erwerbstätigen bilden die Erwerbslosen die → Erwerbspersonen. Der Begriff des Erwerbslosen ist also einerseits weiter gefaßt als der des registrierten Arbeitslosen, andererseits aber zählen registrierte Arbeitslose, die vorübergehend eine → geringfügige Beschäftigung ausüben, nach dem → Erwerbskonzept nicht zu den Erwerbslosen, sondern zu den Erwerbstätigen.

Erwerbspersonen

der Teil der Wohnbevölkerung, der sich am Erwerbsleben beteiligt, d.h. eine auf Erwerb ausgerichtete Tätigkeit ausübt (→ Erwerbstätige) oder sich um eine Arbeitsstelle bemüht (→ Erwerbslose).

Erwerbspersonenpotential

Das Ewerbspersonen- oder Arbeitskräftepotential bezeichnet eine im Rahmen der Arbeitsmarktforschung geschätzte Größe für das potentielle → gesamtwirtschaftliche Arbeitsangebot, d.h. die Zahl der unter günstigsten Arbeitsmarktbedingungen zur Verfügung stehenden Arbeitskräfte. Das Erwerbspersonenpotential setzt sich zusammen aus den → Erwerbstätigen, den → registrierten Arbeitslosen und der sogenannten → Stillen Reserve. Zur Schätzung des Erwerbspersonenpotentials bedarf es einer Reihe

Erwerbsquote

von Annahmen über das potentielle → Erwerbsverhalten und auch über das Wanderungsverhalten in- und ausländischer Arbeitskräfte. Die Schätzung des Erwerbspersonenpotentials ist zum einen für die Schätzung des gesamtwirtschaftlichen → Produktionspotentials notwendig, zum anderen ist sie aber auch eine wichtige Kenngröße für die → Beschäftigungspolitik, da die Zahl der registrierten Arbeitslosen eine nur sehr unzureichende Maßgröße für Zahl der Arbeitsuchenden darstellt.

Erwerbsquote

statistische Maßzahl zur Beschreibung des tatsächlichen → Erwerbsverhaltens bzw. der Erwerbsbeteiligung einer Bevölkerung. Man unterscheidet vor allem die allgemeine Erwerbsquote, die als Quotient aus der Zahl der → Erwerbspersonen und der Wohnbevölkerung definiert ist, und die spezifische, die als Quotient aus der Erwerbspersonen und der Personen im → erwerbsfähigen Alter definiert ist. Darüber hinaus können besondere, z. B. alters- oder geschlechtsspezifische Erwerbsquoten gebildet werden. Von diesen, auf die tatsächliche Erwerbsbeteiligung abstellenden Erwerbsquoten zu unterscheiden ist die am potentiell erwünschten Erwerbsverhalten orientierte → Potentialerwerbsquote.

Erwerbstätige

Personen, die in einem Arbeitsverhältnis stehen oder selbständig ein Gewerbe oder eine Landwirtschaft betreiben oder einen freien Beruf ausüben. Zusammen mit den → Erwerbslosen bilden sie die → Erwerbspersonen. Nach der Stellung im Beruf werden die Erwerbstätigen weiter in Selbständige, mithelfende Familienangehörige und abhängig Beschäftigte (Arbeiter, Angestellte, Beamte einschl. Soldaten, Auszubildende) untergliedert.

Erwerbstätigkeitsstatistiken

Auswertungen von Personenbefragungen in der amtlichen Statistik. Zu nennen sind insbesondere die Volkszählungen sowie der jährlich durchgeführte Mikrozensus. Nach dem → Erwerbskonzept wird dabei die Bevölkerung in → Erwerbs- und → Nichterwerbspersonen gegliedert. Bei den Erwerbspersonen kann weiter zwischen → Erwerbstätigen und → Erwerbslosen unterschieden werden.

Erwerbsunfähigkeitsrente

eine der Leistungen im Rahmen der gesetzlichen → Rentenversicherung. Als erwerbsunfähig gilt der Versicherte, der aus gesundheitlichen Gründen auf nicht absehbare Zeit eine Erwerbstätigkeit in gewisser Regelmäßigkeit nicht mehr ausüben kann oder nur → geringfügige Einkünfte erzielen kann. Die Wartezeit für diese Rentenleistungen beträgt 5 Jahre. Zusätzlich muß die Bedingung erfüllt sein, daß in den letzten 5 Jahren vor Eintritt der Erwerbsunfähigkeit 3 Jahre mit Pflichtbeitragszeiten belegt sind.

Erwerbsverhalten

Wunsch bzw. Ablehnung eines Individuums, sich am Erwerbsleben zu beteiligen. Der Wunsch kann in Form eines aufgenommenen Arbeitsverhältnisses bereits realisiert, in Form einer Meldung bei der Arbeitsverwaltung offen bekundet (→ registrierte Arbeitslose) oder nur latent vorhanden sein (Zugehörigkeit zur → Stillen Reserve). Aus dem Erwerbsverhalten aller Individuen einer Bevölkerung resultiert deren gesamte Erwerbsbeteiligung, die neben der Größe der Wohnbevölkerung die wichtigste Determinante des → gesamtwirtschaftlichen Arbeitsangebots ist. Das tatsächliche Erwerbsverhalten, also die bei den bestehenden Arbeitsmarktverhältnissen effektiv geäußerte Erwerbsbeteiligung läßt sich statistisch einigermaßen adäquat durch die → Erwerbsquote messen. Das potentielle Erwerbsverhalten, sprich die unter günstigsten Arbeitsmarktbedingungen maximal mögliche Erwerbsbeteiligung, läßt sich durch die sogenannte → Potentialerwerbsquote lediglich abschätzen.

Erziehungsgeld

Erziehungsgeld

Leistung im Rahmen der → Familienpolitik, die seit 1986 von kindererziehenden Müttern oder Vätern unter bestimmten Voraussetzungen in Anspruch genommen werden können. In den ersten sechs Lebensmonaten des Kindes wird Erziehungsgeld gezahlt, wenn das anzurechnende Einkommen die Grenze von 100.000 DM für Verheiratete und 75.000 DM bei anderen Berechtigten nicht übersteigt. Es kann auch nur dann vom erziehenden Elternteil bezogen werden, wenn dieser weniger als 19 Wochenstunden arbeitet. Vom Beginn des siebenten Lebensmonates an wird das Erziehungsgeld gemindert, wenn das anzurechnende Einkommen bei Verheirateten 29.400 DM, bei anderen Berechtigten 23.700 DM übersteigt. Diese Einkommensgrenzen erhöhen sich um 4.200 DM für jedes weitere Kind, für das Anspruch auf → Kindergeld besteht. 1995 haben knapp 96% der Eltern Erziehungsgeld in Anspruch genommen. In fünf Bundesländern (Baden-Württemberg, Bayern, Mecklenburg-Vorpommern, Sachsen und Thüringen) wird im Anschluß an das Erziehungsgeld des Bundes ein Landeserziehungsgeld gewährt. Dabei gelten teilweise noch restriktivere Einkommensgrenzen.

Erziehungsjahre

Im Rahmen der → gesetzlichen Rentenversicherung werden für jedes nach 1991 geborene Kind 3 Erziehungsjahre als vollwertige Beitragszeiten berücksichtigt. Jedes Erziehungsjahr trägt sowohl zur Erfüllung der Mindestversicherungszeit als auch zur Erhöhung der Rente bei. Die Erziehungsjahre werden unabhängig davon anerkannt, ob der oder die Bezugsberechtigte vor der Geburt des Kindes erwerbstätig war oder nicht.

Erziehungsrente

Leistung an einen überlebenden geschiedenen Ehegatten für die Erziehung mindestens eines waisenrentenberechtigten Kindes, wenn er vor dem Tode des früheren Ehegatten 60 Monate Beiträge in die Sozialversicherung einbezahlt hat und nun eine Erwerbstätigkeit wegen der Kindererziehung nicht erwartet werden kann. Die Erziehungsrente wird in Höhe der → Berufsunfähigkeitsrente gezahlt. Sie wird dann, wenn zwei Kinder unter 6 Jahren oder drei Kinder zu erziehen sind, auf Höhe der → Erwerbsunfähigkeitsrente festgesetzt.

Erziehungsurlaub

Instrument der → Familienpolitik. Arbeitnehmerinnen und Arbeitnehmer können im Anschluß an die Mutterschaftsfrist (→ Mutterschutz) Erziehungsurlaub bis zur Vollendung des dritten Lebensjahres des Kindes nehmen. Sind beide Eltern erwerbstätig, steht ihnen frei, wer von ihnen Erziehungsurlaub nimmt. Sie können sich bis zu dreimal beim Erziehungsurlaub abwechseln. Während des Erziehungsurlaubs ist eine Teilzeitbeschäftigung bis zu 19 Stunden wöchentlich beim bisherigen Arbeitgeber zulässig. Während des Erziehungsurlaubs darf keine Kündigung ausgesprochen werden (→ Bestandsschutz der Arbeit).

Erziehungszoll

→ Zoll mit einer besonderen theoretischen Rechtfertigung. Mit Erziehungzöllen sollen die inländischen Produzenten (typischerweise in → Entwicklungsländern) zeitweise gegen die Konkurrenz ausländischer Anbieter abgeschirmt werden, bis sie selbst leistungsfähig genug sind. Theoretisch gerechtfertigt wäre eine solche Protektion junger Industrien, wenn sie zu einer diversifizierten Produktion und einer stabileren Einkommensbildung führt oder einer solche Entwicklung aufgrund von Ausbildungseffekten und Know-how-Ansammlung erwarten läßt.

ESZB → Europäisches System der Zentralbanken

EU → Europäische Union

Euler'sches Theorem → Adding-up-Theorem

Euratom → Europäische Atomgemeinschaft

Euro

gemeinsame Währung in den Ländern der → Europäischen Währungsunion EWU. Der Euro ist aus der → Europäischen Währungseinheit ECU hervorgegangen und wurde zum 1. 1. 1999 offiziell eingeführt. Bis 31. 12. 2001 existiert er jedoch nur als Buchgeld. Alleiniges gesetzliches Zahlungsmittel bleibt bis dahin die jeweilige nationale Währungseinheit. Am 1. 1. 2002 beginnt die Ausgabe des Euro-Bargelds. Parallel dazu werden die nationalen Noten und Münzen bis spätestens 30. 6. 2002 aus dem Verkehr gezogen; danach ist der Euro ausschließliches gesetzliches Zahlungsmittel in der EWU.

Eurodollarmarkt

internationaler Markt, auf dem kurzfristige (Eurogeldmarkt) und langfristige Kreditgeschäfte (Euroanleihenmarkt) getätigt werden, wobei diese Geschäfte häufig in ortsfremden Währungen und zwischen Marktpartnern, die beiderseits Währungsausländer sind, abgewickelt werden. Der bedeutendste Platz für den Eurodollarmarkt ist London.

Euromarkt

→ Markt für Fremdwährungsguthaben, die außerhalb des Landes, in welchem sie als gesetzliches Zahlungsmittel gelten, unterhalten werden. Der Euro-Markt im weiteren Sinne ist nicht – wie der Name suggeriert – auf das Gebiet Europas oder etwa den Handel mit der neuen europäischen Währung → Euro begrenzt; als Synonyme werden daher auch die Bezeichnungen Fremdwährungs- bzw. „Xeno-Märkte" verwendet. Zentren des Euro-Marktes sind in Europa u. a. London und Luxemburg, weiterhin Japan und die USA. Drei Teilmärkte lassen sich unterscheiden: Auf dem Eurogeldmarkt werden vorwiegend Guthaben zwischen Kreditinstituten gehandelt; es können aber auch große, vor allem multinationale Unternehmen teilnehmen. Der Zeitraum für die Überlassung der Währungen ist kurzfristig (max. 6 Monate). Gehandelt werden außer Staatspapieren auch → Certificates of Deposits und Commercial Papers. Demgegenüber umfaßt der Euro-Kreditmarkt den Handel mit Krediten (meist auf mittlere Fristen) zwischen Banken und Nichtbanken. Auf dem Euro-Kapitalmarkt (Bondmarkt) werden langfristige → Wertpapiere gehandelt.

Europaabkommen

Europaabkommen

Die seit 1991 zwischen der EU und den mittel- und osteuropäischen Staaten geschlossenen Assoziierungsverträge werden als Europaabkommen bezeichnet. Sie sollen den Reformstaaten eine volle Beteiligung am europäischen Integrationsprozeß im politischen, wirtschaftlichen und handelspolitischen Bereich ermöglichen. Unter anderem sehen sie die Errichtung einer Freihandelszone für Industrieprodukte innerhalb von zehn Jahren vor. Im Bereich des Warenverkehrs baut die EU ihre Beschränkungen zum Schutz der eigenen Wirtschaft früher ab als die jeweiligen Vertragspartner. Europaabkommen hat die EG zuerst mit Polen, Ungarn und der CSFR 1991 abgeschlossen. Die Europa-Verträge mit Polen und Ungarn sind 1994, die mit Bulgarien, Rumänien, der Tschechischen Republik und der Slowakei 1995 in Kraft getreten. Am 1995 wurden darüber hinaus Assoziierungsabkommen mit Estland, Lettland, Litauen und Slowenien unterzeichnet. Der Europäische Rat hat bestätigt, daß die mittel- und osteuropäischen Länder, mit denen Europaabkommen bestehen, EU-Mitgliedstaaten werden können, sobald sie sich aus den Vertragsverpflichtungen ergebenden wirtschaftlichen und politischen Bedingungen erfüllen.

Europäische Atomgemeinschaft (Euratom)

Die Europäische Atomgemeinschaft ist eine der drei → Europäischen Gemeinschaften. Sie wurde durch Vertrag vom 25. 3. 1957 gemeinsam mit der → Europäischen Wirtschaftsgemeinschaft (heute: Europäische Gemeinschaft) errichtet. Sie sollte vor allem die Voraussetzungen für die schnelle Bildung und Entwicklung von Kernindustrien schaffen. Zu ihren Aufgaben gehört u.a. die Entwicklung der Forschung, die Verbreitung technischer Kenntnisse, die Aufstellung einheitlicher Sicherheitsnormen, die Erleichterung von Investitionen, die Versorgung aller Mitglieder der Gemeinschaft mit Erzen und Kernbrennstoffen, die Überwachung der Verwendung der Kernbrennstoffe zu friedlichen Zwecken sowie die Schaffung eines gemeinsamen Marktes für den Bereich der Kernindustrie. Der Europäische Atomgemeinschaft steht das Eigentum an sämtlichem spaltbaren Material innerhalb der Gemeinschaft zu. Staaten und Unternehmen können lediglich ein Nutzungsrecht erwerben. Die Verwaltung des Eigentums der Gemeinschaft, vor allem die Verteilung und Zuweisung von Nutzungsrechten sowie der Import von spaltbarem Material, obliegt der Agentur der Europäischen Atomgemeinschaft.

Europäische Bank für Wiederaufbau und Entwicklung (EBWE)

Deutschland ist Gründungsmitglied der in London ansässigen, 1991 gegründeten Europäische Bank für Wiederaufbau und Entwicklung (EBWE). Die Bank hat 59 europäische und außereuropäische Mitglieder. Ihr Kapital beträgt 20 Mrd. Euro, wovon 30% Einzahlungskapital ist, der Rest ist Haftungskapital. Deutschland hält einen Anteil von 8,5%. Aufgabe der Bank ist es, in den mittel- und osteuropäischen Ländern, die sich zur pluralistischen Demokratie und zur Marktwirtschaft bekennen und diese auch anwenden, die Transformation der Wirtschaftsordnung zu unterstützen sowie private und unternehmerische Initiativen zu fördern.

Europäische Freihandelsassoziation (EFTA)

Die Europäische Freihandelsassoziation (EFTA) wurde 1959 gegründet, um eine wirtschaftliche Diskriminierung der Nicht-EG-Staaten zu verhindern. Mitglieder waren Österreich, Schweiz, Liechtenstein, Finnland, Schweden, Norwegen, Island. Österreich, Finnland und Schweden sind mittlerweile der EG beigetreten, so daß noch vier EFTA-Mitglieder verblieben sind.

Europäische Gemeinschaft für Kohle und Stahl (EGKS)

– auch als „Montanunion" bezeichnet – ist eine der drei → Europäischen Gemeinschaften. Der Vertrag über die EGKS vom 18. 4. 1951 zwischen Belgien, Frankreich, Italien, Luxemburg, den Niederlanden und der Bundesrepublik beruht auf einem Plan des französischen Außenministers Schumann („Schumann-Plan"). Ziel der EGKS (Montanunion) ist die Errichtung eines gemeinsamen Marktes für Kohle, Eisen, Schrott und Stahl durch Abschaffung aller Zölle und Kontingente, Vereinfachung der Verwaltungsbestimmungen im grenzüberschreitenden Warenverkehr, Einführung durchgehender Transporttarife, Verpflichtungen der Industrien der Mitgliedstaaten auf einheitliche Preisstellung, Kartellkontrolle durch Genehmigungspflicht für bestehende Absprachen und Zusammenschlüsse (europäisches Kartellrecht), durch Diskriminierungsverbote, Subventionsverbote (Subventionsrecht, Europ. Gemeinschaftsrecht), Gewährung von Anpassungshilfen. Aufgrund der strukturellen Veränderung des Energiemarktes hat sich inzwischen eine Koordinierung mit der Energiepolitik der EG als unerläßlich erwiesen. Die Organe der EGKS – die Hohe Behörde als Exekutivorgan, die Gemeinsame Versammlung, der Ministerrat und der Gerichtshof – sind mit den

Europäische Gemeinschaften (EG)

entsprechenden Organen der EG und der Euratom verschmolzen worden (Fusionsvertrag, 1965).

Europäische Gemeinschaften (EG)

Europäische Gemeinschaften sind die → Europäische Wirtschaftsgemeinschaft (nunmehr Europäische Gemeinschaft), die → Europäische Atomgemeinschaft (Euratom) und die → Europäische Gemeinschaft für Kohle und Stahl (Montanunion). Ihre gemeinsamen Organe sind der Rat, die Kommission, die Versammlung (Europäisches Parlament), der Europäische Gerichtshof und der Rechnungshof. Die Europäischen Gemeinschaften haben eine eigene, in ihrer Geltung vom nationalen Recht unabhängige Rechtsordnung (Gemeinschaftsrecht), sie bezwecken die Errichtung eines Gemeinsamen Marktes durch eine Zollunion, europäische Diskriminierungsverbote, ein gemeinschaftsrechtliches Wettbewerbsrecht (Kartellrecht, europäisches), gemeinschaftsrechtliche Regelung des Subventionswesens, Niederlassungsfreiheit für Gemeinschaftsbürger, Freizügigkeit des Dienstleistungsverkehrs sowie des Kapital- und Zahlungsverkehrs. Zur Verwirklichung ihrer Ziele betreiben die EG eine gemeinschaftsrechtliche Rechtsangleichung. Dem Abbau von innergemeinschaftlichen Grenzhindernissen sonstiger Art dienen die Regelungen für den Binnenmarkt.

Europäische Investitionsbank (EIB)

Die Europäische Investitionsbank mit Sitz in Luxemburg wurde 1958 durch den Vertrag zur Gründung der → Europäischen Wirtschaftsgemeinschaft (EWG) errichtet. Sie ist eine autonome öffentlich-rechtliche Institution mit eigener Rechtspersönlichkeit. Mitglieder der Bank sind die Mitgliedstaaten der Gemeinschaft. Die Bank hat die Aufgabe, mit der Finanzierung von im gemeinsamen Interesse liegenden Investitionsvorhaben zu einer ausgewogenen Entwicklung der Gemeinschaft beizutragen. Es werden vor allem Darlehen und Bürgschaften für Projekte in den Bereichen Industrie, Energieversorgung und Infrastruktur gewährt. Des weiteren ist die EIB im Rahmen der Entwicklungspolitik der Gemeinschaft und der Kooperation mit Drittstaaten tätig.

Europäische Sozialcharta

multilateraler Vertrag, in dem sich die Mitgliedstaaten des → Europäischen Rates zur gemeinsamen Anerkennung wichtiger sozialpolitischer Grundsätze verpflichten (Recht auf Arbeit, soziale Sicherheit, Schutz der Familie usw.). Um die soziale Dimension in dem vornehmlich durch ökonomische Überlegungen geprägten Binnenmarkt zu berücksichtigen, beschloß der Europäische Rat Ende

1989 eine Gemeinschaftscharta der sozialen Grundrechte, in der soziale Mindestanforderungen genannt werden. Obwohl sie keine Rechtsverbindlichkeit besitzt, stimmte Großbritannien gegen die Charta, die in 30 Punkten Grundrechte in bezug auf Freizügigkeit, Gleichbehandlung, sozialen Schutz und angemessene Einkommen für alle Bürger der EG vorsieht. Die Umsetzung der Mindestanforderungen in den EU-Ländern soll jährlich in einem Bericht dokumentiert werden. In einem Protokoll zum Vertrag über die Europäische Union wird die Durchführung sozialpolitischer Maßnahmen ohne Großbritannien festgelegt, um die Sozialcharta umsetzen zu können.

Europäische Union (EU)

Funktionsbezeichnung für bestimmte institutionalisierte Formen der politischen Kooperation nach Maßgabe des Vertrages von Maastricht (genauer: „Vertrag über die Europäische Union" vom 7. 2. 1992). Der Begriff „Europäische Union" wird dort ähnlich verwandt wie die „Europäische Politische Zusammenarbeit" nach der → Einheitlichen Europäischen Akte. Die Europäische Union ist die aufgrund des Maastrichter Vertrages geschaffene, nicht rechtsfähige Verklammerung der drei rechtsfähigen Gemeinschaften nach den Gründungsverträgen von EG, Euratom sowie EGKS einerseits und der gemeinsamen Außen- und Sicherheitspolitik (GASP) sowie der Zusammenarbeit in den Bereichen Justiz und Inneres (ZBJI) andererseits. Demnach läßt sich die „EU" als Dachkonstruktion beschreiben, welche auf insgesamt fünf Säulen (EG, EAG, EGKS, GASP und ZBIJ) ruht. Siehe auch → Amsterdamer Vertrag.

Europäische Währungseinheit (ECU)

Der ECU (European Currency Unit) war die Verrechnungseinheit des Europäischen Währungssystems. Der ECU war eine sog. „Korbwährung", an der die Währungen der beteiligten Staaten mit festen Beträgen teilhatten. Mit dem Beginn der Endstufe der → Europäischen Währungsunion wurde der ECU 1:1 auf den → Euro umgestellt.

Europäische Währungsschlange

– offiziell als „Europäischer Wechselkursverbund" bezeichnet – Währungsabkommen, das die Länder der → Europäischen Gemeinschaft im April 1972 als Reaktion auf die Währungsunruhen im → Bretton-Woods-System abschlossen. Die Währungsschlange bildete eine System fester, aber veränderbarer Wechselkurse zwischen den beteiligten Währungen und flexiblen Wechselkursen gegenüber anderer Währungen (→

Europäische Währungsunion (EWU)

Block-floating). Die Währungsschlange konnte nur wenig zu Stabilisierung der Wechselkurse beitragen. Insgesamt wurden die Leitkurse 10mal geändert und von den zeitweise 10 Mitgliedern verblieben am Ende nur noch die Beneluxländer, Dänemark und die Bundesrepublik Deutschland in einer sog. „Rumpfschlange". Gleichwohl bildete die Währungsschlange einen ersten Schritt in Richtung einer gemeinsamen europäischen → Währungspolitik. Ihre Interventions- und Finanzierungsregelungen wurden im wesentlichen unverändert in das → Europäische Währungssystem übernommen, das die Währungsschlange im März 1979 ablöste.

Europäische Währungsunion (EWU)

Teil der Europäischen → Wirtschafts- und Währungsunion (WWU). Gemäß dem Vertrag über die → Europäische Union, der am 7. 2. 1992 in Maastricht unterzeichnet wurde, haben sich die Teilnehmerstaaten verpflichtet, die WWU zu errichten. In der dritten Stufe des Umsetzungsplanes wurde ab 1999 die Gemeinschaftswährung → Euro eingeführt. Mitgliedsländer der Europäischen Währungsunion sind 11 Staaten, nämlich Belgien, Deutschland, Finnland, Frankreich, Irland, Italien, Luxemburg, die Niederlande, Österreich, Portugal und Spanien. Dagegen nehmen Dänemark, Griechenland, Schweden und das Vereinigte Königreich nicht an der EWU teil.

Europäische Wirtschafts- und Währungsunion → Wirtschafts- und Währungsunion

Europäische Wirtschaftsgemeinschaft (EWG)

Die Europäische Wirtschaftsgemeinschaft ist eine der drei → Europäischen Gemeinschaften. Der Vertrag über die EWG (EWGV) zwischen Belgien, Deutschland, Frankreich, Italien, Luxemburg und den Niederlanden wurde am 25. 3. 1957 in Rom zusammen mit dem Vertrag über die Europ. Atomgemeinschaft unterzeichnet (Römische Verträge) und trat am 1. 1. 1958 in Kraft. Mit Wirkung vom 1. 1. 1973 wurde die Gemeinschaft durch den Beitritt Dänemarks, Großbritanniens und Irlands, ferner mit Wirkung vom 1. 1. 1981 um Griechenland, mit Wirkung vom 1. 1. 1986 um Spanien und Portugal sowie mit Wirkung zum 1. 1. 1995 um Finnland, Österreich und Schweden erweitert; andere Staaten sind assoziiert. Ursprüngliche Aufgabe der EWG war es, durch Errichtung eines gemeinsamen Marktes und die schrittweise Annäherung der Wirtschaftspolitik der Mitgliedstaaten innerhalb einer Übergangszeit von 12–15 Jahren eine harmonische Entwicklung des

Wirtschaftslebens innerhalb der Gemeinschaft, eine beständig und ausgewogene Wirtschaftsausweitung, eine größere Stabilität, eine beschleunigte Hebung der Lebenshaltung und engere Beziehungen zwischen den Staaten zu fördern, die in der Gemeinschaft zusammengeschlossen sind. Die EWG (heute „EG") ist die bei weitem wichtigste der drei Europäischen Gemeinschaften. Sie hat sich seit 1958 als die Magna Charta des europäischen Einigungswerks, als flexible Grundlage für den weiteren Ausbau der drei Gemeinschaften und als Instrument für die fortschreitende Vergemeinschaftung immer weiterer Materien erwiesen. Der gemeinsame Markt ist durch Abbau von Zöllen und Handelsschranken sowie die Einführung eines gemeinsamen Zolltarifs, schließlich durch Arbeitnehmerfreizügigkeit, Freizügigkeit des Dienstleistungsverkehrs und Niederlassungsfreiheit weitgehend verwirklicht. Auch ist der ursprüngliche Rahmen des Vertrags vor allem durch die neuen Vertragsbestimmungen über den Binnenmarkt erheblich erweitert worden. Das gemeinschaftsrechtliche Wettbewerbsrecht (europäisches Kartellrecht) sichert den Markt gegen private Beschränkungen des Handels- und Dienstleistungsverkehrs. Schließlich wurde ein gemeinsamer Agrarmarkt geschaffen. Dem gemeinsamen Markt dienen ferner eine gemeinsame Verkehrs- und Wirtschaftspolitik, die Schaffung eines Europ. Sozialfonds zur Sicherung der Beschäftigung, eine Europ. Investitionsbank zur Erschließung unterentwickelter Gebiete sowie die Angleichung der innerstaatlichen Rechtsvorschriften, soweit dies für das ordnungsgemäße Funktionieren des gemeinsamen Marktes erforderlich ist (z. B. Harmonisierung der Umsatzsteuern).

Europäische Zentralbank →
Europäisches System der Zentralbanken

Europäischer Ausrichtungs- und Garantiefonds für die Landwirtschaft (EAGFL)

dient der Finanzierung der gemeinsamen → Agrarpolitik der EG. Aus ihm werden die Kosten für Stützungskäufe, subventionierte Ausfuhren und die Lagerung der Überproduktion finanziert. Des weiteren finanziert dieser Fonds einen Teil der Strukturverbesserungsmaßnahmen in der Landwirtschaft. Der EAGFL mach mit etwa zwei Dritteln die bei weitem größte Position des Gemeinschaftshaushaltes aus.

Europäischer Bauernverband (COPR)

Das Comité des Organisations Professionnelles de l'Agriculture de la Communauté Economique

Europäischer Entwicklungsfonds

Européenne (COPR) wurde 1958 gegründet, um berufsständischen Einfluß auf europäischer Ebene ausüben zu können. Der Sitz der Organisation ist in Brüssel. Die Bedeutung des COPR ergibt sich aus der weitgehenden Integration der → Agrarpolitik und der daraus folgenden Abhängigkeit der nationalen Politik von der EU-Agrarpolitik. Das COPR ist bemüht, eine möglichst große Geschlossenheit der landwirtschaftlichen Interessenvertretung zu erreichen. Insgesamt sind 23 nationale Bauernverbände Mitglied des COPR.

Europäischer Entwicklungsfonds

auf der Grundlage des EWG-Vertrages 1957 geschaffener Fonds der Europäischen Gemeinschaften (EG) zur Finanzierung von Entwicklungshilfevorhaben in den mit der EG assoziierten Ländern, Gebieten und Departements.

Europäischer Fonds für regionale Entwicklung (EFRE)

1975 von den Europäischen Gemeinschaften (EG) errichteter Fonds, der dem Ziel dient, die Unterschiede im Entwicklungsstand der verschiedenen Regionen innerhalb der EG zu verringern. Er ist Teil der europäischen → Strukturfonds.

Europäischer Gewerkschaftsbund (EGB)

1973 gegründeter Dachverband der nationalen Gewerkschaftsverbände Europas. Er umfaßt 41 Gewerkschaftsorganisationen aus 23 Ländern. Sein Sitz ist in Brüssel.

Europäischer Rat

das mindestens zweimal jährlich zusammentretende Gremium der Staats- und Regierungschefs der Mitgliedsländer der → Europäischen Gemeinschaften und des Präsidenten der Kommission. Unterstützt werden diese durch die Außenminister und ein weiteres Mitglied der Kommission. Diese Konferenz kann als Gemeinschaftsorgan handeln und Beschlüsse fassen. Insbesondere aber soll der Europäische Rat durch Verständigung auf höchster Ebene den Gemeinschaften die für die Entwicklung erforderlichen Impulse geben und die allgemeinen politischen Zielvorstellungen für diese Entwicklung festlegen.

Europäischer Rechnungshof

Der Europäische Rechnungshof besteht bereits seit 1975. Der Rechnungshof setzt sich aus 15 Mitgliedern zusammen. Jeder Mitgliedstaat ist grundsätzlich, aber nicht zwingend, durch ein Mitglied vertreten. Die Mitglieder werden vom Rat einstimmig nach Anhörung des Europäischen Parlaments für die Dauer von sechs Jahren ernannt. Der Präsident des Rechnungshofs wird aus dem Kreis seiner Mitglieder von diesen selbst gewählt. Die Aufgaben des Europäischen Rechnungshofs bestehen in der Verpflichtung, einen Jahresbericht über die Verwendung der Gemeinschaftsmittel zu erstellen. Gegenstand des Berichts ist insbesondere die Rechtmäßigkeit und Ordnungsgemäßheit der Verwendung von Haushaltsmitteln. Im engen Zusammenhang damit steht auch die Wirtschaftlichkeit der Mittelverwendung. Neben den Jahresberichten kann der Rechnungshof zu besonderen Fragen auch zeitnah zu einzelnen Projekten „Bemerkungen" oder auf Antrag eines Organs „Stellungnahmen" als laufende Begleitkontrolle veröffentlichen.

Europäischer Sozialfonds

dient der Verbesserung der Beschäftigungsmöglichkeiten abhängiger Arbeitskräfte (Förderung der Freizügigkeit und der grenzüberschreitenden beruflichen Verwendung).

Europäischer Wechselkursverbund → Europäische Währungsschlange

Europäischer Wirtschaftsraum (EWR)

Der Vertrag über den Europäischen Wirtschaftsraum (EWR) enthält eine Art Assoziierung der → Europäischen Freihandelsassoziation EFTA mit den → Europäischen Gemeinschaften. Er wurde am 2. 5. 1992 in Porto unterzeichnet. Das Abkommen trat 1995 in Kraft. Inhaltlich sieht die Vereinbarung eine weitgehende Eingliederung der EFTA (mit Ausnahme der Schweiz) in die EG vor, dies allerdings bei beschränkten Mitwirkungsbefugnissen. Die Grundfreiheiten des EWG-Vertrags (bzw. nunmehr EG-Vertrags), also Freiheit des Warenverkehrs, der Dienstleistungen, der Niederlassung und die Arbeitnehmerfreizügigkeit werden gegenseitig übernommen.

Europäisches System der Zentralbanken

Das Europäische System der Zentralbanken (ESZB) ist seit 1. 1. 1999 für die Festlegung und Ausführung der → Geldpolitik in der → Europäischen Wirtschafts- und Währungsunion (EWWU) zuständig. Zentrale Institution des ESZB ist die Europäische Zentralbank (EZB) mit Sitz in Frankfurt am Main. Aufbau und Zusammensetzung des ESZB ähneln der Organisationsstruktur der → Deutschen Bundesbank. Das ESZB besteht aus der EZB und

Europäisches System der Zentralbanken

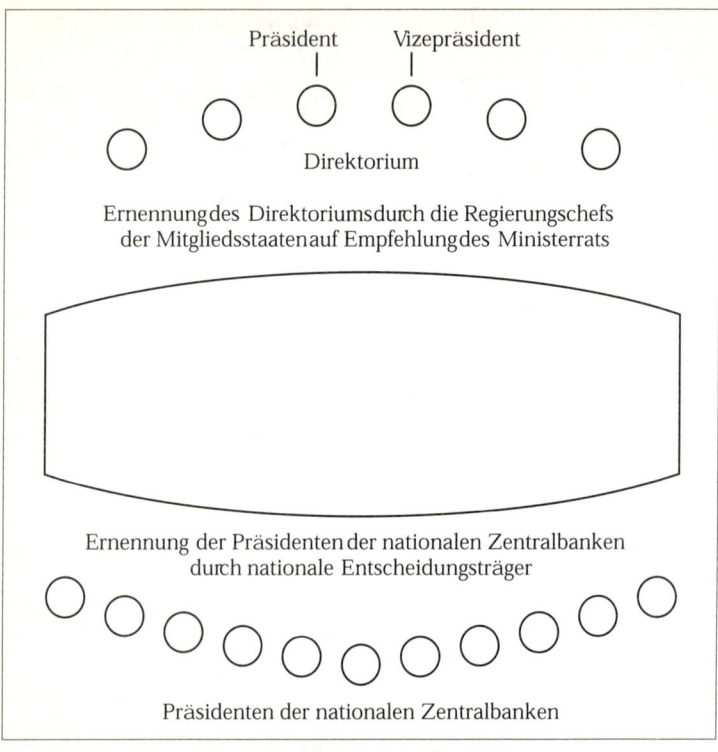

Organisationsstruktur der EZB
Quelle: *Jarchow, H.-J.*: Theorie und Politik des Geldes, Bd. 1, 10. Aufl., Göttingen 1998

den (vorerst) 11 nationalen Zentralbanken (NZBen). Die Beschlußorgane des ESZB sind der EZB-Rat und das Direktorium; sie leiten das ESZB. Der EZB-Rat, bestehend aus dem Direktorium mit dem Präsidenten, dem Vizepräsidenten und vier weiteren Mitgliedern sowie den Präsidenten der NZBen, legt die Geldpolitik in der EWWU fest; das Direktorium als zentrales Exekutivorgan ist für die Umsetzung verantwortlich.

Gemäß dem Subsidiaritätsprinzip obliegt die Ausführung der geldpolitischen Beschlüsse im wesentlichen den NZBen. Die Amtszeit des Präsidenten, Vizepräsidenten und der weiteren Mitglieder des Direktoriums beträgt acht Jahre, eine Wiederernennung ist nicht möglich. Die Präsidenten der NZBen werden für eine Amtszeit von mindestens fünf Jahren bestellt. Solange noch nicht alle EU-Mitglieder an der → Währungsunion teilnehmen, bildet der Erweiterte Rat das dritte Beschlußorgan der EZB. Ihm gehören der Präsident und Vizepräsident der EZB an sowie die Präsidenten der Zentralbanken aller EU-Mitglieder, also einschließlich jener, die an der Währungsunion nicht partizipieren; sie werden als „Mitgliedstaaten, für die eine Ausnahmeregelung gilt", bezeichnet. Der EZB-Rat sorgt für eine koordinierte Geldpolitik zwischen diesen Ländern und der EZB, überwacht die zwischen ihnen und der EWWU geltende Wechselkursregelung, also das EWS 2, und verwaltet den Interventionsmechanismus und die hierfür vorgesehenen Finanzierungsfazilitäten.

Europäisches System Volkswirtschaftlicher Gesamtrechnungen

– kurz ESVG – System zur Vereinheitlichung der → Volkswirtschaftlichen Gesamtrechnungen in den Mitgliedsstaaten der Europäischen Union. Danach können für nationale Zwecke weiterhin spezielle Volkswirtschaftliche Gesamtrechnungen durchgeführt werden, für Zahlenlieferungen an EUROSTAT ist jedoch eine EU-einheitliche Systematik zu verwenden.

Europäisches Währungssystem 2

Europäisches Währungssystem (EWS)

Währungssystem, das am 13. 3. 1979 von den Staaten der → Europäischen Gemeinschaften außer Großbritannien eingeführt wurde. Das EWS war gekennzeichnet durch fixierte → Wechselkurse innerhalb des Währungsverbundes mit Bandbreiten und Interventionspflicht (siehe → Wechselkursregime). Als hauptsächliche instrumentelle Erneuerung brachte das EWS die Installation der → Europäischen Währungseinheit, die auf der Grundlage eines Währungskorbes berechnet wurde. Um den Interventionsverpflichtungen (→ Devisenmarktinterventionen) nachkommen zu können, schuf man darüber hinaus verschiedenen Kreditfazilitäten. Zum 1. 1. 1994 erfolgte trotz einiger zu Tage getretener Probleme des EWS der planmäßiger Übergang in die zweite Stufe zur Errichtung einer → Europäischen Währungsunion, deren Endstufe am 1. 1. 1999 begann.

Europäisches Währungssystem 2

Der dem → Europäischen Währungssystem (EWS) entsprechende Wechselkursmechanismus regelt die Wechselkursbeziehung zwischen EU-Mitgliedern, die der Europäischen Währungsunion angehören, und jenen EU-Mitgliedern, die ihr noch nicht angehören (Dänemark, Griechenland, Groß-

EUROSTAT

britannien und Schweden). Zwischen dem Euro und den Währungen der Nichtteilnehmer bestehen Leitkurse, um die die Wechselkurse nur innerhalb einer Bandbreite von ± 15% schwanken dürfen. Die zur Einhaltung der vereinbarten Schwankungsbreite erforderlichen obligatorischen Interventionen am Devisenmarkt werden von der → Zentralbank der betroffenen Nichtteilnehmerwährung und der EZB durchgeführt, und zwar in unbegrenzter Höhe. Der aus den Interventionen resultierende Schuldnersaldo muß indes nach spätestens $8^{1}/_{2}$ Monaten ausgeglichen werden. Auch haben sowohl die EZB als auch die in das EWS 2 einbezogenen nationalen Zentralbanken die Möglichkeit, die obligatorischen Interventionen auszusetzen, wenn die hiermit verbundene Geldmengenexpansion das vorangige Ziel der Preisniveaustabilität gefährdet. Neben den obligatorischen Interventionen am Devisenmarkt können auch Interventionen innerhalb der Bandbreiten durchgeführt werden (intramarginale Interventionen). Die Teilnahme am EWS-2-Wechselkurssystem ist für die betreffenden EU-Mitglieder freiwillig.

EUROSTAT → Amtliche Statistik

EU-Sozialfonds

In Art. 2 Abs. i des EWG-Vertrages wurde festgelegt, daß die Europäische Gemeinschaft einen Europäischen Sozialfonds schaffen sollte, um die Beschäftigungsmöglichkeiten der Arbeitnehmer zu verbessern und zur Hebung ihrer Lebenshaltung beizutragen. Gemeinsam mit dem Europäischen Fonds für regionale Entwicklung und dem Europäischen Ausrichtungs- und Garantiefonds für die Landwirtschaft, Abteilung Ausrichtung, die man als Europäische → Strukturfonds zusammenfaßt, verfolgt er folgende Ziele:

- die Förderung der Entwicklung und der strukturellen Anpassung der Regionen mit Entwicklungsrückstand,
- die Umstellung der Regionen, die von der rückläufigen industriellen Entwicklung stark betroffen sind,
- die Bekämpfung der Langzeitarbeitslosigkeit,
- die Erleichterung der Eingliederung der Jugendlichen in das Erwerbsleben und
- die Förderung der Entwicklung des ländlichen Raums.

Der EU-Sozialfonds ist dabei das bedeutendste arbeitsmarktpolitische Instrumentarium der EU. In der Regel beteiligt sich der EU-Sozialfonds an nationalen Programmen durch → Zuschüsse, so z. B. an Maßnahmen der deutschen → Ausbildungsförderung.

Evolutionismus

gesellschaftlich und wirtschaftlich gleichmäßige, permanente Entwicklung von einfachen zu höheren Formen. Beispiele sind etwa die Entwicklung der modernen Geldwirtschaft (aus der Natural- und Tauschwirtschaft) oder die Globalisierung.

Evolutionsökonomie

theoretische Ansätze, die versuchen den Wandel auf allen Ebenen von Volkswirtschaften zu erklären. Im Mittelpunkt steht dabei die Rolle von → Innovationen. Evolution tritt immer dann auf, wenn innerhalb des betrachteten Systems neues Wissen erzeugt wird und sich das System an diese zusätzliche Information anpaßt. Diese Transformation der Systeme aus sich heraus bezeichnet man als Evolution. Die Evolutionsökonomie stellt eine Abkehr von der lange dominierenden Gleichgewichtstheorie dar.

Evolutorische Wirtschaft

eine dynamische, sich im Zeitablauf ändernde Volkswirtschaft. Dabei kann es sich um eine wachsende, aber auch um eine schrumpfende Wirtschaft handeln.

EWG → Europäische Wirtschaftsgemeinschaft

EWR → Europäischer Wirtschaftsraum

EWS → Europäisches Währungssystem

EWS 2 → Europäisches Währungssystem 2

Ex-ante-Analyse

theoretische Betrachtung gesamtwirtschaftlicher Zusammenhänge anhand von Plangrößen. Die Ex-ante-Analyse dient der Erklärung volkswirtschaftlicher Vorgänge.

Ex-ante-Prognose → Prognose

Excess Burden

auch Zusatzlast oder Mehrbelastung. Durch die Erhebung einer Steuer wird eine Volkswirtschaft regelmäßig durch Anpassungsreaktionen der Wirtschaftssubjekte höher belastet, als es dem Steueraufkommen entspricht. Diese Wohlfahrtskosten einer Steuer bzw. eines Steuersystems nennt man Excess Burden.

Exogene Variable

Bezeichnung für die allgemein in ökonomischen und speziell in ökonometrischen Modellen verwandten Größen, deren Werte nicht in diesem Modell erklärt, sondern als gegeben angesehen und damit „von außen" übernommen werden. Das Gegenteil hiervon sind → endogene Variable.

Expansionspfad

Expansionspfad

auch Faktoranpassungskurve: Verändert man bei der → Minimalkostenkombination die Produktionsmenge, gibt der Expansionspfad im Zwei-Güter-Fall graphisch an, welche Mengen beider Produktionsfaktoren das Unternehmen jeweils zur Herstellung verschiedener Produktmengen einsetzt. Überträgt man diese Mengen jeweils in eigenes Diagramm in Abhängigkeit von der Produktionsmenge erhält man für die Ermittlung von → Kostenfunktionen benötigten Faktorverbrauchsfunktionen.

Exponentielles Glätten

im Rahmen der → Zeitreihenanalyse häufig angewandtes Verfahren zur → Trendbereinigung. Der Grundgedanke besteht darin, daß aus dem jeweils aktuellsten Beobachtungswert y_t und einem bis dahin geltenden Durchschnittswert $\bar{y}^{t-1}$ einer Zeitreihe ein gewogenes → arithmetisches Mittel gebildet und als neuer Durchschnittswert verwendet wird: $\bar{y}^t = \alpha \times y_t + (1 - \alpha) \times \bar{y}^{t-1}$. Das Gewicht α wird dabei als Glättungsparameter bezeichnet. Auf diese Weise wird – wie beim konkurrierenden Verfahren der → gleitenden Durchschnitte – eine laufende Aktualisierung der Durchschnittsbildung über die („Glättung" der) Zeitreihenwerte vorgenommen. Man unterscheidet ferner das exponentielle Glätten 1. Ordnung, bei dem die Beobachtungswerte geglättet werden, und das exponentielle Glätten 2. Ordnung, bei dem die bereits einmal geglätteten Durchschnitte völlig analog noch einmal einer Glättung unterworfen werden. Für die Bildung jeweils des ersten exponentiell geglätteten Durchschnittswerts bedarf es gemäß der obigen Definition neben des ersten Bebachtungswerts einen künstlich festgelegten Startwert, einer sogenannten Initialisierung, deren Bedeutung aber mit zunehmender Zeit stark abnimmt.

Exponentielles Modell

Modell der langfristigen → Zeitreihenanalyse, das dazu verwendet werden kann, die Entwicklung des Absatzes eines Produktes zu beschreiben und zu prognostizieren. Das exponentielle Modell unterstellt, daß sich die Nachfrage in jeder Periode proportional zum bis dahin noch nicht ausgeschöpften Marktpotential verhält. Daraus resultiert für den akkumulierten, also den bis zum jeweiligen Zeitpunkt aufsummierten Absatz ein Funktion mit ständig abnehmenden Zuwächsen (s. S. 176).

Export

ins Ausland gelieferte Güter. Nach dem → Inlandskonzept werden nur die Exporte von Waren und Dienstleistungen, nach dem → Inländerkonzept zusätz-

Expansionspfad

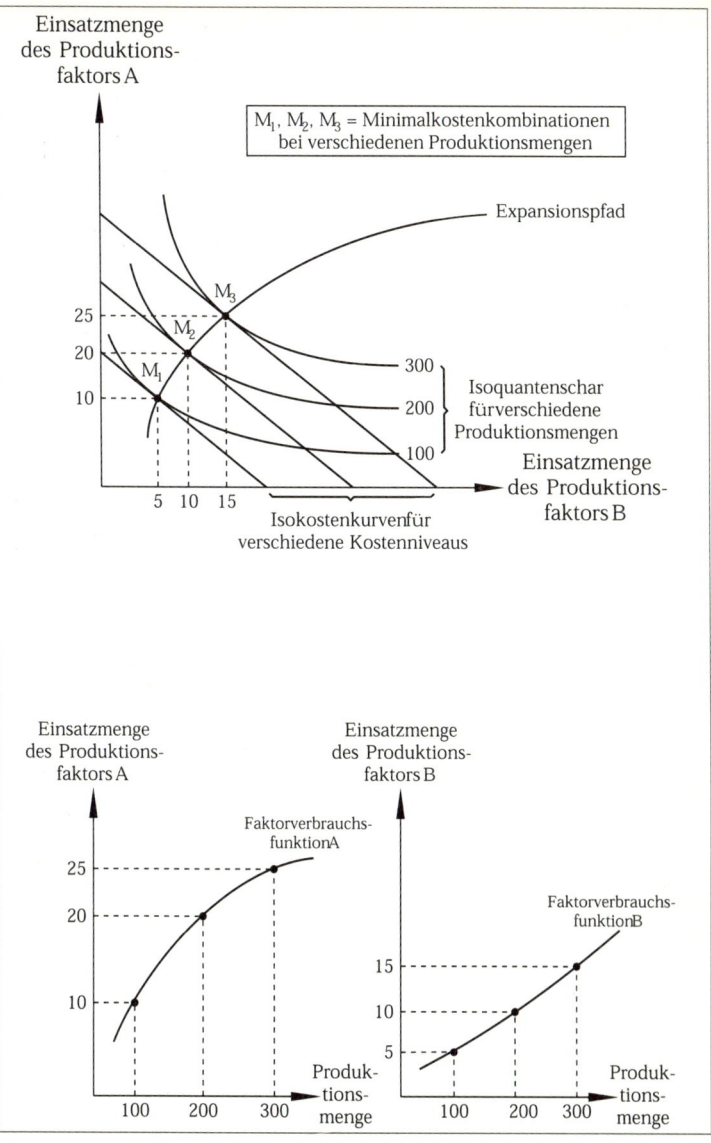

Expansionspfad und Faktorverbrauchsfunktionen

Exportierte Arbeitslosigkeit

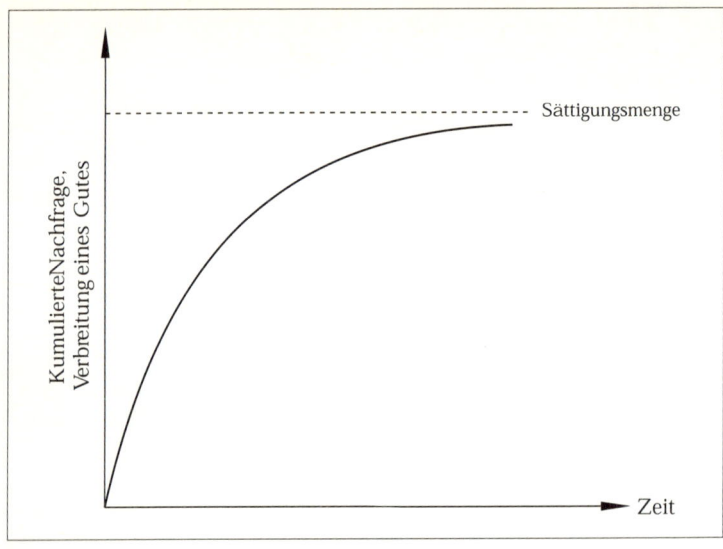

Exponentielles Modell

lich noch die → Erwerbs- und Vermögenseinkommen, die dem Inland aufgrund von Faktorleistungen zufließen, erfaßt.

Exportierte Arbeitslosigkeit

liegt vor, wenn sich die Arbeitslosigkeit in einem bestimmten Land infolge von Ereignissen oder Maßnahmen erhöht, die in einem anderen Land die Arbeitslosigkeit reduzieren. Denkbar sind in diesem Zusammenhang vor allem die Auswanderung von Arbeitskräften von einem ins andere Land, aber auch exportfördernde Maßnahmen eines Landes zulasten des anderen, wie sie z. B. in den 30er Jahren in Form von „Abwertungswettläufen" zwischen nationalen Währungen (sogenannte „beggar-my-neighbour-policy") praktiziert wurden.

Exportkartell

dient der Organisation gemeinsamer Strategien, um die internationale Wettbewerbsfähigkeit der Kartellmitglieder auf ausländischen Märkten zu stärken und um hier einen Wettbewerb der Kartellmitglieder untereinander zu vermeiden.

Exportquote

Anteil des → Exports am Gesamtwert der Produktion bzw. des Absatzes eines → Unternehmens bzw. → Sektors oder am → Inlands- bzw. → Sozialprodukt eines Landes. Die Bundesrepublik als stark außenhandelsorientiertes Land hat eine relativ hohe Export- und (analog definierte) Importquote.

Exportselbstbeschränkungsabkommen → Bilateralismus

Ex-post-Analyse

Beschreibung gesamtwirtschaftlicher Aktivitäten einer zurückliegenden Periode, insbesondere in Form der → volkswirtschaftlichen Gesamtrechnung und der → Input-Output-Analyse.

Ex-post-Prognose → Prognose

Extensives Wachstum → Wirtschaftswachstum

Externe Effekte

– auch als Externalities, Spillovers, Neighbourhood Effects, Social Costs and Benefits bezeichnet – sind ganz allgemein positive und negative Wirkungen, die von privatem, öffentlichem und ausländischem Konsum oder Produktion auf Dritte ausgehen, ohne daß diese als Empfänger der Vorteile etwas dafür bezahlen (externe Nutzen) oder als Träger der externen Kosten dafür entschädigt werden. Bei internen oder privaten Nutzen und Kosten werden nur die Verursacher betroffen. Treten keine externen Effekte auf, so decken sich private und volkswirtschaftliche Nutzen und Kosten. Der Preis der entsprechenden Güter entspricht dem volkswirtschaftlichen Güterverzehr. Treten dagegen externe Effekte auf, so spiegelt der Preis nicht mehr die tatsächlichen Nutzen-Kosten-Verhältnisse wider, weil entweder bei externen Nutzen eben nicht alle Nutzen berücksichtigt werden oder bei externen Kosten ein Teil der für die Volkswirtschaft insgesamt anfallenden Kosten nicht beachtet wird. Externe Effekte führen letztlich zu einer suboptimalen → Allokation. Ein Beispiel für externe Nutzen ist die Forschung, deren Ergebnisse – zumindest auf längere Frist – nicht nur dem forschenden Unternehmen zugute kommen. Ein Beispiel für externe Kosten sind Umweltbelastungen, die bei der Produktion entstehen. Dieses Beispiel macht im übrigen deutlich, daß externe Effekte nicht an nationalen Grenzen aufhören. Gerade bei Umweltschäden können internationale Außenwirkungen bei der Luft- und Wasserverschmutzung festgestellt werden. Man spricht dann von sogenannten Spill-overs. Wenn externe Kosten unerwünscht hoch sind, wie im Fall der Umweltschäden durch Abgase, Abwässer und Lärm, kann der Staat versuchen,

Extrahandelsstatistik

die bisher von der Gesamtheit getragenen Kosten jetzt den Verursachern anzulasten (Internalisierung der externen Kosten durch → Verursacherprinzip). Dies kann durch Verstärkung der Verursacherhaftung, Emissionsgebote oder -verbote aber auch durch Schadstoffsteuern oder -gebühren geschehen. Fallen dagegen bei der privaten Aktivität externe Nutzen an, so kann die öffentliche Hand diese Aktivität subventionieren und so zu ihrer Ausdehnung beitragen. Auf eine weitere Möglichkeit externe Effekte zu internalisieren, weist das → Coase-Theorem hin. Es zeigt, daß es gesamtwirtschaftlich sinnvoll sein kann, Verursacher und Geschädigte direkt miteinander verhandeln zu lassen.

Extrahandelsstatistik → Außenhandelssstatistik

Extrapolative Erwartungen → Erwartungen

EZB → Europäisches System der Zentralbanken

F

Faktorangebotsfunktion

funktionale Abhängigkeit der von einem Produktionsfaktor angebotenen Menge vom → Faktorpreis, z. B. des von einem Haushalt zur Verfügung gestellten Kapitals vom Zinssatz. Wie → Angebotsfunktionen von Gütern existieren Faktorangebotsfunktionen dann, wenn der einzelne Haushalt die → Verhaltensweise der Mengenanpassung an gegebene Preise wählt, sind also insbesondere auf dem vollkommenen → Polypol von Bedeutung.

Faktoranpassungskurve → Expansionspfad

Faktorintensität

mengenmäßiges Einsatzverhältnis zweier Produktionsfaktoren bei der Herstellung eines Produktes. So gibt z. B. die Kapitalintensität die Relation von Kapital- und Arbeitseinsatz an.

Faktorleistungen → Produktionsprozeß

Faktorlücke → Inflatorische Lücke

Faktornachfragefunktion

funktionale Abhängigkeit der zur Herstellung einer bestimmten Produktmenge von einem Produktionsfaktor eingesetzten bzw. Menge von seinem → Faktorpreis. Faktornachfragefunktionen erhält man aus der → Minimalkostenkombination durch Variation des betreffenden Faktorpreises. Sie existieren dann, wenn das einzelne Unternehmen die → Verhaltensweise der Mengenanpassung an gegebene Preise wählt, sind also insbesondere auf dem vollkommenen → Polypol von Bedeutung.

Faktornutzung

Einsatz von Produktionsfaktoren, deren Bestand durch die Güterproduktion nicht aufgezehrt wird (z. B. Arbeitskräfte, Maschinen). Im Gegensatz zu Produktionsfaktoren, die im Produktionsprozeß vollkommen verbraucht werden (z. B. Rohstoffe) werden bei diesen Produktionsfaktoren nur deren Leistungen über einen bestimmten Zeitraum genutzt (z. B. tägliche Arbeitsleistung, Abschreibungen einer Maschine als Äquivalent für deren Abnutzung).

Faktorpreis

Faktorpreis

Preis für eine Einheit eines Produktionsfaktors und damit Grundlage für die Entlohnung des Besitzers des jeweiligen Produktionsfaktors. Zu unterscheiden sind in diesem Zusammenhang Preise für den vollständigen Verbrauch von Produktionsfaktoren (z. B. Rohstoffpreise) und solche für die → Faktornutzung (z. B. Stundenlöhne).

Faktorpreisausgleichstheorem

von *P. A. Samuelson* präzisierte Fassung der → Faktorproportionentheorie. Danach kann der Außenhandel allein neben dem Ausgleich der Güterpreise auch den Ausgleich der Faktornutzungspreise herbeiführen, ohne daß es dazu einer internationalen Arbeits- und Kapitalmobilität bedarf. Die hierfür benötigten Bedingungen sind jedoch sehr restriktiv, insbesondere dürfen keine Transportkosten, Zölle oder andere Handelshemmnisse vorliegen, so daß die Güterpreise völlig übereinstimmen (vollständige Konkurrenz auf den Gütermärkten).

Faktorproportionentheorie

– auch unter dem Namen *Heckscher-Ohlin*-Theorem bekannt – These über die Verteilung der Güterproduktion auf verschiedene Länder. Ihre Kernaussage lautet, daß jedes Land genau die Güter produziert und exportiert, deren Herstellung durch den Einsatz der in diesem Land relativ – d. h. im Vergleich zu anderen Ländern – reichlich vorhandenen Produktionsfaktoren geprägt ist. Weiterhin wird gezeigt, daß sich aufgrund des Außenhandels die internationalen Faktorpreisverhältnisse einander annähern. Der jeweils knappe Faktor erleidet dabei Einkommensverluste. Man kann diesen letzteren Aspekt anhand eines Beispiels erläutern: In Land A sei die Arbeit relativ knapp, folglich sind hier die Löhne relativ höher als im Ausland, daher spezialisiert sich Land A auf kapitalintensive Güter. Die Folge hiervon ist, daß die Nachfrage nach Arbeitskräften relativ zurückgeht. Dies wirkt sich senkend auf die Lohnsätze aus. Somit verliert der jeweils knappe Faktor durch den Außenhandel. Vgl. auch → *Stolper-Samuelson*-Theorem sowie → *Leontief*-Paradoxon.

Faktorverbrauchsfunktionen → Expansionspfad

Familienlastenausgleich

Unter Familienlastenausgleich im engeren Sinne versteht man die Gewährung von → Kindergeld und von → Kinderfreibeträgen im Rahmen der → Einkommensteuer. Der Familienlastenaus-

gleich im weiteren Sinne umfaßt darüber hinaus alle Hilfen und Zuwendungen von Arbeitgebern, öffentlichen Einrichtungen, kirchlichen und charitativen Organisationen an Familien mit Kindern. Die Last wird vor allem in dem Unterhalt von Kindern und dem Verzicht der Mutter bzw. des Vaters auf Erwerbseinkommen und somit verminderte Versorgungsansprüche im Alter gesehen. Zu den Leistungen des Familienlastenausgleichs im weiteren Sinne gehören neben → Kindergeld und → Kinderfreibeträgen vor allem:
- die Zahlung von Mutterschaftsgeld und von
- → Erziehungsgeld,
- die Anerkennung von → Erziehungsjahren in der → gesetzlichen Rentenversicherung,
- Hinterbliebenenrenten,
- beitragsfreie Krankenversicherung nichterwerbstätiger Familienmitglieder,
- familienorientierte wohnungspolitische Maßnahmen etwa im Rahmen des → Wohngeldes, familienbegünstigende Darlehen und Hilfen in → Sozialen Wohnungsbau,
- Vergünstigungen bei vermögenspolitischen Maßnahmen,
- Gebührenermäßigung und reale Leistungen bei öffentlichen Verkehrseinrichtungen u.ä.
- und Ausbildungsförderungshilfen.

Siehe auch → Familienpolitik.

Familienpolitik

Familienleistungsausgleich

von der Bundesregierung eingeführter Begriff im Rahmen der Reform des → Familienlastenausgleich im Jahre 1996 (Erhöhung der Kinderfreibeträge und des Kindergeldes). Der Begriff ist für die durchgeführten Reformmaßnahmen jedoch zu hoch gegriffen.

Familienpolitik

Grundlage der Familienpolitik in der Bundesrepublik Deutschland sind Art. 6 Abs. 1 GG, der die Ehe und Familie unter den besonderen Schutz des Staates stellt, Art. 1 Abs. 1 GG, der die Menschenwürde schützt und Art. 2 Abs. 1, der die freie Entfaltung der Persönlichkeit gewährleistet. Ziele der Familienpolitik sind die Verbesserung der ökonomischen Bedingungen für die Geburt, Erziehung und Versorgung von Kindern und die Erhöhung der Vereinbarkeit von Erwerbstätigkeit und Familientätigkeit. Mit der steigenden Zahl an Menschen, die sich noch in der Ausbildung oder Weiterbildung befinden, wird außerdem das Ziel der Förderung der Vereinbarkeit der Familientätigkeit und Ausbildung immer wichtiger. Instrumente der Familienpolitik sind:
1. Vorschriften des Ehe-, Familien-, Jugend- und Mutterschutzrechtes
2. → Familienlastenausgleich im engeren Sinne;

FAO

Erziehungsurlaub, → Erziehungsgeld und → Erziehungsjahre;
4. Familienpolitische Leistungen im Rahmen der → Sozialen Sicherung, durch Hinterbliebenenrenten in der → gesetzlichen Renten- und Unfallversicherung, die Familienleistungen der → gesetzlichen Krankenversicherung (insbesondere entgeltloser voller Krankenversicherungsschutz für nicht erwerbstätige Familienabgehörige, Mutterschaftshilfe und Mutterschaftsgeld, Pflegeleistungen, Haushaltshilfe, Vorsorgeleistungen), Leistungen der Sozialhilfe (die vor allem für einkommensschwache Mehrkinderfamilien von Bedeutung sind);
5. Familienpolitik im Bereich des Wohnens, vor allem beim → Wohngeld, beim → sozialen Wohnungsbau, beim Mieterschutz und bei der → Eigenheimzulage;
6. Erziehungshilfen, vor allem → Ausbildungsförderung;
7. Sonstige familienpolitische Instrumente, vor allem steuerliche Entlastungen (etwa die Berücksichtigung von Kindern bei der Definition der Grenzen für die Anerkennung → außergewöhnlicher Belastungen), Maßnahmen zur Familienerholung (finanzielle Unterstützung des Müttergenesungswerkes u.ä.), Preis- und Tarifermäßigungen bei öffentlichen Verkehrsmitteln, kommunalen Einrichtungen wie Museen etc., soziale Dienst in besonderen Lebenslagen und Einrichtungen der Ehe-, Familien- und auch Schwangerschaftsberatung;
8. Hilfe für Familien mit behinderten Kindern.

FAO → Ernährungs- und Landwirtschaftsorganisation

Fehlbelegungsabgabe

Im Rahmen der Belegung von Sozialwohnungen (→ Sozialer Wohnungsbau) kam es immer wieder zu Verteilungsproblemen, weil die geltenden Einkommensgrenzen nur im Zeitpunkt der Belegung geprüft wurden, später jedoch die Mieter der Sozialwohnungen diese Grenzen häufig überschritten. Seit 1982 wird in diesen Fällen eine Ausgleichszahlung von den Mieter verlangt, um die entstehenden ungerechtfertigten Subventionsvorteile abzuschöpfen. Der Erlös aus der Fehlbelegungsabgabe fließt in die Finanzierung des → Sozialen Wohnungsbaus ein.

Feinsteuerung

über die → Globalsteuerung hinaus praktizierte → Wirtschafts- und → Konjunkturpolitik, die auf spezielle regionale, sektorale oder monetäre (etwa bestimmte Zinssätze) Belange gerichtet ist.

Feste Wechselkurse → Wechselkursregime

Feudalismus

Wirtschafts- und Herrschaftssystem im Mittelalter, das durch die Verleihung von Grund und Boden oder Rechten (etwa Zöllen oder → Steuern) gekennzeichnet war („Lehenssystem").

Filtertheorie → Humankapitaltheorien

Finanzausgleich

Gesamtheit der Regelungen zur Aufgaben-, Ausgaben- und Einnahmenverteilung auf die Gebietskörperschaften eines föderativen Staatswesens. Es geht also nicht nur um die Verteilung der Steuereinnahmen, sondern zunächst muß geklärt werden, welche Ebene welche Aufgaben am besten übernehmen kann. Nach dem Subsidiaritätsprinzip wird dabei die Kompetenz für zu lösende Aufgaben zunächst grundsätzlich auf der unteren Ebene der Gebietskörperschaften liegen. Die nächsthöhere ist erst dann legitimiert, wenn der Nachweis geführt wird, daß sie die Aufgabe besser erfüllen kann. Die Ausgabenverteilung wird sich zweckmäßigerweise sehr stark an der Aufgabenverteilung orientieren: wer eine Aufgabe übernimmt, sollte auch die entsprechenden Ausgaben dafür tätigen. Aufgaben- und Ausgabenverteilung werden auch als passiver Finanzausgleich bezeichnet. Die Einnahmenverteilung muß schließlich sicherstellen, daß alle Ebenen die ihnen zugewiesenen Aufgaben auch erfüllen können. Einnahmen können nach verschiedenen Systemen aufgeteilt werden:

1. Nach dem freien Trennsystem oder Konkurrenzsystem erhebt jede Körperschaft eigene Steuern. Hier ist die Finanzautonomie der einzelnen Ebenen am höchsten, allerdings können Steuerobjekte mehrfach belastet werden.
2. Beim gebundenen Trennsytem kann ein Steuerobjekt nur von einer Körperschaft belastet werden, so daß eine mehrfache Ausschöpfung einer Quelle vermieden wird.
3. Im Quotensystem (Steuerverbund) erhebt eine Körperschaft die Abgabe, die anderen Körperschaften sind am Ertrag der Steuer mit einer festen Quote beteiligt.
4. Das Zuschlagssystem gestattet einer Körperschaft, prozentuale Zuschläge auf die Steuerschuld oder Bemessungsgrundlage einer Steuer zu erheben, die grundsätzlich einer anderen Körperschaft zusteht. Diese Zuschläge können frei oder in ihrer Höhe gebunden sein.
5. Ist der Staatsaufbau vollkommen zentralisiert oder dezentralisiert, kann eine Ebene die

Finanzausgleich

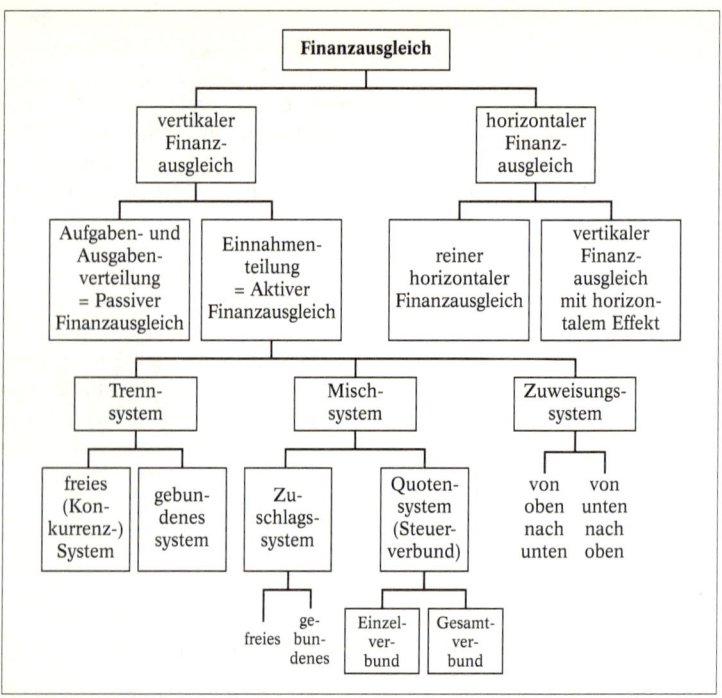

Überblick über die verschiedenen Arten des Finanzausgleichs
nach *Wittmann, W.*: Einführung in die Finanzwissenschaft, Stuttgart 1977.

volle Steuerhoheit alleine besitzen. Sie muß dann in einem Zuweisungssystem Zahlungen von oben nach unten als Überweisungen leisten oder Beiträge oder Umlagen von unten nach oben entrichten.

Von vertikalem Finanzausgleich spricht man, wenn es um die Zuordnung der Kompetenzen auf Gebietskörperschaften verschiedener Ebene geht (etwa Verteilung der Kompetenzen zwischen Bund, Länder und Gemeinden). Bei der Kompetenzverteilung auf gleicher Ebene (z. B. Einnahmenverteilung zwischen den Bundesländern) handelt es sich um den horizontalen Finanzausgleich. Von vertikalem Finanzausgleich mit horizontalem Effekt spricht man z. B. dann, wenn eine übergeordnete Gebietskörperschaft den untergeordneten Gebietskörperschaften Schlüsselzuweisungen entsprechend der → Finanzkraft dieser untergeordneten Gebietskörperschaften gewährt, um Finanzkraftdifferenzen zwischen diesen untergeordneten

Gebietskörperschaften auszugleichen (so z. B. beim Gemeindefinanzausgleich). Schließlich ergibt sich das Problem der Aufgaben-, Ausgaben und Einnahmenverteilung nicht nur innerhalb eines Staates, sondern auch zwischen Staaten. Man spricht dann von internationalem Finanzausgleich. Wenn sich Staaten zu supranationalen Organisationen zusammenschließen (z. B. die Staaten der Europäischen Union), dann entsteht sogar eine neue Ebene öffentlicher Entscheidungsträger, und es lassen sich wiederum ein vertikaler Finanzausgleich (zwischen dieser und den einzelstaatlichen Ebenen) und ein horizontaler Finanzausgleich (zwischen den Mitgliedstaaten) unterscheiden.

Finanzautonomie

Die Finanzautonomie einer Gebietskörperschaft wird durch die Möglichkeit beschrieben, zur Erfüllung ihrer Aufgaben öffentliche Einnahmen und Ausgaben nach eigener Entscheidung einzusetzen.

Finanzbedarf

Der Finanzbedarf einer Gebietskörperschaft wird durch die Ausgabenbelastung bestimmt, die aus der Verpflichtung zur Aufgabenerfüllung resultiert.

Finanzhilfen des Bundes

Der Begriff Finanzhilfen ist mehrdeutig:

Finanzierungssaldo

- Aus Art. 104a Abs. 4 GG ergibt er sich aus verfassungsrechtlicher Sicht als Förderung von besonders bedeutsamen Investitionen der Länder und Gemeinden (Gemeindeverbände) durch den Bund.
- Im Finanzplan der Bundesregierung steht dagegen die volkswirtschaftliche Abgrenzung im Vordergrund. Danach sind Finanzhilfen Ausgaben des Staates mit dem Charakter einer Subvention. Auch Zuschüsse zu Investitionen Privater werden dann zu den Finanzhilfen gezählt.

Finanzhoheit → Einnahmenverteilung

Finanzierungspapiere → Geldmarktpapiere

Finanzierungssaldo

Der Begriff des Finanzierungssaldos wird in der Volkswirtschaftslehre in zwei unterschiedlichen Zusammenhängen verwendet.
1. In der → Volkswirtschaftlichen Gesamtrechnung bezeichnet er die Änderung der → Forderungen abzüglich Änderung der Verbindlichkeiten eines → Wirtschaftssubjektes, eines → Sektors oder einer → Volkswirtschaft während eines Zeitraums. Ein positiver Finanzierungssaldo heißt Finanzierungsüberschuß (= Einnahme-

überschuß), ein negativer heißt Finanzierungsdefizit (= Ausgabeüberschuß). Damit verbunden ist eine Zu- bzw. Abnahme des Nettogeldvermögens. Die algebraische Summe der Finanzierungssalden sämtlicher → Inländer ergibt den Finanzierungssaldo der (gesamten) → Volkswirtschaft. In einer offenen Volkswirtschaft ist dieser gleich dem um grenzüberschreitende Vermögensübertragungen korrigierten Saldo der → Leistungsbilanz. Er entspricht dem Saldo der → Kapitalbilanz im weiteren Sinne (= Nettokapitalverkehr) und damit der Änderung des gesamtwirtschaftlichen Nettoauslandsvermögens. Der gesamtwirtschaftliche Finanzierungssaldo läßt sich in der → Sozialproduktsrechnung anhand des gesamtwirtschaftlichen Vermögensänderungskontos als Differenz aus der (um grenzüberschreitende Vermögensübertragungen bereinigten) → Ersparnis und den → Investitionen (netto) ermitteln. In der → gesamtwirtschaftlichen Finanzierungsrechnung wird der Finanzierungssaldo genauer aufgeschlüsselt.

2. In der Finanzwissenschaft setzt sich der Finanzierungssaldo eines öffentlichen Haushaltes der Bundesrepublik Deutschland setzt sich nach den bestehenden Vorschriften (§ 13 Bundeshaushaltsordnung BHO) zusammen aus der Nettoneuverschuldung am Kreditmarkt, dem Saldo der kassenmäßigen Überschüsse bzw. Defizite, dem Saldo der Rücklagenbewegung und den Münzeinnahmen. Er soll unter anderem dazu dienen, die konjunkturelle Wirkung des öffentlichen Haushalts zu beurteilen (Budgetkonzepte).

Finanzierungsschätze

Daueremissionsinstrument zur Beschaffung finanzieller Mittel für den Bund. Es handelt sich um nicht vorzeitig rückgebbare, abgezinste, nicht börsennotierte, unverzinsliche → Schatzanweisungen mit festen Laufzeiten von 1 oder 2 Jahren. Sie können von jedermann außer Kreditinstituten erworben werden.

Finanzinnovationen

Bezeichnung für:
1. neue Finanzierungsinstrumente bzw. Anlageformen am → Geld- und → Kapitalmarkt (Produktinnovationen) wie z. B. → Anleihen, → Certificates of Deposits, → Derivate, → Futures, → Optionen oder → Swaps,
2. neue Verfahren im Finanzierungsprozeß (Prozeßinnovationen) und
3. die Schaffung neuer → Finanzmärkte (institutionelle Innovationen).

Die vor allem seit den 80er Jahren weltweit zu beobachtenden Finanzinnovationen beruhen auf der Veränderung zahlreicher wirtschaftlicher, rechtlicher und technischer Rahmenbedingungen und beeinflussen ihrerseits in nicht unerheblichem Maße Instrumente und Erfolgschancen der → Geldpolitik.

Finanzkraft

Die Finanzkraft einer Gebietskörperschaft ergibt sich aus dem Aufkommen, das aus den eigenen Einnahmequellen fließt bzw. erzielbar ist. In der Regel werden dabei die Steuereinnahmen berücksichtigt.

Finanzmärkte

Oberbegriff für alle → Märkte, auf denen Finanzierungen vereinbart bzw. Kreditverträge abgeschlossen werden. An nationalen Finanzmärkten wird ausschließlich von Inländern allein in der Währung des betreffenden Landes gehandelt. Internationale Finanzmärkte zeichnen sich grundsätzlich dadurch aus, daß an ihnen entweder die Marktteilnehmer aus unterschiedlichen Ländern stammen oder in verschiedenen anderen Währungen neben der Inlandswährung gehandelt wird. Zu den Finanzmärkten gehören insbesondere die → Geld- und Kreditmärkte, die → Kapitalmärkte, die → Devisenmärkte und die Märkte für → Derivate. Ein wichtiges Segment des internationalen Finanzmarktes bildet der → Euromarkt.

Finanzplanungsrat

ein bei der Bundesregierung zu bildendes finanzpolitisches Beratungsgremium. Ihm gehören die Bundesminister der Finanzen und für Wirtschaft sowie die für die Finanzen zuständigen Minister der Länder und vier Vertreter der Gemeinden und Gemeindeverbände an; die Deutsche Bundesbank hat das Recht, an den Beratungen teilzunehmen. Aufgabe des Finanzplanungsrates ist es, den öffentlichen Institutionen Informationen zu liefern und die Beschlußfassung des Parlaments zu erleichtern, einheitliche volks- und finanzwirtschaftliche Annahmen für die Finanzplanung der Gebietskörperschaften zu erarbeiten und Empfehlungen für die Koordinierung der Finanzplanung zwischen den Gebietskörperschaften zu geben.

Finanzpolitik

Teilgebiet der allgemeinen → Wirtschaftspolitik, das sich vor allem mit dem Einsatz der Instrumente → Staatseinnahmen, → Staatsausgaben und öffentliches Vermögen beschäftigt. Die Finanzpolitik kann nach drei großen Zielbereichen gegliedert werden:
1. Allokationspolitik: hier geht es um die Beeinflussung von Einsatz und Verwendung der volks-

Finanzsektor

wirtschaftlichen → Ressourcen, so daß es zu einem anderen Ergebnis kommt als es die privaten Aktivitäten auf den einzelnen Märkten hervorgebracht hätten.
2. → Verteilungspolitik: strebt eine Veränderung der Voraussetzungen und Ergebnisse der sich auf den Märkten ergebenden Verteilung an.
3. Stabilisierungspolitik: soll Konjunkturschwankungen glätten, für eine Auslastung des Produktionspotentials sorgen und das Wirtschaftswachstum fördern.

Die finanzpolitischen Instrumente, die zur Erreichung dieser Ziele zur Verfügung stehen, bestehen in den verschiedenen Formen öffentlicher Einnahmen und Ausgaben. Öffentliche Ausgaben lassen sich dabei nach ihren Aufgabenbereichen (Verteidigung, öffentliche Sicherheit, Bildungswesen, Soziale Sicherung, Wirtschaftsförderung usw.) oder nach ihren volkswirtschaftlichen Wirkungen (z.B. auf den Konjunkturverlauf oder die Einkommensverteilung) unterteilen. Mit der Erzielung öffentlicher Einnahmen, soll zunächst die Finanzierung der öffentlichen Aufgaben und Ausgaben ermöglicht werden. Neben dieser fiskalischen Funktion erfüllen → Staatseinnahmen noch eine Reihe anderer Ziele, z.B. im Rahmen der Verteilungspolitik, der qualitativen Verbrauchslenkung oder der Vermeidung von Umweltschäden. Träger der Finanzpolitik sind in erster Linie die Gebietskörperschaften (Bund, Länder und Gemeinden). Mit der EG ist darüber hinaus eine neue Ebene hinzugetreten. Zwischen dem privaten und dem öffentlichen Sektor sind schließlich zahlreiche Institutionen angesiedelt, die teilweise öffentliche Aufgaben wahrnehmen (→ Parafisci).

Finanzsektor

Gesamtheit der Dienstleistungsunternehmen, deren Haupttätigkeit darin besteht, finanzielle Mittel entgegenzunehmen und anzulegen. Ihre gesamtwirtschaftliche Funktion besteht in der optimalen → Allokation von → Kapital, wobei sie Fristen, Stückelungen (Losgrößen) und Risiken transformieren.

Finanz-Termin-Kontrakt → Future

Finanzverfassung

beinhaltet alle rechtlichen Regelungen und Maßnahmen des Finanzwesens. Innerhalb dieser Rahmendaten vollzieht sich der Einsatz finanzpolitischer Instrumente zur Erreichung staatlicher Ziele. Ein wichtiger Teil der Finanzverfassung sind die Regelungen des Finanzausgleichs in einem föderativen Staatswesen. Daneben gehören die Regelungen für den Haushaltsplan, für die Rechnungslegung, die Rechnungsprüfung und für die Möglichkeiten und Grenzen der Kreditaufnahme zur Finanzverfassung. Die wichtigsten Regelungen für die deutsche Finanzverfassung finden sich in Abschnitt X des Grundgesetzes („Das Finanzwesen").

Finanzwissenschaft

Gegenstand der Finanzwissenschaft (Public Economics) ist die öffentliche Finanzwirtschaft. Hierbei geht es um die Analyse staatlichen Handelns, wobei der Einsatz bzw. die Verwendung der Einnahmen und Ausgaben des Staates im Mittelpunkt der Betrachtung steht. Öffentliche Einnahmen und Ausgaben werden als finanzpolitische Instrumente eingesetzt, um bestimmte Ziele zu erreichen (→ Finanzpolitik). Eine Beschränkung der Betrachtung auf die öffentlichen Haushalte ist in manchen Fällen allerdings problematisch. So können andere staatliche Instrumente, z.B. Regulierungen von Preisen oder Mengen, gesetzliche Vorschriften (z.B. Emissionshöchstgrenzen, Kartellrecht) oder geldpolitische Maßnahmen Alternativen zu den finanzpolitischen Instrumenten darstellen. Wichtige Teilbereiche der Finanzwissenschaft sind:
1. Allokatives Marktversagen und staatliche Allokationspolitik (→ externe Effekte, → öffentliche Güter, → meritorische Güter),
2. Der staatliche Entscheidungsprozeß (Theoretische Grundlagen des staatlichen Entscheidungsprozesses, → Haushaltsplan, → Haushaltskreislauf, mittelfristige Finanzplanung, → Kosten-Nutzen-Analsye),
3. Alternativen der Staatsfinanzierung (Formen der Besteuerung, Steuerverteilungstheorien, Preiswirkungen und allokative Effekte von Steuern, → öffentliche Verschuldung),
4. Finanzwirtschaftliche → Stabilisierungspolitik,
5. Finanzwirtschaftliche → Verteilungspolitik,
6. → Finanzausgleich.

Finanzzuweisungen → Zuweisungen

Fiscal federalism

Bezeichnung für die Struktur des föderativen Aufbaus unter ökonomischen Aspekten (→ Finanzausgleich).

Fiscal Policy

Einsatz der öffentlichen Finanzen im Dienste der Konjunktur- und Wachstumspolitik. Ausgehend von *Keynes'* Beschäftigungstheorie soll die staatliche Einnahmen-, Ausgaben- und Vermögenspolitik antizyklisch ausgerichtet werden. Grob gesprochen bedeutet dies, in der Phase des Konjunkturabschwungs, wenn etwa die private

Fisher-Effekt

und ausländische Nachfrage nach Inlandsgütern abnimmt oder schwächer wächst, soll der Staat die Nachfragelücke durch kreditfinanzierte Mehrausgaben schließen. Bei einem Nachfrageüberhang im konjunkturellen Aufschwung soll der Staat seine Nachfrage dagegen einschränken und gegebenenfalls Mittel nicht verausgaben, sondern (für die nächste Rezession) stillegen. Die praktische Politik, die auf diesem Konzept beruht, war nicht erfolgreich, sondern hat per saldo sogar konjunkturelle Ausschläge erhöht. Zudem hat sie zu einem starken Anstieg der öffentlichen Verschuldung geführt, da das Konzept nicht symmetrisch angewendet wurde, sondern in der Rezession die Ausgaben zwar erhöht wurden, im Boom aber in der Regel die staatliche Nachfrage nicht zurückgeführt wurde.

Fisher-Effekt → Preiserwartungseffekt

Fishersche Verkehrsgleichung → Quantitätsgleichung

Fiskalisten

Anhänger einer keynesianisch orientierten Globalsteuerung, die sich ausschließlich der Instrumente der → Fiscal Policy bedient. Fiskalisten stehen der Wirksamkeit der → Geldpolitik zur Konjunkturbeeinflussung skeptisch gegenüber. Es ist nicht unbestritten, ob die Fiskalisten tatsächlich in der wahren Tradition von *Keynes* stehen. Vielfach werden die Fiskalisten als Gegenspieler der sog. Monetaristen, d.h. der Anhänger des → Monetarismus, gesehen.

Fixkosten → Kostenfunktion

Flexibilisierung der Arbeitszeit

Erste Formen der Flexibilisierung der Arbeit als Überstunden, Sonderschichten, Kurzarbeit und Feierschichten existieren schon seit Jahrzehnten. 1984 wurde die durchschnittliche Wochenarbeitszeit von 40 auf 35,5 Std. herabgesetzt, wobei die Verkürzung der Wochenarbeitszeit nur für den betrieblichen Durchschnitt galt Dadurch ergaben sich neue Möglichkeiten der Flexibilisierung:
- Das betriebliche Arbeitszeitvolumen für alle Arbeitnehmer kann auf eine Spanne von 37 bis 40 Stunden verteilt werden.
- Die Wochenarbeitszeit kann auf die Arbeitstage unterschiedlich aufgeteilt werden: z.B. Montag bis Donnerstag 8 Stunden, Freitag 6,5 Std.
- Sollen Betriebsanlagen möglichst lange und kontinuierlich genutzt werden, so können an 5 Tagen täglich 8 Stunden gearbeitet und ein Zeitausgleich durch Freischichten oder die Gewährung freier Tage erreicht werden.

Flexible Altersgrenze

Von einer flexiblen Altersgrenze spricht man, wenn der Zeitpunkt für den Bezug von → Altersruhegeld im Rahmen der → gesetzlichen Rentenversicherung vorverlegt wird. In Deutschland können z.B. auf Antrag Arbeitnehmer, noch bevor sie die gesetzliche Altersgrenze von 65 Jahren erreichen, schon mit 63 Jahren aus dem Berufsleben ausscheiden, wenn sie 35 Versicherungsjahre aufweisen können bzw. als Schwerbehinderte eingestuft worden sind. Diese Praxis belastet das Sozialbudget doppelt: einerseits durch den Ausfall von Beitragszahlungen andererseits durch den verlängerten Rentenbezug.

Flexible Wechselkurse → Wechselkursregime

Floating

→ Wechselkursregime, in dem der → Wechselkurs zwischen zwei Währungen völlig frei beweglich ist und jegliche → Devisenmarktinterventionen unterlassen werden. Im Unterschied zum „sauberen" bzw. reinen floating liegt sog. kontrolliertes oder „schmutziges" floating (managed floating) vor, wenn die Wechselkursentwicklung zwar grundsätzlich den → Devisenmärkten überlassen wird, aufgrund wirtschaftspolitischer Zielsetzungen unerwünschte Schwankungen des Wechselkurses aber durch Devisenmarktinterventionen korrigiert bzw. verhindert werden. Eine weitere Variante des floating ist das → block-floating.

Fluktuationsarbeitslosigkeit → friktionelle Arbeitslosigkeit

Fonds „Deutsche Einheit"

Der Fonds „Deutsche Einheit" wurde gemäß Artikel 31 des Gesetzes vom 25. 6. 1990 zu dem Vertrag vom 18. 5. 1990 über die Schaffung einer Währungs-, Wirtschaft-, und Sozialunion zwischen der Bundesrepublik Deutschland und der Deutschen Demokratischen Republik als Sondervermögen des Bundes errichtet. Er diente zunächst der Erfüllung eines Teils der aus dem Staatsvertrag folgenden finanziellen Verpflichtungen der Bundesrepublik gegenüber der DDR. Nach Vollendung der Deutschen Einheit erhielten die neuen Bundesländer und Ostberlin die Leistungen aus dem Fonds als besondere Unterstützung zur Deckung ihres allgemeinen Finanzbedarfs. Mit ihrer Einbeziehung in den bundesstaatlichen Finanzausgleich ab 1995 endete die Unterstützung aus dem Fonds.

Forderung

monetärer Anspruch eines Gläubigers. Jeder Forderung steht eine gleich hohe Verbindlichkeit des

Schuldners gegenüber. Zu den Forderungen (= Finanzaktiva) gehören u. a. Zahlungsansprüche aufgrund von Warenlieferungen und Leistungen, Bargeld, Sicht-, Termin- und Spargutleben bei Banken, weiterhin durch Wechsel und Schuldverschreibungen verbrieften Ansprüche sowie Aktien oder andere Beteiligungsrechte.

Formula-Flexibility

ein im Rahmen der → regelgebundenen Wirtschaftspolitik vorgeschlagenes Verfahren. Man spricht auch von Formel- oder Indikatorenflexibilität: Nach einer gesetzlich festgelegten Formel werden bestimmte gesamtwirtschaftliche Bedingungen definiert, bei deren Eintritt Steuer- bzw. Ausgabeänderungen des Staates mit antizyklischen Wirkungen zu ergreifen sind. Das Verfahren vertraut auf die „Steuerbarkeit" der → Konjunktur entsprechend keynesianischem Gedankengut. Basis ist ein ausgebautes System von → Konjunkturindikatoren.

Forschung und Entwicklung

Forschung zielt immer darauf ab, neues wissenschaftliches und technologisches Wissen zu gewinnen. Man unterscheidet zwischen Grundlagenforschung, angewandte Forschung und Entwicklung. Während Grundlagenforschung zu neuen wissenschaftlichen Erkenntnissen führen soll, die nicht sofort in eine praktische Anwendung fließen, strebt die angewandte Forschung eine solche praktische Verwertung der Ergebnisse an. Die technische Entwicklung zielt auf die zweckgerichtete Auswertung und Anwendung von Forschungsergebnissen im Rahmen des Produktionsprozesses ab. Die Ergebnisse der angewandten Forschung sind Erfindungen, die Ergebnisse der technischen Entwicklung sind anwendungsreife Prototypen und Verfahren. Forschungs- und Entwicklungsergebnisse können in Unternehmen oder von Einzelforschern gewonnen werden. Die Bedeutung einzelner Forscher ist allerdings im Laufe der Zeit stark zurückgegangen. Die Forschungs- und Entwicklungstätigkeit in Unternehmen ist dabei letztlich immer gewinnorientiert. Da bei Entscheidungen über Forschungsprojekte nicht von vorn herein sicher ist, was für ein Resultat herauskommt, handelt es sich um Entscheidungen unter Unsicherheit. Die Entscheidungen werden von den Erlöserwartungen, den voraussichtlichen Kosten für die Forschung und Entwicklung, staatlichen Maßnahmen (Forschungsaufträge, Patentschutz, Steuergesetzgebung, → Technologiepolitik) und natürlich durch die Risikofreude der Unternehmen bestimmt. Das Ergebnis erfolgreicher Forschung und Entwicklung ist neues Wissen und daraus resultierend → technischer Fortschritt.

Forschungsökonomik

untersucht die ökonomischen Aspekte der → Forschung und Entwicklung. Ein wichtiger Bereich ist die Analyse der Entscheidungen über → Forschung und Entwicklung in Unternehmen, die eine Entscheidung unter Unsicherheit darstellt. Untersucht wird, welche Faktoren in diese Entscheidung einfließen und wie die Rentabilität der Forschung abgeschätzt werden kann. Ein weiterer Bereich beschäftigt sich mit der Frage nach dem Einfluß der staatlichen → Technologiepolitik auf die Forschungstätigkeit. Schließlich wird versucht mit verschiedenen Methoden den → technischen Fortschritt zu messen.

Forschungspolitik → Technologiepolitik

Fortschreibung

statistisches Prinzip zur Aktualisierung von Bestandsgrößen mittels entsprechender Veränderungsgrößen. Fortschreibungen ersetzen auf diese Weise laufende, in kurzen Zeitabständen durchzuführende Bestandserhebungen. Sie werden einerseits in der betrieblichen Lagerhaltung (Anfangsbestand laut Inventur + registrierte Zugänge ./. registrierte Abgänge = Sollbestand am Ende), andererseits in der amtlichen Statistik und dort vor allem in der → Bevölkerungsstatistik (Bevölkerungszahl laut → Volkszählung + Geburten + Zuwanderungen ./. Sterbefälle ./. Abwanderungen = fortgeschriebene Bevölkerungszahl) eingesetzt. Die Problematik von Fortschreibungen besteht in möglicherweise nicht exakten Veränderungsdaten (z. B. nicht gemeldete Umzüge), so daß auf umfangreichere Bestandserhebungen in bestimmten Zeitabständen zum Zwecke von Soll-Ist-Korrekturen nie ganz verzichtet werden kann.

Frauen- und Mutterschutz

→ Mutterschutz, → Mutterschaftsgeld, → Arbeitsschutz, → Betriebsschutz, → Bestandschutz des Arbeitsverhältnisses.

Free-Rider-Haltung

auch als Schwarzfahrer-Haltung oder Trittbrettfahrer-Haltung bezeichnet. Das Versagen des → Ausschlußprinzips führt zu einem Verhalten, nach dem niemand, der seinen individuellen Nutzen maximieren möchte, seine Präferenzen für ein öffentliches Gut bekannt macht. Wenn er nicht von der Nutzung des Gutes ausgeschlossen werden kann, ist es für den einzelnen sinnvoller nicht zuzugeben, daß ihm das Gut einen Nutzen bringt, daß er also bereit wäre, einen Preis dafür zu bezahlen. Denn wenn die anderen es produzieren und finanzieren, kann er es nutzen, ohne dafür zu bezahlen (→ Öffentliche Güter).

Freibetrag

Freibetrag

Wenn ein Teil des steuerpflichtigen Betrages aus wirtschaftlichen oder sozialen Gründen von der Besteuerung freibleibt, spricht man von einem Freibetrag. Freibeträge können offen die Bemessungsgrundlage mindern (z. B. Kinderfreibeträge und der Freibetrag für Land- und Forstwirte bei der Einkommensteuer oder auch Freibeträge bei der Erbschafts- und Schenkungssteuer) oder in den Tarif eingearbeitet sein (z. B. Grundfreibetrag bei der Einkommensteuer).

Freiburger Schule

wirtschaftspolitische Lehrmeinung, deren Vertreter an der Universität Freiburg i. Br. den Neo- bzw. Ordoliberalismus begründet haben. Die Freiburger Schule ist insbesondere mit dem Namen *Walter Eucken* verbunden.

Freie Güter → Ökonomische Güter

Freie Liquiditätsreserven

beziehen sich auf den Umfang an → Zentralbankgeld, über das die Geschäftsbanken entweder bereits verfügen oder das sie sich jeder Zeit bei der Zentralbank beschaffen können. Die freien Liquiditätsreserven determinieren die Fähigkeit des Geschäftsbankensystems zur → Geldschöpfung. Sie setzen sich zusammen aus den primären Liquiditätsreserven in Form von → Überschußreserven und den sekundären Liquiditätsreserven, die auch als „potentielles" Zentralbankgeld bezeichnet werden. Letztere umfassen einmal „zentralbankfähige Aktiva", die jederzeit ohne (großes) Kursrisiko in Zentralbankgeld umgewandelt werden können (Annahmepflicht der Notenbank). Es handelt sich um → Devisen, für die Interventionspflicht besteht, und evtl. bestimmte Geldmarktpapiere. Zu den sekundären Liquiditätsreserven ist weiterhin das Verschuldungs- bzw. Refinanzierungspotential der Geschäftsbanken bei der Notenbank zu rechnen, soweit es von ihnen jeder Zeit genutzt werden kann. Dies trifft in der → Europäischen Wirtschafts- und Währungsunion ohne Einschränkung auf die ständigen Fazilitäten zu. Hinzu treten indes weitere Möglichkeiten der Zentralbankgeldbeschaffung. Vgl. → Geldpolitische Instrumente.

Freie Wohlfahrtspflege

wichtiger Bestandteil unserer Sozial- und Gesellschaftsordnung. Sie stellt außerdem einen bedeutsamen ökonomischen Faktor dar. Die sechs Spitzenverbände der Freien Wohlfahrtspflege – Arbeiterwohlfahrt, Deutscher Caritasverband, Diakonisches Werk der evangelischen Kirche, Deutscher Paritätischer Wohlfahrtsverband, deutsches Rotes Kreuz, Zentralwohlfahrtsstelle der Juden in Deutschland – beschäftigten am 1. 1. 1996 rund 1,12 Mio. hauptamtliche Mitarbeiter(innen). In den rund 91.000 Einrichtungen befanden sich rund 3,2 Mio. Betten bzw. Plätze.

Freigrenze

Bleiben Teile der Bemessungsgrundlage etwa bei der Einkommensteuer so lange steuerfrei, bis ein Höchstbetrag überschritten wird, so wird dieser Betrag Freigrenze genannt. Bei Überschreiten der Freigrenze werden die bisher freien Teile der Bemessungsgrundlage der Besteuerung unterworfen, daher haben Bezieher höherer Einkommen keinen Vorteil durch Freigrenzen. Dies unterscheidet die Freigrenze vom Freibetrag.

Freihandelsprinzip

Schaffung binnenmarktähnlicher Verhältnisse für die wirtschaftlichen Beziehungen zwischen Ländern. Demnach dürfen weder → Zölle, → Kontingente, → Steuern, Prämien noch andere außenwirtschaftliche Instrumente zur Beschränkung des internationalen Handels angewendet werden.

Freisetzung

Von Freisetzung (von Arbeitskräften) spricht man, wenn durch → technischen Fortschritt die → Arbeitsproduktivität erhöht wird und das bisherige Produktionsvolumen dadurch mit weniger Arbeitskräften als zuvor hergestellt werden kann. Wenn dieser Freisetzungseffekt den ebenfalls mit dem technischen Fortschritt verbundenen → Kompensationseffekt überwiegt, geht die → gesamtwirtschaftliche Arbeitsnachfrage zurück und führt bei einem konstant bleibendem → gesamtwirtschaftlichen Arbeitsangebot zu → technologischer Arbeitslosigkeit.

Freiwillige Arbeitslosigkeit

liegt vor, wenn einzelne Arbeitslose eine bestimmte Arbeit nicht aufnehmen wollen. Als mögliche Ursachen hierfür kommen allgemeines Desinteresse an einer Arbeitsaufnahme, die Erwartung auf einen anderen, besseren Arbeitsplatz (vgl. auch → friktionelle Arbeitslosigkeit) oder die mangelnde finanzielle Attraktivität des Arbeitsplatzangebots im Vergleich zu den Sozialleistungen, die der Arbeitslose bezieht (vgl. auch → Lohnabstandsgebot). Da die individuelle Arbeitslosigkeit hier auf einer freien Entscheidung der Wirtschaftssubjekte beruht, ist diese Arbeitslosigkeitsart wirtschaftspolitisch als weniger wichtig zu betrachten.

Fremdrenten

werden an Flüchtlinge, Vertriebene, Aussiedler und Übersiedler

Friedenspflicht

aufgrund des Fremdrentengesetzes vom 25. 02. 1960 geleistet. Bis 1959 erhielten Zuwanderer Rentenleistungen entsprechend den im Herkunftsland erworbenen Ansprüchen. Man spricht hier vom Entschädigungs- oder „Export"prinzip. Seit 1960 werden die Rentenleistungen dagegen so bemessen, als hätten die Anspruchsberechtigten in der Bundesrepublik gearbeitet; bei diesem Verfahren wird das sog. Eingliederungsprinzip angewendet. Die steigende Zahl von Aus- und Übersiedler war mit einer wachsenden Zahl von Fällen einer Besserstellung Zugewanderter gegenüber Einheimischen verbunden. Dies zwang den Gesetzgeber, das Fremdrentengesetz zu ändern. Das Eingliederungsprinzip wurde zwar grundsätzlich beibehalten, die Besserstellung von Aus- und Übersiedlern wurde aber beseitigt.

Friedenspflicht → Streik

Friktionelle Arbeitslosigkeit

– auch Fluktuations- oder Sucharbeitslosigkeit genannt – resultiert aus zeitlichen Reibungsverlusten beim Eintritt ins Erwerbsleben oder beim Wechsel des Arbeitsplatzes. Sie muß nicht, kann aber im Einzelfall gleichbedeutend mit → freiwilliger Arbeitslosigkeit sein, wenn z. B. ein aktuelles Arbeitsplatzangebot vom Arbeitnehmer in Erwartung eines späteren, besseren abgelehnt wird. Aufgrund der → Arbeitsmarktdynamik gilt ein gewisses Maß an friktioneller Arbeitslosigkeit als unvermeidlich. Da bei dieser Arbeitslosigkeitsart zudem kein globaler Arbeitsplatzmangel herrscht und die individuelle Arbeitslosigkeitsdauer häufig gering ist, gilt sie wirtschaftspolitisch eher als unproblematisch.

FuE → Forschung und Entwicklung

FuE-Förderung → Technologiepolitik

FuE-induzierter technischer Fortschritt → Technischer Fortschritt

FuE-Investitionen → Investitionen

Full cost Pricing → Aufschlagskalkulation

Funktionale Einkommensverteilung

Gliederung der → Einkommen in einer → Volkswirtschaft nach ihrer Entstehung, unabhängig davon, welchen Personen die Einkommen zufließen. Das → Volkseinkommen teilt sich dann in Einkommen aus unselbständiger Arbeit, aus Unternehmertätigkeit und aus → Vermögen. Setzt man einzelne Einkommensarten ins Verhältnis zum Volkseinkommen, so ergeben sich wirtschaftspolitisch interessante Indikatoren wie bspw. die → gesamtwirtschaftliche Lohnquote.

Funktionsfähiger Wettbewerb → Wettbewerbspolitisches Leitbild

Funktionsfähigkeit des Arbeitsmarkts

beschreibt die Möglichkeiten und Grenzen des am → Arbeitsmarkt wirksamen Steuerungsmechanismus, Höhe und Struktur des → gesamtwirtschaftlichen Arbeitsangebots und der → gesamtwirtschaftlichen Arbeitsnachfrage miteinander in Einklang zu bringen. Als Steuerungsmechanismus kommen entweder der Lohnsatz (vgl. → neoklassische Arbeitsmarkttheorie) oder institutionelle Rahmenbedingungen (vgl. → institutionalistische Arbeitsmarkttheorien) in Frage. In einzelwirtschaftlicher Betrachtungsweise wird die gesamte Funktionsfähigkeit des Arbeitsmarktes dadurch bestimmt, wie gut der sogenannte matching-Prozeß, d.h. die Vermittlung einzelner Arbeitssuchender auf einzelne Arbeitsplätze, gelingt. Diese wiederum wird entscheidend vom Willen und der Fähigkeit der Arbeitsuchenden bestimmt, sich der regionalen und qualifikatorischen Arbeitsplatzstruktur anzupassen, also regionale bzw. soziale Mobilität zu zeigen. Die Funktionsfähigkeit des Arbeitsmarkts kann empirisch am besten durch die Zahl der Arbeitsplatzwechsel und der Vermittlungen von Arbeitslosen gemessen werden und stellt einen Teil der gesamten → Arbeitsmarktdynamik dar.

Fürsorgeprinzip

Gilt das Fürsorgeprinzip im Rahmen eines → Systems der sozialen Sicherung, so werden bei Eintritt eines Schadensfalles oder einer Notlage öffentliche Sach- oder/und Geldleistungen ohne vorherige Beitragsleistungen des Betroffenen nach einer Prüfung der Bedürftigkeit gewährt. In Deutschland findet das Fürsorgeprinzip lediglich im Rahmen der → Sozialhilfe Anwendung. Dabei besteht ein Rechtsanspruch „dem Grunde nach", nicht aber ein Anspruch auf Hilfe bestimmter Art und in bestimmter Höhe. Die Leistungen orientieren sich vielmehr nach Art und Höhe an den Besonderheiten der Lage des Betroffenen und werden von den zuständigen Behörden festgesetzt. Für entwickelte Gesellschaften wird das Fürsorgeprinzip wegen der Unbestimmtheit der Leistungen, wegen der Notwendigkeit der Bedürfnisprüfung und wegen des Fremdhilfecharakters der Leistungen als unzulängliches Prinzip der sozialen Sicherung angesehen, das nur bei den die

Fusionskontrolle

Systeme der Sozialversicherungen ergänzenden Maßnahmen Anwendung findet.

Fusionskontrolle

– auch als Zusammenschlußkontrolle bezeichnet – soll Fusionen von Unternehmen verhindern, die geeignet sind, eine marktbeherrschende Stellung (→ Marktbeherrschung) entstehen zu lassen oder zu verstärken. Die Fusionskontrolle obliegt auf nationaler Ebene dem → Bundeskartellamt bzw. im europäischen Binnenmarkt der EU-Kommission. Das Gesetz gegen Wettbewerbsbeschränkungen (GWB) legt eine Reihe von Tatbeständen fest, bei deren Vorliegen das Kartellamt eine Fusion untersagen kann. Unternehmen müssen vollzogene Zusammenschlüsse anzeigen und anmelden, wenn bestimmte Größenkriterien, die Umsatz, Beschäftigtenzahl oder Marktanteil betreffen, erfüllt sind. Das Kartellamt muß die Fusion prüfen und wird sie gemäß § 24 GWB untersagen, wenn eine marktbeherrschende Stellung entsteht bzw. verstärkt wird oder wenn die Nachteile der entstehenden Marktbeherrschung eintretende Verbesserungen der Wettbewerbsbedingungen überwiegen. Der Bundesminister für Wirtschaft kann eine Fusion, die das Bundeskartellamt untersagt hat, genehmigen, wenn gesamtwirtschaftliche Vorteile zu erwarten sind, die die Nachteile aufwiegen, oder wenn ein überragendes Interesse der Allgemeinheit an der Fusion besteht (sogenannte Ministererlaubnis). Das Vorliegen einer Marktbeherrschung wird anhand der Vermutungstatbestände, die in § 22 und 23 GWB angeführt sind, überprüft. Diese Vermutungstatbestände sollen horizontale, vertikale und konglomerate Fusionen erfassen. Seit 1990 gibt es die Fusionskontrolle auch auf europäischer Ebene. Danach müssen Zusammenschlüsse von Unternehmen mit mehr als 5 Mrd. Euro Weltumsatz oder mit 250 Mill. Euro EG-Umsatz angemeldet werden. Alle gemeldeten Fälle werden geprüft. Es besteht für die EU-Kommission die Möglichkeit, einen Fall an die nationale Wettbewerbsaufsicht des betreffenden EU-Landes zu verweisen, wenn sie keine Bedenken, die jeweilige Wettbewerbsbehörde aber Interesse an einer nationalen Prüfung hat. Die Ende 1989 durch EU-Verordnung in Kraft getretene europäische Zusammenschlusskontrolle folgt weitgehend dem Konzept der Zusammenschlusskontrolle des deutschen Wettbewerbsrechts.

Future

– auch als Finanz-Terminkontrakt bezeichnet – vertragliche Verpflichtung, eine festgelegte Menge eines Kontraktgegenstandes (Basiswertes) zu einem bestimmten Zeitpunkt (Liefertermin) für einen bei Vertragsabschluß festgelegten Preis zu kaufen oder zu verkaufen. Meist kommt es nicht zu einer effektiven Erfüllung, sondern es erfolgt eine Glattstellung durch Gegengeschäfte, wobei lediglich ein Barausgleich vorgenommen wird. Finanz-Terminkontrakte werden an der Deutschen Terminbörse bzw. der Eurex Deutschland in Form von Aktienindex und Zinsfutures gehandelt. Die Motive für ihren Einsatz liegen hauptsächlich in der → Arbitrage sowie in der Spekulation. Siehe auch → Derivate.

G

G7-Staaten

Im Mittelpunkt der Zusammenarbeit der sieben größten Industriestaaten, genannt G7-Gruppe, bestehend aus Deutschland, Frankreich, Großbritannien, Italien, Japan, Kanada und den USA stehen die einmal jährlich stattfindenden und als „Weltwirtschaftsgipfel" bezeichneten Treffen der Staats- und Regierungschefs. Die EG ist durch den Kommissionspräsidenten vertreten, der russische Präsident ist als Gast zu Teilen der Tagungen geladen („G8"). Gegenstand der Gespräche ist ein allgemeiner Gedankenaustausch über zentrale Fragen der Weltwirtschaft, dessen Ergebnis in einem Abschlußkommunique festgehalten wird. Zusätzlich finden mehrmals jährlich Tagungen der Finanzminister und Zentralbankpräsidenten unter Beteiligung des geschäftsführenden Direktors des IWF statt. Hier stehen Währungsfragen im Mittelpunkt der Gespräche. Vorbereitet werden alle Treffen von einer Gruppe von hohen Regierungsbeamten der beteiligten Länder. Bei der G7-Gruppe handelt es sich nicht um eine offizielle, weltwirtschaftliche Institution. Vielmehr sind die Tagungen Grundlage für eine unverbindliche, informelle wirtschafts- und währungspolitische Zusammenarbeit der großen Industrienationen. An den Abschlußerklärungen lassen sich die jeweiligen weltwirtschaftspolitischen Grundströmungen ablesen. Der Bonner Weltwirtschaftsgipfel im Jahr 1978 unterstrich die in den 70er Jahren aufgestellte These, daß währungs- und zahlungsbilanzmäßig stabile Länder eine „Lokomotivfunktion" für die Weltwirtschaft übernehmen sollten. Nachdem mit dieser nachfrageorientierten Politik in den währungspolitisch stabilen Ländern lediglich eine höhere Inflation erreicht wurde, ohne grundsätzlich neue Impulse für die Weltwirtschaft zu setzen, versuchte man in den 80er Jahren durch die Schaffung von Investitionsanreizen die Angebotsseite zu stärken und inflationären Entwicklungen entgegenzuwirken. Auf dem im Jahr 1986 in Tokyo stattgefundenen Weltwirtschaftsgipfel einigte man sich auf ein System der „multilateralen Überwachung": durch die ständige Überwachung nationaler volkswirtschaftlicher Kennziffern werden Länder mit größeren Abweichungen unter einen Rechtfertigungszwang gesetzt. Durch den regelmäßigen wirtschaftspolitischen Gedankenaustausch der zentralen weltpolitischen Ent-

G8-Staaten

scheidungsträger kann die Zusammenarbeit der G7-Staaten als Beispiel für eine äußerst wirkungsvolle, informelle Wirtschaftskooperation gelten.

G8-Staaten → G7-Staaten

G10-Staaten

Die sogenannte Zehner-Gruppe umfaßt die Aufsichtsbehörden und Regulationsinstanzen, die für die → Finanzmärkte der 10 wichtigsten Staaten der OECD verantwortlich sind. Dies sind Belgien, Deutschland, Frankreich, Großbritannien, Italien, Japan, Kanada, die Niederlande, Schweden und die USA. Seit Anfang der 80er Jahre ist auch die Schweiz Mitglied. Die G10 spielt für die Funktion des internationalen Währungs- und Finanzsystems eine große Rolle.

GATT → Allgemeines Zoll- und Handelsabkommen

Gauß'sche Normalverteilung → Normalverteilung

Gebrauchsgüter → Konsumgüter

Gebühren

vom Staat einseitig festgesetzte Abgaben, die bei Inanspruchnahme bestimmter staatlicher Leistungen erhoben werden. Nach der Art der öffentlichen Leistungen lassen sich preisähnliche Benutzungsgebühren (z. B. für die Müllabfuhr) und steuerähnliche Verwaltungsgebühren (z. B. Gerichtsgebühren) unterscheiden.

Gefahrenschutz

Teil des → Betriebsschutzes. Zu den Instrumenten des Gefahrenschutzes gehören: das Verbot gefährlicher Beschäftigungen für Jugendliche und Frauen, die Festlegung von Mindestnormen und Schutzvorrichtungen in Bezug auf die betrieblichen Einrichtungen, die Überwachung der Einhaltung von technischen Auflagen, Schutzbestimmungen und Unfallverhütungsvorschriften durch die Gewerbeaufsichtsämter und durch die Berufsgenossenschaften, den Einsatz von Sicherheitsbeauftragten, Geldbußen bis zu 20.000 DM bei vorsätzlichen oder fahrlässigen Verstößen gegen Vorschriften der Unfallversicherung und Beiträge der Unfallversicherung, die sich an der Zahl, der Schwere und/oder der Kosten der Arbeitsunfälle orientieren.

Gehalt → Arbeitsentgelt

Geld- und Kapitalmarktstatistik

Sammelbegriff für alle Erhebungen, die den Geld- und Kapitalmarkt zum Gegenstand haben. Die Beobachtung dieser beiden Märkte erstreckt sich vor allem

Geld

auf die im Umlauf befindliche → Geldmenge, auf die Zinsstruktur sowie auf die Mengen und Preise der verschiedenen gehandelten Wertpapiere. Im Zentrum steht naturgemäß die → Bankenstatistik, da durch die (konsolidierten) Bilanzen der Kreditinstitute das Geschehen am Geldmarkt fast vollständig sichtbar wird. Die Geld- und Kapitalmarktstatistik umfaßt ferner:

- die Emissionsstatistik, die über den Absatz und Umlauf von Wertpapieren informiert,
- die Depotstatistik, die Auskunft gibt über Wertpapiere, die → Nichtbanken bei Banken deponiert haben,
- die Börsenumsatzstatistik, die die Kurswerte der über Makler gehandelten Wertpapiere erfaßt,
- die Zinsstatistik, die die Zinskonditionen ausgewählter Kredit-, Einlage- und Wertpapierarten ermittelt, und
- Aktienindizes (z. B. Deutscher Aktienindex DAX), die die Kursentwicklung der an den Börsen gehandelten Aktien widerspiegeln.

Geld

allgemein gültiges Tauschmittel in einem Wirtschaftsraum. Weitere Funktionen des Geldes bestehen in seinem Gebrauch als Zahlungs- und Wertaufbewahrungsmittel sowie als Recheneinheit. Die Geldeigenschaft ist grundsätzlich unabhängig von dem verwendeten Stoff oder der Bezeichnung. In modernen → Volkswirtschaften dienen als Geld die von der Zentralbank ausgegebenen Banknoten und Münzen sowie die Sichtguthaben (= Giralgeld) bei der Zentralbank und den Geschäftsbanken.

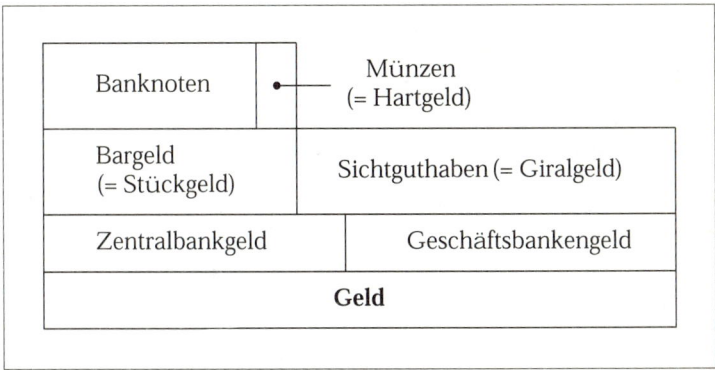

Geldarten in der modernen Volkswirtschaft

Geldangebot

Geldangebot

Im allgemeinen versteht man hierunter die Summe aus der → Geldbasis und dem Kreditangebot der Geschäftsbanken. Bei der Geldbasis handelt es sich um → Zentralbankgeld, welches allein die Notenbank schaffen kann. Die Geschäftsbanken benötigen Zentralbankgeld, wenn sie ihrerseits auf dem Kreditwege → Geschäftsbankengeld schaffen wollen. Das Geldangebot der Notenbank und der Geschäftsbanken schlägt sich letztlich in der → Geldmenge nieder, die entsprechend als „realisiertes Geldangebot" interpretiert werden kann. Seine Entstehung und Verwendung läßt sich anhand der Bilanzen der Notenbank und der Geschäftsbanken ermitteln. Die theoretische Analyse des Geldangebots bezieht sich auf den Prozeß der → Geldschöpfung bzw. → Geldvernichtung, insbesondere im Zusammenhang mit der Schaffung von Geschäftsbankengeld. Im Vordergrund stand dabei lange das „mechanistische" → Geldbasiskonzept. Die → moderne Geldangebotstheorie versucht hingegen, das Geldangebot (an Geschäftsbankengeld) aus dem Zusammenwirken der Akteure zu erklären. Wissenschaftliche Bedeutung hat hier vor allem die → Kreditmarkttheorie des Geldangebots erlangt.

Geldbasis

Summe aus dem gesamten → Zentralbankgeld der Kreditinstitute und dem Bargeldbestand der Nichtbanken. Man spricht auch von monetärer Basis (Monetary Base) oder High-powered-Money. Für monetäre Analysen kann es zweckmäßig sein, den Einfluß von Änderungen des Mindestreservesatzes gesondert zu erfassen. Die Summe aus der monetären Basis und der im Zeitablauf kumulierten Differenz im Mindestreservesoll wird entsprechend als erweiterte monetäre Basis bezeichnet. Vermindert man die erweiterte Geldbasis um die Inanspruchnahme von Notenbankkrediten durch die Geschäftsbanken und erhöht sie um den Bestand der Geschäftsbanken an Geldmarktpapieren, so ergibt sich die bereinigte monetäre Basis. Ihre Höhe ist weitgehend unabhängig von Dispositionen der Geschäftsbanken, d.h. sie wird von den Entscheidungen der Notenbank bestimmt.

Geldbasiskonzept

Für die → Geldpolitik ist die Kontrolle des → Geldangebots von entscheidender Bedeutung. Der monetären Basis kommt dabei eine Schlüsselrolle zu. Entsprechend dem Geldbasiskonzept läßt sich die → Geldmenge als Produkt aus einer (von der Notenbank exogen bestimmten) Menge an Basisgeld und dem → Geld-

Geldbasis

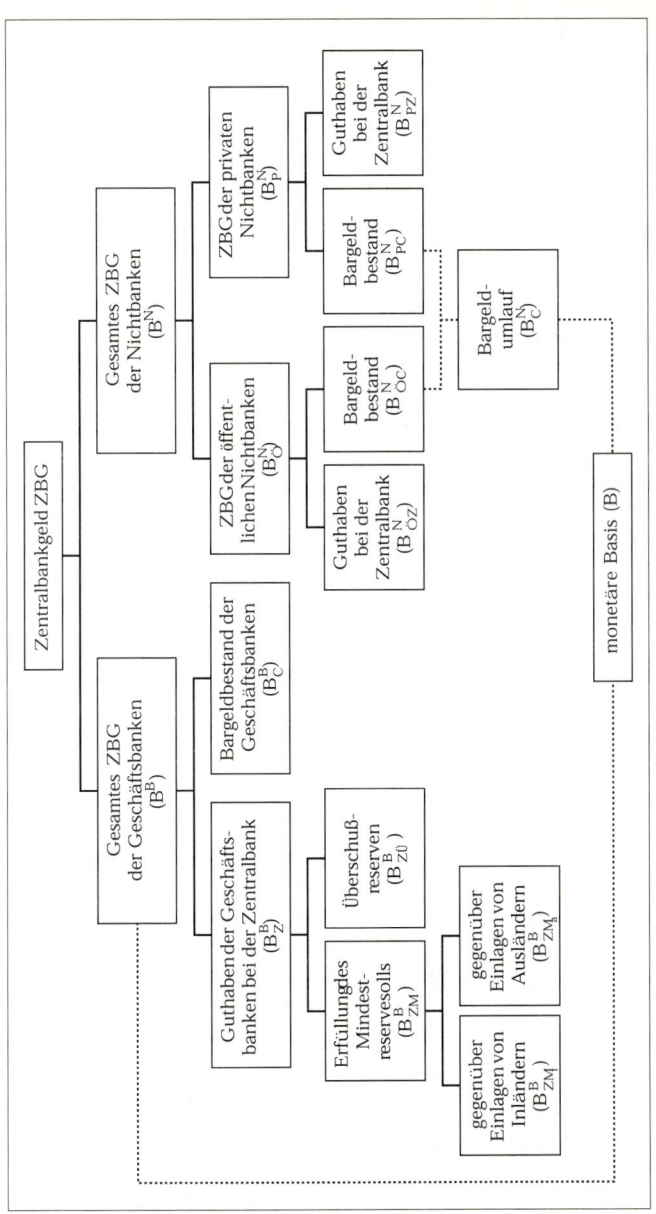

Zentralbankgeld und monetäre Basis
Quelle: *Issing, O.*: Einführung in die Geldtheorie, 11. Aufl., München 1998

Geldentwertung

multiplikator berechnen. Letzterer wird unter vereinfachenden Annahmen ermittelt. Ausgangspunkt bilden die Definitionen der monetären Basis

(1) $\quad B = B_C^N + B_Z^B$

sowie der Geldmenge

(2) $\quad M_1 = B_C^N + D$

wobei:

B_C^N = Bargeld der Nichtbanken
B_Z^B = Zentralbankgeld der Banken
D = Sichtguthaben der Nichtbanken bei den Geschäftsbanken (→ Geschäftsbankengeld).

Unterstellt man nun, daß die Kreditinstitute Zentralbankgeld nur in Höhe der → Mindestreserve halten, so gilt:

(3) $\quad B_Z^B = r \times D$

mit r = Mindestreservesatz.

Annahmegemäß halte zudem der Nichtbankensektor Bargeld und Sichtguthaben in einem konstanten Verhältnis. Bezieht man die Bargeldhaltung auf die Sichtguthaben, dann ergibt sich:

(4) $\quad c = \dfrac{B_C^N}{D}$

Bezogen auf die Gesamtgeldmenge, erhält man hingegen die (kleinere) Bargeldabzugsquote als

(5) $\quad k = \dfrac{B_C^N}{M_1}$

Die beiden Relationen c und k sind dabei nach (4), (5) und (2) folgendermaßen verknüpft:

(6) $\quad k = \dfrac{c}{1 + c} \; ; \; c = \dfrac{k}{1-k}$

Aufgrund der Annahmen (1) bis (4) läßt sich nun ein theoretischer → Geldmultiplikator m_1 bestimmen als:

(7) $\quad m_1 = \dfrac{M_1}{B} = \dfrac{B_C^N + D}{B_C^N + B_Z^B}$

$\quad = \dfrac{c \times D + D}{c \times D + r \times D} = \dfrac{1 + c}{c + r}$

Ersetzt man nach (6) c durch k, so erhält man

(8) $\quad m_1 = \dfrac{1}{k + r(1-k)}$

Geht man von einer weiteren Geldmengenabgrenzung aus, etwa durch Einbeziehung auch der Termin- und Spareinlagen, so ergeben sich entsprechend modifizierte Multiplikatoren für die Geldmenge M2 und M3. Das beschriebene, ältere Multiplikatorkonzept arbeitet (in Form der als konstant unterstellten Quoten wie r, c bzw. k) mit sehr einfachen Annahmen. Die Geldmenge wird damit als eine exogene, d.h. von eben diesen Daten bestimmte Größe erklärt. Die → Moderne Geldangebotstheorie hat sich von diesem „mechanistischen" Ansatz, welcher der Realität nicht gerecht wird, gelöst.

Geldentwertung → Inflation

Geldexport → Kapitalexport

Geldfunktionen

Man unterscheidet folgende drei Funktionen des → Geldes: Geld als Tausch- und Zahlungsmittel („aktives Geld"), als Wertaufbewahrungsmittel („inaktives Geld") und als Recheneinheit. Die Erfüllung dieser Funktionen ist an die Existenz stabiler Währungsverhältnisse geknüpft.

Geldillusion

→ Wirtschaftssubjekte, die der Geldillusion unterliegen, orientieren sich bei ihrer Kassenhaltung, ihren Konsumausgaben und auch in ihrem Arbeitsangebot an monetären Größen wie dem nominellen → Einkommen, ohne Preisniveauänderungen zu berücksichtigen. In diesem Fall ist → Geld nicht neutral – wie im System der → Klassik angenommen – sondern es beeinflußt die Höhe des → Zinses und damit den realen Wirtschaftsablauf. Verdoppeln sich also beispielsweise das Nominaleinkommen und die Preise, und erhöhen die Wirtschaftssubjekte ihre Kassenhaltung und ihre Konsumausgaben um weniger als auf das Doppelte, so bleibt die → Geldnachfrage hinter dem → Geldangebot zurück, und es kommt zu Zinssenkungen.

Geldimport → Kapitalimport

Geldkapital

Begriff für die Summe aller Forderungen von Nichtbanken gegenüber dem Bankensystem außer dem → Geldvolumen in seiner weitesten Abgrenzung.

Geldmarkt

Der Begriff bezeichnet zum einen den Markt für → Zentralbankgeld, das auf Kreditbasis zur Verfügung gestellt wird. Man spricht auch vom „Interbankenmarkt". Teilnehmer sind die Geschäftsbanken, die untereinander Zentralbankguthaben mit Laufzeiten von einem Tag (Tagesgeld) bis zu einem Jahr handeln, weiterhin die → Europäische Zentralbank bzw. (als ausführendes Organ) die → Deutsche Bundesbank, die Geldmarktpapiere mit Laufzeiten bis zu zwei Jahren an- bzw. verkauft, sowie – in geringerem Umfang auch Nichtbanken. Am Geldmarkt vollzieht sich der Liquiditätsausgleich des Geschäftsbankensektors. Für die Zentralbank bildet er das „Operationsfeld" der → Geldpolitik. In einer weiteren Bedeutung entspricht der Geldmarkt der Plattform für das → Geldangebot und die → Geldnachfrage in einer Volkswirtschaft im Rahmen des → *Keynes*-Modells.

Geldmarktfonds

Investmentfonds, bei denen das Sondervermögen an nationalen

Geldmarktgleichgewicht

oder internationalen → Geldmärkten angelegt wird. Dies ermöglicht es Privatpersonen und Unternehmen, die keinen direkten Zugang zum Geldmarkt haben, ihre liquiden Mittel jederzeit verfügbar und attraktiv verzinst anzulegen.

Geldmarktgleichgewicht

gesamtwirtschaftliche Situation, in der das → Geldangebot in einer → Volkswirtschaft mit der → Geldnachfrage übereinstimmt. Der Begriff des Geldmarktgleichgewichts entstammt der → Liquiditätstheorie des Zinses. Im → IS-LM-Konzept werden die möglichen Geldmarktgleichgewicht durch die → LM-Kurve repräsentiert.

Geldmarktpapiere

Sammelbegriff für → Wertpapiere mit kurzer Laufzeit (bis zu 2 Jahren), deren Emission primär dem Ziel der Liquiditätsversorgung dient. Zu den Geldmarktpapieren gehören → Schatzwechsel, unverzinsliche → Schatzanweisungen sowie → Finanzierungsschätze des Bundes. Der Handel in Geldmarktpapieren findet überwiegend zwischen der → Deutschen Bundesbank und den Kreditinstituten statt. Geldmarktpapiere entstehen aus der Kreditaufnahme öffentlicher Haushalte (man spricht auch von Finanzierungspapieren), aber auch auf Initiative der Deutschen Bundesbank bzw. seit 1999 im Rahmen des → Europäischen Systems der Zentralbanken. Die Zentralbank kann vom Bund die Zurverfügungstellung von → Schatzwechseln und unverzinslichen Schatzanweisungen als sog. Liquiditätspapiere verlangen, aus welchen allerdings dann allein die Zentralbank verpflichtet ist. Wachsende Bedeutung gewinnen Geldmarktpapiere privater Emittenten wie → Commercial Papers und → Certificates of Deposit.

Geldmenge

Die Geldmenge – man spricht auch vom Geldvolumen oder Geldbestand – kann definiert werden als die Summe des Bargeldumlaufs zuzüglich der ausstehenden Beträge bestimmter Verbindlichkeiten von Finanzinstituten, die einen hohen „Geldgrad" bzw. eine hohe Liquidität im weitesten Sinne aufweisen. Die geeignete Definition eines monetären Aggregats ist weitgehend abhängig von dem Zweck, den das gewählte Aggregat erfüllen soll. Im Falle der Geldmenge kommt es insbesondere auf die Zahlungsbzw. Tauschmittelfunktion des → Geldes an. Da aber viele unterschiedliche Finanzwerte substituierbar sind und sich Finanzaktiva, Transaktionen und Zahlungsmittel in ihrer Art und ihren Merkmalen im Zeitablauf ändern, ist es nicht immer klar, wie die

Geldmenge

Verbindlichkeiten	M1	M2	M3
Bargeldumlauf	×	×	×
Täglich fällige Einlagen	×	×	×
Einlagen mit vereinbarter Laufzeit von bis zu 2 Jahren		×	×
Einlagen mit vereinbarter Laufzeit von bis zu 3 Monaten		×	×
Repogeschäfte			×
Geldmarktfondsanteile und Geldmarktpapiere			×
Schuldverschreibungen bis zu 2 Jahren			×

Abgrenzungen monetärer Aggregate im Euro-Währungsgebiet
Quelle: Europäische Zentralbank, Monatsbericht Februar 1999

Geldmenge definiert werden sollte und welche Vermögenswerte einer bestimmten Abgrenzung der Geldmenge zuzuordnen sind. Das Eurosystem hat eine eng gefasste (M1), eine „mittlere" (M2) und eine weit gefasste Geldmenge (M3) definiert. Diese Aggregate unterscheiden sich hinsichtlich des Geldgrades der darin einbezogenen Aktiva. Nach der Analyse der → Europäischen Zentralbank (EZB) und ihres Vorläufers, des Europäischen Währungsinstituts, sind weitgefaßte monetäre Aggregate im Euro-Währungsgebiet kurzfristig möglicherweise weniger gut steuerbar, haben jedoch günstigere Eigenschaften als eng gefaßte Aggregate in bezug auf ihre Stabilität und ihren Informationsgehalt hinsichtlich der mittelfristigen Preisentwicklung.

Für die → geldpolitische Strategie des Eurosystems ist die Ermittlung eines monetären Aggregats erforderlich, das mittelfristig einen stabilen und zuverlässigen Inflationsindikator darstellt. Daher hat der EZB-Rat beschlossen, dem Geldmengenaggregat M3 durch Bekanntgabe eines → Referenzwertes für seine Jahreswachstumsrate eine herausragende Rolle in der geldpolitischen Strategie zuzuweisen. Die Definition der EZB für die monetären Aggregate im Euro-Währungsgebiet stützt sich auf eine harmonisierte Abgrenzung des Geldschöpfungssektors. Er umfaßt die im Eurogebiet ansässigen → monetären Finanzinstitute (MFIs). Diese emittieren Verbindlichkeiten mit einem hohen Geldgrad. Wichtig für die Geldmengendefinition ist ebenfalls eine harmonisierte Abgrenzung des Geldhaltungssektors, der aus allen im Euro-Währungsgebiet ansässigen Nicht-MFIs (außer Zentralregierung) besteht. Schließlich basiert die Geldmengendefinition auf harmonisierten Abgrenzungen von MFI-Verbindlichkeitenkategorien. Dadurch können MFI-Verbindlichkeiten nach ihrem Geldgrad unterschieden und dabei gleichzeitig die Beson-

Geldmengenmechanismus

derheiten der verschiedenen nationalen Finanzsysteme berücksichtigt werden. Wie erwähnt umfassen die Geldmengenaggregate nur Positionen von Ansässigen des Euro-Währungsgebietes bei MFIs im Euro-Währungsgebiet. Auf Fremdwährungen lautende liquide Forderungen von Ansässigen des Euro-Währungsgebietes können enge Substitute für auf Euro lautende Forderungen sein. Die Geldmengenaggregate schließen deshalb solche Forderungen mit ein, wenn sie bei MFIs im Euro-Währungsgebiet gehalten werden. Die eng gefaßte Geldmenge (M1) umfaßt Bargeld, d.h. Banknoten und Münzen, sowie Guthaben, die ohne weiteres in Bargeld umgewandelt oder für bargeldlose Zahlungen eingesetzt werden können, also täglich fällige Einlagen. Die „mittlere" Geldmenge (M2) umfaßt neben der eng gefassten Geldmenge (M1) Einlagen mit einer Laufzeit von bis zu zwei Jahren sowie Einlagen mit vereinbarter Kündigungsfrist von bis zu drei Monaten. Je nach Geldgrad können solche Einlagen in Komponenten der eng gefaßten Geldmenge umgewandelt werden; teilweise können sie jedoch Einschränkungen unterliegen, wie z.B. einer Kündigungsfrist, Verzögerungen, Strafzinsen oder Gebühren. Die weit abgegrenzte Geldmenge (M3) umfasst neben M2 vom MFI-Sektor ausgegebene marktfähige Instrumente. Zu diesem Aggregat zählen bestimmte Geldmarktinstrumente, insbesondere Geldmarktfondsanteile, Geldmarktpapiere und → Repogeschäfte. Aufgrund des hohen Liquiditätsgrads und der Kurssicherheit dieser Instrumente handelt es sich bei ihnen um enge Substitute für Einlagen. Durch ihre Einbeziehung ist M3 von der Substitution zwischen verschiedenen Forderungskategorien weniger betroffen als engere Geldmengenabgrenzungen und dadurch stabiler.

Geldmengenmechanismus

Mechanismus im System fester → Wechselkurse unter der Annahme, daß keine erfolgreiche → Neutralisierungspolitik durchgeführt wird. Bei einem Devisenbilanzüberschuß kommt es aufgrund der → Devisenmarktintervention zu einem Anstieg des inländischen → Geldangebots. In der Folge sinken die → Zinsen, → Sozialprodukt und Preise werden expansiv beeinflußt. Dies führt zu einer Verminderung des → Außenbeitrags ebenso wie zu verstärkten Nettokapitalexporten. Auf Dauer wird somit das ursprüngliche Überschußangebot am → Devisenmarkt auch ohne gezielte wirtschaftspolitische Maßnahmen beseitigt, indem sich die inländische Parameter → Einkommen, Preise und Zinsen anpassen. Der gleiche Zusammenhang gilt mit umgekehrten Vorzeichen für den Fall eines Devisenbilanzdefizits.

Geldmengenziel → Geldpolitik

Geldmultiplikator

Relation zwischen der → Geldmenge und der → Geldbasis. Im Rahmen des → Geldbasiskonzeptes beschreibt der Geldmultiplikator die, ausgehend von einer bestimmten Geldbasis, maximal mögliche Ausdehnung der Geldmenge. Unter idealtypischen Annahmen gilt:

$$M_1 = \frac{1+c}{c+r} B$$

wobei:
M_1 = Geldmenge M_1
B = Geldbasis
c = Barabzugsquote (gemessen an den Sichteinlagen)
r = Mindestreservesatz.

Geldnachfrage

Wunsch der → Wirtschaftssubjekte in einer → Volkswirtschaft, eine bestimmte Geldsumme als Kasse zu halten. Die Geldnachfragetheorie (Kassenhaltungstheorie) als Teil der → Geldtheorie versucht, die Motive bzw. die daraus abgeleiteten Bestimmungsgründe der Geldnachfrage herauszufinden und ihre Bedeutung zu analysieren. Die moderne Theorie der Geldnachfrage geht in ihren Anfängen vor allem auf die → Liquiditätspräferenztheorie von *J. M. Keynes* zurück. Demnach basiert die „Liquiditätsvorliebe" (Liquiditätspräferenz) auf dem Transaktionsmotive (Umsatzmotiv), dem Vorsichtsmotiv und dem Spekulationsmotiv. Entsprechend wird zwischen der Nachfrage nach → Transaktions-, → Vorsichts- und → Spekulationskasse unterschieden. Als Determinanten der Geldnachfrage gelten vor diesem Hintergrund vor allem das → Volkseinkommen, das → Preisniveau und die → Zinsen der (alternativen) Geldanlage. Berücksichtigt wird dabei, daß die zukünftigen Erträge von Geldanlagen aufgrund von Kursänderungen unsicher sind. Ebenso haben Preiserwartungen Einfluß auf die Höhe der Geldnachfrage. Zu den genannten Einflußfaktoren hinzu tritt nach *M. Friedman* das → Vermögen. Friedman geht dabei von einem sehr weiten Vermögensbegriff aus, der neben dem „nicht menschlichen" auch das „menschliche" Vermögen (→ Human Wealth) enthält. Im Rahmen der → Portfoliotheorie wird schließlich die Kassenhaltung als Bestandteil einer risikobehafteten Simultanentscheidung über die Aufteilung des Gesamtvermögens verstanden. Anstatt eines einzigen Zinssatzes für alternative Finanzanlagen ziehen portfoliotheoretische Erklärungsansätze entsprechend die gesamte Zinsstruktur zur Bestimmung der Geldnachfrage heran. In offenen Volkswirtschaften wie der Bundesrepublik spielen weiterhin auch → Wechselkurse sowie ausländische Zinssätze als erklärende Variable der

Geldpolitik

Geldnachfrage eine Rolle. Hinsichtlich der Bedeutung der einzelnen Motive bzw. Einflußfaktoren der Geldnachfrage gibt es zwischen den verschiedenen → makroökonomischen Theorien unterschiedliche Auffassungen. Deshalb und aufgrund unterschiedlicher Abgrenzungen der → Geldmenge stellt in der empirischen Forschung bereits die Auswahl der unabhängigen Variablen, die in eine zu testende Geldnachfragefunktion einbezogen werden sollen, ein zentrales Problem dar. Ein weiteres Problem bildet die Frage nach der Stabilität der Geldnachfrage im Zeitablauf. Sie bezieht sich auf den funktionalen Zusammenhang zwischen der Geldnachfrage und ihren Determinanten. Die Existenz einer stabilen Geldnachfrage ist insbesondere für die Anhänger einer quantitätstheoretisch → Geldpolitik von entscheidender Bedeutung. Vgl. auch → Einkommensgeschwindigkeit des Geldes.

Geldpolitik

ist Teil der → Konjunkturpolitik und beinhaltet die Steuerung des Wirtschaftsablaufs durch Eingriffe in den monetären Bereich einer → Volkswirtschaft bzw. eines Währungsraumes. Träger der Geldpolitik ist die Zentralbank; die → Deutsche Bundesbank war in Deutschland, ebenso wie es das → Europäische System der Zentralbanken in der → Europäischen Wirtschafts- und Währungsunion ist, unabhängig von der bzw. den nationalen Regierung(en) oder einer anderen supranationalen Institution wie etwa der → Europäischen Kommission. In anderen Ländern übt indes die Regierung, insbesondere das Finanzministerium teilweise erheblichen Einfluß aus. Auf der Basis der Erkenntnisse der → Geldtheorie hat die Geldpolitik insbesondere Entscheidungen zu treffen über die → geldpolitischen Ziele und Aufgaben, die → geldpolitische Strategie sowie die Art und den Einsatz der → geldpolitischen Instrumente.

Geldpolitische Aufgaben

Die Europäische Zentralbank hat das ausschließliche Recht, die Ausgabe von Banknoten und den Umfang von Münzprägungen zu genehmigen. Weitere grundlegende Aufgaben bestehen nach Artikel 105 (2) des EG-Vertrages in der Festlegung und Durchführung der einheitlichen → Geldpolitik, der Durchführung der Devisengeschäfte im Einklang mit Art. 109, der Haltung und Verwaltung der offiziellen → Währungsreserven und der Forderung des reibungslosen Funktionierens der Zahlungssysteme. Wie erwähnt, müssen die Devisengeschäfte im Einklang mit Art. 109 des EG-Vertrages stehen. Zwar obliegt dem → Europäischen System der Zentralbanken die Durchführung der

Devisengeschäfte und damit der Interventionen am Devisenmarkt, grundlegende Entscheidungen in der Wechselkurspolitik gegenüber Drittlandswährungen, wie v. a. die Festlegung der Leitkurse, fallen aber in die Zuständigkeit des Ministerrats der EU. Art. 109 legt indes auch hier fest, daß das Ziel der Preisstabilität zu beachten ist.

Geldpolitische Instrumente

Im Rahmen ihrer → Geldpolitik versuchen Zentralbanken, mit Hilfe liquiditäts- und zinspolitischer Instrumente die Höhe sowie den Preis der Bankenliquidität und damit die Möglichkeiten der → Geldschöpfung der Kreditinstitute zu beeinflussen. Das „Instrumentarium des → Europäischen Systems der Zentralbanken (ESZB) umfaßt Offenmarktgeschäfte, ständige Fazilitäten und das Mindestreservesystem. Die Offenmarktoperationen lassen sich in folgende Kategorien einteilen: das Hauptrefinanzierungsinstrument sowie längerfristige Refinanzierungsgeschäfte, Feinsteuerungsoperationen und strukturelle Operationen. Die ständigen Fazilitäten bestehen aus der Spitzenrefinanzierungsfazilität und der Einlagenfazilität. Das zentrale Instrument zur Steuerung der Zentralbankgeldversorgung, der Zinssätze und der Geldmengenentwicklung ist das Hauptrefinanzierungsinstrument, daneben spielen auch die längerfristigen Refinanzierungsgeschäfte eine wichtige Rolle. In beiden Fällen versteigert das ESZB → Zentralbankgeld in Form eines sog. Standardtenders. Beim Hauptrefinanzierungsinstrument geschieht dies wöchentlich mit einer Laufzeit von zwei Wochen, wobei die Geschäfte als „Mengentender" (mit fester Zinsvorgabe) oder als „Zinstender" (mit der Aufforderung zu Zinsgeboten) abgewickelt werden. Bei den längerfristigen Refinanzierungsgeschäften, die typischerweise als Zinstender abgewickelt werden, wird Zentralbankgeld monatlich mit einer Laufzeit von drei Monaten versteigert. Feinsteuerungsmaßnahmen dienen dem Ausgleich unerwarteter Liquiditäts- und Zinsschwankungen am Geldmarkt. Sie erfolgen u. a. als liquiditätsbereitstellende Schnelltender, die mit einer begrenzten Zahl von Geschäftspartnern innerhalb einer Stunde durchgeführt werden, weiterhin durch die liquiditätsabsorbierende Hereinnahme von Terminanlagen und durch Devisenswapgeschäfte. Bei Devisenswapgeschäften kauft das ESZB Fremdwährungen per Kasse gegen Euro und verkauft diese gleichzeitig wieder per Termin oder umgekehrt. Durch strukturelle Operationen soll ein längerfristiger Einfluß auf die Bankenliquidität ausgeübt und dadurch die sog. „strukturelle Liquiditätsposition" des Bankensystems gegenüber dem ESZB angepaßt werden. Sie erfolgen als liquidi-

Geldpolitische Instrumente

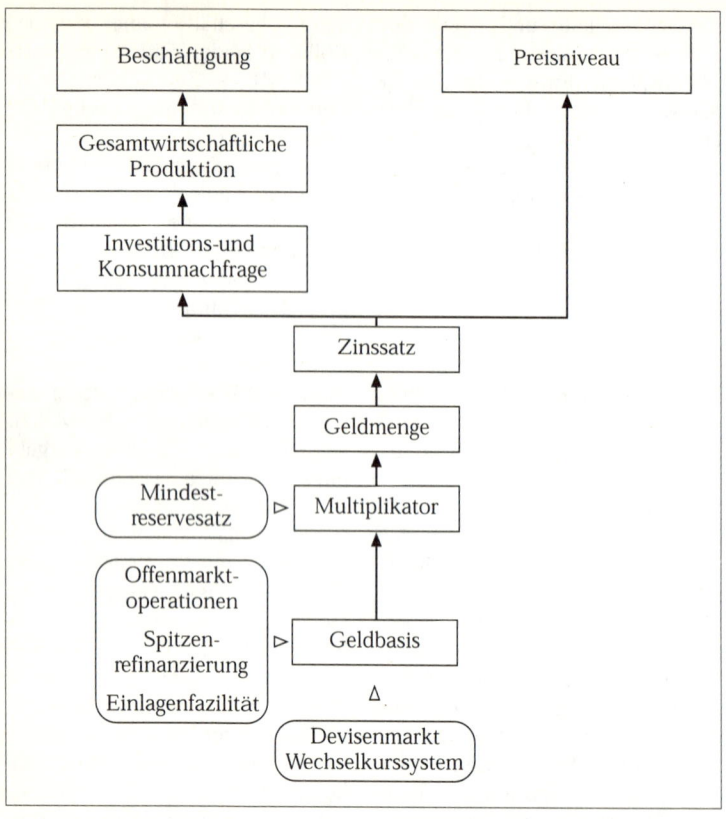

Wirkungskette und Instrumente der Geldpolitik
Quelle: In Anlehnung an *Siebert, H.*: Einführung in die Volkswirtschaftslehre, 12. Aufl., Stuttgart 1996, S. 310.

tätsbereitstellender Standardtender, durch die liquiditätsabsorbierende Emission von ESZB-Schuldverschreibungen und durch endgültige, das heißt, ohne Rückkaufsvereinbarung, getätigte Käufe und Verkäufe von Wertpapieren. Mit der Spitzenrefinanzierungsfazilität bietet das ESZB Geschäftsbanken für den Fall eines vorübergehenden Liquiditätsengpasses die Möglichkeit eines (unbegrenzten) Übernachtkredits zu einem im voraus festgelegten Zinssatz. Im Rahmen der Einlagefazilität können Geschäftsbanken Zentralbankgeldüberschüsse bis zum nächsten Geschäftstag (unbegrenzt) beim ESZB zu einem im voraus festgelegten Zinssatz deponieren. Diese zwei ständigen Fazilitäten begrenzen die vor allem durch das Hauptrefinanzierungsinstrument bestimmten Bewegungen des Tagesgeldsatzes nach oben und unten. Als weiteres Instrument kann eine Änderung des Mindestreservesatzes eingesetzt werden. Die Basis der Mindestreserveverpflichtung bilden die Monatsendstände der reservepflichtigen Verbindlichkeiten der Kreditinstitute, auf die die von der EZB festgesetzten Mindesreservesätze angewendet werden. → Mindestreserven erhöhen die Abhängigkeit der Geschäftsbanken von der Zentralbankgeldversorung, dienen den Geschäftsbanken als Liquiditätspuffer und fungieren als „Geldschöpfungsbremse". Die Durchführung der geldpolitischen Maßnahmen in der EWWU obliegt, von Ausnahmefällen abgesehen, den nationalen Zentralbanken.

Geldpolitische Strategie

Unter einer geldpolitischen Strategie versteht man die konzeptionelle Vorgehensweise einer Zentralbank bei der Verfolgung ihres wirtschaftspolitischen Endziels. Vor dem Übergang in die Endstufe der → Europäischen Wirtschafts- und Währungsunion wurden innerhalb der → Europäischen Union von den nationalen Zentralbanken insbesondere die folgenden drei Strategien zugrunde gelegt: die Orientierung an einem Wechselkursziel, an einem Geldmengenziel und an einem direkten Inflationsziel. Ein Wechselkursziel erscheint für das → Europäische System der Zentralbanken wegen der Größe des Euro-Währungsraumes als eher ungeeignete Basis für eine geldpolitische Strategie. Mit einer Geldmengenstrategie werden im voraus angekündigte Zwischenziele in Form einer bestimmten Wachstumsrate für ein Geldmengenaggregat angesteuert. Dem liegt die Überlegung zugrunde, daß die Inflationsrate (als letztliches Endziel) nur mit großer Verzögerung, die zudem unsicher und auch variabel ist, auf geldpolitische Maßnahmen reagiert. Bei einer Strategie anhand eines direkten Inflationsziels versucht die Zentralbank, unter Berücksichtigung von Prognosen der zukünftigen Inflation eine bestimme im voraus angekündigte Inflationsrate zu realisieren. Aus Sicht der Wissenschaft weist eine Geldmengenstrategie, die auf einer veröffentlichten Inflationsnorm basiert, vor allem hinsichtlilch der Transparenz der → Geldpolitik, der Verantwortlichkeit der Zentralbank und der Kontinuität einer (in Deutschland seit 1980 von der Bundesbank praktizierten) bewährten Konzeption gegenüber dem Konzept eines direkten Inflationsziels Vorteile auf. Letzteres könnte sich aber im Hinblick auf mögliche Strukturbrüche im monetären Bereich als robuster erweisen als

Geldpolitische Ziele

eine Geldmengenstrategie. Vor diesem Hintergrund hat sich der EZB-Rat entschieden, eine Geldmengenziel zum wichtigsten Pfeiler seiner geldpolitischen Strategie zu machen. Als Orientierungsgröße (Zwischenziel) fungiert die → Geldmenge „M3-harmonized", in der die verschiedenen Geldmengenaggregate der Euro-Länder vergleichbar gemacht worden sind. Der EZB-Rat gibt für das jährliche Wachstum dieses Geldmengenkonstrukts jeweils einen → Referenzwert an; Ausgangspunkt für dessen Ableitung ist das im Euro-Währungsraum erwartete Wachstum des realen → gesamtwirtschaftlichen Produktionspotentials. Der EZB-Rat wird sich aber auch regelmäßig einen Überblick über die erwartete Preisentwicklung verschaffen, wobei indes nicht vorgesehen ist, eine Inflationsprognose zu veröffentlichen.

Geldpolitische Ziele

Das vorangige Ziel des → Europäischen Systems der Zentralbanken (ESZB) ist es gemäß Art. 105 (1) des EG-Vertrages, Preisstabilität zu gewährleisten. Weiter heißt es in Art. 105 (1): „Soweit dies ohne Beeinträchtigung des Zieles der Preisstabilität möglich ist, unterstützt das ESZB die allgemeine Wirtschaftspolitik der Gemeinschaft, ...". Die institutionelle Unabhängigkeit der Europäischen Zentralbank (EZB) wird durch Art. 107 des EG-Vertrages (analog zu § 12, Bundesbankgesetz) gewährleistet. Danach „... darf weder die EZB, noch eine nationale Zentralbank, noch ein Mitglied ihrer Beschlußorgane Weisungen von Organen oder Einrichtungen der Gemeinschaft, Regierungen der Mitgliedstaaten oder anderen Stellen einholen oder entgegennehmen". Nach Art. 104 in Verbindung mit Art. 109e (3) des EG-Vertrages ist es den Zentralbanken der Mitgliedstaaten der Europäischen Währungsunion außerdem untersagt, Kredite an öffentliche Stellen zu gewähren.

Geldschöpfung

Zu unterscheiden ist die Schaffung von → Zentralbankgeld und von → Geschäftsbankengeld. Zentralbankgeld entsteht durch Monetisierung (Ankauf) von Aktiva durch die Notenbank. Dies geschieht zum einen durch eine Kreditgewährung an Geschäftsbanken oder an öffentliche Haushalte. Daneben kommt es im Fall des Ankaufs von → Devisen durch die Notenbank zu einer nicht kreditweisen Schaffung von Zentralbankgeld. Umgekehrtes gilt für die Vernichtung von Zentralbankgeld. Geschäftsbankengeld wird geschaffen (vernichtet), wenn sich die Summe der Sichtguthaben der Nichtbanken bei den Geschäftsbanken erhöht (vermindert). Aktive Geldschöpfung liegt vor, wenn Kreditinstitute Aktiva des Nichtbankensektors monetisieren. Dadurch steigt die gesamte → Geldmenge. Im Falle der passiven Geldschöpfung durch Geschäftsbanken ändert sich hingegen die Geldmenge prinzipiell nicht, da hier die Nichtbanken lediglich eine Umwandlung von einer Geldart in eine andere vornehmen, beispielsweise indem sie Bargeld bei der Bank einzahlen und auf Sichtguthaben verbuchen lassen. Durch die Schaffung von Geschäftsbankengeld entstehen in gleicher Höhe Ansprüche auf Umwandlung in Zentralbankgeld. Die einzelne Bank kann deshalb → Geld nur im Umfang des ihr im Bedarfsfall verfügbarem Zentralbankgeldes schaffen. Dagegen kann das Geschäftsbankensystem im Rahmen der → multiplen Geld- und Kreditschöpfung ein Vielfaches an Geschäftsbankengeld schaffen.

Geldschöpfungsmultiplikator

Theoretisches Maß für die → multiple Geld- und Kreditschöpfung. Der Geldschöpfungsmultiplikator wird errechnet als das Verhältnis aus der Summe der von den Geschäftsbanken zusätzlich ausgereichten Krediten, d h. des aktiv geschaffenen → Geschäftsbankengeldes, zu der ursprünglich vorhandenen → Überschußreserve. Unter idealtypischen Annahmen gilt:

$$\sum \Delta Kr = \frac{1}{c + r(1-c)} \times \ddot{U}R$$

wobei
Δ Kr = zusätzliche Kredite
ÜR = Überschußreserve
c = Barabzugsquote (gemessen an den aktiven Depositen)
r = Mindestreservesatz (bezogen auf die passiven Depositen)

Der Geldschöpfungsmultiplikator markiert hier die Obergrenze der möglichen Geldschaffung durch die Kreditinstitute bzw. das Geschäftsbankensystem.

Im Beispiel auf der nächsten Seite besitze die A-Bank anfangs → Überschußreserve von 1500. Sie gibt einen Kredit in gleicher Höhe (aktive Depositen); von diesem Betrag wird $1/3$ als Bargeld abgezogen und der Rest wird auf ein Konto bei der B-Bank überwiesen (passive Depositen). Nach Abzug der → Mindestreserve von $1/4$ verbleiben dort Überschußreserven von 750, die als Kredit ausgereicht werden, usw.

Die Werte der einzelnen Spalten bilden eine (theoretisch) unendliche geometrische Reihe. Für die aktiv geschaffenen Depositen ($\sum \Delta$ Kr) gilt:

$1500 + 1500 [(1 - 1/3) - (1 - 1/3) \cdot 1/4]$
$+ 1500 [(1 - 1/3) - (1 - 1/3) \cdot 1/4]^2 + \ldots$

Die allgemeine Summenformel für eine geometrische Reihe lautet:

$$\sum = \frac{1}{1-q}$$

wobei für das Kreditbeispiel gilt:

$q = [(1 - 1/3) - (1 - 1/3) \cdot 1/4] = 1/2$

Geldsubstitute

Bank	A	B	C	D ...	Summen
passive Depositen		1000	500	250,0 ...	2000
Zufluß an Zentralgeld		1000	500	250,0 ...	
Mindestreserve		250	125	62,5 ...	500
Überschußreserve	1500	750	375	187,5 ...	
aktive Depositen	1500	750	375	187,5 ...	3000
Verlust an Zentralbankgeld	1500	750	375	187,5 ...	
Bargeldabfluß an Nichtbanken	500	250	125	62,5 ...	1000

so daß:

$$\sum \Delta Kr = \frac{1}{1 - 0{,}5} \times 1500 = 3000$$

Die Zunahme der Mindestreserven um 500 und des Bargeldumlaufs im Nichtbankensektor um 1000 entspricht in der Summe dem ursprünglichen Betrag der Überschußreserve bei der A-Bank, durch den der Buchgeldschöpfungsprozeß ausgelöst wurde. Werden in der Formel für q die allgemeinen Werte c und r (für $1/3$ und $1/4$) eingesetzt, so ergibt sich für

$$\frac{1}{1-q} \text{ der Ausdruck}$$

$$\frac{1}{c + 1 \times (1 - c)}$$

Der beschriebene Geldschöpfungsprozeß beruht auf vereinfachenden Annahmen, so insbesondere, daß die Kreditinstitute keine Überschußreserve und keine Bargeldbestände halten, daß weiterhin die Besitzer aktiver Depositen den vollen Kreditbetrag zu Zahlungen (teils in Form von Bargeld, teils bargeldlos) verwenden, und daß die Besitzer passiver Depositen über diese nicht durch Barabhebungen verfügen. Siehe auch → Geldmultiplikator.

Geldsubstitute

Aktiva, die eine starke Geldnähe besitzen, ohne selbst schon → Geld zu sein. Man spricht auch von Quasigeld (Near Money). Dazu rechnen vor allem Termin- und Sparguthaben, aber auch verbriefte und unverbriefte Forderungen sowie bestimmte nichtfinanzielle Aktiva (z. B. Warenläger).

Geldtheorie

Teildisziplin der → Volkswirtschaftslehre. Sie befaßt sich zunächst mit den Erscheinungsformen des → Geldes, den → Geldfunktionen, der Entstehung des Geldes (→ Geldangebot) und der → Geldnachfrage. Darauf aufbauend besteht das zentrale Anliegen der Geldtheorie darin, zu analysieren, wie die → Geldmenge bestimmt wird, wie sie von den Trägern der → Geldpolitik gesteuert werden kann und wie sie wirtschaftspolitische Zielgrößen wie das → Volkseinkommen, die Beschäftigung und das Preisniveau beeinflußt (→ monetärer Transmissionsmechanismus). Ein Hauptproblem der Geldtheorie bildet die Erklärung des → Geldwertes und seiner Schwankungen.

Geldvermögen

Gesamtwert der → Forderungen eines → Wirtschaftssubjekts, eines → Sektors oder einer → Volkswirtschaft gegenüber der jeweiligen Umwelt. Nach Abzug der Verbindlichkeiten ergibt sich das Nettogeldvermögen. Aus Sicht einer (offenen) Volkswirtschaft entspricht das Nettogeldvermögen dem Netto-Auslandsvermögen, welches auch als Netto-Auslandsposition bezeichnet wird. Der statistische Nachweis der zu einem Zeitpunkt in einer Volkswirtschaft zwischen ihren Sektoren und gegenüber dem Ausland bestehenden Forderungen und Verbindlichkeiten erfolgt in der Geldvermögensrechnung.

Geldvernichtung → Geldschöpfung

Geldwert

Ausgehend von der Tauschmittelfunktion des → Geldes wird der Geldwert bestimmt durch die Gütermenge, die man mit einer gegebenen Geldsumme kaufen kann. Der Geldwert entspricht also der Kaufkraft des Geldes. Deren Entwicklung ist abhängig von der Veränderung der Güterpreise. Die Messung des Geldwertes bzw. seiner Veränderung erfolgt deshalb anhand von Preisindizes (→ Preisindex), wobei insbesondere auf den Preisindex für die Lebenshaltung der privaten Haushalte abgestellt wird.

Geldwertstabilität

Vermeidung von → Inflation und damit wichtigstes Ziel der → Geldpolitik.

Geldwirkungen → Monetärer Transmissionsmechanismus

Geldwirtschaft

unterscheidet sich von der Naturalwirtschaft durch die Verwendung von → Geld. Dadurch kommt es insbesondere zu einer Reduzierung der Kosten bei der Durchführung des Tauschprozesses. Die Verwendung von Geld ermöglicht die moderne arbeitsteilige Wirtschaft.

Gemeinlastprinzip

eines der Prinzipien der → Umweltpolitik. Bei einer marktkonformen Umweltpolitik ist das Gemeinlastprinzip immer dann anzuwenden, wenn die Durchsetzung des → Verursacherprinzips nicht möglich ist. Entstandene Schäden müssen beseitigt werden,

Gemeinsame Gewinnmaximierung

auch wenn der Verursacher nicht mehr festgestellt werden kann. In solchen oder ähnlichen Fällen ist es Aufgabe des Staates zu handeln. Die notwendigen Finanzmittel sind über allgemeine Steuern, die alle Bürger belasten, aufzubringen. Die Gemeinschaft kommt also für Schäden auf, die unter Umständen nur wenige Personen verursacht haben.

Gemeinsame Gewinnmaximierung → Oligopol

Gemeinsamer Markt → Binnenmarkt

Gemeinschaftsaufgaben

drei in Art 91a GG definierte Aufgabenbereiche, deren Gestaltung und Finanzierung Bund und Ländern im Rahmen des vertikalen → Finanzausgleichs gemeinsam obliegt:
1. Ausbau und Neubau von wissenschaftlichen Hochschulen,
2. Verbesserung der regionalen Wirtschaftsstruktur,
3. Verbesserung der Agrarstruktur und des Küstenschutzes.

Gemeinschaftssteuern

Der Begriff der Gemeinschaftssteuern wird in zwei unterschiedlichen Zusammenhängen verwendet:
1. Innerhalb der Bundesrepublik Deutschland spricht man von Gemeinschaftsteuern, wenn das Aufkommen dieser Steuern mehr als einer Gebietskörperschaft zufließt. Es liegt dann eine geteilte Ertragshoheit vor, so etwa bei der → Einkommensteuer, der → Körperschaftsteuer und der → Umsatzsteuer. Es handelt sich um ein Mischsystem bei der Einnahmenverteilung.
2. Innerhalb der Europäischen Union bezeichnen Gemeinschaftssteuern Steuern, die der EU zustehen.

General Least Squares (GLS) → Methode der kleinsten Quadrate

Generalhandel

umfaßt die Waren, die die Landesgrenzen als Einfuhr oder Ausfuhr passieren, d.h. über den → Spezialhandel hinaus auch die Waren, die in Zoll- oder Freihafenlager ein- oder aus ihnen ausgeführt werden. Nicht eingeschlossen sind der Transithandel, bei dem Waren aus dem Ausland in das Erhebungsgebiet und wieder zurück ins Ausland gelangen (Durchfuhr), sowie der Zwischenauslandsverkehr, bei dem Waren aus dem Erhebungsgebiet ins Ausland und wieder zurück ins Inland verbracht werden.

Geometrisches Mittel

nach dem → arithmetischen Mittel die in der → empirischen Wirt-

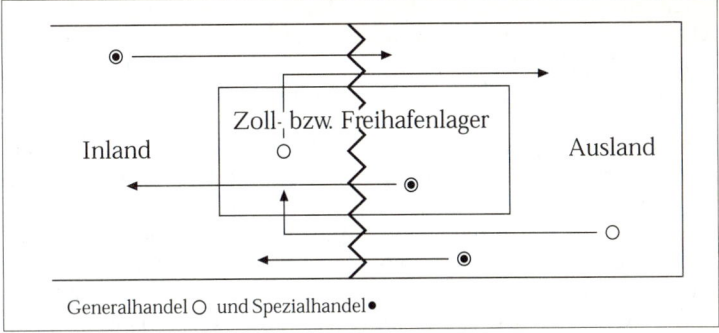

Generalhandel O und Spezialhandel •

schaftsforschung zweitwichtigste Form der Durchschnittsbildung über eine vorliegende Datenmenge. Das geometrische Mittel ist definiert als

$$\bar{x} = \sqrt[n]{\Pi_{i=1}^{n} x_i} \text{ für } x_i > 0$$

also als n-te Wurzel über das Produkt aller Werte. Es ist insbesondere bei der Berechnung von durchschnittlichen → Veränderungsraten im Zeitablauf besser geeignet als das arithmetische Mittel.

Geringfügige Beschäftigung

– umgangssprachlich auch als 630-DM-Job bezeichnet – liegt vor, wenn das aus einem Arbeitsverhältnis resultierende Bruttoarbeitsentgelt 630 DM pro Monat nicht übersteigt. Bis zur gesetzlichen Neuregelung am 1. 4. 1999 galt der jeweilige → Arbeitnehmer damit nicht als → sozialversicherungspflichtig Beschäftigter; er und sein → Arbeitgeber waren somit von der Zahlung der Versicherungsbeiträge zur → Arbeitslosen-, → gesetzlichen Kranken- und → Pflegeversicherung befreit. Hinsichtlich der Befreiung von der Versicherungspflicht in der → gesetzlichen Rentenversicherung galt zusätzlich zur genannten Verdienstgrenze, daß die wöchentliche Arbeitszeit höchstens 15 Stunden betragen durfte. Ging eine Person mehreren geringfügigen Beschäftigungen nach, erfolgte zur Beurteilung der Sozialversicherungspflicht eine Addition der jeweiligen Verdienste bzw. Arbeitszeiten. Durch die gesetzliche Neuregelung wurden alle geringfügigen Beschäftigungen einer generellen Sozialversicherungspflicht unterworfen, um die Einnahmen der Sozialversicherungen zu erhöhen und den zunehmend festzustellenden Mißbrauch dieser Beschäftigungsform einzudämmen. Aus der Sozialversicherungspflicht erwächst zwar kein automatischer Leistungsanspruch an die Rentenversicherung; der

Gesamtwirtschaftliche Angebotsfunktion

Arbeitnehmer hat aber die Möglichkeit, durch eine eigene Zuzahlung zu dem abgeführten Sozialversicherungsbeitrag einen Rentenanspruch aus einem solchen Beschäftigungsverhältnis zu erwerben. Um die Kostenbelastung der Arbeitgeber, die durch diese Neuregelung entstand, zu reduzieren, wurden geringfügige Beschäftigungen im Gegenzug von der bis dahin erfolgten Pauschalbesteuerung befreit.

Gesamtwirtschaftliche Angebotsfunktion

beschreibt die Beziehung zwischen dem Preisniveau und dem volkswirtschaftlichen Güterangebot. Das heißt, sie gibt an, welche Güterangebotsmengen bei alternativem Preisniveau für die Produzenten gewinnmaximierend sind, also „angebotsseitiges Gleichgewicht" bedeuten. Der Verlauf der gesamtwirtschaftlichen Angebotskurve läßt sich mit Hilfe der → Grenzproduktivitätstheorie in Verbindung mit der jeweils herrschenden Konstellation am → Arbeitsmarkt erklären. Typischerweise (aber nicht immer) ist die Steigung der Angebotskurve positiv, d. h. mit steigendem Preis steigt das Angebot. Der konkrete Verlauf der Angebotskurve ist abhängig von der Arbeitsmarktsituation. Was die → Arbeitsnachfrage angeht, so wird diesbezüglich allgemein eine

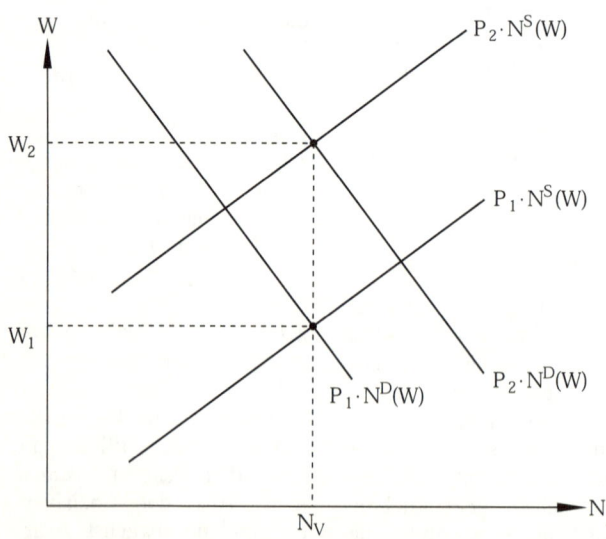

Klassischer Arbeitsmarkt

Gesamtwirtschaftliche Angebotsfunktion

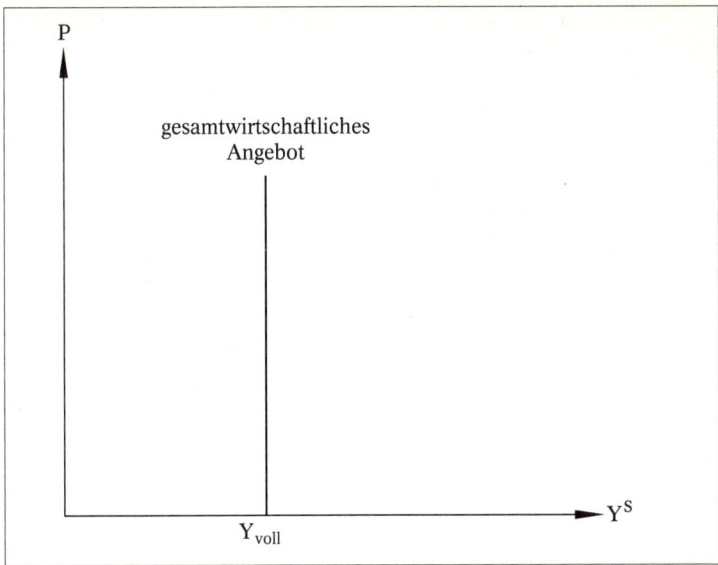

Klassische Angebotsfunktion

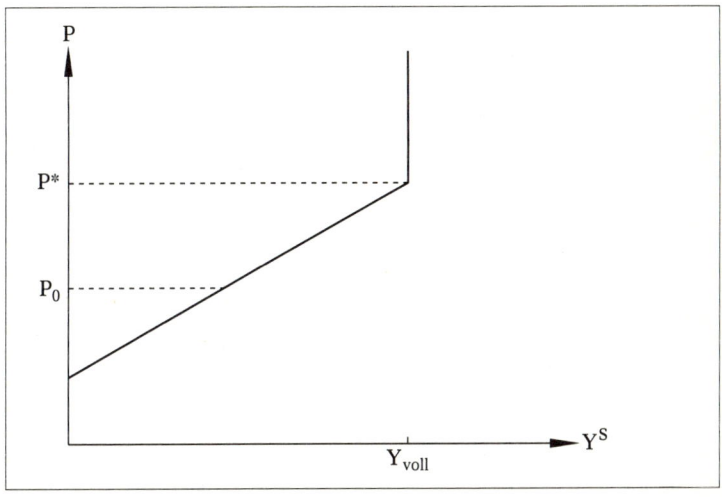

Keynesianische Angebotsfunktion

Gesamtwirtschaftliche Arbeitsnachfrage

Orientierung am Reallohn unterstellt: mit sinkendem Reallohn nimmt die Arbeitsnachfrage der → Unternehmen zu. Unterschiede gibt es indes bei der Beurteilung des → Arbeitsangebots. Im System der → Klassik reagiert auch das Arbeitsangebot auf Änderungen des Reallohns (Freiheit von → Geldillusion). Das heißt, wenn der Reallohn sinkt, geht das Arbeitsangebot zurück. Somit existiert auf dem klassischen Arbeitsmarkt im Gleichgewicht lediglich ein Beschäftigungsniveau, nämlich Vollbeschäftigung.

Steigt das Preisniveau (von P_1 auf P_2), dann steigt – bei gegebenem Nominallohn W – die Arbeitsnachfrage (Rechtsverschiebung von N^D) während das Arbeitsangebot sinkt (Linksverschiebung von N^S). Daraufhin steigt der Nominallohn, bis der ursprüngliche Vollbeschäftigungs-Reallohn wieder erreicht wird. Über die → gesamtwirtschaftliche Produktionsfunktion determiniert die Beschäftigung die Produktionshöhe. Das bedeutet im betrachteten Fall, daß das gesamtwirtschaftliche Angebot Y^S in bezug auf das Preisniveau vollkommen unelastisch ist, die Angebotskurve bei Y_{voll} also senkrecht verläuft. Den prinzipiell gleichen Effekt hat die Annahme rationaler → Erwartungen im System der → Neuen klassischen Makroökonomik (→ Phillipskurve).

Anders stellt sich die Situation im System des → Keynesianismus dar. Hier wird einerseits unterstellt, daß die Arbeitsanbieter der → Geldillusion unterliegen; d.h., das Arbeitsangebot nimmt mit steigendem Nominallohn zu bzw. wird bei steigenden Preisen nicht (oder nicht sofort) verringert (außerdem wird davon ausgegangen, daß der von den Tarifparteien vereinbarte Nominallohn „nach unten starr" ist, d.h. auch dann nicht sinkt, wenn → Arbeitslosigkeit herrscht). Das bedeutet, daß, wenn aufgrund von Preissteigerungen die Arbeitsnachfrage und der Nominallohn zunehmen, auch das Arbeitsangebot und damit die Beschäftigung bzw. die Produktion steigen. Entsprechend den Annahmen des keynesianischen Arbeitsmarktes weist die Angebotskurve also eine positive Steigung auf, zumindest bis die Kapazitätsgrenze, das heißt, Vollbeschäftigung erreicht ist. Dem ansteigenden Ast der Angebotskurve entspricht mithin der Bereich der Unterbeschäftigung auf dem Arbeitsmarkt.

Gesamtwirtschaftliche Arbeitsnachfrage

gesamte in einer Volkswirtschaft nachgefragte Menge an → Arbeit. Vereinfachend, d.h. unter Nichtbeachtung der Arbeitszeiten, wird die gesamtwirtschaftliche Arbeitsnachfrage häufig mit der Zahl der im Produktionsprozeß benötigten Arbeitskräfte bzw. der angebotenen Arbeitsplätze gleichgesetzt.

Gesamtwirtschaftliche Identität

Statistisch läßt sich bereits die effektive oder tatsächliche Arbeitsnachfrage nur sehr unzureichend erfassen, da zwar die Zahl der → Erwerbstätigen dem befriedigten Teil der Nachfrage entspricht, die → Offenen Stellen aber keineswegs alle unbesetzten, sondern nur die über die Arbeitsämter angebotenen Arbeitsplätze sind. Die potentielle, also bei Vollauslastung aller Produktionskapazitäten maximal mögliche Arbeitsnachfrage, kann nur sehr grob geschätzt werden, z. B. durch das sogenannte → Arbeitsplatzpotential. Die wichtigsten Bestimmungsgrößen der gesamtwirtschaftlichen Arbeitsnachfrage sind kurzfristig betrachtet die gesamtwirtschaftliche Nachfrage nach Gütern und der – die Produktionstechnik widerspiegelnde – → Arbeitskoeffizient bzw. die → Arbeitsproduktivität. Bei mittel- bis langfristigen Analysen treten als Determinanten zusätzlich die Höhe und Struktur der → Arbeitsentgelte, die Qualifikation der Arbeitskräfte, das Investitionsverhalten der Unternehmen und dessen Bestimmungsgrößen, der → technische Fortschritt sowie sonstige Rahmenbedingungen (Arbeitszeitregelungen, → Lohnnebenkosten, etc.) auf.

Gesamtwirtschaftliche Endnachfrage

Summe aus → privatem und → staatlichem Konsum, → Investition (brutto) und → Export. Es handelt sich um ein Aggregat aus der → Verwendungsrechnung des → Sozialprodukts und wird dort auch als letzte Güterverwendung bezeichnet.

Gesamtwirtschaftliche Finanzierungsrechnung

statistische Erfassung der → Ersparnis, der → Investition und der → Finanzierungssalden der → Sektoren einer → Volkswirtschaft während eines Zeitraums durch die → Deutsche Bundesbank. Darüber hinaus wird die Zusammensetzung der Finanzierungssalden, d. h. die Änderungen der → Forderungen und Verbindlichkeiten genau ausgewiesen. Die gesamtwirtschaftliche Finanzierungsrechnung gibt somit Auskunft über die Höhe und Struktur der sektoralen Vermögensbildung und deren Finanzierung.

Gesamtwirtschaftliche Gewinnquote

Anteil der (Brutto-) → Einkommen aus Unternehmertätigkeit und Vermögen am → Volkseinkommen.

Gesamtwirtschaftliche Identität

bezeichnet die im nachhinein (expost) stets gültige Gleichheit von → gesamtwirtschaftlichem Angebot und → gesamtwirtschaftlicher Nachfrage. Das bedeutet gleichzeitig, daß die → Ersparnis einer (offenen) Volkswirtschaft in jedem Zeitraum der Summe aus der gesamtwirtschaftlichen → Investition (netto) und dem Saldo der → Leistungsbilanz entspricht. In einer geschlossenen → Volkswirtschaft, die keine Außenwirtschaftsbeziehungen unterhält, ist demnach die Ersparnis gleich der Investition. In der → Sozialproduktsrechnung ist die gesamtwirtschaftliche Identität direkt aus dem Vermögensänderungskonto ablesbar.

Gesamtwirtschaftliche Investitionsquote

Anteil der → Investitionen am → Inlands- bzw. → Sozialprodukt. Die Bruttoinvestitionsquote gibt das Verhältnis zwischen der Bruttoinvestition und dem Bruttoinlands- bzw. sozialprodukt (zu Marktpreisen) an, während die Nettoinvestitionsquote auf die Relation aus Nettoinvestition und Nettoinlands- bzw. -sozialprodukt (zu Marktpreisen) abstellt.

Gesamtwirtschaftliche Liquidität

bezeichnet die „Zahlungsfähigkeit" einer → Volkswirtschaft. In der nationalen geldtheoretischen Diskussion versteht man unter der gesamtwirtschaftlichen Liquidität im allgemeinen die Summe aus → Geldmenge und → Geldsubstituten. Im internationalen Kontext entspricht die gesamtwirtschaftliche Liquidität der Ausstattung eines Landes mit international für Zahlungen von Verbindlichkeiten bzw. zum Ausgleich von Zahlungsbilanzdefiziten verwendbaren Geldern oder Finanzierungsmitteln. Eine ausreichende internationale Liquidität weist ein Staat dann auf, wenn er genügend → Währungsreserven und internationale Kreditaufnahmemöglichkeiten besitzt. Als gesamte internationale Liquidität kann auch die in internationalen Transaktionen eingesetzte Geldmenge angesehen werden.

Gesamtwirtschaftliche Lohnquote

Anteil der (Brutto-) → Einkommen aus unselbständiger Arbeit am → Volkseinkommen. Die Lohnquote dient als Meßgröße der → funktionalen Einkommensverteilung. Im Zeitvergleich erscheint deshalb die Division durch die Änderung der → Arbeitnehmerquote sinnvoll. Man erhält dann die bereinigte Lohnquote.

Gesamtwirtschaftliche Nachfrage

die von den inländischen → Wirtschaftssubjekten sowie vom Ausland für eine bestimmte Periode im vorhinein (ex-ante) geplanten Ausgaben für Güterkäufe. Nach Korrektur um die ungeplanten Investitionen (bzw. um die hierzu notwendige ungeplante → Erspar-

Gesamtwirtschaftliches Arbeitsangebot

nis) ergibt sich die für eine → Volkswirtschaft ex-post immer gültige → gesamtwirtschaftliche Identität von Angebot und Nachfrage.

Gesamtwirtschaftliche Nachfragefunktion

beschreibt die Beziehung zwischen dem Preisniveau und der volkswirtschaftlichen Güternachfrage, verstanden als dem „nachfrageseitigen Gleichgewichtssozialprodukt" (siehe → IS-LM-Konzept). Der Verlauf der gesamtwirtschaftlichen Nachfragekurve wird mit dem → *Keynes*-Effekt begründet. Typischerweise (aber nicht immer) ist die Steigung der gesamtwirtschaftlichen Nachfragekurve negativ, das heißt, mit sinkendem Preis steigt die Nachfrage.

Gesamtwirtschaftliche Produktionsfunktion

stellt die volkswirtschaftliche Güterproduktion in Abhängigkeit von dem Faktoreinsatz dar. Typischerweise werden zwei → Produktionsfaktoren betrachtet, nämlich Arbeit und → Kapital, wobei der Kapitalstock als konstant angenommen wird. Der Verlauf der neoklassischen Produktionsfunktion ist dadurch gekennzeichnet, daß ein steigender Arbeitseinsatz zu einer steigenden Produktion führt, mit zunehmender Auslastung des Kapitalstocks indes die Mehrproduktion abnimmt. Das heißt, die Grenzproduktivität der Arbeit sinkt.

Gesamtwirtschaftliche Sparquote

Anteil der → Ersparnis am → Volkseinkommen. Vielfach errechnet man die Sparquote der → privaten Haushalte. Als Bezugsgröße dient dann deren → verfügbares Einkommen.

Gesamtwirtschaftlicher Arbeitseinsatz → Arbeit

Gesamtwirtschaftliches Angebot

die von den produzierenden Einheiten einer → Volkswirtschaft für eine bestimmte Periode im vorhinein (ex-ante) geplante Güterproduktion.

Gesamtwirtschaftliches Arbeitsangebot

gesamte in einer Volkswirtschaft zur Verfügung stehende bzw. gestellte Menge an → Arbeit. Vereinfachend, d.h. unter Nichtbeachtung des Arbeitszeitaspekts, wird das gesamtwirtschaftliche Arbeitsangebot häufig mit der Zahl der Personen, die am Erwerbsleben teilnehmen, die also einen Arbeitsplatz innehaben oder einen solchen suchen, gleichgesetzt. Zu unterscheiden ist dabei zwischen dem effektiven und dem poten-

Gesamtwirtschaftliches Einkommenskonto

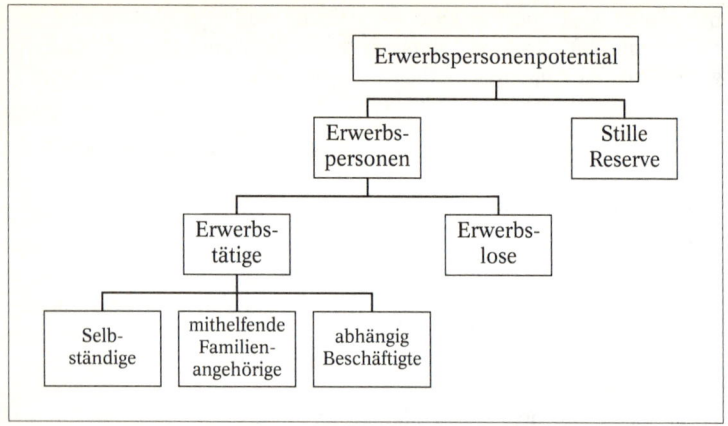

Bestandteile des gesamtwirtschaftlichen Arbeitsangebots

tiellen Arbeitsangebot. Während ersteres bei den jeweils gegenwärtigen Arbeitsmarktbedingungen tatsächlich auftritt, ist letzteres das maximal mögliche, nur unter günstigsten Arbeitsmarktbedingungen denkbare. Statistisch läßt sich das tatsächliche Arbeitsangebot vergleichsweise gut durch die Zahl der → Erwerbspersonen, also der Summe aus → Erwerbstätigen und → Erwerbslosen ermitteln. Das potentielle Arbeitsangebot kann dagegen unter Einbeziehung der → Stillen Reserve durch das → Erwerbspersonenpotential nur näherungsweise geschätzt werden. Die Determinanten des gesamtwirtschaftlichen Arbeitsangebots sind einerseits demographische Faktoren (Bevölkerungsgröße, Altersstruktur, Geschlechtsstruktur, etc.) bzw. die sie verändernden Prozesse (Geburtsverhalten, Zuwanderungen, etc.), andererseits das individuelle → Erwerbsverhalten bzw. die Erwerbsbeteiligung der Bevölkerung.

Gesamtwirtschaftliches Einkommenskonto → Sozialproduktsrechnung

Gesamtwirtschaftliches Gleichgewicht

besteht bei dem Preisniveau, bei dem das angebotene gleich dem nachgefragten Sozialprodukt ist. Grafisch entspricht dies dem Schnittpunkt von → gesamtwirtschaftlicher Angebots- und → gesamtwirtschaftlicher Nachfragefunktion. Die theoretische Bestimmung von Gleichgewichtssozialprodukt und Gleichgewichtspreisniveau erfolgt im Rahmen der → keynesianisch-neoklassischen Synthese.

Gesamtwirtschaftliches Produktionskonto → Sozialproduktsrechnung

Gesamtwirtschaftliches Produktionspotential → Produktionspotential

Gesamtwirtschaftliches Vermögensänderungskonto → Sozialproduktsrechnung

Geschäftsbankengeld

von den Geschäftsbanken geschaffenes → Geld in Form von Sichtguthaben der Nichtbanken bei den Kreditinstituten. Über derartige Guthaben kann jederzeit durch Abhebung bzw. Scheck oder Überweisung verfügt werden. Man spricht auch von Buch- oder Giralgeld. Es handelt sich um ein fakultatives Zahlungsmittel (kein Annahmezwang).

Geschichtete Stichprobe → Stichprobe

Gesetz der Preisunterschiedslosigkeit → Vollkommenheit

Gesetz des erwerbswirtschaftlichen Angebots → Gewinnmaximierung

Gesetz gegen den unlauteren Wettbewerb (UWG)

umfaßt Rechtsnormen gegen Verhaltensweisen, die wegen ihrer Unlauterkeit nicht geduldet werden sollen. Ferner finden sich im UWG Rechtsnormen, die bestimmte Handlungen, die nach Meinung des Gesetzgebers zu unlauterem Wettbewerbsverhalten führen können, verbieten oder regeln. Die Generalklausel des § 1 UWG ermöglicht es, Wettbewerber, die gegen die guten Sitten verstoßen, auf Unterlassung oder Schadensersatz in Anspruch zu nehmen. Dieser Verweis auf die guten Sitten im Wettbewerb macht das Recht gegen den unlauteren Wettbewerb weitgehend zu einem offenen Recht. Es ergibt sich erst durch die Rechtsprechung, was als unlauter zu gelten hat. Diese Beurteilung wettbewerblichen Verhaltens ist dabei durchaus problematisch. Eine Wettbewerbshandlung kann nicht deshalb unlauter sein, weil sie bestehenden Gewohnheiten oder Gebräuchen widerspricht. Bei der Beurteilung wettbewerblichen Verhaltens darf man nicht übersehen, daß es das Wesen des Wettbewerbs ausmacht, Kunden zu gewinnen, auf die der Mitwettbewerber rechnet oder ihm Kunden abzuwerben, die er schon hat. Nachteile, die ein Wettbewerber dadurch erleidet, daß er gegenüber den Konkurrenten zurückfällt, muß er hinnehmen, selbst

Gesetz gegen Wettbewerbsbeschränkungen (GWB)

wenn er mit seinen Leistungen nicht Schritt halten kann und letztlich vom Markt verdrängt wird. Es kommt deshalb bei der Beurteilung wettbewerblichen Verhaltens stets auf die Würdigung aller Umstände an. Es ist häufig nicht möglich, dynamischen Wettbewerb durch starre Regeln zu erfassen. Der Generalklausel des § 1 UWG folgt im § 3 UWG die sogenannte kleine Generalklausel, die irreführende Werbung verbietet, ohne daß es dabei darauf ankommt, ob gegen die guten Sitten verstoßen wird. Des weiteren werden im UWG eine Reihe von Sondertatbeständen behandelt.

Gesetz gegen Wettbewerbsbeschränkungen (GWB)

wichtigstes Gesetzeswerk im Rahmen der deutschen → Wettbewerbspolitik. Das 1958 in Kraft getretene GWB soll zur Realisierung einer guten Marktversorgung durch freien Leistungswettbewerb beitragen. Das GWB gilt grundsätzlich für die gesamte deutsche Wirtschaft. Wichtige Wirtschaftsbereiche sind jedoch aufgrund tatsächlicher oder vermeintlicher Besonderheiten von der Anwendung des Gesetzes freigestellt (→ Ausnahmebereiche). Das GWB erfaßt Wettbewerbsbeschränkungen in einem sehr differenzierten System. Auch ergeben sich aus den einzelnen Tatbeständen sehr unterschiedliche Rechtsfolgen. Es soll damit Rechtssicherheit gewährleistet und ein umfassender Schutz gegen Wettbewerbsbeschränkungen gegeben werden. Die zentralen Bereiche des GWB sind das → Kartellverbot, die → Mißbrauchsaufsicht sowie die → Fusionskontrolle. Daneben existieren weniger bedeutsame Regelungen zu vertikalen → Wettbewerbsbeschränkungen sowie zu den Ausnahmebereichen. Das GWB erfaßt sämtliche Wettbewerbsbeschränkungen, die sich im Inland auswirken, auch wenn sie im Ausland veranlaßt wurden. Daneben sind internationale Wettbewerbsregeln relevant, insbesondere das supranationale Recht der EU, das grundsätzlich ähnlich ausgestaltet ist wie das GWB.

Gesetz über das Kreditwesen (KWG)

rechtliche Grundlage für die → Bankenaufsicht in Deutschland. Sein Ziel besteht darin, die Funktionsfähigkeit des Bankgewerbes, das naturgemäß besonders vertrauensempfindlich ist, durch geeignete Maßnahmen zum Gläubigerschutz zu sichern.

Gesetz über die Deutsche Bundesbank

rechtliche Grundlage für die Existenz der → Deutschen Bundesbank, die am 26. 7. 1957 gelegt wurde. Das Bundesbankgesetz (BBankG) definierte das Wesen und die Aufgaben der Deutschen Bundesbank in insgesamt 9 Abschnitten. Mit der 6. Novelle des Bundesbankgesetzes wurden vor allem die währungspolitischen Befugnisse der Deutschen Bundesbank weitgehend auf das → Europäische System der Zentralbanken übertragen.

Gesetz vom abnehmenden Grenznutzen → Gossensche Gesetze

Gesetz vom Ausgleich der Grenznutzen → Gossensche Gesetze

Gesetz zur Förderung der Stabilität und des Wachstums der Wirtschaft (StWG)

– auch einfach als „Stabilitätsgesetz" bezeichnet – 1967 in Kraft getretenes Gesetz, das die rechtliche Grundlage für die staatlichen Träger der Wirtschaftspolitik, insbesondere für die Bundesregierung, zur Durchführung ihrer → Konjunkturpolitik im Sinne einer keynesianischen → Globalsteuerung bildet. Das Stabilitätsgesetz nennt die anzustrebenden gesamtwirtschaftlichen Ziele der Wirtschaftspolitik, die insbesondere mit den Mitteln der → Fiscal Policy erreicht werden sollen. Demnach hat der Staat im Rahmen der marktwirtschaftlichen Ordnung gleichzeitig für die Stabilität des Preisniveaus, für einen hohen Beschäftigungsstand und für ein außenwirtschaftliches Gleichgewicht bei stetigem und angemessenem Wirtschaftswachstum Sorge zu tragen (§ 1 StWG). Diese vier Ziele bezeichnet man mitunter auch als das „magische Viereck", weil es aufgrund bestehender Zielkonflikte wohl „magischer Kräfte" bedürfte, immer alle diese Ziele gleichzeitig zu realisieren.

Gesetzliche Krankenversicherung (GKV)

Teil des deutschen Sozialversicherungssystems.

I. Kreis der Versicherten

In der Gesetzlichen Krankenversicherung versicherungspflichtig sind Arbeitnehmer, deren regelmäßiges Arbeitsentgelt 75% der → Beitragsbemessungsgrenze in der Rentenversicherung nicht übersteigt, Auszubildende, Rentner, wenn sie bestimmte Versicherungszeiten in der Gesetzlichen Krankenversicherung als Arbeitnehmer zurückgelegt haben, Studenten bis zum Abschluß des 14. Fachsemesters, längstens jedoch bis zum 30. Lebensjahr, Land- und Forstwirte und ihre mitarbeitenden Familienangehörigen, Künstler und Publizisten und Arbeitslose. Insgesamt sind rund 90% der Bevölkerung in der Gesetzlichen Krankenversicherung versichert.

Gesetzliche Krankenversicherung (GKV)

II. Aufgaben und Leistungen

Aufgaben und Leistungen der Gesetzlichen Krankenversicherung, die den Versicherten und überwiegend auch ihren Familien gewährt werden, umfassen:

1. Leistungen zur Förderung der Gesundheit,
2. Krankheitsverhütung,
3. Früherkennung von Krankheiten,
4. Leistungen zur Behandlung von Krankheiten,
5. Sonstige Hilfen in Fragen der Empfängnisregulierung, Sterilisation und bei einem nicht gesetzwidrigen Abbruch der Schwangerschaft,
6. Einkommenshilfen in Form von → Krankengeld,
7. → Mutterschaftshilfe und → Mutterschaftsgeld,
8. Leistungen für Schwerpflegebedürftige,
9. Fahrtkostenübernahme in Höhe des 20 DM je Fahrt übersteigenden Betrages bei stationär erbrachten Leistungen, bei Rettungsfahrten zum Krankenhaus, bei Krankentransporten u.ä.,
10. Sterbegeldzahlungen zur Abdeckung der Bestattungskosten.

III. Träger

Träger der Gesetzlichen Krankenversicherung sind v.a. Ortskrankenkassen, Betriebskrankenkassen, Innungskrankenkassen und Ersatzkassen. Die Kassen sind finanziell und organisatorisch selbständig und für den Ausgleich von Einnahmen und Ausgaben selbst verantwortlich. Ein bedeutendes organisatorische Element der Krankenversicherungen sind die kassenärztlichen Vereinigungen, in denen die zur kassenärztlichen Praxis zugelassenen Ärzte zusammengeschlossen sind. Die Krankenkassenverbände schließen mit den kassenärztlichen Vereinigungen Vertäge ab, in denen sich die kassenärztlichen Vereinigungen verpflichten, eine gleichmäßige, ausreichende, zweckmäßige Versorgung der Kassenmitglieder sicherzustellen. Als Gegenleistung zahlen die Krankenkassen den kassenärztlichen Vereinigungen sog. Gesamtvergütungen, die die kassenärztlichen Vereinigungen auf die Kassenärzte nach einem Schlüssel verteilen, der mit den Verbänden der Krankenkassen vereinbart ist.

IV. Finanzierung

Die Gesetzliche Krankenversicherung finanziert sich im wesentlichen aus den Beiträgen (siehe → Beitragsätze), die zur je Hälfte von Arbeitgeber und Arbeitnehmer aufgebracht werden müssen, aus Beitragen der Rentner und der Rentenversicherung, der Studenten und sonstiger Versicherungsberechtigter und schließlich aus Mitteln der Bundesanstalt für Arbeit, die die Bezieher von Arbeitslosengeld, Arbeitslosenhilfe, Unterhaltsgeld und Eingliederungsgeld gegen Krankheit versichert. Die Beiträge errechnen sich aus dem → Beitragssatz bezogen auf die jeweiligen beitragspflichtigen Einnahmen bis zur → Beitragsbemessungsgrenze. Die → Beitragssätze sind nicht gesetzlich fixiert. Sie sind so festzulegen, daß die Beitrage mit den anderen Einnahmen ausreichen, um die Ausgaben zu decken. 1997 wurden Beiträge in Höhe von rund 150 Mrd. DM erhoben. Während die Beiträge sich an der Leistungsfähigkeit der Versicherten orientieren, ist der Anspruch auf Sachleistungen unabhängig von der Höhe der gezahlten Beiträge. Der Gesetzliche Krankenversicherung liegt damit das → Solidaritätsprinzip zugrunde.

V. Ausgabenexplosion als zentrales Problem

Die Ausgaben der GKV haben sich seit 1970 mehr als versiebenfacht. Insbesondere die Ausgaben für die Krankenhausbehandlung haben sich stark erhöht. Die Ausgabenerhöhung ging weit über das Wachstum der Lohnzuwächse hinaus und konnte nur durch steigende → Beitragssätze in Verbindung mit steigenden → Beitragsbemessungsgrenzen finanziert werden. Durch das → Gesundheitsreformgesetz von 1988 und das → Gesundheitsstrukturgesetz von 1992 wurde versucht das Ausgabenwachstum zu bremsen. Bisher gelang es allerdings nicht, die Ausgaben wirksam einzuschränken.

Gesetzliche Rentenversicherung (RV)

Die gesetzliche Rentenversicherung ist mit ca. 40% aller direkten Sozialleistungen der größte Sozialversicherungszweig.

I. Kreis der Versicherten

Versicherungspflichtig sind Arbeitnehmer, ausgenommen Beamte, außerdem bestimmte selbständig Erwerbstätige (z.B. selbständig tätige Lehrer, Erzieher, Künstler, Krankenpfleger und Handwerker). Als pflichtversichert gelten auch nicht erwerbstätige Mütter bzw. kindererziehende Väter für die 3 Jahre, die der Geburt eines Kindes folgen. Pflichtversichert sind außerdem die Bezieher von → Lohnersatzleistungen. Freiwillig versichern können sich alle nicht versicherungspflichtigen Personen, die in der Bundesrepublik Deutschland ihren Wohnsitz haben.

II. Aufgaben und Leistungen

1. Die Erhaltung, Besserung und Wiederherstellung der Erwerbsfähigkeit der Versicherten im Falle vorzeitiger Verringerung oder vorzeitigem Verlust der Berufs- und Erwerbsfähigkeit.
2. Die Ersetzung ausgefallenen Arbeitseinkommen durch die Renten. Die Rentenleistungen werden erbracht, wenn die Mindestversicherungszeit von 5 Jahren erfüllt ist, bzw. wenn für bestimmte Rentenarten, insbesondere für die vorgezogene Altersrente besondere

Gesetzliche Unfallversicherung (UV)

Wartezeiten erfüllt sind. Folgende Rentenarten sind zu unterscheiden
a) Berufsunfähigkeitsrente,
b) → Erwerbsunfähigkeitsrente und
c) → Altersruhegeld
3. Die Gewährung von Hinterbliebenenrenten (d.h. Witwer-, Witwen- und Waisenrenten). Sie werden gezahlt, wenn dem Verstorbenen zum Zeitpunkt seines Todes eine Versichertenrente zustand.
4. Die Zahlung von → Erziehungsrenten.
5. Die Entrichtung von Beiträgen zur → gesetzlichen Krankenversicherung.

III. Organisation und Finanzierung

Träger der gesetzlichen Rentenversicherung sind vor allem die Landesversicherungsanstalten und die Bundesversicherungsanstalt für Angestellte. Die Finanzierung erfolgt
1. aus Beiträgen, die derzeit auf 20,3% des Arbeitsentgeltes festgesetzt und je zur Hälfte von Arbeitgebern und Arbeitnehmern aufzubringen sind, wobei durch die Festlegung einer → Beitragsbemessungsgrenze ist ein Maximum definiert ist,
2. aus Bundeszuschüssen und
3. aus Beiträgen der Träger von → Lohnersatzleistungen.

Bei der Finanzierung gilt nicht das → Kapitaldeckungsverfahren, sondern das → Umlageverfahren mit einer Liquiditätsreserve, so daß die laufenden Ausgaben aus laufenden Beiträgen und Bundeszuschüssen finanziert werden.

Gesetzliche Unfallversicherung (UV)

Teil des deutschen Sozialversicherungssystems.

I. Kreis der Versicherten

alle aufgrund eines Arbeits-, Dienst oder Lehrverhältnis Beschäftigten einschließlich Heimarbeiter, aber auch Arbeitslose, Kinder während des Besuchs von Kindergärten, Schüler, Auszubildende und Studenten und Personen, die im Interesse des Gemeinwohls tätig sind.

	1991	1995	1997
Beiträge	212,6	273,7	304,3
Bundeszuschuß	50,5	73,3	82,7
Erstattung aus öffentlichen Mitteln	6,1	1,8	1,6
Vermögenserträge, Säumniszuschläge u. sonstiges	3,6	2,0	3,4

Finanzierung der Rentenversicherung in Mrd. DM

II. Aufgaben und Leistungen

1. die Verhütung von Arbeitsunfällen und Berufskrankheiten durch
   a) die Durchführung technischer Aufsicht und die Überwachung der Unfallsicherheit in den Unternehmen,
   b) Finanzierung und Organisation von Unfallursachenerforschung,
   c) den Erlaß von Vorschriften darüber, welche Einrichtungen, Anordnungen und Maßnahmen die Unternehmer zur Verhütung von Arbeitsunfällen zu treffen und wie sich die Versicherten zur Verhütung von Arbeitsunfällen zu verhalten haben;
2. die Sicherstellung erster Hilfe bei Arbeitsunfällen;
3. die Wiederherstellung der Erwerbsfähigkeit eines Verletzten und die Förderung der Wiedereingliederung in das Berufsleben;
4. die Entschädigung des Verletzten oder seiner Hinterbliebenen durch Geldleistungen.

Der Versicherungsschutz erstreckt sich nicht nur auf Unfälle im Betrieb, sondern auch auf Unfälle auf dem sogenannten Betriebsweg.

III. Organisation und Finanzierung

Träger der gesetzlichen Unfallversicherung sind 35 gewerbliche Berufsgenossenschaften, 21 landwirtschaftliche Berufsgenossenschaften und 55 Unfallversicherungsträger der öffentlichen Hand. Die Finanzierung der gesetzlichen Unfallversicherung erfolgt ausschließlich durch Beiträge der Unternehmer, da die Gefährdung durch Unfälle und Berufskrankheiten von den Unternehmungen ausgeht. Bemessungsgrundlage für die Beiträge sind erstens die Entgelte der Versicherten und zweitens die Unfallgefahrenklassen, in die die einzelnen Unternehmen nach Zahl und Schwere der in den einzelnen Gewerbezweigen vorkommenden Arbeitsunfälle eingeordnet werden. Die Berücksichtigung der Unfallquote der einzelnen Unternehmen soll der Tatsache Rechnung tragen, daß Unfälle häufig eine Folge unzureichender Sicherungsmaßnahmen ist.

Gespaltene Wechselkurse

– auch als multiple Wechselkurse oder Wechselkursdifferenzierung bezeichnet – Anwendung unterschiedlicher Wechselkurse nach sachlichen oder räumlichen Gesichtspunkten. Dabei wird der Devisenmarkt in Teilmärkte aufgespalten. Die sachliche Kursdifferenzierung kann an der dem Devisengeschäft zugrundeliegenden Transaktionsart ansetzen, wobei unterschiedliche Kurse für internationale Kapitalbewegungen einerseits und den Waren- und Dienstleistungsverkehr anderer-

Gesundheitsreformgesetz

seits angewendet werden können. Räumliche Differenzierungen sollen die Konkurrenzbeziehungen gegenüber bestimmten Ländern beeinflussen. Gespaltene Wechselkurse erfordern ein System von Kontrollen und sonstigen staatlichen Eingriffen. Sie verfälschen die internationalen Güterströme und sind mit einer optimalen → Allokation von Ressourcen unvereinbar.

Gesundheitsreformgesetz

Durch das Gesetz zur Strukturreform im Gesundheitswesen vom 25.11.1988 sollte die Kostenexplosion im Gesundheitswesen eingedämmt werden. Es verfolgte die Ziele:
1. Stärkung der finanziellen Grundlagen der → gesetzliche Krankenversicherung durch Beitragsstabilität,
2. Orientierung der Leistungen an gesundheitlichen und medizinischen Prioritäten,
3. Schaffung wirksamer Anreize für Leistungserbringer, Versicherte und Kassen zu mehr Wirtschaftlichkeit, Sparsamkeit und Eigenverantwortung,
4. Stärkung des Wettbewerbs zwischen den Kassen und zwischen Kassen und Leistungserbringern.

Bagatellarzneimittel und das Sterbegeld wurden aus dem Leistungskatalog gestrichen. Es wurden höhere Selbstbeteiligungen bei Arznei-, Heil- und Verbandsmitteln sowie bei Zahnersatz, Kurbehandlungen und Fahrtkosten eingeführt. Krankenkasen und Kassenärztliche Vereinigungen wurden verpflichtet, „Richtgrößen" für das Volumen der zu verordnenden Arzneimittel zu vereinbaren. Als neues Instrument wurde die Festsetzung von Festbeträgen für Arznei- und Hilfsmittel eingeführt. Das Gesundheitsreformgesetz konnte einen weiteren Anstieg der Ausgaben im Gesundheitswesen nicht verhindern, so daß 1992 mit dem → Gesundheitsstrukturgesetz ein neuer Anlauf zur Reform genommen wurde.

Gesundheitsstrukturgesetz

Das Gesetz zur Sicherung und Strukturverbesserung der gesetzlichen Krankenversicherung, das am 21.12.1992 verabschiedet wurde, baute auf den Reformansätzen des → Gesundheitsreformgesetzes auf. Neu eingeführt wurde eine Budgetierung der Ausgaben in allen Leistungsbereichen. Dazu ist zwischen den Verbänden der Krankenkassen und den Kassenärztlichen Vereinigungen eine Obergrenze für die von den Vertragsärzten veranlaßten Ausgaben für Arznei-, Verband-, Heil- und Hilfsmittel zu vereinbaren. Das zulässige Wachstum der Gesamtvergütung für ärztliche Leistungen und für zahnärztliche Leistungen bei Zahnersatz wurde auf die Wachstumsrate der beitragspflichtigen Einnahmen der Krankenkas-

senmitglieder begrenzt. Auch für die Ausgaben im Rahmen stationärer Behandlung gilt eine Budgetierung. Außerdem sollten strukturelle Änderungen zum Abbau der Überkapazitäten im ambulanten und stationären Bereich führen. Gegen eine Budgetierung kann man einwenden, daß sie nicht aus gesundheitspolitische Zielen und aus dem Bedarf an Leistungen abgeleitet ist. Sie fördert keine Änderung in den Angebots-, Leistungs- und Verteilungsstrukturen im System der gesetzlichen Krankenversicherung. Dagegen verweisen Befürworter des Budgetierungskonzepts darauf, daß auf eine solche Politik solange nicht verzichtet werden kann, bis Reformen der Ärztehonorierung, der Vergütung der Krankenhausleistungen sowie der Preisbildungsprozesse auf den Arzneimittelmärkten eine langfristig finanzierbare Ausgabenentwicklung gewährleisten. Die wichtigste strukturelle Änderung besteht in der Einführung einer Zugangskontrolle für den ambulanten Sektor: ab 1999 erfolgt die Zulassung zur Kassenarztpraxis aufgrund gesetzlich festzulegender Verhältniszahlen. Die Wettbewerbsbedingungen zwischen den Krankenkassen wurden durch verschiedene Maßnahmen verbessert:
1. Auch Beschäftigte, die bisher in einer Orts-, Betriebs- oder Innungskrankenkasse versichert sein mußten, haben das Recht haben einer Ersatzkasse beizutreten.
2. Die bisherige Sonderstellung der Ersatzkassen beim Abschluß von Verträgen mit den Kassenärztlichen Vereinigungen wurde abgeschafft.
3. Schließlich wurde 1994 ein kassenartenübergreifender, bundesweiter Risikoausgleich eingeführt, so daß die finanziellen Konsequenzen unterschiedlicher Mitgliederstrukturen (etwa durch unterschiedliche Höhe der beitragspflichtigen Löhne, durch Unterschiede der Zahl der mitversicherten Familienangehörigen oder durch eine unterschiedliche Altersstruktur) ausgeglichen werden.

Auch dem Gesundheitsstrukturgesetz gelang es nicht, die Ausgabenerhöhung dauerhaft zu begrenzen. Vor allem im Krankenhaussektor steigen die Ausgaben nach wie vor stark.

Gewerbepolitik

Gesamtheit der wirtschaftspolitischen Maßnahmen zur Förderung des Gewerbes. Wesentlicher Bestandteil ist die Gewerbefeiheit sowie die Sicherung des Wettbewerbs (→ Wettbewerbspolitik). Meist wird unterschieden in Mittelstands- bzw. Handwerkspolitik einerseits und → Industriepolitik andererseits.

Gewerbesteuer

als Gemeindesteuer die wichtigste originäre Einnahmequelle der Ge-

Gewerbesteuer

meinden. Gewerbesteuerpflichtig ist jeder inländische Gewerbebetrieb. Der Gewerbesteuer unterliegt nicht eine Betätigung, die als Ausübung von Land- und Forstwirtschaft oder als Ausübung eines freien Berufes anzusehen ist. Die Gewerbesteuer ist eine Objektsteuer. Sie berücksichtigt nicht die Leistungsfähigkeit einer Person, sondern besteuert eine Sache. Steuergegenstand der Gewerbesteuer ist der Gewerbebetrieb, seine objektive Ertragskraft und das in ihm arbeitende Kapital. Es ist also gleichgültig, wem der Betrieb gehört, wem die Erträge des Betriebs zufließen und wie die persönlichen Verhältnisse des Betriebsinhabers sind. Die Gewerbesteuer wurde bisher als Gewerbeertragsteuer und Gewerbekapitalsteuer erhoben. Die Gewerbeertragsteuer ist den → Ertragsteuern, die Gewerbekapitalsteuer den → Substanzsteuern zuzuordnen. Der Gewerbeertrag ist der nach den Vorschriften des Einkommensteuergesetzes oder des Körperschaftsteuergesetzes zu ermittelnde Gewinn aus dem Gewerbebetrieb, vermehrt und vermindert um bestimmte Beträge, die dem Objektsteuercharakter der Gewerbesteuer Rechnung tragen und eine Doppelbelastung mit der Grundsteuer vermeiden wollen. Hinzurechnungen sind insbesondere 50% der Dauerschuldzinsen, weil davon ausgegangen wird, daß die Vermögensverhältnisse des Unternehmens nur für die Gewinnermittlung, nicht aber für die Feststellung des Gewerbeertrags bedeutsam sind. Im Gegensatz dazu sind Zinsen für kurzfristige Verbindlichkeiten sowohl bei der Gewinnermittlung als auch bei der Festlegung des Gewerbeertrags abzugsfähig. Mit den Kürzungen soll vor allem verhindert werden, daß Erträge, die bereits an anderer Stelle besteuert wurden, noch einmal belastet werden. Gekürzt wird z. B. um 1,2% des → Einheitswertes des zum Betriebsvermögen gehörenden Grundbesitzes. Es wird argumentiert, daß die dem Produktionsfaktor Boden zugerechneten Ertragsteile bereits der Grundsteuer unterliegen und nicht noch einmal durch die Gewerbesteuer belastet werden sollen. Auch Gewinne aus Beteiligungen werden gekürzt, denn diese stellen Erträge dar, die nicht an Standort des Gewerbebetriebs erwirtschaftet wurden. Wie bei der → Einkommensteuer und → Körperschaftsteuer gibt es bei der Gewerbeertragsteuer einen Verlustvortrag, allerdings keinen Verlustrücktrag (→ Verlustabzug). Für Personengesellschaften und Einzelunternehmer gilt ein → Freibetrag von 48.000 DM. Auf den Gewerbeertrag wird zunächst eine Steuermeßzahl angewendet. Diese steigt bei Personengesellschaften mit zunehmendem Gewerbeertrag von 1% bis zu 5% an (jeweils in 24.000-DM-Schritten). Für andere Gewerbebetriebe liegt er konstant bei 5%. Dadurch ergibt sich der

Steuermeßbetrag. Dieser unterliegt einem von den Gemeinden selbst zu bestimmenden → Hebesatz. Die Steuerschuld kann sich wegen der starken Streuung der Hebesätze von Gemeinde zu Gemeinde unterscheiden. Bemessungsgrundlage der Gewerbekapitalsteuer war der → Einheitswert des Gewerbebetriebs (im Sinne des Bewertungsgesetzes). Ebenso wie der steuerliche Gewinn bei der Gewerbeertragsteuer war auch der Einheitswert durch Hinzurechnungen und Kürzungen zu korrigieren. So wurde etwa der Wert der Betriebsgrundstücke, der ja bereits der Grundsteuer unterlag, gekürzt. Hinzugerechnet wurden vor allem Dauerschulden, Einlagen stiller Gesellschafter und fremde (nicht im Einheitswert enthaltene) Wirtschaftsgüter. Damit sollte das gesamte eingesetzte Gewerbekapital besteuert werden, ungeachtet seiner Finanzierung. Auf das Gewerbekapital wurde nun eine Steuermeßzahl von 0,2% angewendet. Man erhielt damit den Steuermeßbetrag. Dabei war ein → Freibetrag von 120.000 DM zu berücksichtigen. Der Steuermeßbetrag der Gewerbekapitalsteuer unterlag demselben → Hebesatz wie der Steuermeßbetrag der Gewerbeertragsteuer. Die Gewerbekapitalsteuer ist eine → Substanzsteuer, d.h. sie orientiert sich an Vermögensgrößen der Betriebe und nicht an ihrem Erfolg. Sie fällt damit auch dann an, wenn Verluste auftreten und kann damit die Existenz von Betrieben gefährden. 1997 wurde nicht zuletzt deshalb beschlossen, die Gewerbekapitalsteuer abzuschaffen. Damit wird allerdings die Gewerbesteuer für die Gemeinden weniger konstant, sie wird konjunkturanfälliger. Im konjunkturellen Aufschwung steigen mit den steigenden Erträgen die Steuereinnahmen aus der Gewerbesteuer. Im konjunkturellen Abschwung – wenn die Gemeinden eigentlich mehr Geld z.B. für die – Sozialhilfe benötigen – gehen die Steuereinnahmen zurück. Außerdem wird gegen die Gewerbeertragsteuer eingewandt, daß der betriebliche Gewinn, der ja schon durch die Einkommensteuer bzw. die Körperschaftsteuer belastet ist, durch diese Steuer – zwar in etwas anderer Form siehe Hinzurechnungen und Kürzungen, aber grundsätzlich eben doch – doppelt belastet.

Gewerkschaften

Interessenvereinigungen von → Arbeitnehmern mit dem Ziel der Wahrung und Verbesserung der wirtschaftlichen und sozialen Lage sowie der Arbeitsbedingungen. Neben den → Arbeitgebern bzw. → Arbeitgeberverbänden sind die Gewerkschaften → Tarifpartner; ihre wichtigste Aufgabe ist mithin die → Lohn- und → Tarifpolitik. Ihre weiteren Anliegen sind insbesondere die Bildungs- und politische Lobbyarbeit. Das

Gewinn

Gewerkschaftswesen in Deutschland ist eindeutig von den Industriegewerkschaften geprägt, die alle Arbeitnehmer einer Branche, ungeachtet ihres Berufs und ihres sozialen Status, als Mitglieder aufnehmen. Etwa 30% der Arbeitnehmer in Deutschland sind Mitglied einer Industriegewerkschaft, wobei der Organisationsgrad branchenabhängig sehr stark schwankt. Die Industriegewerkschaften sind ihrerseits im *Deutschen Gewerkschaftsbund* (DGB), der als Dachorganisation fungiert, miteinander verbunden. Von der Mitgliederzahl und dem politischen Einfluß her weit weniger bedeutend sind – jeweils nur Angestellte bzw. Beamte als Mitglieder aufnehmend – die *Deutsche Angestelltengewerkschaft* (DAG) und der *Deutsche Beamtenbund* sowie der religiös geprägte *Christliche Gewerkschaftsbund*.

Gewinn

Differenz zwischen → Umsatz und → Kosten eines Unternehmens. Ist diese negativ, liegt ein Verlust vor. Zu beachten ist, daß diese betriebs- und volkswirtschaftliche Gewinndefinition nicht unbedingt deckungsgleich mit der im Rahmen der → Einkommersteuer angewandten Defintion ist.

Gewinneinkunftsarten

Unter Gewinneinkunftsarten werden im Rahmen der Einkommensteuer folgende Einkunftsarten erfaßt: Einkünfte aus Land- und Forstwirtschaft, Einkünfte aus Gewerbebetrieb, Einkünfte aus selbständiger Arbeit. Bei diesen Einkunftsarten wird der steuerliche Gewinn als Grundlage für das zu versteuernde Einkommen herangezogen. Dabei gibt es verschiedene Gewinnermittlungsarten:

1. *Betriebsvermögensvergleich (nach § 4 Abs. 1 EStG)* gesetzlich vorgeschriebene Gewinnermittlungsmethode für Gewerbetreibende oder Land- und Forstwirte, die buchführungspflichtig sind.

   Betriebsvermögen am Schluß des Wirtschaftsjahrs
   ./. Betriebsvermögen am Schluß des Vor-Wirtschaftsjahrs
   + Wert der Entnahmen
   ./. Wert der Einlagen
   = Gewinn (Verlust)

2. *Einnahmenüberschußrechnung (nach § 4 Abs. 3 EStG)* angewandt, wenn keine Buchführungspflicht vorliegt (v.a. Freiberufler, kleine Gewerbetreibende, bestimmte Land- und Forstwirte)
   Betriebseinnahmen
   ./. Betriebsausgaben
   = Gewinn (Verlust)

3. *Gewinnermittlung nach Durchschnittssätzen* Methode gilt nur für bestimmte Land- und Forstwirte. Der Gewinn wird pauschal nach bestimmten Merkmalen ermittelt (Vergleichswert der landwirtschaftlichen Nutzung – im Ein-

heitswert ausgewiesen –, Wert der Arbeitsleistung des Betriebsinhabers und der Angehörigen, vereinnahmte Pachtzinsen, Nutzwert der Wohnung etc.)

Gewinninflation → Angebotsinflation

Gewinn-Lohn-Spirale → Lohn-Preis-Spirale

Gewinnmaximierung

am häufigsten unterstellte Unternehmenszielsetzung. Bei kurzfristiger Maximierung des → Gewinns in einer bestimmten Periode ergibt sich für jedes Produkt, das ein Unternehmen herstellt, aus der Gewinndefinition die Optimalitätsbedingung „→ Grenzumsatz gleich → Grenzkosten" (auch: Gesetz des erwerbswirtschaftlichen Angebots oder Output-Regel), d. h. es soll gerade soviel produziert werden, daß die letzte hergestellte Mengeneinheit eines Gutes soviel zusätzlichen Umsatz bringt wie es zusätzliche Kosten verursacht. Bei einer langfristigen Gewinnmaximierung kann von dieser Regel abgewichen werden, wenn z. B. durch Preisunterbietungen Konkurrenten vom Markt verdrängt werden sollen und so die → Marktform verändert wird.
Bedeutung gewinnt die Gewinnmaximierung in Verbindung mit der Marktform der vollständigen Konkurrenz insbesondere für (neoklassische) Hypothesen über die → gesamtwirtschaftliche Arbeitsnachfrage. Auf dem → Polypol ist der Grenzumsatz nämlich das Produkt aus dem Preis und der → Grenzproduktivität der Arbeit. Die Grenzkosten entsprechen dem Lohnsatz, so daß im Gewinnmaximum die Grenzproduktivität der Arbeit gleich dem Reallohn ist. Dieser wird so zur entscheidenden Determinante für die Arbeitsnachfrage der Unternehmen (vgl. auch → Gesamtwirtschaftliche Angebotsfunktion).

Gewinnschwelle → Betriebsoptimum

Gewinnsteuern → Einkommensteuer, → Körperschaftsteuer

Gewinnzone

Bereich, der angibt, bei welchen Produktionsmengen eines Gutes ein Unternehmen mit diesem Produkt Gewinne erzielt. Den Übergang zwischen Gewinn- und Verlustzonen stellen die sogenannten Kostendeckungspunkte (Break-Even-Points) dar (s. S. 242).

Gewogenes Mittel → Arithmetisches Mittel

Gibson-Paradoxon

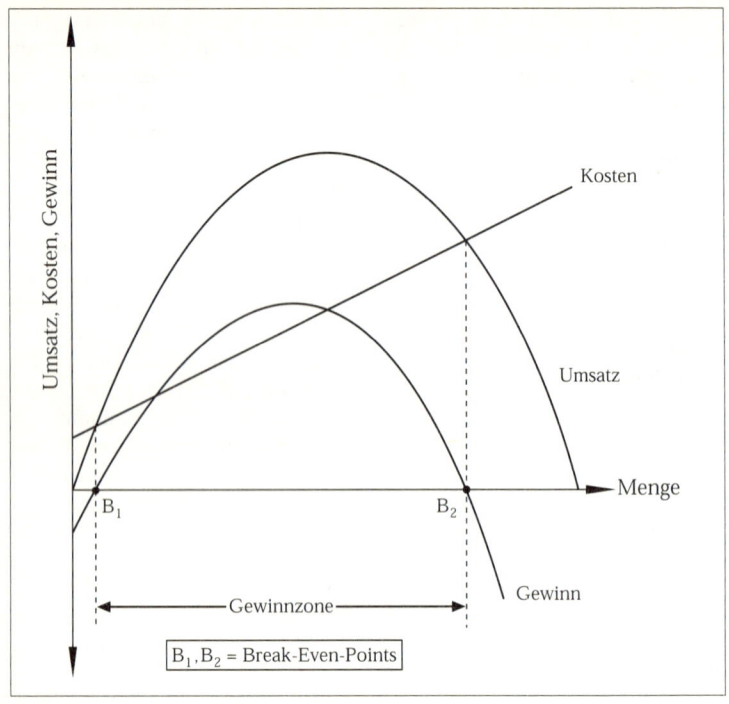

Gewinnzone

Gibson-Paradoxon → Preiserwartungseffekt

Gini-Koeffizient

Konzentrationsmaß nach *Corrado Gini*. Es drückt aus, wie gleich bzw. ungleich die Einkommen oder Vermögen einer Volkswirtschaft verteilt sind. Der Gini-Koeffizient ist in einem Diagramm, das das kumulierte Einkommen und die kumulierte Zahl der Haushalte abträgt das Verhältnis der Fläche zwischen der 45°-Linie und der → Lorenzkurve zu der Fläche des gesamten Dreiecks. Ist er Null, sind die Einkommem absolut gleich verteilt. Erreicht er den Wert 1, sind die Einkommen völlig ungleich. Der Gini-Koeffizient ist ein beliebtes Instrument, um Umverteilungswirkungen öffentlicher Haushalte (→ Budgetinzidenz) zu messen.

Giralgeld → Geschäftsbankengeld

Gläubiger-Schuldner-Hypothese

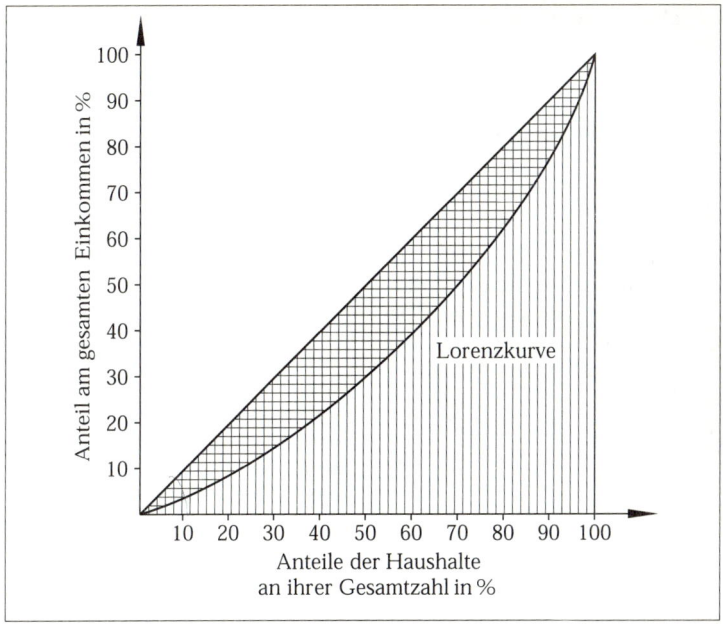

Gini-Koeffizient

Glättungsparameter → Exponentielles Glätten

Gläubiger-Schuldner-Hypothese

steht in engem Zusammenhang mit dem → Realzinsargument. Ebenso wie dieses versucht die Gläubiger-Schuldner-Hypothese zu begründen, daß eine schleichende → Inflation das Wirtschaftswachstum begünstige. Danach reduziert sich in Folge von Preissteigerungen der Realwert aller auf→ Geld lautenden Forderungen. Dem realen Verlust der Gläubiger dieser Nominalwerte entspricht ein realer Gewinn der Schuldner. Wenn der Unternehmenssektor der Hauptschuldner solcher Nominalwerte ist, so führt diese inflationsbedingte Verschiebung der realen Vermögensverteilung zu Neuinvestitionen. Weitere Begründungsversuche eines positiven Zusammenhangs zwischen Inflation und Wirtschaftswachstum existieren in Form der → Nachfragedruckhypothese und der → Lohn-lag-Hypothese. Siehe auch → Inflationswirkungen.

Gleichförmiges Verhalten

Gleichförmiges Verhalten → Oligopol

Gleichverteilung → Lorenzkurve

Gleitender Durchschnitt

im Rahmen der → Zeitreihenanalyse häufig angewandtes Verfahren zur → Trendbereinigung. Der Grundgedanke besteht darin, daß aus einer bestimmten Anzahl m der jeweils aktuellsten Beobachtungswerte y_t einer Zeitreihe ein → arithmetisches Mittel gebildet und als aktueller Durchschnittswert $\bar{y}^t$ verwendet wird:

$$\bar{y}^t = \frac{1}{m} \sum_{k=0}^{m-1} y_{t-k}$$

Nach jeder Periode wird ein neuer Durchschnittswert gebildet, indem jeweils der am wenigsten aktuelle Beobachtungswert, der in den bisherigen Durschnittswert eingegangen ist, durch den neuen Beobachtungswert ersetzt wird. Auf diese Weise wird eine laufende Aktualisierung der Durchschnittsbildung über die Zeitreihenwerte vorgenommen. Ferner unterscheidet man gleitende Durchschnitte 1. Ordnung, bei denen der Mittelwert über die Beobachtungswerte gebildet wird, und gleitende Durchschnitte 2. Ordnung, bei denen nach demselben Verfahren eine weitere Mittelwertbildung über die gleitenden Durchschnitte 1. Ordnung erfolgt.

Eine Alternative zur Methode der gleitenden Durchschnitte ist das → exponentielle Glätten.

Gliederungszahl → Quote

Globale Arbeitslosigkeit

herrscht, wenn das → gesamtwirtschaftliche Arbeitsangebot die → gesamtwirtschaftliche Arbeitsnachfrage insgesamt zahlenmäßig übertrifft. Dies bedeutet zwar, daß das gesamte Ausmaß der Arbeitslosigkeit nicht alleine durch → strukturelle Arbeitslosigkeit erklärt werden kann. Eine eigenständige Arbeitslosigkeitsursache bildet dieser Begriff jedoch nicht.

Globale Umweltfazilität (GEF)

Die Weltbank richtete 1991 eine „Globale Umweltfazilität" (Global Environment Facility, GEF) ein. Die GEF unterstützt Entwicklungsländer und Länder Mittel- und Osteuropas dabei, die durch Umweltschutzmaßnahmen im globalen Interesse entstehenden zusätzlichen Kosten zu finanzieren. Die in der Regel als Zuschuß vergebenen Mittel stehen für vier Bereiche bereit: Maßnahmen zum Klimaschutz (Reduzierung der Treibhausgase), zur Erhaltung der biologischen Vielfalt, Vorhaben zum Schutz der Ozonschicht sowie Projekte zum Schutz internationaler Gewässer. Bis 2002 stehen insgesamt 2,75 Mrd. US-$ in einem Treuhandfonds, den die Weltbank verwaltet, zur Verfügung. Deutschland ist mit 236 Mio. US-$ beteiligt.

Globalisierung

Trend zur internationalen Ausdehnung wirtschaftlicher Aktivitäten, der vor allem auf den Fortschritten in der Kommunikations-, Informations- und Transporttechnik beruht. Durch die Globalisierung wird der internationale Wettbewerbsdruck größer, die Übertragung wirtschaftspolitischer Probleme zwischen Ländern (z. B. → importierte Inflation) gewinnt an Bedeutung, die nationale Wirtschaftspolitik verliert an Einfluß.

Globalsteuerung

Versuch der → Träger der Wirtschaftspolitik, mit diskretionären Maßnahmen über die Steuerung des gesamtwirtschaftlichen Nachfrageniveaus konjunkturpolitische Ziele zu verfolgen (→ Fiscal Policy).

Goldautomatismus

wesentlicher Bestandteil der Funktionsweise eines Goldstandard-Systems. Man spricht auch vom Geldmengen-Preis-Mechanismus. Er läßt sich wie folgt skizzieren: wenn ein Land in das → Währungssystem eines → Goldstandards eingebunden ist, so führt etwa ein Zahlungsbilanzdefizit (Überschußnachfrage nach Devisen) typischerweise zu einem Goldabfluß. Daraufhin ist die Zentralbank gehalten, die inländische → Geldmenge entsprechend der vereinbarten → Golddeckung zu vermindern. Bei Gültigkeit der → Quantitätstheorie impliziert dies notwendigerweise einen Rückgang des → Preisniveaus. Dadurch erhöht sich die internationale Wettbewerbsfähigkeit dieser → Volkswirtschaft. Bei hinreichender Elastizität der Ex- und Importnachfrage sowie des Inlandsangebots verbessert sich der → Außenbeitrag, und die → Zahlungsbilanz tendiert wieder zum Ausgleich. Für den Fall eines Zahlungsbilanzüberschusses (Überschußangebot an Devisen) gilt der gleiche Verlauf mit umgekehrtem Vorzeichen. Der Goldautomatismus zwingt so die Teilnehmer am Goldstandard zu unbedingter Zahlungsbilanzdisziplin. Er unterwirft insbesondere die → Geldpolitik dem Diktat der Zahlungsbilanz: Ein Zahlungsbilanzdefizit erzwingt eine kontraktive, ein Überschuß eine expansive Geldpolitik. Allerdings ist der geschilderte Ablauf keineswegs immer sichergestellt. So wird eine im Inland bewirkte Geldverknappung mit Zinserhöhungen verbunden sein. Dies löst Kapitalimporte aus, die den Geldmengeneffekt evtl. kompensieren. Aber auch bei Eintreten der gewünschten Geldmengenverknappung ist nicht immer davon auszugehen, daß daraufhin

Golddeckung

die Preise sinken. Besteht Preisrigidität nach unten, etwa aufgrund fester Tariflöhne, so wird sich der intendierte positive Zahlungsbilanzeffekt nicht in dem erhofften Maße einstellen. Zu befürchten ist außerdem, daß die Geldverknappung in diesem Falle zu einem Rückgang des realen → Sozialprodukts, verbunden mit steigender → Arbeitslosigkeit führt.

Golddeckung

Im System des → Goldstandards verpflichteten sich die Staaten, ihre → Geldmenge entsprechend der festgelegten Golddefinition in einer bestimmten Relation zum inländischen Goldbestand zu halten. Das heißt, sie mußten das Geldvolumen bei einer Erhöhung (Abnahme) der Goldreserven gemäß dem vorgegebenen Verhältnis ausweiten (einschränken). Die Golddeckung ist bzw. war eine wesentliche Funktionsbedingung des Goldstandards.

Gold-Devisen-Standard

internationales → Währungssystem, in dem im Unterschied zum klassischen → Goldstandard neben Gold auch → Devisen als Reserve zur Deckung der → Geldmenge in den beteiligten Ländern dienen. Allerdings müssen die zur Gelddeckung verwendeten Fremdwährungen von der betreffenden ausländischen Notenbank jederzeit → zu einem bestimmten fixierten Preis → in Gold eingetauscht werden. An die Stelle von Goldexporten bzw. -importen wie beim → Goldstandard treten im Golddevisenstandard → Devisenmarktinterventionen der Notenbanken. Den ersten institutionell beschlossenen Golddevisenstandard bildete das → Bretton-Woods-System, welches 1946 in Kraft trat. Hierin fungierte der US-$ als → Leitwährung. Die beteiligten Staaten fixierten den Wert ihrer Währungen in Relation entweder zum Dollar oder zum Gold. Die eigentliche → Golddeckung wurde nur von den USA erklärt. Sie verpflichteten sich zu einer Einlösung von Dollar in Gold zum festgelegten Preis von 35 Dollar je Feinunze. Dafür waren die USA von der für alle anderen Teilnehmer geltenden Verpflichtung zu Devisenmarktinterventionen befreit. Der Golddevisenstandard entspricht ökonomisch einem System absolut → fester Wechselkurse (Festkurssystem). Im Vergleich zum Goldstandard können die Notenbanken in diesem System die Entwicklung der inländischen → Geldmenge besser kontrollieren, da sie aufgrund von Devisenmarktinterventionen entstehende Änderungen der → Geldbasis durch gegenläufige Anpassungen der „heimischen Komponente" der Geldversorgung zumindest temporär neutralisieren können (→ Neutralisierungspolitik).

Goldkonversion

Im System des → Goldstandards verpflichteten sich die Staaten gegenüber ihren Bürgern, die heimische Währung zu einem festgelegten Preis in Gold umzutauschen und umgekehrt. Das heißt, die Bürger konnten gegen Hingabe ihrer Währung Gold (und umgekehrt) erhalten. Die Goldkonversion ist bzw. war eine wesentliche Funktionsbedingung des Goldstandards.

Goldparität

bezeichnet das in einem System des → Goldstandards über den Goldgehalt zweier Währungen ermittelte Austauschverhältnis der Währungen untereinander. Wenn beispielsweise gilt, daß eine Unze Feingold gleich 35 US-$ und eine Unze Feingold gleich 70 Schweizer Franken, so folgt daraus, daß ein US-$ gleich zwei Schweizer Franken ist. Die Goldparität ist bzw. war eine wesentliche Funktionsbedingung des Goldstandards.

Goldstandard

internationales → Währungssystem, in dem Gold letztlich als Recheneinheit und Wertaufbewahrungsmittel fungiert. Bei einer Goldumlaufwährung dient Gold darüber hinaus als Zahlungsmittel, während dies bei einer Goldrepräsentativwährung nicht der Fall ist. Staaten, die in einen Goldstandard eingebunden sind, unterwerfen sich dem → Goldautomatismus. Grundidee für die Errichtung des Goldstandards ist es, die beteiligten Länder bei grundsätzlich freiem Welthandel wirksam zur Zahlungsbilanzdisziplin zu veranlassen. England führte den Goldstandard bereits 1823 ein, die wichtigsten europäischen Staaten zogen in den 70er Jahren des 19. Jahrhunderts nach, und die USA und Rußland traten um die Jahrhundertwende bei. Nach dem 1. Weltkrieg wurde der Goldstandard suspendiert. Als zentrale Funktionsbedingungen für den Goldstandard gelten die Definition des Goldpreises in der jeweiligen Landeswährung und damit der → Goldparität, weiterhin die Verpflichtung zur → Goldkonversion und die → Golddeckung. Unter diesen Voraussetzungen wird ein quasi-automatischer Zahlungsbilanzausgleich zwischen den beteiligten Staaten erwartet. Im Falle eines Zahlungsbilanzdefizits (Überschußnachfrage nach Devisen) kommt es zu einer Abwertung der Währung dieses Landes bzw. zu einem Kursanstieg, der (ausländischen) → Devisen. Für den inländischen Importeur ist es nun günstiger, Gold zum fixierten Preis zu erwerben und an den ausländischen Exporteur zu versenden (sog. Goldexportpunkt). Der ausländische Geschäftspartner kann das empfangene Gold dann (zum gegebenen Goldpreis) in die eigene

Gompertz-Modell

Währung eintauschen. Im Überschußland fließt also Gold zu (sog. Goldimportpunkt). Das bedeutet, daß sich der → Wechselkurs zwischen zwei Währungen → wenn man von → Transaktionskosten absieht nicht von der vereinbarten Goldparität entfernen kann, weil oberhalb (unterhalb) des Goldexportpunktes (Goldimportpunktes) keine zusätzliche Devisennachfrage (kein zusätzliches Devisenangebot) mehr existiert. Werden nun Versendungs- und Versicherungskosten etc. mit einkalkuliert, so wird sich der Wechselkurs, ohne daß die Länder am → Devisenmarkt intervenieren, innerhalb einer Bandbreite stabilisieren, die ausschließlich durch die erwähnten Transaktionskosten bestimmt ist. Über den Goldautomatismus tendieren sodann die → Zahlungsbilanzen der beteiligten Länder im Idealfall zum Ausgleich. Dieser Ausgleichsmechanismus ist indes in der Realität nicht immer sichergestellt. Als er nach dem 1. Weltkrieg nicht mehr funktionierte, brach der Goldstandard zusammen. In den folgenden Jahren wurde teilweise das System des → Gold-Devisen-Standards praktiziert.

Gompertz-Modell

Modell der langfristigen → Zeitreihenanalyse, das dazu verwendet werden kann, die Entwicklung des Absatzes eines Produktes zu beschreiben und zu prognostizieren. Das Gompertz-Modell ist eine Variation des → logistischen Modells. Aufgrund des Verlaufs der Kurve des akkumulierten, also des bis zum jeweiligen Zeitpunkt aufsummierten Absatzes ist die Gompertz-Funktion besonders gut für Absatzprognosen von Gütern geeignet, die direkt nach ihrer Markteinführung eine rasche und später eine deutlich langsamere Verbreitung haben.

Gossensche Gesetze

Die beiden von *H. H. Gossen* aufgestellten Gesetze betreffen die → Nutzenfunktion eines Haushalts. Das erste Gossensche Gesetz (auch: Gesetz vom abnehmenden Grenznutzen) besagt, daß der → Grenznutzen eines Gutes mit zunehmender konsumierter Menge abnimmt, aber nicht negativ wird (Nicht-Sättigung), und ist eine Annahme über die Bedürfnisstruktur des Haushalts. Das zweite Gossensche Gesetz (auch: Gesetz vom Ausgleich der gewogenen Grenznutzen) ist dagegen die Bedingung für den → optimalen Verbrauchsplan eines Haushalts mit der Zielsetzung der → Nutzenmaximierung und besagt, daß im Nutzenmaximum die Relation zwischen Grenznutzen und Güterpreis bei jedem Gut gleich sein muß bzw. der Grenznutzen des (zur Verfügung stehenden) Geldes bei jeder Einkommensverwendung gleich groß sein muß.

Grenzen des Wachstums

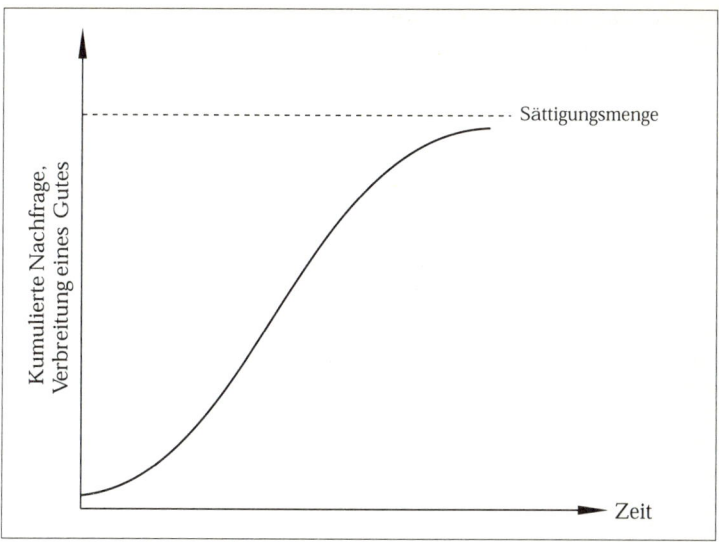

Gompertz-Modell

Grenzen der Besteuerung

lassen sich weder einzel- noch gesamtwirtschaftlich genau bestimmen. Sie ändern sich zudem nach Zeit und Raum und hängen eng mit der Einstellung zum Staat, der Verteilung der Steuerlast, der Verwendung des Steueraufkommens und der technisch-administrativen Erhebung ab. Der Grad der Steuerabwehr oder Steuerausweichung oder Steuervermeidung drückt die Wirksamkeit dieser Faktoren aus. So kann ein hoher Grenzsteuersatz den Anreiz zur Mehrleistung, zur risikobehafteten Investition oder zum Sparen einschränken.

Grenzen des Wachstums

Seit Mitte der 60er Jahre wird die Frage, ob das wirtschaftliche Wachstum nicht an unüberwindbare Grenzen stößt, immer wieder gestellt. Die Diskussion wurde vor allem durch den → Club of Rome mit der gleichnamigen Studie „Grenzen des Wachstums" intensiviert. Vor allem drei Faktoren setzen dem Wachstum danach Grenzen:
- Bestimmte natürliche Ressourcen sind nur begrenzt vorhanden.
- Das starke Bevölkerungswachstum führt dazu, daß die Weltbevölkerung auf Dauer nicht mit Lebensmitteln versorgt werden kann.

Grenzertrag

- Das Wachstum ist mit zunehmenden umweltschädigenden Emissionen verbunden, die die Umwelt nur begrenzt aufnehmen kann.

Der → Club of Rome sprach sich daher für einen Wachstumsverzicht aus.

Nicht berücksichtigt wurde dabei, daß es eine Vielzahl verschiedener (vermehrbarer, regenerierbarer, erschöpfbarer), unterschiedlich genutzter Ressourcen gibt und daß knapper werdende → Ressourcen steigende Preise nach sich ziehen. Steigende Preise schaffen aber Anreize, neue Ressourcenquellen zu entdecken, bestehende Quellen besser auszubeuten und neue → Technologien zu entwickeln, die eine sparsamere Rohstoffverwendung erlauben. Auf der Nachfrageseite führen höhere Preise dazu, daß verstärkt Substitutionsgüter genutzt werden. Regional auftretende Hungersnöte können außerdem nicht unbedingt als Zeichen für eine weltweite Lebensmittelknappheit, sondern eher als Zeichen für eine ungleiche Verteilung der Weltnahrungsmittel gedeutet werden. → Wirtschaftswachstum muß schließlich nicht unbedingt umweltschädlich sein, sondern kann Mittel für den Umweltschutz freisetzen. Außerdem könnte der Staat mit den Instrumenten der → Umweltpolitik (schärfere Emissionsnormen, Umweltabgaben u. ä.) entgegensteuern.

Grenzertrag → Grenzproduktivität

Grenzkosten

zusätzliche Kosten der letzten produzierten bzw. als nächstes zu produzierenden Einheit eines Gutes. Die Grenzkosten lassen sich im Rahmen der → Marginalanalyse mathematisch aus der → Kostenfunktion als deren erste Ableitung ermitteln.

Grenzleistungsfähigkeit des Kapitals

zentraler Begriff zur Ableitung der → IS-Kurve im Rahmen des → IS-LM-Konzepts. Die Grenzleistungsfähigkeit des Kapitals bezeichnet den internen Zins einer → Investition als Ausdruck der an diese geknüpften Gewinnerwartungen. Aus dem Vergleich mit dem für die Inanspruchnahme von Investitionskrediten zu zahlenden Marktzins ergibt sich die → Investitionsfunktion.

Grenznutzen des Geldes → Gossensche Gesetze

Grenznutzen

zusätzliche Bedürfnisbefriedigung eines Konsumenten durch den Kauf bzw. Verbrauch der letzten bzw. nächsten Einheit eines Gutes. Der Grenznutzen läßt sich im Rahmen der → Marginalanalyse mathematisch aus der → Nutzenfunktion durch deren erste partielle Ableitung nach der Menge des jeweiligen Gutes ermitteln.

Grenzpreis → Polypol

Grenzprodukt → Grenzproduktivität

Grenzproduktivität

– auch Grenzertrag – Veränderung der Produktionsmenge durch den Einsatz der letzten bzw. nächsten Einheit eines → Produktionsfaktors. Dabei ist zu beachten, daß jeweils nur ein Produktionsfaktor mengenmäßig variiert und der Einsatz der jeweils anderen konstant bleibt. Über die Produktionsveränderung bei Veränderung aller Produktionsfaktoren informieren dagegen die → Skalenerträge. Multipliziert man die Grenzproduktivität (mathematisch die erste partielle Ableitung der → Produktionsfunktion) mit der mengenmäßigen Veränderung des Produktionsfaktors, erhält man dessen sog. Grenzprodukt.

Grenzproduktivitätstheorie der Verteilung

mikroökonomisch fundierte Theorie der funktionalen → Einkommensverteilung unter der Annahme vollkommener Konkurrenz auf allen Märkten, vollständig flexibler Preise und der Vollbeschäftigung aller Produktionsfaktoren. Aufgrund der vollständigen Konkurrenz (→ Polypol) entstehen dabei keine marktformenbedingten Gewinne, der reale Lohnsatz ergibt sich gemäß der → Grenzproduktivität der Arbeit und der reale Zinssatz gemäß der Grenzproduktivität des Kapitals. Damit sind die Lohn- und Zinsquote, also die den Arbeitnehmern und den Kapitalgebern zufließenden Anteile am Volkseinkommen rein produktionstechnisch bestimmt.

Grenzproduktivitätstheorie

dient der Ableitung der → gesamtwirtschaftlichen Angebotsfunktion. Ihre Bausteine sind die → gesamtwirtschaftliche Produktionsfunktion (typischerweise in ihrer neoklassischen Variante) und die Bedingung für das → Gewinnmaximum der → Unternehmen. Die Logik der Grenzproduktivitätstheorie lautet: Steigt das Preisniveau, dann der sinkt der Reallohn unter das Niveau der → Grenzproduktivität der Arbeit (wenn vorher die Gewinnmaximierungsbedingung erfüllt war). Das bedeutet, daß sich der Gewinn durch eine Erhöhung der Beschäftigung (und damit des Güterangebots) steigern läßt. Denn mit zunehmendem Arbeitseinsatz geht die Grenzproduktivität der Arbeit (gemäß der neoklassischen Produktionsfunktion) zurück und die Gewinnmaximierungsbedin-

Grenzrate der Substitution

gung wird wieder hergestellt. Alles in allem ergibt sich daraus, daß das gesamtwirtschaftliche Angebot im Normalfall mit steigenden Preisen zunimmt, die Steigung der Angebotsfunktion also positiv ist. Der konkrete Verlauf der Angebotskurve ist allerdings abhängig von der jeweiligen Konstellation auf dem → Arbeitsmarkt. Siehe → gesamtwirtschaftliche Angebotsfunktion.

Grenzrate der Substitution → Substitution

Grenzrate der technischen Substitution → Substitution

Grenzsteuersatz

– auch als marginaler Steuersatz bezeichnet – gibt an, um wieviel die Steuerschuld steigt, wenn die Steuerbemessungsgrundlage um eine kleine Einheit erhöht wird. Bei der Einkommensteuer werden z.B. immer die Grenzsteuersätze angegeben. Wenn hier etwa von einem „Spitzensteuersatz" von 53% gesprochen wird, handelt es sich um einen Grenzsteuersatz, das bedeutet, daß von jeder zusätzlichen Mark an Einkommen 53 Pfennige als Steuer abgeführt werden müssen.

Grenzumsatz

zusätzlicher → Umsatz der letzten bzw. nächsten verkauften Mengeneinheit eines Gutes. Der Grenzumsatz läßt sich im Rahmen der → Marginalanalyse mathematisch aus dem Umsatz als dessen erste Ableitung ermitteln. Da die → Nachfragefunktion nach einem Gut typischerweise fallend ist, kann eine zusätzliche Mengeneinheit nur bei sinkendem Preis verkauft werden. Der Grenzumsatz ist damit niedriger als der bisherige Preis, wobei die Diskrepanz zwischen diesen beiden Größen gemäß der sogenannten Amoroso-Robinson-Relation umso höher ist, je größer die → Preiselastizität der Nachfrage betragsmäßig ist.

Greshamsches Gesetz

in der Zeit von → Währungssystemen mit gebundener Währung auf der Grundlage von Edelmetall-Standards (→ Goldstandard) festgestelltes Phänomen, demzufolge das „schlechte Geld das gute verdrängt". Das Gesetz wird relevant, wenn zwei Währungen mit unterschiedlicher Akzeptanz in ihrer Parität fixiert sind (Doppelwährung) oder wenn neben vollwertigem Metallgeld auch Papiergeld mit Annahmezwang umläuft. Es wird dann das „schlechtere" Geld zu Zahlungszwecken verwendet, das höher geschätzte Geld fließt ins Ausland ab oder wird gehortet.

Grunderwerbsteuer

→ Verkehrssteuer, die an den Erwerb oder der Verwertungsmöglichkeit über ein Grundstück anknüpft. Der Grunderwerbsteuer unterliegen insbesondere Kaufverträge und sonstige Rechtsgeschäfte, die einen Anspruch auf Übereignung eines inländischen Grundstücks begründen. Die Grunderwerbsteuer wird in der Regel von der Gegenleistung, die gesetzlich sehr genau und umfassend bestimmt ist, berechnet. Der Steuersatz beträgt 3,5%.

Grundfreibetrag

Bei der → Einkommensteuer soll ein bestimmter Teil des Einkommens, der das Existenzminimum decken sollte, nicht besteuert werden. Das → zu versteuernde Einkommen bis zu einer Höhe von 13.020 DM ist daher steuerfrei. Erst ein zu versteuerndes Einkommen, das diese Grenze übersteigt, wird der Besteuerung unterworfen (→ Freibetrag). Für gemeinsam veranlagte Ehepartner verdoppelt sich der Grundfreibetrag entsprechend den Regelungen des (Ehegatten-) → Splittings.

Grundrente

Einkommen aus der Nutzung knapper natürlicher Ressourcen, vor allem des Produktionsfaktors → Boden.

Grundsätze über das Eigenkapital und die Liquidität der Kreditinstitute

vom Bundesaufsichtsamt für das Kreditwesen im Einvernehmen mit der → Deutschen Bundesbank aufgestellte Grundsätze, nach denen es für den Regelfall beurteilt, ob bei Kreditinstituten das Eigenkapital angemessen ist und die Liquidität ausreichend. Die Basler Kapitaladäquanzrichtlinie, deren Verabschiedung als Reaktion auf neuartige Geschäftsrisiken der Banken im Handel mit → Wertpapieren und → Derivaten zu verstehen ist, führte zu einer Neufassung des Grundsatzes 1, der die Eigenmittelunterlegung von Marktrisiken in Finanzinstrumenten regelt. Anhand individueller Risikosteuerungsmodelle ermitteln die Banken (seit Oktober 1998) ihre Risikopositionen, die sie mit entsprechenden Eigenmitteln unterlegen müssen. Die Liquiditätsgrundsätze (Grundsatz 2 und 3) beschränken den Umfang nicht liquider Anlagen indirekt, indem sie bestimmen, in welchem Umfange einzelne Passivpositionen zur Finanzierung bestimmter Aktiva verwendet werden dürfen.

Grundsteuer

eine Objektsteuer auf Grundstücke. Entscheidend für die Höhe der Steuer sind Beschaffenheit und Wert des Grundstücks, während die persönlichen Verhält-

nisse des Eigentümers fast ausnahmslos außer Betracht bleiben. Man unterscheidet Grundsteuer A (Betriebe der Land- und Forstwirtschaft) und Grundsteuer B (Grundstücke). Die jeweilge Besteuerungsgrundlage ist:
- für Grundbesitz (Betriebe der Land- und Forstwirtschaft, private und betriebliche Grundstücke) in den alten Bundesländern der nach dem Bewertungsgesetz festgestellte Einheitswert nach den Wertverhältnissen 1964;
- für Betriebe der Land- und Forstwirtschaft (ohne Wohnungen) in den neuen Ländern der nach dem Bewertungsgesetz ermittelte Ersatzwirtschaftswert nach Wertverhältnissen 1964;
- für Grundstücke in den neuen Bundesländern, für die nach dem Bewertungsgesetz ein Einheitswert nach den Wertverhältnissen 1935 festgestellt oder festzustellen ist, der → Einheitswert 1935;
- für vor 1991 entstandene Mietwohngrundstücke und Einfamilienhäuser in den neuen Ländern, für die kein Einheitswert 1935 festgestellt ist, die Ersatzbemessungsgrundlage Wohn- und Nutzfläche nach Maßgabe des § 42 GrStG.

Ausgehend vom → Einheitswert bzw. Ersatzwirtschaftswert setzt das Finanzamt den Steuermeßbetrag fest. Die Steuermeßzahlen, die zur Berechnung des Steuermeßbetrags auf den Einheitswert/Ersatzwirtschaftswert anzuwenden sind, betragen
- für Grundstücke in den alten Ländern je nach Art zwischen 0,26% und 0,35%;
- für Grundstücke in den neuen Länder – abgestimmt auf die deutlich niedrigeren Einheitswerte 1935 – je nach Art und Gemeindegruppe zwischen 0,5% und 1%.
- für Betriebe der Land- und Forstwirtschaft einheitlich 0,6%.

Die Gemeinde wendet auf den Steuermeßbetrag den vom Gemeindeparlament beschlossenen → Hebesatz an und setzt die Grundsteuer durch Grundsteuerbescheide fest (durchschnittlicher Hebesatz 1994 bei Grundsteuer A 244% und bei Grundsteuer B 404%).

Gruppe der 77

1964 in Algier erfolgter Zusammenschluß von damals 77 – mittlerweile rund 130 – → Entwicklungsländern. Die G 77 versteht sich als Sprachrohr der Dritten Welt in Handels- und Entwicklungsfragen.

Güterlücke → Inflatorische Lücke

Gütermarktgleichgewicht

Gesamtwirtschaftliche Situation, in der die von den → Wirtschaftssubjekten gewünschte (= geplante) → Ersparnis gleich der gewünschten Investition ist. In diesem Fall entspricht das (geplante) Konsumgüterangebot genau der Nachfrage, so daß für keine der Marktseiten Anpassungsbedarf besteht. Im → IS-LM-Konzept werden die möglichen Gütermarktgleichgewichte durch die → IS-Kurve repräsentiert.

GWB → Gesetz gegen Wettbewerbsbeschränkungen

H

Haavelmo-Theorem
gibt unter ganz bestimmten Prämissen an, wie die gleichzeitige Erhöhung der Staatsausgaben und Steuern auf das Volkseinkommen wirkt. Es besagt, daß das Volkseinkommen durch die Erhöhung eines ausgeglichenen Budgets unter bestimmten Bedingungen um den Betrag der Budgetausweitung expandiert. Das *Haavelmo*-Theorem widerspricht somit der älteren Hypothese, daß eine Budgetverlängerung oder -verkürzung stets neutral auf den Wirtschaftskreislauf wirke, weil sich bei steuerfinanziertem Budget Entzugs- und Ausgabenwirkungen aufheben würden. Haavelmo stellte nicht (wie dies vorher geschah) auf Einnahmen und Ausgaben ab, sondern zog deren Multiplikatoren (Steuermultiplikator, Ausgabenmultiplikator) heran, um die Netto-Einkommenswirkungen der Steuern und Ausgaben zu ermitteln. Erhöht der Staat seine Steuern um dSt und finanziert er damit zusätzliche Ausgaben für Güter und Dienste (dA), so daß dSt und dA gleich sind, so verändert sich das Volkseinkommen (dY) entsprechend der einkommenserhöhenden Wirkung des Ausgabenmultiplikators und der einkommensenkenden des Steuermultiplikators:

$Y = C + I + A$
$C = a + b(Y-T)$
$Y = a + b(Y-T) + I + A$
Y = Volkseinkommen
C = Konsum
A = staatliche Ausgaben für Güter und Dienste
T = Steuer
a = autonomer Konsum
b = magrinale Konsumneigung
I = private Investitionen

Ausgabenmultiplikator:

$$\frac{dY}{dA} = \frac{1}{1-b}$$

Steuermultiplikator:

$$\frac{dY}{dT} = \frac{-b}{1-b}$$

Steuer- und Ausgabenmultiplikator zusammen:

$$\frac{dY}{d(A,T)} = \frac{1}{1-b} + \frac{-b}{1-b} = 1$$

Die multiplikative Wirkung der Budgetverlängerung beträgt also 1, d.h. das Volkseinkommen nimmt im gleichen Maße zu, wie das Budget wächst. Das Haavelmo-Theorem gilt nicht, wenn der Staat die erhöhten Steuern für Transferleistungen verwendet. Übertragungen bilden nämlich kein neues Volkseinkommen, sondern schichten lediglich das alte um.

Habit-Persistance-Hypothese

Habit-Persistance-Hypothese
→ Permanente Einkommenshypothese

Handelsbilanz

gesamtwirtschaftlich der Teil der → Leistungsbilanz, der den Wert der → Exporte und → Importe von Waren ausweist. Das → Statistische Bundesamt bewertet alle Warenströme fob (= free on board), während die → Deutsche Bundesbank für die Warenimporte cif- (= cost, insurance, freight) Werte ansetzt. Weitere Ergänzungen resultieren vor allem aus dem Veredelungs- und Lagerverkehr.

Handelspolitik

Gesamtheit aller Maßnahmen, die sich sowohl auf den Außenhandel als auch auf den Binnenhandel erstrecken. Üblicherweise wird die Handelspolitik aufgeteilt einerseits in dem Bereich der → Außenhandelspolitik, andererseits in dem Bereich der → Binnenhandelspolitik.

Handelsspanne → Aufschlagskalkulation

Harrod-Domar-Modell

Wachstumsmodell mit einer → Produktionsfunktion mit komplementären → Produktionsfaktoren ohne technischen Fortschritt und der Keynesschen Annahme, daß es keinen Mechanismus zur Anpassung der Investitionstätigkeit an das Sparverhalten gibt. Das Modell zeichnet einen Wachstumspfad mit labilem Gleichgewicht vor: Jede Abweichung von der → erforderlichen Wachstumsrate setzt Reaktionen in Gang, die ständig weiter von diesem Gleichgewicht wegführen.

Harrod-neutraler technischer Fortschritt → Technischer Fortschritt

Häufigkeitsverteilung

funktionale Zuordnung zwischen den Werten eines Merkmals (z.B. verschiedene Einkommenshöhen) und der absoluten bzw. relativen Häufigkeit, mit der dieser Merkmalswert auftritt (z.B. Anzahl bzw. Anteil der Personen, die ein Einkommen in dieser Höhe beziehen). Oft wird dabei hinsichtlich der Merkmalswerte eine Klassierung (z.B. Einkommenklasse von 1.000 bis 2.000 DM) vorgenommen, um die Häufigkeitsverteilung übersichtlicher zu gestalten. Das Niveau der Merkmalswerte, die Lage der Häufigkeitsverteilung und ihre Form lassen sich durch verschiedene → Lagemaße, → Streuungsmaße und → Konzentrationsmaße charakterisieren.

Häufigster Wert → Modus

Hauptkomponentenanalyse

→ multivariate Analysemethode in der → empirischen Wirtschaftsforschung zur Verdichtung der in komplexen Datenmengen enthaltenen Informationen über die Merkmalsträger und zur Reduktion der Korrelation bzw. → Kollinearität zwischen den erfaßten Merkmalen. Der Grundgedanke der Hauptkomponentenanalyse besteht in der Erkenntnis, daß eine große Anzahl von erfaßten Merkmalen einerseits sehr unübersichtlich sein und andererseits die Gefahr bergen kann, daß die Merkmale untereinander eine hohe Korrelation aufweisen, was z. B. für → Regressionsanalysen sehr schädlich ist. Um dem entgegenzuwirken, werden eine oder wenige sogenannte Hauptkomponenten, d. h. Linearkombinationen aus den ursprünglichen Merkmalen, gebildet. Ziel ist dabei, daß diese Hauptkomponenten (abgeleitete Merkmale) eine hohe → Varianz aufweisen bzw. deren Varianz einen möglichst hohen Anteil an der Gesamtvarianz der ursprünglichen Merkmale haben. Ist dies der Fall, kann die Unterschiedlichkeit der Merkmalsträger hinsichtlich aller ursprünglichen Merkmale hinreichend gut auch mit einer oder wenigen abgeleiteten Merkmalen zum Ausdruck gebracht werden. Den formalen Vorteilen (Reduktion von Datenmenge und Korrelation) steht als Nachteil entgegen, daß die abgeleiteten Merkmale inhaltlich häufig nicht interpretiert werden können.

Haushalt

im Rahmen der Mikroökonomie eine Personengemeinschaft, die gemeinschaftliche ökonomische Entscheidungen trifft.

Haushaltsfunktionen

Der öffentliche Haushalt als zentrale Grundlage der öffentlichen Finanzwirtschaft erfüllt mehrere Funktionen: Neben seiner finanzwirtschaftlichen Funktion, eine Übereinstimmung von Ausgabenbedarf und Finanzierungsmitteln herbeizuführen, soll der Haushalt im Rahmen der wirtschaftspolitischen Funktion zur Realisierung der im Stabilitäts- und Wachstumsgesetz verankerten Ziele beitragen. Er bildet ferner die Grundlage, durch die die staatliche Haushaltsführung und die Verwaltung auf die im Haushalt festgelegten, prinzipiell vollzugsverbindlichen Etatansätze verpflichtet wird (administrative Lenkungsfunktion). Die parlamentarische Funktion kommt darin zum Ausdruck, daß der Haushaltsplan dem Parlament zur Beschlußfassung vorgelegt werden muß.

Haushaltsgleichgewicht → Optimaler Verbrauchsplan

Haushaltsgrundsätze

Haushaltsgrundsätze

Die Haushaltsgrundsätze stellen von Wissenschaft und Praxis in langer Parlamentstradition entwickelte Anforderungen an den → öffentlichen Haushalt dar, durch deren Einhaltung die verschiedenen Haushaltsfunktionen weitgehend erfüllt werden können. Die in Deutschland im Grundgesetz, in der Bundeshaushaltsordnung und dem Haushaltsgrundsätzegesetz gesetzlich fixierten Haushaltsgrundsätze umfassen unter anderem Einheit, Genauigkeit, Klarheit, Nonaffektation, Öffentlichkeit, Spezialität, Vollständigkeit, Vorherigkeit und Ausgeglichenheit:

- Einheit bedeutet, daß alle Einnahmen und Ausgaben einer öffentlichen Körperschaft in einem Haushaltsplan ausgewiesen werden sollen. Es sollte also nur eine Kasse geben. Sonderfonds sind grundsätzlich nicht zulässig.
- Genauigkeit erfordert, daß alle Ausgaben exakt geplant, alle Einnahmen genau geschätzt werden müssen.
- Klarheit ist dann gewährleistet, wenn aus der Benennung der einzelnen Einnahme- und Ausgabeposten Herkunft und Verwendungszweck klar hervorgehen. Darüber hinaus sollte die Gliederung von Einnahmen und Ausgaben nach einem einheitlichen Schema erfolgen.
- Nonaffektation bedeutet, daß einzelne Einnahmen der Gebietskörperschaften nicht im Wege einer Zweckbindung für bestimmte Ausgaben reserviert werden sollen (Verbot der Zweckbindung).
- Öffentlichkeit ist dann gegeben, wenn die parlamentarische Beratung des Haushaltsplans unter Kontrolle der Öffentlichkeit erfolgt und der Haushalt nach der Verabschiedung jedem zugänglich ist.
- Spezialität bedeutet, daß die veranschlagten Mittel nur für den festgelegten Zweck (qualitative Spezialität), nur in der geplanten Höhe (quantitative Spezialität) und während der laufenden Haushaltsperiode (zeitliche Spezialität) ausgegeben werden dürfen.
- Vollständigkeit ist dann gegeben, wenn der Haushalt keine Saldierungen enthält, so daß alle geplanten Ausgaben und Einnahmen einzeln aufgeführt sind.
- Vorherigkeit verlangt, daß der Haushaltsplan vor Beginn der Haushaltsperiode vorliegt.

Haushaltskreislauf → Budgetkreislauf

Haushaltsoptimum → Optimaler Verbrauchsplan

Haushaltsproduktionsfunktion

In Erweiterung des traditionellen Modells der Haushaltstheorie, in dem die → Nutzenfunktion eines Haushalts nur in Abhängigkeit von der jeweiligen Gütermengenkombination definiert ist, definiert die Haushaltsproduktionsfunktion den → Nutzen in Abhängigkeit von den Mengen gekaufter Güter und der für Konsumzwecke zur Verfügung stehenden Zeit (Konsumzeit). Damit wird der Aspekt berücksichtigt, daß der Güterkonsum Zeit beansprucht (z. B. Zubereitung und Verzehr von käuflich erworbenen Nahrungsmitteln) und Güter nur in Verbindung mit dieser Zeit Nutzen stiften.

Hebesatz

individueller Prozentsatz, den Gemeinden für die Ermittlung der Gewerbesteuer und der Grundsteuer auf den jeweiligen Steuermeßbetrag ansetzen dürfen. Außer diesem Festsetzungsrecht haben die Gemeinden derzeit keine eigene Steuererhebungskompetenz.

Heckscher-Ohlin-Theorem → Faktorproportionentheorie

Hedging

Versuch, die unsichere Wertentwicklung einer in der Zukunft liegenden Transaktion dadurch abzusichern, daß eine Transaktion mit als gegenläufig eingeschätzter, ebenfalls unsicherer Ertragsentwicklung abgeschlossen wird. Durch Hedging kann u. a. das Risiko von in der Zukunft liegenden Waren-, Kredit- oder Währungsgeschäften gesenkt werden. Hedginginstumente sind z. B. Warentermin-, Zinstermin- oder Devisenterminkontrakte sowie Zins- und Währungsswaps.

Heterogene Güter → Ökonomische Güter

Heteroskedastie

im Rahmen der → Regressionsanalyse auftretendes Phänomen, bei dem die → Varianz der → Störvariablen verschiedener Wertepaare nicht identisch ist, wie dies der Annahmenkatalog der Regressionsanalyse (vgl. → Homoskedastie) üblicherweise vorsieht. Heteroskedastie tritt insbesondere bei Querschnittdaten auf, wenn die Schwankungsbreite und -intensität der Störvariablen mit zunehmenden Werten der Regressoren ebenfalls zunimmt. Das Auftreten von Heteroskedastie mindert die Schätzqualitäten der → Methode der kleinsten Quadrate zum Teil erheblich.

Hicks-Diagramm → IS-LM-Konzept

High-powered-Money → Geldbasis

Hinzuverdienstgrenzen

Hinzuverdienstgrenzen

Für Bezieher von → Altersruhegeld aus der → gesetzlichen Rentenversicherung gelten bestimmte Grenzen für einen zusätzlichen Verdienst. Sie betragen bei einer Vollrente $1/7$ der monatlichen Bezugsgröße. Für 1996 bedeutete dies eine Grenze von 590 DM.

Historischer Materialismus

philosophische Grundlage des → Marxismus. Demnach wird die Entwicklung der Menschheit, bedingt durch Klassen, Klassengegensätze und Klassenkampf, aus den jeweils gegebenen Produktionsverhältnissen (These) und ihren Veränderungen (Antithese) abgeleitet. Entsprechend der Dialektik ergibt sich hieraus zwangsläufig die gesellschaftlich-wirtschaftlich höhere Stufe (Synthese). Beispielsweise führen → Feudalismus (These) und → Kapitalismus (Antithese) zum → Sozialismus (Synthese).

Hochrechnung → Stichprobenerhebung

Höchstpreis → Preisvorschriften

Hoher Beschäftigungsstand → Vollbeschäftigung

Homo Oeconomicus → Neue politische Ökonomik

Homogene Güter → Ökonomische Güter

Homogenitätsgrad

gibt bei homogenen mathematischen Funktionen an, um wieviel Prozent sich ein Funktionswert ändert, wenn alle unabhängigen Variablen um ein Prozent verändert werden. Wie auch die → Skalenerträge informiert der Homogenitätsgrad speziell bei → Produktionsfunktionen über die Entwicklung der Produktionsmenge, wenn der mengenmäßige Einsatz aller Produktionsfaktoren gleichmäßig verändert wird. Ist der Homogenitätsgrad gleich Eins (lineare Homogenität), verändert sich die Produktionsmenge im selben Maß wie die Menge der Produktionsfaktoren. Ist er größer (kleiner) als Eins, verändert sich die Produktionsmenge stärker (schwächer) als die Menge der Produktionsfaktoren. Über die Veränderung der Produktionsmenge bei Variation jeweils nur eines Produktionsfaktors informiert dagegen die jeweilige → Grenzproduktivität.

Homoskedastie

im Rahmen der → Regressionsanalyse üblicherweise gemachte Annahme, daß die → Varianz der → Störvariablen verschiedener Wertepaare identisch sei. Dies impliziert, daß die Schwankungsbreite und -intensität der Störvariablen immer gleich, d.h. vom jeweiligen Wert der Regressoren unabhängig ist. Die Annahme der Homoskedastie ist wichtige Voraussetzung für viele Schätzqualitäten der → Methode der kleinsten Quadrate, gleichzeitig in der Realität aber häufig nicht erfüllt (vgl. → Heteroskedastie).

Horten

Begriff der → Loanable-Funds-Theorie. Demnach liegt Horten vor, wenn Einkommensbeträge nicht für Konsum ausgegeben und auch nicht am Kreditmarkt angeboten werden. Dadurch wird der volkswirtschaftliche Geldkreislauf vermindert. Die Auflösung solcher gehorteter Gelder, d.h. ihre Anlage am Kreditmarkt, bezeichnet man als Enthorten.

Human capital → Humankapital

Human Wealth

von *M. Friedman* geprägter Begriff des „menschlichen" Vermögens. Das Human Wealth entspricht dem während der gesamten Lebensdauer aus Arbeit erzielten kapitalisierten → Einkommen. Demgegenüber wird das „nichtmenschliche" Vermögen (Non-Human-Wealth) durch den Kapitalwert aller übrigen Einkommen repräsentiert.

Humankapital

– auch Arbeitsvermögen oder Arbeitskapital bezeichnet – umfaßt das Wissen und die Fähigkeiten, die Arbeitskräfte durch Ausbildung und Berufserfahrung erwerben. Humankapital ist ein wesentlicher Bestimmungsfaktor für die → Produktivität eines Landes. Die Akkumulation von Humankapital reicht von der Vorschulerziehung bis zur innerbetrieblichen Weiterbildung für Erwachsene. Auch wenn es weniger greifbar und statistisch schwieriger zu erfassen ist, läßt sich Humankapital in vielerlei Hinsicht analog zum Real- oder Sachkapital betrachten. Beide erhöhen die Fähigkeit eines Landes zur Produktion von Waren und Dienstleistungen, beide stellen einen produzierten Produktionsfaktor dar. Die Erhöhung der Humankapitalausstattung erfordert → Inputs in Form von Lehrern, Bibliotheken, Zeitaufwand für der Lernenden usw.

Humankapitaltheorien

→ Arbeitsmarkttheorien, die in Weiterentwicklung des Basismodells der → neoklassischen Arbeitsmarkttheorie die dortige Prämisse der Homogenität der Arbeit aufgeben. Statt dessen wird – der Realität entsprechend – davon ausgegangen, daß die Fähigkeiten der einzelnen Arbeitskräfte unterschiedlich sind und vor allem durch Aus- und Weiterbildungsmaßnahmen erweitert werden können. Die Arbeit wird demzufolge wie das Kapital als Investitionsobjekt angesehen. Durch „Bildungsinvestitionen" werden von den Arbeitskräften „allgemeines" (Ausbildung vor dem Eintritt ins Erwerbsleben) und „spezifisches Humankapital" (Weiterbildung im jeweiligen Betrieb) erworben. Ziel der Arbeitskräfte ist die Maximierung des Lebenseinkommens, wobei die zu erwartenden Einkommenserhöhungen durch Höherqualifizierung gegen die direkten Ausbildungskosten und deren → Opportunitätskosten in Form von Einkommensentgang während der Ausbildungszeit abzuwägen sind. Die Unternehmen, denen an einer Erhaltung und Verwertung des Humankapitals gelegen ist, werden ihrerseits ein sehr differenziertes Einstellungs-, Entlassungs- und Entlohnungsverhalten praktizieren: Arbeitskräfte mit hohem „spezifischen Humankapital" bzw. mit der Aussicht, ein solches zu erwerben, werden bevorzugt eingestellt, besser entlohnt und möglichst langfristig an das Unternehmen gebunden. Die Humankapitaltheorien, insbesondere der dort postulierte, positive Zusammenhang zwischen Bildung und Einkommenschancen bzw. Arbeitsplatzsicherheit haben die → Arbeitsmarktpolitik vor allem in Form der Förderung von Qualifizierungsmaßnahmen stark beeinflußt. In der sogenannten Filter- oder Screeningtheorie wird der enge Bildungs-Einkommens-Zusammenhang allerdings etwas relativiert: Danach sind individuelle Bildungsabschlüsse nur ein Indikator, aber keine Garantie für eine bestimmte → Arbeitsproduktivität bzw. das entsprechende Einkommen.

Hyperinflation

Auch „galoppierende" Inflation genannt. Nach allgemeiner Auffassung kann man davon sprechen, wenn die monatliche Preissteigerungsrate etwa 50% oder mehr beträgt. Die historischen Erfahrungen zeigen, daß so gut wie alle Hyperinflationen folgende gemeinsame Merkmale aufweisen:
1. Die nominelle → Geldmenge steigt rasch an, aber die Preise steigen noch schneller; als Folge ergibt sich ein starker Rückgang der realen Geldmenge.
2. Die Umlaufsgeschwindigkeit des → Geldes nimmt erheblich zu. Gleichzeitig weichen die → Wirtschaftssubjekte zunehmend auf wertstabiles Geld aus, das inflationäre nationale Geld wird also z. B. durch ausländisches Geld ersetzt.
3. Die Budgetdefizite der öffentlichen Hand sind sehr hoch und werden zunehmend durch → Geldschöpfung finanziert.
4. Die Hyperinflation bewirkt ihrerseits laufend eine Vergrößerung der Haushaltsdefizite.

5. Der Außenwert des Geldes sinkt rascher als der Binnenwert, d.h. der → Wechselkurs steigt deutlicher als das inländische Preisniveau, so daß eine Unterbewertung der heimischen Währung resultiert.
6. Das Vertrauen in das inländische Geld geht schließlich völlig verloren.

Hypothesentest

– kurz auch als (statistischer) Test bezeichnet – Verfahren der inferentiellen → Statistik zur Überprüfung von Aussagen (Hypothesen) über eine unbekannte Grundgesamtheit anhand einer → Stichprobe. Je nachdem, wie der Stichprobenbefund ausfällt, ist die vorab aufgestellte Behauptung (Nullhypothese) abzulehnen oder beizubehalten. Da das Ergebnis einer Stichprobe die Ausprägung einer → Zufallsvariable ist, kann eine Hypothese nie mit absoluter Sicherheit angenommen oder abgelehnt werden, sondern immer nur mit einer bestimmten Irrtumswahrscheinlichkeit, die auch als Signifikanzniveau bezeichnet wird. Trotz einiger gedanklicher Differenzen ähnelt das Vorgehen beim Hypothesentest dem der → Intervallschätzung.

Hysteresis

Effekt der – ebenso wie die → Persistenz – im Zusammenhang mit dem Konzept der → inflationsstabilisierenden bzw. „natürlichen" Arbeitslosenquote diskutiert und durch → Insider-Outsider-Modelle begründet wird. Als Hysteresis wird eine pfadabhängige Entwicklung der Arbeitslosigkeit bezeichnet, die keinerlei Neigung zeigt, zu einem alten Gleichgewicht zurückzukehren. In diesem Fall erscheint jede Arbeitslosigkeit gleichgewichtig. Die Unterscheidung zwischen konjunktureller und struktureller oder → natürlicher Arbeitslosigkeit ist dann nicht mehr sinnvoll. Es gibt auch keine konstante inflationsstabilisierende Arbeitslosenquote mehr.

I

Identitätsgleichung

Gleichung in ökonomischen und ökonometrischen Modellen, die eine definitorische oder postulierte Gleichheit der Größen auf beiden Seiten der Gleichung impliziert. So sind z.B. $Y = C + I + A_{st} + Ex ./. Im$ (Y = gesamtwirtschaftliche Güternachfrage, C = privater Konsum, I = Investitionen, A_{st} = Staatsausgaben, Ex = Export, Im = Import) oder $I = S$ (S = Sparvolumen) Identitätsgleichungen. In ökonometrischen Modellen sind die Koeffizienten einer Identitätsgleichung gegeben und müssen nicht geschätzt werden. Das Gegenteil hiervon ist eine → Verhaltensgleichung.

IMF

– International Monetary Funds –
→ Internationaler Währungsfonds

Imitator → Marktphasen

Immission

bezeichnet die Zuführung oder die Einwirkung von Stoffen auf die Umwelt. Immissionen sind für die Beurteilung von Umweltwirkungen von entscheidender Bedeutung, da abgegebene Schadstoffe in der Regel erst nach einem Veränderungsprozeß und Transport auf die Umwelt wirken. Zur Verringerung von Immissionen setzt die Umweltpolitik Grenzwerte für Emissionsbelastungen fest, bspw. durch die 1974 erlassene Technische Anleitung zur Reinhaltung der Luft (TA Luft) in Form von Werten für die maximale Schadstoffkonzentration. Das Bundesimmissionsschutzgesetz von 1974 verbietet generell von Industrieanlagen ausgehende schädliche Umwelteinwirkungen und schreibt für Industrieneubauten Anwendung des jeweiligen Standes der Technik für Umweltschutzmaßnahmen vor. Die Gewerbeaufsichtsämter überwachen die Einhaltung der Schutzvorschriften.

Imperialismus

nationale Macht- und Expansionsbestrebungen mit dem Ziel, andere Länder politisch, militärisch, wirtschaftlich oder kulturell zu beherrschen und damit abhängig zu machen bzw. gegebenenfalls auszubeuten (Beispiel: Kolonialismus). Nach dem → Marxismus, vor allem in der Interpretation von *Lenin*, gilt der Imperialismus als Endstufe des → Kapitalismus:

Import

Der entwickelte Monopol- und Finanzkapitalismus wird durch staatliche und militärische Maßnahmen zur Sicherung von Rohstoffen und Märkten gestützt. Es kommt zu andauernden Krisen, letztlich zum Zusammenbruch.

Import

aus dem Ausland bezogene Güter. Nach dem → Inlandskonzept werden nur die Importe von Waren und Dienstleistungen, nach dem → Inländerkonzept zusätzlich noch die → Erwerbs- und Vermögenseinkommen, die aufgrund von Faktorleistungen ans Ausland fließen, erfaßt.

Importkartell

soll ausländischen Anbietern den Zugang zum heimischen Markt der Kartellmitglieder erschweren und möglichst das Wirksamwerden von Importkonkurrenz verhindern. Vgl. auch → Markteintrittsschranken.

Importquote → Exportquote

Importsubstitution

Der Begriff der Importsubstitution kann in etwas unterschiedlicher Weise verwendet werden:
1. Bisher importierte Güter werden durch Güter ersetzt, die im Zuge der wirtschaftlichen Entwicklung nun im Inland selbst hergestellt werden können.
2. Der durch das → Wirtschaftswachstum entstehende Mehrbedarf wird durch eigene Produktion gedeckt, wodurch auf zusätzliche Importe ganz oder teilweise verzichtet werden kann.

Inaktives Geld → Geldfunktionen

Incentives

– auch als Anreizmechanismen bezeichnet – Mechanismen, die Wirtschaftssubjekte zu verstärkten ökonomischen Aktivitäten veranlassen. So macht etwa eine Marktpreiserhöhung oder eine Steuersenkung die Herstellung eines Gutes lukrativer, was dazu führen wird, daß die betreffenden Unternehmen ihre Produktion ausdehnen. Umgekehrt spricht man von disincentives, wenn bestimmte Maßnahmen (z. B. eine Steuererhöhung) die Wirtschaftsubjekte zur Einschränkung oder gar Aufgabe ihrer ökonomischen Aktivität (z. B. Ausübung einer Nebentätigkeit) veranlassen.

Index der Nettoproduktion

– kurz auch als Produktionsindex bezeichnet – monatliche Indexzahl, die die → Wertschöpfung im Produzierenden Gewerbe messen soll. Der Index der Nettoproduktion basiert auf über 1.000 Hilfsreihen für verschiedene Wirtschaftszweige und Güterarten, für die jeweils Produktionsmengen, preisbereinigte → Bruttoproduktionswerte, preisbereinigte Umsätze, geleistete Arbeitszeiten und Materialeinsätze ermittelt und in einem mehrstufigen Verfahren zu einem Gesamtindex zusammengefaßt werden. Der Index der Nettoproduktion gilt aufgrund der Darstellung der aktuellen Produktionsleistung im Produzierenden Gewerbe als besonders wichtiger → Konjunkturindikator.

Indexierung

Geldforderungen und -verbindlichkeiten, aber auch andere wirtschaftliche Sachverhalte (z. B. Tarifverträge) werden an die Geldwertentwicklung, die mit Hilfe eines Index als Bezugsgröße erfaßt wird, gebunden. Dieses Konzept ist vor allem für Volkswirtschaften mit relativ hohen Inflationsraten diskutiert worden. Gegen die Indexierung wird eingewandt, daß sie die Inflation zusätzlich beschleunigen kann. Vgl. auch → Lohn-Preis-Indexierung.

Indexzahl → Meßzahl

Indifferenzkurve

alle Mengenkombinationen verschiedener Güter, die einem Haushalt denselben → Nutzen stiften, und die er insofern als gleichwertig erachtet. In ihr spiegelt sich die Zielfunktion des → Optimalen Verbrauchsplans wider. Werden nur zwei Güter betrachtet, ordnet die Indifferenzkurve graphisch jeder Menge des einen Gutes die entsprechende des anderen zu. Bei kardinalen → Nutzenfunktionen kann die Indifferenzkurve durch Vorgabe eines bestimmten Nutzenniveaus ermittelt werden, bei ordinalen Nutzenfunktionen sind es alle Mengenkombinationen, zwischen denen der Haushalt keinen Unterschied in der Rangfolge machen kann. Für verschiedene Nutzenniveaus ergibt sich graphisch eine sogenannte Indifferenzkurvenschar (S. 270). Dabei stellt eine einzelne Indifferenzkurve ein umso höheres Nutzenniveau dar, je weiter sie vom Ursprung entfernt ist.

Indikator → Adäquationsproblem

Indikatorvariable → Bernoulli-Variable

Indirekte Kleinste-Quadrate-Methode

Schätzverfahren bei → Mehrgleichungsmodellen der → Regressionsanalyse. Sofern das Mehrgleichungsmodell identifizierbar ist, können die Parameter der „reduzierten Form" des Modells

Indirekte Steuern

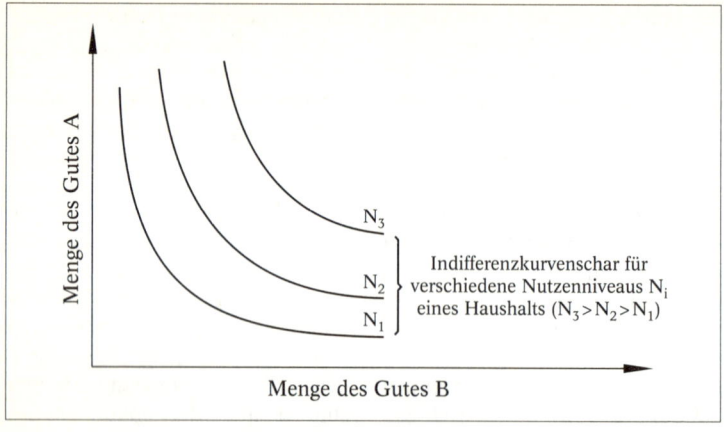

Indifferenzkurvenschar

mit der gewöhnlichen → Methode der kleinsten Quadrate geschätzt und dann in die Paramater der ursprünglichen Form „rückgerechnet" werden.

Indirekte Steuern

beim Produzenten erhobene → Steuern. Es sind dies die Produktionssteuern wie die Grund- und Grunderwerbsteuer, etwaige Gewerbe-, Kapitalverkehr- oder Versicherungssteuern sowie Kfz-Steuern, Getränke- und sonstige Verbrauchsteuern. Als indirekte Steuern gelten daneben der nicht als Vorsteuer abziehbare Teil der Umsatz- bzw. Mehrwertsteuer sowie die Einfuhrabgaben. Letztere beinhalten bspw. Zölle, „Abschöpfungs- und Währungsausgleichsbeträge" (beim Import landwirtschaftlicher Produkte) sowie Verbrauchsteuern auf Einfuhren wie die Kaffee- oder Tabaksteuer.

Individualgüter → Öffentliche Güter

Individualprinzip

ordnungspolitischer Grundsatz, nach dem die → Wirtschaftsordnung gemäß dem Ideal der uneingeschränkten Freiheit des einzelnen gegenüber der Gesellschaft und ihren Gruppen wie Organen (z. B. dem Staat) gestaltet wird. Das Individuum ist oberster Wert und Zweck des Handelns. Das Individualprinzip steht im Zentrum des → Liberalismus und der → Marktwirtschaft. Es steht im Gegensatz zum → Sozialprinzip.

Induktive Statistik → Statistik

Industrialisierung

volkswirtschaftlicher Prozeß, der durch eine deutliche Verlagerung der Produktion vom primären Sektor (Agrarbereich) zum sekundären Sektor (warenproduzierendes Gewerbe) gekennzeichnet ist. Die Produktion der Waren erfolgt dabei mit wachsendem Maschineneinsatz, die Größe der Produktionseinheiten steigt, es findet immer mehr → Arbeitsteilung statt.

Industrie- und Handelskammern (IHK)

Interessenvertretung der in ihr organisierten Gewerbetreibenden. Sie beraten öffentliche Organe, informieren in Wettbewerbsfragen, stellen die im internationalen Handel notwendigen Ursprungszeugnisse aus, fördern die gewerbliche Wirtschaft (z.B. durch Fortbildungszentren, Wirtschaftsförderungsgesellschaften, Beratung für Kleinbetriebe) und führen Maßnahmen zur Förderung und Durchführung der kaufmännischen und gewerblichen Berufsausbildung durch. Da sie dabei teilweise Aufgaben im öffentlichen Interesse wahrnehmen, sind sie den → Parafisci zuzuordnen.

Industrielle Revolution

Man versteht hierunter den grundlegenden gesellschaftlich-wirtschaftlichen Wandel, der durch die ökonomisch-technische und soziale Entwicklung im Zuge der Industrialisierung verursacht wurde. Als erste industrielle Revolution gilt die Zeit ab Ende des 18. Jh. Später markierte die einsetzende Automation den Beginn der sog. zweiten industriellen Revolution. Siehe auch → New Economy.

Industrieobligationen

festverzinsliche → Wertpapiere, die von Unternehmen des Industriesektors (im Gegensatz zu den → Bankschuldverschreibungen oder den → Anleihen der öffentlichen Hand) emittiert werden.

Industriepolitik

gezielte Beeinflussung der sektoralen Produktionsstruktur einer Volkswirtschaft durch den Staat. Sie ist Teil der → Strukturpolitik und zielt nicht auf die Volkswirtschaft als ganzes ab, sondern auf Teilbereiche (in der Regel Branchen). Ziele industriepolitischer Maßnahmen sind:
1. In bestimmten Wirtschaftszweigen ein Mindestmaß an inländischer Produktion aufrechterhalten. Dabei stehen in der Regel Aspekte der Versorgungssicherheit oder der militärischen Sicherheit im Vordergrund;.
2. Strukturelle Anpassungsprozesse sollen zeitlich gestreckt und in ihren Auswirkungen sozial abgefedert werden. Auch

Industriestatistik

hier stehen schrumpfende Branchen im Mittelpunkt, wobei es in erster Linie um die Erhaltung bedrohter Arbeitsplätze geht.
3. Zukunftsträchtige Produktionsbereiche sollen gestärkt werden.

Industriepolitische Instrumente setzen entweder bei den Produktionsbedingungen für Unternehmen im Inland oder den Absatzbedingungen gegenüber Konkurrenten aus dem Ausland an. Zu ersteren gehören vielfältige Formen von → Subventionen, entweder in Form von direkten → Finanzhilfen oder von Steuervergünstigungen, aber auch Ausfallbürgschaften und zinsgünstige Darlehen. Die Außenprotektion umfaßt vor allem Einfuhrzölle, Einfuhrkontingente und „freiwillige" Exportbeschränkungen. Bei der Beurteilung industriepolitischer Maßnahmen ist zu beachten, daß die Begünstigung einzelner Wirtschaftsbereiche immer eine (relative) Benachteiligung für alle anderen darstellt. → Subventionen führen darüber hinaus zu höheren → Staatsausgaben, die letztlich die nichtsubventionierten Wirtschaftsbereiche durch höhere Steuerbelastungen zusätzlich belasten können. → Zölle oder andere Handelshemmnisse führen häufig dazu, daß umgekehrt Exporte in andere Länder erschwert werden.

Industriestatistik → Statistik des Produzierenden Gewerbes

Inferentielle Statistik → Statistik

Inferiores Gut → Einkommenselastizität der Nachfrage

Inflation

anhaltender Anstieg des Preisniveaus, verbunden mit einem Rückgang der Kaufkraft des → Geldes. Nach dem Tempo, mit dem sich der Preisanstieg bzw. Geldwertverlust vollzieht, unterscheidet man zwischen schleichender, trabender und galoppierender Inflation (→ Hyperinflation). Exakte „Schwellenwerte" hierfür gibt es indes nicht. Neben der beschriebenen absoluten Inflation, die sich immer in einem Preisanstieg äußert, existiert die relative Inflation. Steigt beispielsweise aufgrund des technischen Fortschritts die → Produktivität schneller als die nominellen Faktorpreise und bleiben die Güterpreise unverändert, dann liegen diese über den „Kostenpreisen": bei kostenorientierter Preisbildung könnte das Preisniveau niedriger sein. Nach der Dauer des Inflationsprozesses ist zwischen einer chronischen, einer einmaligen oder einer vorübergehenden Inflation zu unterscheiden. Ein Preisniveauanstieg ist im allgemeinen die Folge einer Diskrepanz zwischen Angebot und

Nachfrage zu den bisher geltenden Preisen auf den Güter- oder Faktormärkten (→ inflatorische Lücke). Entsprechend der → Quantitätstheorie ist die (absolute) Inflation grundsätzlich Ausdruck eines Anstiegs der → Geldmenge pro Produkteinheit. Insofern ist die Inflation also stets ein monetäres Phänomen. Ihre konkreten Ursachen liegen typischerweise auf der Nachfrageseite (→ Nachfrageinflation) oder auf der Angebotsseite (→ Angebotsinflation). Die Existenz von Inflation steht in engem Zusammenhang mit den übrigen binnen- und außenwirtschaftlichen Zielen der → Wirtschaftspolitik. Vgl. → Inflationswirkungen.

Inflationsneutrale Arbeitslosigkeit

bezeichnet nach verbreiteter Auffassung das Arbeitslosigkeitsniveau, das nötig ist, um Inflation vermeiden zu können. Die Definition der inflationsneutralen Arbeitslosigkeit ähnelt der der natürlichen Arbeitslosigkeitsrate (→ natürliche Arbeitslosigkeit). Gegen diesen Ansatz richtet sich allerdings der Einwand, daß dadurch keinerlei Erklärung für das Entstehen eines solchen Arbeitslosigkeitsniveau gegeben wird.

Inflationsstabilisierende Arbeitslosenquote → Non-Accelerating Inflation Rate of Unemployment

Inflationssteuer

In Höhe der (positiven) Inflationsrate wird die nominale Kassenhaltung der → Wirtschaftssubjekte ständig entwertet. Unter der Annahme, daß diese eine bestimmte reale → Geldmenge zu halten wünschen, werden sie deshalb stets zusätzliches → Geld in Höhe des Produktes aus Inflationsrate (Steuersatz) und realer Geldmenge (Bemessungsgrundlage) nachfragen. Aus diesem Grund kann die Notenbank die nominale → Geldbasis mit einer konstanten Wachstumsrate ausdehnen, ohne eine beschleunigte Inflation zu bewirken.

Inflationswirkungen

Die Auswirkungen der → Inflation hängen in ihrer Tragweite maßgeblich davon ab, inwieweit sich in der betroffenen → Volkswirtschaft bereits Abwehrmechanismen gebildet haben. Auch bei vollständig antizipierter Inflation verbleiben die Wirkungen der → Inflationssteuer und die Kosten der laufenden Preisanpassung. Als Folge der Besteuerung kommt es zur → kalten Progression. Das → Nominalwertprinzip sowie die Besteuerung der (inflationsbedingten) „Scheingewinne" bewirken einen zusätzlichen Ressourcentransfer von den Privaten zum Staat. Inflation verstärkt daneben den von → Steuern vielfach ausgehenden verzerrenden Effekt

Inflatorische Lücke

(„Excess Burden"). Aus der Abzugfähigkeit der Fremdkapitalzinsen resultiert eine Benachteiligung der Eigenfinanzierung. Die höhere Steuerbelastung begünstigt außerdem die Freizeit gegenüber der Arbeitszeit und den Konsum gegenüber dem Sparen. Dies führt in der Tendenz zu einem Rückgang des offiziellen Arbeitsangebots und der → Ersparnis. Im Falle der nicht antiziperten Inflation ist weiterhin mit Verschiebungen zwischen Lohnbeziehern und → Unternehmen (→ Lohnlag-Hypothese) sowie zwischen Gläubigern und Schuldern (→ Gläubiger-Schuldner-Hypothese) zu rechnen. Die Änderung der Einkommens- und Vermögensverteilung betrifft auch Rentner, wenn deren nominellen Bezüge nicht vollständig angepaßt werden. Inflation, die nicht antizipiert werden kann, erhöht die Unsicherheit. Eine Folge davon sind steigende Transaktionskosten (da ständig neu über Löhne und Kredite verhandelt werden muß und sich die Kontraktlaufzeiten verkürzen). Die Informationseffizienz des Preissystems verringert sich, so daß gesamtwirtschaftlich die Gefahr von Fehlallokationen zunimmt. Daraus können sich Wachstums- und Strukturprobleme ergeben.

Inflatorische Lücke

gesamtwirtschaftliche Situation, in der die monetäre Gesamtnachfrage das gesamte Güterangebot (bewertet zu gegebenen Preisen) übersteigt. Eine derartige Lücke kann außer auf den → Märkten für produzierte Güter auch auf den Märkten für → Produktionsfaktoren existieren. Mit *B. Hansen* kann man deshalb zwischen einer Güterlücke und einer Faktorlücke unterscheiden. Bei freier Preisbildung wird eine inflatorische Lücke durch einen Anstieg der Güter- bzw. Faktorpreise geschlossen. Parallel dazu kommt es evtl. zu einer (multiplikativen) Ausdehnung der Produktion und der Beschäftigung (bzw. allgemein des Faktoreinsatzes).

Informationsökonomik

analysiert strategische Entscheidungen von Individuen und die Funktionsweise von Märkten unter Berücksichtigung der Tatsache, daß Wirtschaftssubjekte in der Regel keine vollständige Information besitzen und daß die Informationsbeschaffung, soweit sie möglich ist, mit Kosten verbunden ist.

Infrastruktur

– auch als Sozialkapital, Sozialvermögen oder social overhead capital bezeichnet – Bereitstellung grundlegender Einrichtungen, die eine wirtschaftliche Tätigkeit ermöglichen. Das Niveau der Infrastruktur hat einen starken Einfluß auf den Entwicklungsstand und

das Produktionsniveau eines Landes. Die Bereitstellung von Infrastruktur ist mit hohen Investitionskosten verbunden und wird überwiegend vom Staat vorgenommen. Man unterscheidet:
1. Materielle Infrastruktur, alle Anlagen, Ausrüstungen und Betriebsmittel in einer Volkswirtschaft zur Energieversorgung, Verkehrsbedienung und Nachrichtenübermittlung sowie zur Erhaltung und Nutzung natürlicher → Ressourcen (v. a. Wasserwirtschaft), außerdem Gebäude und Einrichtungen im Bereich der staatlichen Verwaltung, Ausbildung, Forschung, des Gesundheits- und Fürsorgewesens, der Kultur, der Erholung und des Sports.
2. Institutionelle Infrastruktur, alle gewachsenen und gesetzten Normen, Einrichtungen und Verfahrensweisen einer Gesellschaft.
3. Personelle Infrastruktur, alle geistigen, unternehmerischen, handwerklichen und sonstigen Fähigkeiten (→ Humankapital).

In der Regel wird die Infrastruktur über die staatlichen Haushalte durch → Steuern, → Beiträge, → Gebühren und Kredit finanziert. Insbesondere in den neuen Bundesländer und angesichts der Finanzierungsengpässe der öffentlichen Haushalte gewinnen Sonderformen der Finanzierung an Bedeutung:
- Finanzierungsleasing, bei dem zwischen den Hersteller und den Nutznießer eines Investitionsobjektes eine Leasinggesellschaft tritt;
- Fonds-Finanzierung über einen geschlossenen Immobilienfonds mit privatem Anlagekapital für öffentliche Infrastruktur;
- Betreibergesellschaften werden vor allem für kommunale Infrastrukturprojekte mit privatem Kapital gegründet. Diese Gesellschaften errichten und betreiben das Investitionsobjekt in eigenem Namen und für eigene Rechnung in Abstimmung mit der Gemeinde. Die Forderungen der Gesellschaft gegenüber der Gemeinde werden an ein Bankinstitut abgetreten (Factoring) und der Schuldendienst durch die Gemeinde konventionell finanziert.
- Objekt- bzw. Projektgesellschaften werden von öffentlichen Unternehmen gegründet. Mit ihrer Hilfe wird ein Miet- oder Pachtvertrag zwischen öffentlichem Unternehmen und der Gesellschaft zur Nutzung des Investitionsobjektes abgeschlossen Miet-Forfaitierung liegt dann vor, wenn die Mietforderungen der Objektgesellschaft gegenüber dem öffentlichen Träger von einem Kreditinstitut eingekauft werden.

Initialisierung → Exponentielles Glätten

Inländer

Inländer

natürliche Personen mit ständigem Wohnsitz bzw. Aufenthaltsort im Inland sowie alle anderen → Wirtschaftssubjekte, deren wirtschaftlicher Schwerpunkt im Inland liegt. Beispielsweise gelten in Deutschland ansässige ausländische Banken als Inländer. Nicht zu den Inländern zählen indessen Angehörige ausländischer Streitkräfte und diplomatischer und konsularischer Vertretungen.

Inländerkonzept

Zuordnungsregel für → ökonomische Transaktionen zur Gesamtheit der → Inländer. Dabei werden den Inländern auch die → Einkommen zugerechnet, die bspw. durch „Auspendler", im Ausland erwirtschaftet wurden. Die entsprechende Gütergesamtheit heißt Inländer- oder → Sozialprodukt. Beim → privaten Konsum besagt das Inländerkonzept, daß sämtliche, auch die im Ausland getätigten, Käufe der inländischen → privaten Haushalte gerechnet werden.

Inlandskonzept

Zuordnungsregel für → ökonomische Transaktionen, nach der sämtliche innerhalb der Landesgrenzen entstandenen → Einkommen erfaßt werden. Die entsprechende Gütergesamtheit bildet das → Inlandsprodukt. Beim → privaten Konsum besagt das Inlandskonzept, daß sämtliche Käufe inländischer und ausländischer → privater Haushalte bei Anbietern im Inland gerechnet werden.

Inlandsprodukt

Gesamtwert der innerhalb der Landesgrenzen erbrachten → Wertschöpfung. Zugrunde liegt das → Inlandskonzept. In der → Sozialproduktsrechnung wird zwischen dem Brutto- und Nettoinlandsprodukt zu Marktpreisen bzw. dem Nettoinlandsprodukt zu Faktorkosten unterschieden, welches jeweils (nominal) zu laufenden oder (real) zu konstanten Preisen gemessen wird. Subtrahiert man vom Inlandsprodukt die ins Ausland abfließenden und addiert die aus dem Ausland zufließenden → Erwerbs- und Vermögenseinkommen, so ergibt sich das → Sozialprodukt.

Innengeld

von *J. G. Gurley* / *E. S. Shaw* eingeführte Bezeichnung in Abgrenzung zu → Außengeld. Innengeld (Inside-Money) entsteht durch → Geldschöpfung, die auf einer entsprechenden Verschuldung der privaten → Wirtschaftssubjekte beruht. Dies trifft normalerweise auf den größten Teil der → Geldmenge zu. Demnach wäre diese nicht zum Nettovermögen einer → Volkswirtschaft zu rechnen.

Innovation

erstmalige gewerbliche Nutzung von Erfindungen. Innovation ist ein wesentlicher Aspekt des → technischen Fortschritts. Die Dynamik mit der sich Innovationen in der Wirtschaft durchsetzen, hängt von institutionellen Faktoren (z. B. Patentrecht, Wettbewerb), soziologischen und sozialpsychologischen Faktoren ab. Nach *J. A. Schumpeter* kann ist der Begriff weit gefaßt werden und beinhaltet:
- neue Produkte,
- neue Produktionsprozesse,
- neue Märkte,
- neue Rohstoffquellen,
- neue Methoden der Markterschließung,
- neue Organisationastrukturen.

Innovationsförderung → Technologiepolitik

Innovator → Marktphasen

Input

Der Begriff Input wird zum einen sehr allgemein, zum anderen speziell verwendet:
1. Begriff für alle Güter und Leistungen, die in den Produktionsprozeß eingehen oder ihn beeinflussen.
2. In der → Volkswirtschaftlichen Gesamtrechnung und der → Input-Output-Analyse faßt man als Input den Wert aller Produktionsaufwendungen zusammen.

Input-Output-Analyse

von *W. Leontief* entwickeltes Analyseschema, dessen Grundlagen er bereits mit seiner Dissertation 1928 legte und für die er 1973 den Nobelpreis erhielt. Die Input-Output-Analyse befaßt sich mit dem Verhältnis zwischen dem Einsatz von → Produktionsfaktoren und den Endprodukten sowie mit den Beziehungen zwischen den einzelnen Wirtschaftsbereichen. In der viele Spalten und Zeilen umfassenden Matrix, deren Methodik Leontief immer weiter verfeinerte, kann man beispielsweise ablesen, wieviele Waren die Landwirtschaft in einem bestimmten Jahr an die Lebensmittelindustrie geliefert hat. Die Methode ermöglicht zum einen eine exakte Beschreibung der Wirtschaftsstruktur, erlaubt aber auch Prognosen über die tendenzielle Wirkung von wirtschaftspolitischen Eingriffen. So läßt sich etwa ermitteln, wie eine gesunkene Nachfrage nach Autos – bedingt durch eine höhere Kraftfahrzeugsteuer – auf die Nachfrage bei Stahlerzeugern, Textilindustrie, Reifenherstellern und anderen Zulieferern wirkt. Weltweit bekannt geworden ist Leontiefs 1941 veröffentlichte Untersuchung „The Structure of American Economy 1919–1939". Sie be-

Input-Output-Rechnung

schreibt die Beziehungen in der amerikanischen Wirtschaft mit Hilfe einer Matrix. Bei seinen Forschungen entdeckte Leontief auch das sogenannte Leontief-Paradoxon: Die hochtechnologisch geprägten Vereinigten Staaten exportierten 1947 vor allem arbeitsintensive Güter.

Input-Output-Rechnung

Darstellung der liefer- und leistungsmäßigen Verflechtung zwischen den → Branchen oder → Sektoren einer → Volkswirtschaft anhand einer Matrixtabelle. Auf ihrer Grundlage können im Rahmen der → Input-Output-Analyse die Auswirkungen von Änderungen der → gesamtwirtschaftlichen Endnachfrage auf die Produktion der einzelnen Branchen bzw. Sektoren und den Einsatz der → Produktionsfaktoren prognostiziert werden.

Inside-Money → Innengeld

Insider-Outsider-Theorien

→ Arbeitsmarkttheorien, die auf einen möglichen Interessenskonflikt zwischen beschäftigten Arbeitnehmern (Insidern) und Arbeitslosen (Outsidern) abstellen. Danach genießen die Insider gegenüber den Outsidern den entscheidenden Vorteil, daß sie über betriebsspezifische Qualifikationen verfügen. Dieser Qualifikationsvorteil und die Möglichkeit, Neueinzustellende (Entrants) durch mangelnde Kooperation zu schikanieren, verschaffen den Insidern eine gewisse Verhandlungsmacht bei den Lohnverhandlungen mit den Unternehmen. Während die Outsider ein Interesse daran haben, einen Arbeitsplatz zu finden, wollen die Insider eher die Zahl der Mitarbeiter im jeweiligen Betrieb gering halten, um die → Grenzproduktivität der eigenen Arbeit und damit ihre Löhne hochzuhalten. Obwohl die Outsider ihre Arbeitskraft billiger anbieten als die Insider, bevorzugen die Unternehmen wegen der bereits vorhandenen betriebsspezifischen Qualifikation bzw. hoher Einarbeitskosten tendenziell die Insider. Sie betreiben also keinen Lohnwettbewerb, sondern akzeptieren den mit den Insidern ausgehandelten Lohnsatz und passen ihre Arbeitsnachfrage mengenmäßig an die Güternachfrage an. Der Lohnsatz wird jedoch aufgrund der Verhandlungsmacht der Insider über dem zur Vollbeschäftigung notwendigen Niveau liegen, so daß wie bei den → Effizienzlohntheorien eine Art → Mindestlohnarbeitslosigkeit entsteht, die jedoch für die davon betroffenen Outsider unfreiwilligen Charakter hat. Die Existenz von Gewerkschaften verschärft die Problematik nach Ansicht der Insider-Outsider-Theorien sogar noch, weil auf Wiederwahl bedachte Gewerkschaftsfunktionäre

Insider-Interessen stärker vertreten als die Interessen von Outsidern, die zudem typischerweise einen weitaus niedrigeren Organisationsgrad aufweisen. Bedeutsame wirtschaftspolitische Implikationen der Insider-Outsider-Theorien sind Forderungen nach Deregulierung des Arbeitsmarkts, insbesondere nach Abbau des Kündigungsschutzes und der verstärkten Einführung von befristeten Arbeitsverträgen, um die „Insider-Macht" zu reduzieren. Die Kritik an diesen Ansätzen konzentriert sich auf die Annahmen hinsichtlich des Insiderverhaltens. Dieses muß nämlich keineswegs schikanös sein, sondern kann durchaus solidarisch mit den Outsidern sein, wie z. B. die Forderung von Gewerkschaften nach Arbeitszeitverkürzungen oder deren Teilnahme an gemeinsamen Gremien wie z. B. der → Konzertierten Aktion zeigen.

Insolvenzgeld

im → Arbeitsförderungsgesetz noch als Konkursausfallgeld bezeichnete, im Rahmen der → Arbeitslosenversicherung gewährte, zeitlich begrenzte → Lohnersatzleistung zur Sicherung zurückliegender Entgeltansprüche von → Arbeitnehmern beim Konkurs ihres → Arbeitgebers. Die Höhe des Konkursausfallgeldes entspricht dem ausstehenden Nettoverdienst des Arbeitnehmers und gegebenenfalls den Beiträgen zu den → Sozialversicherungen.

Institut für Arbeitsmarkt- und Berufsforschung
→ Bundesanstalt für Arbeit

Institutionalistische Arbeitsmarkttheorien

→ Arbeitsmarkttheorien, die im Gegensatz zu den neoklassisch geprägten Arbeitsmarkttheorien (Basismodell der → neoklassischen Arbeitsmarkttheorie, → Such-, → Kontrakt-, → Effizienzlohn- und → Humankapitaltheorien) die Bedeutung der institutionellen Rahmenbedingungen und Besonderheiten des → Arbeitsmarkts für dessen Funktionsweise herausheben. Dadurch wird die Rolle des Lohnsatzes als Steuerungsmechanismus, auf den die neoklassischen Ansätzen abstellen, deutlich relativiert. Die wichtigsten institutionalistischen Arbeitsmarkttheorien sind die → Segmentationstheorien; aber auch die → Insider-Outsider-Theorien können, soweit sie die Existenz von Gewerkschaften einbeziehen, zu dieser Gruppe hinzugezählt werden.

Integration

Unter Integrationsprozeß versteht man alle Maßnahmen, die Behinderungen im Wirtschaftsverkehr zwischen Regionen oder Länder abbauen sollen. Je nach der erreichten Integrationsstufe unterscheidet man:
1. Präferenzone: die Mitgliedsländer vereinbaren für Pro-

dukte, die sie voneinander beziehen, niedrigere → Zölle;
2. Freihandelszone: die Mitgliedsländer verzichten auf → Zölle und → Kontingente legen jedoch gegenüber Drittländern noch keinen gemeinsamen Außenzoll fest.;
3. Zollunion: neben Freihandel zwischen den Mitgliedstaaten wird ein gemeinsamer Außenzoll gegenüber Drittländern festgelegt;
4. → Gemeinsamer Markt: über die Zollunion hinaus werden Beschränkungen für die Mobilität der Produktionsfaktoren aufgehoben;
5. Wirtschaftsunion: zusätzlich zum Gemeinsamen Markt wird die Harmonisierung der nationalen Wirtschaftspolitik angestrebt;
6. vollständige wirtschaftliche Integration: ist erreicht, wenn eine gemeinsame → Geld-, → Finanz- , → Stabilitäts- und Sozialpolitik betrieben wird und supranationale Behörden mit für die Mitgliedstaaten bindenden Befugnissen geschaffen worden sind.

Interamerikanische Entwicklungsbank (IDB)

Die Inter-American Development Bank (IDB) stellt eine ausschließlich regional ausgerichtete, wirtschaftliche Selbsthilfeorganisation für den lateinamerikanischen Wirtschaftsraum dar. Sie wurde 1959 gegründet und hat ihren Sitz in Washington D.C. (USA). 25 lateinamerikanische, 17 europäische und asiatische Länder sowie die USA und Kanada entsenden als Mitgliedsstaaten je einen Vertreter in den Gouverneursrat, dem obersten Organ der IDB. Das Direktorium ist für die Abwicklung der allgemeinen Geschäftstätigkeit zuständig; von den Direktoren werden lediglich zwei von den nichtregionalen Mitgliedsländern gewählt. Der Präsident der Bank wird vom Gouverneursrat gewählt, ist dem Direktorium verantwortlich, leitet den Mitarbeiterstab und führt die laufenden Geschäfte. Deutschland ist der IDB 1976 beigetreten. Die zentrale Aufgabe der IDB besteht darin, den lateinamerikanischen Wirtschaftsraum mit Entwicklungskrediten zu bedienen, um dadurch die wirtschaftliche Entwicklung zu unterstützen und das wirtschaftliche Zusammenwachsen der lateinamerikanischen Staaten zu stärken. Die IDB ist neben ihrer Kreditvergabetätigkeit auch beratend für ihre wirtschaftlich unterentwickelten Mitgliedsländer tätig. Grundsätzlich soll sie die Entwicklungsbemühungen der Weltbank unterstützen, spezielles, regionales Know-how einbringen und gezielt regionalen Organisationen zur Seite stehen. 1997 wurden für 92 Projekte Kredite zu marktnahen Zinsen mit einem Volumen von 5,6 Mrd. US-$ zugesagt.

Internationale Bank für Wiederaufbau und Entwicklung (IBRD)

Interamerikanische Investitionsgesellschaft (IIC)

Die Interamerikanische Investitionsgesellschaft (IIC) nahm 1989 ihre Tätigkeit auf, Deutschland war Gründungsmitglied. Die IIC hat die Aufgabe, private Unternehmen in lateinamerikanischen und karibischen Entwicklungsländern durch Übernahme von Beteiligungen und Gewährung von Krediten zu fördern. 1997 beteiligte sich die IIC mit 150 Mio. US-$ an 25 Projekten.

Internalisierung externer Effekte
→ Externe Effekte

Internationale Bank für Wiederaufbau und Entwicklung (IBRD)

Die International Bank for Reconstruction and Development (IBRD) ist eine Institution der Weltbankgruppe. Die Gründung der → Weltbank wurde 1944 bei der Währungskonferenz der Vereinten Nationen in Bretton Woods (USA) beschlossen. Die Bank nahm 1946 ihre Geschäftstätigkeit auf, Deutschland gehört ihr seit 1952 an. Zur Zeit haben 182 Länder Kapitalanteile von insgesamt 182,4 Mrd. US-$ gezeichnet. Der deutsche Anteil beträgt knapp 5%. Sie hat ihre Hauptaufgabe darin, den wirtschaftlichen Fortschritt in den Entwicklungsländern durch gezielte Finanzierungsmaßnahmen zu fördern. Als Darlehensnehmer kommen für die IBRD all jene Länder in Betracht, deren Kapitaldienstfähigkeit – nach einer sorgfältigen Bonitätsprüfung durch die Bank – gesichert zu sein scheint. Die Kreditwürdigkeit des Schuldnerlandes ist damit zentrales Kriterium für eine Kreditvergabe durch die IBRD. Die Refinanzierung der Bank erfolgt größtenteils in Form von Mittelaufnahmen an den internationalen Finanzmärkten. Traditionell werden mittel- und langfristige Anleihen mit festen Zinssätzen begeben. Kurzfristige Gelder werden über „Short-term-Discount Notes", „Floating Rate Notes" und „Zentralbankfazilitäten" aufgebracht. Einen weiteren bedeutenden Finanzierungsbaustein stellen die Rückflüsse aus früher ausgelegten Darlehen dar. Das Grundkapital spielt als Finanzierungsquelle dagegen keine bedeutende Rolle. Nur 2% der gezeichneten Kapitalanteile sind in US-$ und 18% in Landeswährung einzuzahlen. Darlehensnehmer sind grundsätzlich die Regierungen der Mitgliedsländer. Die Mittelverwendung muß für Projekte erfolgen, die wirtschaftlich und technisch einwandfrei und von hoher Priorität für die wirtschaftliche Entwicklung der Schuldnerländer sind. Daneben spielt bei der Auswahl der Schuldnerländer deren Kapitaldienstfähigkeit eine zentrale Rolle. Die Laufzeit der Darlehen liegt zwischen 15 und 20 Jahren. 1997 gab die Weltbank

Internationale Entwicklungsorganisation (IDA)

Darlehen in Höhe von rd. 14,5 Mrd. US-$ zur Finanzierung von 141 Projekten und Programmen.

Internationale Entwicklungsorganisation (IDA)

Die International Development Agency (IDA) ist eine Institution der Weltbankgruppe (→ Weltbank). Ihre Aufgabe ist es, den Ländern finanzielle Hilfen zukommen zu lassen, die den Bonitätsanforderungen der IBRD nicht genügen. Die IDA wurde gegründet, damit die Kreditwürdigkeit der IBRD nicht gefährdet wird. Bei der Auswahl der Schuldnerländer werden weit niedrigere Bonitätskriterien angelegt. Entscheidende Voraussetzung für die Kreditgewährung der IDA ist nämlich, daß sich das Schuldnerland trotz vernünftiger Wirtschafts- und Finanzpolitik nicht stärker durch Fremdwährungsdarlehen zu marktüblichen Bedingungen verschulden kann. Die IDA konzentriert dabei ihre finanziellen Hilfen auf die besonders bedürftigen Entwicklungsländer (Least Devellopped Countries). Als Kriterium gilt u.a. das Pro-Kopf-Einkommen eines Landes, das z.B. zur Zeit nicht über 925 US-$ im Jahr liegen darf. Die IDA vergibt ihre Kredite zinslos mit einer Laufzeit von 35–40 Jahren bei zehn tilgungsfreien Anfangsjahren und orientiert sich in ihrer Aktivstruktur weitgehend an der IBRD. Es wird eine Kostenpauschale von 0,75% berechnet und eine Bereitstellungsgebühr von bis zu 0,5%. Bezüglich ihrer Refinanzierung ist die IDA auf Zuschüsse der IBRD und auf Kapitaleinlagen ihrer Mitgliedsländer angewiesen. Von zentraler Bedeutung für die Arbeit der IDA – wie auch der IBRD – ist der Grundsatz, daß durch die Kreditgewährung lediglich die in Fremdwährung zu leistenden Zahlungen eines Projektes finanziert werden sollen. Eine internationale Ausschreibung ist obligatorisch und die Auftragsvergabe ist von der Genehmigung durch die IDA bzw. die IBRD abhängig. Die finanziellen Mittel fließen dadurch den Mitgliedsstaaten wieder zu, da nur diese lieferberechtigt sind.

Internationale Finanzierungs-Gesellschaft (IFC)

Die International Finance Corporation (IFC) ist eine Institution der Weltbankgruppe (→ Weltbank). Rechtlich und finanziell sind IFC und die → Internationale Bank für Wiederaufbau und Entwicklung (IBRD) getrennte Organisationen. Die IFC hat eigenes Personal, sie nimmt aber die Dienste der IBRD im administrativen Bereich in Anspruch und arbeitet im Bereich der Förderung der Privatwirtschaft eng mit der IBRD zusammen. Da die IBRD und die IDA ihre Darlehen nur an Regierungen als Kreditnehmer vergeben, entstand in den Entwicklungsländern der Bedarf einer direkten finanziellen Förderung privater Investitionen. Zu diesem Zweck wurde die IFC gegründet. Neben der Kreditgewährung ist auch die direkte Beteiligung der IFC am Eigenkapital privater Unternehmen möglich, es werden technische Hilfestellungen gewährt und die Managementausbildung gefördert. Die IFC refinanziert sich überwiegend über Kapitaleinlagen ihrer 172 Mitgliedsländer (Grundkapital ca. 2,5 Mrd. US-$), durch Kreditgewährungen der IDBR, durch Kreditaufnahmen an den internationalen Kapitalmärkten und durch die erwirtschafteten Gewinne. Die Zinssätze werden durch die Kapitalmarktkonditionen unter besonderer Berücksichtigung der Geschäftsrisiken jeweils frei vereinbart. 1% Bearbeitungsgebühr fallen ebenso an wie 1% Bereitstellungsgebühr. Die Laufzeit der Darlehen beträgt maximal 12 Jahre.

Internationaler Konjunkturzusammenhang

Bezeichnung für die Übertragung von Einkommensschwankungen zwischen In- und Ausland. Besonders im Falle fester → Wechselkurse existiert die Vorstellung, daß hinsichtlich der Beschäftigungsentwicklung Paralleleffekte bestehen. Zurückgeführt wird dies auf den sog. Einkommensmechanismus: Steigende → Einkommen in einem Land führen dort zu erhöhten → Importen, die ihrerseits → Exporte und damit expansive Einkommenseffekte, d. h. einen Konjunkturaufschwung in den Handelspartnerländern auslösen. Diese Argumentation läßt indes die Kapitalverkehrs- und Geldmengeneffekte sowie die sich daraus ergebende Zinsentwicklung unberücksichtigt. Aber auch im Falle flexibler Wechselkurse kann sich eine Volkswirtschaft vor internationalen Konjunkturübertragungen nicht völlig schützen. Eine totale Abschirmung würde voraussetzen, daß sich der frei am Markt bildende Wechselkurs stets so einstellt, daß sich Export- und Importnachfrage gerade entsprechen. Käme es unter diesen Bedingungen nämlich zu einem Einkommensanstieg und in der Folge zu vermehrter Importnachfrage im Ausland, so würde sich die ausländische Währung in dem Maße abwerten, bis Ex- und Importwert gleich hoch wären. Es resultierte dann keine Änderung des → Außenbeitrages und damit auch kein Nachfrageeffekt. *Laursen* und *Metzler* haben indes gezeigt, daß in einer solchen Situation dennoch eine Beeinflussung des Inlandes möglich ist, die allerdings konträr verläuft: Bei unendlichen Angebotselastizitäten führte die Abwertung der ausländischen Währung zu einer Verbesserung der inländischen → terms of trade, so daß sich das reale Inlandseinkommen erhöht. Reagiert nun die heimische → Absorption nur unterproportional auf diese Realeinkommenserhöhung, so wäre aufgrund des verbesserten Austauschverhältnisses mit dem Ausland nur noch eine geringere inländische Produktion erforderlich, um den Inlandsanteil an der heimischen Absorption und die Exportnachfrage zu befriedigen. Steigendes Einkommen im Ausland würde also zu einem sinkenden Einkommen im Inland führen. Von größerer praktischer Bedeutung als der *Laursen-Metzler*-Effekt dürfte jedoch für den internationalen Konjunkturzusammenhang bei flexiblen Wechselkursen der Einfluß des internationalen Kapitalverkehrs auf den Wechselkurs und damit auch auf den Leistungsbilanzsaldo sein. Vgl. auch → Lokomotivtheorie.

Internationaler Preiszusammenhang

auf international verflochtenen → Märkten auftretende Tendenz zum internationalen Ausgleich der Güterpreise mit der Wirkung einer → importierten Inflation. Es sind (mindestens) zwei Arten des Inflationsimports, d.h. der Anpassung des Binnenpreisniveaus an höhere ausländische Inflationsraten, möglich. Der erste Kanal ist saldenmechanisch erklärbar: Preissteigerungen im Ausland erhöhen die inländischen → Exporte, führen tendenziell zu Überschüssen in der → Leistungsbilanz (Nachfrageanstieg) und – zumindest bei festen → Wechselkursen – zu einer Erhöhung der inländischen → Geldmenge. Zweitens kann der Inflationsimport auch auf direktem Wege zustande kommen. Unabhängig vom Saldo der Leistungsbilanz wird in diesem Falle die → Inflation auf das Inland übertragen, da inländische Unternehmen bei steigenden Weltmarktpreisen im Export höhere Erlöse erzielen, aber für Importgüter auch höhere Preise zahlen müssen. Man spricht hierbei auch vom sog. direkten internationalen Preiszusammenhang.

Internationaler Währungsfonds (IWF)

Das IWF-Übereinkommen wurde im Juli 1944 auf der Konferenz von Bretton Woods (USA) von damals 45 Nationen unterzeichnet. Zur Zeit gehören dem – zwischenzeitlich mehrmals überarbeiteten – Abkommen 182 Staaten an. Das IWF-Abkommen entwickelte sich in den letzten Jahrzehnten zur bedeutendsten internationalen Organisation auf den Gebieten der weltweiten Währungspolitik und des zwischenstaatlichen Zahlungsverkehrs. Der Gouverneursrat bildet das oberste Organ des IWF. Er ist für alle Grundsatzentscheidungen, wie z.B. die Aufnahme neuer Mitglieder und die Zuteilung von Sonderziehungsrechten (SZR), verantwortlich. Jedes Mitgliedsland entsendet einen Vertreter in

Internationaler Währungsfonds (IWF)

den Gouverneursrat; dabei handelt es sich i. d. R. um den Finanzminister oder Zentralbankpräsidenten. Einmal jährlich tagt der Gouverneursrat im Rahmen seiner Jahresvollversammlung. Abstimmungen erfolgen mit einfacher Mehrheit, wobei sich das Stimmengewicht eines Landes von der Höhe der jeweiligen finanziellen Beteiligung am IWF ableitet. Die USA besitzen z. B. einen Stimmenanteil von 19%, die EU-Staaten zusammen 28%, davon Deutschland knapp 6%, Japans Anteil ist gleich hoch wie der Deutschlands. Die Summe der Mitgliedsquoten beträgt rd. 145 Mrd. SZR. Das aus 22 Exekutivdirektoren bestehende Exekutivdirektorium führt die laufenden Geschäfte. Sechs Direktoren werden von den Ländern mit den höchsten finanziellen Beteiligungen am IWF ernannt, die übrigen sechzehn Direktoren werden im zwei-Jahres-Turnus von den übrigen Mitgliedern gewählt. Abstimmungen im Exekutivdirektorium erfolgen in der Praxis selten. In der Regel wird durch Verhandlungen bereits im Vorfeld eine für alle Beteiligten tragbare Lösung gefunden. Der geschäftsführende Direktor wird als Leiter des gesamten Mitarbeiterstabes des IWF alle fünf Jahre vom Exekutivdirektorium gewählt. Zu bestimmten Sachfragen setzt der Gouverneursrat Ausschüsse ein, die aufgrund ihrer teilweise politisch hochkarätigen Besetzung bedeutende Meinungsbildungsgremien darstellen. Zu den Prinzipien bzw. Aufgaben des IWF zählen:

- Subskription der Mitgliedsländer: Jedes Mitgliedsland erhält nach seiner wirtschaftlichen Bedeutung eine bestimmte Quote zugeteilt. Diese Quote bestimmt die Höhe der Einzahlungsverpflichtung (Subskription) des jeweiligen Landes. Ein Viertel der Einzahlung kann in Sonderziehungsrechten (SZR), in fremder oder eigener Währung erfolgen, der Rest jeweils in Landeswährung. Die Quoten werden alle fünf Jahre überprüft und der wirtschaftlichen Entwicklung der Mitgliedsländer angepaßt. Die Subskription stellt das bedeutendste Finanzierungselement des IWF dar.
- Verkauf von SZR durch den IWF: Die Mitglieder des IWF sind verpflichtet, die eigene Landeswährung – bis zu einem bestimmten Höchstbetrag – gegen SZR an den IWF zu verkaufen.
- Kreditaufnahme des IWF bei seinen Mitgliedsländern: Die Mitgliedsländer des IWF können dem Fonds auf freiwilliger Basis Kredite zur Verfügung stellen.
- Kreditaufnahme des IWF an den internationalen Finanzmärkten: Diese Finanzierungsmöglichkeit steht dem IWF gemäß den Statuten zwar offen, wurde aber in der Praxis noch nie angewandt.

Internationaler Währungsfonds (IWF)

- Sonderziehungsrechte: Sonderziehungsrechte stellen ein vom IWF geschaffenes Medium dar, mit dem Währungsreserven auf der Grundlage internationaler Verträge entstehen können. Es handelt sich um eine Art künstlicher Reservewährung des Weltwährungssystems, mit deren Hilfe Liquiditätsengpässe verhindert werden sollen. SZR werden den jeweiligen Mitgliedsländern analog zu ihrer IWF-Quote zugeteilt und begründen das Recht, die SZR jederzeit gegen benötigte Währungen zu verkaufen. Somit besteht für die Mitglieder des SZR-Systems die Verpflichtung, jederzeit SZR anderer Teilnehmer – bis zu einer bestimmten Obergrenze – gegen eigene Währung anzukaufen. Eigentümer von SZR können grundsätzlich nur der IWF selbst und die Währungsbehörden der Mitgliedsstaaten sein. Zwischen diesen Teilnehmern am SZR-System können SZR als Zahlungsmittel z. B. für die Kreditbedienung bzw. -rückzahlung oder für Subskriptionszahlungen eingesetzt werden. Da SZR nur von Zentralbanken und dem IWF gehalten werden dürfen, scheidet ein Handel am Devisenmarkt und damit eine Bewertung der SZR über Angebot und Nachfrage aus. Die SZR werden deshalb als Durchschnittswert (gegenüber dem US-$) der wichtigsten Weltwährungen (britisches Pfund, D-Mark, französischer Franc, US-$ und Yen), mit unterschiedlichen Gewichtungen indirekt bewertet. Der jeweilige Wert eines SZR in Landeswährung ergibt sich durch die repräsentative Umrechnung des US-$-Wertes zum amtlichen Mittelkurs der Landeswährung. Die Mitgliedsländer müssen auf zugeteilte SZR Zinsen an den IWF zahlen, bzw. sie erhalten einen Bestand an SZR verzinst.
- Kredithilfen zur Überbrückung von Zahlungsbilanzstörungen: Grundsätzlich kann der IWF Kredithilfen nur aus Währungsreserveguthaben anderer Mitgliedsländer beim IWF gewähren. Da diese Währungsreserven aber prinzipiell jederzeit verfügbar sein müssen, sind die Rollover-Perioden sowie die Kreditvolumina der IWF-Kredite verhältnismäßig begrenzt. Dem IWF stehen dennoch eine Reihe von Finanzierungshilfemöglichkeiten zur Verfügung. Die Reservetranche besteht für jedes Mitgliedsland in der Höhe der von dem jeweiligen Land beim IWF geleisteten Finanzierungseinlage, d.h. es handelt sich lediglich um die Verfügung über beim IWF unterhaltene Guthaben eines Landes. Die Inanspruchnahme der Reservetranche ist für das Mitgliedsland kostenfrei und stellt keine Kre-

Internationaler Währungsfonds (IWF)

ditgewährung dar. Der IWF kann bis zu viermal 25% der Quote eines Landes als regulären Zahlungsbilanzkredit an das entsprechende Land vergeben. Die regulären Kreditziehungsmöglichkeiten eines Mitgliedslandes liegen damit bei 100% seiner Quote. Durch die sog. „erweiterte Fondsfazilität" ist es einem Mitgliedsland bei extremen wirtschaftlichen Strukturveränderungen möglich, zusätzlich Kreditziehungen von weiteren 100% seiner Quote jährlich zu beantragen. Im Rahmen der „Kompensations- und Eventualfinanzierung" besteht weiterhin die Möglichkeit für ein Mitgliedsland unter bestimmten, für das Land unvorhersehbaren und von ihm nicht zu verantwortenden Umständen, eine weitere Ziehung vom IWF bis zu insgesamt 122% seiner Quote zu erhalten. Weiterhin können für die Besicherung von Zinszahlungen 40% der jeweiligen Quote und zur Finanzierung von Rohstoff-Ausgleichslagern 45% der Quote als Finanzierungshilfen vergeben werden. Insgesamt kann ein Mitgliedsland damit maximal jährlich ca. 420% seiner Quote als Finanzierungsvolumen durch den IWF erhalten. Die Zahlungsbilanzhilfen durch den IWF sind i.d.R. mit wirtschaftspolitischen Auflagen verbunden. Die Kosten für die Kreditinanspruchnahmen werden vom IWF in Form von Zinsen erhoben, deren Höhe die Refinanzierungs- und Verwaltungskosten des Fonds decken und gleichzeitig eine gewisse Risikovorsorge ermöglichen sollen. Die Finanzierungsstruktur des IWF wurde in den vergangenen Jahren durch Zahlungsrückstände einzelner Mitgliedsländer spürbar belastet. Um die Bonität des Fonds nicht zu gefährden, wurde im Rahmen einer „kooperativen Strategie" ein Hilfsprogramm für die säumigen Schuldnerländer entwickelt, das sich auf drei Säulen stützt: erstens sollen Zahlungsrückstände von vorne herein verhindert werden, indem der IWF die Kapitaldienstfähigkeit der einzelnen Länder vor einer Kreditgewährung verstärkt überprüft. Zweitens soll durch eine verstärkte Zusammenarbeit mit den Mitgliedsländern erreicht werden, daß sich im Falle von Zahlungsrückständen finanzielle Länderhilfsgruppen bilden, die kurzfristige Liquiditätsstörungen untereinander selbst ausgleichen. Drittens soll auf die rückständigen Mitglieder Druck ausgeübt werden, indem durch eine mögliche Veröffentlichung ihrer Namen das internationale Ansehen geschädigt werden bzw. ihr Ausschluß aus den Zahlungsbilanzhilfen des IWF beantragt werden kann. Diese kooperative Strategie konnte in den letzten Jahren die Zahlungsrückstände deutlich reduzieren und damit die finanzielle Integrität des Fonds wahren.

- Statistische Erfassung der Weltwirtschaft: Der IWF versteht sich als Sammelstelle für wirtschaftliche Daten aller Mitgliedsländer, die statistisch aufbereitet und veröffentlicht werden. Da alle Mitglieder verpflichtet sind entsprechendes Datenmaterial an den IWF zu liefern, ergibt sich daraus eine weltweit einmalige Informationsbörse über die gesamtwirtschaftliche Entwicklung der Mitgliedsländer im speziellen und in ihrer Gesamtheit über die Weltwirtschaft im allgemeinen.
- Ausbildung und technische Hilfe: Der IWF führt zahlreiche Schulungen auf allen Gebieten der Wirtschafts- und Währungspolitik durch. Darüber hinaus entsendet er Mitarbeiter in einzelnen Mitgliedsstaaten, die dort beratend beim Aufbau neuer Wirtschaftsstrukturen mitwirken.

Internationaler Zinszusammenhang

besteht insoweit, als ein Zinsanstieg im Ausland auch auf das Inland tendenziell übertragen wird. Eine wesentliche Ursache ist die bei Zinsdifferenzen einsetzende → Zinsarbitrage, in deren Verlauf bei anziehenden Auslandszinsen das im Inland verfügbare Kapitalangebot sinkt (während das Kapitalangebot im Ausland steigt) und die Kapitalnachfrage im Inland steigt (während die Kapitalnachfrage im Ausland sinkt). Zu beachten sind weiterhin Geldmengen- sowie Wechselkurseffekte.

Intertemporale Gleichgewichte

→ Dispositionsgleichgewichte eines Haushaltes bei Berücksichtigung mehrperiodiger → Zeitpräferenzfunktionen. Man unterscheidet das intertemporale Nachfragegleichgewicht, bei dem der Haushalt die optimale Aufteilung zwischen dem Konsum zu verschiedenen Zeitpunkten bzw. zwischen Konsumsumme und Ersparnis festlegt, und das intertemporale Angebotsgleichgewicht, bei dem der Zeitpunkt des Arbeitsangebots und damit die für Aus- und Weiterbildung beanspruchte Zeit gewählt wird.

Intervallschätzung

– auch als Konfidenzschätzung bezeichnet – Verfahren der inferentiellen → Statistik, bei dem aus der Auswertung einer → Stichprobe ein sogenanntes Konfidenzintervall ermittelt wird, in dem ein unbekannter Parameter der Grundgesamtheit mit großer

Wahrscheinlichkeit vermutet wird. Auf diese Weise kann der bei Schätzungen stets auftretende → Stichprobenfehler mit abgeschätzt werden. Für qualifizierte Intervallschätzungen bedarf es – im Gegensatz zur → Punktschätzung – neben Annahmen über die Lage der betreffenden → Zufallsvariablen auch solche über deren Verteilung (vgl. auch → Schätzfunktionen).

Intervallskaliertes Merkmal → Skalierung

Interventionismus

Der Begriff steht für eine → Wirtschaftspolitik, bei der der Staat gezielt in den Wettbewerb eingreift (Staatsinterventionismus). Man unterscheidet typischerweise zwischen dem Anpassungsinterventionismus, der das Ziel verfolgt, bestimmte Wirtschaftszweige an marktwirtschaftliche Bedingungen heranzuführen, und dem Erhaltungsinterventionismus. Bei letzterem werden vor allem nicht rentabel arbeitende Wirtschaftszweige bzw. → Unternehmen gefördert, um auf diese Weise Arbeitsplätze zu sichern.

Interventionspflicht

im Rahmen eines → Währungssystems mit festen → Wechselkursen (Festkurssystem) bestehende Verpflichtung der → Zentralbanken, bei Unter- oder Überschreitung des Interventionspunktes am Devisenkassamarkt Käufe oder Verkäufe von → Devisen mit dem Ziel der Stabilisierung des → Wechselkurses vorzunehmen. Siehe auch → Devisenmarktintervention, → Wechselkursregime.

Interventionspunkte → Wechselkursregime

Intrahandelsstatistik → Außenhandelsstatistik

Investition

Aus volkswirtschaftlicher Sicht wird der Begriff Investition in vielfältiger Weise benutzt. Je nachdem, um welche Vermögenskategorie es sich jeweils handelt, unterscheidet man Finanzinvestitionen (Umwandlung von Geldvermögen in andere Formen von Geldvermögen) und Sachinvestitionen (Umwandlung von Geld- in Sachvermögen). Danach, ob Produktionsanlagen nur erhalten, erweitert oder qualitativ verbessert werden, differenziert man bei den Sachinvestitionen ferner Ersatz-, Erweiterungs- und Rationalisierungsinvestitionen. Schließlich können unter funktionellen Aspekten Forschungs- und Entwicklungs- (FuE-)Investitionen und Ausbildungsinvestitionen (ins → Humankapital) unterschieden werden. Die → Volkswirtschaftliche Gesamtrechnung versteht

Investitionsförderung

dagegen unter Investitionen lediglich den Kauf bzw. Einsatz von Sachkapital zur Erhaltung, Vergrößerung oder Umgestaltung des → volkswirtschaftlichen Produktionsapparates. Man spricht daher auch von Sachvermögens- oder Realkapitalbildung. Als Investition gilt auch der Wohnungsbau der → privaten Haushalte, nicht hingegen der Kauf militärischer Güter (etwa Panzer) durch den Staat. Subtrahiert man von der Bruttoinvestition die → Abschreibungen, so ergibt sich die Nettoinvestition. Die Abschreibung legt die Höhe der notwendigen Reinvestition fest, die – rein rechnerisch – dem Ersatz der durch Verschleiß oder Veraltung eingetretenen Minderung des Produktionsapparates dient. Dabei sind drei Fälle zu unterscheiden: Ist die Bruttoinvestition größer als die Abschreibung, so ergibt sich (über die Reinvestition hinaus) eine positive Nettoinvestition. Man spricht von einer wachsenden Wirtschaft. Bei Gleichheit von Bruttoinvestition und Abschreibung ist die Nettoinvestition gleich Null. Es handelt sich dann um eine stationäre Wirtschaft. Schließlich ist denkbar, daß die Bruttoinvestition kleiner als die Abschreibungen ist. Die Reinvestition reicht nicht aus, den Verschleiß des Produktionsapparates auszugleichen. Hier liegt eine schrumpfende Wirtschaft vor. Im gesamtwirtschaftlichen Vermögensänderungskonto wird zwischen Anlage- und Lagerinvestition unterschieden. Erstere gliedert sich in Ausrüstungs- und Bauinvestition. Die Lagerinvestition (= Vorratsinvestition) umfaßt die Änderung der Bestände an nichtdauerhaften Produktionsmitteln, Handelsware und eigenen Erzeugnissen bei → Unternehmen und → öffentlichen Haushalten.

Investitionsförderung

Investitionsförderung ist der wichtigste Bestandteil einer Wachstumspolitik (mit finanzpolitischen Instrumenten). Maßgebend für die private Investitionstätigkeit ist zum einen der Finanzierungsspielraum. Neben der finanziell gegebenen Investitionsmöglichkeit muß allerdings auch die Investitionsbereitschaft berücksichtigt werden. Ansatzpunkte den Finanzierungsspielraum zu erhöhen, liefern die verschiedenen Finanzierungsarten:
- Verbesserung der Selbstfinanzierung: z. B. durch gezielte Steuerpolitik, geringe Gewinnbesteuerung, Abschreibungserleichterungen, Möglichkeit des Abzugs des Investitionsaufwandes von der Steuerschuld.
- Verbesserung der Eigenfinanzierung (Erhöhung des Eigenkapitals): z. B. durch steuerliche Begünstigung des Aktienerwerbs oder durch Privatisierung öffentlicher Unternehmen.
- Verbesserung der Fremdfinanzierung: durch öffentliche Kre-

ditprogramme mit Bürgschaften und Zinssubventionen (→ Subventionen).
- Erhöter Vermögenszufluß: durch Investitionszulagen oder -prämien.

Die private Investitionsbereitschaft hängt vor allem von der Einschätzung der zukünftigen Entwicklung und der Risikofreude ab. Ersteres kann z. B. durch eine dauerhaft investitionsfreundliche Steuerpolitik, Sparförderung durch die öffentliche Hand und Abbau von Hemmnissen durch öffentliche Verordnungstätigkeit verbessert werden. Das Risiko von Investitionen kann durch die Einräumung eines Verlustvortrags bzw. -rücktrags und durch einen geringen Anteil gewinnunabhängiger Steuern im Steuersystem gemindert werden.

Investitionsfunktion

Konzept zur Erklärung des Investitionsvolumens einer Wirtschaft. Die Faktoren, die das Investitionsvolumen beeinflussen (wie Zinssatz, Abschreibungen, Inflation und Zuwachs des Volkseinkommens) werden in eine solche Funktion entsprechend ihrer Bedeutung eingebaut.

Investitionsgut → Kapitalgut

Investitionsinduzierter technischer Fortschritt → Technischer Fortschritt

Investitionslenkung

staatliche Beeinflussung der unternehmerischen Investitionstätigkeit. Bei der indirekten Investitionslenkung erfolgt eine Änderung der für einzelwirtschaftliche Investitionsentscheidungen relevanten Daten. Steuer- oder Abschreibungsvariationen sollen Anreize oder Belastungen vermitteln. Demgegenüber beinhaltet die direkte Investitionslenkung eine unmittelbare Beeinflussung der Investitionstätigkeit durch Gebote und Verbote. Sie widerspricht dem System der → Marktwirtschaft. Daher findet in Deutschland lediglich eine indirekte Investitionslenkung z. B. durch → Investitionszulagen statt.

Investitionspolitik

sämtliche staatlichen Maßnahmen zur Beeinflussung der Investitionsaktivitäten, wobei übergeordnete regional-, struktur- oder beschäftigungspolitische Ziele verfolgt werden. Konjunkturpolitisch wichtige Maßnahmen der Investitionspolitik sind die → Investitionsprämie, die → Investitionszulage, die Variation der Abschreibungssätze sowie der Verlustrück- bzw. -vortrag. Für öffentliche → Investitionen ist die → Konjunkturausgleichsrücklage bedeutsam.

Investitionsprämie

fallweise eingesetztes Mittel der staatlichen → Konjunktur- bzw.

Investitionsquote

→ Investitionspolitik. Im Unterschied zur → Investitionszulage wird die Investitionsprämie von der Steuerschuld abgesetzt und ist damit vom Gewinn abhängig.

Investitionsquote

Anteil der Investitionen am Sozialprodukt. Dabei sind vor allem zwei Varianten zu unterscheiden:
1. Anteil der Bruttoinvestitionen am Bruttosozialprodukt zu Marktpreisen;
2. Anteil der Nettoinvestitionen am Nettosozialprodukt zu Marktpreisen.

Investitionsquoten weisen typischerweise starke konjunkturelle Schwankungen auf.

Investitionsstruktur

Zusammensetzung der Bruttoinvestitionen einer Volkswirtschaft nach Liefersektoren oder Gütergruppen.

Investitionszulage

– auch als Investitionsbonus oder Investitionsprämie bezeichnet – → Subvention(szahlung) für die Durchführung einer Investition. Gegenüber anderen Maßnahmen zur Investitionsförderung, etwa Abschreibungserleichterungen oder Abzugsmöglichkeit des Investitionsaufwandes von der Steuerschuld, hat die Investitionszulage den Vorteil, daß auch gewinnlose Unternehmen begünstigt werden können. Wie alle Subventionen kann sie jedoch wachstumspolitisch dann von Nachteil sein, wenn auch langfristig unrentable Unternehmen gefördert werden.

Investivlohn

Teil des Lohnes oder Lohnanstiegs, der nicht als Barlohn an die Arbeitnehmer ausgezahlt, sondern vermögenswirksam angelegt wird. Dadurch sollen die Arbeitnehmer am Produktivvermögen beteiligt werden und eine breitere Vermögensstreuung erreicht werden. Wird der Investivlohn im Unternehmen selbst angelegt, soll häufig auch das Interesse der Arbeitnehmer an der Unternehmensentwicklung gesteigert werden. In Deutschland können seit 1970 entsprechende Regelungen über Tarifvertragsvereinbarungen getroffen werden.

Irrtumswahrscheinlichkeit → Hypothesentest

IS-Kurve

geometrischer Ort sämtlicher Kombinationen von → Zins und → Volkseinkommen, bei denen → Gütermarktgleichgewicht herrscht. Die IS-Kurve bildet einen wesentlichen Baustein des → IS-LM-Konzeptes. Sie ergibt sich als Schnittpunkte der → Investitionsfunktion bzw. -kurve mit den Spar-Kurven für alternative Einkom-

IS-Kurve

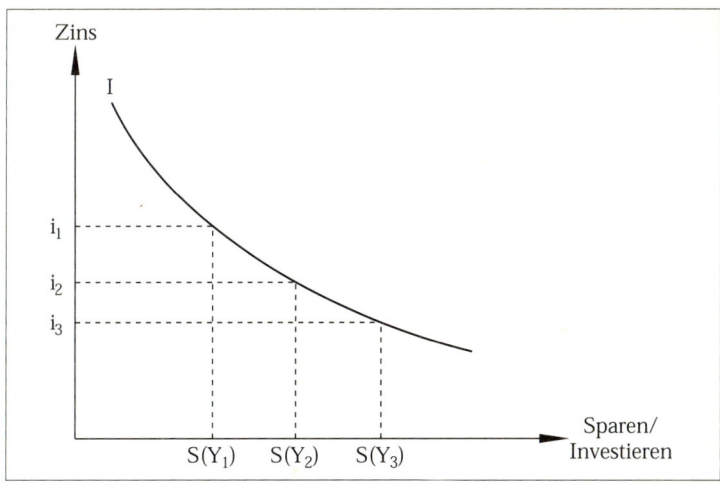

Sparen / Investieren

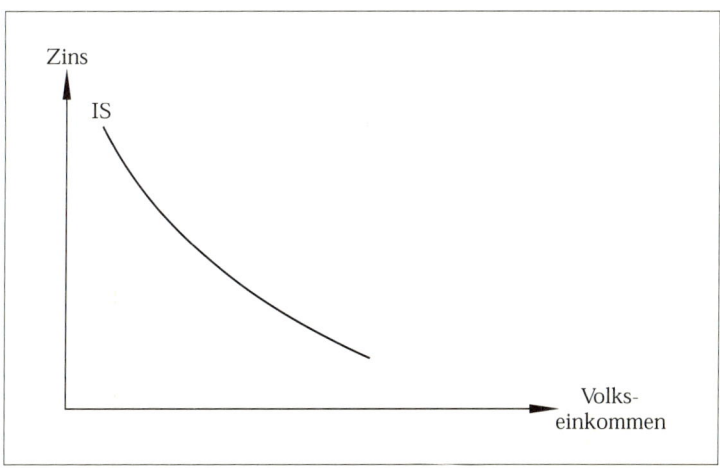

IS-Kurve

IS-LM-Konzept

menswerte. Nach Keynes wird dabei unterstellt, daß die → Ersparnis nicht vom Zins, sondern lediglich positiv vom → Volkseinkommen abhängt.

Entsprechend dem Verlauf der IS-Kurve ist das gleichgewichtige Volkseinkommen umso höher, je niedriger der Zins ist, und umgekehrt. Die IS-Kurve verläuft umso flacher, je zinselastischer die Investitionen sind. Der bei völlig starren bzw. sehr zinsunelastischen Investionen senkrechte bzw. sehr steile Verlauf der IS-Kurve ist typisch für die keynesianische Position „pessimistische Erwartungen".

IS-LM-Konzept

Darstellung des einfachen Modells – man spricht auch vom verkürzten oder gestutzten → *Keynes*-Modell – zur Bestimmung des simultanen Gleichgewichts auf dem Güter- und dem Geldmarkt. Es wurde auf Basis der Keynesschen „Allgemeinen Theorie der Beschäftigung, des Zinses und des Geldes" von dem englischen Nationalökonomen *J. R. Hicks* (geb. 1904) entwickelt. Daher auch der Name Hicks-Diagramm. Demnach herrscht ein simultanes Güter- und Geldmarktgleichgewicht im Schnittpunkt von → IS-Kurve und → LM-Kurve.

Dieser Schnittpunkt markiert mithin die simultanen Gleichgewichtswerte für den → Zins und das → Volkseinkommen. Das Preisniveau wird in diesem Schema als exogen vorgegeben betrachtet. Da hierdurch (zunächst) vorausgesetzt wird, daß sich das Güterangebot alleine an der

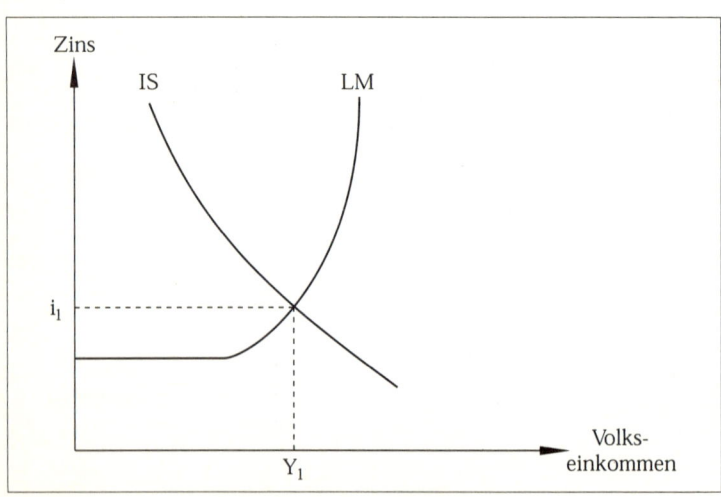

Nachfrageseitiges Gleichgewicht

IS-LM-Konzept

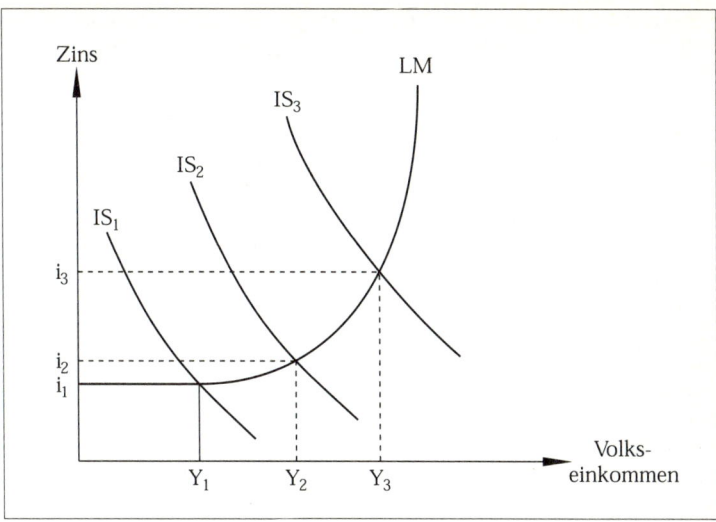

Änderung der Investitions- oder Sparneigung

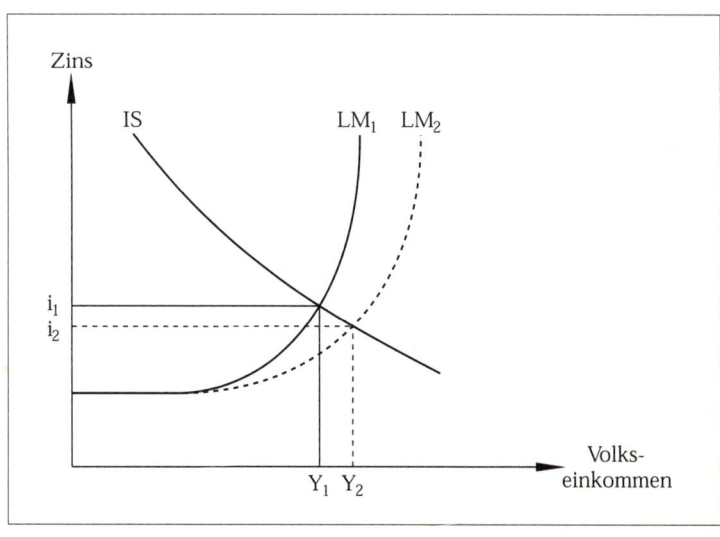

Änderung von Geldangebot oder -nachfrage

Isokostengerade

Güternachfrage orientiert und sich dieser vollständig anpaßt, kann man das IS-LM-Gleichgewicht auch als nachfrageseitiges Gleichgewicht und das Gleichgewichtssozialprodukt als nachfrageseitiges Gleichgewichtseinkommen bezeichnen. Steigt nun ceteris paribus die Investitionsneigung oder sinkt die Sparneigung, so verschiebt sich die IS-Kurve nach rechts, das neue gesamtwirtschaftliche Gleichgewicht liegt im Normalfall bei einem höheren Zins und höheren Volkseinkommen (die umgekehrte Wirkung tritt bei sinkenden Investitionen bzw. steigender Ersparnis ein).

Eine Verschiebung der IS-Kurve in dem waagrechten Bereich der LM-Kurve, also in der → Liquiditätsfalle, bewirkt nur eine Änderung des Volkseinkommens, nicht des Zinses. Mit steigender Investitionsneigung und damit steigendem Volkseinkommen muß allerdings der Zins anziehen. Dadurch wird immer mehr → Geld aus der → Spekulationskasse „gelockt" und (via Wertpapierkauf) für Transaktionszwecke verfügbar. Im senkrechten Bereich der LM-Kurve befindet sich schließlich die gegebene → Geldmenge vollständig in der → Transaktionskasse; jeder weitere Investitionsanstieg hat ausschließlich Zinssteigerungen zur Folge. Die vorhandene Geldmenge begrenzt damit die maximal mögliche Ausdehnung des Volkseinkommens. Eine Erhöhung der Geldmenge (oder eine Abnahme der Liquiditätspräferenz) äußert sich in einer Rechtsverschiebung der LM-Kurve. Dadurch kommt es zu einem Anstieg des Volkseinkommens und einem Sinken des Zinses.

Die Durchschlagskraft einer Geldmengenexpansion auf das Volkseinkommen hängt dabei von der Steigung der IS-Kurve ab. In dem die keynesianische Position kennzeichnenden Fall „pessimistischer Erwartungen" verläuft die IS-Kurve senkrecht. Eine Geldmengenausdehnung bewirkt dann nur einen Zinsrückgang, nicht aber einen Anstieg des Volkseinkommens. In der → Geldpolitik gibt es hierfür das geflügelte Wort von den „Pferden, die zur Tränke geführt werden, aber nicht saufen". Siehe auch → keynesianisch-neoklassische Synthese.

Isokostengerade → Isokostengleichung

Isokostengleichung

alle Mengenkombinationen verschiedener Produktionsfaktoren, die bei der Produktion eines Gutes dieselben → Kosten verursachen. In ihr spiegelt sich die Zielfunktion des Unternehmens bei der Ermittlung der → Minimalkostenkombination wider. Werden nur zwei Produktionsfaktoren betrachtet, kann die Isokostengleichung graphisch als Isokostengerade oder Isotime dargestellt werden.

Isoquante

alle Mengenkombinationen verschiedener Produktionsfaktoren, mit denen gemäß der → Produktionsfunktion dieselbe Outputmenge eines Produkts hergestellt werden kann. In ihr spiegelt sich die Nebenbedingung der → Minimalkostenkombination wider. Werden nur zwei Produktionsfaktoren betrachtet, ordnet die Isoquante graphisch jeder Menge des einen Produktionsfaktors die entsprechende des anderen zu. Bei → Substituierbarkeit der Produktionsfaktoren ergibt sich dabei die Isoquante als stetige Kurve, bei → Komplementarität reduziert sie sich auf einen einen einzigen effizienten Punkt. Werden verschiedene Outputmengen simultan betrachtet, ergibt sich wie bei den → Indifferenzkurven eine Schar von Isoquanten. Dabei repräsentiert jede einzelne Isoquante eine umso höhere Outputmenge, je weiter sie vom Ursprung entfernt ist.

Isotime → Isokostengleichung

IWF → Internationaler Währungsfonds

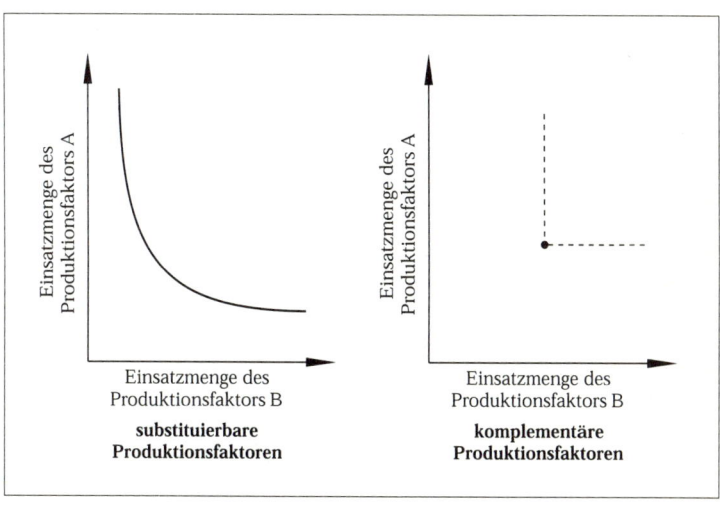

Isoquanten bei substituierbaren und bei komplementären Produktionsfaktoren

J

Jahresgutachten

vom → *Sachverständigenrat zur Begutachtung der gesamtwirtschaftlichen Entwicklung* jährlich (Termin 20. 11.) vorzulegendes Gutachten insbesondere zur konjunkturellen Situation. Neben Analysen und Prognosen enthält es auch Empfehlungen an die Bundesregierung hinsichtlich wirtschaftspolitischer Entscheidungen.

Jahreswirtschaftsbericht

alljährliche Stellungnahme der Bundesregierung zu den von ihr im folgenden Jahr jeweils aufgestellten wirtschafts- und finanzpolitischen Zielen und den dafür vorgesehenen Maßnahmen. Zur Erstellung des Jahreswirtschaftsberichts ist die Bundesregierung durch das → Stabilitäts- und Wachstumsgesetz verpflichtet.

J-Kurven-Effekt

beschreibt den Anpassungsverlauf der → Leistungsbilanz in Folge einer → Abwertung der inländischen Währung. Bei Normalreaktion, d. h. bei hinreichend elastischer Import- und Exportnachfrage (→ *Marshall-Lerner*-Bedingung) bewirkt die Abwertung innerhalb einer komparativ-statischen Analyse über Preis- und Mengeneffekte eine Verbesserung der heimischen Leistungsbilanz bzw. des → Außenbeitrags. Aufgrund einer verzögerten Reaktion der Marktteilnehmer kann es aber sehr kurzfristig und vorübergehend zu einer Verschlechterung der Leistungsbilanz kommen (anomale Reaktion). Grafisch resultiert hieraus der J-förmige Anpassungspfad. Verantwortlich für die Reaktionsverzögerungen sind zum einen vertragliche Vereinbarungen, weiterhin Hemmnisse wie persönliche Präferenzen, mangelnde Information und Probleme im technischen Bereich. Dadurch wird eine rasche Substitution von Importen durch inländische Güter erschwert.

Job-search-Theorien → Suchtheorien

Jugendarbeitsschutz

beruht auf dem Gesetz zum Schutz der arbeitenden Jugend (Jugendarbeitsschutzgesetz), das für Kinder und Jugendliche bis zum Alter von 18 Jahren gilt. Die Beschäftigung von Kindern (→ Kinderarbeit) bis 14 Jahren ist grundsätzlich verboten. Die Arbeitszeit von Jugendlichen, aber auch die Pausen und Ruhezeiten sind gesetzlich geregelt. Jugendliche dürfen nicht mit Arbeiten betraut werden, die ihre Leistungsfähigkeit übersteigt, bei denen sie sittlichen Gefahren ausgesetzt sind, die mit Unfallgefahren verbunden sind, bei denen ihre Gesundheit gefährdet wird und bei denen sie schädlichen Einwirkungen Lärm, Erschütterungen, Strahlen und von giftigen, ätzenden oder reizenden Stoffen ausgesetzt sind. Grundsätzlich dürfen Jugendliche auch nicht mit Akkord- und Fließbandarbeiten beschäftigt werden, bei denen durch gesteigertes Arbeitstempo ein höheres Entgelt erzielt werden kann. Ebenso sind Arbeiten unter Tage und die Beschäftigung durch Personen, die zu Freiheitsstrafen verurteilt worden sind und gegen bestimmte Stafvorschriften verstoßen haben, verboten. Die Einhaltung des Jugendarbeitsschutzes wird durch das Gewerbeaufsichtsamt überwacht. Siehe auch → Arbeitszeitschutz und → Gefahrenschutz.

Juglar-Zyklus

in der Literatur häufiger diskutierter → Konjunkturzyklus mit einer Dauer von etwa sechs bis zehn Jahren.

K

Kabotage

Beförderung von bezahlter Ladung von einem Platz zu einem anderen innerhalb des gleichen staatlichen Hoheitsgebietes. Im Seerecht und im Luftrecht ist die Kabotage grundsätzlich inländischen Unternehmen vorbehalten. Kabotagerechte im Staßenverkehr bestanden bis zur Öffnung des europäischen → Binnenmarktes.

Kaffeesteuer

bundesgesetzlich geregelte → Verbrauchsteuer. Ihr Aufkommen steht dem Bund zu. Sie gehört nicht zu den auf EU-Ebene harmonisierten Verbrauchsteuern. Steuergegenstände sind Röstkaffee, Auszüge, Essenzen und Konzentrate aus Kaffee, die im Bundesgebiet hergestellt oder eingeführt wird. Die Steuersätze betragen für Röstkaffee 4,30 DM je Kilogramm, für feste Auszüge oder Konzentrate aus Kaffee 9,35 DM je Kilogramm.

Kalkulationskartell

verpflichtet seine Mitglieder dazu, ihre Angebotspreise nach einheitlichen Kalkulationsverfahren zu ermitteln.

Kalte Progression

wird spürbar, wenn das Steuersystem die inflationäre Aufblähung von Einkommenswerten nicht berücksichtigt. Einkommensbezieher geraten dann infolge von Einkommenssteigerungen, die lediglich nomineller Art sind, in eine höhere Progressionsstufe, das heißt, sie werden mit einem höheren Steuersatz belastet. Siehe auch → Nominalwertprinzip

Kameralismus

Lehre von der Staatsverwaltung und den Staatsfinanzen sowie der kameralistischen Buchführung (Kameralistik, Kameralwissenschaft). Sie wird heute noch in der öffentlichen Verwaltung, bspw. bei der Erstellung des Budgets, angewandt. Die Vertreter des Kameralismus, der eine Variante des → Merkantilismus darstellt, gelten als die Begründer der → Finanzwissenschaft.

Kapazität

Leistungsvermögen eines → Kapitalgutes oder eines → Kapitalstocks. Dabei läßt sich eine technische (Maximal-)Kapazität und eine wirtschaftliche (Optimal-)Kapazität unterscheiden. In zeitli-

Kapazitätsauslastung

cher Sicht unterscheidet man zwischen Leistungskapazität (Leistungsvermögen pro Periode) und Totalkapazität (Leistungsvermögen während der gesamten Lebensdauer einer Anlage). Für die deutsche Volkswirtschaft berechnet der → Sachverständigenrat zur Begutachtung der gesamtwirtschaftlichen Entwicklung die gesamtwirtschaftliche Sach-Kapazität (→ Produktionspotential).

Kapazitätsauslastung

Verhältnis zwischen tatsächlicher und technisch oder ökonomisch maximal möglicher Produktion (→ Produktionspotential).

Kapazitätseffekt der Investitionen

Wirkung der gesamtwirtschaftlichen → Investitionen (I) auf die → Kapazität des Produktionsapparates und damit auf das → Produktionspotential (P). Bezeichnet man den → Kapitalstock mit K, den Kapitalkoeffizienten K/P mit v und nimmt man an, daß der Kapitalkoeffizient im Zeitverlauf konstant ist, dann ergibt sich der Kapazitätseffekt der Investitionen als

$$\Delta P = \frac{1}{v} \Delta K = \frac{1}{v} I$$

Der Kapazitätseffekt spielt in der → Wachstumstheorie eine zentrale Rolle.

Kapazitätserweiterungseffekt

– auch als Kapazitätsfreisetzungseffekt oder Domar-Eisner-Effekt bezeichnet – ist volkswirtschaftlich dann möglich, wenn die Abschreibungsbeträge die tatsächlichen volkswirtschaftlichen Kosten übersteigen und am Markt realisiert werden können. Dem Kapazitätseffekt entspricht dann ein Nettosparen, das als → Zwangssparen realisiert wird. Er ist dem für einzelne Unternehmen geltende *Lohmann-Ruchti*-Effekt vergleichbar, bei dem eine Kapazitätserweiterung über freigesetzte Abschreibungsbeträge zustande kommt, falls über eine Nettoinvestition ein teilbarer Kapitalgüterbestand angelegt wird und die sukzessive freigesetzten Geldeinheiten vor dem Ersatz des Gesamtbestandes reinvestiert werden.

Kapital

Volkswirtschaftlich versteht man darunter das zur Erzielung von → Einkommen einsetzbare → Vermögen. Hierzu rechnet neben dem Sach-(oder Real-)kapital in Form von dauerhaften und nichtdauerhaften Produktionsmitteln (einschl. der Bestände an fertigen und unfertigen Erzeugnissen) auch das Geld-(oder Finanz-)kapital. Letzteres umfaßt längerfristige → Forderungen, die ihrerseits in Beteiligungskapital (wie bspw. Aktien) und Kreditkapital (wie bspw. festverzinsliche Wertpapiere) differenziert werden können. Im weiteren Sinne kann schließlich das Humankapital unter dem Begriff des Kapitals subsummiert werden.

Kapitalakkumulation → Akkumulation

Kapitalbilanz

Teil der → Zahlungsbilanz, der die Änderungen von → Forderungen und Verbindlichkeiten der → Inländer gegenüber dem Ausland ausweist. Die verbuchten → Kapitalexporte und → Kapitalimporte resultieren entweder aus Transaktionen, die bereits in der → Leistungsbilanz erfaßt wurden (bspw. die Bezahlung eines Warenexports) oder sie führen innerhalb der Kapitalbilanz zu Umschichtungen von Auslandsforderungen oder -verbindlichkeiten. Die Gliederung des Kapitalverkehrs erfolgt nach funktionalen Kriterien in → Direktinvestitionen, Wertpapieranlagen (→ Portfolioinvestitionen) und (kurz- und langfristigen) Kreditverkehr. Der Saldo der Kapitalbilanz im weiteren Sinne entspricht der Änderung der Nettoauslandsposition aller Inländer, d.h. dem gesamtwirtschaftlichen → Finanzierungssaldo. Der Saldo der Kapitalbilanz im engeren Sinne gibt die Änderung der Nettoauslandsposition der Inländer außer der Zentralbank an.

Kapitalertragsteuer

Kapitaldeckungsverfahren

eine mögliche Form der Finanzierung von Systemen der sozialen Sicherung, vor allem von Rentenversicherungen. Hierbei beruht die laufende Rente auf dem in der Vergangenheit von der Versicherung angesammelten Kapital und seiner Verzinsung. In der Bundesrepublik Deutschland werden die → Sozialversicherungen dagegen durch ein sogenanntes → Umlageverfahren finanziert.

Kapitalertragsteuer

Die Kapitalertragsteuer ist wie die Lohnsteuer eine besondere Erhebungsform der Einkommensteuer. Sie beträgt 25% bei Gewinnanteilen (Dividenden) aus Aktien, Anteilen an Gesellschaften mit beschränkter Haftung und an Genossenschaften, 30% bei Zinsen aus bestimmten, vor dem 1.1.1955 ausgegebenen Anleihen und ebenfalls 30% (Zinsabschlag) – im Tafelgeschäft 35% – bei Anleihen des Bundes und anderer Gebietskörperschaften z.B. Bundesschatzbriefe, Finanzierungsschätze, Kommunalobligationen, Industrieobligationen, Pfandbriefen, Bankschuldverschreibungen sowie, wenn der Schuldner ein inländisches Kreditinstitut ist, einfachen Geldforderungen (etwa Sichteinlagen mit Zins oder Bonus über 1%, Termineinlagen, Festgelder und Sparkonten). Die Kapitalertragsteuer entsteht in

Kapitalexport

dem Zeitpunkt, in dem Kapitalerträge dem Gläubiger zufließen. Es handelt sich um eine Quellensteuer, denn der Schuldner, etwa das Kreditinstitut, hat den Steuerabzug für die Rechnung des Gläubigers vorzunehmen und die Kapitalertragsteuer an das Finanzamt abzuführen. Unter bestimmten Voraussetzungen kann vom Kapitalertragsteuerabzug abgesehen werden (z. B. durch Erteilung eines Freistellungsauftrags im Rahmen des Sparerfreibetrages). Sofern die Steuerschuld des Gläubigers der Kapitalerträge letztlich niedriger ist als die einbehaltene Kapitalertragsteuer, wird diese im Rahmen der Veranlagung zur Einkommensteuer ganz oder teilweise erstattet.

Kapitalexport

Positive (negative) Kapitalexporte bedeuten eine Zunahme (Abnahme) der → Forderungen von → Inländern gegenüber dem Ausland. Kurzfristige Kapitalexporte (insbesondere der Banken) werden vielfach als Geldexporte bezeichnet.

Kapitalflucht

Phänomen der → Schattenwirtschaft, bei dem Finanzvermögen unter Verstoß gegen Regulierungen der internationalen Kapitalbewegungen oder behördlicher Auflagen auf Kanälen der underground economy ins Ausland gebracht werden, z. B. um der Abgabenbelastung zu entgehen. Vor allem Entwicklungsländer haben aufgrund einer unsicheren politischen und wirtschaftlichen Lage und hoher Abgaben mit dem Problem der Kapitalflucht zu kämpfen.

Kapitalfreisetzung

Umschichtung des Vermögens außerhalb des normalen Umsatzprozesses, durch die eine Kostensenkung erreicht werden soll, z. B. durch die Veräußerung von Teilen des Anlagevermögens, die nicht mehr wesentlich sind oder durch den Abbau von Lagerbeständen.

Kapitalgebundener Technischer Fortschritt → Technischer Fortschritt

Kapitalgüter

produzierte Produktionsmittel, also Güter, die nicht konsumiert, sondern im Produktionsprozeß eingesetzt werden und die ihre Dienste dabei über mehrere Perioden abgeben.

Kapitalimport

Positive (negative) Kapitalimporte bedeuten eine Zunahme (Abnahme) der Verbindlichkeiten von → Inländern gegenüber dem Ausland. Kurzfristige Kapitalimporte (insbesondere der Banken) werden vielfach als Geldimporte bezeichnet.

Kapitalintensität

Verhältnis zwischen Kapitalstock und Beschäftigungsmenge, die zur Güterproduktion eingesetzt wird (Arbeitsinput). In der → Volkswirtschaftlichen Gesamtrechnung wird die Kapitalintensität gemessen als → Anlagevermögen (brutto) je → Erwerbstätiger. Der Wachstumsprozeß in Deutschland ist bislang von einer ständig steigenden Kapitalintensität begleitet gewesen.

Kapitalismus

Wirtschafts- bzw. Gesellschaftssystem, welches auf der Basis des → Liberalismus entstanden ist. Kernelemente sind die uneingeschränkte private Verfügungsmacht über die Produktionsmittel, ungehindertes Erwerbs- und Gewinnstreben sowie vorbehaltlose Akzeptanz des Konkurrenzprinzips. Als historische Ergebnisse des Kapitalismus lassen sich eine enorme Wohlstandssteigerung infolge von Massenproduktion bei gleichzeitiger wirtschaftlicher Konzentration konstatieren. Kapitalistische Systeme sind indes auch von → Konjunkturschwankungen bzw. Wirtschaftskrisen geprägt. Den Gegenpol bildet der → Sozialismus, der insbesondere die dem Kapitalismus zugeschriebene Ausbeutung der Arbeitskräfte sowie die Entstehung eines Proletariats anprangert.

Kapitalkoeffizient

Maßgröße, die den Einsatz dauerhafter Produktionsmittel je hergestellter Produktmengeneinheit angibt. Statistisch wird hierzu das → Anlagevermögen (brutto) in Relation gesetzt zur jeweiligen betrieblichen oder gesamtwirtschaftlichen → Wertschöpfung. Der reziproke Wert des Kapitalkoeffizienten ist die → Kapitalproduktivität.

Kapitalmangelarbeitslosigkeit

liegt vor, wenn zu einem bestimmten Zeitpunkt ein zu geringer Kapitalstock und damit zu wenig Arbeitsplätze vorhanden sind, um das → gesamtwirtschaftliche Arbeitsangebot mit Arbeitsplätzen zu versorgen. Die Arbeitslosigkeit ist hier wohlgemerkt nicht auf eine zu geringe gesamtwirtschaftliche Güternachfrage zurückzuführen (→ Nachfragemangelarbeitslosigkeit), sondern auf eine mangelnde Investitionstätigkeit in vorangegangenen Perioden. Der resultierende Kapitalmangel ist vor allem in Entwicklungsländern häufig eine wichtige Ursache der Arbeitslosigkeit.

Kapitalmarkt

Handel mit Finanzaktiva, deren Fristigkeit bei Emission mehr als

Kapitalproduktivität

vier Jahre beträgt. Der Kapitalmarkt unterteilt sich in einen Primärmarkt, auf dem die Erstausgabe von Kapitalmarktpapieren erfolgt (Emissionsmarkt) und in einen Sekundärmarkt, auf dem umlaufende Titel gehandelt werden. Nach den gehandelten Papieren unterscheidet man Aktienmarkt, Rentenmarkt und Hypothekenmarkt. Darüber hinaus haben sich auf dem Kapitalmarkt in rascher Folge und großer Vielfalt → Finanzinnovationen durchgesetzt.

Kapitalproduktivität

Verhältnis von Output (Y) und der dafür eingesetzten Kapitalmenge K. Die durchschnittliche Kapitalproduktivität Y/K gibt die Outputmenge an, die pro Einheit des Faktors Kapital produziert werden kann. Die Grenzproduktivität des Kapitals (marginale Kapitalproduktivität)

$$\frac{\partial Y}{\partial K}$$

gibt an, welchen zusätzlichen Output mit einer zusätzlichen Einheit Kapital hergestellt werden kann. Die gesamtwirtschaftliche durchschnittliche Kapitalproduktivität ergibt sich als Summe der sektoralen Kapitalproduktivitäten, gewichtet nach dem Anteil des jeweiligen sektoralen Kapitaleinsatzes am gesamtwirtschaftlichen Kapitaleinsatz. Das Statistische Bundesamt mißt die durchschnittliche Kapitalproduktivität als Quotient des realen Bruttoinlandsprodukt zu Marktpreisen und des Bruttoanlagevermögens im Jahresdurchschnitt.

Kapitalrendite

wird vom → *Sachverständigenrat zur Begutachtung der gesamtwirtschaftlichen Entwicklung* als Relation von Gewinnen und Kapitalstock im Unternehmenssektor ermittelt.

Kapitalsammelstellen

Institutionen, die auf dem Geld- und dem Kapitalmarkt als Anbieter auftreten und Geldkapital an Nachfrager weiterleiten. Sie halten freiwillig oder gezwungenermaßen in großem Ausmaß Einlagen. Es handelt sich im wesentlichen um Kreditinstitute, Versicherungen, Bausparkassen und Investmentgesellschaften. In der → Volkswirtschaftlichen Gesamtrechnung bezeichnet man dagegen den Finanzsektor ohne Sozialversicherungshaushalte als Kapitalsammelstelle.

Kapitalsparender Technischer Fortschritt → Technischer Fortschritt

Kapitalstock

gesamte Menge des für produktive Zwecke nutzbaren Sachvermö-

Karibische Gemeinschaft (CARICOM)

gens. Der Kapitalstock ist entscheidend für das → Produktionspotential und für das Arbeitsplatzpotential einer Volkswirtschaft. Statistisch wird der Kapitalstock durch das → Anlagevermögen (brutto) ermittelt.

Kapitalverkehr

Der Begriff wird in verschiedenen Abgrenzungen verwendet:
1. Entstehung, Änderung oder Tilgung von Kreditbeziehungen.
2. Nur die unter 1. genannten Transaktionen, die nicht durch Güterkauf oder -verkauf ausgelöst sind.
3. Kapitalverkehr zwischen Gebietsansässigen und Ausländern. Erfaßt in der Kapitalverkehrsbilanz (Teilbilanz der → Zahlungsbilanz), die alle Änderungen von Beständen an kurz- und langfristigen Forderungen und Verbindlichkeiten von inländischen gegenüber ausländischen → Wirtschaftssubjekten erfaßt.

Kapitalverschleiß

Kapitalverschleiß im engeren Sinne ist die Verringerung des Wertes des Anlagevermögens durch technische Abnutzung. Faßt man den Begriff im weiteren Sinn, so muß auch die „Abnutzung" durch Kapitalwertminderung in Folge von → technischen Fortschritt und Nachfrageänderungen miteinbezogen werden.

Kardinal skaliertes Merkmal → Skalierung

Kardinale Nutzentheorie → Nutzenfunktion

Karibische Entwicklungsbank (CDB)

Die Caribbean Development Bank (CDB) wurde 1969 gegründet und ist das wichtigste Finanzinstitut im Rahmen der → Karibischen Gemeinschaft (CARICOM). Die Bank fördert die Entwicklung ihrer 17 Mitglieder durch Darlehen, die teilweise zu marktnahen Konditionen aus dem ordentlichen Kapital, teilweise zinsverbilligt aus einem speziellen Fonds gegeben werden. Das Kapital der Bank beträgt 676 Mio. US-$, wovon 22% Einzahlungskapital sind, der Rest ist Haftungskapital. Neben den CARICOM-Ländern sind auch die USA, Kanada, Venezuela und Großbritannien beteiligt. Deutschland wurde 1989 Mitglied und ist mit gut 6% beteiligt. Sitz der Bank ist Barbados.

Karibische Gemeinschaft (CARICOM)

Die Caribbean Community (CARICOM) wurde 1973 als Nachfolgerin der Karibischen Freihandelsorganisation gegründet. Zu den wirtschaftlichen Zielen gehört die Bildung eines gemeinsamen Handels- und Investitions-

Kartell

raums mit einheitlichem Außenschutz. Mitglieder sind neben Barbados, Guayana, Jamaika sowie Trinidad und Tobago acht kleinere Inselstaaten.

Kartell

Vertrag zur → Wettbewerbsbeschränkung zwischen den an ihm beteiligten Unternehmen. Die rechtliche und organisatorische Selbständigkeit der Kartellmitglieder bleibt dabei im Gegensatz zur Fusion erhalten. Der Kartellvertrag schränkt die Kartellmitglieder lediglich in einzelnen Bereichen in ihrer wirtschaftlichen Handlungsfreiheit ein. Mit einer Kartellbildung ist um so eher zu rechnen, je niedriger die Zahl der Anbieter ist, je ähnlicher ihre Kostenverläufe sind, je homogener ihr Produktionsprogramm ist, je höher die → Markteintrittsschranken sind und je elastischer das Angebot ist. Die Bereitschaft zur Kartellbildung wird auf solchen Märkten am größten sein, auf denen die Nachfrage nicht mehr wächst bzw. zurückgeht, so daß Umsatzsteigerungen einzelner Wettbewerber zu absoluten Umsatzeinbußen bei ihren Konkurrenten führen.

Kartellverbot

Nach dem → Gesetz gegen Wettbewerbsbeschränkungen (GWB) sind Kartelle grundsätzlich verboten. § 1 GWB stellt fest, daß Verträge, die Unternehmen zu dem Zweck schließen, die Marktverhältnisse durch Beschränkung des Wettbewerbs zu beeinflussen, unwirksam sind. Die Strenge, mit der § 1 GWB Kartellverträge für unwirksam erklärt, wird allerdings dadurch abgeschwächt, daß im Gesetz eine Vielzahl von Ausnahmen genannt wird. So bedürfen bestimmte Kartellarten nur der Anmeldung bei der Kartellbehörde, um wirksam zu werden (Anmeldekartelle); andere erlangen diese Wirksamkeit, wenn sie angemeldet wurden und ihnen die Kartellbehörde nicht innerhalb einer vorgegebenen Frist widerspricht (Widerspruchskartelle). Des weiteren sind noch Erlaubniskartelle angeführt, die dann zu erlauben sind, wenn sie die dafür vorgesehenen gesetzlichen Ansprüche erfüllen. So sind z. B. → Normen-, Typen-, → Konditionen-, → Rabatt-, → Rationalisierungs-, → Export-, → Import- oder → Strukturkrisenkartelle – abgestuft nach ihrer Bedeutung für den Wettbewerb – unmittelbar oder nach Erlaubnis des → Bundeskartellamtes zulässig. Darüber hinaus kann der Bundesminister für Wirtschaft Kartelle ausnahmsweise erlauben, wenn die Beschränkungen des Wettbewerbs aus überwiegenden Gründen der Gesamtwirtschaft und des Gesamtwohles notwendig sind. Auch sind bestimmte Wirtschaftszweige vom Kartellverbot ausgenommen. Die zahlreichen Ausnahmen vom grundsätzlichen Kartellverbot des GWB führen mitunter zu dem Vorwurf, der Gesetzgeber sei beim Wettbewerbsschutz nicht hinreichend konsequent gewesen. Grundsätzlich lassen sich gegen alle Kartellarten, die das GWB zuläßt oder deren Genehmigung es ermöglicht, Bedenken erheben. Jedes Kartell bindet seine Mitglieder an eine im Vorhinein festgelegte einheitliche Lösung und steht damit im Gegensatz zum Grundsatz des marktwirtschaftlichen Wettbewerbs. Auch nach dem EWG-Vertrag existiert ein Kartellverbot, das Wettbewerbsbeschränkungen untersagt, die geeignet sind den Handel zwischen Mitgliedsstaaten zu beeinträchtigen. Es soll verhindert werden, daß die Öffnung der Märkte durch den Abbau von Zöllen und sonstigen Handelshemmnissen im gegenseitigen Warenverkehr der Mitgliedsstaaten durch privatwirtschaftlich organisierte Wettbewerbsbeschränkungen wieder rückgängig gemacht wird, so daß die erhoffte Intensivierung des Wettbewerbs nicht zustande kommt.

Kassenhaltungsgleichung

an der Universität Cambridge (insbesondere von *A. Marshall* u. *A. C. Pigou*) entwickelte Form der → Quantitätsgleichung. Sie besagt, daß die → Geldmenge (M) einen bestimmten Bruchteil (k) aller zum Preisdurchschnitt (P) gehandelten Güter (H) ausmacht.

Kassenkredit

Es gilt also: $M = k \times (H \times P)$. Der Faktor k wird auch als „durchschnittliche Ruhezeit" des → Geldes bezeichnet. Er entspricht dem Kehrwert der Umlaufsgeschwindigkeit des Geldes. Interpretiert man M als → Geldnachfrage, so bedeutet die Gleichung, daß die → Wirtschaftssubjekte stets Kasse in Höhe eines Bruchteils (k) ihrer gesamten Transaktionen halten möchten (Verhaltensgleichung). Im Vergleich zur naiven → Quantitätstheorie werden zwar das Handelsvolumen und der Proportionalitätsfaktor wiederum als exogen bestimmt, letzterer aber nicht mehr als kurzfristig konstant angesehen. Vielmehr spielen für die Höhe der Geldnachfrage etwa die Alternativkosten der Kassenhaltung (entgangene Zinsen) und Erwartungen über die zukünftige Wirtschaftsentwicklung eine Rolle. Die Kassenhaltungsgleichung gilt insofern als Frühform der Geldnachfragetheorie. Vgl. auch → Portfolio-Theorie.

Kassenkredit

kurzfristiger Überbrückungskredit der Zentralbank an die öffentlichen Hand gegen die Ausstellung von → Schatzwechseln oder in Form von Buchkrediten. Er wird gewährt, wenn die Zahlungsmitteleingänge kurzfristig nicht zur Deckung der Zahlungsverpflichtungen ausreichen.

Käufermarkt

Markt mit Tendenz zu Preissenkungen durch einen Rückgang der Nachfrage oder einen Anstieg des Angebots. Pendant zum → Verkäufermarkt.

Kaufkraftparität

Relation der Ausgaben für einen Warenkorb (bestimmte Auswahl von Waren) im Ausland zu den Ausgaben für den selben Warenkorb im Inland. Die Bildung von Kaufkraftparitäten dient internationalen Kaufkraft- oder Realeinkommensvergleichen. Ist dabei der Wechselkurs zwischen den beiden betroffenen Währungen höher als die Kaufkraftparität, spricht man von einem Kaufkraftgewinn für die heimische Währung, weil man beim Tausch mehr ausländische Währung erhält, als man für den Kauf des entsprechenden Warenkorbs im Ausland ausgeben muß. In der Praxis werden verschiedene Kaufkraftparitäten verwendet, die sich im wesentlich darin unterscheiden, welcher Warenkorb jeweils zugrunde gelegt wird.

Kaufkraftparitätentheorie

einer der ältesten und demzufolge auch am häufigsten diskutierten Ansätze zur Wechselkursbildung (siehe → Wechelkurstheorien). Die Theorie besagt zunächst, daß der → Wechselkurs w einer Währung durch das Verhältnis des Inlandspreisniveaus in Inlandswährung, P_i, und des Auslandspreisniveaus in Auslandswährung, P_a, bestimmt wird. Es gilt:

$$w = \frac{P_i}{P_a} \text{ bzw. } P_a \times w = P_i$$

Die Gleichung besagt, daß die Kaufkraft des → Geldes im Inland und im Ausland gleich ist, weil der Wechselkurs für Übereinstimmung sorgt. Die Kritik gegen diesen Erklärungsansatz, den man absolute Kaufkraftparitätentheorie bezeichnet, liegt auf der Hand. Die Existenz heterogener, nicht handelbarer oder nationaler Güter verhindert den Ausgleich von Preisniveauunterschieden durch den Wechselkurs zwischen verschiedenen Ländern ebenso wie unterschiedliche Transaktionskosten. Man akzeptiert daher die Kaufkraftparitätentheorie heute nur noch in modifizierter Form. Die relative Kaufkraftparitätentheorie schwächt die Aussage der obigen Gleichung ab und besagt demgegenüber nur noch, daß eine Veränderung des Preisniveau-Verhältnisses zweier Länder mit einer gleich großen Veränderung des Wechselkurses zwischen den Währungen dieser Länder einhergehe:

$$w = \frac{k \times P_i}{P_a}, \text{ mit } k > 0$$

Die Kaufkraftparitätentheorie ist ein Gleichgewichtsansatz, der nur unter sehr restriktiven Annahmen gilt. Auch die relative Variante gibt lediglich eine eher grobe Erklärung für Wechselkursänderungen. Zur Erklärung kurz- oder mittelfristiger Wechselkursschwankungen ist die Kaufkraftparitätentheorie sicher nicht geeignet.

Kausalklassifikation der Arbeitslosigkeit

versucht eine Systematisierung verschiedener Arten von Arbeitslosigkeit nach deren jeweiliger Ursache. In der Literatur finden sich diesbezüglich z.T. stark divergierende Aufzählungen. Ohne Anspruch auf Vollständigkeit und Überschneidungsfreiheit werden jedoch häufig → demographisch bedingte, → friktionelle, → konjunkturelle, → reallohnbedingte, → saisonale, → strukturelle, → technologische und → wachstumsbedingte Arbeitslosigkeit genannt. Etwas außerhalb dieser Gliederung befinden sich die Begriffe → Nachfrage- und → Kapitalmangelarbeitslosigkeit, obwohl auch diese einen Kausalzusammenhang implizieren.

Keynes-Effekt

Der von *G. Haberler* so benannte *Keynes*-Effekt begründet den Verlauf der → gesamtwirtschaftlichen Nachfragefunktion bzw. -kurve. Er läßt sich anhand des → IS-LM-Konzepts folgendermaßen beschreiben: Sinkt das Preisniveau, so steigt das reale → Geldangebot. Je nach Reaktion der → Geldnachfrage kommt es zu mehr oder weniger deutlichen Zinssenkungen und das vorher gestörte → Geldmarktgleichgewicht wird wieder hergestellt. Sinkende Zinsen bewirken weiterhin einen Anstieg der Investitionstätigkeit und damit der Güternachfrage. Dieser Anpassungsprozeß ist (vorerst) abgeschlossen, wenn die geplante → Investition der geplanten → Ersparnis entspricht; dann befindet sich auch der Gütermarkt vorläufig im Gleichgewicht. Alles in allem ergibt sich der im Normalfall negative Zusammenhang zwischen Preisniveau und Güternachfrage. Bei nach unten voll beweglichen Preisen und Nominallohnsätzen beschreibt der Keynes-Effekt damit auch einen Mechanismus, der einem Konjunkturabschwung entgegenwirken kann und zu Vollbeschäftigung führt. Allerdings kann die Kausalkette des Keynes-Effektes an zwei Stellen Blockaden aufweisen. Erstens ist denkbar, daß die mit einer Preissenkung verbundene Zunahme des realen Geldangebots sofort gänzlich von den → Wirtschaftssubjekten absorbiert wird, die damit (in Erwartungen steigender Renditen) ihre → Spekulationskasse auffüllen. In diese Situation der → Liquiditätsfalle kommt es zu keinen Zinssenkungen. Zweitens bieten bei pessimistischen Gewinnerwartungen auch sinkende Zinsen keine Ge-

Keynesianische Angebotsfunktion

währ dafür, daß die Investitionsbereitschaft der Unternehmen steigt. Zinsunelastische Investitionen könnten daneben auch eine Folge davon sein, daß – darauf hat Keynes hingewiesen – der Preisrückgang die reale Schuldenlast erhöht hat. Schon bei Vorliegen einer dieser Blockaden schlägt die preisbedingte Änderung der realen → Geldmenge nicht auf die Nachfrage durch, so daß die gesamtwirtschaftliche Nachfragekurve senkrecht (d.h. parallel zur Preisachse) verläuft. In einer derartigen preisunelastischen Güternachfrage („ausbleibender Keynes-Effekt") wird allgemein ein ganz wesentliches Element der keynesianischen Theorie gesehen. Siehe → Keynesianismus.

Keynesianische Angebotsfunktion → Gesamtwirtschaftliche Angebotsfunktion

Keynesianischer Arbeitsmarkt → Gesamtwirtschaftliche Angebotsfunktion

Keynesianischer Bereich → LM-Kurve

Keynesianisch-neoklassische Synthese

Darstellung des erweiterten bzw. vervollständigten *Keynes*-Modells. Hierzu wird das → IS-LM-Konzept ergänzt, indem die Annahme eines konstanten Preisniveaus aufgegeben und die Angebotsseite der → Volkswirtschaft miteinbezogen wird. Ziel ist die Bestimmung des → gesamtwirtschaftlichen Gleichgewichts anhand der → gesamtwirtschaftlichen Angebots- und der → gesamtwirtschaftlichen Nachfragefunktion.

In der Abbildung repräsentiert das Gleichgewichtssozialprodukt Y_o ein keynesianisches → Unterbeschäftigungsgleichgewicht. Jedoch läßt sich (im Bereich des senkrechten Astes der Angebotskurve) ebenso die Position der → Klassik und deren Varianten, die von → Vollbeschäftigung bzw. → natürlicher Arbeitslosigkeit ausgehen, darstellen (siehe auch → Phillipskurve). Gleichermaßen kann man von einer mehr oder weniger steilen Nachfragekurve ausgehen und damit die Bedeutung des → Keynes-Effektes erfassen. Die Implikationen des keynesianisch-neoklassischen Modells rechtfertigen also prinzipiell sowohl eine keynesianischem Gedankengut nahestehende nachfrageorientierte Wirtschaftspolitik (→ Nachfrage-Ökonomik), als auch eine klassischem Gedankengut entsprechende angebotsorientierte Wirtschaftspolitik (→ Angebots-Ökonomik). Eine Erhöhung beispielsweise der Staatsausgaben oder eine Ausweitung der → Geldmenge bewirken eine Verschiebung der gesamtwirtschaftlichen Güternachfrage nach rechts

Keynesianismus

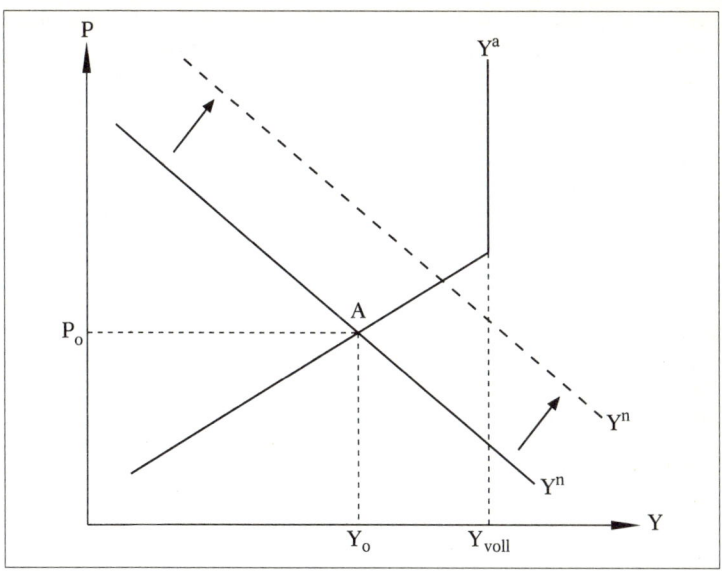

Gesamtwirtschaftliches Gleichgewicht

bzw. oben. Eine Anhebung etwa der Arbeitsproduktivität oder eine Senkung des Geldlohnsatzes führen zu einer Verschiebung der gesamtwirtschaftlichen Güterangebotskurve nach rechts bzw. unten. Der jeweilige Effekt auf das Sozialprodukt und das Preisniveau hängt dabei von der Steigung bzw. Elastizität der Angebots- sowie der Nachfragekurve ab.

Keynesianismus

auf den britischen Nationalökonomen *John Maynard Keynes* (1883–1946) zurückgehende → makroökonomische Theorie. Mit seinem 1936 erschienenen Buch (The General Theory of Employment, Interest, and Money) versuchte Keynes entgegen den Vorstellungen der → Klassik die Begründung dafür zu liefern, daß langanhaltende Krisen mit Massenarbeitslosigkeit trotz funktionierender Marktkräfte sehr wohl möglich seien, wenn nicht durch eine entsprechende → Wirtschaftspolitik gegengesteuert werde. Die keynesianische Lehre arbeitet, anders als die mikroökonomisch argumentierende Neo-Klassik, mit makroökonomischen Aggregaten. Entsprechend dem Keynesianismus funktioniert der klassische Vollbeschäftigungsmechanismus nicht immer. Das

Keynesianismus

heißt, das → Saysche Theorem ist nicht allgemeingültig. Das liegt unter anderem daran, daß die Höhe der → Ersparnis entgegen klassischer Vorstellungen nicht (vorrangig) vom → Zins, sondern von der Höhe des (laufenden) → Einkommens abhängig ist. Der Zins selbst wird nach Keynes, anders als in der Klassik, primär durch den Geldsektor → also das Zusammenwirken von → Geldangebot und → Geldnachfrage → bestimmt. Nach Keynes dient → Geld nicht ausschließlich für Transaktionszwecke, sondern wird auch als Wertaufbewahrungsmittel (Vermögensobjekt) gehalten. Aus diesem veränderten geldtheoretischen Ansatz resultiert eine Ablehnung der → Quantitätstheorie. Zugleich wird durch diesen Ansatz die → klassische Dichotomie aufgehoben. Da der Zins nämlich wesentlich durch den Geldsektor bestimmt wird, andererseits der Zins aber die Höhe der investiven Nachfrage beeinflußt, ist eine Beziehung zwischen Geld- und Gütersphäre hergestellt. Geld ist dann nicht mehr, wie von den Klassikern unterstellt, „neutral". Entsprechend dem Keynesianismus ist die gesamtwirtschaftliche effektive Nachfrage ein entscheidender Bestimmungsgrund für das Niveau der gesamtwirtschaftlichen Aktivität. Die Nachfrage des privaten Sektors setzt sich aus der Konsum- und der Investitionsnachfrage zusammen, wobei psychologische Faktoren und – vor allem bei den Investitionen – die Erwartungen eine große Rolle spielen. Nach Keynes steuert die Nachfrage das Angebot, mithin die Produktion (das → Einkommen) und damit die Beschäftigung. Dabei kann es zu der Situation eines → Unterbeschäftigungsgleichgewichtes kommen. Aus einem „Gleichgewicht" bei Unterbeschäftigung können sich also die privaten Wirtschaftssubjekte alleine nicht befreien. Sie befinden sich gewissermaßen in einem Teufelskreis: Weil die Nachfrage gering ist, wird wenig produziert, d.h. zugleich wenig Einkommen geschaffen. Wenig Einkommen bedeutet aber wiederum wenig Nachfrage (siehe auch → Multiplikatorprinzip). Daraus folgt der Schluß, daß es auf kurze Sicht nur der Staat sein könne, der durch eine expansive Politik die fehlende gesamtwirtschaftliche Nachfrage erzeugt. Die Wirksamkeit der → Geldpolitik schätzte Keynes in diesem Zusammenhang als eher gering ein (vgl. → Keynes-Effekt). Besser geeignet zur Bekämpfung von Arbeitslosigkeit seien direkte staatliche Einnahmen- (Steuer-) und Ausgabenvariationen im Rahmen einer diskretionären Politik (Interventionismus). Die Gedanken des von Keynes und seinen Anhängern entwickelten Keynesianismus haben die Theorie und die Wirtschaftspolitik nach dem 2. Weltkrieg so nachhaltig beeinflußt, daß man auch von einer „keynesianischen Revolution" sprach. Bis weit in die 60er Jahre überwog eindeutig der Keynesianismus in der praktischen Wirtschaftspolitik; er hat z. B. das deutsche Stabilitätsgesetz von 1967 in starkem Maße beeinflußt. Die Erfolge bei der Bewältigung der ersten Nachkriegskrise (1966/67) in Deutschland schienen die keynesianische Globalsteuerung zu bestätigen. In der 70er Jahre verstärkten sich indes die Zweifel an der Machbarkeit der → Konjunktur durch den Einsatz globaler Steuerungsinstrumente. Ausschlaggebend waren die sich verfestigende hohe Arbeitslosigkeit im Zusammenwirken mit einer anschwellenden Inflation (→ Stagflation). Zu den wesentlichen Kritikpunkten des Keynesianismus gehört, daß außenwirtschaftliche Einflüsse (die im ursprünglichen Konzept ausgeklammert waren) immer wirksamer werden. Da kontraktive Maßnahmen politisch schwerer durchzusetzen sind als expansive impliziert keynesianische Nachfragepolitik das Risiko eines wachsenden Staatsanteils am → Sozialprodukt. Als problematisch wurde auch die mögliche prozyklische Wirkung erkannt, die wirtschaftspolitische Maßnahmen aufgrund ihrer Wirkungsverzögerungen (lags) entfalten können. Die Dominanz struktureller Probleme gegenüber den konjunkturellen hat in der praktischen Wirtschaftspolitik zudem die Bedeutung der explizit kurzfristig orientierten keynesianischen Analyse relativiert. Vor diesem Hintergrund kam es in Theorie und Praxis zu einer neuerlichen Hinwendung zu neo-klassisch begründetem Gedankengut. Siehe auch → Monetarismus.

Keynes-Modell

Darstellung des Wirtschaftsprozesses in Form eines Systems von Gleichungen und Grafiken, welche die Zusammenhänge zwischen den makroökonomischen Variablen aus der Sicht des → Keynesianismus abbilden. In der einfachen Fassung werden ein → Markt für produzierte Güter gemäß dem → Einkommen-Ausgaben-Modell und ein Geld-Wertpapier-Markt zusammengefügt. Man spricht auch vom verkürzten oder gestutzten Keynes-Modell (→ IS-LM-Konzept). In der erweiterten bzw. vervollständigten Version tritt der → Arbeitsmarkt hinzu.

Keynes-Plan

von *J. M. Keynes* entwickeltes und 1943 von Großbritannien vertretenes Konzept zur Neuregelung der Weltwährungsordnung (→ Währungsordnung). Vorgesehen war eine internationale Clearing-Union mit stabilen → Wechselkursen und → Konvertibilität bei gleichzeitiger Kontrolle des internationalen Kapitalver-

Kinderarbeit

kehrs. Im Gegensatz zum *White*-Plan der USA wurde der *Keynes*-Plan in dem damals installierten → Bretton-Woods-System nicht verwirklicht, er fand aber später bei der Gründung der Europäischen Zahlungsunion Berücksichtigung.

Kinderarbeit

Die Beschäftigung von Kindern unter 14 Jahren ist nach dem Jugendarbeitsschutzgesetz grundsätzlich untersagt. Ausnahmen sind für Kinder über 3 bzw. 6 Jahren bei Musik- und Theateraufführungen, im Rundfunk und bei Filmaufnahmen täglich bis zu 2, 3 oder 4 Stunden auf Antrag zugelassen. Auch für die Landwirtschaft gelten Sonderregelungen. Siehe auch → Jugendarbeitsschutz, → Arbeitsschutz, → Betriebsschutz.

Kinderfreibeträge

Bis zum Jahre 1974 stellten Kinderfreibeträge das wichtigste Instrument des → Famlilienlastenausgleichs im engeren Sinne dar. 1975 wurden die Kinderfreibeträge von der SPD-geführten Bundesregierung abgeschafft mit der Begründung, daß sie bei einem progressiven → Steuertarif eine umso höhere Steuerentlastung bewirken, je höher das Einkommen ist. Statt dessen wurde für alle Kinder ein → Kindergeld eingeführt. 1983 wurden von der christlich-liberalen Koalition neben dem → Kindergeld wieder Kinderfreibeträge eingeführt, wobei letztere in mehreren Stufen erhöht wurden. Aufgrund der Rechtsprechung des Bundesverfassungsgerichtes mußte der Gesetzgeber das Existenzminimum nicht nur der Erwachsenen, sondern auch der Kinder steuerfrei stellen. Diese führte zu einer starken Erhöhung der Kinderfreibeträge. Seit 1996 müssen sich die Steuerpflichtigen entscheiden, ob sie → Kindergeld beziehen oder Kinderfreibeträge in Anspruch nehmen wollen. Die Kinderfreibeträge betragen pro Kind und Jahr 6.912 DM. In der Regel nehmen nur Bezieher höherer Einkommen die Kinderfreibeträge in Anspruch, während für Bezieher mittlerer und niedriger Einkommen das → Kindergeld günstiger ist.

Kindergeld

Das erste Kindergeld wurde 1955 eingeführt und bis zum Jahre 1961 erst vom dritten Kind an gewährt. 1961 erhielten auch die zweiten Kinder Kindergeld. Es wurde allerdings nur bis zu bestimmten Einkommensgrenzen ausbezahlt. 1975 wurden die bestehenden → Kinderfreibeträge abgeschafft, dafür aber auch für das erste Kind Kindergeld eingeführt und das Kindergeld für das zweite und die folgenden Kinder stark erhöht. Seit 1983 gab es neben dem Kindergeld auch wieder → Kinderfreibeträge. Als diese aufgrund der Rechtsprechung des Bundesverfassungsgerichtes stark angehoben wurden, mußte auch das Kindergeld stark erhöht werden, denn seit 1996 müssen sich die vom → Familienlastenausgleich Begünstigten entweder für den Kindergeldbezug oder für Kinderfreibeträge entscheiden. Das Kindergeld beträgt seit 1998 250 DM für das erste und zweite Kind und 300 DM für das dritte und jedes weitere Kind.

Anspruch auf → Kinderfreibetrag bzw. Kindergeld hat, wer in Deutschland seinen Wohnsitz oder seinen gewöhnlichen Aufenthalt hat. Ausländer müssen zusätzlich eine gültige Aufenthaltserlaubnis oder -berechtigung besitzen. Bis zur Vollendung des 18. Lebensjahres wird Kindergeld für alle Kinder gezahlt. Ein volljähriges Kind kann dann weiter berücksichtigt werden, wenn es noch nicht das 21. Lebensjahr vollendet hat, arbeitslos ist und der Arbeitsvermittlung im Inland zur Verfügung steht, wenn es noch nicht das 27. Lebensjahr vollendet hat und sich in Schul- oder Berufsausbildung befindet oder sich in einer Übergangszeit zwischen zwei Ausbildungsabschnitten von höchstens vier Monaten befindet oder eine Berufsausbildung mangels Ausbildungsplatzes nicht beginnen oder fortsetzen kann oder ein freiwilliges soziales Jahr oder ein freiwilliges ökologisches Jahr leistet oder wenn es wegen körperlicher, geistiger oder seelischer Behinderung außerstande ist, sich selbst zu unterhalten. Das Kindergeld wird in der Regel vom Arbeitgeber zusammen mit dem Lohn oder Gehalt ausbezahlt. Es wird dem Arbeitgeber von der Bundesanstalt für Arbeit erstattet, die Kosten trägt der Bund.

Kirchensteuer

Die Kirchensteuer ist eine Steuer und nicht etwa ein → Beitrag. Sie wird nach Landesrecht erhoben und dient den verschiedenen steuererhebungsberechtigten Kirchen zur Erfüllung ihrer kirchlichen Aufgaben. Steuerpflichtig sind alle Mitglieder einer anerkannten Kirche und zwar in dem Kirchengebiet (ihrer Konfession), in dem sie wohnen. Im Falle des Austritts aus der Kirche endet die Kirchensteuerpflicht. Bemessungsgrundlage der Kirchensteuer ist grundsätzlich die Jahreseinkommensteuer. Der Steuersatz schwankt je nach Bundesland zwischen 8 und 9% der Einkommensteuer. Die gezahlte Kirchensteuer ist im vollen Umfang bei der Einkommensteuererklärung als → Sonderausgabe abzugsfähig.

Kitchin-Zyklus

in der Literatur häufiger diskutierter, kurzfristiger → Konjunkturzyklus mit einer Dauer von etwa ein bis zwei Jahren.

Klassierung

Klassierung → Häufigkeitsverteilung

Klassik

Gesamtheit der Ansätze → makroökonomischer Theorien, die in historischer Sicht im Zeitraum vom Ende des 18. bis zum ersten Drittel des 20. Jahrhunderts vorherrschten. Man spricht von der klassisch-neoklassischen Periode. Die Ideen der klassischen Ökonomen (bekannte Vertreter sind etwa *T. Malthus, J. Mill, D. Ricardo, J. B. Say, A. Smith*) und ihre neoklassischen Nachfolger (hierzu gehören *I. Fisher, W. Jevons, A. Marshall, C. Menger, A. Pigou, L. Walras*) werden aus heutiger Sicht zu einem als Klassik bzw. Neoklassik bezeichneten Gedankengebäude zusammengefaßt. Die Neoklassiker verfolgten z.T. jedoch etwas andere Hauptfragestellungen. Das (neo-) klassische, mikroökonomisch orientierte System geht von einer grundsätzlichen Stabilität des privaten Sektors aus. Das bedeutet, daß die annahmegemäß nach den Prinzipien der → vollständigen Konkurrenz arbeitende Wirtschaft letztlich → Vollbeschäftigung garantiert. Zwar sind vorübergehende – aus Anpassungen an veränderte Marktbedingungen resultierende – Störungen möglich. Sie machen jedoch keine wirtschaftspolitischen Eingriffe notwendig. Diese würden die automatisch wirkenden Anpassungsvorgänge vielmehr nur behindern. Die in dem System unterstellte Tendenz zur Vollbeschäftigung resultiert letztlich aus dem von *A. Smith* sog. Prinzip der (unsichtbaren Hand → der Preisbildung. Ein funktionierendes Preissystem, d.h. nach oben und unten flexible Preise und Löhne, gewährleistet die optimale Lenkung der → Produktionsfaktoren sowie Gleichgewicht auf dem Güter- und Arbeitsmarkt. Eine zentrale Komponente für den Vollbeschäftigungsmechanismus stellt dabei das → Saysche Theorem dar, nach dem jedes Angebot mit einer entsprechenden Nachfrage einhergeht, so daß es – gesamtwirtschaftlich – auf die Dauer weder Über- noch Unterproduktion geben kann. Vom Geldsektor gehen nach klassischer Ansicht keinerlei bedeutsame Wirkungen auf Produktion, → Einkommen und Beschäftigung aus. Es gilt die → Quantitätstheorie, wonach die → Geldmenge bzw. ihre Veränderung ausschließlich das allgemeine Preisniveau beeinflußt, nicht aber die relativen Preise oder den → Zinssatz. → Geld gilt als neutral. Diese Zweiteilung der Wirtschaft in eine reale Welt, gesteuert durch die Preisverhältnisse, und eine davon unabhängige monetäre Welt wird auch als → klassische Dichotomie bezeichnet. Die klassische Vollbeschäftigungshypothese ließ sich mit der andauernden → Weltwirtschaftskrise in den 20er und 30er Jahren des 20. Jahrhunderts nicht vereinbaren. Dies förderte das Aufkommen keynesianischer Konzepte. Selbst wenn „Selbstheilungskräfte" langfristig funktionieren, wie sie es nach Ansicht der Klassiker sollten, so kann der bis zum Ausgleich vergehende Zeitraum für die Betroffenen doch inakzeptabel lang sein. Der britische Nationalökonom *J. Maynard Keynes* hat denn auch den Ausspruch geprägt: „In the long run, we are all dead".

Klassische Angebotsfunktion → Gesamtwirtschaftliche Angebotsfunktion

Klassische Dichotomie

zentrale Annahme der → Klassik, die der Annahme von der → Neutralität des Geldes entspricht. Sie bezeichnet die strikte Trennung zwischen einer Theorie zur Erklärung der relativen Güterpreise aufgrund von Angebot und Nachfrage einerseits und der → Quantitätstheorie zur Erklärung der absoluten Höhe der Preise andererseits. Die klassische Dichotomie wird durch den (innerhalb des klassischen Modells anerkannten) → Realkassenhaltungseffekt aufgehoben; dieser impliziert, daß die Geldhaltung (als eigenständiges Vermögensobjekt) selbst → Nutzen verschafft. Eine Erhöhung der → Geldmenge stört dann das Portfoliogleichgewicht bei den → Wirtschaftssubjekten und ändert die Güternachfrage.

Kohäsionsfonds

Klassische Zinstheorie

Klassische Nationalökonomen betrachteten den → Zins als Resultat aus der volkswirtschaftlichen Kapitalbildung in Form von → Ersparnis und der Kapitalnachfrage in Form von → Investitionen. Der → Geldmenge billigten sie allenfalls einen vorübergehenden Einfluß auf die Zinshöhe zu. Auf längere Sicht wurde der Zins als eine reale, ausschließlich güterwirtschaftliche Größe verstanden.

Klassischer Arbeitsmarkt → Gesamtwirtschaftliche Angebotsfunktion

Klassischer Bereich → LM-Kurve

Klassischer Zinsmechanismus → Saysches Theorem

Klassisches Annahmensystem → Regressionsanalyse

Kohäsionsfonds

Der Vertrag über die Europäische Union sieht die Einrichtung eines vierten Strukturfonds vor. Der Kohäsionsfonds sollte den vier sog. „Kohäsionsländern" (Griechenland, Irland, Portugal und Spanien) EU-Staaten, deren Bruttosozialprodukt pro Kopf weniger als 90 Prozent des Gemeinschaftsdurchschnitts beträgt, helfen, die

Kohlepfennig

Stabilitätsbedingungen für die Wirtschafts- und Währungsunion ab 1999 zu erreichen.

Kohlepfennig

1974 geschaffene → Abgabe auf den Strompreis, um den Preisunterschied für teurere deutsche Steinkohle gegenüber Importkohle auszugleichen. Die Erhebung des Kohlepfennigs steht in engem Zusammenhang mit dem 1977 geschlossenen Jahrhundertvertrag, in dem sich die deutsche Elektrizitätswirtschaft verpflichtet hat, bestimmte Fördermengen inländischer Steinkohle zu verstromen. Als Ausgleich wird der Kohlepfennig erhoben, so daß die Kraftwerke die Steinkohle ebenso billig verheizen können wie Öl. Getragen wird der Kohlepfennig, der die Kilowattstunde Strom um einige Pfennige verteuert, von den Stomverbrauchern.

Kollektivgüter → Öffentliche Güter

Kollektivismus

Lehre vom Vorrang der Gesellschaft vor dem Individuum. Im kollektivistischen Gesellschafts- und Wirtschaftssystem ist das Eigentum (insbesondere an Produktionsmitteln) vergesellschaftet, und der → Wirtschaftsprozeß wird zentral gelenkt. Vgl. auch → Kommunismus sowie → Sozialismus.

Kollektivmonopol → Oligopol

Kollinearität

– auch als Multikollinearität bezeichnet – im Rahmen der → Regressionsanalyse auftretendes Phänomen, bei dem zwischen zwei oder mehr Regressoren eine perfekte bzw. hohe Korrelation, d. h. eine exakte oder näherungsweise (stochastische) lineare Beziehung, besteht. Bei exakter Kollinearität (z. B. wenn als Regressoren dieselbe Größe in unterschiedlichen Währungen verwandt wird, zwischen diesen Währungen aber ein konstanter Wechselkurs besteht) können die Koeffizienten der einzelnen Regressoren nicht mehr isoliert ermittelt werden. M. a. W.: ein Regressor, der seinerseits bereits durch einen anderen Regressor vollständig erklärt wird, kann keinen eigenen Erklärungsbeitrag zur Entwicklung des Regressanden leisten. Bei stochastischer Kollinearität tritt dasselbe Problem gewissermaßen in abgeschwächter Form auf: Hier nimmt die Gefahr, die einzelnen Koeffizienten aller Regressoren falsch zu schätzen, zu. Da die Gefahr der stochastischen Kollinearität naturgemäß mit der Zahl der verwandten Regressoren anwächst, besteht hinsichtlich der Auswahl von Regressoren bei jeder Regressionsanalyse ein Zielkonflikt zwischen (stochastischer) Kollinearität und → Autokorrelation.

Kommission für Internationales Handelsrecht (UNCITRAL)

Das United Nations Committee on International Trade Law (UNCITRAL) wurde 1966 gegründet. Es ist eine Unterorganisation der Vereinten Nationen und hat seinen Sitz in Wien.

Kommunalobligationen

festverzinsliche Wertpapiere, die von sog. Realkreditinstituten und Girozentralen ausgegeben werden. Die aus dem Verkauf der Kommunalobligationen generierten Mittel dürfen nur zur Kreditvergabe an öffentliche Kreditnehmer bzw. nur wenn eine öffentliche Körperschaft oder Anstalt hierfür bürgt, verwandt werden. Die Laufzeit beträgt im allgemeinen 10 bis 15 Jahre. Siehe auch → Bankschuldverschreibungen.

Kommunismus

Gesellschafts- und Wirtschaftssystem, welches als höchste Form des → Kollektivismus das Ziel der Gleichheit aller Menschen verfolgt. Dies geschieht durch Aufhebung des Privateigentums und Herstellung einer (als Naturzustand empfundenen) umfassenden Gütergemeinschaft. Historisch bedeutsam ist die vom → Marxismus und Leninismus vertretene ideologisch-politische Konzeption einer klassenlosen Gesellschaft mit Gemeineigentum an den Produktionsmitteln (Vergesellschaftung). Der Kommunismus ist ordnungspolitisch grundsätzlich an das System der → Zentralverwaltungswirtschaft gekoppelt. An die Stelle des erwerbswirtschaftlichen Prinzips tritt das Bedarfsdeckungsprinzip. Als Vorstufe des Kommunismus gilt der → Sozialismus.

Komparative Kosten

relative Kostenvorteile bzw. das Verhältnis der Produktionskosten eines Gutes bei verschiedenen Wirtschaftseinheiten oder Ländern. Mit Hilfe der komparativen Kosten kann gezeigt werden, daß es für ein produktiv eindeutig überlegenes Land, das alle Güter billiger erzeugen kann als das Ausland, dennoch sinnvoll sein kann, bestimmte Güter aus dem produktiv unterlegenen Land mit höheren Produktionskosten einzuführen.

Kompensationseffekt

Von einem Kompensationseffekt des → technischen Fortschritts spricht man, wenn die damit erzielbare Erhöhung des → Produktionspotentials und der Einkommen sich in einer höheren gesamtwirtschaftlichen Güternachfrage und damit auch in einer höheren → Arbeitsnachfrage niederschlägt. Auf diese Weise kann die mit dem technischen Fortschritt regelmäßig verbundene → Freisetzung von Arbeitskräften gemil-

Kompensationsgeschäft

dert, kompensiert oder sogar überkompensiert werden, auch wenn die neu geschaffenen Arbeitsplätze meist in anderen Branchen angesiedelt sind als die durch technischen Fortschritt vernichteten.

Kompensationsgeschäft → Ökonomische Transaktion

Komplementärgüter → Ökonomische Güter

Komplementarität

Komplementarität zwischen Produktionsfaktoren bzw. Limitationalität der → Produktionsfunktion liegt vor, wenn verschiedene Produktionsfaktoren sinnvoll nur in einem bestimmten, sich nicht ändernden Mengenverhältnis zueinander eingesetzt werden können (z. B. bestimmte Rezepturen in der chemischen Industrie). Entsprechend liegt Komplementarität zwischen Gütern dann vor, wenn ein Haushalt einen bestimmten → Nutzen nur mit einer bestimmten Konsummengenkombinationen erreichen kann. Sie bildet das Gegenstück zur → Substituierbarkeit.

Konditionenkartell

verpflichtet seine Mitglieder zur Anwendung einheitlicher Allgemeiner Geschäftsbedingungen und will damit Unterschiede in den gewährten Lieferungs-, Haftungs- und Zahlungsbedingungen ausschließen.

Kondratieff-Zyklus

in der Literatur häufiger diskutierter, langfristiger → Konjunkturzyklus mit einer Dauer von etwa 50 bis 60 Jahren.

Konferenz der Vereinten Nationen für Handel und Entwicklung (UNCTAD)

Die United Nations Conference on Trade and Development (UNCTAD) wurde 1964 als Organ der UN-Generalversammlung gegründet, sie hat ihren Sitz in Genf (mit einem ständigen Sekretariat). Ihr gehören 188 Mitglieder an. Die UNCTAD ist der Vollversammlung der Vereinten Nationen (UN) direkt unterstellt. Ziel der UNCTAD ist die Förderung des Welthandels, insbesondere durch gemeinsame Maßnahmen von Industrieländern und Entwicklungsländern zur Lösung der Probleme des Handels und der Finanzierung von Entwicklungsländern. Neben der Konferenz, die in vierjährigem Rhythmus tagt, finden jährlich Tagungen des Handels- und Entwicklungsrates statt.

Konfidenzintervall → Intervallschätzung

Konfidenzschätzung → Intervallschätzung

Konjunktur

Schwankungen im Auslastungsgrad des gesamtwirtschaftlichen → Produktionspotentials. Der gesamte Schwingungsablauf der wirtschaftlichen Entwicklung wird als → Konjunkturzyklus (mit bestimmten Konjunkturphasen) bezeichnet. Die Konjunktur wie der Konjunkturzyklus sind Gegenstand der → Konjunkturtheorie sowie der → Konjunkturforschung. Die → Konjunkturpolitik zielt auf eine Verstetigung der Konjunktur.

Konjunkturabschlag

fallweise eingesetztes Mittel der → Konjunkturpolitik zur Anregung der privaten Nachfrage, insbesondere des Konsums. Der Konjunkturabschlag ist im → Gesetz zur Förderung der Stabilität und des Wachstums der Wirtschaft geregelt. Er erfolgt in Form einer Senkung der → Einkommen- und → Körperschaftsteuer um bis zu 10% pro Jahr.

Konjunkturausgleichsrücklage

fallweise eingesetztes Mittel der → Konjunkturpolitik. Im Falle einer festgestellten Gefährdung des gesamtwirtschaftlichen Gleichgewichts werden dabei Haushaltsmittel bei der → Deutschen Bundesbank angesammelt bzw. zusätzlich zur Belebung der allgemeinen Wirtschaftsaktivitäten ausgegeben. Rechtsgrundlage ist das → Gesetz zur Förderung der Stabilität und des Wachstums der Wirtschaft.

Konjunkturelle Arbeitslosigkeit

entsteht entsprechend einem → Konjunkturzyklus infolge einer vorübergehend zu geringen gesamtwirtschaftlichen Nachfrage nach Gütern und der damit einhergehenden Reduktion der → gesamtwirtschaftlichen Arbeitsnachfrage. Sie ist insofern eine Form der → Nachfragemangelarbeitslosigkeit, die – etwa im Gegensatz zur → saisonalen oder → strukturellen Arbeitslosigkeit – alle Branchen einer Volkswirtschaft mehr oder weniger gleichmäßig erfaßt. Vom theoretischen Begriff her entsteht konjunkturelle Arbeitslosigkeit – möglicherweise mit einer gewissen Verzögerung – im konjunkturellen Abschwung und wird – streng genommen – im konjunkturellen Aufschwung vollständig wieder abgebaut. Ende der 60er und in den 70er Jahren führte diese Form der Arbeitslosigkeit zur Notwendigkeit und Rechtfertigung der im → Stabilitäts- und Wachstumsgesetz begründeten antizyklischen → Globalsteuerung in der Wirtschaftspolitik. Empirische Beobachtungen, vor allem die der jüngeren Vergangenheit, zeigen jedoch, daß eine im Konjunkturabschwung entstehende Arbeitslosigkeit häufig im anschließenden Konjunkturaufschwung nur teilweise zurückgeht, selbst wenn dieser genauso stark ausfällt wie der Konjunkturabschwung. Mögliche Ursachen hierfür sind ein gleichzeitiges Ansteigen des → gesamtwirtschaftlichen Arbeitsangebots, verstärkte Rationalisierungsbemühungen der Unternehmen oder strukturelle Verschiebungen zwischen Arbeitsangebot und -nachfrage, die während des Konjunkturzyklus eintreten. Eine anfangs konjunkturelle Arbeitslosigkeit wird in den hier genannten Fällen dann zu einer → demographisch bedingten, → technologischen oder → strukturellen Arbeitslosigkeit.

Konjunkturforschung

Spezialgebiet der → Empirischen Wirtschaftsforschung, das sich mit der Diagnose und Prognose der konjunkturellen Entwicklung befaßt. In Deutschland wird die Konjunkturforschung vor allem von der → nicht-amtlichen Statistik betrieben, insbesondere von sechs führenden Wirtschaftsforschungsinstituten und dem → *Sachverständigenrat zur Begutachtung der gesamtwirtschaftlichen Entwicklung*. Sie stützt sich vorwiegend auf die Entwicklung der Nachfrageaggregate der → Volkswirtschaftlichen Gesamtrechnung, auf Konjunkturmodelle, die mit einer → Regressionsanalyse oder einer → Zeitreihenanalyse arbeiten, sowie auf die Beobachtung von → Konjunkturindikatoren.

Konjunkturindikator

Zeitreihe, die im Rahmen der → Konjunkturforschung geeignet erscheint, die konjunkturelle Entwicklung zu beschreiben und entsprechend zu prognostizieren. Da es sich bei der → Konjunktur um ein sehr komplexes Phänomen handelt, muß es durch eine Vielzahl von Indikatoren operationalisiert werden (vgl. → Adäquationsproblem). Zu unterscheiden sind dabei zwischen einzelnen Indikatoren, die sich ihrerseits in Frühindikatoren (z. B. der → Auftragseingangsindex), Präsensindikatoren (z. B. der → Index der Nettoproduktion) und Spätindikatoren (z. B. Entwicklung von Löhnen) gliedern, und sogenannten Diffusionsindizes, die aus mehreren Einzelindikatoren zusammengesetzt sind und aus dem Anteil der im Wert zu- bzw. abnehmenden Indikatoren auf Phase und Stärke des jeweiligen Konjunkturzyklusses zurückschließen.

Konjunkturneutraler Haushalt

→ Budgetkonzept, nach dem der staatliche Haushaltsplan keine Veränderung der bestehenden konjunkturellen Situation induziert. Dies ist der Fall, wenn – grob gesprochen – die öffentlichen Ausgaben und Einnahmen mit der gleichen Rate zunehmen wie das → gesamtwirtschaftliche Produktionspotential bzw. das →

Sozialprodukt. Die → Staatsquote bleibt dann ceteris paribus konstant. Das (im Detail etwas komplizierter als hier geschildert gestaltete) Konzept des konjunkturneutralen Haushalts stammt vom → *Sachverständigenrat zur Begutachtung der gesamtwirtschaftlichen Entwicklung* (erstmals 1967).

Konjunkturpolitik

Gesamtheit aller Maßnahmen zur Verstetigung der → Konjunktur und zur Erreichung bzw. Sicherung der Ziele der → Wirtschaftspolitik. Man spricht auch von Makropolitik. Im Rahmen der auf das Gedankengut des → Keynesianismus zurückgehenden Globalsteuerung wird eine antizyklische Konjunkturpolitik betrieben, indem bei einer Hochkonjunktur ein restriktiver, bei einer → Rezession oder → Depression ein expansiver Kurs zur Beeinflussung der Nachfrage, insbesondere der → Investitionen, erfolgt. Wesentliche Bereiche der Konjunkturpolitik bilden die → Fiskal- und Steuerpolitik sowie die → Geldpolitik. Konjunkturpolitik kann daneben auch über Instrumente der → Außenwirtschafts- und → Währungspolitik (z. B. → Abwertung) betrieben werden. In Deutschland bildet das Stabilitäts- und Wachstumsgesetz die Rechtsgrundlage der staatlichen Konjunkturpolitik. Für die Geld- und Kreditpolitik ist die → Europäische Zentralbank zuständig. Die Konjunkturpolitik kann durch Wirkungsverzögerungen (lags) beeinträchtigt werden.

Konjunkturtheorie

wissenschaftliche Untersuchung und Erklärung der → Konjunktur sowie des → Konjunkturzyklus mit dem Ziel der Unterstützung der → Konjunkturpolitik. Es gibt zahlreiche Konjunkturtheorien. Hierzu gehört zum einen die exogene Konjunkturtheorie, nach der außerwirtschaftliche Faktoren, wie beispielsweise der technische Fortschritt oder Bevölkerungsbewegungen, für wirtschaftliche Schwankungen verantwortlich sind. Daneben steht die endogene Konjunkturtheorie. Sie führt Konjunkturschwankungen auf dem Wirtschaftsprozeß immanente Ursachen zurück. Die endogene Konjunkturtheorie umfaßt die verschiedenen Varianten der → Unterkonsumtions- und der → Überinvestitionstheorie sowie – mit den beiden genannten Theorien zusammenhängend – das → Multiplikator- und → Akzeleratorprinzip. Hinzu treten die monetäre Konjunkturtheorie, nach der Geld- und Kreditvorgänge maßgeblich sind, und die psychologische Konjunkturtheorie, welche individual- oder sozialpsychologische Verhaltensweisen als auslösend betrachtet. Neuere Konjunkturtheorien lehnen eine monokausale Begründung ab und

Konjunkturzuschlag

ziehen statt dessen multikausale Erklärungen heran.

Konjunkturzuschlag

fallweise (zuletzt 1970–72) eingesetztes Mittel der → Konjunkturpolitik. Es dient der Kaufkraftabschöpfung zur Bekämpfung der → Inflation. Die Durchführung erfolgt in Form eines Zuschlages von 10% auf die → Einkommen- bzw. Lohn- sowie → Körperschaftsteuer. Dabei verpflichtet sich der Staat zur Rückzahlung.

Konjunkturzyklus

gesamter Schwingungsablauf der → Konjunktur während eines bestimmten Zeitraums. Wichtige Phasen sind der Konjunkturaufschwung (Expansion) mit dem Höhepunkt, der Hochkonjunktur (Boom). Es folgt der Konjunkturabschwung, eingeleitet durch eine Rezession, und evtl. der Tiefpunkt, die → Depression oder Krise. Daraufhin kommt es typischerweise wieder zu einer Erholungs- bzw. Expansionsphase. Über die zeitliche Dauer eines Konjunkturzyklus existieren unterschiedliche Auffassungen. Typischerweise werden diesbezüglich aber sogenannte → Kitchin-Zyklen, → Juglar-Zyklen und → Kontradieff-Zyklen unterschieden. Siehe auch → Konjunkturtheorie.

Konkurrenzgleichgewicht

theoretisches Konstrukt der → Preistheorie mit der Annahme, daß alle Märkte in einer Volkswirtschaft vollkommene → Polypole seien. Unter dieser Annahme findet die Volkswirtschaft von selbst, d.h. ohne zentrale Planungsinstanz (→ marktwirtschaftliche Selbststeuerung) in einen Idealzustand, in dem simultan auf allen Märkten → Marktgleichgewicht herrscht, und in dem die vorhandenen Produktionsfaktoren am effizientesten verwendet werden (→ Allokation).

Konkurrenzsozialismus

wirtschaftspolitische Konzeption bzw. → Wirtschaftsordnung, in der auf Basis vergesellschafteten Eigentums an den Produktionsmitteln eine Synthese zwischen Zentralplan und marktwirtschaftlicher Preisbildung angestrebt wird. Als typisches Beispiel galt lange Zeit Jugoslawien mit der dort praktizierten Arbeiterselbstverwaltung. Siehe auch → Sozialistische Marktwirtschaft.

Konkurrenzsystem

– auch als ungebundenes Trennsystem oder freies Trennsystem bezeichnet – System der Einnahmenverteilung innerhalb des → Finanzausgleichs, bei dem jede Gebietskörperschaft sowohl Art der Steuer als auch deren Höhe

Konjunkturzyklus

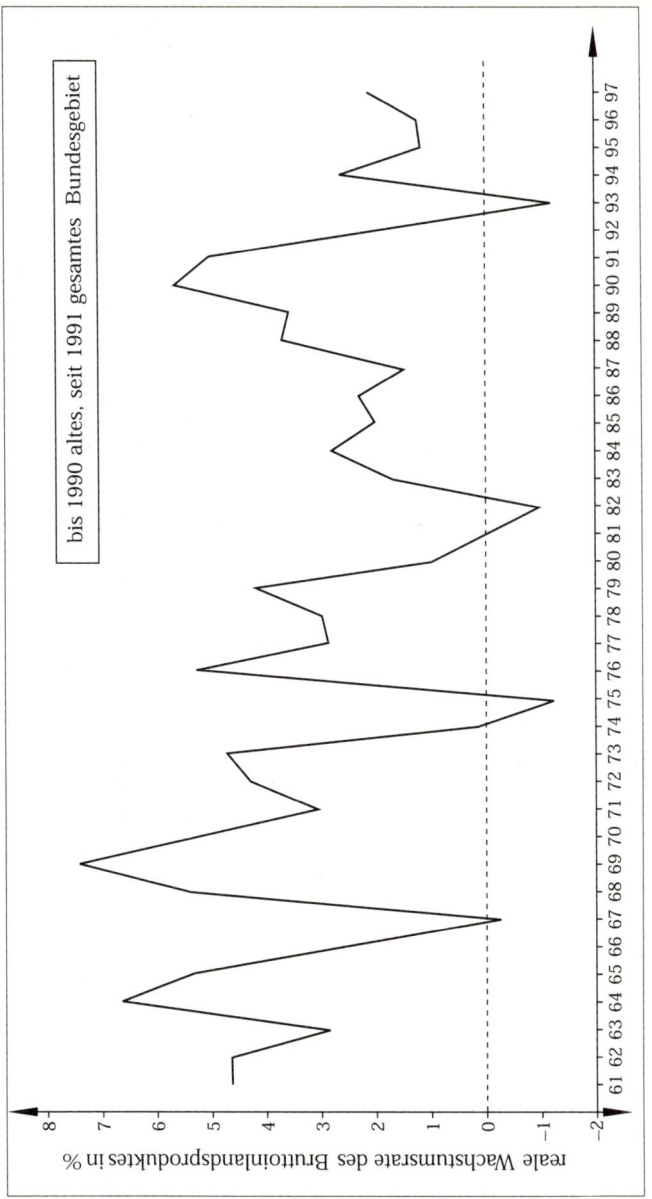

Konjunkturzyklen in Deutschland seit 1960
Quelle: Sachverständigenrat zur Begutachtung der gesamtwirtschaftlichen Entwicklung, Jahresgutachten 1998/99.

Konkursausfallgeld

autonom bestimmen kann. Dem Vorteil der → Finanzautonomie der Gebietskörperschaften steht der Nachteil einer möglichen Mehrfachbelastung der gleichen Steuerquellen gegenüber.

Konkursausfallgeld → Insolvenzgeld

Konsistenz → Schätzqualitäten

Konsolidierte Bilanz des Bankensystems

zusammengefaßte Bilanz der → Zentralbank und der Kreditinstitute, wobei Forderungen und Verbindlichkeiten zwischen der Zentralbank und den Kreditinstituten sowie der Kreditinstitute untereinander saldiert werden, so daß nur Forderungen und Verbindlichkeiten des Bankensektors gegenüber inländischen Nichtbanken und gegenüber Ausländern ausgewiesen werden. Vgl. auch → Bankenstatistik.

Konsum → Privater Konsum

Konsumentenrente → Preisdifferenzierung

Konsumentensouveränität

theoretischer Ansatz, nach dem in einem marktwirtschaftlichen System bei funktionierendem → Marktmechanismus ausschließlich die Bedürfnisstrukturen der Konsumenten bestimmen, welche Güter in welcher Menge in einer Volkswirtschaft produziert werden. In der Realität kann die Konsumentensouveränität durch Unternehmen oder den Staat mittels psychologischer Einflußnahme (Werbung, Propaganda) mehr oder weniger stark ausgehöhlt bzw. umgewandelt werden.

Konsumfunktion → Makroökonomische Konsumfunktion

Konsumgüter

von Haushalten zum Zwecke der Bedürfnisbefriedigung nachgefragte Waren und Dienstleistungen. Man kann unterscheiden zwischen Verbrauchsgütern, die bei der Ingebrauchnahme sofort untergehen (z. B. Nahrungsmitteln) und Gebrauchsgütern (auch: dauerhafte oder langlebige Konsumgüter), die für den Haushalt längerfristig nutzbar sind (z. B. Kraftfahrzeuge).

Konsumquote

Relation von Konsumausgaben und → verfügbarem Einkommen eines Haushalts oder einer Volkswirtschaft. Zu unterscheiden ist dabei:
1. Durchschnittliche Konsumquote: Anteil der Konsumausgaben am verfügbaren Einkommen. Bei der gesamtwirtschaft-

lichen Konsumquote wird als Einkommensgröße häufig auch das Volkseinkommen oder das → Bruttosozialprodukt herangezogen.
2. Marginale Konsumquote: Veränderung der Konsumausgaben bei Veränderung der zugrundeliegenden Einkommengröße.

Konsumzeit → Haushaltsproduktionsfunktion

Kontingent

Der Begriff des Kontingents wird in unterschiedlicher Weise verwendet:
1. Instrumente der quantitativen Kontrolle, die in verschiedenen Bereichen der → Wirtschaftspolitik angewendet werden können (z. B. Rediskontkontingente);
2. Instrument der Außenwirtschaftspolitik: mengenmäßige Beschränkung der Exporte oder der Importe, wobei entweder die Höchstmenge (Mengenkontingente) oder Höchstwerte (Wertkontingente) festgelegt werden können.

Durch Kontingente wird die freie Marktpreisbildung außer Kraft gesetzt. Liegen die festgelegten Mengen unter der Marktgleichgewichtsmenge, stellt sich das Problem der Zuteilung.

Konto der übrigen Welt → Sozialproduktsrechnung

Kontokorrentkredit → Darlehen

Kontrakttheorien

→ Arbeitsmarttheorien, die in Weiterentwicklung des Basismodells der → neoklassischen Arbeitsmarkttheorie die dortige Prämisse vollkommen flexibler Löhne und Preise aufgeben und so Mengenreaktionen wie Entlassungen oder Einstellungen ein stärkeres Gewicht zugestehen. Grundlage der Kontrakttheorien ist die Beobachtung, daß Arbeitnehmer sich eher risikoscheu verhalten und Arbeitsplatzgarantien höheren Löhnen vorziehen. Dies führt häufig zur vertraglichen Festlegung relativ niedriger Löhne, die bei zurückgehender Güternachfrage nicht weiter gesenkt werden können. Die Folge sind – oft zeitlich verzögerte – Entlassungen, die sich aber nicht gleichmäßig auf die gesamte Belegschaft verteilen. Vielmehr wird dabei wegen zum Teil sehr hoher Einarbeitungskosten zwischen Stammbelegschaften, an denen sehr lange festgehalten wird, und Randbelegschaften, die gewissermaßen als „konjunktureller Puffer" dienen differenziert. Insofern finden sich hier auch Erklärungsansätze für eine → Arbeitsmarktsegmentation.

Konventionstheorie

früher vorherrschende Ansicht, nach der der Ursprung des → Geldes darin liegt, daß die Menschen

Konvergenzkriterien

aus Zweckmäßigkeitsüberlegungen, also zur Erleichterung des Wirtschaftsverkehrs, ein allgemeines „Tauschmittel" vereinbart hätten.

Konvergenzkriterien → Maastricht-Kriterien

Konvergenzthese

besagt, daß sich die unterschiedlichen Gesellschafts- bzw. → Wirtschaftordnungen in entwickelten Industrieländern, namentlich der → Kapitalismus und der → Sozialismus, einander annähern, so daß eine optimale Mischform entsteht. Als Hauptvertreter der Konvergenzthese gilt *Jan Tinbergen*. Vgl. auch → Antagonismus- und → Dominanzthese.

Konvertibilität

– auch als Konvertierbarkeit, Währungs- oder Devisenkonvertibilität bezeichnet – das Recht, die betreffende Währung frei und unbeschränkt zu den geltenden → Wechselkursen in eine der internationalen Hauptreservewährungen umzutauschen. Völlig frei konvertierbare Devisen, auch „Hartwährungen" genannt, werden von der Zentralbank des Währungslandes unbeschränkt in jede andere Währung umgetauscht. Derartig frei konvertierbar sind praktisch nur die führenden internationalen Währungen. Daneben gibt es beschränkt konvertierbare Devisen, man spricht auch von „Weichwährungen". Sie werden von der Zentralbank des Währungslandes nicht unbeschränkt in andere Währungen umgetauscht. Hierzu zählen einzelne europäische Währungen, die nur für Ausländer konvertierbar sind. Schließlich existieren nicht konvertierbare Devisen. Diese unterliegen der → Devisenbewirtschaftung, welche unter anderem auf mengenmäßigen Ablieferungspflichten und Zuteilungsregelungen basiert. In einem → Währungssystem mit völlig freier Konvertierbarkeit können sowohl Inländer die Währung ihres Landes unbeschränkt in jede andere Währung umwechseln (Inländerkonvertibilität) als auch Ausländer die betreffende Devise gegen jede andere Währung eintauschen (Ausländerkonvertibilität).

Konvertierbarkeit → Konvertibilität

Konzentration

ganz allgemein Zusammenballung wirtschaftlicher Größen. Unternehmenskonzentration liegt dann vor, wenn sich mehrere Unternehmen zusammenschließen. Damit ist in der Regel ein abnehmender Wettbewerb verbunden. Die Erfassung der Unternehmenskonzentration mit Hilfe von Konzentrationsmaßen und ihre Analyse ist für die Wettbewerbspolitik sehr bedeutsam. Aus verteilungspolitischer Sicht sind die Vermögenskonzentration und der Einkommenskonzentration wichtig, die durch die entsprechende → Lorenzkurve gemessen und dargestellt werden können.

Konzentrationsmaße

Maßzahlen einer → Häufigkeitsverteilung, die eine Aussage darüber treffen, wie sich die Gesamtsumme der Merkmalsausprägungen auf die Merkmalsträger verteilt. Die aussagekräftigsten und am häufigsten verwandten Konzentrationsmaße sind der → Modus, die → Quantile und der → Gini-Koeffizient (→ Lorenzkurve).

Konzentrationsmessung

soll Kennzahlen über das Ausmaß der → Unternehmenskonzentration auf einem Markt liefern. Von der Vielzahl möglicher Kennzahlen werden von der → Monopolkommission vor allem drei Konzentrationsmaße verwendet. Die Konzentrationsrate weist aus, wie groß der zusammengefaßte Anteil z.B. der drei, sechs oder zehn größten Unternehmen eines Marktes ist, den dieser am gesamten Umsatz des betrachteten Marktes aufweisen. Konzentrationsraten werden häufig verwendet, weil sie einfach zu errechnen sind und weil die verfügbaren Daten zumeist ausreichen, um die

Konzept der Wettbewerbsfreiheit

Ermittlung des Umsatzanteils der führenden Anbieter zuzulassen. Der Hirschman-Herfindahl-Index ist das arithmetische Mittel der mit sich selbst gewogenen Marktanteile. Die Marktanteile der Anbieter werden quadriert und summiert. Die Marktanteile der größten Anbieter werden also stärker gewichtet als die der kleineren. Maximale Konzentration liegt vor, wenn ein Anbieter den gesamten Marktanteil auf sich vereint, also den Anteil 1 hat. Um die in der Berechnung des Hirschman-Herfindahl-Index enthaltene Verteilung der Marktanteile sichtbar zu machen, wird zusätzlich der → Variationskoeffizient errechnet. Dieser mißt die → Standardabweichung der Marktanteile in Prozent ihres Mittelwertes. Als wesentliches Merkmal der Marktstruktur besitzt der Konzentrationsgrad erhebliche Bedeutung für das Marktverhalten und damit auch für das Marktergebnis. Aussagekräftig sind Angaben zu Unternehmenskonzentration jedoch nur, wenn sie sich tatsächlich auf die Gegebenheiten eines sachlich, räumlich und zeitlich korrekt abgegrenzten Marktes, also auf den wettbewerbspolitisch jeweils relevanten Markt beziehen.

Konzept der Wettbewerbsfreiheit
→ Wettbewerbspolitisches Leitbild

Konzertierte Aktion

Konzertierte Aktion

in Deutschland erstmals 1967 einberufener Gesprächskreis aus Bundesregierung, → Arbeitgeberverbänden und → Gewerkschaften. Ihr Hauptziel war es, → Tarif- und → Konjunkturpolitik zu koordinieren, um letztere erfolgreicher zu gestalten. Nach anfänglichen Erfolgen traten in den 70er Jahren unter erschwerten wirtschaftlichen Rahmenbedingungen zunehmend Zielkonflikte und Spannungen zwischen Arbeitgeberverbänden und Gewerkschaften auf, die 1976 zum faktischen Ende der Konzertierten Aktion führten. Einen ähnlichen Charakter, aber andere Zielsetzungen hat das in jüngster Zeit ins Leben gerufene → „Bündnis für Arbeit".

Kooperationsprinzip

Beim Kooperationsprinzip handelt es sich um einen Ansatz, der die Mitverantwortlichkeit und die Mitwirkung der Betroffenen von umweltbeeinträchtigenden Aktivitäten und die Beteiligung bei vorgesehenen umweltschützenden Maßnahmen hervorhebt. Beispiele sind Branchenabkommen, bei denen zwischen der Umweltbehörde und einer Branche oder einzelnen Branchenmitgliedern ein Umweltschutzziel festgelegt wird, das in einem bestimmten Zeitraum erreicht werden soll. Wenn sich die Mitglieder einer Branche zum Unterlassen umweltschädigender Aktivitäten verpflichten, spricht man von einem Selbstbindungsabkommen (bspw. Verzicht auf die Verwendung von FCKW). Wenn sie bereit sind, umweltfreundliche Aktivitäten durchzuführen, bezeichnet man dies als Selbstverpflichtungsabkommen. Neben diesen Branchenabkommen im engeren Sinne, die in Frankreich in der Vergangenheit praktiziert wurden, werden in Deutschland auch unverbindliche umweltbezogene Absprachen zwischen den Umweltschutzbehörden und bestimmten umweltbelastenden Branchen bzw. einzelnen Unternehmen als Branchenabkommen bezeichnet.

Kopfsteuer

Bei einer Kopfsteuer haben alle Bürger den gleichen absoluten Betrag zu bezahlen. Eine solche Pauschalsteuer ist zwar einfach zu handhaben und löst auch keine unerwünschten Substitutionseffekte aus, sie wird aber in Industriestaaten kaum angewandt, da sie gängigen Gerechtigkeitsvorstellungen widerspricht.

Körperschaftsteuer

besteuert den Unternehmenserfolg von Kapitalgesellschaften. Während Personengesellschaften keine eigenen → Steuersubjekte sind und der entstehende Gewinn stets bei den Gesellschaftern besteuert

Körperschaftsteuer

wird, werden Kapitalgesellschaften als juristische Personen und auch als eigenständige → Steuersubjekte betrachtet. Der Gewinn einer Kapitalgesellschaft wird der Körperschaftsteuer unterworfen. Sie ist im Grunde eine Art → Einkommensteuer nicht-natürlicher Personen, bei der naturgemäß persönliche Merkmale, die bei der Einkommensteuer berücksichtigt werden – etwa Alter, Familienstand – unberücksichtigt bleiben. Das Nebeneinander von → Einkommensteuer und Körperschaftsteuer ist steuersystematisch durchaus nicht notwendig, in einer Reihe anderer wichtiger Industrienationen werden auch Kapitalgesellschaften der → Einkommensteuer unterworfen. Dies hat den Vorteil, daß verschiedene Gesellschaftsformen gleich besteuert werden. In Deutschland gibt es dagegen einige wesentlich Unterschiede zwischen der → Einkommensteuer und der Körperschaftsteuer, nicht zuletzt im → Steuertarif. Bei Kapitalgesellschaften ist grundsätzlich zwischen der Gewinnbesteuerung auf der Ebene der Gesellschaft als juristischer Person und der Gewinnbesteuerung auf der Ebene der hinter der Gesellschaft stehenden Personen zu unterscheiden. Der Gewinn der Kapitalgesellschaft wird als das von ihr → zu versteuernde Einkommen mit der Körperschaftsteuer belastet. Die an die Anteilseigner ausgeschütteten Gewinne werden auf der Ebene der natürlichen Personen als Einkünfte aus Kapitalvermögen der → Einkommensteuer unterworfen. Im Rahmen des Trennungsprinzips werden beide Besteuerungsarten zunächst strikt getrennt. Die Folge ist, daß die ausgeschütteten Gewinne einer Kapitalgesellschaft wirtschaftlich doppelbelastet werden: mit Körperschaftsteuer auf der Gesellschafts- und → Einkommensteuer auf der Gesellschafterebene. Eine derartige Doppelbelastung wird bei klassisch ausgestalteten Körperschaftsteuersystemen als vertretbar hingenommen. Man argumentiert, daß Gewinne von Kapitalgesellschaften und zugeflossenen Dividenden der Anteilsigner von zwei selbständigen → Steuersubjekten versteuert werden, auch wenn betriebswirtschaftlich gesehen ein und dieselbe Bezugsgröße „Gewinn" zweifach belastet wird. Ein solches klassisch ausgestaltetes Körperschaftsteuersystem galt in Deutschland bis 1976. Im Jahre 1976 wurde die Körperschaftsteuer in der Bundesrepublik Deutschland grundlegend reformiert und durch ein System mit Anrechnungsverfahren abgelöst. Dabei wird im Grunde die von der Kapitalgesellschaft auf ausgeschüttete Gewinne entrichtete Körperschaftsteuer quasi als Vorauszahlung auf die Einkommensteuerschuld der Anteilsigner angerechnet. Die Anteilsigner erhalten dazu neben ihrer Dividende eine entsprechende

Korrelation

Körperschaftsteuergutschrift, die zusammen mit der Dividende zu versteuern ist. Durch eine derartige Vollanrechnung wird sichergestellt, daß im Ergebnis in der Regel nur der nichtausgeschüttete, der sogenannte thesaurierte Gewinn der Kapitalgesellschaft mit Körperschaftsteuer belastet wird. Damit wird eine Doppelbelastung auf der Ebene der ausschüttenden Kapitalgesellschaft und der dividendenempfangenden Anteilseigner vermieden. Die deutsche Körperschaftsteuer wird nun noch dadurch kompliziert, daß die Körperschaftsteuerbelastung für einbehaltene und ausgeschüttete Gewinne nicht gleich ist. Der Körperschaftsteuersatz für einbehaltene Gewinne beträgt 45%, der auf ausgeschüttete Gewinne 30%. Man wendet ein sogenanntes kombiniertes Verfahren an, das auf der Basis unterschiedlicher Belastungen einbehaltener und ausgeschütteter Gewinne verschiedene Verrechnungsschritte impliziert: Zur Ermittlung der gesamten (normalen und Ausschüttungs-)Körperschaftsteuer wird jedoch das zu versteuernde Einkommen nicht in zwei Teile gegliedert, auf die jeweils die unterschiedlichen Körperschaftsteuersätze angewendet werden. Vielmehr unterliegt das gesamte zu versteuernde Einkommen der normalen Körperschaftsteuer. Diese mindert sich für den ausgeschütteten Teil auf die Ausschüttungsbelastung von 30% (Körperschaftsteuerminderung). Die Körperschaftsteuerminderung berechnet sich aus der Differenz der beiden Steuersätze, beträgt also 15% der Bruttodividende:

$$Kst = Y \times s_k - D \times (s_k - s'_k)$$

Kst = Körperschaftsteuerbetrag
Y = zu versteuerndes Einkommen
s_k = normaler Körperschaftsteuersatz
s'_k = Ausschüttungs-Körperschaftsatz

Beispiel siehe nächste Seite.

Für Körperschaften, die nicht in das Anrechnungsverfahren einbezogen sind, wie z.B. Sparkassen und inländische Betriebsstätten ausländischer Kapitalgesellschaften, gilt schließlich ein Körperschaftsteuersatz von 42%. Steuerbefreit sind öffentliche Unternehmungen, die *Deutsche Post AG,* die *Deutsche Telekom AG,* die *Deutsche Postbank AG* und gemeinnützige Unternehmungen. Das zu versteuernde Einkommen wird auch bei der Körperschaftsteuer nach den Vorschriften des Einkommensteuerrechts bestimmt. Zusätzlich sind aber noch einige besondere Vorschriften des Körperschaftsteuerrechtes heranzuziehen und die → verdeckte Gewinnausschüttung zu berücksichtigen.

Korrelation → Korrelationsanalyse, → Korrelationskoeffizient

> *Beispiel* zur Berechnung der Körperschaftsteuer:
> Beträgt das zu versteuernde Einkommen z. B. 100.000 DM und soll eine Bruttodividende von 50.000 DM ausgeschüttet werden, dann ergibt sich folgende Körperschaftsteuer:
>
> 100.00 x 45% − 50.000 (45% − 30%) = 37.500
>
> | | |
> |---|---:|
> | Einkünfte aus Kapitalvermögen des fiktiven Anteilseigners (Nettodividende (35.000) + Steuergutschrift (15.000) der von der Kapitalgesellschaft getragenen Ausschüttungsbelastung) | 50.000 |
> | Einkommensteuer des Anteilseigners bei einem unterstellten Steuersatz von 50% | 25.000 |
> | Vollanrechnung der von der Kapitalgesellschaft entrichteten Körperschaftsteuer auf den ausgeschütteten Gewinn | 15.000 |
> | Einkommensteuerschuld des Anteilseigners | 10.000 |

Korrelationsanalyse

Methode in der → Empirischen Wirtschaftsforschung bzw. → Ökonometrie zur Feststellung der Stärke eines Kausal- bzw. Funktionalzusammenhangs (Korrelation) zwischen zwei oder mehr Variablen. Den Kern der Korrelationsanalyse bildet die Berechnung von → Korrelationskoeffizienten. Die Korrelationsanalyse stellt eine ideale Ergänzung zur → Regressionsanalyse dar, weil sie mißt, wie stark der in einer Regressionsanalyse numerisch spezifizierte Zusammenhang zwischen Regressand und Regressoren ist. Sie ist somit eine Art Test für die Qualität einer Regression. Zudem kann mit der Korrelationsanalyse ein möglicher linearer Zusammenhang zwischen den Regressoren (vgl. → Kollinearität) oder den Residuen (vgl. → Autokorrelation) analysiert werden, was der Güte der Regression jeweils abträglich wäre.

Korrelationskoeffizient

im Rahmen der → Korrelationsanalyse gebildete Maßzahl für die Stärke des Funktionalzusammenhangs (Korrelation) zwischen zwei Variablen. Für zwei metrisch skalierte Variable x und y ist der Bravais-Pearson'sche Korrelationskoeffizient r_{xy} als Wurzel des sogenannten Bestimmtheitsmaßes r_{xy}^2 wie folgt definiert:

$$r_{xy}^2 = \frac{\left(\sum_{i=1}^{n}(x_i - \bar{x}) \times (y_i - \bar{y})\right)^2}{\sum_{i=1}^{n}(x_i - \bar{x})^2 \times \sum_{i=1}^{n}(y_i - \bar{y})^2}$$

(x_i, y_i Beobachtungswerte von x und y, $\bar{x}$, $\bar{y}$ → arithmetisches Mit-

Kosten der Arbeitslosigkeit

tel dieser Beobachtungswerte). Er mißt, wie stark ein speziell linearer Zusammenhang zwischen den beiden betrachteten Variablen ist. Für zwei lediglich ordinal skalierte Variable x und y, für deren einzelne Werte also jeweils nur eine Reihenfolge festgelegt werden kann, ist der Spearman'sche Korrelationskoeffizient r_S analog definiert über:

$$r_s^2 = \frac{\left(\sum_{i=1}^{n}(x_{Ri} - \bar{x}_R) \times (y_{Ri} - \bar{y}_R)\right)^2}{\sum_{i=1}^{n}(x_{Ri} - \bar{x}_R)^2 \times \sum_{i=1}^{n}(y_{Ri} - \bar{y}_R)^2}$$

wobei jeweils an die Stelle der Beobachtungswerte x_i, y_i deren Rangnummern x_R, y_{Ri} treten. Das Bestimmtheitsmaß r_{xy}^2 bzw. r_s^2 kann jeweils Werte zwischen Null und Eins annehmen; je näher es bei Eins liegt, desto höher ist die Korrelation.

Kosten der Arbeitslosigkeit

entstehen aus öffentlichen Ausgaben und Einnahmenverlusten infolge der Arbeitslosigkeit sowie weiteren, häufig nicht-monetären Folgewirkungen derselben. Als direkte Kosten der Arbeitslosigkeit werden die → Lohnersatzleistungen (v. a. → Arbeitslosengeld) der → Arbeitslosenversicherung, die Beiträge der Leistungsempfänger zur → gesetzlichen Kranken- und → Rentenversicherung und die Ausgaben für → Sozialhilfe und → Wohngeld für Arbeitslose ohne Leistungsansprüche bezeichnet.

Indirekte Kosten resultieren aus den Ausfällen bei Steuern und Sozialversicherungsbeiträgen. Direkte und indirekte Kosten bilden zusammen die gesamtfiskalischen Kosten der Arbeitslosigkeit, die nach aktuellen Schätzungen in Deutschland bei etwa 160 Mrd. DM pro Jahr liegen. Schwer abzuschätzen sind dagegen die sonstigen Folgewirkungen wie z. B. psychische Probleme der Betroffenen, Auswirkungen auf die Kriminalität, Verlust des Vertrauens in das politische System, usw.

Kosten

mit den jeweiligen Preisen der Produktionsfaktoren q_i bewerteter und summierter mengenmäßiger Faktorverbrauch v_i bei der Produktion von Gütern:

$K = q_1 \times v_1 + \ldots + q_n \times v_n$

In dieser Form der sogenannten Kostendefinitionsgleichung besteht noch kein Zusammenhang mit der Menge des produzierten Gutes, der erst in der → Kostenfunktion hergestellt wird.

Kostendeckungspunkt → Gewinnzone

Kostendefinitionsgleichung → Kosten

Kostenfunktion

funktionale Beziehung zwischen den → Kosten, die bei der Herstellung eines Produktes anfallen und dessen Menge. Man unterscheidet dabei variable Kosten K_v, die sich mit veränderner Produktionsmenge x ebenfalls verändern (z. B. Kosten für Materialverbrauch) und Fixkosten K_{fix}, die unabhängig von der jeweiligen Produktionsmenge auftreten (z. B. Hallenmieten, Kreditzinsen):

$$K = K_v(x) + K_{fix}$$

Die Herleitung der Kostenfunktion erfolgt aus der → Produktionsfunktion mittels der sogenannten Faktorverbrauchsfunktionen (→ Minimalkostenkombination, → Expansionspfad) und dient insbesondere zur Festlegung der angestrebten Produktions- und Absatzmenge.

Kosten-Nutzen-Analyse

Gegenüberstellung sämtlicher Kosten und Nutzen eines öffentlichen Programms oder Projektes. Sie wird vorgenommen, um die Vorteilhaftigkeit eines geplantes Projektes zu ermitteln bzw. eine Auswahl unter mehreren Handlungsmöglichkeiten zu treffen. Während die Kosten in etwa abgeschätzt werden können, ist die Quantifizierung der Nutzen immer ein Problem der Kosten-Nutzen-Analyse.

Kraftfahrzeugsteuer

Die Kraftfahrzeugsteuer, die den motorisierten Straßenverkehr belastet, wurde im Hinblick auf die Kosten eingeführt, die der öffentlichen Hand durch die Bereitstellung des Straßennetzes entstehen. Sie ist aber nicht, wie vielfach angenommen wird eine Abgabe für die Benutzung öffentlicher Straßen, sondern eine echte → Steuer. Der Kraftfahrzeugsteuer unterliegt in erster Linie das Halten von Fahrzeugen zum Verkehr auf öffentlichen Straßen. Die Steuerpflicht beginnt mit der Zulassung und endet mit der Abmeldung des Fahrzeugs bei der Zulassungsbehörde. Die Kraftfahrzeugsteuer ist gestaffelt nach dem Hubraum und nach der Umweltverträglichkeit der Motoren. Ihr Aufkommen betrug 1998 ca. 14 Mrd. DM.

Krankengeld

Einkommenshilfe im Rahmen der → Gesetzlichen Krankenversicherung. Der Arbeitgeber ist bei einer nicht vom Arbeitgeber verschuldeten krankheitsbedingten Arbeitsunfähigkeit verpflichtet, das Bruttoarbeitsentgelt für die Dauer von 6 Wochen weiter zu zahlen, danach wird das Krankengeld fällig, das in Höhe von 70% des Bruttoarbeitsentgelts von der Krankenkasse gezahlt wird. Anspruch auf Krankengeld besteht auch für 10 Arbeitstags pro Jahr und pro Kind für jeden Ehepartner, wenn der Versicherte sein erkranktes Kind beaufsichtigen, betreuen oder pflegen muß und das Kind unter 12 Jahre alt ist.

Krankenversicherung

Krankenversicherung

sichert die Risiken von Krankheit entweder im Rahmen einer privaten Krankenversicherung oder der → Gesetzliche Krankenversicherung ab.

Kreditanstalt für Wiederaufbau

Gegründet nach dem Zweiten Weltkrieg als Kreditleihstelle für das → Europäische Wiederaufbauprogramm (ERP), entwickelte sich das Institut zu einer Bank, die zahlreiche wirtschaftspolitische Aufgaben erfüllt. Sie gewährt der deutschen Wirtschaft Zuschüsse und Darlehen für Investitionen, die struktur- oder umweltpolitischen Zielen dienen. Sie räumt langfistige Kredite für den Export von Investitionsgütern in Entwicklungsländern ein. Sie wickelt die deutsche Entwicklungshilfe bankmäßig ab und überwacht und betreut die entwicklungspolitischen Vorhaben. Sie berät die neuen Bundesländer und Staaten, die sich im Übergang zur Marktwirtschaft befinden.

Kreditfinanzierungsquote

Mit dieser Quote wird die öffentliche Nettokreditaufnahme zu den öffentlichen Gesamtausgaben in Beziehung gesetzt (→ öffentliche Verschuldung).

Kreditkanal-Ansatz

in den 80er Jahren in den USA entwickelter Ansatz („Credit Channel"), der die Rolle des Bankkredits besonders hervorhebt. Er versucht, die Beobachtung zu erklären, daß oft schon relativ geringe Veränderungen der Notenbankzinsen eine starke Veränderung der Investitionstätigkeit bewirken. Man spricht auch vom „finanziellen Akzelerator". So führt etwa eine durch kontraktive geldpolitische Maßnahmen bewirkte Zinserhöhung zu einer Senkung des Unternehmenswertes (berechnet als Barwert der zukünftigen Einnahmeüberschüsse) und dadurch zu einer Verminderung der Kreditwürdigkeit aus Sicht der Banken. Einen ähnlichen Effekt haben die mit dem Zinsanstieg parallel laufenden Kurseinbußen bei Aktien und Obligationen sowie eventuelle Preissenkungen bei Immobilien. Insgesamt erhöhen sich dadurch sowie durch weitere Einflußfaktoren die mit der Kreditgewährung für die Banken verbundenen Risiken, so daß sie den Zugang zu Bankkrediten erschweren werden. Damit verstärkt der Kreditkanal den → monetären Transmissionsmechanismus, wobei anzunehmen ist, daß der Kreditkanal auch bei expansiver Geldpolitik wirksam wird.

Kreditinstitute → Banken

Kreditmarkttheorie des Geldangebots

Entsprechend der → modernen Geldangebotstheorie spielen das Kreditangebotsverhalten der Geschäftsbanken und die Kreditnachfrage der → Nichtbanken eine wesentliche Rolle für die → Geldschöpfung. *K. Brunner* und *A. Meltzer* versuchten nun, das → Geldangebot anhand dieses Zusammenwirkens zu erklären.

Mit steigendem → Zins nimmt die Nachfrage der Nichtbanken nach Bankkrediten ab, während das Kreditangebot der Geschäftsbanken und damit das Geldangebot zunehmen. Im Verlauf der Kredit- und Geldangebotskurve drückt sich das Bankenverhalten als Portfolioentscheidung in Abhängigkeit von den bankpolitischen Zielen (Rentabilität, Liquidität und Sicherheit) sowie von den institutionellen Gegebenheiten (Refinanzierungsmöglichkeiten etc.) aus. Die Kreditnachfragekurve spiegelt das Verhalten der Nichtbanken wider. Kreditangebot und -nachfrage bestimmen jetzt simultan den Marktzins und die → Geldmenge. Erhöht sich die Kreditnachfrage, beispielsweise aufgrund verbesserter Ertragserwartungen der Unternehmer, so verschiebt sich die Kreditnachfragekurve nach rechts. Daraufhin steigt der Marktzins, und das Kreditangebot sowie die Geldmenge (als Produkt aus → Geldbasis und → Geldmultiplikator) nehmen zu. Im Extremfall eines völlig zinselastischen Kredit- und Geldangebots (K_A und M_S verlaufen waagrecht) käme es dabei zu keinerlei

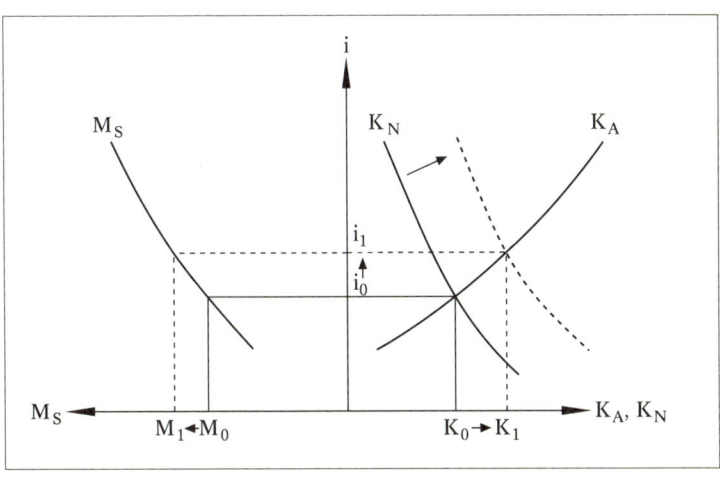

Kreditmarkttheorie des Geldangebots

Kreislaufgeschwindigkeit des Geldes

Zinssteigerung, d.h. die Ausweitung der Geldmenge wäre ausschließlich endogen bewirkt. Dies setzt voraus, daß sich die Geschäftsbanken in beliebigem Umfang bei der Notenbank zu konstanten Sätzen refinanzieren können. Die vollständige Kontrolle des Geldangebots durch die Notenbank und damit eine absolute Exogenität der Geldmenge käme hingegen in einem völlig zinsunelastischen Verlauf des Kredit- und Geldangebots zum Ausdruck (K_A und M_S verlaufen senkrecht). In diesem Falle würde die steigende Kreditnachfrage lediglich zu einem Zinsanstieg führen, während Kreditvolumen und Geldmenge unverändert blieben.

Kreislaufgeschwindigkeit des Geldes → Einkommensgeschwindigkeit des Geldes

Kreuzpreiselastizität der Nachfrage

Maß für die Reagibilität der Nachfrage nach einem Gut auf Preisänderungen bei einem anderen Gut. Sie gibt gemäß der allgemeinen Definition von → Elastizitäten an, um wieviel Prozent sich die von einem Gut nachgefragte Menge ändert, wenn der Preis eines anderen Gutes sich um ein Prozent verändert. Positive Werte der Kreuzpreiselastizität können als Anzeichen für eine → Substituierbarkeit, negative Werte als Anzeichen für eine → Komplementarität zwischen den beiden betrachteten Gütern gedeutet werden. Unter der Bezeichnung Triffin-Koeffizienten werden Kreuzpreiselastizitäten der Nachfrage empirisch auch dazu benutzt, → Märkte voneinander abzugrenzen: Wenn der Triffin-Koeffizient für zwei Güter bzw. für Güter zweier Anbieter ungleich Null ist, gehören beide zum selben Markt(komplex). Ist der Triffin-Koeffizient dagegen Null, besteht zwischen den beiden Gütern offenbar keinerlei Beziehung; sie werden demnach auf ganz verschiedenen, voneinander unabhängigen Märkten gehandelt.

Kündigungsschutz → Bestandsschutz des Arbeitsverhältnisses

Kurzarbeit

vorübergehende, unvermeidbare, zwischen Arbeitgeber und Arbeitnehmern einvernehmlich beschlossene und dem jeweils zuständigen Arbeitsamt angezeigte Verkürzung der regelmäßigen Arbeitszeit. Für die betroffenen Arbeitnehmer besteht unter bestimmten Voraussetzungen Anspruch auf → Kurzarbeitergeld. Gesamtwirtschaftlich betrachtet stellt Kurzarbeit eine Form der → Unterbeschäftigung dar, die sich nicht in einer Erhöhung der Zahl der → registrierten Arbeitslosen niederschlägt.

Kurzarbeitergeld

→ Lohnersatzleistung im Rahmen der → Arbeitslosenversicherung an von → Kurzarbeit betroffene Arbeitnehmer. Kurzarbeitergeld kann bis zu sechs, in Ausnahmefällen bis zu 36 Monaten gewährt werden, wenn in einem Unternehmen die reguläre Arbeitszeit von mindestens einem Drittel der Arbeitnehmer mindestens vier Wochen lang um mehr als 10% reduziert werden muß. Die betroffenen Arbeitnehmer erhalten dann je nach Familienstand 60 bis 67% des Nettoarbeitsentgelts, der von ihnen in den ausgefallenen Arbeitsstunden verdient worden wäre. Sonderegelungen gelten, wenn die Kurzarbeit durch einen → Arbeitskampf in einem anderen Unternehmen verursacht wurde. Da durch Kurzarbeit ein Anstieg der Zahl der → registrierten Arbeitslosen vermieden wird, zählt die Gewährung von Kurzarbeitergeld zu den Instrumenten der → aktiven Arbeitsmarktpolitik.

KWG → Gesetz über das Kreditwesen

L

Labor-turnover-Theorien → Suchtheorien

Laffer-Kurve

finanzwissenschaftliche These des amerikanischen Wirtschaftswissenschaftlers *Arthur B. Laffer* über den Zusammenhang zwischen → Steuersatz und Steuereinnahmen. Beginnend bei einem Steuersatz von Null, bei dem definitionsgemäß keine Steuern anfallen, wächst das Steueraufkommen zunächst überproportional. dann wirken sich die höheren Steuersätze zunehmend negativ auf die Leistungsbereitschaft aus, so daß das Steueraufkommen immer langsamer wächst, bis schließlich ein Maximum der Steuereinnahmen erreicht ist. Werden die Steuersätze weiter erhöht, so führt dies zu einem absolut sinkenden Sozialprodukt und damit auch zu sinkenden Steuereinnahmen. Bei einem Steuersatz von 100% geht das Steueraufkommen auf Null zurück. Das Problem bei der praktischen Umsetzung der Laffer-Kurve besteht in der Bestimmung der Lage der betreffenden Volkswirtschaft auf der Laffer-Kurve zu einem bestimmten Zeitpunkt.

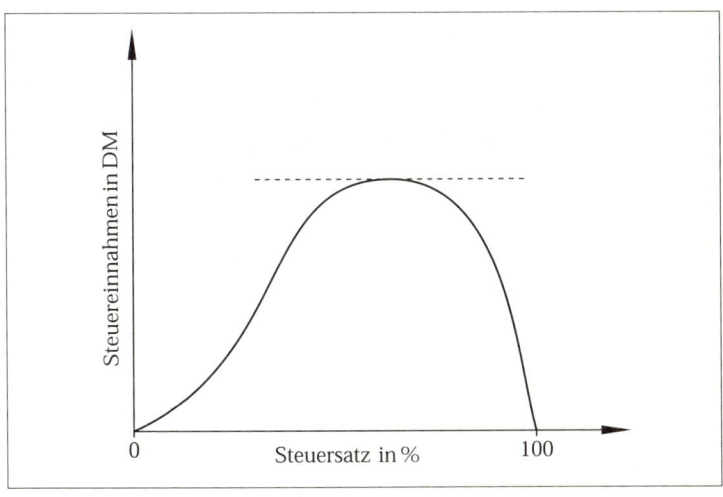

Laffer-Kurve

Lagemaße

Lagemaße

Maßzahlen für das Niveau der Merkmalsausprägungen einer → Häufigkeitsverteilung und damit Information über deren Lage auf einer Merkmalsachse. Davon zu unterscheiden sind → Streuungsmaße und → Konzentrationsmaße, die ebenfalls der Beschreibung einer Häufigkeitsverteilung dienen. Das mit Abstand aussagekräftigste und am weitesten verbreitete Lagemaß ist das → arithmetische Mittel.

Lageparameter

Maßzahlen für das Niveau der Ausprägungen einer → Zufallsvariablen und damit Information über die Lage der → Wahrscheinlichkeits- bzw. → Dichtefunktion dieser Zufallsvariablen auf einer Koordinatenachse. Hiervon zu unterscheiden sind → Streuungsparameter. Der mit Abstand aussagekräftigste Lageparameter ist der → Erwartungswert einer Zufallsvariablen.

Lagrange-Methode

bei ökonomischen Fragestellungen sehr häufig angewandte mathematische Methode zur Optimierung einer Zielfunktion $f(x_1,...,x_n)$ unter einer oder mehrerer Nebenbedingungen $g(x_1,...,x_n) = c$. Hierzu wird die sogenannte Lagrange-Funktion

$$L = f(x_1,...,x_n) - \lambda \times (g(x_1,...,x_n) - c)$$

durch partielles Ableiten nach x_i sowie dem Lagrange-Multiplikator λ auf Extremwerte untersucht. Entspricht dem Grundgedanken des → ökonomischen Prinzips.

Lags → Zeitverzögerungen in der Wirtschaftspolitik

Laissez-faire

Grundsatz der Nicht-Einmischung des Staates in den wirtschaftlichen Bereich (französisch: „laßt machen"). Dahinter steht die Vorstellung, daß auf diese Weise die wirtschaftliche Entwicklung am besten gefördert wird. Laissez-faire beinhaltet sowohl Freihandel als auch Gewerbe- und Niederlassungsfreiheit und damit freien → Wettbewerb. Ursprünglich diente der Begriff als Parole des französischen → Liberalismus im 17. und 18. Jh. Er entstand als Reaktion auf die staatlichen Eingriffe des → Merkantilismus. Das Laissez-faire-Prinzip ist entgegen der landläufigen Meinung indes nicht gleichzusetzen mit völliger Abwesenheit staatlicher Regulierungen.

Länderfinanzausgleich

Die Aufteilung der Steuereinnahmen zwischen Bund und Ländern entsprechend ihren Aufgaben und Ausgaben (Teile des → Finanzausgleichs) schließt nicht aus, daß es nachhaltige Unterschiede in der

Länderfinanzausgleich

Ausgleichspflichtige Länder	1995	1996	1997
Nordrhein-Westfalen	3449	3125	3033
Bayern	2532	2862	3079
Baden-Württemberg	2803	2521	2423
Hessen	2153	3240	3130
Hamburg	117	482	264
Schleswig-Holstein	141	–	5
Ausgleichsberechtigte Länder	**1995**	**1996**	**1997**
Niedersachsen	452	553	672
Rheinland-Pfalz	229	231	305
Schleswig-Holstein	–	16	–
Saarland	180	234	203
Bremen	562	635	351
Berlin	4222	4336	4425
Sachsen	1773	1965	1896
Sachsen-Anhalt	1123	1241	1162
Thüringen	1019	1127	1110
Brandenburg	864	1035	976
Mecklenburg-Vorpommern	771	856	835

Länderfinanzausgleich im engeren Sinne, 1995–1997 in Mio. DM

Finanzausstattung der Länder gibt. Daher sind Maßnahmen zur Verringerung dieser Divergenzen auf ein politisch vorgegebenes Maß erforderlich. Dies kann man als Finanzausgleich im engeren Sinne (einer Umverteilung von Mitteln) bezeichnen. Der Ausgleich kann erstens dadurch erfolgen, daß die „reicheren" Länder an die „ärmeren" Länder Zahlungen leisten (horizontaler Finanzausgleich). Zweitens besteht die Möglichkeit, mit der Aufteilung der Steuermittel zwischen Bund und Ländern eine Umverteilung der den Ländern zufließenden Mittel zu verbinden (vertikaler Finanzausgleich mit horizontalem Effekt). Beide Formen werden in der Bundesrepublik angewendet (Grundlage Art. 107 GG). Durch den Länderfinanzausgleich sollen die wirtschafts- und steuerschwachen Regionen in die Lage versetzt werden, ihre Aufgaben wie der Durchschnitt aller Bundesländer zu erfüllen. Das trägt zu einer gewissen Einheitlichkeit der Lebensverhältnisse bei. Den einzel-

Länderfinanzausgleich

nen Ländern steht jenes Aufkommen aus den gesamten Landessteuern zu, das von den Finanzbehörden auf ihrem Gebiet vereinnahmt wurde. Dieses Prinzip des „örtlichen Aufkommens" gilt ebenso für den Länderanteil an der → Einkommen- und → Körperschaftsteuer. Die Verteilung nach dem örtlichen Aufkommen führt aber insbesondere bei der → Körperschaftsteuer und bei der Lohnsteuer zu unbefriedigenden Ergebnissen. So fallen Einnahmen aus der → Körperschaftsteuer von Unternehmen mit Betriebsstätten in verschiedenen Bundesländern nur in dem Land an, in dem das Unternehmen seine Geschäftsleitung hat. Die Lohnsteuer wird von den Unternehmen unabhängig vom Wohnort der Arbeitnehmer abgeführt. Diese Verzerrungen in der Steuerverteilung korrigiert das Zerlegungsgesetz, das den Gewinn der Betriebsstätten berücksichtigt und das Wohnsitzprinzip bei der Lohnsteuer zugrunde legt. Der Gesamtländeranteil an der Umsatzsteuer wird nicht nach dem Prinzip des örtlichen Aufkommens, sondern (zur Zeit zu 75%) nach der Einwohnerzahl der Länder aufgeteilt. Der Grund hierfür liegt in der unterschiedlich starken Konzentration von Wirtschaftunternehmen in den einzelnen Ländern. Dieser Verteilungsschlüssel stellt an sich schon eine Umverteilung zwischen finanzstarken und finanzschwachen Bundesländern dar. Die nächste Stufe des Länderfinanzausgleichs wird dadurch erreicht, daß die übrigen 25% des Gesamtländeranteils an der Umsatzsteuer dazu verwendet werden, Ergänzungsanteile an die finanzschwachen Länder zu leisten. Diese heben die Steuerkraft der finanzschwachen Länder bis zu maximal 92% der durchschnittlichen Steuerkraft der Länder an. In einer weiteren Stufe des Länderfinanzausgleich hat zwischen den Ländern unter Berücksichtigung ihrer → Finanzkraft sowie des → Finanzbedarfs ihrer Gemeinden eine horizontale Umverteilung von Mitteln stattzufinden. Dabei wird die Finanzkraft ausgleichsberechtigter Länder auf mindestens 95% des Länderdurchschnitts, der → Ausgleichsmeßzahl der Länder, gehoben. Durch das Verfahren darf keines der Geberländer unter 100% der Ausgleichsmeßzahl sinken und keines des Empfängerländer unter 95% der länderdurchschnittlichen Steuereinnahmen zurückbleiben (sogenannte Ländersteuergarantie). Schließlich besteht die Möglichkeit, daß der Bund den finanzschwachen Ländern Ergänzungszuweisungen gewährt, die eine nach den bisher beschriebenen Maßnahmen noch verbleibende Finanzschwäche abbauen sollen. Sie machte bis 1994 2% des Umsatzsteueraufkommens (der alten Bundesländer) aus und wurden vom Umsatzsteueranteil des Bundes gezahlt. Hier liegt ein vertikaler Finanzausgleich mit horizontalem Effekt vor.

Landwirtschaftliche Unfallversicherung

seit 1939 existierender gesetzlicher Versicherungsschutz für landwirtschaftliche Unternehmer, Familienangehörige und Arbeitnehmer. Ziele der Unfallversicherung sind die Vermeidung von Arbeitsunfällen, die Wiederherstellung der Erwerbsfähigkeit nach einem Arbeitsunfall und der Ausgleich einer verminderten Erwerbsfähigkeit durch eine Rentengewährung. Eine Besonderheit im Leistungsangebot im Vergleich zur gewerblichen Unfallversicherung ist die Bereitstellung von Betriebshelfern. Im übrigen sind die Leistungen weitgehend identisch. Die Landwirtschaftliche Unfallversicherung ist nach dem Solidarprinzip organisiert. Die Eigenleistungen decken ca. 50% der Leistungsausgaben, der restliche Betrag wird vom Staat getragen.

Landwirtschaftskammern

Selbstverwaltungsorgane öffentlichen Rechts, an die auf regionaler Ebene Aufgaben der staatlichen Agrarverwaltung delegiert sind. Aufgaben der Landwirtschaftskammern sind vor allem die betriebswirtschaftliche Förderung der Landwirtschaft sowie die gutachterliche Unterstützung des Gesetzgebers, der Verwaltung und der Gerichte. Weitere Schwerpunkte liegen in der Berufsfortbildung, der Förderung des technischen Fortschritts in der Landwirtschaft und der Marktbeobachtung. Darüber hinaus sind den meisten Kammern Forschungs- und Versuchsanstalten, Pflanzenschutz-, Tierzucht- und Tiergesundheitsämter angeschlossen. Die Finanzierung der Kammern erfolgt aus staatlichen Zuschüssen, Gebühren und der sog. Kammerumlage, die bei den landwirtschaftlichen Betrieben erhoben wird.

Langzeitarbeitslosigkeit

auf die individuelle Dauer der → Arbeitslosigkeit abstellende → Arbeitslosigkeitsart. Nach dem → Arbeitsförderungs- bzw. → Arbeitsförderungsreformgesetz gelten solche Personen als langzeitarbeitslos, die ein Jahr oder länger arbeitslos sind. Eine Reihe von → Lohnersatzleistungen bzw. Maßnahmen der → aktiven Arbeitsmarktpolitik sind speziell auf diesen Personenkreis zugeschnitten.

Laplace-Prozeß → Wahrscheinlichkeit

Laplace'sches Wahrscheinlichkeitsprinzip → Wahrscheinlichkeit

Laspeyres-Index → Preisindex

Lastverschiebung → Zeitliche Lastverschiebung

Laufzeitstruktur der öffentlichen Schuld

Eine Auffächerung der staatlichen Schuldtitel nach ihrer Restlaufzeit gibt die Laufzeitstruktur der öffentlichen Schuld an; ihre Veränderung wird durch Ausgabe von Titeln mit unterschiedlicher Laufzeit erreicht und ist ein Instrument des Debt Management.

Laursen-Metzler-Effekt → Internationaler Konjunkturzusammenhang.

Law of Indifference → Vollkommenheit

Learning-by-doing-Modelle

Versuch von *K. J. Arrow*, den (empirisch nachgewiesenen) Zusammenhang zwischen dem Niveau oder der Wachstumsrate der → Arbeitsproduktivität und den kumulierten Produktionsmengen- bzw. Investitionsniveaus der Vergangenheit zu erklären. Nach Arrow lernen Arbeitskräfte durch Erfahrung, so daß ihre Produktivität um so rascher steigt, je rascher die Produktionsmenge bzw. der → Kapitalstock wächst. Dabei kommt das in einem Unternehmen erworbene Wissen z. B. durch den Wechsel des Arbeitsplatzes auch anderen Unternehmen zugute. Aufgrund dieser positiven → externen Effekte ergeben sich für die einzelnen Unternehmen steigende → Skalenerträge, wenn es im zugehörigen Sektor aufgrund vermehrter Investitionen und steigender Produktionsmengen zur Entwicklung und Beherrschung neuer, verbesserter Produktionsmethoden kommt. Die Learning-by-doing-Modelle sind ein wichtiger Baustein der neueren → Wachstumstheorie.

Least Developped Countries (LLDC)

Bei den LLDC handelt es sich um die am wenigsten entwickelten Länder unter den Entwicklungsländern, denen nach einem Beschluß der Vollversammlung der Vereinten Nationen von 1971 Hilfe zu besonders günstigen Konditionen gewährt werden soll. Dazu gehören Staaten, deren Pro-Kopf-Einkommen unter 925 US-$ liegt, in denen der Anteil der Industrie am Bruttoinlandsprodukt höchstens 10% ausmacht und in denen die Alphabetisierungsquote (der Altersgruppe über 15 Jahre) höchstens 20% beträgt. Diese Bedingungen erfüllen derzeit 40 Länder.

Lebenszyklushypothese

unterstellt, daß → private Haushalte über ihre Konsumausgaben vor dem Hintergrund der gesamten ihnen während ihrer Lebenszeit voraussichtlich verfügbaren, auf den Planungszeitpunkt abdiskontierten finanziellen Mittel entscheiden, wobei sich in dem Diskontierungsfaktor die individuelle Zeitpräferenz ausdrückt. Die Lebenszyklushypothese kann als Versuch gelten, das unterschiedliche Konsumverhalten während des Lebensablaufes zu erklären. Es sind Schlußfolgerungen über die gesamtwirtschaftlichen Einflüsse einer sich ändernden Altersstruktur möglich. Die Lebenszyklushypothese stammt von *F. Modigliani* und *R. Brumberg*, näher untersucht wurde sie insbesondere von *A. Ando* und *F. Modigliani*. Siehe auch → Makroökonomische Konsumfunktion.

Leistungsbilanz

Teil der → Zahlungsbilanz, welche die Güter- und Transferströme aus Leistungstransaktionen zuzüglich der unentgeltlichen → Übertragungen von Sachgütern (Realtransfers) zwischen → Inländern und dem Ausland ausweist. Man spricht auch von der „Bilanz der laufenden Posten". Der Saldo der Leistungsbilanz beinhaltet den → Außenbeitrag zum → Sozialprodukt sowie den Saldo der sog. laufenden → Übertragungen. Nach Berücksichtigung der sog. Vermögensübertragungen ergibt sich der gesamtwirtschaftliche → Finanzierungssaldo. Er entspricht dem Saldo der → Kapitalbilanz (im weiteren Sinne) bzw. der Änderung der gesamtwirtschaftlichen Nettoauslandsposition.

Leistungsfähigkeitsprinzip

Leistungsfähigkeitsprinzip

Nach dem Leistungsfähigkeitsprinzip (Ability-to-pay-Principle) soll es ohne Bedeutung für die Steuerlastverteilung sein, wem die Leistungen des Staates zufließen. → SSteuern sind kein spezifisches Entgelt, sondern Zwangsabgaben. Jeder soll nach seiner Leistungsfähigkeit an der Aufbringung des Steueraufkommens beteiligt werden. Diese Auffassung ist weit verbreitet. Keine Übereinstimmung herrscht allerdings darin, wie die Leistungsfähigkeit gemessen werden soll. Zu klären ist zunächst, wessen steuerliche Leistungsfähigkeit zu belasten ist: die natürlicher Personen (Individuen, Haushalte) oder auch die von Institutionen wie Unternehmen. In der Regel wird die Leistungsfähigkeit personenbezogen verstanden, d.h. die Leistungsfähigkeit wird mit der wirtschaftlichen Lage der einzelnen Person in Beziehung gebracht. Der Versuch Leistungsfähigkeit zu interpretieren, hat zwei weitgehend akzeptierte Anforderungen an die Besteuerung hervorgebracht. Steuerpflichtige in gleicher Position müssen gleich besteuert werden (horizontale Gleichbehandlung), Steuerpflichtige in unterschiedlicher Position müssen unterschiedlich besteuert werden (vertikale Gleichbehandlung). Das klingt einfach, läßt sich aber nur verwirklichen, wenn erstens geklärt ist, wie die wirtschaftliche Lage ermittelt werden

Leistungsfähigkeitsprinzip

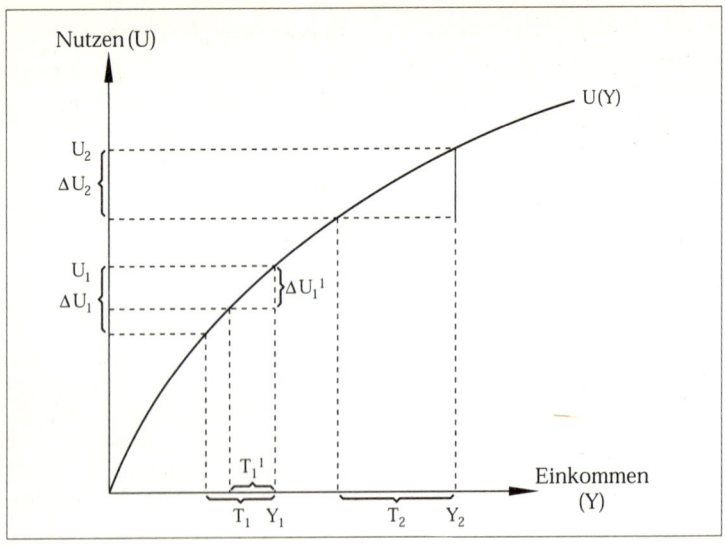

Die drei Opfertheorien

soll, und wenn zweitens ein Maß für die individuelle Steuer gefunden wird, die von Steuerpflichtigen in unterschiedlicher wirtschaftlicher Lage erhoben werden soll. Als Indikatoren der Leistungsfähigkeit werden insbesondere Einkommen, Vermögen oder Konsum herangezogen. Ob und welche dieser Größen einzeln oder kombiniert verwendet werden, hängt von der Interpretation der Leistungsfähigkeit ab. Meist wird das Einkommen als umfassender Indikator der steuerlichen Leistungsfähigkeit gewählt. Es ist dann befriedigend, wenn Leistungsfähigkeit im realisierten Mittelerwerb zum Ausdruck kommen soll. Während das Einkommen auf die Entstehung des Sozialprodukts zielt, geht es beim Konsum um die von Individuen (oder Haushalten) ausgeübte Verwendung des Sozialprodukts. Der einzelne wird hier aufgrund seiner Konsumausgaben veranlagt, die aus Einkommen, Vermögen oder Kreditaufnahme finanziert sein können. Häufig wird gegen das Einkommen als Maßstab steuerlicher Leistungsfähigkeit eingewandt, daß es hier zu einer Doppelbesteuerung des Sparens kommt. Wenn Sparen ausschließlich als Zukunftskonsum betrachtet werden kann, dann wird das Sparen durch eine Einkommensteuer tatsächlich doppelt belastet, weil dann in den ersparten Einkommensteilen der Barwert des Zukunftskonsums getroffen

Leistungsfähigkeitsprinzip

wird, und dieser Zukunftskonsum wird durch die Besteuerung der künftigen Zinseinkünfte nochmals belastet. Allerdings kann eingewandt werden, daß Vermögen auch aus vielen anderen Motiven gebildet werden kann, so daß die Ersparnis zusätzlichen Nutzen, etwa Sicherheitsnutzen, stiftet. Das Vermögen wird häufig als ergänzender Indikator der Leistungsfähigkeit vorgeschlagen, denn in der Regel verbessert sich die wirtschaftliche Lage des einzelnen mit steigendem Vermögen. Es muß allerdings geklärt werden, was zum Vermögen als Indikator der Leistungsfähigkeit zu rechnen ist. Es stellt sich z. B. die Frage, ob Vermögen nicht nach seiner Herkunft differenziert werden muß: wenn das Vermögen aus bereits besteuertem Einkommen stammt, liegt offenbar eine Mehrfachbesteuerung derselben Bemessungsgrundlage vor. Nach der Festlegung der Indikatoren ist zu klären, wie unterschiedlicher Leistungsfähigkeit Rechnung getragen werden soll. Dieser Frage gehen die Opfertheorien nach. Jeder soll nach seinen Fähigkeiten, Opfer zu tragen, in Anspruch genommen werden. Das Opfer wird als eine (aus der Belastung des Einkommens resultierende) Minderung der Bedürfnisbefriedigungsmöglichkeit interpretiert. Diese ist nach den Opfertheorien von zentraler Bedeutung, wobei es darauf ankommt, daß jeder ein gleiches Opfer für die Allgemeinheit erbringt.

Dabei wird unterstellt, daß der Nutzen eine Funktion des Einkommens ist: $U = U(Y)$, die Nutzenfunktion bekannt ist und die Eigenschaften $U'(Y) > 0$ und $U,(Y) < 0$ hat und alle Wirtschaftssubjekte dieselbe Nutzenfunktion haben. Auf diesen Annahmen haben sich die Konzepte des gleichen absoluten, relativen und marginalen Opfers entwickelt, die eine vertikale Gerechtigkeit der Besteuerung bewirken sollen.

Ein gleiches absolutes Opfer ist gegeben, wenn → $U(Y) - U(Y-T)$ = const. Die Abbildung zeigt eine gleiche Nutzeneinbuße $\Delta U_1 = \Delta U_2$ bei verschiedenen Einkommen Y_1 und Y_2. Der bei dem jeweiligen Einkommen erforderliche Steuersatz $t = T/Y$, mit dem eine absolut gleiche Nutzeneinbuße bewirkt werden soll, verändert sich mit dem Einkommen. Ob allerdings dt/dY größer, gleich oder kleiner als Null sein soll, hängt entscheidend vom Verlauf der Nutzenfunktion ab. Grundsätzlich sind mit dieser Opfertheorie progressive, proportionale und sogar regressive → Tarife vereinbar. Bei dem Konzept des gleichen absoluten Opfers bedeutet horizontale Gleichbehandlung, daß Personen mit gleichem Nutzen vor Besteuerung sich nach Besteuerung nutzenmäßig nicht unterscheiden dürfen. Mit dem Konzept wird allerdings gegen die Regel der vertikalen Gerechtigkeit verstoßen, da Individuen mit verschiedenen Nutzenniveaus nicht

Leitwährung

auch nutzenmäßig unterschiedlich belastet werden. Das Konzept des gleichen relativen Opfers erfordert

$$\frac{U(Y) - U(Y-T)}{U(Y)} = \text{const}$$

Die relativ gleiche Nutzeneinbuße

$$\Delta \frac{U_1^1}{U_1} = \Delta \frac{U_2}{U_2}$$

führt in der Abbildung zu den Steuersätzen

$$\frac{T_1^1}{Y_1} \text{ und } \frac{T_2}{Y_2}$$

Für den Steuertarif kommt es auch hier entscheidend auf den Verlauf der Nutzenfunktion an. Aus diesem Opferkonzept folgt ebenfalls nicht notwendig eine bestimmte Tarifform. Das gleiche marginale Opfer ist gegeben bei U'(Y-T) = const. Der Grenznutzen des gerade noch verschonten Einkommens wird hier für alle Besteuerten (unabhängig vom Einkommen der Besteuerten) gleich. Dieses Opferprinzip führt zu einer Angleichung der Nettoeinkommen (Y-T) von oben nach unten. Mit dem gleichen marginalen Opfer ist das Prinzip des Minimalopfers für die Gesellschaft verbunden. Die Theorie des gleichen marginalen Opfers stellt daher eine Form der optimalen Einkommensbesteuerung dar. Die Umsetzung der drei Versionen der Opfertheorien in konkrete Steuertarife erfordert eine genaue Kenntnis über den Verlauf der individuellen Nutzenfunktionen, es sei denn, für alle Personen werden als normal oder durchschnittlich geltende Nutzenfunktionen unterstellt.

Leitwährung

nationale → Währung, die im Welthandel und im internationalen → Währungssystem als Transaktions- und Reservemedium eine führende Stellung einnimmt.

Leontief-Paradoxon → Input-Output-Analyse

Leontief-Produktionsfunktion → Produktionsfunktion

Liberalismus

gesellschaftliche und wirtschaftspolitische Konzeption, in dessen Zentrum das → Individualprinzip mit seinem naturrechtlich begründeten Anspruch auf individuelle Freiheit und freie Betätigung in allen menschlichen Lebensbereichen steht. Das Individuum wird als rational handelndes Wesen anerkannt. Eingriffe des → Staates werden weitgehend als kontraproduktiv beurteilt. Moderne wirtschaftspolitische Konzeptionen des Liberalismus sind insbesondere der Ordo- bzw. der Neo-Liberalismus. Diese lehnen speziell den in der Entfaltung des ursprünglichen Liberalismus (19. Jh.) aufgekommenen, reinen → Kapitalismus in Verbindung mit dem „Laissez-faire-Prinzip" ab, nach dem jeglicher staatlicher Eingriff in das Markt- bzw. Wirtschaftsgeschehen zurückgewiesen wird. Der Ordo- bzw. Neo-Liberalismus befürwortet also – entgegen der landläufigen Meinung – die Kernelemente der → sozialen Marktwirtschaft.

Limitationalität → Komplementarität

Link

insbesondere von den → Entwicklungsländern geforderte Maßnahme der → Entwicklungspolitik, nach der für die Entwicklungshilfe → Sonderziehungsrechte verwendet werden sollen. Das umstrittene Konzept sieht vor, daß die → Industrieländer den Gegenwert eines bestimmten Bruchteils ihrer Sonderziehungsrechtszuteilungen in Landeswährung der → Internationalen Entwicklungsorganisation zur Verfügung stellen oder dieser direkt Teile der für die Industrienationen bestimmten Sonderziehungsrechte zuführen. Die Kritik an diesen Plänen bezieht sich insbesondere auf die mit der SZR-Zuteilung verbundene Gefahr der Schaffung eines globalen Inflationspotentials.

Liquidität

bezeichnet die Fähigkeit eines → Wirtschaftssubjektes oder auch einer ganzen → Volkswirtschaft, seinen (ihren) Zahlungsverpflichtungen nachzukommen. Gleichzeitig versteht man unter dem Begriff die Menge an verfügbaren „liquiden Mitteln", also im wesentlichen → Geld sowie sonstige rechtzeitig liquidierbare, d. h. in Geld umwandelbare Aktiva. Die Liquidität des Geschäftsbankensystems wird entsprechend eingeteilt in gebundene Liquidität (Summe aus Kassenbestand und Mindestreserve-Soll) und freie Liquidität (Summe aus Überschußreserven und zentralbankfähigen Aktiva). Vgl. auch → Gesamtwirtschaftliche Liquidität.

Liquiditätseffekt → Liquiditätstheorie des Zinses

Liquiditätsfalle → Spekulationskasse

Liquiditätspapiere → Geldmarktpapiere

Liquiditätspräferenz → Geldnachfrage

Liquiditätspräferenztheorie

von *J. M. Keynes* begründete Theorie der → Geldnachfrage und des → monetären Transmissionsmechanismus. Die Liquiditätspräferenztheorie ist zentraler Bestandteil des → Keynesianismus. Sie kann als Keimzelle der neue-

Liquiditätsprämientheorie

ren → Theorien der Portfoliowahl gelten. Nach Keynes fragen die → Wirtschaftsubjekte → Geld in Form von → Transaktionskasse, → Vorsichtskasse und → Spekulationskasse nach. Transaktions- und Vorsichtskasse hängen allein vom → Volkseinkommen ab, während die Spekulationskasse – und diese Annahme macht einen (weiteren) wesentlichen Unterschied zur älteren → Quantitätstheorie aus – in einer inversen Beziehung zum Zinssatz steht (siehe auch → Liquiditätstheorie des Zinses). Eine von der Zentralbank bewirkte Erhöhung des → Geldangebots zerstört ein im Ausgangsstadium bestehendes Gleichgewicht, in dem die tatsächliche → Geldmenge der gewünschten entsprach: Die Privaten haben nun mehr Geld, als sie bei den herrschenden → Zinsen und dem Volkseinkommen halten wollen. Jeder Betroffene versucht jetzt, das „Zuviel" an Kasse „loszuwerden" und dafür Wertpapiere zu erwerben. Der Gemeinschaft als ganzes gelingt der Kassenabbau nicht, denn die Geldmenge ist ja – annahmegemäß – exogen bestimmt. Die Versuche der Privaten, Geld gegen Wertpapiere umzutauschen, treiben aber die Kurse nach oben, und der (effektive) Zinssatz sinkt (Zinseffekt). Dadurch steigt erstens die Bereitschaft zur Haltung von Spekulationskasse. Zweitens regt ein sinkender Zins die Investitionstätigkeit an (siehe → Investitionsfunktion); dies wirkt über den → Multiplikator expansiv auf das Volkseinkommen (Einkommenseffekt), und die Nachfrage nach Transaktions- (und Vorsichts-)kasse steigt. Ein neues Gleichgewicht ist erreicht, wenn der Zinssatz genügend gesunken und das Volkseinkommen genügend gestiegen ist, daß die vermehrte Geldmenge der gewünschten Geldnachfrage entspricht. Der Prozeß verläuft analog in umgekehrter Richtung bei einer Reduktion des Geldangebotes.

Liquiditätsprämientheorie

auf der Keynesschen Annahme der Liquiditätspräferenz basierende Theorie zur Erklärung der zeitlichen → Zinsstruktur. Demnach erwerben Anleger längerfristige Wertpapiere nur dann, wenn deren im Vergleich zu kurzfristigen Titeln geringerer Liquiditätsgrad durch eine höhere Rendite mindestens aufgewogen wird. Entsprechend verlangen sie eine mit der Restlaufzeit zunehmende Liquiditätsprämie. *J. R. Hicks* hat diese Überlegung mit der → Erwartungstheorie der Zinsstruktur verbunden.

Liquiditätsquote

Bestand der Geschäftsbanken an → freien Liquiditätsreserven in Prozent des Volumens der gesamten Einlagen.

Liquiditätstheorie des Geldes

Im Unterschied zur → Quantitätstheorie erachtet die Liquiditätstheorie des Geldes auf kurze Sicht nicht die → Geldmenge, sondern die → gesamtwirtschaftliche Liquidität als bestimmend für die Entwicklung der gesamtwirtschaftlichen Nachfrage. Die konjunkturpolitische Bedeutung der Liquidität wurde insbesondere durch den *Radcliffe*-Report von 1959 gestützt (verfaßt von einem Experten-Komitee, das im Regierungsauftrag die Wirkungsmechanismen des englischen Geldsystems untersuchte).

Liquiditätstheorie des Zinses

von *J. M. Keynes* in seinem Buch „Allgemeine Theorie der Beschäftigung, des Zinses und des Geldes" formulierte Gegenposition zur → klassischen Zinstheorie. Nach Keynes ergibt sich der → Zins aus dem Zusammenspiel von → Geldangebot und → Geldnachfrage.

In der Abbildung auf S. 356 ist das Geldangebot M_S als absolut zinsunelastisch angenommen. Die Geldnachfrage ergibt sich als:

$M_D = M_{DT}(Y) + M_{DL}(i) = M_D(Y, i)$

Dabei stellt M_{DT} die zinsunabhängige Geldnachfrage für Transaktionszwecke bei gegebener Höhe des nominellen → Volkseinkommens dar. M_{DL} gibt die eigentliche Liquiditätspräferenz, d. h. die allein vom Zins abhängige spekulative Geldnachfrage wieder, sie bestimmt die Neigung der Kurve der gesamten Geldnachfrage. Im Gleichgewicht gilt:

$M_S = M_D(Y, i)$

Steigt das Volkseinkommen von Y_1 auf Y_2, so erhöht sich die Nachfrage nach Transaktionskasse entsprechend von M_{DT1} auf M_{DT2}. Bleibt die eigentliche Liquiditätspräferenz, also die Nachfrage nach → Spekulationskasse, unverändert, verschiebt sich die Kurve der gesamten Geldnachfrage wie in der Abbildung dargestellt. Bei konstantem Geldangebot muß der Zins von i_1 auf i_2 steigen. Bei gegebener Geldnachfrage führt eine Erhöhung des Geldangebots – außer im Bereich der „Liquiditätsfalle" (siehe Spekulationskasse) – zu einem Sinken des Zinses. Diesen unmittelbaren Einfluß einer Geldmengenausdehnung auf den Zins bezeichnet man als Liquiditätseffekt.

LM-Kurve

geometrischer Ort sämtlicher Kombinationen von → Zins- und → Volkseinkommen, bei denen für eine gegebene → Geldmenge und bei gegebenem Preisniveau → Geldmarktgleichgewicht besteht. Die LM-Kurve bildet einen wesentlichen Baustein des → IS-LM-Konzeptes. Sie ergibt sich – entsprechend der → Liquiditätstheorie des Zinses – als Schnitt-

LM-Kurve

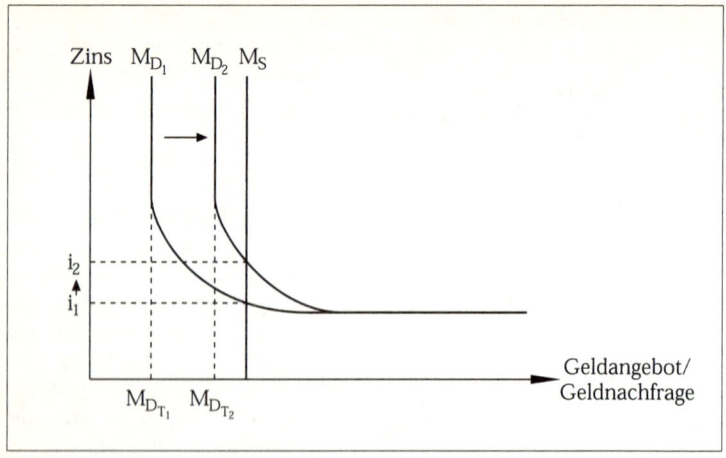

Geldangebot / Geldnachfrage

punkte der Geldnachfragefunktionen bzw. -kurven (für alternative Einkommenswerte) mit der als exogen gegeben unterstellten Geldangebotskurve. Entlang der LM-Kurve ist der Zins um so höher, je höher das Volkseinkommen ist, und umgekehrt.

Die LM-Kurve spiegelt in ihren Extrembereichen zum einen die völlig zinselastische → Geldnachfrage bei niedrigem Zins (und

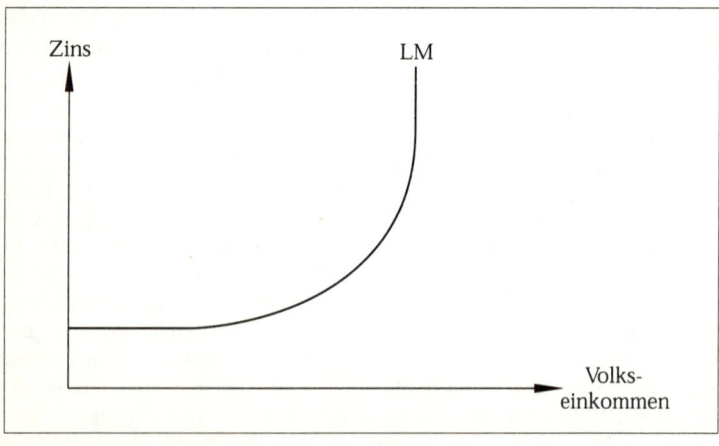

LM-Kurve

Volkseinkommen) wider. Es handelt sich hier um die → Liquiditätsfalle; man spricht auch vom keynesianischen Bereich der Unterbeschäftigung. Andererseits ist bei gegebenem Geldangebot die mögliche Expansion des Volkseinkommens begrenzt, d. h. es kommt dann lediglich zu steigenden Zinsen. Dies entspricht der von den Klassikern unterstellten Vollbeschäftigungssituation (klassischer Bereich). Der dazwischenliegende Bereich der LM-Kurve kann entsprechend als „Normalbereich" bezeichnet werden.

Loanable-Funds-Theorie

Theorie, nach der der → Zins ein Gleichgewichtszins ist, bei dem Angebot an und Nachfrage nach Krediten („ausleihbaren Fonds") übereinstimmen. Dabei speist sich das Kreditangebot aus den Netto-Ersparnissen (→ Ersparnis abzüglich Entsparen) sowie der zusätzlichen → Geldschöpfung. Die Kreditnachfrage resultiert zum einen aus der Nachfrage nach Krediten für Investitionszwecke. Hinzu tritt das Netto-Horten (→ Horten minus Enthorten). Im Gegensatz zu *Keynes* verstehen die Loanable-Funds-Theoretiker unter Sparen nur die Einkommensbeträge, die nicht für Konsumzwecke ausgegeben werden und am Kreditmarkt angeboten werden. Kommt es dagegen nicht zu einem Kreditangebot, liegt → Horten vor, das sich wie eine zusätzliche Nachfrage am Kreditmarkt auswirkt. Die Loanable-Funds-Theorie ist als Reaktion auf die Keynessche → Liquiditätstheorie des Zinses zu verstehen (wobei beide Ansätze letztlich zum selben Ergebnis führen). Als Hauptvertreter der Loanable-Funds-Theorie, welche die klassische Tradition fortsetzt, gelten neben dem englischen Nationalökonomen *D. H. Robertson* vor allem die Vertreter der „Schwedischen Schule", die durch das Werk *K. Wicksells* begründet und durch Autoren wie *B. Ohlin, E. Lindahl* u. a. weitergeführt wurde.

Locking-In-Effect

In Zeiten einer restriktiven → Geldpolitik, das heißt, bei hohem Zinsniveau, versuchen die Geschäftsbanken verstärkt, ihre Kreditvergabe über Wertpapierverkäufe (zinsgünstiger) beim Publikum zu refinanzieren. Das erhöhte Wertpapierangebot drückt indes die Kurse nach unten, so daß sich erstens die Refinanzierung effektiv verteuert. Zweitens kommt es im Wertpapierbestand der Banken zu Kursabschlägen. Werden diese Verluste so groß wie oder gar größer als die zusätzlichen Zinsgewinne, die bei einer Ausdehnung der Kreditgewährung zu erzielen sind, so lohnt sich der Verkauf von Wertpapieren für die Banken nicht mehr. Der Locking-In-Effect (auch Roosa-Effekt genannt) bremst die aktive → Geldschöpfung der Geschäftsbanken.

Logistische Funktion

Modell der langfristigen → Zeitreihenanalyse, das dazu verwendet werden kann, die Entwicklung des Absatzes eines Produktes zu beschreiben und zu prognostizieren. Die logistische Funktion unterstellt, daß sich die Nachfrage in jeder Periode proportional einerseits zum bisherigen Bekanntheits- bzw. Verbreitungsgrad des Produkts, andererseits aber auch zum bis dahin noch nicht ausgeschöpften Marktpotential verhält. Daraus resultiert für den akkumulierten, also den bis zum jeweiligen Zeitpunkt aufsummierten Absatz eine zu ihrem Wendepunkt symmetrische Funktion. Ein solcher Verlauf konnte in der Vergangenheit vor allem für einige langlebige Konsumgüter mit Statuscharakter (z. B. Fernseher) beobachtet werden.

Logrolling

– auch als Strategie des Stimmentauschs oder der Koalitionsbildung bezeichnet – ist wichtig für politische Entscheidungsprozesse, z. B. bei der Haushaltspolitik. Sieht etwa eine Gruppe im Parla-

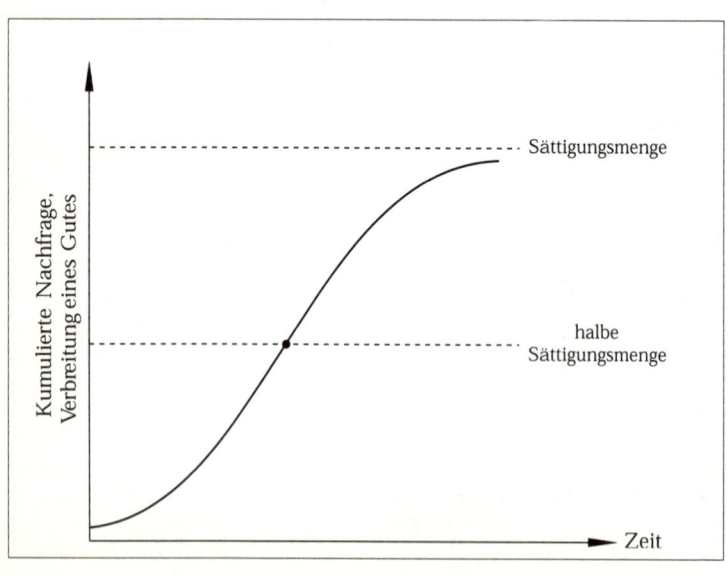

Die logistische Funktion

ment, daß ein von ihr favorisiertes Programm keine Mehrheit erzielen wird, so kann sie an eine andere Gruppe, die nicht unbedingt für dieses Programm eingenommen ist, herantreten und diese um Zustimmung bitten. Als Gegenleistung wird dann in Aussicht gestellt, diese Gruppe ihrerseits dabei zu unterstützen, ein von ihr gewünschtes Programm durchzusetzen. Allerdings ist fraglich, ob die auf diese Weise zustande gekommenen Programme tatsächlich den Präferenzen der Mehrheit der Bevölkerung entsprechen. Grundsätzlich kann das Logrolling für alle Abstimmungstatbestände angewandt werden, es dürfte allerdings für das Durchsetzen zusätzlicher Ausgaben zugunsten von Sonderinteressen und damit für die Staatsquote besonders wichtig sein.

Lohn → Arbeitsentgelt

Lohnabstandsgebot

häufig geäußerte politische Forderung, nach der die niedrigsten Nettoarbeitsentgelte noch deutlich überhalb den Transferzahlungen des Staates an Bedürftige liegen müssen. Diese, vor allem für die → Sozialhilfe geforderte Begrenzung staatlicher Fürsorgeleistungen soll den Anreiz erhöhen, daß ein Arbeitsloser eine ihm angebotene Arbeit auch wirklich annimmt, weil er sich dadurch finanziell deutlich verbessern kann.

Lohndiskriminierung → Lohnstruktur

Lohndrift

Differenz zwischen den tatsächlich bezahlten → Arbeitsentgelten und den → Tariflöhnen, bzw. genauer: zwischen den Steigerungsraten derselben. Von der so definierten Bruttodrift wird gelegentlich die Nettodrift unterschieden, die tarifvertraglich vereinbarte Nebenleistungen ausklammert, aber aufgrund der Datenlage empirisch nur äußerst schwer zu berechnen ist. Die theoretische Begründung für das Entstehen einer Lohndrift liefern die → Effizienzlohntheorien, nach der die Gewährung übertariflicher Arbeitsentgelte als Motivation zur Leistungssteigerung dient.

Lohnersatzleistungen

– im → Arbeitsförderungsreformgesetz als Entgeltersatzleistungen bezeichnet – Gesamtheit aller Leistungen der → gesetzlichen Sozialversicherungen an Arbeitslose bzw. Kranke, die dazu dienen sollen, einen teilweisen Ausgleich für die entfallenen Lohn- und Gehaltszahlungen zu schaffen, und deren Höhe sich hauptsächlich am letzten erzielten → Arbeitsentgelt bemißt. Zu den Lohnersatzleistungen zählen somit das → Arbeitslosengeld, die → Arbeitslosenhilfe, das → Eingliederungsgeld, das → Altersübergangsgeld,

Lohnfortzahlung

das → Insolvenzgeld, das → Unterhaltsgeld und das → Übergangsgeld, die jeweils im Rahmen der → Arbeitslosenversicherung gewährt werden bzw. wurden, ebenso wie das von der → gesetzlichen Krankenversicherung gewährte → Krankengeld. Die Gewährung von Lohnersatzleistungen wird zuweilen auch als → passive Arbeitsmarktpolitik bezeichnet, da dadurch nur die finanziellen Einbußen arbeitslos gewordener Personen gelindert werden sollen. Insofern ist strittig, ob die Zahlung von → Kurzarbeitergeld und → Schlechtwetter- bzw. → Winterausfallgeld zu den Lohnersatzleistungen zu zählen sind (weil sich deren Höhe auch am letzten → Arbeitsentgelt bemißt) oder als Maßnahmen der → aktiven Arbeitsmarktpolitik (zur Reduktion der Zahl der → registrierten Arbeitslosen) gelten.

Lohnfortzahlung

gesetzliche oder tarifvertragliche Regelung, nach der ein → Arbeitgeber einem → Arbeitnehmer im Krankheitsfall bis zu sechs Wochen lang Arbeitsentgelt bezahlen muß. Erst nach Ablauf dieser Frist übernimmt die → gesetzliche Krankenversicherung die Bezahlung des → Krankengelds. Bis zur gesetzlichen Neuregelung im Jahr 1996 betrug die gesetzlich festgeschriebene Lohnfortzahlung in Deutschland generell 100%, seitdem nur noch 80%. In vielen Branchen bestanden jedoch tarifvertragliche oder freiwillige Regelungen fort, die weiterhin eine volle Lohnfortzahlung gewährleisteten. 1999 wurde die volle Lohnfortzahlung im Krankheitsfall auch wieder gesetzlich festgeschrieben.

Lohninduzierte Arbeitslosigkeit
→ Reallohnbedingte Arbeitslosigkeit

Lohnkosten

– häufig auch als Personalkosten bezeichnet – sind die Summe aller Aufwendungen eines → Arbeitgebers für den Produktionsfaktor → Arbeit. Die Lohnkosten setzen sich zusammen aus dem → Arbeitsentgelt (Bruttolöhnen und -gehältern) und den → Lohnnebenkosten.

Lohnkostenzuschuß

Instrument der → aktiven Arbeitsmarktpolitik, bei dem durch Übernahme eines Teils der Lohnkosten durch die → Bundesanstalt für Arbeit für → Arbeitgeber die Einstellung von Arbeitslosen attraktiver gemacht werden soll. Lohnkostenzuschüsse werden gegenwärtig in Deutschland in zwei Varianten gewährt:
1. In Form von sogenannten Strukturanpassungsmaßnahmen werden an öffentliche Arbeitgeber in den Bereichen Umweltver-

besserung, soziale Dienste und Jugendhilfe (im Osten Deutschlands seit 1997 auch an private Wirtschaftsunternehmen) „Leistungen der produktiven Arbeitsförderung" gezahlt, wenn sie Personen einstellen, die zuvor mindestens drei Monate arbeitslos, in → Kurzarbeit oder → Arbeitsbeschaffungsmaßnahmen standen. Bis zur Vereinheitlichung der Förderbedingungen ab 1. 1. 1998 betrug die Dauer der Förderung im Osten 36, im Westen 24 Monate. Die Höhe der Förderung entspricht den durchschnittlichen Aufwendungen der Bundesanstalt für Arbeit für → Arbeitslosengeld und → Arbeitslosenhilfe (einschließlich Renten- und Krankenversicherungsbeiträgen) je Arbeitslosen. Der Erfolg der Leistungen der produktiven Arbeitsförderung waren im Osten durch eine große Kofinanzierungsbereitschaft von → Treuhandanstalt, Ländern und Kommunen (1995: 106.000 Fälle, 1997: 80.000 Fälle und 1,9 Mrd. DM Ausgaben) sehr erfolgreich und ergänzten die Arbeitsbeschaffungsmaßnahmen. Im Westen dagegen verlief die Maßnahme durch mangelnde Kofinanzierungsbereitschaft (1997: 8.400 Fälle und 219 Mill. DM Ausgaben) sehr viel schleppender.
2. Insgesamt weniger bedeutsam ist die zweite Variante des Lohnkostenzuschusses, nämlich die sogenannten Eingliederungszuschüsse für die Beschäftigung von Arbeitnehmern, die einer besonderen Einarbeitung bedürfen, z. B. wegen einer Behinderung schwer vermittelbar sind oder über 55 Jahre alt sind und zuvor langzeitarbeitslos waren. Die Höhe des Zuschusses beträgt 30% bis 50% des Bruttoarbeitsentgelts incl. der Sozialversicherungsbeiträge. Die Dauer der Bezuschussung beläuft sich auf bis zu 24 Monaten, in bestimmten Ausnahmefällen sogar auf bis zu 60 Monaten. 1997 wurden hierfür von der Bundesanstalt für Arbeit im Osten 233,3 Mill. DM und im Westen 549 Mill. DM ausgegeben.

Lohn-lag

zeitliche Verzögerung, mit der die Veränderung der nominalen → Arbeitsentgelte üblicherweise der Veränderung anderer ökonomischer Größen (z. B. der Güterpreise) folgt. So kommt es beispielsweise bei einer → Inflation zu einem vorübergehenden Rückgang der realen Arbeitsentgelte („Reallohnsenkung"). Zurückzuführen sind Lohn-lags auf die ein- oder gar mehrjährige Laufzeit von → Tarifverträgen, in denen typischerweise die nominalen Arbeitsentgelte ohne laufende (unterjährige) Inflationsanpassung vereinbart werden.

Lohn-lag-Hypothese

Lohn-lag-Hypothese
versucht, ebenso wie die → Nachfragedruckhypothese, das → Realzinsargument und die → Gläubiger-Schuldner-Hypothese, die Meinung zu stützen, eine schleichende → Inflation begünstige das Wirtschaftswachstum. Bleiben nämlich die Lohnsteigerungen hinter den Preissteigerungen zurück, so erhöhen sich die Gewinne. Dies regt die → Unternehmen zur Investitionstätigkeit an. Außerdem steigt aufgrund des erhöhten Anteils der Unternehmereinkommen im Vergleich zu den Lohneinkommen die gesamtwirtschaftliche → Sparquote. Die Lohn-lag-Hypothese wird auch als Ursache für eine negative Verteilungswirkung der Inflation für die Lohnbezieher herangezogen. Vgl. → Inflationswirkungen.

Lohnleistungszusammenhang → Effizienzlohntheorien

Lohnleitlinien → Lohnpolitik

Lohnnebenkosten

– auch Lohnzusatzkosten – alle gesetzlich vorgeschriebenen, tarifvertraglich vereinbarten oder freiwillig gewährten Leistungen der → Arbeitgeber, die zusätzlich zu den Bruttolöhnen und -gehältern direkt oder indirekt den → Arbeitnehmern zugute kommen. Hierzu zählen insbesondere die Arbeitgeberanteile zur Sozialversicherung und Berufsgenossenschaft, die Vergütung von Ausfalltagen durch Urlaub (einschließlich Urlaubsgeld), Krankheit, gesetzliche Feier- und sonstige arbeitsfreie Tage, Sonderzahlungen, vermögenswirksame Leistungen, Aufwendungen für die betriebliche Altersvorsorge und sonstige Unterstützungsaufwendungen (z. B. Mutterschaftsgeld, Kosten der Aus- und Weiterbildung, Kantinenzuschüsse). Je nach Wirtschaftszweig erreichen die Lohnnebenkosten in Deutschland ein Niveau, das teilweise sogar über dem der eigentlichen Bruttolöhne und -gehälter liegt.

Lohnpolitik

Gesamtheit aller Maßnahmen zur Beeinflussung von Höhe und Struktur der → Arbeitsentgelte. Träger der Lohnpolitik in Deutschland sind aufgrund der verfassungsmäßig garantierten → Tarifautonomie die → Tarifpartner, also → Arbeitgeber(verbände) und → Gewerkschaften. Da die Verdiensthöhe und -struktur ein wesentlicher Inhalt der → Tarifverträge ist, kann die Lohnpolitik als Teil der → Tarifpolitik verstanden werden. Ergänzend wirkt die betriebliche Lohnpolitik, der die Einordnung einzelner Arbeitnehmer in die einzelnen Lohngruppen und gegebenenfalls die Gewährung von Tarifzuschlägen obliegt. Der staatliche Einfluß auf die Lohnpolitik ist dagegen wegen der schon angesprochen Tarifautonomie gering. Er erschöpft sich – abgesehen von Auftreten des Staates als Arbeitgeber des öffentlichen Dienstes – in Aufrufen an die Tarifpartner (sogenannte Lohnleitlinien) oder Versuchen, mit diesen zusammen – wie z. B. bei der → Konzertierten Aktion – die gesamte Wirtschaftspolitik zu koordinieren. Hinsichtlich der lohnpolitischen Kozepte sind die expansive, die produktivitätsorientierte und die kostenniveauneutrale Lohnpolitik voneinander zu unterscheiden:

1. Die in erster Linie von den Gewerkschaften vertretene expansive Lohnpolitik fordert kräftige Lohnerhöhungen und somit eine Steigerung der → Lohnquote, weil dadurch sowohl die → Kaufkraft als auch die Rationalisierungsbemühungen der Unternehmen und damit die → Arbeitsproduktivität gesteigert werden können. Beides habe höheres Wachstum und eine größere Beschäftigung zur Folge.
2. Dem steht die vor allem von wissenschaftlichen Instituten vertretene, produktivitätsorientierte Lohnpolitik entgegen. Danach sollen die Lohnsteigerungen der Zunahme der Arbeitsproduktivität entsprechen, um über konstante Lohnstückkosten sowohl die → Preisniveaustabilität zu sichern als auch kostenbedingte, negative Beschäftigungswirkungen zu vermeiden.
3. Die vom → Sachverständigenrat entwickelte Konzeption einer kostenniveauneutralen Lohnpolitik geht noch einen Schritt weiter als die produktivitätsorientierte Lohnpolitik, in dem sie zur Erreichung des Ziels der Preisniveaustabilität die Konstanz nicht nur der Lohnstückkosten, sondern der gesamten → Stückkosten fordert. So gesehen schränken Steigerungen bei anderen Kostenarten wie z. B. den Kapital- oder → Lohnnebenkosten den durch Produktivitätssteigerungen geschaffenen Lohnerhöhungsspielraum ein.

Lohn-Preis-Indexierung

durch Gesetz oder → Tarifvertrag festgelegte, automatische Bindung der nominalen → Arbeitsentgelte an einen → Preisindex. Dadurch wird ein sofortiges Ansteigen der Löhne und Gehälter gemäß der jeweiligen → Inflationsrate gewährleistet. Das Ziel einer Lohn-Preis-Indexierung ist die laufende Sicherung des → Reallohnniveaus durch Vermeidung von → Lohnlags, die Hauptgefahr besteht im Zustandekommen bzw. in der Förderung einer → Lohn-Preis-Spirale. In Deutschland ist eine gesetzliche Lohn-Preis-Indexierung wegen der verfassungsmäßig garantierten → Tarifautonomie nicht zulässig. Von den → Tarifpartnern kann sie in Form einer sogenannten Lohntarifindexierung prinzipiell vereinbart werden, wodurch theoretisch eine Verlängerung der Laufzeiten von Tarifverträgen ermöglicht würde. Bislang wurde aber auch eine Lohntarifindexierung in Deutschland noch nie realisiert, weil dadurch Flexibilität und Entscheidungsmacht der Tarifparteien im Einzelfall erheblich gemindert werden.

Lohn-Preis-Spirale

weitverbreitete Hypothese, nach der sich Preissteigerungen und nominale Lohnforderungen der → Gewerkschaften gegenseitig aufschaukeln. Zwar ist die Argumentation, daß einerseits Lohnsteigerungen den Kostendruck und die gesamtwirtschaftliche Güternachfrage erhöhen und dadurch Preissteigerungen ermöglichen, und andererseits Preissteigerungen wegen einer angestrebten Realeinkommenssicherung wiederum zu höheren Nominallohnforderungen führen, einigermaßen plausibel, aber nicht zwingend. Weitere mögliche Ursachen einer → Inflation wie etwa die Verteuerung von Importen oder Marktstrukturveränderungen (Konzentration) bleiben dabei ebenso außer acht wie die Tatsache, daß angestrebte Preis- oder Lohnerhöhungen nicht immer auch realisiert werden können. Somit dürfte die Lohn-Preis-Spirale in erster Linie ein politisches Schlagwort sein, mit dem sich die → Tarifpartner gegenseitig die Verantwortung für das Entstehen von Inflation zuschieben wollen.

Lohnquote → Gesamtwirtschaftliche Lohnquote

Lohnrigidität

– auch als Lohnstarrheit bezeichnet – liegt vor, wenn die auf dem jeweiligen → Arbeitsmarkt ausgehandelten → Arbeitsentgelte im Gegensatz zur Annahme der → neoklassische Arbeitsmarkttheorie vor allem nach unten nicht vollkommen flexibel sind. Ursache für solche Lohnrigiditäten können gesetzliche oder tarifvertragliche Regelungen über → Mindestlöhne oder allgemein eine hohe Verhandlungsmacht der → Arbeitnehmer sein, die ein Sinken der Löhne verhindert.

Lohnstarrheit → Lohnrigidität

Lohnsteuer

Bei Arbeitnehmern wird die vom Arbeitslohn zu zahlende Einkommensteuer im Wege des Abzugs vom Arbeitslohn erhoben (Quellenabzugsverfahren). Sie ist also nur eine Erhebungsform der Einkommensteuer und keine Steuer eigener Art. Die Lohnsteuer macht den größten Teil des gesamten Steueraufkommens der

Einkommensteuer (ca. 90%) aus. Ihre Einnahmen übersteigen damit die Einnahmen aus jeder anderen Steuerart.

Lohnstruktur

Verhältnis der Höhe verschiedener → Arbeitsentgelte zueinander. Zu unterscheiden sind dabei regionale, branchenspezifische, zwischenbetriebliche und personelle Lohndifferenzen. Die volkswirtschaftliche Bedeutung der Lohnstruktur liegt in ihrer → Allokationsfunktion, da durch Lohndifferenzen die Arbeitskräfte gemäß ihrer individuellen Qualifikationen auf die entsprechenden Arbeitsplätze (nahezu) optimal verteilt werden. Daneben sind allerdings auch persönliche Lohndifferenzierungen in Form von (häufig geschlechts- oder nationalitäten- bzw. rassenspezifischen) Lohndiskriminierungen zu beobachten, wenn für eine exakt gleiche Arbeitsleistung ein unterschiedlich hohes Arbeitsentgelt bezahlt wird.

Lohnstückkosten

bezeichnen die → Lohnkosten (im weitesten Sinne), die durchschnittlich für die Erstellung einer Einheit physischer Produktionsmenge aufgewendet werden müssen. Ihre Messung erfolgt anhand der Relation aus den → Arbeitskosten und der → Arbeitsproduktivität. Die gesamtwirtschaftlichen Lohnstückkosten sind ein wesentlicher Bestimmungsfaktor des realisierbaren Preisniveaus in einer Volkswirtschaft. Sie beeinflussen damit – zusammen mit dem → Wechselkurs maßgeblich die internationale Wettbewerbsfähigkeit eines Landes.

Lohntarifindexierung → Lohn-Preis-Spirale

Lohnwettbewerbsmodell → Neoklassische Arbeitsmarkttheorie

Lohnzusatzkosten → Lohnnebenkosten

Lokomotivtheorie

auf den → internationalen Konjunkturzusammenhang abstellende Theorie, die in der internationalen → Wirtschaftspolitik einige Bedeutung erlangt hat. Ihre These ist, daß ein „großes" Land mit ausgelastetem Produktionspotential und Handelsbilanzüberschüssen als „Lokomotive" angesehen werden kann, welche die übrigen Länder aus einem „Konjunkturtal" herausziehen kann. Hierzu sollte die Lokomotive, beispielsweise über eine expansive → Fiskalpolitik, ihre inländische → Absorption erhöhen, um damit zunächst das inländische → Einkommen zu steigern. Die in der Folge steigende Importnachfrage würde den → Export der übrigen

Lombardpolitik

Länder positiv beeinflussen. Dadurch verbessert sich deren Handelsbilanzsituation, und ihr Beschäftigungsniveau steigt. Empirische Untersuchungen lassen die praktische Relevanz der Lokomotivtheorie indes als eher gering erscheinen.

Lombardpolitik → Geldpolitische Instrumente

Lomé-Abkommen

Seit 1976 regeln Abkommen zwischen den → Europäischen Gemeinschaften und derzeit 70 Entwicklungsländern in Afrika, der Karibik und im Pazifik (sogenannte → AKP-Staaten) die Wirtschaftsbeziehungen und die Zusammenarbeit in der Entwicklungspolitik. Der Vertrag enthält rechtsverbindliche Zusagen an die AKP-Länder. Er ist der wichtigste und umfassendste Vertrag zwischen EU- und Entwicklungsländern. Das 4. Lomé-Abkommen wurde Ende 1989 unterzeichnet und ist bis 2000 gültig. Es hat erstmals eine Laufzeit von zehn Jahren, um einen Rahmen für eine kontinuierliche Förderung der AKP-Staaten zu schaffen.

Lorenzkurve

weitverbreitete graphische Darstellungsmöglichkeit einer → Häufigkeitsverteilung (v. a. bei Einkommensverteilungen), um die Verteilung der Summe der Merkmalswerte auf die Merkmalsträger zum Ausdruck zu bringen. Auf der Abszisse werden dabei die kumulierten Anteile der Merkmalsträger, auf der Ordinate die kumulierten Anteile an der Merkmalssumme abgetragen. Einzelne Punkte auf der Lorenzkurve erlauben Aussagen derart, daß x% der Merkmalsträger (z. B. der Einwohner eines Landes) über y% der gesamten Merkmalssumme (z. B. des gesamten Einkommens) verfügen. Als theoretischer Extremfall ist die 1. Winkelhalbierende, die eine absolute Gleichverteilung der Merkmalssumme auf die Merkmalsträger impliziert, anzusehen. Als → Konzentrationsmaß kann daher der sogenannte Gini-Koeffizient als Quotient der Fläche zwischen Gleichverteilungsgerade und Lorenzkurve und der gesamten Fläche unterhalb der Gleichverteilungsgerade gebildet werden. Er kann nur Werte zwischen 0 und 1 annehmen und ist umso größer, je ungleichmäßiger die Verteilung ist.

Lundberg Lag

nach dem schwedischen Nationalökonomen *E. Lundberg* (1907 bis 1987) benannte zeitliche Verzögerung zwischen einer Zunahme der Nachfrage nach Gütern und dem Auftreten der dadurch bewirkten Mehrproduktion am Markt.

Luxusguthypothese des Geldes

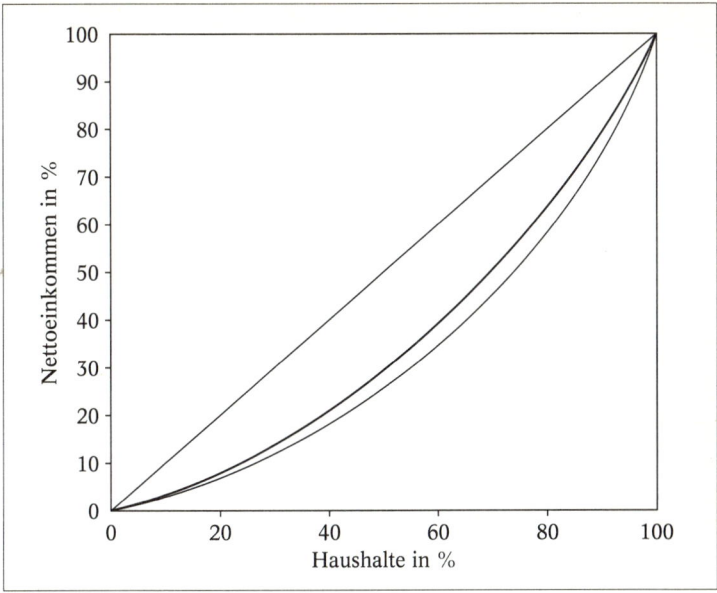

Lorenzkurve

Luxusguthypothese des Geldes

von *M. Friedman* aufgestellte These, nach der das Halten von Kasse als eine Art „Luxus" betrachtet wird. → Geld werde deshalb wie ein dauerhaftes Konsumgut nachgefragt. Mit der Luxusgut-Hypothese erklären *Friedman* und *A. Schwartz* den von ihnen festgestellten Trend einer in säkularer Sicht abnehmenden → Einkommensgeschwindigkeit des Geldes: Mit steigendem Realeinkommen kann man sich mehr Luxus in Form von Geld „leisten", die reale Kassenhaltung steigt daher überproportional zum Realeinkommen.

M

Maastricht-Kriterien

– auch als Konvergenzkriterien bezeichnet – Kriterienkatalog zur Beurteilung der Aufnahmefähigkeit der EU-Mitgliedstaaten in die Europäischen → Währungs- und Wirtschaftsunion (WWU). 1991 wurde dieser in Maastricht von den europäischen Staats- und Regierungschefs wie folgt festgelegt:

1. Die Inflationsrate eines Mitgliedsstaates sollte um nicht mehr als 1,5 Prozentpunkte über der Inflationsrate jener – höchstens drei – Migliedstaaten liegen, die das beste Ergebnis auf dem Gebiet der Preisstabilität erreicht haben.
2. Die Neuverschuldung eines Mitgliedsstaates darf nicht mehr als 3% seines Bruttoinlandsproduktes zu Marktpreisen betragen
3. Der Schuldenstand darf 60% des Bruttoinlandsproduktes nicht überschreiten.
4. Der langfristige Zinssatz soll nicht mehr als 2 Prozentpunkte über dem entsprechenden Satz derjenigen drei Länder liegen, die auf dem Gebiet der Presistabilität das beste Ergebnis erzielt haben.

Die Kriterien wurden bei der Entscheidung des Rates, welche Mitgliedstaaten bei der Wirtschafts- und Währungsunion teilnehmen können, herangezogen. Sie waren jedoch nicht in der Form bindend, daß die Nichterfüllung eines dieser Kriterien automatisch den Ausschluß bedeutet hätte. Eine ganze Reihe von Ländern konnten die Obergrenze beim Schuldenstand nicht einhalten. Andererseits hatten die Kriterien durchaus einen disziplinierenden Einfluß auf die staatliche Haushaltspolitik vor allem die Neuverschuldung wurde in den meisten Ländern deutlich reduziert. Kritisiert wurde an den Konvergenzkriterien vor allem, daß sie nur für einen bestimmten Zeitpunkt festgelegt wurden. Man sah darin die Gefahr, daß einzelne Länder versuchen, bis zum Zeitpunkt der Entscheidung über die Teilnahme eine restriktive Haushaltspolitik zu betreiben, die später wieder aufgegeben wird (z.B. Staatsausgaben aufzuschieben).

Maastricht-Vertrag → Europäische Union

Makroökonomik

Teildisziplin der → Volkswirtschaftslehre, deren Hauptaugenmerk – anders als bei der → Mikroökonomie – auf gesamtwirt-

Makroökonomische Konsumfunktion

schaftliche Aggregate und die Möglichkeiten ihrer Beeinflussung gerichtet ist. Dabei handelt es sich in der Regel um wirtschaftspolitische Zielgrößen (Variable) wie z. B. den → privaten und → staatlichen Konsum, die gesamte → Investition, das → Volkseinkommen, die Beschäftigungssituation, das → Preisniveau, die Lage der → Konjunktur, das Wirtschaftswachstum oder die → Zahlungsbilanz. Insofern stellt die Makroökonomie eine bedeutende theoretische Grundlage für die Entscheidungen der → Wirtschaftspolitik dar. Die Erklärung makroökonomischer Zusammenhänge setzt an dem geplanten Verhalten der → Wirtschaftssubjekte an. Ein solches Vorgehen heißt auch „Ex-ante-Analyse" (ex ante = aus dem Vorhinein). Im Laufe der Zeit haben sich dabei unterschiedliche → makroökonomische Theorien herausgebildet, die kontrovers diskutiert werden.

Makroökonomische Konsumfunktion

Hypothese über den Zusammenhang zwischen den Konsumausgaben der privaten Haushalte und erklärenden Variablen. Es existieren unterschiedliche Erklärungsansätze in Form der → Absoluten, der → Relativen, der → Permanenten Einkommens-Hypothese sowie der → Lebenszyklushypothese. Makroökonomische Konsumfunktionen sind wesentliche Bestandteile der makroökonomische Modelle zur Konjunkturbeobachtung.

Makroökonomische Portfoliotheorie

neuerer Ansatz zur Erklärung des → monetären Transmissionsmechanismus. Er wird von den sog. Neo-Keynesianern vertreten. Es ist dies eine Bezeichnung, die dogmengeschichtlich keinen festen Platz einnimmt. Sie kennzeichnet Theoretiker, die in keynesianischer Tradition stehen. Als Hauptvertreter gilt *J. Tobin*. Basis der makroökonomischen Portfoliotheorie bilden die Erkenntnisse der allgemeinen → Portfoliotheorie (siehe auch → Theorien der Portfoliowahl). Angenommen wird, daß die → Wirtschaftssubjekte eine optimale Struktur ihres Vermögens anstreben, wobei als Anlagealternativen sämtliche Finanzaktiva (einschließlich Kasse bzw. → Geld) und Sachaktiva einbezogen werden. Anders als bei der → Theorie der relativen Preis wird das Risiko des Gesamtvermögens bei der Portfolio-Optimierung explizit berücksichtig. Das private Nettovermögen setzt sich aus Finanzaktiva, das sind die Forderungen gegenüber dem Staatssektor (einschließlich der Zentralbank) und dem Sachkapitalbestand zusammen. Die Forderungen der Privaten werden in verzinsliche Forderungen (Staatschuldtitel) und → Zentralbankgeld unterteilt. Erhöhungen des → Geldangebots zerstören nun ein bestehendes Portfoliogleichgewicht der Individuen. Es kommt dann in zweierlei Hinsicht zu einer Beeinflussung der privaten Investitionstätigkeit. Erstens führt die geldpolitisch bewirkte Zunahme des Bestandes finanzieller Aktiva zu einem steigenden Risikogehalt des Gesamtvermögens (etwa in Form von Realwerteinbußen durch → Inflation oder von Kursverlusten durch Zinssteigerungen). Daraus resultiert eine verstärkte Bereitschaft, Sachkapital zu erwerben. Zweitens drängt das „Zuviel" an Zentralbankgeld in verzinslicher Anlageformen; deren Kurs steigt und der Effektivzins sinkt. Das heißt, der sog. Angebotspreis des Kapitals geht zurück bzw. steigt sein Abstand zur → Grenzleistungsfähigkeit des Kapitals. Auch das wirkt expansiv auf die Investitionsnachfrage der privaten → Unternehmen. Um den Abstand zwischen Marktzins und Grenzleistungsfähigkeit des Kapitals zu verstetigen, kann nach Ansicht der Neo-Keynesianer durchaus eine diskretionäre (fallweise) Geldpolitik notwendig bzw. sinnvoll sein. Im Unterschied zur Ansicht der → Monetaristen kommt die makroökonomische Portfoliotheorie überdies zu dem Schluß, daß staatliches → Defizit-Spending immer gesamtwirtschaftlich expansiv wirkt, insofern also positiv einzuschätzen ist.

Makroökonomische Theorien

Makroökonomische Sparfunktion

Hypothese über den Zusammenhang zwischen der → Ersparnis und erklärenden Variablen. Betrachtet man nur die privaten Haushalte, so bildet die Makroökonomische Sparfunktion das Spiegelbild der → Makroökonomischen Konsumfunktion und kann aus ihr abgeleitet werden. Wichtige Einflußfaktoren sind das laufende → Verfügbare Einkommen, das → Permanente Einkommen(und das reale → Vermögen. Die Beziehung zwischen dem Vermögen und der Ersparnis hat als „Vermögens-Spar-Relation" Bedeutung erlangt (vgl. → *Pigou*-Effekt).

Makroökonomische Theorien

Erklärungsansätze der → Makroökonomik. Man spricht auch von wirtschaftstheoretischen oder -politischen Lehrmeinungen bzw. „Paradigmen". Sie behandeln insbesondere die Frage, welche Faktoren das → Einkommen und die Beschäftigung in einer → Volkswirtschaft bestimmen und welcher Art die Wirkungszusammenhänge sind. Angesichts der Komplexität des Wirtschaftsprozesses ist im Laufe der Zeit eine Vielzahl teilweise konkurrierender Theorien entstanden. Deren bedeutendste seien im folgenden kurz angesprochen, wobei die Denkrichtung des → Marxismus hier ausgeklammert wird.

Makroökonomische Theorien

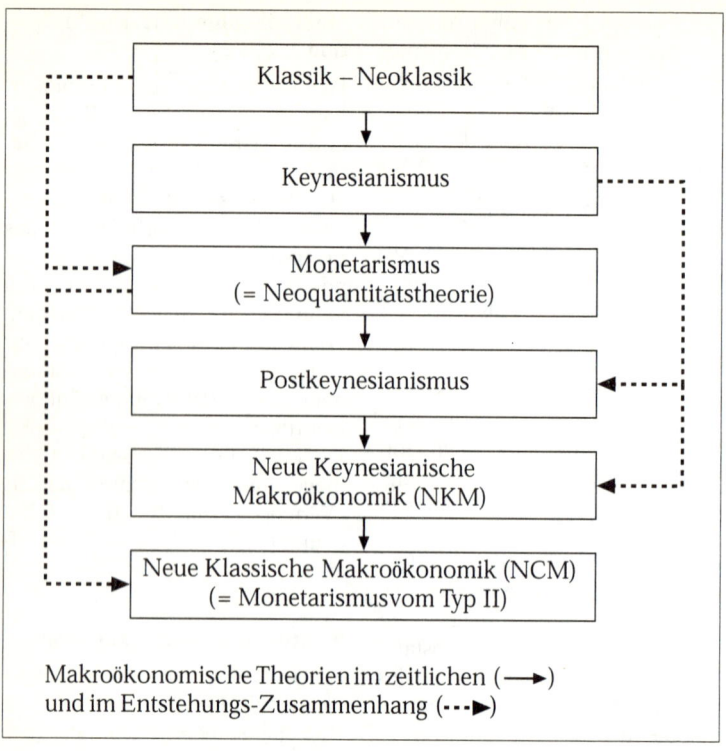

Makroökonomische Theorien im zeitlichen und im Entstehungszusammenhang

Dogmengeschichtlich am Beginn steht die Theorie der → Klassik bzw. Neoklassik, deren Sichtweise die Zeit von etwa Mitte des 18. Jahrhunderts bis Anfang des 20. Jahrhunderts prägte. Sie unterstellt eine grundsätzliche Stabilität des privaten Sektors, die sich vor allem in einer Tendenz zur → Vollbeschäftigung niederschlägt. Insofern sind im (neo-) klassischen System wirtschaftspolitische Eingriffe unnötig bzw. sogar schädlich. Als Hauptvertreter der Klassik bzw. Neoklassik seien hier nur *A. Smith* (1723–1790) und *K. Wicksell* (1851–1926) herausgegriffen. Die von 1929 bis 1933 andauernde → Weltwirtschaftskrise brachte den Glauben an das klassische Paradigma ins Wanken und beförderte die Suche nach neuen Ansätzen zur Erklärung der damaligen Massenar-

Makroökonomische Theorien

Makroökonomische Theorien	
Klassik/Neoklassik (18./19. Jahrhundert) *Smith, Ricardo, Say* → Marktoptimismus	Keynesianismus (1936, „General Theory") → Marktpessimismus
Stabilität	Instabilität
• Vollbeschäftigung • „laissez faire" • Absage an Staat als Stabilisator der Wirtschaft • Preismechanismus • Wettbewerbspolitik • Haushaltsausgleich	• Unterbeschäftigung • Interventionismus • Bedeutung des Staates als Stabilisator der Wirtschaft • Kreislaufzusammenhänge • Fiskalpolitik • Haushaltsdefizite
seit sechziger Jahren: Monetarismus/ Neue klassische Makroökonomik	seit sechziger Jahren: Postkeynesianismus/ Neue keynesianische Makroökonomik
→ Angebotsorientierter Ansatz (längerfristig)	→ Nachfrageorientierter Ansatz (kurzfristig)

Makroökonomische Theorien

beitslosigkeit, der drastischen Produktionsrückgänge und Preissenkungen (→ Deflation). Mit seinem 1936 erschienen Buch (The General Theory of Employment, Interest and Money) begründete J. M. Keynes (1883–1946) die Theorie, nach der der private Sektor eine inhärente Instabilität aufweist, deren gravierendste Folge länger anhaltende Unterbeschäftigung sein kann. In der Bundesre-

Makropolitik

publik Deutschland fand der → Keynesianismus Ausdruck im → Gesetz zur Förderung der Stabilität und des Wachstums der Wirtschaft aus dem Jahre 1967.

Vor allem die in den 70er Jahren wieder steigende → Arbeitslosigkeit bei weltweit zunehmender → Inflation (siehe auch → Stagflation) führten zu einer Abkehr von dem keynesianischen Staatsinterventionismus und zu einer Renaissance (neo-)klassischen Gedankengutes, u.a. auch in Gestalt des → Monetarismus. Ein Wesensmerkmal dieser auch als → Neoquantitätstheorie bezeichneten Strömung mit ihrem Hauptvertreter *M. Friedman* ist die Hervorhebung der Bedeutung der → Geldmenge für die Preisniveaustabilität. Die monetaristische Sichtweise hat auch die Politik der → Deutschen Bundesbank seit den siebziger Jahren beeinflußt und sie prägt auch die Politik der → Europäischen Zentralbank. Darüber hinaus geht die makroökonomische Forschung heute → grob gesprochen → vor allem in folgenden Richtungen weiter: keynesianisch geprägt in Form des → Postkeynesianismus bzw. Neokeynesianismus und der → Neuen Keynesianischen Makroökonomik (NKM) sowie andererseits (neo-)klassisch bzw. monetaristisch orientiert als → Neue Klassische Makroökonomik (NCM).

Makropolitik → Konjunkturpolitik

Managed floating → Floating

Marginalanalyse

in der Volkswirtschaftslehre weitverbreitetes Instrumentarium zur Ermittlung von Extremwerten von Funktionen bzw. Optimalitätsbedingungen. Hintergrund ist die den Wirtschaftssubjekten in aller Regel unterstellte Optimierung von Zielfunktion (z.B. Gewinn, Nutzen). Mathematisch arbeitet die Marginalanalyse mit ersten (partiellen) Ableitungen, die in der Volkswirtschaftslehre als Grenzgrößen (z.B. Grenznutzen, Grenzkosten, usw.) bezeichnet werden.

Markt

Zusammentreffen von Angebot und Nachfrage nach Gütern oder Produktionsfaktoren durch persönlichen Kontakt oder andere Kommunikationsformen zum Zweck des Informationsaustauschs und Vertragsabschlusses.

Marktanteil

Relation der von einem Anbieter verkauften Menge zur gesamten auf einem Markt gehandelten Menge eines Gutes.

Marktaustrittsbarrieren

bezeichnen Umstände und Verhaltensweisen, die es verhindern, daß es in einer Branche zu einem zügigen und im Umfang ausreichenden Kapazitätsabbau kommt, wenn die Nachfrage nach den angebotenen Produkten im Verlauf des → sektoralen Strukturwandels dauerhaft zurückgeht. Ursachen dieses strukturellen Nachfrageschwunds können z. B. ein Wandel der Verbrauchsgewohnheiten (der Konsumentenpräferenzen), das Auftreten neuer Anbieter oder auch die Markteinführung überlegener Substitutionsprodukte sein. Unterbleibt in einer Branche, deren traditionelle Märkte an Ergiebigkeit verlieren, die erforderliche Anpassung der Produktionsprogramme, der Kapazitäten, der Standorte und Verfahren, kommt es zur Strukturkrise. Es bilden sich in erheblichem Umfang Überkapazitäten. Marktaustrittsbarrieren sind meist auf eine Vielzahl von Gründen zurückzuführen. Es ist möglich, daß der Versuch, in neue Märkte einzutreten, unterbleibt oder mißlingt. Des weiteren wurde der Strukturwandel eventuell nicht rechtzeitig oder nicht in der ganzen Tragweite seiner Auswirkungen erkannt, so daß die erforderliche Kapazitätsanpassung unterbleibt. Auch ist denkbar, daß ein wechselseitiges Abwarten stattfindet. Schließlich werden notwendige Maßnahmen zur Umstrukturierung dadurch erschwert, daß die dazu erforderlichen Investitionsmittel bei ausbleibenden Gewinnen auf dem Kapitalmarkt beschafft werden müssen. Das Bestehen von Marktaustrittsbarrieren stellt somit vor allem in Phasen geringen wirtschaftlichen Wachstums ein wirtschaftspolitisches Problem von großer Bedeutung dar. Die Lösung dieses Problems erfordert die Förderung dynamischer marktwirtschaftlicher Wettbewerbsprozesse, um die Innovationsaktivität und die Anpassungsdynamik zu gewährleisten, die dem Entstehen von Strukturkrisen am ehesten vorbeugen kann.

Marktbeherrschung

Auch bei funktionierender → Fusionskontrolle läßt sich das Entstehen marktstarker oder marktbeherrschender Unternehmen nicht verhindern. Wenn die Wettbewerbspolitik auf die Marktstruktur und damit auf das Ausmaß bestehender Marktmacht keinen Einfluß nehmen kann, muß sie sich mit der → Mißbrauchsaufsicht begnügen. Sie versucht dann zu verhindern, daß Marktmacht mißbraucht wird, um schwächere Marktpartner auszubeuten oder Wettbewerber zu behindern. Um den schwierigen Nachweis der Existenz einer marktbeherrschenden Stellung durch das Bundeskartellamt und die Gerichte zu erleichtern, definiert § 22 GWB ein Unternehmen als marktbeherrschend, wenn es ohne Wettbewerber ist oder keinem wesentlichen Wettbewerb ausgesetzt ist (Monopol) oder wenn es im Verhältnis zu seinen Wettbewerbern eine überragende Marktposition hat. Hierbei sind

Markteintrittsschranken

insbesondere sein Marktanteil, seine Finanzkraft, sein Zugang zu den Beschaffungs- oder Absatzmärkten, Verflechtungen mit anderen Unternehmen, rechtliche oder tatsächliche → Markteintrittsschranken für andere Unternehmen, die Fähigkeit sein Angebot oder seine Nachfrage auf andere Waren oder gewerbliche Leistungen umzustellen sowie die Möglichkeit der Marktgegenseite, auf andere Unternehmen auszuweichen, zu berücksichtigen. Die Marktanteile, die eine Vermutung der marktbeherrschenden Stellung nach § 22 GWB begründen, sind gegeben, wenn ein Unternehmen einen Marktanteil von einem Drittel oder mehr aufweist oder wenn drei Unternehmen einen Marktanteil von 50% oder mehr oder wenn fünf Unternehmen einen Marktanteil von zwei Dritteln oder mehr haben. Dabei müssen die Jahresumsätze bestimmte Mindestgrößen übersteigen. In diesem Verfahren ist also die Abgrenzung des → relevanten Marktes von großer Bedeutung.

Markteintrittsschranken

bezeichnen (Kosten-) Nachteile neu in einen Markt eintretender Unternehmen gegenüber den bereits etablierten Anbietern auf diesem Markt. Üblicherweise werden die auftretenden Markteintrittsschranken in drei Bereiche unterschieden. Die etablierten Anbieter verfügen über Produktdifferenzierungsvorteile gegenüber neuen Konkurrenten, wenn für ihr Angebot als Folge entsprechender Werbung Präferenzen bestehen. Absolute Kostenvorteile können daraus resultieren, daß sich ein Newcomer weniger kostengünstiger Produktionsverfahren bedienen muß als die Hersteller, die sich bereits im Markt befinden. Dies kann daran liegen, daß es ihm am erforderlichen Know-how fehlt oder daß ihm Patentrechte die Anwendung der neuesten Technologie verwehren. Betriebsgrößenvorteile ergeben sich zugunsten der Unternehmen, die den betrachteten Markt bereits bedienen, vor allem dann, wenn die Produktion der hier angebotenen Güter das Nutzen von Skalenerträgen ermöglicht. Das Ausmaß der bestehenden Produktdifferenzierungs-, Betriebsgrößen- und absoluten Kosten-Vorteile bestimmt nach Joe S. Bain die Markteintrittsbedingungen und damit das Ausmaß potentieller Konkurrenz. Je größer das Gewicht der Markteintrittsschranken ist, desto größer ist auch die Möglichkeit der etablierten Produzenten, hohe Gewinne zu realisieren, ohne daß Markteintritte potentieller Konkurrenten drohen.

Marktergebnis

bezeichnet im Konzept des funktionsfähigen Wettbewerbs (→ wettberbspolitische Leitbilder) Maßstäbe, die ein Urteil darüber ermöglichen sollen, inwieweit auf

Marktform(enschema)

dem betrachteten Markt das Ziel bestmöglicher Konsumentenversorgung erreicht wird. Kriterien zur Bewertung des Marktergebnisses sind etwa die Innovationsleistung, die Anpassungsflexibilität, die Produktqualität, die Produktionseffizienz, der Produktivitätsfortschritt, das Gewinn-Niveau, der Werbeaufwand, die Bereitschaft zur Reduzierung der Umweltbelastung, das Ausmaß gewährter Garantien oder auch die Güte angebotener Serviceleistungen. Objektive Maßstäbe zur Beurteilung der Qualität der Marktversorgung fehlen zumeist, so daß subjektive Wertungen unvermeidbar sind.

Marktform(enschema)

Klassifizierung von Märkten anhand der Kriterien → Vollkommenheit und quantitativer Besetzung der Angebots- und Nachfrageseite. Geht man davon aus, daß alle Anbieter und alle Nachfrager jeweils gleich groß sind, d.h. gleich hohe Marktanteile haben (Symmetrieannahme), kann folgendes einfaches Marktformenschema erstellt werden (s. unten).

Gibt man die Symmetrieannahme auf, läßt sich dieses Marktformenschema weiter differenzieren. Der Übersichtlichkeit halber sei hier nur eine weitere Marktform genannt, die in der Realität Bedeutung hat: das Teilmonopol, bei der die Nachfrageseite mit vielen kleinen, die Angebotsseite aber mit einem großen und mehreren kleinen Marktteilnehmern besetzt ist. Mit Ausnahme des bilateralen Monopols, das ex definitionem nur auf dem vollkommenen Markt denkbar ist, sind alle genannten Marktformen jeweils auf dem vollkommenen oder unvollkommenen Markt möglich. Die in der Realität am häufigsten vorkommende Marktform auf Konsumgütermärkten ist das unvollkommene Oligopol. So ist z.B. der Markt für Mittelklasseautos in Deutschland ein Markt mit relativ wenigen Anbietern, vielfältigen sachlichen Produktdifferenzierungen, persönlichen Kundenpräferenzen („Markentreue"), unterschiedlicher regionaler Präsenz

Anbieter \ Nachfrager	einer	wenige	viele
einer	Bilaterales Monopol	Beschränktes Monopol	Monopol
wenige	Beschränktes Monopson	Bilaterales Oligopol	Oligopol
viele	Monopson	Oligopson	(Bilaterales) Polypol

377

Marktgleichgewicht

der Anbieter, unterschiedlichen Lieferfristen und unvollständiger Markttransparenz.

Marktgleichgewicht

Situation, in der Angebot und Nachfrage auf einem → Markt preis- und mengenmäßig übereinstimmen. Da die → Angebots- und → Nachfragefunktion die auf dem jeweiligen Markt geäußerten Wünsche bzw. Pläne der Marktteilnehmer darstellen, spricht man im Marktgleichgewicht auch von Plänekompatibilität. Da typischerweise die Angebotsmenge positiv und die Nachfragemenge negativ vom jeweiligen Preis des Gutes bzw. Produktionsfaktors abhängt, gibt es einen Gleichgewichtspreis, bei dem Angebots- und Nachfragemenge übereinstimmen. Neben der Existenz eines solchen Marktgleichgewichts interesssiert in der → Preistheorie insbesondere die Stabilität desselben. Dabei wird der Frage nachgegangen, ob es bei Marktungleichgewichten, also dem Nichtübereinstimmen von Angebot und Nachfrage Mechanismen gibt, die automatisch hin zum Gleichgewicht führen oder nicht. So sind z. B. Preissenkungen durch die Anbieter zu erwarten, wenn das Angebot höher als die Nachfrage ist.

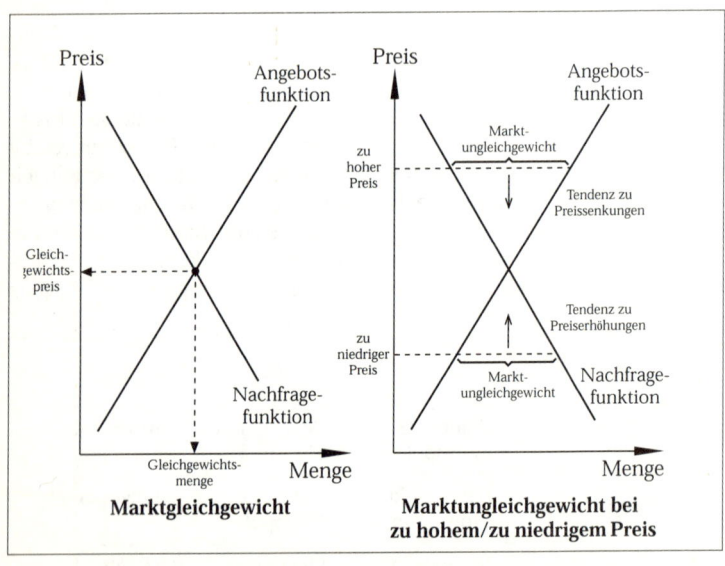

Marktgleichgewicht und -ungleichgewicht

Marktmechanismus

Koordination der dezentralen Pläne der einzelnen Wirtschaftssubjekte auf Märkten über Preise. Da diese Einzelpläne typischerweise vom Preis der am Markt gehandelten Güter oder Produktionsfaktoren abhängig sind, werden die Pläne bei einem bestimmten Preis erreicht, der wiederum die gehandelte Menge bestimmt (→ Marktgleichgewicht). In marktwirtschaftlich organisierten Volkswirtschaften wird auf diese Weise das Problem der → Allokation ohne zentrale Planungsinstanz, gewissermaßen von selbst, gelöst.

Marktphasen

Die auf *E. Heuss* zurückgehende Theorie der Marktphasen basiert auf der Erkenntnis, daß sowohl Konsumgüter als auch die Märkte, auf denen sie gehandelt werden, durch → technischen Fortschritt einem ständigen Wandel ausgesetzt sind. Die auf S. 380 skizzierte Abfolge der Marktphasen ist nicht für jedes Konsumgut zwingend, aber für viele in dieser oder ähnlicher Form beobachtbar.

In der „Experimentierphase" (I) wird ein neues Produkt durch einen Innovator oder „Pionierunternehmer", der vorerst eine Monopolstellung mit hohen Preisen und Gewinnen innehat, eingeführt. In der „Expansionsphase" (II) wird einerseits das Produkt bekannter und qualitätsmäßig weiterentwickelt, andererseits treten erste Nachahmer (Imitatoren) als Konkurrenten auf. In der „Ausreifungsphase" (III) kann das Produkt durch Prozeßinnovationen immer kostengünstiger hergestellt werden, wodurch es zum von vielen Unternehmen hergestellten, billigen Massenprodukt wird. In der „Stagnations- und Rückbildungsphase" (IV) wird das Produkt von anderen, neueren Produkten in der Nachfragergunst zurückgedrängt, so daß innovative Unternehmen sich neuen Märkten zuwenden und die Zahl der Anbieter wieder abnimmt. Die wettbewerbspolitische Bedeutung der Marktphasentheorie liegt insbesondere darin, die vorübergehende Monopolstellung des Innovators als „Belohnung" für Risiko und Einführung technischen Fortschritts zu honorieren, gleichzeitig aber auch durch Offenheit der Märkte zu gewährleisten, daß nach einer bestimmten Zeit Konkurrenz auftritt und eine übermäßige Ausnutzung der Monopolstellung verhindert.

Marktsegmentationstheorie

Ansatz zur Erklärung der zeitlichen → Zinsstruktur, mit dem insbesondere Praktiker in den USA argumentieren. Unterstellt wird, daß sich die → Zinsen jeweils auf den einzelnen Teilmärkten bilden, wobei zwischen kurz- und langfristigen Titeln keine bzw. nur ein begrenzte Substi-

Marktspaltung

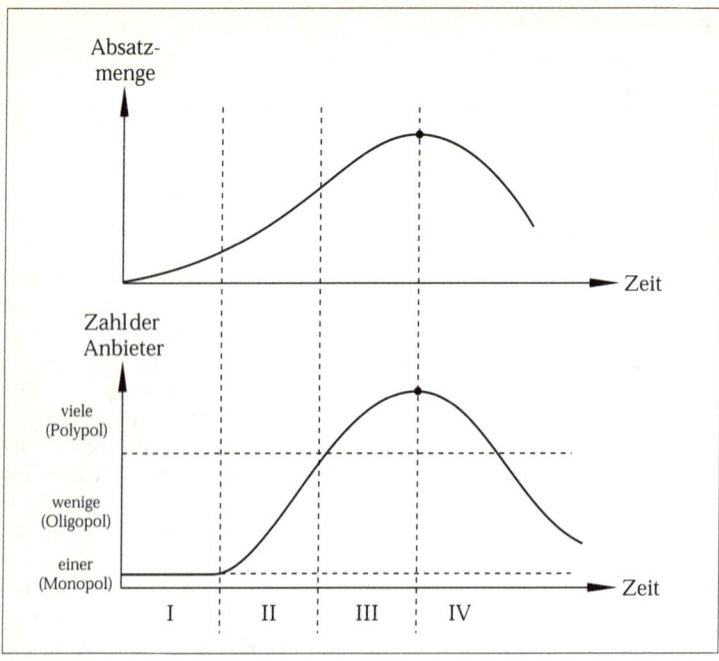

Marktphasenschema nach E. Heuss

tuierbarkeit besteht. Als wissenschaftlicher Hauptvertreter gilt *J. M. Culbertson*.

Marktspaltung → Preisdifferenzierung

Marktstruktur

umfaßt die Gesamtheit der Größen, die das Marktverhalten der Unternehmen eines → relevanten Marktes bestimmen. Wichtige Elemente der Marktstruktur sind die Zahl der Anbieter und der Nachfrager, die Höhe und die Streuung der Marktanteile, die Verflechtung der Anbieter eines Marktes mit Unternehmen vor- oder nachgelagerter Stufen, der Diversifikationsgrad, die Art der Produktionstechnologie, die Höhe der → Markteintrittsschranken und die Marktphase. Der Versuch, aus der Analyse der Marktstruktur zu Aussagen über den Wettbewerb zu gelangen, wird als Marktstrukturtest bezeichnet. Dieses Vorgehen ist nicht unproblematisch. Eine bestimmte Marktstruktur läßt zwar Vermutungen über das

Marktverhalten zu, doch ist die Art der Abhängigkeiten nicht so eindeutig, daß eine bestimmte Kombination von Strukturmerkmalen nur eine Art von Wettbewerbsverhalten zuließe.

Markttransparenz → Vollkommenheit

Marktverhalten

bezeichnet die Art und Weise, in der die Unternehmen eines → relevanten Marktes ihre wirtschaftlichen Ziele zu verwirklichen suchen. Eine Analyse des Marktverhaltens erfordert die Überprüfung aller wichtigen Aktionsparameter. Untersucht werden somit Preis- und Produktpolitik, Distributions- und Kommunikationspolitik, die Innovationsaktivität sowie die Reaktion auf eine Änderung relevanter Daten. Der wettbewerbstheoretische Ansatz des funktionsfähigen Wettbewerbs versucht, zwischen wettbewerbspolitisch erwünschten und unerwünschten Verhaltensweisen zu unterscheiden. Die Möglichkeit, zu eindeutigen Bewertungen zu gelangen, ist jedoch begrenzt. Das liegt daran, daß es nur wenige Verhaltensweisen gibt, die sich eindeutig und generell entweder als wettbewerbsfördernd oder als wettbewerbshemmend einteilen lassen.

Marktversagen → Öffentliche Güter

Marktwirtschaft

– auch als (freie) Verkehrswirtschaft bezeichnete – → Wirtschaftsordnung, in der die Steuerung des Wirtschaftsprozesses grundsätzlich durch den → Markt bewirkt wird. Dabei erfolgt die Koordination der Vielzahl einzelwirtschaftlicher Pläne durch den sich frei bildenden Preis. Der Preismechanismus folgt dem Gesetz von Angebot und Nachfrage. Die Theorie der → Klassik bezeichnet diesen auch als „Invisible Hand". Marktwirtschaften sind typischerweise durch das Recht auf Privateigentum, Wettbewerbs-, Gewerbe- und Konsumfreiheit sowie die freie Wahl des Berufs- bzw. Arbeitsplatzes gekennzeichnet. Ihre ordnungspolitische Prägung erhalten sie primär durch die → Wettbewerbspolitik, prozeßpolitisch zeichnen sie sich idealerweise durch ein Minimum an staatlichen Eingriffen aus. Eine Variante der freien Marktwirtschaft bildet die → soziale Marktwirtschaft. Den Gegensatz zur freien Marktwirtschaft bildet die → Zentralverwaltungswirtschaft.

Marktwirtschaftliche Selbststeuerung

Koordination aller Angebots- und Nachfragepläne in einer Volkswirtschaft über die → Preisbildung auf Märkten. Die Produktionsfaktoren werden dabei je-

Mark-up Pricing

weils nach Maßgabe der auf den einzelnen Märkten erzielbaren Preisen und Gewinne und damit in der Verwendung, in der sie jeweils den höchsten Nutzen bzw. Ertrag bringen, eingesetzt. Auf diese Weise wird das Problem der → Allokation in einer marktwirtschaftlichen → Wirtschaftsordnung ohne zentrale Planungs- und Koordinationsinstanz von selbst, gewissermaßen durch eine „invisible hand" *(Adam Smith)* gelöst.

Mark-up Pricing → Aufschlagskalkulation

Marshall-Lerner-Bedingung

Bedingung für eine normale Reaktion der → Leistungsbilanz bzw. des → Außenbeitrags bei einer Wechselkursänderung. Eine → Abwertung der inländischen Währung verbessert demnach eine in der Ausgangssituation ausgeglichene Leistungsbilanz unter der Voraussetzung, daß die Summe der Preiselastizitäten der Export- und der Importgüternachfrage absolut größer als 1 ist. Die *Marshall-Lerner*-Bedingung kann aus der allgemeineren *Robinson*-Bedingung abgeleitet werden, wenn dort ein vollkommen preiselastisches Export- und Importangebot unterstellt wird und somit Änderungen der Nachfrage keinen Einfluß auf die Preise haben.

Marshall-Plan (ERP)

Der Marshall-Plan (European Recovery Program) war ein Programm zum Wiederaufbau der Wirtschaft Europas nach dem Zweiten Weltkrieg, verkündet 1947 von dem damaligen US-Außenminister George C. Marshall. Bis 1952 erhielten 18 westeuropäische Staaten ca. 14 Mrd. US-$ als Kredite, nicht zurückzahlbare Zuschüsse, Sach- oder Lebensmittelhilfen. Der Marshall-Plan hatte entscheidenden Anteil am Wiederaufbau der westeuropäischen Wirtschaft.

Marxismus

bezeichnet das gesamte philosophische, politische, gesellschaftliche und ökonomische System des wissenschaftlichen → Sozialismus von *Karl Marx* (1818 bis 1883) und *Friedrich Engels* (1820 bis 1895). Ausgehend vom → historischen Materialismus erfolgt die Analyse des → Kapitalismus, wobei insbesondere der Klassengegensatz von Kapitalisten als Eigentümer der Produktionsmittel und Arbeitern (Proletariat) thematisiert wird. Das Proletariat wird durch immer mehr Arbeitszeit gezwungen, für die Kapitalisten laufend → Mehrwert zu schaffen. Die Folge dieser „Ausbeutung" besteht in der Akkumulation des Kapitals. Die Konkurrenz der Kapitalisten untereinander führt zu sinkender „Profitrate" und fördert die Konzentration. Dies und der technische Fortschritt, der steigende → Skalenerträge ermöglicht, schlagen sich in → hoher Arbeitslosigkeit nieder (industrielle Reservearmee), bewirken die Vernichtung des gewerblichen Mittelstandes und münden in immer schärferen wirtschaftlichen Krisen. Entsprechend der Zusammenbruchstheorie ist es zwangsläufig, daß das Proletariat die politische Macht übernimmt und den Übergang vom Kapitalismus zum → Sozialismus (über Enteignung und Vergesellschaftung) vollzieht. Bedeutsame Varianten des Marxismus sind der → Bolschewismus, der Leninismus und der Stalinismus.

Matching-Prozeß → Funktionsfähigkeit des Arbeitsmarkts

Median → Quantil

Mehrfachregression

– auch als multiple Regression bezeichnet – spezielle Form der → Regressionsanalyse, bei der zur Erklärung einer Variable, des Regressanden, mehrere andere, die Regressoren, herangezogen werden. Vorteil der Mehrfachregression ist ihre Realitätsnähe. Ihr Nachteil gegenüber der → Einfachregression besteht in der geringeren Überschaubarkeit und dem deutlich höheren Datenbeschaffungs- und Rechenaufwand.

Außerdem besteht die Gefahr der → Kollinearität zwischen den verschiedenen Regressoren. Bei Zutreffen des Annahmenkatalogs haben die → Schätzfunktionen gemäß der → Methode der kleinsten Quadrate wie bei der Einfachregression viele wünschenswerte → Schätzqualitäten.

Mehrgleichungsmodell

spezielle Form der → Regressionsanalyse, bei der zwischen den betrachteten Größen eine gegenseitige, interdependente Funktionalabhängigkeit unterstellt wird. Dies entspricht zwar der ökonomischen Realität, führt aber dazu, daß eine Variable gleichzeitig in einer Gleichung Regressor und in einer anderen Regressand und damit selbst eine → Zufallsvariable sein kann. Dies führt zu einer Reihe von Schätzproblemen:
1. Vor der Schätzung muß ermittelt werden, ob das Modell vollständig ist, d.h. ob es eindeutig nach den endogenen, im Modell erklärten Variablen aufgelöst werden kann (Ermittlung der „reduzierten Form").
2. Ferner muß vor der Schätzung ermittelt werden, ob das Modell identifizierbar ist, d.h. ob aus der „reduzierten Form" nach der Schätzung eindeutig auf die ursprüngliche Form („Strukturform") zurückgeschlossen werden kann. Anderenfalls können keine eindeutigen Schätzwerte für die ursprünglichen

Mehrwert

Koeffizienten der Modellgleichungen ermittelt werden.

3. Die isolierte Schätzung der einzelnen Gleichungen mit der bei Eingleichungsmodellen anwendbaren, einfachen → Methode der kleinsten Quadrate führt zu → Schätzfunktionen ohne wünschenswerte → Schätzqualitäten und muß von daher durch komplexere Schätzmethoden wie die → indirekte oder die → zweistufige Kleinste-Quadrate-Methode ersetzt werden.

Mehrwert

wesentlicher Begriff in der Wirtschaftslehre des → Marxismus. Er bezeichnet den Unterschied zwischen dem tatsächlichen Wert der von den Arbeitern für ein Produkt aufgewandten Arbeitszeit und dem bezahlten Arbeitslohn. Nach marxistischen Vorstellungen ist im System des → Kapitalismus der Kapitalist aufgrund seiner Verfügungsmacht über die Produktionsmittel in der Lage, vom Arbeiter unbezahlte Mehrarbeit zu verlangen. Dies wird als „Ausbeutung" bezeichnet, woraus der Mehrwert resultiert, den der Kapitalist zur Akkumulation und Konzentration verwendet.

Mehrwertsteuer

Mehrwertsteuern belasten den Wert, der auf jeder Produktions- oder Umsatzstufe einer Ware oder Dienstleistung hinzugefügt wird. Dabei kann man den Mehrwert auf zwei Wegen ermitteln: indem man (1) die Wertschöpfung addiert oder (2) den Unterschied zwischen Umsatz und Vorumsatz zugrunde legt und damit durch Abzug, indirekt, den Verbrauch belastet. Dieser Konsumtyp der Mehrwertsteuer hat sich in der Praxis weitgehend durchgesetzt. Die Subtraktions- oder Nettomethode kann man technisch auf zweifache Weise anwenden. Man zieht entweder die Vorumsätze vom Bruttoumsatz ab (Vorumsatzmethode) oder man erlaubt dem Steuerpflichtigen die Vorsteuer für Zulieferungen von der Steuerschuld abzuziehen (Vorsteuerabzugsmethode). Letzteres wird bei der deutschen Umsatzsteuer angewandt.

Meistbegünstigung

zentrales Prinzip des → Allgemeinen Zoll- und Handelsabkommens GATT. Die Meistbegünstigungsklausel beinhaltet gegenüber allen Vertragsstaaten die Verpflichtung, sämtliche tarifären Handelsvergünstigungen, die einer Vertragspartei eingeräumt werden, auch allen übrigen Unterzeichnerstaaten zu gewähren. Sie richtet sich damit gegen Diskriminierungen im Außenhandel. Durchbrochen wird der Grundsatz der Meistgegünstigung im GATT durch Ausnahmen für Zollunionen bzw. Freihandelszonen sowie im Verhältnis zu den → Entwicklungsländern.

Mengenanpassung → Verhaltensweisen

Mengenfixierung → Verhaltensweisen

Mengentender → Geldpolitische Instrumente

Meritorische Güter

Güter, deren Nützlichkeit die Bürger verkennen, sei es aufgrund fehlender oder falscher Informationen, sei es aufgrund verzerrter Präferenzen. Wenn staatliche Stellen überzeugt sind, daß eine Korrektur der individuellen Präferenzen notwendig ist und ein Eingriff in die Konsumentensouveränität erfolgen muß, kann der Staat das Angebot dieser meritorischen Güter übernehmen. Bei einer privatwirtschaftlichen Regelung käme eine als unzureichend angesehene Versorgung mit diesen Leistungen zustande. Das Konzept der meritorischen Güter erscheint einerseits zweckmäßig, weil so verschiedene Maßnahmen gerechtfertigt werden können, deren Notwendigkeit (später) grundsätzlich kaum bestritten wird. Zu denken ist z. B. an die Sozialversicherung wegen fehlender oder unzureichender individueller Vorsorge(möglichkeit) oder an die Kurzsichtigkeit der Planung, die sich etwa in der Behandlung erschöpfbarer Ressourcen zeigt. Läßt man meritorische Güter außer Betracht, bleiben wesentliche Teile der finanzwirtschaftlichen Aktivität moderner Staaten unbeachtet und lassen sich nicht begründen. Andererseits ist die Einmischung in individuelle Präferenzen und das Bild des Staates als weitblickende, wohlmeinende Volksvertretung nicht unproblematisch. Es stellt sich letztlich die Frage, ob Parlamentarier besser wissen, wo das „wohlverstandene" Interesse des Einzelnen liegt, obwohl die von den Individuen faktisch auf dem Markt geäußerten Präferenzen anders lauten.

Merkantilismus

System der → Zentralverwaltungswirtschaft, mit dem die Nationalstaaten im Absolutismus des 17. Jh. versuchten, ihre politische Macht durch Mehrung ihres Reichtums zu stärken. Wesentliche Instrumente bildeten die Förderung des → Exports sowie die Behinderung des → Imports im Zuge einer ausgeprägten → Autarkiepolitik. Im 20. Jh. ist der Merkantilismus als Neomerkantilismus in Erscheinung getreten. Er bezeichnete zunächst die protektionistische → Außenwirtschaftspolitik der europäischen Länder und der USA in der Zwischenkriegszeit mit dem Ziel der nationalen Beschäftigungserhö-

Meßzahl

hung (siehe → Weltwirtschaftskrise). Die neomerkantilistischen Maßnahmen (wie insbesondere Währungsabwertungen, Lohnsenkungen, Exportsubventionen, Importbeschränkungen) werden auch unter dem Begriff der → beggar-my-neighbour-policy diskutiert. In den 80er Jahren trat in den USA und daraufhin in der → Europäischen Union eine neue Variante des Neomerkantilismus auf, die strategische Handelspolitik oder auch neuer Interventionismus genannt wird. Dies stellt eine industriepolitisch orientierte Außenwirtschaftspolitik dar, die eine Protektion jener großen Industriebranchen beinhaltet, die – wie etwa die Auto-, Flugzeug- oder Pharmaindustrie – aus traditioneller ökonomischer Sicht unter zu wenig Wettbewerb litten. Siehe auch → neue Außenhandelstheorie.

Meßzahl

→ Verhältniszahl, bei der der Quotient zweier gleichartiger statistischer Bestandszahlen gebildet wird. Man unterscheidet:
1. einfache Meßzahl = Quotient zweier Bestandszahlen zum selben Zeitpunkt (z. B. die Geschlechtsrelation in einer Bevölkerung),
2. dynamische Meßzahl = Quotient zweier Bestandszahlen zu verschiedenen Zeitpunkten bzw. Zeiträumen
   a) für einzelne Objekte (z. B. Bruttoinlandsprodukt 1999 : Bruttoinlandsprodukt 1990) als Alternative zu → Veränderungsraten,
   b) für eine Gruppe von Objekten = Indexzahl (z. B. Preisniveau 1999 : Preisniveau 1990).

Bei Indexzahlen stellt sich grundsätzlich das Problem der Gewichtung der einzelnen Objekte der betrachteten Gruppe. Hierin unterscheiden sich auch die beiden in der amtlichen deutschen Statistik verwandten Indexzahlen, der Laspeyres-Index und der Paasche-Index.

Methode der kleinsten Quadrate

v. a. in der → Regressionsanalyse als Standard angewandtes Verfahren zur Ermittlung des Funktionalzusammenhangs zweier Variabler. Die Grundidee besteht darin, daß ausgehend von den vorliegenden Wertepaaren zwischen Regressor (erklärender Variable) und Regressand (erklärter Variabler) eine – meist lineare – Funktionsform angenommen wird. Die Koeffizienten dieser Funktion bzw. Gerade sind dabei so festzulegen, daß die Summe der quadrierten Abweichungen (Residuen) zwischen dem jeweiligen Funktionswert und dem tatsächlichen Wert des Regressanden so klein wie möglich wird. Handelt es sich bei den vorliegenden Wertepaaren um das Ergebnis einer → Stichprobe, besitzen die mit Hilfe der Kleinsten-Quadrate-Me-

Mikroökonomie

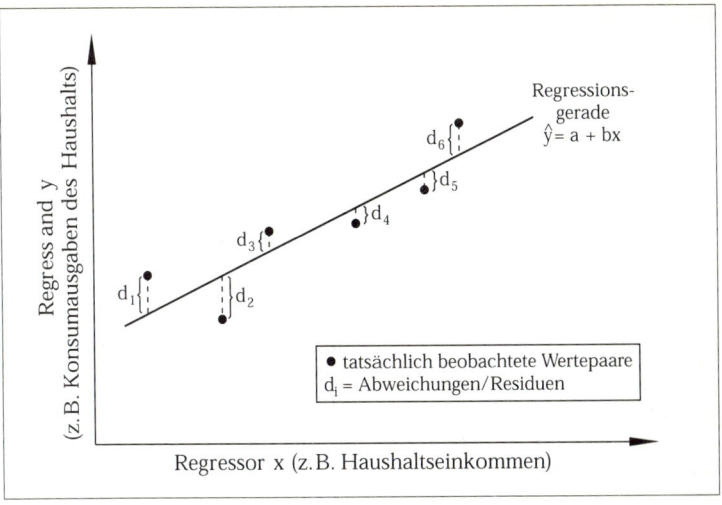

Methode der kleinsten Quadrate

thode ermittelten → Schätzfunktionen eine ganze Reihe wünschenswerter → Schätzqualitäten im Hinblick auf die tatsächlichen Verhältnisse in der Grundgesamtheit, sofern die darüber gemachten Annahmen stimmen. In der beschriebenen, einfachsten Variante wird die Methode der kleinsten Quadrate (MKQ) auch als gewöhnliche MKQ oder Ordinary Least Squares (OLS) bezeichnet, in einer Weiterentwicklung, die die Möglichkeit von → Autokorrelation und → Heteroskedastie berücksichtigt, als verallgemeinerte MKQ oder General Least Squares (GLS). Schließlich ist sie Ausgangspunkt für die Schätzverfahren bei → Mehrgleichungsmodellen.

Metrisch skaliertes Merkmal → Skalierung

Mieterschutz → Wohnungspolitik

Mikroökonomie

Analysemethode der Volkswirtschaftslehre, bei der einzelne Wirtschaftssubjekte (Haushalte, Unternehmen, Staat) betrachtet werden, ohne daß diese – wie in der → Makroökonomik – zu Gruppen aggregiert werden. Auf diese Weise können unterschiedliche Verhaltensweisen einzelner Wirtschaftssubjekte derselben Gruppe sowie Transaktionen und Zusammenhänge innerhalb einer Gruppe berücksichtigt werden.

Mikropolitik

Mikropolitik

Der Begriff bezieht sich auf sämtliche ordnungspolitischen Maßnahmen, insbesondere soweit sie auf die Gestaltung der Funktionsfähigkeit des → Marktes, speziell mit Hilfe der → Wettbewerbspolitik, gerichtet sind. Vgl. demgegenüber → Makropolitik.

Mikrozensus

seit 1957 in Deutschland jährlich durchgeführte → Stichprobenerhebung bei den privaten Haushalten mit dem Zweck, folgende Merkmale zu erfassen:
1. persönliche Verhältnisse (Familienstand, Staatsangehörigkeit, etc.),
2. Beteiligung am Erwerbsleben,
3. Einkommen und sonstige Lebensunterhaltsquellen,
4. berufliche Tätigkeitsmerkmale, Ausbildungsstand,
5. Wohn- und Mietverhältnisse,
6. gesundheitliche Verfassung und
7. Art und Umfang der Altersversorgung.

Durch die Vielzahl der erfaßten Merkmale und seiner hohen Aktualität bildet der Mikrozensus ein überaus wichtiges Instrument der → Bevölkerungsstatistik und der → Erwerbstätigkeitsstatistik. Ferner dient er als Genauigkeitskontrolle von → Volkszählungen sowie als Auswahlgrundlage einiger anderer Stichprobenerhebungen bei Haushalten.

Mindestlohn

durch Gesetzgebung oder Tarifvertrag festgelegte Untergrenze für betriebliche Lohnvereinbarungen. Mindestlöhne sind in aller Regel sozialpolitisch motiviert, ihre Existenz kann aber zu Arbeitslosigkeit führen (→ Mindestlohnarbeitslosigkeit). In Deutschland sind nach dem Tarifvertragsgesetz die zwischen den → Tarifpartnern ausgehandelten → Tariflöhne Mindestlöhne. Gesetzliche Mindestlohnregelungen spielen dagegen, anders als etwa in Frankreich, keine wesentliche Rolle.

Mindestlohnarbeitslosigkeit

spezielle Variante der → reallohnbedingten Arbeitslosigkeit in Folge von → Lohnrigiditäten, die ein Sinken der Reallöhne auf ein für Vollbeschäftigung notwendiges Niveau verhindern.

Mindestpreis → Preisvorschriften

Mindestreserve

von den Geschäftsbanken bei der → Europäischen Zentralbank zu unterhaltendes Zwangsguthaben. Die Mindestreservebasis eines Kreditinstituts errechnet sich (im Eurowährungsraum) aus dem Monatsendbestand unterschiedlicher Bilanzpositionen. Hierzu zählen täglich fällige Einlagen, Einlagen mit vereinbarter Laufzeit von bis zu zwei Jahren, Einlagen mit ver-

Mineralölsteuer

einbarter Kündigungsfrist von bis zu zwei Jahren, Schuldverschreibungen mit vereinbarter Laufzeit von bis zu zwei Jahren sowie Geldmarktpapiere (außer Repogeschäfte). Der EZB-Rat hat Ende 1998 einen einheitlichen Mindestreservesatz von 2% festgelegt. Innerhalb des vorherigen deutschen Mindestreservesystems wurden die Reservesätze nach Art (Sicht-, Termin- oder Spareinlagen), Höhe und Herkunft (Deviseninländer bzw. -ausländer) der reservepflichtigen Verbindlichkeiten gestaffelt. Das Mindestreserve-Soll eines Kreditinstituts entspricht dem Produkt aus der Mindestreservebasis und dem Mindestreservesatz. Es gilt ein pauschaler Freibetrag von 100.000 Euro. International unterscheidet sich die Mindestreservepflicht nach Mindestreservesatz und Verzinsung. In einigen Ländern besteht keine Mindestreserveverpflichtung, oder es ist den Banken möglich, sich dieser zu entziehen. Um diesen Nachteil der Kreditinstitute der EWWU aufzufangen, hat der EZB-Rat beschlossen, die Mindestreserveguthaben zum Zinssatz für das zweiwöchige Offenmarktgeschäft (Hauptrefinanzierungsinstrument) zu verzinsen. Bis Ende 1998 mußten in Deutschland die Mindestreserven zinslos hinterlegt werden. Übersteigt der Reserveistbestand der Kreditinstitute das Reservesoll, so verfügen diese über Überschußreserven. Überschußreserven bilden die „Keimzelle" der multiplen → Geldschöpfung durch das Geschäftsbankensystem. Siehe → Geldpolitische Instrumente.

Mindesturlaub

Jedem erwachsenen Arbeitnehmer steht ein jährlicher bezahlter Mindesturlaub von 24 Werktagen zu (§ 3 Bundesurlaubsgesetz), jugendlichen Arbeitnehmern je nach Alter ein Mindesturlaub von 30 bis 25 Tagen (§ 19 Jugendarbeitsschutzgesetz) (→ Arbeitszeitschutz).

Mineralölsteuer

ertragreichste spezielle Verbrauchsteuer. Ihr Aufkommen betrug 1997 rund 66 Mrd. DM. Ihre Ausgestaltung hat erhebliche gesamtwirtschaftliche Auswirkungen, insbesondere im Bereich der → Verkehrs- und der → Energiepolitik. Eine stark unterschiedliche steuerliche Belastung von Kraftstoff kann Änderungen im Verbraucherverhalten bewirken, die im Ergebnis zu einer Umschichtung im Motoren- und Fahrzeugbau führen. So ist z. B. der Anteil von verbleiten Kraftstoffen auch wegen der höheren steuerlichen Belastung in den letzten Jahren immer weiter gesunken. Die seit 1. 1. 1993 geltenden Neuregelungen des Mineralölsteuergesetztes stellen eine Umsetzung entsprechender EG-Richtlinien zur Harmonisierung der Verbrauchsteuern dar. Im Prinzip wird nur der Verbrauch

Minimalkostenkombination

von Mineralöl als Kraft- oder Heizstoff mit Steuer belastet. Der übrige Verbrauch ist durch zahlreiche Steuerbefreiungen von einer Belastung ausgenommen. 1999 wurde die Mineralölsteuer unter der Bezeichnung → „Ökosteuer" deutlich erhöht. Die wichtigsten Steuersätze betragen nun für
- unverbleites Benzin
  1.040 DM/1.000 l
- verbleites Benzin
  1.080 DM/1.000 l
- leichtes Heizöl
  84 DM/1.000 l.

Minimalkostenkombination

die Mengenkombination von Produktionsfaktoren, mit der ein Unternehmen eine vorgegebene Produktionsmenge bei gegebenen Faktorpreisen zu den geringstmöglichen Kosten herstellen kann. Bei rationalem Verhalten ist zu erwarten, daß das Unternehmen verschiedene Produktionsmengen jeweils mit der zugehörigen Minimalkostenkombination herstellen wird. Diese sind daher die Grundlage für die Ermittlung von → Kostenfunktionen. Besteht zwischen den Produktionsfaktoren → Substituierbarkeit, kann die Minimalkostenkombination mathematisch mit Hilfe der → Lagrange-Methode und (im Zwei-Güter-Fall) graphisch als Berührungspunkt der → Isoquante mit der Isokostenkostengerade (→ Isokostengleichung), die das niedrigste Kostenniveau repräsentiert, ermittelt werden. Die Minimalkostenkombination wird dann ganz wesentlich

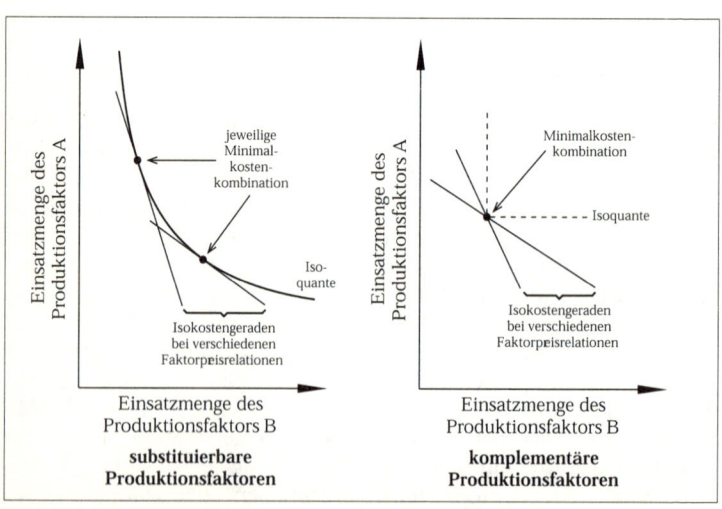

Minimalkostenkombination bei substituierbaren und komplementären Produktionsfaktoren

von der Faktorpreisrelation bestimmt. Besteht zwischen den Produktionsfaktoren dagegen → Komplementarität, entfällt das Problem der Bestimmung der Minimalkostenkombination insofern, als die angestrebte Produktionsmenge ja nicht mit mehreren verschiedenen, sondern nur mit einer einzigen Faktormengenkombination herstellbar ist. Diese ist rein technisch bestimmt und daher von den jeweilgen Faktorpreisen unabhängig.

Ministererlaubnis → Fusionskontrolle

Mischgüter

Rein öffentliche und rein private Güter sind in der Realität selten. Der Normalfall eines gemischten Gute, ist dadurch gekennzeichnet, daß es sowohl Eigenschaften des privaten als auch des öffentlichen Gutes besitzt. So bewirkt die Impfung gegen eine ansteckende Krankheit einen privaten Nutzen für den Geimpften und ein öffentliches Gut in Form einer Verringerung der Wahrscheinlichkeit, daß andere Personen angesteckt werden. Für Mischgüter sind häufig die Nutzerzahl und der Ort der Bereitstellung von Bedeutung. Während bei öffentlichen Gütern jeder zusätzliche Nutzer Vorteile für alle bringt, weil eine weitere Finanzierungsquelle hinzugefügt wird, gibt es bei Mischgütern eine optimale Nutzergröße, geht die Nutzerzahl darüber hinaus wird die Qualität des Gutes negativ beeinflußt (Über-

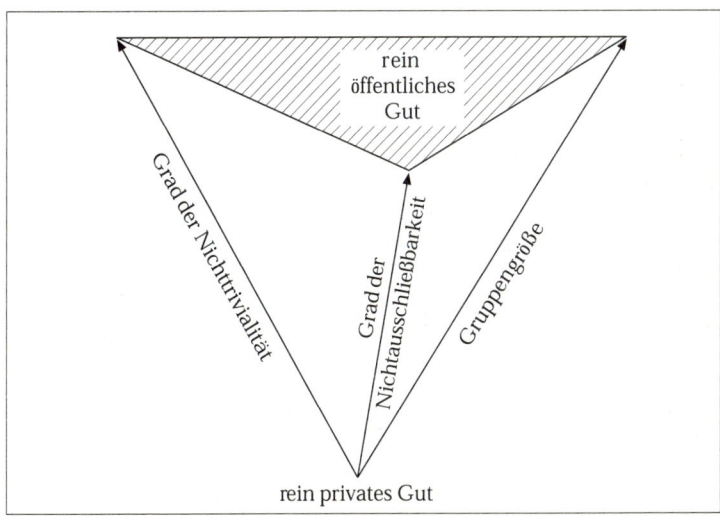

Das Spektrum privater, gemischter und öffentlicher Güter

Mißbrauchsaufsicht

füllung, Ballung). Das Gut ist solange öffentlich, bis Überfüllungskosten auftreten, denn dann wird sein Konsum zunehmend rivalisierend werden, wie dies bei privaten Gütern der Fall ist. In vielen Fällen ist außerdem ein Ausschlußmechanismus möglich, so daß individuelle Preise für die Nutzung des Gutes erhoben werden können. Beispiele hierfür sind Badeanstalten, Tunnel, u. ä. Solche Fälle werden in der → Clubtheorie analysiert.

Je nachdem wie hoch der Grad der Nichtrivalität, der Grad der Nichtausschließbarkeit und die Gruppengröße ist, gibt es ein breites Spektrum von Gütern, das von den rein privaten über die gemischten bis zu den rein öffentlichen Gütern reicht.

Mißbrauchsaufsicht

eines der Aufgabengebiete des → Bundeskartellamtes. Unabhängig davon, wie es zu einer Marktbeherrschung gekommen ist, können sich Wettbewerbsbeschränkungen dadurch ergeben, daß ein Unternehmen oder eine Gruppe von Unternehmen den Markt beherrscht. Bestehende Marktmacht wird im → Gesetz gegen Wettbewerbsbeschränkungen (GWB) akzeptiert. Verhindert werden soll jedoch, daß diese Marktmacht mißbraucht wird. Die dazu geschaffene Mißbrauchsaufsicht wird vor allem in § 22 GWB geregelt. Entscheidend für die Eingriffsmöglichkeit des Kartellamtes sind die Tatbestandsmerkmale der Marktbeherrschung und der Mißbrauch der Marktmacht:

- Behinderungsmißbrauch liegt vor, wenn ein marktbeherrschendes Unternehmen als Anbieter oder Nachfrager eines Produktes die Wettbewerbsmöglichkeiten anderer Unternehmen in einer für den Wettbewerb erheblichen Weise ohne sachlich gerechtfertigten Grund beeinträchtigt. Ein solcher Behinderungswettbewerb könnte z.B. durch eine Ausschließlichkeitsbindung und einen Belieferungsstopp für vertragsbrüchige Kunden gegeben sein.
- Ausbeutungsmißbrauch ist nach dem Gesetz gegeben, wenn ein marktbeherrschendes Unternehmen Entgelte oder sonstige Geschäftsbedingungen fordert, die von denen abweichen, die sich bei wirksamem Wettbewerb mit hoher Wahrscheinlichkeit ergeben würden. Hierbei sind insbesondere die Verhaltensweisen von Unternehmen auf vergleichbaren Märkten mit wirksamem Wettbewerb zu berücksichtigen. Auch wird Ausbeutungsmißbrauch angenommen, wenn ungünstigere Entgelte oder sonstige Geschäftsbedingungen gefordert werden als sie das beherrschende Unternehmen selbst auf vergleichbaren Märkten von gleichartigen Abnehmern fordert, es sei denn, der Unterschied sei sachlich ge-

Moderne Geldangebotstheorie

rechtfertigt. Den Maßstab dafür, ob der Preis eines marktbeherrschenden Unternehmens mißbräuchlich überhöht ist, bildet also der Preis, der sich bei Existenz funktionierenden Wettbewerbs einstellen würde (Als-ob-Konkurrenz). Das Problem, mißbräuchlich überhöhte Preise durch Vergleiche zu identifizieren, hat sich als sehr schwierig erwiesen. So lassen sich etwa Preisdifferenzen zwischen den miteinander verglichenen Märkten nur dann als machtbedingt identifizieren, wenn die übrigen preisbestimmenden Faktoren identisch sind. Ist dies nicht der Fall, stellt sich die Aufgabe, die machtbedingten von den marktbedingten Einflußfaktoren zu trennen. Letztlich hat sich gezeigt, daß die Bestimmung hypothetischer Wettbewerbspreise nicht möglich ist.

Mitbestimmung → Betriebliche Mitbestimmung

Mitläufer-Effekt → Nachfrageinterdependenzen

Mittelfristige Finanzplanung

Nach § 9 StabWG müssen Bund und Länder eine Gegenüberstellung der vorgesehenen Ausgaben und der voraussichtlichen Einnahmen für die jeweils nächsten fünf Jahre aufstellen. Die notwendige Abstimmung der mittelfristigen Pläne beider Ebenen soll durch den Finanzplanungsrat erfolgen.

Mittelstandspolitik

Teilbereich der → Strukturpolitik, der dem Ausgleich solcher Wettbewerbsnachteile dient, die kleinere und mittlere Unternehmen aufgrund ihrer geringeren Marktmacht gegenüber Großunternehmen haben. Der Staat stellt im Rahmen der Mittelstandsförderung Finanzierungshilfen und Förderprogramme bereit und berücksichtigt die Mittelstandsbelange bei der Gesetzgebung.

Mittlere quadratische Abweichung → Standardabweichung

Mobilität → Funktionsfähigkeit des Arbeitsmarkts

Moderne Geldangebotstheorie

Anders als der ältere Multiplikatoransatz (siehe → Geldbasiskonzept) interpretiert die moderne Geldangebotstheorie das volkswirtschaftliche Geldangebot als das Ergebnis des Zusammenwirkens von Notenbank, öffentlicher Hand, privaten → Nichtbanken und Geschäftsbanken. Sie betrachten damit die → Geldmenge als endogene Größe. Wissenschaftliche Bedeutung hat insbesondere die → Kreditmarkttheorie des Geldangebots erlangt.

Modus

Modus
– auch als dichtester oder häufigster Wert bezeichnet – die Merkmalsausprägung innerhalb einer → Häufigkeitsverteilung, die die höchste Häufigkeit aufweist (Maximum der Häufigkeitsverteilung). Der Modus ist insofern ein sehr einfaches → Konzentrationsmaß, das allerdings nur dann brauchbar ist, wenn sich die Merkmalsausprägungen in sehr starkem Maße nur auf diesen einen Wert konzentrieren.

Möglichkeiten staatlicher Wachstumspolitik → Wachstumspolitik

Monetäre Basis → Geldbasis

Monetäre Finanzinstitute
Das Konzept der monetären Finanzinstitute (MFIs) wurde vom Europäischen Währungsinstitut in Zusammenarbeit mit den nationalen Zentralbanken (NZBen) im Rahmen der Vorbereitungen auf die einheitliche → Geldpolitik entwickelt. MFIs umfassen drei Hauptgruppen von Instituten: erstens die → Zentralbanken, zweitens gebietsansässige Kreditinstitute im Sinne des Gemeinschaftsrechts. Letztere sind definiert als „ein Unternehmen, dessen Tätigkeit darin besteht, Einlagen oder andere rückzahlbare Gelder des Publikums (einschließlich der Erlöse aus dem Verkauf von Bankschuldverschreibungen an das Publikum) entgegenzunehmen und Kredite auf eigene Rechnung zu gewähren". Die dritte Gruppe besteht aus allen sonstigen gebietsansässigen Finanzinstituten, deren wirtschaftliche Tätigkeit darin besteht, Einlagen bzw. Einlagensubstitute im engeren Sinne von anderen → Wirtschaftssubjekten als MFIs entgegenzunehmen und auf eigene Rechnung (zumindest im wirtschaftlichen Sinne) Kredite zu gewähren und/oder in Wertpapieren zu investieren. Zu dieser Gruppe gehören hauptsächlich Geldmarktfonds. Zur Identifizierung der dritten Gruppe von MFIs hat das → Europäische System der Zentralbanken in bezug auf die Liquiditätsmerkmale den Begriff „Einlagensubstitute im engeren Sinne" definiert. In dieser Definition sind die Gesichtspunkte der Übertragbarkeit, Konvertibilität, Sicherheit und Marktfähigkeit berücksichtigt, wie auch gegebenenfalls die Emissionsbedingungen. Konkret wird „Einlagensubstituierbarkeit im engeren Sinne" anhand folgender Kriterien beurteilt:
- „Übertragbarkeit": bezieht sich auf die Möglichkeit, in Finanzinstrumenten angelegte Gelder unter Nutzung von Zahlungsmöglichkeiten wie z. B Schecks, Überweisungsaufträge, Lastschriftverkehr oder ähnliches zu mobilisieren.
- „Konvertibilität": bezieht sich auf die Möglichkeit und die Kosten der Umwandlung von

Finanzinstrumenten in Bargeld oder übertragbare Einlagen.
- „Sicherheit": bedeutet, daß der Veräußerungswert eines Finanzinstruments in der jeweiligen Währung im voraus genau bekannt ist.
- „Marktfähigkeit": bezieht sich auf regelmäßig auf einem organisierten Markt notierte und gehandelte Wertpapiere.

Das Eurosystem erstellt und führt für statistische Zwecke ein Verzeichnis von MFIs. Der Kreis der MFIs bildet den tatsächlichen Berichtskreis für die Aufstellung der konsolidierten Bilanz des MFI-Sektors für das Euro-Währungsgebiet. Die NZBen dürfen jedoch für kleine MFIs Ausnahmeregelungen treffen, vorausgesetzt, daß die MFIs, die in die monatliche konsolidierte Bilanz aufgenommen werden, mindestens 95% der gesamten MFI-Bilanz des jeweiligen teilnehmenden Mitgliedsstaates ausmachen.

Monetäre Zahlungsbilanztheorie

im Gegensatz zur traditionellen Zahlungsbilanztheorie stehender Ansatz zur Erklärung des Zusammenhangs zwischen → Geldpolitik und Zahlungsbilanzsituation eines Landes. Nach der traditionellen Zahlungsbilanztheorie bestimmen vor allem Sozialproduktswachstum, Preis- und Zinsniveau eines Landes die Zahlungsbilanzsituation, wobei diese Faktoren wenigstens zum Teil von der nationalen → Wirtschaftspolitik dieses Landes abhängig sind. Eine Reihe verschiedener Faktoren wirken daher auf die Zahlungsbilanzsituation ein. Davon abweichend geht die monetäre Zahlungsbilanztheorie davon aus, daß für eine kleine, offene und eng mit dem Weltmarkt verflochtenen Volkswirtschaft Preis- und Zinsniveau durch den Weltmarkt vorgegeben sind (direkter → internationaler Preis- und Zinszusammenhang) und daß auch das Sozialproduktswachstum exogen bestimmt ist. Diese Größen können daher auch nicht primär die Zahlungsbilanz beeinflussen. Daher bestimmt die Wirtschaftspolitik, die nach monetaristischer Vorstellung primär Geldpolitik sein muß, direkt die Zahlungsbilanzsituation. Während die traditionelle Zahlungsbilanztheorie vor allem keynesianischen Gedankengängen folgt und von den dort unterstellten Verhaltensannahmen ausgeht, stützt sich die monetäre Zahlungsbilanztheorie vorwiegend auf monetaristische Gedankengänge und Verhaltensannahmen. Die generelle These der monetären Zahlungsbilanztheorie läßt sich, grob vereinfacht, folgendermaßen zusammenfassen: In einem System fester → Wechselkurse (und nur für ein solches Wechselkurssystem wurde die monetäre Zahlungsbilanztheorie zunächst entwickelt) wird der Saldo der → Zahlungsbilanz eines Landes (hier verstanden als Devisenbilanzsaldo) durch Ungleichgewichte auf dem → Geldmarkt dieses Landes bestimmt, und zwar in der Weise, daß Nachfrageüberhänge unmittelbar Devisenbilanzüberschüsse verursachen und umgekehrt. Da die Devisenbilanzüberschüsse das → Geldangebot der Volkswirtschaft erhöhen, wird das Geldmarktungleichgewicht durch eine Geldangebotsanpassung abgebaut, wodurch die Ursache des Zahlungsbilanzungleichgewichtes verschwindet. Man spricht auch vom monetären Zahlungsbilanzausgleichsmechanismus. Die monetäre Zahlungsbilanztheorie generiert völlig neue Auswirkungen. Nach der traditionellen Zahlungsbilanztheorie wird beispielsweise eine expansive Wirtschaftspolitik über Einkommens-, Preis- und Zinseffekte eine Passivierung der → Leistungs- und → Kapitalbilanz auslösen. Ganz anders werden die Zusammenhänge im Rahmen der monetären Zahlungsbilanztheorie gesehen: Hohes Sozialproduktswachstum, hoher Preisniveauanstieg und niedriges Zinsniveau erhöhen hier die Geldnachfrage. Steigende Geldnachfrage führt indes direkt und unmittelbar zu einem Geldzufluß aus dem Ausland, mithin zu einer Aktivierung der Zahlungsbilanz. Die theoretischen Grundlagen zur monetären Zahlungsbilanztheorie wurden Ende der 60er, Anfang der 70er Jahre insbesondere von *R. A. Mundell* und *H. G. Johnson* entwickelt und haben in der Folgezeit zahlreiche Erweiterungen erfahren.

Monetärer Transmissionsmechanismus

Prozeß, über den sich geldpolitische Impulse auf die Kredit- und Gütermärkte ausbreiten und schließlich die wirtschaftspolitischen Endziele wie → Preisniveau, reales → Volkseinkommen und Beschäftigung beeinflussen. Es existiert eine Reihe unterschiedlicher Theorien der Geldwirkungen. Hierzu zählen (in historischer Abfolge) die → Liquiditätspräferenztheorie, die → Neo-Quantitätstheorie (die ursprüngliche → Quantitätstheorie läßt keine Aussagen über kausale Zusammenhänge zu), die → Theorie der relativen Preise und die → Makroökonomische Portfoliotheorie. Die beiden letztgenannten → Theorien der Portfoliowahl sind in der modernen Geldtheorie weitgehend konsentiert. Zu den Erklärungsansätzen des monetären Transmissionsmechanismus rechnen auch der → *Pigou*- und der → Realkassenhaltungs-Effekt. Die konstitutiven Unterschiede zwischen den einzelnen Theorien sind vor allem in der Betrachtungsweise (strom- oder vermögensbestandsorientiert), in der Einschätzung der „Durchschlagskraft" monetärer Impulse auf die gesamtwirtschaftlichen Endziele und in der letztlichen Aufteilung der Geldwirkung auf Preis- und reale, das heißt, Mengen-Effekte („Dekompositionsproblem") zu sehen. Im Rahmen der → Geldpolitik spielt weiterhin vor allem die Frage nach der Schnelligkeit bzw. Verzögerung, mit der monetäre Impulse auf gesamtwirtschaftliche Zielgrößen einwirken, eine zentrale Rolle.

Monetärer Zahlungsbilanzausgleichsmechanismus → Monetäre Zahlungsbilanztheorie

Monetarismus

Ansatz der → makroökonomischen Theorie, der die Hypothesen der → Neo-Quantitätstheorie mit einer Reihe entsprechender wirtschaftspolitischer Empfehlungen verknüpft. Als Vertreter der (Neo-)Klassik sind die Monetaristen davon überzeugt, daß das marktwirtschaftliche System stabil sei, d.h. es tendiert zur → Vollbeschäftigung. Die Möglichkeit von → Arbeitslosigkeit wird allerdings nicht geleugnet. Nur werden die zentralen Ursachen im Gegensatz zur Sichtweise des → Keynesianismus nicht in mangelnder Nachfrage gesehen. Deshalb halten die Monetaristen auch die Bekämpfung von Arbeitslosigkeit durch Nachfragepolitik für ungeeignet. Sie betonen demgegenüber die Bedeutung der → natürlichen Arbeitslosigkeit. In diesem Zusammenhang machten die Monetaristen darauf aufmerksam, daß ihrer Meinung nach allenfalls sehr kurzfristig eine gewisse Wahlmöglichkeit (→ Trade-off) zwischen Arbeitslosigkeit und Inflation bestehe. Langfristig könne die Arbeitslosigkeit jedoch selbst bei sich beschleunigender Inflation nicht unter die natürliche Rate gedrückt werden. Die sog. → Phillips-Kurve verläuft in diesem Falle senkrecht. Eine langfristig wirksame Wirtschaftspolitik kann nach Ansicht der Monetaristen nicht in einer fallweisen Politik bestehen. Die Wirkungen einer diskretionären → Geld- und Kreditpolitik sind ihres Erachtens kaum prognostizierbar und können auch gegenteilige als die angestrebten Effekte haben. Maßnahmen der → Fiskalpolitik wirken bestenfalls kurzfristig auf das → Sozialprodukt und die Beschäftigung. Sie generieren aber Verdrängungseffekte (→ Crowding-out-Effekt), wenn sie expansiv sind und durch → Steuern oder Kreditaufnahme beim Publikum finanziert werden. Wirtschaftspolitische Hauptempfehlung der Monetaristen ist, die Geldversorgung am Wachstum des → gesamtwirtschaftlichen Produktionspotentials zu orientieren und damit zu verstetigen (Geldmengenregel). Ansonsten empfehlen sie, für eine weitgehende (Wieder-)Herstellung der Marktbedingungen zu sorgen. Damit trifft sich das monetaristische Konzept mit der → Angebotsökonomik. Den Beginn der Diskussionen über den Monetarismus

Monetaristische Wechselkurstheorie

markiert *M. Friedman's* (Studies in the Quantity Theory of Money (1956). Der Monetarismus gewann seit dem Ende der 60er Jahre an Einfluß, nachdem seine Anhänger empirische Zusammenhänge zwischen der längerfristigen Entwicklung der Geldmenge und der Inflationsrate nachgewiesen hatten. Das Auftreten verstärkter Inflation, später der → Stagflation, begünstigte in den 70er Jahren die Hinwendung zum Monetarismus weiter.

Monetaristische Wechselkurstheorie → Wechselkurstheorien

Monetary Conditions Index

Geldpolitischer Indikator, der in den 90er Jahren – ebenso wie der → *Taylor*-Zins – recht große Beachtung gefunden hat. Geldpolitische Maßnahmen wirken auf die gesamtwirtschaftliche Nachfrage und die Preise nicht nur über Zinssätze, sondern auch über → Wechselkurse. Darüber hinaus beeinflussen exogene Wechselkursänderungen das geldpolitische Umfeld. Vor diesem Hintergrund besteht der Zweck der Berechnung eines MCI darin, Zins- und Wechselkursbewegungen konsistent zusammenzufassen und damit die Veränderung der monetären Rahmenbedingungen in einer einzigen Größe auszudrücken. In seiner ursprünglichen, von der kanadischen Zentralbank entwickelten Form ist der MCI zu einem bestimmten Zeitpunkt t die gewichtete Summe aus der (relativen) Veränderung des gewogenen realen → Außenwerts und der (absoluten) Veränderung des kurzfristigen Realzinses gegenüber einer Basisperiode (siehe unten).

Zinsbewegungen gehen in den MCI mit einem Gewicht von w_r ein, Wechselkursbewegungen mit einem Gewicht von w_e. Diese Gewichte spiegeln in der Regel die relativen Wirkungen der jeweiligen MCI-Komponente auf die gesamtwirtschaftliche Nachfrage wider. Einer Erhöhung des kurzfristigen Realzinses um einen Prozentpunkt wird demnach der gleiche Effekt auf die gesamtwirtschaftliche Nachfrage zugeschrieben wie einem Anstieg des Außenwertes um

$$\frac{w_r}{w_e} \text{ Prozent.}$$

Der Monetary Conditions Index wird von externen Beobachtern

$$\text{MCI} = w_e \left[\frac{\text{gewogener realer Außenwert in t}}{\text{gewogener realer Außenwert in der Basisperiode}} - 1 \right]$$

$$+ w_r \left[\frac{\text{kurzfristiger Realzins in t}}{./. \text{ kurzfristiger Realzins in der Basisperiode}} \right]$$

der → Geldpolitik auch zur Beurteilung der Politik des Eurosystems (bzw. früher der Bundesbank) verwendet. Teilweise wird er den Notenbanken selber zur Nutzung vorgeschlagen. Indes weist der Indikator, wie auch der Taylor-Zins, erhebliche Mängel auf. Diese ergeben sich zum einen aus Unsicherheiten bei seiner Berechnung und zum anderen aus konzeptionellen Schwächen. Der Monetary Conditions Index ist deshalb allenfalls als grobe Orientierungsgröße geeignet und muß mit entsprechender Vorsicht interpretiert werden.

Monopol

→ Marktform, bei der ein einziger Anbieter (Monopolist) mehreren, vergleichsweise kleinen Nachfragern gegenübersteht. Die → Preis-Absatzfunktion des Monopolisten ist daher mit der → Nachfragefunktion identisch. Von den zur Auswahl stehenden → Verhaltensweisen wählt der Monopolist in der Regel die Preisfixierung: Er setzt den Preis fest, während die Nachfrager über die zu diesem Preis absetzbare Menge entscheiden. In Ausnahmefällen (z. B. bei Auktionen) ist auch eine Mengenfixierung denkbar, bei der dann die Nachfrager den Preis bestimmen. Verfolgt der Monopolist bei gegebener Nachfragefunktion nach dem von ihm angebotenen Gut das Ziel der kurzfristigen Maximierung des Periodengewinns (→ Gewinnmaximierung), gilt für ihn die Bedingung „Grenzumsatz

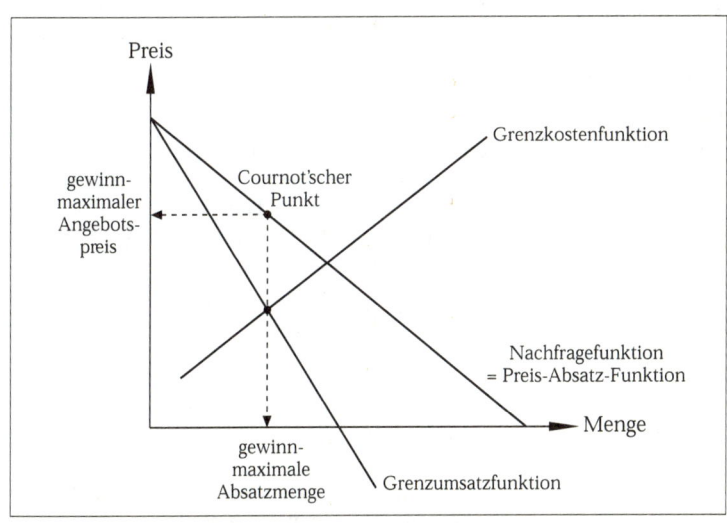

Monopolpreisbildung

Monopolgradtheorie

gleich Grenzkosten". Dies bedeutet, er muß den für alle Nachfrager gleichen Preis gemäß der ihm bekannten (oder vermuteten) Nachfragefunktion möglichst so festlegen, daß die Nachfrager gerade so viel kaufen, daß die letzte produzierte Mengeneinheit so viel zusätzlichen Umsatz einbringt wie sie zusätzliche Kosten verursacht. Nach *A. A. Cournot* wird diese Absatzentscheidung des Monopolisten „Cournot'scher Punkt" genannt. Bei langfristigen Strategien ist einerseits denkbar, daß der Monopolist einen niedrigeren als den gewinnmaximalen Preis festsetzt, um nicht durch übermäßig hohe Gewinne künftige Konkurrenz anzulocken. Andererseits ermöglicht eine Monopolstellung am ehesten die Chance zu → Preisdifferenzierungen. Wettbewerbspolitisch ist zumindest eine langandauernde Monopolstellung sehr kritisch zu beurteilen, da hier die Nachfrager im Vergleich zu anderen Marktformen höhere Preise zahlen müssen und sich durch die mangelnde Konkurrenz der Zwang zur Einführung → technischen Fortschritts erheblich reduziert.

Monopolgradtheorie

mikroökonomisch fundierte Theorie der funktionalen → Einkommensverteilung. Im Gegensatz zur → Grenzproduktivitätstheorie der Verteilung wird hier aber die Annahme vollkommener Konkurrenz auf allen Märkten und damit das Fehlen von Unternehmensgewinnen aufgegeben. Vielmehr besitzen die Unternehmen je nach Marktform und -macht die Möglichkeit im Rahmen der → Aufschlagskalkulation Gewinnaufschläge auf im wesentlichen aus Löhnen bestehenden variablen Kosten aufzuschlagen. Damit sind die Lohn- und Gewinnquote, also die den Arbeitnehmern und den Unternehmern zufließenden Anteile am Volkseinkommen wesentlich von der Marktmacht der Unternehmen und der Kapitalverteilung bestimmt.

Monopolistische Konkurrenz → Polypol

Monopolistischer Bereich → Polypol

Monopolkommission

zur regelmäßigen Begutachtung der → Unternehmenskonzentration in Deutschland 1973 gebildete Kommission. Die Monopolkommission besteht aus fünf Mitgliedern, die gemäß dem → Gesetz gegen Wettbewerbsbeschränkungen (GWB) auf Vorschlag der Bundesregierung berufen werden und regelmäßig den Stand und die Entwicklung der Unternehmenskonzentration begutachten. Weitere Aufgaben der Monopolkommission sind die Anwendung der Vorschriften über die Mißbrauchsaufsicht und die Abgabe von Stellungnahmen bei Unternehmenszusammenschlüssen aus überwiegenden Gründen der Gesamtwirtschaft und des Gemeinwohls. Die Monopolkommission veröffentlicht in zweijährigen Abständen Gutachten über den Stand der Unternehmenskonzentration sowie fallweise Sondergutachten.

Monopson

– auch Nachfragemonopol – → Marktform, bei der ein einziger Nachfrager (Monopsonist) mehreren, vergleichsweise kleinen Anbietern gegenübersteht. Von den zur Auswahl stehenden → Verhaltensweisen kann der Monopsonist entweder die Preisfixierung (typisches Vorgehen z. B. eines Textilherstellers bei der Vergabe von Heimarbeiten zu bestimmten Preisen) oder die Mengenfixierung (typisches Vorgehen z. B. bei der Vergabe von öffentlichen Aufträgen) wählen. Über die jeweils andere Größe entscheiden dann die Anbieter. Die Preisbildung auf dem Monopson kann als vollkommenes Spiegelbild der Preisbildung auf dem → Monopol betrachtet werden. Der → Preis-Absatzfunktion des Monopolisten entspricht dabei die sogenannte Preis-Bezugsfunktion des Monopsonisten, die mit der gesamten → Angebotsfunktion auf dem Markt identisch ist. Wettbewerbspolitisch ist eine Monopsonstellung daher genauso kritisch wie eine Monopolstellung zu beurteilen.

Montanunion → Europäische Gemeinschaft für Kohle und Stahl (EGKS)

Moral Hazard

Zu deutsch: Moralische Wagnisse. Hierunter versteht man allgemein Aktionen, die ein Vertragspartner – beispielsweise der Kreditnehmer – unbemerkt vom anderen Vertragspartner (Kreditgeber) zu dessen Schaden und zum eigenen Nutzen unternimmt. Von Moral Hazard wird insbesondere im Zusammenhang mit der internationalen Finanzierung gesprochen, wenn etwa im Vertrauen auf den → Internationalen Währungsfonds als „lender of last ressort" zu hohe Kreditrisiken eingegangen werden.

Moral Suasion

Instrument der → Wirtschaftspolitik, das darin besteht, in Form von Appellen (beispielsweise „Maßhalteappellen"), die → Wirtschaftssubjekte oder bestimmte gesellschaftliche Gruppen zu im Sinne der angestrebten Ziele „vernünftigen Verhaltensweisen" aufzurufen.

Most seriously affected countries (msacs) → Entwicklungsländer

Multikollinearität

Multikollinearität → Kollinearität

Multilaterale Investitions-Garantie-Agentur (MIGA)

Die Multilateral Investment Guarantee Agency (MIGA) ist eine Institution der Weltbankgruppe (→ Weltbank). Zentrale Aufgabe der MIGA ist es ausländische Direktinvestitionen in Entwicklungsländern zu fördern, indem sie Garantien gegen die „nichtkommerziellen" (d.h. die politischen) Risiken solcher Investitionen anbietet. Die MIGA hat zur Zeit 142 Mitgliedsländer, deren Kapitaleinlagen sich auf 850 Mio. US-$ belaufen. Weitere Finanzierungsquellen stehen der MIGA nicht zur Verfügung. Ihre Mittel verwendet die MIGA zur Abgabe von Garantien, um Investoren in Entwicklungsländern gegenüber Risiken, wie bspw. Unruhen, Kriege, Warentransferbeschränkungen, Devisenbewirtschaftungen oder Vertragsbrüche, abzusichern. Die Kosten für die Garantieübernahme werden von der MIGA angesichts des zu versichernden Risikos festgelegt. 1997 wurden 70 Garantieverträge abgeschlossen.

Multilateralismus

politischer Grundsatz, in internationalen Beziehungen den Konsens einer möglichst großen Gruppe von Staaten zu erreichen, d.h. insbesondere mehrseitige zwischenstaatliche Wirtschaftsbeziehungen zu knüpfen. Im engeren Sinne wird unter Multilateralismus das Verfahren in Welthandelsrunden verstanden, in denen ein gemeinsames Handelsabkommen aller teilnehmenden Staaten erarbeitet wird. Der Multilateralismus basiert auf den liberalen Prinzipien der Nichtdiskriminierung, der Reziprozität und der Offenheit gegenüber neuen Vertragspartnern. Er steht im Gegensatz zum → Bilateralismus.

Multiple Geld- und Kreditschöpfung

Ausgehend von einer bestimmten → Überschußreserve (an → Zentralbankgeld) kann das Geschäftsbankensystem in einer Abfolge von Krediten ein Vielfaches davon an → Geschäftsbankengeld aktiv schaffen. Unter idealtypischen Annahmen endet der Prozeß der multiplen Geld- und Kreditschöpfung erst, wenn die ursprüngliche Überschußreserve vollständig durch Barabhebungen der Nichtbanken und die vorgeschriebene Haltung von → Mindestreserve aufgezehrt ist. Siehe → Geldschöpfungsmultiplikator.

Multiple Regression → Mehrfachregression

Multiplikatorprinzip

Multiplikatorprinzip
bedeutet, daß die dauerhafte Veränderung einer Größe der → gesamtwirtschaftlichen Nachfrage, etwa der Investition (I), zu einer Änderung des → Volkseinkommens um ein Mehrfaches der ursprünglichen Nachfrageänderung führt. Der Grund dafür liegt darin, daß ein Anstieg der Nachfrage (N) das Güterangebot (A) im gleichen Umfang erhöht. Das bei der Produktion entstehende → Einkommen (Y) wird daraufhin für Konsum- (C) und Sparzwecke (S) verwendet. In Höhe der Konsumnachfrage steigen wiederum Produktion und Einkommen usw. In jeder Runde „versickert" ein Teil des zusätzlich entstandenen Einkommens in Gestalt der Ersparnisbildung. Die Höhe des Multiplikators, also der Nachfrageeffekt insgesamt, hängt damit von der Höhe der marginalen Konsum- bzw. Sparquote ab: Je höher (bzw. niedriger) diese ist, desto größer ist die Einkommenswirkung, und umgekehrt. Der Investitionsmultiplikator kann anhand der Bedingung für das Gleichgewichtseinkommen (Gütermarktgleichgewicht bei konstanten Preisen) abgeleitet werden. Im einfachsten Fall gilt:

$Y = C(Y) + I$ bzw. $dY = c\,dY + dI$,

$$\text{mit } c = \frac{dC}{dY}$$

= marginale Konsumquote.
Eine Umformung ergibt, daß

$$dY(1-c) = dI \text{ bzw. } dY = \frac{1}{(1-c)}dI,$$

wobei

$$\frac{1}{(1-c)} = \text{Multiplikator}$$

Betrachtet man die Einkommensseite des Sozialprodukts, so gilt:

$Y = C(Y) + S(Y)$ bzw.
$dY = c\,dY + s\,dY$,

$$\text{mit } s = \frac{dS}{dY}$$

= marginale Sparquote.
Die Division durch dY ergibt, daß
$1 = c + s$ bzw. $s = 1 - c$

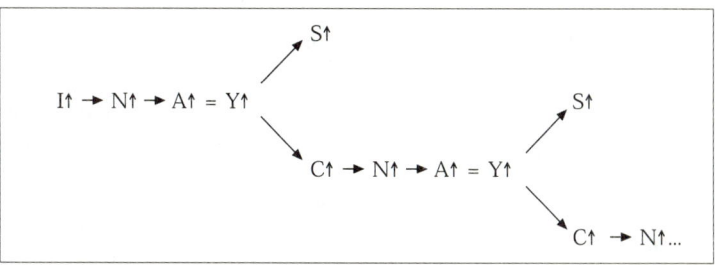

Schematische Darstellung des Multiplikatorprinzips

Multivariate Analysemethoden

Der Multiplikator kann also auch als 1/s geschrieben werden.

Der berechnete Multiplikator gilt ebenso für Konsum- und Staatsausgaben wie für Exporte bzw. (mit negativem Vorzeichen) Importe. In offenen → Volkswirtschaften treten neben der → Ersparnis weitere Sickerverluste in Form von Importen auf, so daß sich der Multiplikator verkleinert. Werden auch die Investitionen als einkommensabhängig betrachtet, so ergibt sich der → Supermultiplikator. Zusammen mit dem → Akzeleratorprinzip dient das Multiplikatorprinzip der Erklärung der → Konjunktur.

Multivariate Analysemethoden

Sammelbegriff für alle Methoden der → empirischen Wirtschaftsforschung, die anwendbar sind, wenn für jeden betrachteten Merkmalsträger jeweils mehrere Merkmale erfaßt werden. Unter multivariaten Analysemethoden werden im allgemeinen die → Cluster-, die → Diskriminanz-, die Faktoren-, die → Hauptkomponenten- und die Varianzanalyse subsumiert, aber auch die → Regressions- und die → Korrelationsanalyse, die aufgrund ihrer besonderen Bedeutung für die → Ökonometrie in Lehrbüchern häufig separat behandelt werden, zählen hierzu.

Mundell-Fleming-Modell

Keynesianische Erklärung der Wirkungsweise der → Geld- und → Fiskalpolitik in einem System fester oder flexibler → Wechselkurse sowie der Wechselkursentwicklung im Rahmen der traditionellen Zahlungsbilanztheorie. Zentrale Aussage ist, daß ein Defizit in der → Leistungsbilanz (und damit ceteris paribus auch in der → Devisenbilanz) zu einer → Abwertung, und ein Leistungs- bzw. Devisenbilanzüberschuß zu einer → Aufwertung der heimischen Währung führt. Vgl. demgegenüber die → monetäre Zahlungsbilanztheorie.

Mutterschaftsgeld

Versicherte Frauen, die sechs Wochen vor und acht Wochen nach der Geburt eines Kindes in einem Arbeitsvehältnis stehen, erhalten ein Mutterschaftsgeld für diese Zeit in Höhe des um die gesetzlichen Abzüge geminderten Arbeitsentgelts bis zu maximal 750 DM monatlich. Übersteigt das Arbeitsentgelt diesen Betrag, so wird der Differenzbetrag vom Arbeitgeber gezahlt.

Mutterschutz

Der Mutterschutz ist geregelt im Rahmen des → Arbeitszeitschutzes, des → Gefahrenschutzes und des → Bestandschutzes des Arbeitsverhältnisses. So werden Mütter nicht nur durch ein Nachtarbeitsverbot, durch das Verbot werdende und stillende Mütter mit bestimmten Arbeiten zu beschäftigen, durch Schutzfristen vor und nach der Entbindung, durch einen besonderen Kündigungsschutz und durch besondere Vorschriften hinsichtlich der Arbeitsplätze werdender und stillender Mütter geschützt, sondern auch durch finanzielle Hilfen in Form von → Mutterschaftsgeld unterstützt.

N

NACE

– Kurzbezeichnung für Nomenclature Générale des Activités Economiques dans les Communités Européennes – einheitliche Systematik der Wirtschaftszweige in der amtlichen Statistik der Mitgliedsstaaten der Europäischen Union.

Nachfragedruckhypothese

versucht, ebenso wie die → Lohnlag-Hypothese, das → Realzinsargument und die → Gläubiger-Schuldner-Hypothese, die Ansicht zu begründen, eine schleichende → Inflation begünstige das Wirtschaftswachstum. Entsprechend der Nachfragedruckhypothese sichert eine permanente Übernachfrage die Vollbeschäftigung. Die Kapazitäten sind dann stets voll ausgelastet, wodurch die → Unternehmen laufend zu Neuinvestitionen angeregt werden. Siehe auch → Inflationswirkungen.

Nachfragefunktion

mathematisch-funktionale Abhängigkeit der mengenmäßigen Nachfrage eines Haushalts nach einem Gut von dessen Preis, dem Preis anderer Güter und dem Einkommen des Haushalts. Die Nachfragefunktion ist in dieser allgemeinen Formulierung die Gesamtheit aller → optimalen Verbrauchspläne des Haushalts für verschiedene Preis-Einkommenskonstellationen. Die spezielle Abhängigkeit der von einem Gut nachgefragten Menge nur vom Preis dieses Gutes kommt in der direkten oder *Marshall*'schen Nachfragefunktion zum Ausdruck, die häufig vereinfachend auch als Nachfragefunktion bezeichnet wird. Diese Nachfragefunktionen können graphisch in einem Preis-Mengen-Schema dargestellt werden, wobei die Achsenschnittpunkte die Sättigungsmenge (maximal nachgefragte Menge bei Verschenken des Gutes) und den Prohibitivpreis (Preis, bei dem das Gut nicht mehr nachgefragt wird) darstellen. Die Gesamtnachfragefunktion (S. 408) nach einem Gut kann durch Aggregation der individuellen Nachfragefunktionen aller betrachteten Haushalte ermittelt werden. Dazu werden zum jeweiligen Preis alle individuellen Nachfragemengen addiert, wobei berücksichtigt werden muß, daß unterschiedliche individuelle Prohibitivpreise „Knickstellen" in der Gesamtnachfragefunktion führen.

Nachfrageinflation

→ Inflation, die durch einen Überschuß der monetären Ge-

Nachfrageinterdependenzen

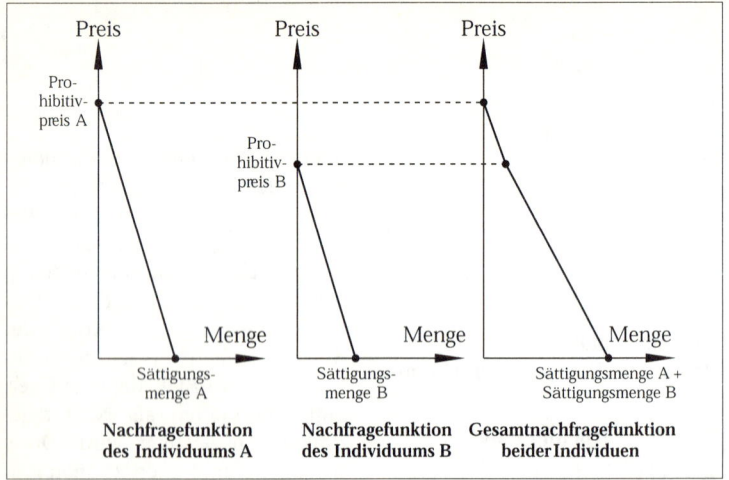

Aggregation von individuellen Nachfragefunktionen

samtnachfrage über das gesamte Angebot (zu gegebenen Preisen) verursacht wird. Die Preise werden durch die Nachfrage quasi „hochgezogen", daher auch der Begriff Demand-pull-Inflation.

Nachfrageinterdependenzen

ein- oder wechselseitige Beziehungen zwischen den → Nachfragefunktionen verschiedener Haushalte. Man unterscheidet hierbei den Mitläufer-Effekt (auch: band wagon effect), den Snob-Effekt und den Veblen- oder Prestige-Effekt. Beim Mitläufer-Effekt ist die Nachfrage eines Haushalts nach einem Gut umso höher, je größer die von anderen Haushalte gekaufte Menge dieses Gutes ist. Beim Snob-Effekt dagegen wird die Nachfrage des einzelnen Haushalts negativ von der von den anderen Haushalte gekauften Menge beeinflußt. Beim Veblen-Effekt schließlich fragt der einzelne Haushalt im Streben nach sozialem Ansehen umso mehr von einem Gut nach, je höher der Preis ist, den die Nicht-Käufer dieses Gutes vermuten.

Nachfragemangelarbeitslosigkeit

Oberbegriff für Arbeitslosigkeitsarten, die aus einer vergleichsweise geringen gesamtwirtschaftlichen Güternachfrage resultieren und damit zu einer → gesamtwirtschaftlichen Arbeitsnachfrage führen, die zu gering ist, um das → gesamtwirtschaftliche Arbeitsangebot vollständig mit Arbeitsplätzen zu versorgen. Handelt es sich um eine kurzfristige, vorübergehende Nachfrageschwäche im Konjunkturverlauf, spricht man speziell von → konjunktureller Arbeitslosigkeit. Aber auch → wachstumsbedingte Arbeitslosigkeit kann eine Nachfragemangelarbeitslosigkeit sein, wenn das zu geringe Wachstum des gesamtwirtschaftlichen → Produktionspotentials darauf zurückzuführen ist, daß die gesamtwirtschaftliche Güternachfrage über einen längeren Zeitraum hinweg nur unzureichend wächst oder sogar schrumpft.

Nachfragemengenüberschuß → Preisvorschriften

Nachfragemonopol → Monopson

Nachfrageökonomik

wirtschaftstheoretischer und politischer Ansatz, der auf der Basis des → Keynesianismus die Bedeutung der Nachfrageseite einer → Volkswirtschaft für die Entwicklung der Produktion, des → Einkommens und der Beschäftigung herausstellt. Die Nachfrageökonomik empfiehlt entsprechend den konjunkturpolitischen Einsatz der Instrumente der → Fiskalpolitik sowie der → Geldpolitik. Sie stellt sich damit in Opposition zur → Angebotsökonomik.

Nationalökonomie

Nachhaltige Entwicklung

Der Begriff der Nachhaltigen Entwicklung (auch: Sustainable Development) ist der Forstwirtschaft entlehnt. Dort kennzeichnet Nachhaltigkeit eine Art der Waldbewirtschaftung, bei der die Reproduktionskraft des Waldes und die jeweilige Holzernte so miteinander in Einklang gebracht werden, daß nur so viel Holz geschlagen wird, wie wieder nachwächst. In der Umweltpolitik bezeichnet der Begriff der Nachhaltigen Entwicklung ein Wirtschaftswachstum, das die Erhaltung der Umwelt und ihrer Funktionen auch für die künftigen Generationen sichert. „Sustainable Development" war der Leitbegriff der Konferenzen von Rio de Janeiro (1992) und der Berliner UN-Klimakonferenz (1995).

NAFTA → Nordamerikanische Freihandelsregion

NAIRU → Non-Accelerating Inflation Rate of Unemployment

Nationalökonomie

veraltete Bezeichnung für → Volkswirtschaftlehre. Im Zuge der Globalisierung ist der Begriff nicht mehr zutreffend bzw. aufgrund der Assoziation merkantilistischer Verhaltensweisen eher negativ belegt.

Natürliche Arbeitslosenrate

Natürliche Arbeitslosenrate → Natürliche Arbeitslosigkeit

Natürliche Arbeitslosigkeit

auf Unzulänglichkeiten in der → Funktionsfähigkeit des Arbeitsmarkts, insbesondere Suchzeiten und Informationskosten, und mangelnder regionaler Mobilität der Arbeitskräfte basierende, „normale" Arbeitslosigkeit, die demzufolge keine wirtschaftspolitischen Reaktion erfordert bzw. ermöglicht. Der auf *Milton Friedman* zurückgehende Begriff ist zwar dem der → friktionellen Arbeitslosigkeit ähnlich, stellt selbst aber keine Ursache der Arbeitslosigkeit dar. Vielmehr wurde das Konzept von → Monetaristen und der → Neuen Klassischen Makroökonomie in der Diskussion um die → Phillips-Kurve verwendet. Die dort in Anlehnung an den → Keynesianismus beschriebene Möglichkeit, durch eine mäßige → Inflation die Arbeitslosigkeit zu reduzieren, wird dabei zumindest in langfristiger Betrachtungsweise bestritten, da die Arbeitnehmer nur kurzfristig einer → Geldillusion unterliegen können. Auf (un-)erwartete) Preisniveauänderungen werden diese nach Friedman vielmehr mit höheren Nominallohnforderungen reagieren, so daß der Reallohn wieder steigt, die Arbeitsnachfrage sinkt und sich die Arbeitslosigkeit auf ein normales Niveau, die sogenannte „natürliche Arbeitslosenrate" einspielt.

Mit dieser natürlichen Arbeitslosenrate sind entgegen der Phillips-Kurve verschiedene Inflationsraten beliebig zu verbinden. Die Hauptkritik am Konzept der natürlichen Arbeitslosigkeit konzentriert sich darauf, daß das tatsächliche Niveau der natürlichen Arbeitslosenrate weder theoretisch noch empirisch festgelegt werden kann und so eine allgemeine Rechtfertigung für die Untätigkeit der Wirtschaftspolitik bei Arbeitslosigkeit geschaffen wird.

Natürliche Wachstumsrate

Begriff aus der Wachstumstheorie. Er bezeichnet die Wachstumsrate des realen → Sozialprodukts, die bei gegebenem Bevölkerungswachstum und technischem Fortschritt (das heißt bei gegebener Zunahme der durchschnittlichen → Arbeitsproduktivität), die → Vollbeschäftigung der Arbeitskräfte sicherstellt. Die natürliche Wachstumsrate ist gleichzeitig die maximale Wachstumsrate. „Natürlich" heißt nicht, daß die Rate vom freien Spiel der Marktkräfte sichergestellt wird. Die Idee der „Natural Rate of Growth" ist Teil der Beiträge Harrods zum → *Harrod*-Domar-Modell.

Near money → Geldsubstitute

Nebenhaushalt

aus den Haushalten von Bund, Länder und Gemeinden ausgegliederte Rechenwerke von Einrichtungen, die öffentliche Aufgaben erfüllen, wie z. B. die Sozialversicherungen. Vor allem im Zuge der deutschen Einigung sind Nebenhaushalte entstanden, so z. B. der → Fonds „Deutsche Einheit", die → Treuhandanstalt, der Kreditabwicklungsfonds. Nebenhaushalte verstoßen gegen den → Haushaltsgrundsatz der Vollständigkeit und führen dazu, daß die finanzwirtschaftliche Tätigkeit des Staates nicht mehr transparent ist.

Neokeynesianismus → Neue Keynesianische Makroökonomik

Neoklassik → Klassik

Neoklassische Arbeitslosigkeit
→ Reallohnbedingte Arbeitslosigkeit

Neoklassische Arbeitsmarkttheorie

Teil der gesamten → neoklassischen Kreislauf- bzw. Gleichgewichtstheorie. Danach funktioniert der → Arbeitsmarkt wie jeder andere Markt auch, d. h. allein durch den Preismechanismus werden hier Angebot und Nachfrage ins Gleichgewicht gebracht. Konkret wird unterstellt, daß der Arbeitsmarkt ein vollkommenes → Polypol ist, bei dem das → gesamtwirtschaftliche Arbeitsangebot der Haushalte als Folge individueller Wahlentscheidungen zwischen Freizeit und Arbeitszeit bzw. Konsumwünschen positiv vom → Reallohn abhängt. Die → gesamtwirtschaftliche Arbeitsnachfrage entspricht wegen der Gewinnmaximierungshypothese bei den Unternehmen der → Grenzproduktivität der Arbeit und ist daher negativ vom Reallohn abhängig. Die gesamtwirtschaftliche Güternachfrage spielt dagegen wegen des → Say'schen Theorems keine Rolle für die Arbeitsnachfrage. Bei einem bestimmten Gleichgewichtsreallohn sind damit Arbeitsangebot und -nachfrage ausgeglichen, man spricht von Vollbeschäftigung. Bei Abweichungen vom Gleichgewicht kommt es bei flexiblen Preisen und Löhnen stets kurzfristig wieder zu einem Ausgleich, da sich Anbieter bzw. Nachfrager in diesen Fällen mit ihren Lohnforderungen bzw. -geboten gegenseitig unter- bzw. überbieten werden. Man spricht daher auch von einem Lohnwettbewerbsmodell. Langfristige Arbeitsmarktungleichgewichte können daher nur bei → Lohnrigiditäten Bestand haben. Die wichtigste wirtschaftspolitische Implikation der neoklassischen Arbeitsmarkttheorie ist, daß Arbeitslosigkeit hier immer nur eine → reallohnbedingte Arbeitslosigkeit sein kann, die von den Arbeitskräften freiwillig in Kauf genommen wird und daher nicht bekämpft werden muß. Wesentliche Annahmen und zugleich wegen ihrer mangelnden

Neoliberalismus

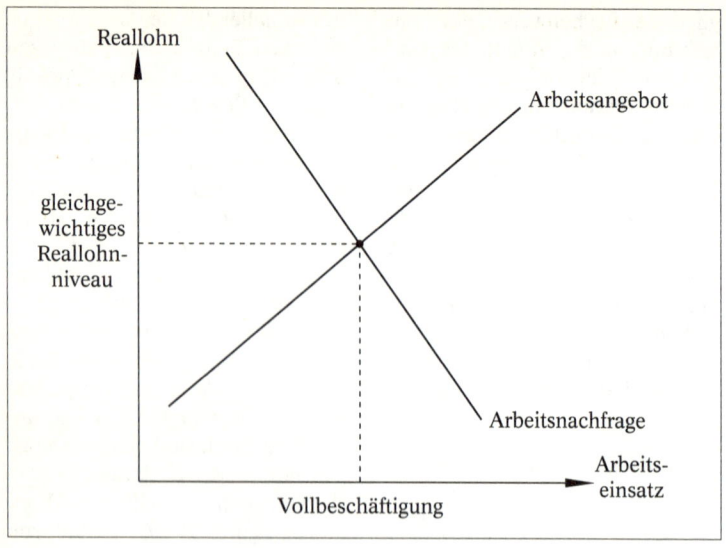

Neoklassisches Arbeitsmarktmodell

Realitätsnähe kritisierte Ansatzpunkte für Weiterentwicklungen oder Gegenthesen sind die Homogenität und vollständige Mobilität der Arbeit sowie die vollkommene Information aller Marktteilnehmer. Überdies wird sicherlich die Bedeutung des Lohnsatzes als angeblich einziger Steuerungsmechanismus des Arbeitsmarkts überbetont.

Neoliberalismus → Liberalismus

Neo-Quantitätstheorie

Weiterentwicklung der älteren → Quantitätstheorie durch *M. Friedman* („The quantity theory of money – a restatement", 1956). Sie bietet eine Erklärung des → Monetären Transmissionsmechanismus, das heißt, des Prozesses, über den die → Geldmenge das nominale → Volkseinkommen, also das Preisniveau und/oder das reale Volkseinkommen beeinflußt. Friedman untermauert seine Hypothesen mit umfangreichen empirischen Studien. Die Neo-Quantitätstheorie ist eine der zentralen Hypothesen des → Monetarismus bzw. wird oft mit diesem gleichgesetzt.

Friedman unterscheidet zunächst zwischen der nominalen und der realen → Geldmenge. Die Höhe der nominalen Geldmenge zu erklären, sieht Friedman als Aufgabe der Geldangebotstheorie;

Neo-Quantitätstheorie

für die USA kommt er zu dem Ergebnis, daß die nominale Geldmenge weitgehend durch die Notenbank (exogen) determiniert ist. Über den Wert der realen, das heißt, der mit dem Preisniveau deflationierten Geldmenge hingegen entscheiden die → Wirtschaftssubjekte. Diese wünschen – bei gegebenem Realeinkommen – eine bestimmte reale Kasse zu halten; die Höhe der realen Geldmenge muß deshalb durch die Theorie der → Geldnachfrage erklärt werden. Entspricht nun bei gegebenem Preisniveau die tatsächliche reale Geldmenge der von den Wirtschaftssubjekten gewünschten Kassenhaltung, so herrscht monetäres Gleichgewicht. Erhöht sich zum Beispiel die Geldmenge, ist dieses Gleichgewicht gestört, die tatsächliche Kassenhaltung ist gestiegen und liegt, wenn sonst keine Veränderungen eingetreten sind, über der gewünschten. Die Wirtschaftssubjekte werden nun versuchen, die „überschüssige" Kassenhaltung abzubauen, indem sie ihre Ausgaben erhöhen. Je nach gesamtwirtschaftlicher Situation steigen als Folge der zusätzlichen Güternachfrage nun die Preise und/oder die produzierten Mengen. Steigt die Produktion und damit das reale → Volkseinkommen, so erhöht sich die gewünschte reale Kassenhaltung; resultieren aus der Zunahme der Nachfrage Preissteigerungen, vermindert sich der Realwert der (gegebenen) nominalen Geldmenge. In beiden Fällen wird damit ein Anpassungsprozeß ausgelöst, der schließlich wieder zu einem Gleichgewicht, das heißt, zur Übereinstimmung zwischen tatsächlicher realer Geldmenge und gewünschter realer Kassenhaltung führt. → Sozialprodukt und/oder Preise passen sich in diesem Prozeß der Geldmenge an, wobei die Vertreter der Neo-Quantitätstheorie festgestellt haben, daß Erhöhungen der nominalen Geldmenge längerfristig praktisch immer auf das Preisniveau durchschlagen. Es bestehen eindeutige Zusammenhänge zwischen wesentlichen Änderungen der Geldmenge und des Preisniveaus. Die Vertreter der Neo-Quantitätstheorie konstatieren insgesamt eine gute Stabilität der Geldnachfrage, was einen erheblichen Einfluß des Zinses auf die Geldnachfrage ausschließt (siehe → Einkommensgeschwindigkeit des Geldes). Im Rahmen seiner Untersuchungen ging Friedman ursprünglich davon aus, daß die Geldnachfrage nicht nur vom Realeinkommen, sondern vom Gesamtvermögen sowie von der Erträgen der mit der Geldhaltung konkurrierenden Vermögensanlagen abhängt. Dieser Ansatz knüpft direkt an die Keynessche → Liquiditätspräferenztheorie an und weist in Richtung einer → Theorie der Portfoliowahl. Die oben angestellten Überlegungen zeigen indes, daß Friedman letztendlich zu der These der

Neosozialismus

älteren Quantitätstheorie zurückkehrt, nach der → Geld doch nur bzw. hauptsächlich zu Transaktionszwecken, also zum Kauf von Gütern, gehalten wird. Der keynesianischen Vorstellung einer Spekulationskasse und dem daraus resultierenden Einfluß des Zinses auf die Geldnachfrage mißt Friedman, wie gesagt, geringe Bedeutung zu, die keynesianische These einer unendlichen Zinselastizität (Liquiditätsfalle) verweist Friedman gar in den Rang einer „theoretischen Kuriosität". Letzteres wurde freilich auch von den Keynesianern nicht wesentlich anders gesehen. Das Beispiel Japans 1998 scheint indes die Existenz der Liquiditätsfalle zu bestätigen.

Neosozialismus → Sozialismus

Net Economic Welfare

statistisches Aggregat zur genaueren Wohlstands- bzw. Nutzenmessung in einer → Volkswirtschaft. Grundgedanke ist, daß das Bruttosozialprodukt als Wohlstandindikator ungeeignet erscheint. Nach dem Konzept des Net Economic Welfare soll das Bruttosozialprodukt unter anderem um externe Kosten (beispielsweise der Umweltverschmutzung) sowie weiterer Posten, wie etwa bestimmter Ausgaben der staatlichen Verwaltung, vermindert, andererseits aber um private Dienste ohne Marktpreis (beispielsweise Hausfrauenarbeit) und immaterielle Werte (beispielsweise Freizeit) erhöht werden.

Netto-Auslandsposition

umfaßt die → Währungsreserven und sonstigen Auslandsforderungen etwa der → Deutschen Bundesbank oder der → Europäischen Zentralbank abzüglich ihrer Verbindlichkeiten gegenüber dem Ausland. Man spricht auch von den Netto-Auslandsaktiva.

Nettokreditaufnahme → Nettoneuverschuldung

Nettoneuverschuldung

Differenz aus den in einem Jahr aufgenommenen Krediten (Bruttoverschuldung) und der im gleichen Jahr vorgenommenen Tilgungszahlungen (vgl. S. 415).

Neue Außenhandelstheorie

Gegenströmung zu der traditionellen → Theorie des internationalen Handels entwickelt. Die Modelle der neuen Außenhandelstheorie erklären den Außenhandel nicht mehr nur aus unterschiedlichen Faktorausstattungen und Produktionsfunktionen, sondern aus der Produktdiversifikation der Anbieter auf → Märkten mit unvollständiger Konkurrenz und der Präferenz der Nachfrage für diversifizierte Produkte. Mit

Neue Institutionenökonomik

Jahr	Nettoneuverschuldung (–)/ Nettotilgung (+)
1950	– 196
1960	+ 61
1965	– 113
1970	– 1.107
1975	– 29.925
1980	– 27.108
1985	– 22.386
1986	– 22.926
1987	– 27.455
1988	– 35.388
1989	– 19.226
1990	– 46.727
1991	– 52.028
1992	– 38.620
1993	– 66.155
1994	– 50.073
1995	– 50.120
1996	– 78.276
1997	– 63.704

Entwicklung der Nettoneuverschuldung des Bundes im Zeitablauf in Mio. DM

diesen Ansätzen läßt sich zeigen, daß es selbst bei identischen Faktorausstattungen, Produktionsfunktionen und Nachfragebedingungen zu Außenhandel kommt, wenn eine Produktdiversifikation zugelassen wird. Im Gegensatz zu den traditionellen Modellen sind sie in der Lage, den bedeutsamen und stark zunehmenden intra-industriellen Handel mit ähnlichen Produkten zwischen hochentwikkelten Industrieländern zu erklären. Wohlfahrtsgewinne aus Handel ergeben sich dann nicht dadurch, daß das zur Verfügung stehende Güterbündel größer, sondern daß es diversifizierter und preisgünstiger wird. Die neue Außenhandelstheorie bildet andererseits allerdings auch die Basis einer als problematisch einzuschätzenden Neuorientierung der → Außenwirtschaftspolitik mit protektionistischen Elementen (strategische Handelspolitik).

Neue Institutionenökonomik

Die – noch relativ junge – Neue Institutionenökonomik untersucht, wie die sog. Prinzipal-Agent-Probleme (siehe → neue politische Ökonomik) verringert werden können. Da die Prinzipale (die Bürger) ihre Agenten (den Staat) nicht vollständig überwachen können, werden alternative institutionelle Vereinbarungen gesucht, die den Agenten Anreize verschaffen, sich im Sinne der Prinzipale zu verhalten. Die Bedeutung dieser neuen Richtung der Ökonomik ist durch eine Reihe von wirtschaftswissenschaftlichen Nobelpreisen unterstrichen worden. So erhielt *R. Coase* den Preis 1991 für seine Arbeiten zur Transaktionskostenökonomik, in deren Mittelpunkt die Kontrollkosten stehen, die bei der Überwachung der Agenten durch die Prinzipale anfallen. *J. M. Bucha-*

nan wurde der Nobelpreis 1986 für seine Untersuchungen über die Möglichkeiten, den Staat effizient zu „zähmen", zuerkannt. *D. C. North* wurde 1993 für seine wirtschaftsgeschichtlichen Untersuchungen zum institutionellen Wandel ausgezeichnet, während *G. S. Becker* den Preis 1992 für die Anwendung des ökonomischen Instrumentariums auf das Verhalten in der Politik, im Bildungssektor und in Familien erhielt. Insbesondere Becker steht mit seiner Übertragung des Kosten-Nutzen-Kalküls auf ursprünglich „außenökonomische" Bereiche für den sog. ökonomischen Imperialismus.

Neue keynesianische Makroökonomik

Dieser Ansatz der → makroökonomischen Theorie versucht eine mikroökonomische Fundierung keynesianischer makroökonomischer Aussagen. Er will zeigen, wie unter Rückgriff auf das Verhalten von Individuen typisch „keynesianische" Ergebnisse – beispielsweise über die Möglichkeit andauernder → Unterbeschäftigung – gewonnen werden können. Betont wird, daß die traditionellen Gleichgewichtskonzepte der → Klassik bzw. Neo-Klassik der Realität nicht gerecht werden. Denn sie setzen letztlich das Bestehen von Marktäumung voraus, indem sie von einem atomistischen Wettbewerb mit Preisflexibilität ausgehen und die Existenz von Institutionen wie Gewerkschaften und Wirtschaftsverbänden unberücksichtigt lassen. Die Vertreter der neuen keynesianischen Makroökonomik weisen darauf hin, daß es auf Teilmärkten ja nicht nur dann zu einem Tausch kommt, wenn die Bedingungen des Gleichgewichts erfüllt sind (also der Preis besteht, bei dem geplantes Angebot und geplante Nachfrage übereinstimmen), sondern daß Transaktionen durchaus auch bei Nicht-Gleichgewichtspreisen („falschen" Preisen) stattfinden. Nach ihren Vorstellungen reagieren die Mengen schneller als die Preise. Mengenbeschränkungen („Rationierungen") an einem Markt (z. B. für die Anbieter am → Arbeitsmarkt) haben zudem Einfluß auf das Verhalten auf anderen Märkten (z. B. die Konsumnachfrage der Arbeitnehmer). Wegen dieser Rückwirkungen (spill-over-Effekte) wird auch von einer dualen Entscheidungshypothese gesprochen. Die neue keynesianische Makroökonomik (abgekürzt: NKM) impliziert die Notwendigkeit einer neuen → Wirtschaftspolitik, die nicht mehr dem einfachen Muster des traditionellen → Keynesianismus folgt. Anstelle von neuer keynesianischer Makroökonomik spricht man teilweise auch von der Rationierungstheorie, Ungleichgewichtstheorie, Makroökonomik bei nicht geräumten Märkten oder einfach von der neuen Makroökonomik. Grundlegende Arbeiten stammen von *Patinkin, Clower* und *Leijonhufvud* in den 60er Jahren. Die eigentliche Theorie hat sich auf dieser Basis dann in den 70er Jahren entwickelt.

Neue klassische Makroökonomik

Dieser Ansatz der → makroökonomischen Theorie verwendet die wesentlichen Elemente des → Monetarismus, ist aber insgesamt wesentlich schärfer gefaßt. *J. Tobin* bezeichnete die neue klassische Makroökonomik dementsprechend auch als „Monetarismus vom Typ II". Sie geht wie die → Klassik bzw. Neo-Klassik davon aus, daß bei flexiblen Preisen und Löhne die Märkte grundsätzlich geräumt werden, also auch eine Tendenz zum Gleichgewicht besteht. Zentrale Bedeutung für die wirtschaftspolitischen Schlußfolgerungen hat die Annahme, daß → Wirtschaftssubjekte aufgrund von rationalen → Erwartungen handeln. Die Akteure kennen zwar die Zukunft nur bedingt (unvollkommene Information), sie bilden aber unter Beachtung ihrer erworbenen Erkenntnisse über die Systemzusammenhänge sowie das Verhalten der am Wirtschaftsprozeß beteiligten Wirtschaftssubjekte Erwartungshaltungen und gegebenenfalls auch Verhaltensänderungen aus, die als vernünftig zu betrachten sind. Auf „vernünftigerweise" zu erwartende wirtschaftspolitische Maßnahmen stellen sich die Wirtschaftssubjekte demnach schon vorsorglich ein, so daß die Maßnahme gegebenenfalls „ins Leere läuft" (These der → Politikineffizienz). Da in diesem Falle wirtschaftspolitische Eingriffe nur noch wie beabsichtigt wirken, wenn sie unerwartet kommen und das Publikum überraschen, aber keinen Effekt mehr haben, sobald sie verstanden und berechenbar werden, lautet die wirtschaftspolitische Empfehlung wie beim → Monetarismus, auf diskretionäre Eingriffe zu verzichten. Hauptvertreter der neuen klassischen Makroökonomik (abgekürzt: NCM) sind *R. E. Lucas, T. J. Sargent, R. J. Barro* und *N. Wallace.*

Neue Mikroökonomik

Weiterentwicklung der traditionellen → Preistheorie. Im Gegensatz zu dieser Theorie der → Marktgleichgewichte, in der Marktungleichgewichte nur kurzfristig denkbar und durch flexible Preise stets wieder bereinigt werden, konstatiert die Neue Mikroökonomik die Möglichkeit des langfristigen Fortbestehens von Marktungleichgewichten bei nicht vorhersehbaren Schwankungen der Nachfrage oder des Angebots an Gütern und nicht vollständiger Information der Marktteilnehmer. Die Grundidee ist, daß die zur vollständigen Markträumung notwendigen Informationskosten (z. B. Marktforschung, Zeitaufwand) so hoch sein können, daß statt dessen die nicht-markträumenden Preise trotz vorübergehender Mengenrationierungen (z. B. Lieferzeiten, Lagerhaltung) von Anbietern und Nachfragern freiwillig beibehalten werden.

Neue Politische Ökonomik

wirtschaftstheoretischer Ansatz – auch unter der Bezeichnung Public Choice-Theorie bekannt, der das typische ökonomische Instrumentarium auf den politischen bzw. öffentlichen Sektor anwendet. Analysiert wird in erster Linie das Verhalten von Politikern, Bürokraten und Interessenvertretern (Lobbyisten). Diese werden nicht als „wohlwollende Diktatoren" (die ihre Politik allein zur Förderung der Wohlfahrt aller Bürger konzipieren) betrachtet, sondern vielmehr als Homines oeconomici, die typischerweise versuchen, unter den für Sie gegebenen Restriktionen ihren eigenen Nutzen zu maximieren (zum Beispiel durch „Wahlgeschenke" an gut organisierte, mächtige Interessengruppen). Die Aktionen der Regierung (als Agent und Anbieter politischer Maßnahmen) müssen dann nicht notwendigerweise mit den Interessen der Bürger (als Prinzipale und Nachfrager dieser Maßnahmen) übereinstimmen. Konflikte dieser Art werden allgemein als Prinzipal-Agent-Probleme bezeichnet. Die neue politische Ökonomik wurde in den 60er Jahren begründet. Als Hauptvertreter gelten *A. Downs, D. Black* und *J. M. Buchanan*. Vgl. auch → Neue Institutionenökonomik.

Neue Weltwirtschaftsordnung

Die Beschäftigung mit Fragen der Weltwirtschaftsordnung weist heute kaum noch Gemeinsamkeiten mit der Diskussion über die „Neue Weltwirtschaftsordnung" in den 70er und 80er Jahren auf. Damals ging es im wesentlichen um Forderungen der → Entwicklungsländer, die sich unter anderem auf eine höhere → Entwicklungshilfe sowie eine Neuordnung ihrer Auslandsschulden etc. konzentrierten. Angesichts einer sich immer stärker globalisierenden → Weltwirtschaft steht heute nicht mehr die gezielte Bevorteilung einer Ländergruppe durch interventionistische Eingriffe im Vordergrund, sondern der Versuch, global gültige Rahmenbedingungen für alle auf dem Weltmarkt vertretenen Akteure zu schaffen. Der mit der Globalisierung verbundene Verlust an Gestaltungsmöglichkeiten der nationalen Politik einerseits und das gewachsene Bedürfnis nach fairen Regeln für die Weltwirtschaft andererseits führt zu einem neuen Nachdenken über Inhalte und Träger der Weltwirtschaftsordnung. Es lassen sich 4 Säulen einer neuen Weltwirtschaftsordnung im weiteren Sinne identifizieren, nämlich eine internationale Sicherheitsordnung, die im wesentlichen durch den Kernbereich des UN-Systems repräsentiert wird, eine kompensierende Weltsozialordnung, die Korrektur- und Schutzmechanismen auf globaler Ebene formulieren und durchsetzen soll, um die Ausgrenzung der von der Globalisierung Benachteiligten zu verhindern, und eine Weltwirtschaftsordnung im engeren Sinne mit zwei Bereichen: einer internationalen Währungs- und Finanzordnung und einer internationalen Handels- und Wettbewerbsordnung. Das System der Gesetze und vertraglichen Regelungen zur Organisation der internationalen Wirtschaftsbeziehungen bildet gleichzeitig Rahmen und Objekt der Weltwirtschaftspolitik.

Neuer Interventionismus → Merkantilismus

Neuer Keynesianismus

Die Vertreter dieses Theorieansatzes (u.a. *O. J. Blanchard, St. Fischer, N. G. Mankiw, D. Romer*) versuchen, die in anderen keynesianischen Theorievarianten getroffene Annahme starrer Preise oder Löhne aus dem Optimierungsverhalten der Wirtschaftseinheiten abzuleiten und in einen gesamtwirtschaftlichen Zusammenhang zu stellen. Die Überlegungen zeichnen sich dadurch aus, daß sie von der → Marktform der vollständigen Konkurrenz abweichen und unvollständige Information bzw. Elemente der unvollständigen Konkurrenz, z.B. in Form von Monopolen oder monopolistischer Konkurrenz, in die Analyse einbeziehen. Die einschlägigen wissenschaftlichen Bemühungen haben sich beispielsweise in der → Effizienzlohntheorie und in der → Insider-Outsider-Theorie niedergeschlagen, deren Zweck darin besteht, die Existenz lang anhaltender → Arbeitslosigkeit zu begründen.

Neutraler technischer Fortschritt
→ Technischer Fortschritt

Neutralisierungspolitik

In einem System fester → Wechselkurse muß die → Zentralbank, um den Wechselkurs stabil zu halten, intervenieren (→ Devisenmarktintervention). Sie muß also ein eventuelles Überangebot an → Devisen zu dem festgelegten Kurs ankaufen bzw. eine eventuelle Übernachfrage nach Devisen durch eine entsprechende Devisenabgabe decken. Dadurch ändern sich die → Währungsreserven sowie die inländische → Geldbasis und damit das → Geldangebot. Um einer solchen – außenwirtschaftlich bewirkten – Änderung

Neutralität des Geldes

des Geldangebots entgegenzuwirken, bleibt der Zentralbank die Möglichkeit, die heimische Komponente der Geldbasis anzupassen: Durch den Einsatz ihres geldpolitischen Instrumentariums kann die Zentralbank beispielsweise versuchen, das durch den Devisenankauf entstehende „Zuviel" an → Geld wieder abzuschöpfen und so den Einfluß von Devisenbewegungen auf die Geldbasis zu neutralisieren. Man spricht deshalb auch von Neutralisierungs- oder Sterilisierungspolitik. Eine „erfolgreiche" Neutralisierungspolitik bedeutet, daß es der Zentralbank gelingt, die Änderung der Währungsreserven durch eine gegenläufige Änderung der heimischen Komponente genau auszugleichen. Mit steigendem Volumen und zunehmender Volatilität der Devisenbewegungen wird diese Aufgabe indes immer schwieriger. Daraus folgt, daß in einem System fester Wechselkurse die Kontrolle über die inländische Geldmengenentwicklung ständig gefährdet ist. Siehe auch → Wechselkursregime.

Neutralität des Geldes

zentrale Annahme der → Klassik, nach der die → Geldmenge grundsätzlich keinen Einfluß auf die realen Größen wie Beschäftigung, Produktion, relative Preise und (Real-)Zinsen hat, sondern lediglich die absolute Höhe der Preise bestimmt. → Geld dient gemäß dieser Hypothese lediglich zu Transaktionszwecken. Man spricht vom „Geldschleier": Die → Wirtschaftssubjekte blicken durch diesen Schleier hindurch und orientieren sich in ihren Entscheidungen allein an realen Größen (Freiheit von → Geldillusion). Eine weitere Bedingung für die Neutralität des Geldes ist vollständige Flexibilität der Preise und Löhne. Preisstarrheiten – wie von Keynes für die Entwicklung der Nominallöhne nach unten unterstellt – führen dagegen dazu, daß Geld nicht neutral ist. Nichtneutralität des Geldes kann aber auch die Folge davon sein, daß sich im Zuge allgemeiner Preisänderungen die → Einkommensverteilung und damit auch die Höhe des → Zinses verändert. Siehe auch → Klassische Dichotomie.

Neuverschuldungsquote

→ Verhältniszahl, bei der die öffentliche Nettokreditaufnahme zum Bruttosozialprodukt in Beziehung gesetzt wird (→ Öffentliche Verschuldung). Trotz der Bezeichnung ist sie streng genommen keine echte → Quote.

New Economy

Der Begriff symbolisiert den Wandel, dem das moderne Wirtschaftsleben durch das rasche Fortschreiten der Informationstechnologien unterworfen ist.

Newly industrializing countries (nics) → Entwicklungsländer

News-Ansatz → Wechselkurstheorien

Nicht-amtliche Statistik

Sammelbegriff für alle statistischen Erhebungen und Auswertungen, die nicht von staatlichen Behörden durchgeführt werden. Zu den Trägern der nicht-amtlichen Statistik zählen Unternehmen, Wirtschaftsverbände (Gewerkschaften, Fachverbände, Kammern), Markt-, Meinungs- und Umfrageforschungsinstitute, Wirtschaftsforschungsinstitute, wissenschaftliche Beiräte (z. B. → Sachverständigenrat zur Begutachtung der gesamtwirtschaftlichen Entwicklung) sowie sonstige private Datenanbieter. Gegenüber der → amtlichen Statistik zeichnet sich die nicht-amtliche Statistik insbesondere durch die Finanzierung der Träger aus, die zumindest zu einem großen Teil durch Verkauf von Ergebnissen „am Markt" ohne staatliche Zuschüsse erfolgen muß.

Nichtbanken → Wirtschaftssubjekte, die keine Banken sind.

Nichterwerbspersonen

nach dem sogenannten → Erwerbskonzept der Teil der Wohnbevölkerung, der keinerlei auf Erwerb ausgerichtete Tätigkeit ausübt oder sucht (z. B. Rentner, Hausfrauen/-männer).

Nicht-Sättigung → Gossensche Gesetze

Niveaueffekt → Substitution

Nominal skaliertes Merkmal → Skalierung

Nominalwertprinzip

Auch „Mark gleich Mark-Prinzip" genannt. Es bedeutet, daß bei der Vereinbarung von Schuldverhältnissen und damit verbundenen Zinsverpflichtungen sowie bei der Besteuerung von → Zinsen und sonstigen → Einkommen keine → Inflation berücksichtigt wird. Die Folge ist, daß sich das reale Geldvermögen sowie der Realwert der Zinseinkünfte für die Gläubiger vermindert. Es kommt durch den allgemeinen Preisanstieg zu einer realen Vermögensumverteilung zu Lasten der Gläubiger bzw. zugunsten der Schuldner sowie zu einer Schlechterstellung der Zinsbezieher. Schutz vor dieser Entwicklung bieten Wertsicherungsklauseln. Hierunter versteht man vertragliche Vereinbarungen, die eine Anpassung des Nominalwertes einer Schuld an die Veränderung des → Preisindexes vorsehen. Der Inflationsschutz kann auch auf die Zinszahlungen ausgedehnt werden. Geht die Besteuerung von Zinserträgen vom Nominalwertprinzip aus, so muß, damit die Zinsbezieher real nach Steuern nicht benachteiligt werden, der Nominalzins zusätzlich um die inflationsbedingte Steuermehrbelastung steigen. Siehe auch → Kalte Progression; → Gläubiger-Schuldner-Hypothese; → Inflationswirkungen.

Non Price Competition → Preiskonkurrenz

Non-Accelerating Inflation Rate of Unemployment

Abgekürzt: NAIRU. Man spricht von der inflationsstabilisierenden Arbeitslosenquote. Ausgangspunkt dieses Konzeptes ist die Konstellation einer „senkrechten" → Phillips-Kurve, was den Vorstellungen der → neuen klassischen Makroökonomik entspricht. In diesem Fall existiert (langfristig) kein → Trade-off zwischen → Inflation und → Arbeitslosigkeit, d.h. die Beschäftigung läßt sich nicht unter Inkaufnahme einer höheren Inflationsrate steigern, da sich das Arbeitsangebot am (erwarteten) Reallohn orientiert. Die Unterbeschäftigung ist dann auf ihrem „natürlichen" Niveau, und die Inflationsrate ändert sich nicht mehr. Liegt die Arbeitslosigkeit über der natürlichen Rate, dämpft die Unterbeschäftigung den Lohnanstieg und damit die Inflation; bei einer geringeren Arbeitslosigkeit wird die Inflation hingegen durch den verstärkten Lohnanstieg beschleunigt. Die Arbeitslosigkeit nimmt entsprechend ab bzw. zu. Werden indes die Interessen der Arbeitslosen als „outsider" im Lohnbildungsprozeß nicht berücksichtigt, so kommt es zu einer Störung dieser Anpassung in Richtung der gleichgewichtigen Arbeitslosenquote. Vgl. → Insider-Outsider-Modelle, → Natürliche Arbeitslosigkeit.

Non-Affektationsprinzip → Haushaltsgrundsätze

Nordamerikanische Freihandelsregion (NAFTA)

1989 wurde ein Freihandelsabkommen zwischen den USA und Kanada hinsichtlich eines weitgehend freien Waren-, Kapital- und Arbeitskräfteverkehrs geschlossen. 1991 einigte man sich auf die grundsätzliche Einbeziehung Mexikos und damit auf die Entstehung einer – aus diesen drei Ländern bestehenden – nordamerikanischen Freihandelszone, der North American Free Trade Area (NAFTA). In einem ersten Schritt wurden zum 1.1.1992 gegenüber Mexiko ein Großteil der Handelsbeschränkungen aufgehoben. Der Warenverkehr erreichte dadurch in etwa die gleiche Qualität wie bisher bereits zwischen den USA und Kanada. Ein freier Kapitalverkehr und vor allem ein freier Verkehr von Arbeitskräften konnte aber – besonders aufgrund von Befürchtungen der USA hinsichtlich einer unkontrollierbaren Einwanderungswelle aus Mexiko – noch nicht erreicht werden. Es ist weiterhin auf die große Zurückhaltung der südamerikanischen Staaten gegenüber der NAFTA hinzuweisen. Bei einem weiteren Ausbau der nordamerikanischen Freihandelszone ist eine bereits bestehende wirtschaftliche Dominanz des Nordens nicht mehr zu brechen. Darauf erklären sich die Versuche anderer Staaten des amerikanischen Kontinents, selbständige, südamerikanische Freihandelszonen als Gegengewicht zu schaffen.

Normal Profit

fiktiv angesetzte Summe aus angestrebter Kapitalverzinsung und Unternehmerlohn, die in die Kostenkalkulation bzw. → Kostenfunktion als Fixkosten eingeht. Der Normal Profit hat zur Folge, daß Unternehmen bei gewinn- und verlustfreier Produktion durchaus langfristig überlebensfähig sind.

Normalverteilung

– genauer Gauß'sche Normalverteilung – die in der → empirischen Wirtschaftsforschung bedeutendste Verteilungsannahme für stetige → Zufallsvariablen. Die Normalverteilung ist formal als → Dichtefunktion definiert und über ihre Parameter → Erwartungswert μ und → Standardabweichung σ hinreichend bestimmt. Jede beliebige Normalverteilung, der eine Zufallsvariable $\tilde{x}$ unterliegt, kann durch die Transformation

$$\tilde{z} = \frac{\tilde{x} - \mu}{\sigma}$$

in eine sogenannte Standardnormalverteilung mit dem Erwartungswert Null und der Standardabweichung Eins, für die Werte der → Verteilungsfunktion (näherungsweise) tabelliert vorliegt, überführt werden. Die enorme Bedeutung, die die Normalverteilung in der empirischen Wirtschaftsforschung hat, liegt vor allem darin, daß nach dem Zentralen Grenzwertsatz alle wesentlichen Verteilungen diskreter Zufallsvariablen bei größeren Umfängen vorliegender Zufallsausprägungen hinreichend genau mit der Normalverteilung angenähert werden können. Dies erleichtert die Ermittlung von → Wahrscheinlichkeiten bestimmter zufälliger Ereignisse mit Hilfe der tabellierten Standardnormalverteilung in erheblichem Maße. Schließlich wird für die → Störvariablen in → Regressions- und → Zeitreihenanalysen in aller Regel die Annahme der Normalverteilung getroffen.

Normenkartell

Normenkartell

→ Kartell, das für die Kartellmitglieder die einheitliche Anwendung von Normen oder Typen festlegt.

Notenbank → Zentralbank

Nullhypothese → Hypothesentest

Nullwachstum

– auch als Zero Growth bezeichnet – Zustand, bei dem alle relevanten Größen (Bevölkerung, Kapital u. a.) durch gleich große Zugänge und Abgänge konstant gehalten werden, die → Wachstumsraten also Null sind. Vgl. auch → Stagnation.

Nutzen

Maß für die Befriedigung der Bedürfnisse eines Individuums oder einer Gruppe von Individuen (z. B. Haushalte). In der traditionellen → Preistheorie geht man davon aus, daß vorrangig der Konsum von Gütern Nutzen schafft. Je nach der individuellen Bedürfnisstruktur kann aber auch von Freizeit, Einkommen bzw. sozialem Ansehen, Sparen, usw. Nutzen ausgehen.

Nutzenfunktion

mathematisch-funktionale Zuordnung von → Gütermengen (bzw. anderen Größen, mit denen Bedürfnisse gedeckt werden können) und dem daraus für einen Haushalt erzielbaren → Nutzen. In der kardinalen Nutzentheorie geht man trotz des Fehlens einer sinnvollen Einheit zur Nutzenmessung davon aus, daß ein Haushalt jeder Gütermengenkombination eine metrisch skalierte Nutzenmaßzahl zuordnen kann. Im Zwei-Güter-Fall kann die Nutzenfunktion dann als „Nutzengebirge" oder System von → Indifferenzkurven dargestellt werden. In der ordinalen Nutzentheorie wird dagegen unterstellt, der Haushalt könne lediglich eine Rangfolge zwischen verschiedener Gütermengenkombinationen derart festlegen, daß eine Alternative seine Bedürfnisse entweder besser, gleich gut oder schlechter als eine andere befriedigt. Für die ökonomischen Entscheidungen, die ein Haushalt trifft, ist diese Unterscheidung letztlich jedoch zweitrangig, da bei der typischerweise unterstellten Zielsetzung der → Nutzenmaximierung die beste der verfügbaren Alternativen sowohl kardinal (höchstes Nutzenniveau) als auch ordinal (Anführer der Rangfolge) ermittelt werden kann.

Nutzengebirge → Nutzenfunktion

Nutzenmaximierung

den → Haushalten typischerweise unterstellte Zielsetzung bei öko-

Nutzenmaximierung

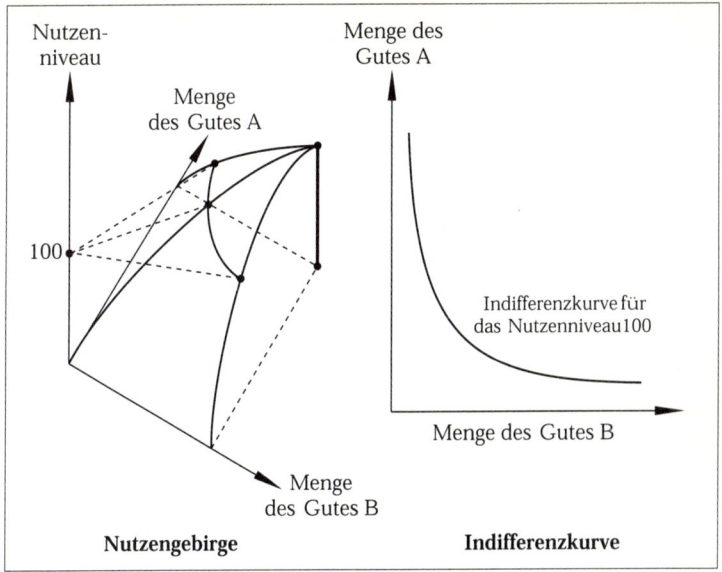

Nutzengebirge und Indifferenzkurve

nomischen Entscheidungen. Die Ermittlung des Nutzenmaximums setzt die Existenz und Kenntnis einer → Nutzenfunktion voraus. Da ein Haushalt bei der Nutzenmaximierung typischerweise gewisse Restriktionen (z. B. das zur Verfügung stehende Einkommen) beachten muß, erfolgt die Nutzenmaximierung modelltheoretisch mit Hilfe der → Lagrange-Methode. Beschränkt sich die Nutzenmaximierung auf die Konsumentscheidung, resultiert daraus der → optimale Verbrauchsplan.

O

OAS → Organisation amerikanischer Staaten

OECD → Organisation für wirtschaftliche Zusammenarbeit und Entwicklung

Offene Stellen

zu besetzende Arbeitsplätze, die ein → Arbeitgeber dem Arbeitsamt meldet. Die Zahl der Offenen Stellen ist nur ein sehr unzureichender Indikator für den nichtbefriedigten Teil der → gesamtwirtschaftlichen Arbeitsnachfrage, da die Arbeitskräftesuche nicht zwangsläufig über die Arbeitsämter erfolgen muß und im Gegensatz zur Arbeitsplatzsuche kein finanzieller Anreiz zur Einschaltung der Arbeitsämter besteht. Allerdings ist eine hohe Zahl Offener Stellen bei gleichzeitig hohen Zahlen → registrierter Arbeitsloser ein Indiz für das Vorliegen → struktureller Arbeitslosigkeit.

Offenmarktgeschäfte → Geldpolitische Instrumente

Öffentliche Güter

Güter, deren Konsum nicht rivalisiert. Es sind also Güter, bei denen die Teilnahme einer weiteren Person an dem Konsumnutzen den Konsumnutzen der bisherigen Personen nicht reduziert. Die gleichen Nutzen stehen ohne gegenseitige Beeinträchtigung allen zur Verfügung. Die zweite Bedingung für das Vorliegen eines rein öffentlichen Gutes ist, daß niemand von der Nutzung aus ökonomischen oder technischen Gründen ausgeschlossen werden kann. Mit der Möglichkeit des Ausschlusses kooperations- und zahlungsunwilliger Mitglieder der Nutzergruppe des öffentlichen Gutes wäre zugleich ein durchgreifender Sanktionsmechanismus gegeben. Mit seiner Hilfe ließe sich die Zahlungsbereitschaft erzwingen. Bei fehlender Ausschlußmöglichkeit gibt es hingegen keinen Anreiz, die Zahlungsbereitschaft zu offenbaren. Dennoch entstehen bei der Bereitstellung öffentlicher Güter Kosten, die gedeckt werden müssen, und es muß entschieden werden, in welchem Umfang das öffentliche Gut bereitgestellt werden soll. Da die Bereitstellung über den Markt wegen des fehlenden Preises nicht funktioniert, wird ein politischer Prozeß der Budgetbestimmung notwendig.

Öffentliche Verschuldung

Öffentliche Verschuldung

Die Staatsverschuldung kann nach Kreditnehmern, Schuldenarten und Gläubigern unterschieden werden.

Die Verschuldung des Staates ist im Gegensatz zur Steuer als Finanzierungsinstrument normalerweise durch fehlenden Zwang und Geltung marktwirtschaftlicher Beziehungen gekennzeichnet: Der freiwilligen Leistung der Kreditgeber an den Staat steht eine Gegenleistung in Form von verzinster Rückzahlung gegenüber. Die Verschuldung als Einnahmealternative ist von besonderem politischen Interesse. Die Merklichkeit und der daraus zu erwartende Widerstand werden geringer eingeschätzt als etwa bei

Ende des Zeitraums	Insgesamt[2]	Nach den Kreditnehmern		
		Bund[3]	Länder	Gemeinden[4]
Früheres Bundesgebiet				
1950	20.634	7.290	12.844	500
1960	52.759	26.895	14.695	11.169
1970	125.890	57.808	27.786	40.295
1975	256.389	114.977	67.001	74.411
1980	468.612	235.600	137.804	95.208
1985	760.192	399.043	247.411	113.738
Deutschland				
1990	1.053.490	599.101	328.787	125.602
1991	1.173.864	680.815	352.346	140.702
1992	1.345.224	801.500	389.130	154.594
1993	1.509.150	902.452	433.840	172.859
1994	1.662.150	1.003.320	470.702	188.128
1995	1.995.974	1.287.688	511.687	196.599
1996	2.129.344	1.370.385	558.346	200.163
1997	2.219.163	1.421.573	595.471	202.120

1 Berechnungen der Deutschen Bundesbank unter Verwendung von Angaben des Statistischen Bundesamtes.
2 Ohne Verschuldung der Haushalte untereinander.
3 Einschließlich Sondervermögen, wie zum Beispiel ERP-Sondervermögen, Lastenausgleichsfonds, Fonds „Deutsche Einheit", Kreditabwicklungsfonds, Erblastentilgungsfonds, Bundeseisenbahnvermögen, Ausgleichsfonds Steinkohleeinsatz/Entschädigungsfonds.
4 Einschließlich Verschuldung der kommunalen Zweckverbände und der kommunalen Krankenhäuser.

Verschuldung der öffentlichen Haushalte[1] in Mio. DM

Öffentliche Verschuldung

Jahr	$\frac{R}{T}$	$\frac{R}{A}$	$\frac{\Delta F}{A}$	$\frac{\Delta F}{BIP}$	$\frac{F}{BIP}$
1965	3,3	2,5	5,0	1,5	18,2
1970	4,4	3,5	3,3	1,0	18,6
1975	6,0	4,0	14,8	5,2	25,0
1980	8,0	5,8	10,6	3,7	31,8
1985	12,7	9,2	6,7	2,2	41,7
1990	11,4	7,9	11,0	3,7	43,4
1995	15,8	10,7	9,1	3,3	57,1
1997	16,5	11,2	8,3	2,7	60,2

Indikatoren der Staatsverschuldung
Quelle: *Sachverständigenrat zur Begutachtung der Gesamtwirtschaftlichen Entwicklung:* Jahresgutachten 1994/95 und 1989/99.

der Steuerfinanzierung. Die kurzfristige Orientierung der (Wähler und) Politiker vernachlässigt jedoch die Zins- und Tilgungsverpflichtungen, die längerfristig eingeschränkte künftige Handlungsspielräume bedeuten (Vgl. auch → Zeitliche Lastverschiebung). Da die absoluten Höhen von Stand und Zunahme der öffentlichen Verschuldung und der Zinsbelastung von geringer Aussagekraft sind, werden verschiedene Relationen als Indikatoren verwendet:

Zins-Steuer-Quote $(\frac{R}{T})$:

bringt zum Ausdruck, in welchem Ausmaß die Zinsbelastung durch Steuern gedeckt wird.

Zins-Ausgaben-Quote $(\frac{R}{A})$:

zeigt, welcher Teil der Staatsausgaben für den Schuldendienst gebunden sind.

Beide Größen sind vor allem dann aussagekräftig, wenn der Gestaltungsspielraum für die Erzielung eines höheren Steueraufkommens oder für die Verringerung des Ausgabenanstiegs gering sind.

Kreditfinanzierungsquote $(\frac{\Delta F}{A})$:

gibt den Anteil der durch Nettokreditaufnahme finanzierten Ausgaben an.

Neuverschuldungsquote $(\frac{\Delta F}{BIP})$:

bezieht die Nettokreditaufnahme auf das BIP.

Öffentlicher Haushalt

Schuldenstandsquote ($\frac{F}{BIP}$) : bezieht die Höhe der Schulden auf das BIP.

Die beiden letztgenannten Quoten stellten wichtige Indikatoren für den Beitritt zur Europäischen Währungsunion dar (→ Maastricht-Kriterien).

Öffentlicher Haushalt

– auch als Budget bezeichnet – Zusammenstellung aller öffentlichen Einnahmen und Ausgaben. Die öffentlichen Haushaltspläne umfassen zahlenmäßige vorausschauende Übersichten über die öffentlichen Einnahmen und Ausgaben der Haushaltsperiode. Sie sind ein Planungsinstrument, mit dem Umfang und Struktur der budgetwirksamen Staatstätigkeit festgelegt wird. Als Gesetz verabschiedet, sind sie vollzugsverbindlich.

Öffentlicher Haushalt

→ Wirtschaftssubjekt, das zur Erfüllung von Gemeinschaftsaufgaben gebildet wurde, sich überwiegend durch Zwangsabgaben finanziert und seine Leistungen größtenteils unentgeltlich abgibt. Öffentliche Haushalte werden eingeteilt in Gebietskörperschaften und Sozialversicherungshaushalte. Erstere umfassen den Bund (einschl. Ausgleichs- und Treuhandfonds sowie ERP-Sondervermögen), die Länder einschl. Stadtstaaten, die Gemeinden und deren kommunale Einrichtungen (Krankenhäuser etc.) sowie die öffentlichen → Organisationen ohne Erwerbszweck. Zu den Sozialversicherungshaushalten zählen v. a. die Renten-, die (gesetzliche) Kranken- und Unfall- sowie die Arbeitslosenversicherung. Öffentliche → Unternehmen oder Mehrheitsbeteiligungen des Staates an Unternehmen, ebenso wie seine wohnungswirtschaftlichen Aktivitäten (Vermietungen etc.), werden in der → Sozialproduktsrechnung dem → Sektor Unternehmen zugeordnet.

Öffentlicher Verbrauch → Staatlicher Konsum

Ökoinlandsprodukt

In der → Umweltökonomie wird hierunter i.d.R. das → Inlandsprodukt nach Abzug der nutzungsbedingten Wertminderung der → Umwelt verstanden. Die Umwelt wird als Lebensraum, Rohstoffspender und Empfängermedium von Abfällen genutzt. Die entsprechenden Wertminderungen (bads) können grundsätzlich direkt oder indirekt über die hypothetischen oder tatsächlichen Aufwendungen zur Kompensation bzw. Vermeidung der Wertminderung (anti-bads) ermittelt werden.

Ökonometrie

Teilgebiet der → Empirischen Wirtschaftsforschung, in dem mit Hilfe statistischer Daten wirtschaftstheoretische Aussagen überprüft und numerisch konkretisiert sowie zukünftige Werte ökonomischer Variablen prognostiziert werden. Im Mittelpunkt der Ökonometrie steht folglich die empirische Analyse der Kausalzusammenhänge zwischen ökonomischen Größen. Die Kernstücke der Ökonometrie sind daher die → Regressionsanalyse, die → Korrelationsanalyse und die → Zeitreihenanalyse.

Ökonomie → Volkswirtschaft

Ökonomik → Volkswirtschaftslehre

Ökonomische Aktivität

Volkswirtschaftlich gesehen kann jedes → Wirtschaftssubjekt vier verschiedene ökonomische Aktivitäten bzw. Tätigkeiten ausüben. Es kann (1) Sachgüter und Dienstleistungen produzieren und verkaufen bzw. unentgeltlich abgeben, (2) → Einkommen empfangen und verwenden, (3) → Vermögen bilden und anlegen sowie (4) Kredite nehmen und gewähren. Diese Einteilung ist grundlegend für den Kontenaufbau der volkswirtschaftlichen Kreislaufanalyse in Gestalt der → Sozialproduktsrechnung.

Ökonomische Güter

dienen der Befriedigung menschlicher Bedürfnisse und lassen sich in (materielle) Sachgüter, sowie (immaterielle) Dienstleistungen und Nutzungen bzw. Rechte einteilen. Nutzungen treten im → Produktionsprozeß als sog. Faktorleistungen in Erscheinung (bspw. Arbeitsleistungen oder Inanspruchnahme immaterieller Vermögensobjekte wie Patente einschließlich „sonstiger" immaterieller Objekte wie etwa „Information"). Nach dem Verwendungszweck ist zwischen Produktions- und Konsumgütern zu unterscheiden, die jeweils hinsichtlich ihrer Nutzungsdauer differieren. Dauerhafte Produktionsgüter bzw. -mittel werden auch Investitionsgüter genannt. Bei dauerhaften Konsumgütern spricht man auch von Gebrauchsgütern, während nicht dauerhafte Konsum(sach-)güter auch als Verbrauchsgüter bezeichnet werden. Bezüglich des Angebots kann zwischen privaten und → öffentlichen bzw. zwischen Individual- und Kollektiv-Gütern differenziert werden. Nach anderen Kriterien lassen sich ökonomische Güter weiterhin einteilen in Substitutionsgüter, die sich (wie bspw. Heizöl und Erdgas) hinsichtlich ihrer Verwendbarkeit gegenseitig ersetzen können, und Komplementärgüter, die nur zusammen und gleichzeitig benutzt werden können (z.B. Radio und Antenne). Verschiedenartige Gü-

Ökonomische Transaktion

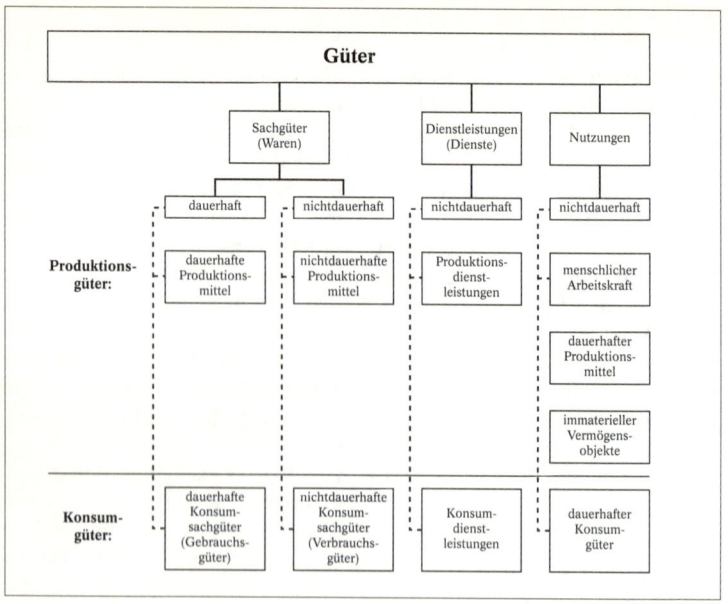

Einteilung der ökonomischen Güter
Quelle: Stobbe, A.: Volkswirtschaftliches Rechnungswesen, 8. Aufl., Berlin 1994, S. 3.

ter bezeichnet man als heterogene, sind sie gleichartig, spricht man von homogenen Gütern. Sog. inferiore Güter werden bei steigendem → Einkommen weniger nachgefragt und durch superiore Güter – man spricht auch von „Luxusgütern" – ersetzt. Die beschriebenen ökonomischen Güter sind typischerweise knapp, d.h. sie sind einerseits begehrt und andererseits nur begrenzt verfügbar, und haben deshalb einen bestimmten (wenn auch nicht immer direkt ermittelbaren) Preis. Dies unterscheidet sie von sog. freien Gütern.

Ökonomische Transaktion

liegt vor, wenn ein → ökonomisches Gut oder eine → Forderung von einem → Wirtschaftssubjekt auf ein anderes übergeht. Da dies entweder im Tausch gegen ein anderes Gut, eine andere Forderung oder ohne Gegenleistung geschehen kann, gibt es insgesamt fünf Arten ökonomischer Transaktionen. Es sind dies (1) der Tausch Gut gegen Gut, d.h. der Natural- oder Realtausch, (2) die → Übertragung eines Gutes, die als Schenkung oder Realtransfer bezeichnet wird, (3) der Tausch Gut

Ökonomische Wirkungen des Arbeitnehmerschutzes

gegen Forderung, also bspw. der Kauf bzw. Verkauf eines Autos, (4) die Übertragung einer → Forderung, d.h. Schenkung oder Forderungstransfer (bei der Übertragung von → Geld spricht man auch von Transferzahlung) sowie (5) der Tausch Forderung gegen Forderung wie bspw. der Kauf oder Verkauf eines Wertpapiers. Die Transaktionsarten (1) und (2) sind im modernen Wirtschaftsleben von untergeordneter Bedeutung. Bspw. wird ein kleiner Teil des internationalen Handels – i.d.R. zwischen Ländern mit instabilen Währungen – als Realtausch unter der Bezeichnung „Kompensationsgeschäfte" („barter trade") abgewickelt. Bei den Transaktionsarten (3) und (4) handelt es sich um Leistungstransaktionen, da sich das Nettogeldvermögen der Beteiligten der Höhe nach ändert. Die Transaktionsart (5) stellt demgegenüber eine Finanztransaktion dar. Durch sie ändert sich nur die Struktur, aber nicht die Höhe des Nettogeldvermögens. Diese Einteilung ist maßgeblich für die Verbuchung der jeweiligen Transaktionen auf den Konten der → Sozialproduktsrechnung.

Ökonomische Wirkungen des Arbeitnehmerschutzes

Man unterscheidet drei Wirkungen des → Arbeitnehmerschutzes:

(1) Wirkungen auf das Arbeitskräftepotential

Die Wirkungen des Arbeitnehmerschutzes sind nicht nur für den einzelnen Arbeitnehmer, sondern auch von gesellschaftlicher Bedeutung. Aus volkswirtschaftlicher Sicht führt der Arbeitnehmerschutz zur Vermeidung von Sozialkosten (z.B. Kosten der Wiederherstellung der Gesundheit oder der Unterhaltung Erwerbsunfähiger). Er sichert die Regenerationsmöglichkeit der Arbeitskräfte, verlängert die Lebensdauer und hat damit langfristig einen positiven Effekt auf das volkswirtschaftliche Arbeitspotential. Kurzfristig wird das Arbeitskräftepotential durch den Arbeitnehmerschutz allerdings eher eingeschränkt: Das Verbot der Arbeit gegen Entgelt für bestimmte Personen zu bestimmten Zeiten verringert die Zahl der Arbeitskräfte. Die Arbeitszeitbegrenzungen bestimmen bei als gegeben unterstellter Zahl der Arbeitskräfte das maximale Arbeitsvolumen. Eine Herabsetzung der maximal zulässigen Arbeitszeiten reduziert das Gesamtarbeitsangebot kurzfristig. Der Ausschluß bestimmter Arbeitnehmergruppen reduziert unter sonst gleichen Umständen das Arbeitskräftevolumen auch langfristig.

(2) Wirkungen auf die Produktionskosten

Eine Arbeitszeitverkürzung wird, wenn sie mit einer Reduzierung

433

Ökonomischer Imperialismus

der Betriebszeiten verbunden ist, zunächst zu einer Erhöhung der Kapitalkosten pro Produktionseinheit führen, wenn nicht die Produktivität im Umfang der Betriebszeitenreduzierung steigt. Eine weitere Erhöhung der Stückkosten tritt ein, wenn die Arbeitszeitverkürzung mit Lohnausgleich durchgeführt wird. Ihre Höhe hängt davon ab, ob die Arbeitszeitreduzierung mit einer Produktivitätszunahme verbunden ist. Ähnliches gilt auch für andere Arbeitnehmerschutzmaßnahmen: Unfall- und Gefahrenschutz können einerseits höhere Kosten bedeuten, sie können jedoch auch positive Auswirkungen auf die Produktivität haben.

(3) Wirkungen eines zu starren Arbeitnehmerschutzes

Ein zu starrer Arbeitnehmerschutz kann sich schließlich auch negativ auswirken. Die gesetzlichen Beschränkungen der Arbeitszeit werden möglicherweise als Beschränkungen der wirtschaftlichen individuellen Entfaltungsmöglichkeiten empfunden, wenn die Arbeitszeitbegrenzungen den Punkt überschreiten, von dem ab der gesundheitliche → Grenznutzen null oder gar negativ wird und der → Grenznutzen weiterer Freizeit ebenfalls nicht mehr positiv ist. Schließlich kann ein starrer Arbeitnehmerschutz dazu führen, daß die Beschäftigung von Arbeitnehmern, die besonders geschützt sind, unterbleibt. Siehe auch → Arbeitnehmerschutzinduzierte Arbeitslosigkeit.

Ökonomischer Imperialismus → Neue Institutionenökonomik

Ökonomisches Prinzip

Verhaltensannahme für Wirtschaftssubjekte, nach der entweder ein vorgegebenes Ziel mit möglichst geringem Aufwand (Minimalprinzip, z. B. → Minimalkostenkombination) oder mit gegebenem Aufwand ein möglichst großer Erfolg (Maximalprinzip, z. B. Nutzenmaximierung) erreicht werden soll.

„Ökosteuer"

Bezeichnung für die Erhöhung der → Verbrauchsteuern für Benzin, Gas, Öl und Strom, die 1999 eingeführt wurde und deren Aufkommen dazu verwendet wurde, die Beiträge zur gesetzlichen Sozialversicherung zu senken. Damit wird klar, daß die umweltpolitische Zielsetzung zweitrangig war. Die „Ökosteuer" ist nicht zu verwechseln mit gezielten → Umweltabgaben.

Oligopol

→ Marktform, bei der wenige Anbieter (im Extremfall nur zwei, Dyopol) vielen, vergleichsweise kleinen Nachfragern gegenüberstehen. Das Oligopol auf dem vollkommenen (z. B. Tankstellen) oder unvollkommenen Markt (z. B. Personenkraftwagen) ist die in der Realität am häufigsten auftretende Marktform. Da der einzelne Anbieter jeweils hohe Marktanteile besitzt, muß er bei der Planung seiner Aktionen mögliche Reaktionen nicht nur der Nachfrager, sondern auch der Konkurrenten einkalkulieren (Reaktionshypothese). Dies hat zur Folge, daß es im Gegensatz zum → Polypol und → Monopol selbst dann keine eindeutige Gleichgewichtslösung für das Oligopol gibt, wenn man den einzelnen Anbietern → Gewinnmaximierung unterstellt. Die in der wirtschaftstheoretischen Literatur vorgeschlagenen Modellösungen sind demzufolge auch sehr komplex bzw. mit stark vereinfachenden, in der Realität kaum zutreffenden Prämissen versehen. Die zu erwartenden Reaktionen der Konkurrenten und damit die von einem Anbieter selbst gewählte Verhaltensweise hängen insbesondere von der → Vollkommenheit des Marktes, der Zahl und der Größenstruktur der Anbieter sowie von historischen und technisch bedingten Marktbesonderheiten ab. In der Realität sind, je nachdem welcher konkrete Markt betrachtet wird, folgende verschiedene Verhaltensweisen zu beobachten:

1. Oligopolistischer Wettbewerb mit hartem Kampf um Marktanteile durch Preis-, Qualitäts- oder Servicewettbewerb, ähnlich der Situation auf dem Polypol.
2. Markt- bzw. Preisführerschaft eines Oligopolisten, dem sich die Konkurrenten anpassen und der insofern als → Verhaltensweise eine Überlegenheitsstrategie wählen kann.
3. Verdrängungswettbewerb (ruinöse Konkurrenz), v. a. durch gezielte Preisunterbietungen, bzw. Aufkauf der Konkurrenten (Konzernbildung).
4. Kartellbildung (vertragliche Absprachen, auch: Kollektivmonopol genannt) zur Monopolisierung des Markts mit dem Ziel der gemeinsamen Gewinnmaximierung.
5. Abgestimmte Verhaltensweisen (auch: gleichförmiges bzw. Parallelverhalten oder Strategie des „leben und leben lassen" genannt), bei denen die Konkurrenten auch ohne vertragliche Bindungen gegenseitig gewisse „Spielregeln" beachten, mit denen die Wettbewerbsintensität untereinander eingeschränkt wird.

OPEC → Organisation erdölexportierender Länder

Opfertheorien → Leistungsfähigkeitsprinzip

Opportunitätskosten

Opportunitätskosten

Stehen einem Wirtschaftssubjekt mehrere Entscheidungsalternativen zur Auswahl, bestehen die Opportunitäts- oder Alternativkosten der jeweils gewählten Alternative darin, daß die Vorteile, die mit den anderen Alternativen verbunden gewesen wären, dem Wirtschaftssubjekt durch seine Entscheidung entgehen.

Optimaler Verbrauchsplan

– auch Haushaltsoptimum oder Haushaltsgleichgewicht – die Gütermengenkombination, die für einen Haushalt bei gegebenem, für Konsumzwecke verfügbaren Einkommen und gegebenen Güterpreisen unter allen realisierbaren Kombinationen den höchstmöglichen → Nutzen schafft. Verfolgt der Haushalt das Ziel der → Nutzenmaximierung, versucht er diesen dann für ihn optimalen Verbrauchsplan zu realisieren. Insofern sind die optimalen Verbrauchspläne die Grundlage für die Ermittlung von → Nachfragefunktionen der Haushalte nach Konsumgütern sowie der Berechnung von → direkten Preis-, → Kreuzpreis- und → Einkommenelastizitäten der Nachfrage. Mathematisch kann der optimale Verbrauchsplan mit Hilfe der → Lagrange-Methode ermittelt werden. Im Zwei-Güter-Fall ergibt er

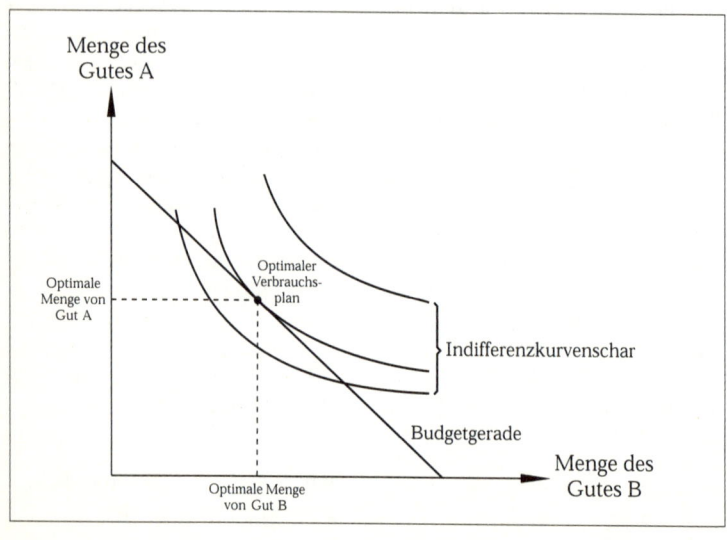

Optimaler Verbrauchsplan

sich zudem graphisch als Berührungspunkt der Budgetgerade (→ Budgetgleichung) mit der erreichbaren → Indifferenzkurve, die den höchsten Nutzen repräsentiert.

Optimaler Währungsraum

Theorie, die Kriterien für die Abgrenzung eines optimalen Währungsgebietes liefert. Da eine Währungsunion den Übergang von flexiblen zu festen → Wechselkursen beinhaltet, müssen innerhalb des angestrebten Währungsraums die Vorteile fester Wechselkurse überwiegen. In der traditionellen Theorie optimaler Währungsräume – zu der die Ansätze von *Mundell, Mc Kinnon* und *Kenen* gehören – wird auf die Rahmenbedingungen eingegangen, die über die Vorteilhaftigkeit fester bzw. flexibler Wechselkurse entscheiden. Mundell unterstellt zu Beginn in beiden Ländern → Vollbeschäftigung, eine ausgeglichene → Zahlungsbilanz und Immobilität des Faktors Arbeit. Unter diesen Bedingungen garantieren flexible Wechselkurse beim Auftreten von Nachfrageverschiebungen die Realisierung von Vollbeschäftigung, Preisniveaustabilität und einer ausgeglichenen → Zahlungsbilanz, da das Land mit dem Nachfragerückgang durch eine → Abwertung seiner Währung zusätzliche Nachfrage aktivieren kann, während das Land mit dem Nachfrageüberhang durch die → Aufwertung seiner Währung Nachfrage verdrängt. Feste Wechselkurse führen zu binnen- und außenwirtschaftlichen Ungleichgewichten. Diese Ungleichgewichte lassen sich jedoch auch bei festen Wechselkursen beseitigen, wenn eine ausreichend hohe Faktormobilität vorliegt. Es wird zu einer Faktorwanderung in das von dem Nachfrageüberhang betroffene Land kommen, so daß in dem Land mit dem Nachfragerückgang keine → Unterbeschäftigung entsteht. Die so bewirkte Ausweitung der Produktionskapazitäten im Land mit der Überschußnachfrage sorgt dort wiederum für eine Verringerung des Inflationsdrucks. Nach Mc Kinnon ist der Offenheitsgrad eines Landes, d.h. das Verhältnis der international handelbaren zu den nichthandelbaren Gütern ein Abgrenzungskriterium. Je größer der Anteil export- und importfähiger Güter in einem Land ist, desto stärker werden sich Veränderungen der Wechselkurse auf das Preisniveau der inländischen → Absorption und damit auch auf die Beschäftigung auswirken. Nachfrageverschiebungen, die sich aufgrund der außenwirtschaftlichen Verflechtungen auf das Inland auswirken, führen unter flexiblen Wechselkursen zu einer ausgeprägteren Instabilität der Preisentwicklung als bei festen Kursen. Kenen entwickelte das Abgrenzungskriterium der Produktdiversifikation. Dieses Kriterium besagt, daß Länder mit einem stark diversifizierten Exportprofil relativ unempfindlich auf außenwirtschaftliche Störungen reagieren, weil sich einzelne Nachfrageverschiebungen weniger stark auf den Gesamtexport auswirken und so der Druck auf den Wechselkurs geringer ausfällt. Da Länder mit einer diversifizierten Exportstruktur Wechselkursänderungen weniger zur Isolierung von Nachfrageschocks benötigen, können diese eher einer Währungsunion beitreten, als Länder deren Exportstruktur weniger stark diversifiziert ist. Die bisher genannten Abgrenzungskriterien für einen optimalen Währungsraum bezogen sich auf mikroökonomische Störungen. Bei makroökonomischen Störungen sind eine vergleichbare nationale Inflationsneigung und der Grad der Harmonisierung der → Geld- und → Finanzpolitik als Kriterium zur Abgrenzung eines optimalen Währungsgebietes heranzuziehen. Die angesprochenen traditionellen Ansätze sind aufgrund ihrer Eindimensionalität als währungspolitische Entscheidungsgrundlage nur bedingt geeignet. Mit dem sog. Kosten-Nutzen-Ansatz zur Bestimmung des optimalen Währungsraumes sollen die Einzelaspekte integriert werden und die Wohlfahrtseffekte einer Währungsunion umfassend betrachtet werden. Ein optimales Währungsgebiet ist demnach gegeben, wenn der gesamte Nutzen der Währungsintegration sämtliche Kosten übersteigt. Als Nutzen läßt sich dabei insbesondere eine Reduktion wechselkursbedingter Transaktionskosten und ein Wegfall des Wechselkursrisikos identifizieren. Wohlfahrtskosten entstehen hingegen durch den Verzicht auf nominale Wechselkursänderungen als Anpassungsinstrument, durch den Verlust der geldpolitischen Autonomie sowie eine eventuelle Gefährdung der Preisniveaustabilität.

Optimalzoll

Theorie, nach der es einem Land möglich ist, durch eine von Zöllen hervorgerufene Veränderung der relativen Weltmarktpreise eine Erhöhung der nationalen Wohlfahrt zu Lasten der Handelspartner durchzusetzen. Eine Optimalzollpolitik ist ein nur für große Länder mögliches Instrument der strategischen Handelspolitik.

Option

von einem Käufer erworbenes Recht, vom Verkäufer (Stillhalter) innerhalb einer festgelegten Frist zu einem bei Vertragsabschluß vereinbarten Preis die Lieferung bzw. Abnahme einer bestimmten Leistung (Kaufoption bzw. Verkaufsoption) zu fordern. Für diese – aus Sicht des Käufers nicht bindende – Möglichkeit zahlt der Käufer dem Verkäufer die sog. Optionsprämie. Motive für den Einsatz von Optionen sind die

Absicherung gegen Kurs- oder Zinsschwankungen sowie die Spekulation. Siehe auch → Derivate.

Optionsempfang → Verhaltensweisen

Optionsfixierung → Verhaltensweisen

Ordinal skaliertes Merkmal → Skalierung

Ordinale Nutzentheorie → Nutzenfunktion

Ordinary Least Squares (OLS) → Methode der kleinsten Quadrate

Ordnungspolitik

alle wirtschaftspolitischen Maßnahmen und Aktivitäten, die darauf ausgerichtet sind, eine gewünschte → Wirtschaftsordnung zu verwirklichen oder eine gültige Wirtschaftsordnung zu sichern und auszubauen. Im Mittelpunkt der marktwirtschaftlichen Ordnung (→ Marktwirtschaft) steht die → Wettbewerbspolitik sowie die Organisation des → Marktes, insbesondere des Zugangs zum Markt (Gewerbefreiheit) sowie der Funktionsfähigkeit eines freien Tauschverkehrs aller Marktpartner (→ Konsumentensouveränität). Der Ordnungspolitik sind im weitesten Sinne auch die → Sozialpolitik und speziell die Einkommens- und Vermögenspolitik zuzurechnen. Sie umfaßt auch die → Strukturpolitik bzw. wird sie gelegentlich mit dieser gleichgesetzt.

Ordoliberalismus → Liberalismus

Organisation amerikanischer Staaten (OAS)

Die Organization of American States (OAS) entstand 1948. Ihr gehören 31 lateinamerikanische und karibische Staaten sowie die USA als Vollmitglieder an. 16 weitere Länder (darunter Kanada und Deutschland) haben einen Beobachterstatus. Ziel der OAS ist eine enge politische, wirtschaftliche und kulturelle Zusammenarbeit. Als Sicherheitspakt lehnt die OAS Einmischungen dritter Länder in inneramerikanische Angelegenheiten ab. Zugleich verbietet sie den Mitgliedstaaten jede Einmischung in die Angelegenheiten eines anderen Mitgliedstaates. Organe der OAS sind unter anderem die jährlich tagende Generalversammlung, der Ständige Rat (auf Botschafterebene) und das General Sekretariat mit Sitz in Washington.

Organisation der afrikanischen Einheit (OAU)

Die Organisation de l'Unité Africaine (OUA) bzw. Organization of

Organisation erdölexportierender Länder (OPEC)

African Unity (OAU) wurde 1963 auf einer Konferenz der Staats- und Regierungschefs der unabhängigen Staaten Afrikas in Addis Abeba gegründet. Die grundlegenden Ziele lauten: die Einheit und Solidarität der afrikanischen Staaten zu fördern, ihre Zusammenarbeit und ihre Bemühungen um eine Hebung des Lebensstandards der afrikanischen Völker zu koordinieren, ihre Souveränität, territoriale Integrität und Unabhängigkeit zu verteidigen, alle Arten des Kolonialismus in Afrika auszumerzen sowie die internationale Zusammenarbeit unter Beachtung der Charta der Vereinten Nationen und der allgemeinen Erklärung der Menschenrechte zu fördern.

Organisation erdölexportierender Länder (OPEC)

Die Organization of Petroleum Exporting Countries (OPEC) wurde 1960 von 5 Ländern (Iran, Irak, Kuwait, Saudi-Arabien und Venezuela) mit dem Ziel gegründet, die Erdölpolitik der Mitgliedsländer zu koordinieren, die Interessen der Förderländer zu wahren und ihnen stabile Einkommen zu sichern, sowie die Weltmarktpreise für Erdöl zu stabilisieren. Mittlerweile gehören der OPEC 13 Länder an, die über ca. 70% der Welt-Erdölreserven verfügen. Oberstes Organ der OPEC ist die Konferenz, die mindestens zweimal jährlich zu einer Sitzung zusammentritt.

Organisation für wirtschaftliche Zusammenarbeit und Entwicklung (OECD)

Die Organisation for European Economic Cooperation (OEEC) wurde als „Vorgängerorganisation" der Organisation for Economic Cooperation and Development (OECD) 1948 in Paris gegründet. Ziel war es einen freien Kapital-, Waren- und Dienstleistungsverkehr in Europa bei stabilen Währungen und möglichst hoher nationaler Wirtschaftsproduktivität zu schaffen, um die weltweiten Finanzhilfen zum Wiederaufbau Europas möglichst optimal einsetzen zu können. Als diese Ziele weitgehend erreicht waren bzw. durch andere Organisationen (wie EWG oder EFTA) übernommen wurden kam es zu einer grundlegenden Neuorientierung der OEEC, an deren Ende schließlich 1960 die Gründung der OECD stand. Die OECD ist ein organisatorischer Rahmen für ständige, internationale, wirtschaftspolitische Tagungen. Dieser Informationsaustausch ist einerseits Selbstzweck der Beratungen, gleichzeitig kann er aber auch als Meinungsbildungsfaktor auf die Wirtschaftspolitik der beteiligten Länder zurückwirken. Verbindliche Entscheidungen werden nicht getroffen, es bleibt bei wirtschaftspolitischen „Empfehlungen" an die Mitgliedsländer. Der OECD gehören derzeit 29 marktwirtschaftlich orientierte, westliche

Organisation ohne Erwerbszweck

Industrieländer an, die jeweils eine „Ständige Delegation" für die Beratungen entsenden. Der Sitz der OECD befindet sich in Paris. Folgende Beratungs- und Diskussionsebenen sind zu unterscheiden:
- Rat der OECD: Leitendes Organ, alle Mitgliedsländer werden durch die Leiter der Ständigen Delegationen vertreten;
- Der Exekutivausschuß: vorbereitendes Gremium für die Ratssitzungen.;
- Fachausschüsse: eigentliche Arbeitsebene, auf der sich der Informationsaustausch zwischen den Mitgliedern der Ständigen Delegationen vollzieht;
- Sekretariat: vorbereitendes Gremium für die Sitzungen der Fachabteilungen.

Die OECD hat sich zum Ziel gesetzt, zu einer optimalen Wirtschaftsentwicklung und Beschäftigung sowie einem steigenden Lebensstandard in ihren Mitgliedsstaaten unter Wahrung der finanziellen Stabilität beizutragen, in ihren Mitgliedsstaaten und den Entwicklungsländern das wirtschaftliche Wachstum zu fördern und eine Ausweitung des Welthandels zu begünstigen. Zur Erörterung der dabei auftretenden Fragen hat sich die Arbeit in den Fachausschüssen als besonders effektiv erwiesen. Von besonderer Bedeutung ist dabei die Arbeit des Wirtschaftspolitischen Ausschusses. In diesem Gremium werden zwischen hohen Regierungsvertretern die wirtschaftspolitische Entwicklung in den der OECD angeschlossenen Ländern erörtert. Es wird versucht, die nationalen wirtschafts- und währungspolitischen Entscheidungen aufeinander abzustimmen. Zur Vorbereitung der Ausschußtagungen werden Arbeitsgruppen eingesetzt, die die einzelnen Sachfragen in einem Expertenkreis erörtern.

Organisation ohne Erwerbszweck

Zusammenschluß von → Wirtschaftssubjekten zu einer Institution, die ihre Leistungen überwiegend ohne kostendeckende Entgelte abgibt und sich hauptsächlich durch freiwillig erbrachte Beiträge, Spenden und Zuschüsse finanziert. Unterschieden wird zwischen privaten Organisationen, die entweder (wie Kirchen, Gewerkschaften, politische Parteien und Stiftungen) im Dienst → privater Haushalte stehen oder (wie Arbeitgeber- und Wirtschaftsverbände, Industrie- und Handelskammern) den Zielen von → Unternehmen dienen, einerseits und öffentlichen Organisationen andererseits, die sich typischerweise wissenschaftlichen (wie Forschungs- und Versuchsanstalten) oder kulturellen Zwecken widmen. In der → Sozialproduktsrechnung werden die genannten Organisationen entweder separat ausgewiesen oder dem → Sektor zugerechnet, für den sie überwiegend tätig sind.

Organisationsprinzipien sozialer Ordnung

Im allgemeinen werden drei Organisationsprinzipien unterschieden:

1. Freiwillige Versicherung oder Pflichtversicherung

Eine freiwillige Versicherung ist dann angebracht,
- wenn privater Versicherungsschutz ohne Risikoausschlüsse angeboten wird,
- wenn die vom Risiko Bedrohten die Versicherungsprämien aufbringen können und
- wenn sie eigeninitiativ ausreichende Versicherungsverträge abschließen.

Da eine oder mehrere dieser Bedingungen bei den Risiken Unfall, Krankheit, Alter, Tod und Arbeitslosigkeit nicht erfüllt sind, beruhen fast alle → Systeme sozialer Sicherung auf der Versicherungspflicht und der Ergänzung der Beitragsfinanzierung durch Arbeitgeberbeiträge und Staatszuschüsse. Einen Mittelweg zwischen freiwilliger und Zwangsmitgliedschaft wird bei den Systemen beschritten, die nur bis zu einer bestimmten Einkommenshöhe die Pflichtversicherung vorschreiben, wie dies z.B. bei der → gesetzlichen Krankenversicherung der Fall ist.

2. Mehrgliedrige oder Einheitsversicherung

Mehrgliedrige Sicherungssysteme können – wie das der Bundesrepublik Deutschland – nach Versicherungsarten und/oder sozialen Gruppen bzw. verschiedenen Berufständen unterteilt sein. Einheitsversicherungen – wie in der ehemaligen DDR – umfassen alle Arbeitnehmergruppen und decken alle Standardrisiken ab. Mehrgliedrige Systeme können dann von Nachteil sein, wenn sie zu Zersplitterung und Überschneidung der Zuständigkeit führen. Ihre Leistungsfähigkeit kann bei Veränderung der Beschäftigungsstruktur gefährdet werden. Vorteile mehrgliedriger Systeme liegen in der Verwirklichung der Selbstverwaltung durch die Versicherten und in den größeren Möglichkeiten unterschiedlicher Ausgestaltung der verschiedenen Einrichtungen entsprechend den unterschiedlichen Bedürfnissen sozialer Gruppen.

3. Wettbewerb der Versicherungen oder Versicherungsmonopole

Monopole bestimmter Versicherungsträger sind unentbehrlich, wenn neben den Sicherungszielen noch andere, vor allem Umverteilungsziele angestrebt werden. Bei solchen Monopolen besteht aber wegen des fehlenden Wettbewerbs die Gefahr von Innovationsverlusten, des Fehlens von Leistungsanreizen, die Gefahr von Bürokratisierung. In Deutschland existiert im Bereich der Krankenversicherung für Angestellte und Beamte ein begrenzter Wettbewerb.

Output

Produktionsergebnis in Form von Sachgütern und Dienstleistungen.

Output-Regel → Gewinnmaximierung

Outright-Geschäfte

– auch als Sologeschäfte bezeichnet – Termingeschäfte ohne gleichzeitigen Abschluß eines Kassagechäftes als Gegengeschäft. Derartige Outright-Geschäfte werden oftmals von Exporteuren oder Importeuren abgeschlossen, die eine sichere Kalkulationsbasis für später fällige → Devisen erreichen wollen. Vgl. auch → Swap.

Outside money → Außengeld

P

Paasche-Index → Preisindex

Panel

statistische Erhebungsmethode, bei der über einen Zeitraum hinweg immer wieder dieselben Personen, Unternehmen oder sonstige Erhebungseinheiten über bestimmte Tatbestände befragt werden. Den organisatorischen Problemen eines Panels steht der große Vorteil gegenüber, daß daraus über die Veränderungen im Zeitablauf (z. B. über die Zahl der individuellen Wechsel zwischen Erwerbstätigkeit und Arbeitslosigkeit, individuelle Dauer des jeweiligen Status etc. als Maßzahlen für die → Arbeitsmarktdynamik) wesentlich mehr und bessere Informationen gewonnen werden können als beim Vergleich zweier Querschnittdaten zu verschiedenen Zeitpunkten (z. B. reiner Vergleich der jahresdurchschnittliche Arbeitslosenzahlen 1999 und 1998).

Parafisci

Körperschaften zwischen dem privaten und dem öffentlichen Bereich. Zur Abgrenzung von privaten Institutionen kann die Wahrnehmung öffentlicher Aufgaben und die Verfügung über eigene Finanzquellen mit Zwangscharakter herangezogen werden. Häufig sind eine beamtenähnliche Stellung ihrer Beschäftigten und eine selbständige Rechnungslegung zusätzliche Merkmale dieser Körperschaften. In Deutschland zählen zu den Parafisci etwa die Träger der Sozialversicherungen, Kreditfonds (→ ERP-Sondervermögen des Bundes) und Berufsvertretungen wie etwa → Industrie- und Handelskammern, Handwerkskammern, Landwirtschaftskammern.

Parallelverhalten → Oligopol

Parikurs

gegenseitige → Parität. Bei vollkommenem Markt zustande gekommenes Austauschverhältnis zwischen zwei Währungen(z. B. DM und hfl), deren jeweilige → Parität in Werteinheiten einer dritten Währung (z. B. US-$) aufrechterhalten wird.

Pariser Klub

Gremium westlicher Gläubigerländer zur Verhandlung von Verschuldungsproblemen einzelner Länder, insbesondere zur Konditionenerleichterung und Umschuldung von staatlichen oder

Parität

staatlich garantierten Krediten. Tagungsort ist Paris.

Parität

Der Begriff der Parität wird in verschiedenen Zusammenhängen verwendet. Man unterscheidet insbesondere:
1. die Einkommensparität als Gleichheit der Einkommensverhältnisse,
2. die → Kaufkraftparität als Maßzahl für das Verhältnis der Kaufkraft zweier Währungen und
3. die Währungsparität als das von Währungsbehörden festgesetzte Austauschverhältnis zwischen einer Währung und anderen (monetären) Aktiva (→ Wechselkurs).

Partialanalyse

Methode der Volks- und Betriebswirtschaftslehre, Zusammenhänge aus der ökonomischen Realität durch Beschränkung auf die jeweils relevanten Teilaspekte in Modellen abzubilden und zu erklären. Besonders relevant ist in diesem Zusammenhang die sogenannte Ceteris-paribus-Klausel, die Annahme, daß jeweils alle nicht untersuchten Umstände bzw. Größen sich nicht verändern sollen.

Passive Arbeitsmarktpolitik

umfaßt alle arbeitsmarktpolitischen Maßnahmen, die helfen, die finanziellen Einbußen arbeitslos gewordener Personen abzufedern. Insofern besteht sie im wesentlichen in der Gewährung von → Lohnersatzleistungen im Rahmen der → Arbeitslosenversicherung.

Patent

vom Staat verliehenes Schutzrecht für eine technische Erfindung, welches dem Patentinhaber für eine bestimmte Zeit die ausschließliche Nutzung der Erfindung sichert.

Pauschalsteuer → Kopfsteuer

Pay-as-you-use-Prinzip

Nach diesem Prinzip sollen Aufwendungen für staatliche Leistungen, die über mehrere Generationen genutzt werden können, über Kredite finanziert und im Zuge der Rückzahlung auf die Generationen verteilt werden. Dahinter steht die Vorstellung, daß der Schuldendienst von den zukünftigen Generationen über Steuern aufgebracht werden muß und diese Steuererhebung eine Belastung darstellt, die den Nutzen aus der Inanspruchnahme der in den Vorperioden erstellten staatlichen Leistungen entspricht (zeitliche Lastverschiebung).

Pensionskasse

wird von einem oder mehreren Unternehmen als außerbetriebliche Einrichtung gegründet und dient der Gewährung von Leistungen im Rahmen der → betrieblichen Altersversorgung. In den Genuß der Versorgungsleistungen dürfen nur Mitarbeiter des Unternehmens bzw. deren Angehörige kommen. Die Beiträge zur Pensionskasse werden von der Unternehmung aufgebracht, die Arbeitnehmer können daran beteiligt sein (→ Betriebliche Altersversorgung).

Pensionsrückstellungen

können als Sonderfall einer ungewissen Verbindlichkeit betrachtet werden, die aus laufenden Renten ehemaliger Mitarbeiter und aus Anwartschaften auf Altersversorgung aktiver Mitarbeiter entsteht. Pensionsrückstellungen sind gemäß § 6a EStG bei der → Einkommensteuer und der → Körperschaftsteuer steuerlich begünstigt (→ betriebliche Altersversorgung).

Permanente Einkommenshypothese

unterstellt, daß die Konsumausgaben der → privaten Haushalte sich nicht am aktuellen, sondern an dem über einen längeren Zeitraum im Durchschnitt erwarteten → Einkommen orientieren. Während die transitorischen Teile von Einkommen und Konsum schwanken und auch negativ sein können, ist der permanente Konsum ein konstanter Teil des → Permanenten Einkommens. Trifft die permanente Einkommenshypothese zu, so stabilisiert dies den Wirtschaftsablauf und dämpft die Konjunkturbewegungen. Indes würde dann auch eine vorübergehende Steuersenkung oder -erhöhung zum Zwecke der Konsumnachfragebeeinflussung im Rahmen der → Konjunkturpolitik nur wenig oder gar keine Wirkung zeigen. Der in der keynesianischen Theorie bedeutsame Multiplikatoreffekt existiert dann nicht. Begründer der permanenten Einkommenshypothese ist *M. Friedman*, der auch für die → Geldnachfrage eine Abhängigkeit vom permanenten Einkommen unterstellt. Vgl. → Makroökonomische Konsumfunktion.

Permanentes Einkommen

von *M. Friedman* als Bestimmungsgröße für die Konsumnachfrage sowie für die → Geldnachfrage zugrunde gelegtes → Einkommen, welches die Einkommenssituation der → Wirtschaftssubjekte über langfristige Zeiträume widerspiegeln soll. Vgl. → permanente Einkommenshypothese.

Persistenz

Effekt, der – ebenso wie die → Hysteresis – im Zusammenhang mit dem Konzept der → inflationsstabilisierenden bzw. „natürlichen" Arbeitslosenquote diskutiert und durch → Insider-Out-

Personalkosten

sider-Modelle begründet wird. Dabei kommt es zu einem Verharren der Arbeitslosigkeit auf einem einmal erreichten Niveau, verbunden mit einer nur schwachen Bewegung zu der gleichgewichtigen (natürlichen) Arbeitslosenquote.

Personalkosten → Lohnkosten

Personelle Einkommensverteilung

Zusammenfassung der → Einkommen von Personen oder → privaten Haushalten zu Größenklassen. Eine solche Einkommensschichtung läßt vor allem erkennen, daß und in welchem Maße das → Volkseinkommen ungleichmäßig verteilt ist. Siehe auch → Lorenz-Kurve.

Personen im erwerbsfähigen Alter

alle Personen, die sich im Alter zwischen 15 und 65 Jahren befinden. Bei diesem Begriff ist es völlig unerheblich, ob sich Personen am Erwerbsleben tatsächlich beteiligen oder beteiligen wollen. Die Zahl der Personen im erwerbsfähigen Alter ist die Basiszahl für die Ermittlung der spezifischen → Erwerbsquote.

Persönliche Ausgabensteuer

– auch als Expenditure Tax bezeichnet – Besteuerungskonzept, bei dem die Konsumausgaben der privaten Haushalte direkt als Bemessungsgrundlage herangezogen werden. Dazu muß der Jahreskonsum eines Haushaltes festgestellt und der Besteuerung unterworfen werden. Die persönliche Ausgabensteuer unterscheidet sich von der indirekten Verbrauchsteuer, z. B. der Umsatzsteuer, weil sie unmittelbar an den privaten Haushalten ansetzt und damit die persönliche Leistungsfähigkeit des steuerpflichtigen Haushaltes berücksichtigen kann. Außerdem wäre eine progressive Besteuerung (→ Progression) möglich, während die indirekte Besteuerung des Konsums durch die Umsatzsteuer regressive Wirkungen aufweist. Da die Umsetzung dieser Konzeption allerdings mit technischen Problemen bei der direkten Erfassung der Konsums verbunden ist, wurde sie bisher kaum verwirklicht; sie wurde nur vorübergehend in Indien und Sri Lanka praktiziert.

Persönliche Entgeltpunkte → Rentenformel

Perzentil → Quantil

Pfandbrief

festverzinsliches → Wertpapier, das von privaten Realkreditinstituten, von Landesbanken und Girozentralen oder von öffentlich-rechtlichen Kreditanstalten ausgegeben wird. Die Laufzeit der Pfandbriefe soll die Laufzeit von Hypothekendarlehen nicht wesentlichen überschreiten; sie beträgt im allgemeinen 10 bis 15 Jahre, oft auch weniger. Pfandbriefe gehören zu den → Bankschuldverschreibungen.

Pflegeversicherung

seit 1994 neben der → gesetzlichen Unfall-, der → gesetzlichen Kranken-, der → gesetzlichen Renten- und der → Arbeitslosenversicherung fünfte Säule des deutschen → Systems der sozialen Sicherung.

a) Kreis der Versicherten

Fast die gesamte Bevölkerung wird gegen das Risiko der Pflegebedürftigkeit versichert. Pflichtversichert sind alle gesetzlich Krankenversicherten, ferner Arbeitslose, Rentner, Behinderte und Studenten. Nichterwerbstätige Ehepartner und Kinder sind beitragsfrei mitversichert. Die nicht pflichtversicherte Bevölkerungsteile sind zum Nachweis einer gleichwertigen privaten Pflegeversicherung verpflichtet.

b) Leistungen

Leistungsberechtigt sind versicherte, pflegebedürftige Personen, also Personen, die wegen einer Krankheit oder einer Behinderung für die gewöhnliche und regelmäßig wiederkehrenden Verrichtungen des täglichen Lebens auf Dauer in erheblichem Maße der Hilfe bedürfen. Die Pflegebedürftigen werden dabei in drei Gruppen unterteilt:
- Pflegestufe I umfaßt erheblich Pflegebedürftige mit einem einmaligen, täglichen Hilfebedarf,
- Pflegestufe II umfaßt Schwerpflegebedürftige mit einem dreimaligen, täglichen Hilfebedarf,
- Pflegestufe III umfaßt Schwerstpflegebedürftige mit einem Pflegebedarf „rund um die Uhr".

Je nachdem, ob ambulante, teilstationäre oder stationäre Behandlung notwendig ist, variieren die Leistungen der Versicherung. Bei ambulanter Pflege werden ein Pflegegeld in Höhe von 400/800/1.300 DM monatlich je nach Pflegestufe oder Pflegesachleistungen (Grundpflege und hauswirtschaftliche Versorgung) in Höhe von 750/1.800/2.800 DM monatlich sowie eine Urlaubsvertretung bis zu vier Wochen im Wert bis zu 2.800 DM gewährt. Es ist möglich, Geld- und Sachleistungen zu kombinieren. Bei stationärer Pflege werden die pflegebedingten Aufwendungen bis zu 2.800 DM monatlich als Sachleistung erbracht. Weitere wichtige Leistungen sind die unentgeltliche Teilnahme von Angehörigen und ehrenamtlichen Pflegepersonen an Pflegekursen, die Berücksichtigung der Tätigkeit häuslicher Pflegekräfte bei der → gesetzlichen Rentenversicherung, wobei die Pflegeversicherung die nach der Pflegestufe gestaffelten Rentenbei-

Phasendurchschnittsverfahren

träge übernimmt und schließlich die Einbeziehung der Pflegekräfte in die gesetzliche → Unfallversicherung. Die Pflegeversicherung soll nur eine Grundversorgung im Regelfall sichern. Zusätzliche private Vorsorge wird als → Sonderausgabe anerkannt, so daß eine freiwillige Pflege-Zusatzversicherung im Rahmen der Vorsorgeaufwendungen in Höhe von 360 DM pro Person und Jahr für geltend gemacht werden kann.

Ambulante Leistungen	12,8
davon: Pflegegeld	8,5
Pflegesachleistungen	3,3
Soziale Sicherung des Pflegepersonals	2,5
Stationäre Leistungen	12,6
Medizinischer Dienst	0,4
Verwaltungskosten	1,0

Leistungen der Pflegeversicherung 1997 in Mrd. DM

c) Träger und Finanzierung

Träger der Pflegeversicherung sind die Pflegekassen, die unter dem Dach der → gesetzlichen Krankenversicherung verwaltet werden. Sie wird durch Beiträge, die je zur Hälfte von Arbeitnehmern und Arbeitgebern aufgebracht werden, finanziert. Nicht erwerbstätige Ehegatten und Kinder sind beitragsfrei mitversichert. Bei den Rentnern übernimmt die Hälfte des Beitragssatzes die → Rentenversicherung. Den Beitrag für die Bezieher von → Arbeitslosengeld, → Arbeitslosenhilfe, u.ä. leistet die Bundesanstalt für Arbeit. Wie bei der → gesetzlichen Rentenversicherung wird auch bei der Pflegeversicherung das → Umlageverfahren angewendet.

Phasendurchschnittsverfahren
→ Saisonbereinigungsverfahren

Phillips-Kurve

von dem englischen Nationalökonomen *A. W. Phillips* für England im Zeitraum 1861–1913 ermittelter negativer Zusammenhang (→ trade-off) zwischen den Änderungen der Nominallöhne und der → Arbeitslosigkeit. Die theoretische Erklärung der Phillips-Kurve erfolgt typischerweise durch die → Bargaining-Theorie sowie durch die → Allgemeine Markttheorie. Statt der urspünglichen, d.h. von Phillips selbst ermittelten Kurve wird vielfach mit der modifizierten Phillips-Kurve argumentiert, die sämtliche Kombinationen von → Inflationsraten und Arbeitslosenquoten abbildet. Empirische Untersuchungen haben hier indes keine längerfristig stabile Beziehung erkennen lassen. Siehe auch → Inflationsstabilisierende Arbeitslosenquote bzw. → Natürliche Arbeitslosigkeit.

Pigou-Effekt

→ Vermögenseffekt, den *A. C. Pigou* der keynesianischen Vorstel-

Pigou-Effekt

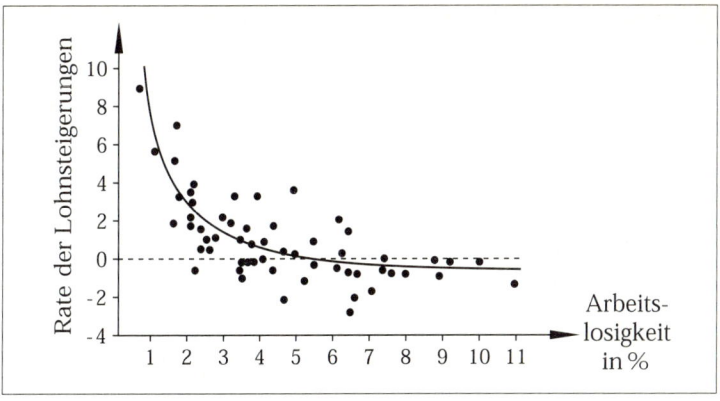

Ursprüngliche Phillips-Kurve

lung eines → Unterbeschäftigungsgleichgewichts entgegenhielt. Danach erhöht sich im Zuge der bei einem Rückgang der Gesamtnachfrage und der Beschäftigung einsetzenden Preis- und Lohnsenkung der Realwert der Geldvermögensbestände der → privaten Haushalte. Aufgrund der Abhängigkeit der Konsumausgaben von der Höhe des Realvermögens steigt die Konsumnachfrage; daraus folgt eine Tendenz, zum Vollbeschäftigungsgleichgewicht zurückzukehren. Da auch *G. Haberler* auf diesen Mechanismus hinwies, spricht man bisweilen vom *Haberler-Pigou*-Effekt. Nachdem das Sparen die Alternative zum Konsum ist, impliziert die Auffassung, daß die Konsumausgaben (auch) eine Funktion des → Vermögens sind, zwangsläufig eine Abhängigkeit des Sparens vom Vermögen; für diesen – als negativ unterstellten – Zusammenhang hat *L. A. Metzler* die Bezeichnung Vermögens-Spar-Relation (Wealth-Saving-Relation) geprägt. Die Kritik am Pigou-Effekt richtet sich vor allem darauf, daß evtl. Preissenkungserwartungen, aufgrund derer die Wirtschaftssubjekte geplante Käufe von Konsumgütern zurückstellen (und so zu einer Verstärkung des Kontraktionsprozesses beitragen), negiert werden. Außerdem steigt bei Preissenkungen auch der Realwert der Schulden, was den expansiv wirkenden Pigou-Effekt kompensieren kann. Der Pigou-Effekt wurde später zum → Realkassenhaltungseffekt weiterentwickelt. Siehe auch → Saysches Theorem. Der Pigou-Effekt setzt voraus, daß der Geldbestand einer → Volkswirtschaft Nettovermögen darstellt. Die Diskussion über diese Frage ist noch im Gan-

Plänekompatibilität

ge. Siehe → Außengeld, → Innengeld.

Plänekompatibilität → Marktgleichgewicht

Planification

in Frankreich vor allem in den 70er und 80er Jahren praktizierte → Wirtschaftspolitik, die durch einen Dualismus von → Zentralverwaltungs- und → Marktwirtschaft, speziell von Rahmenplanung und Wettbewerb gekennzeichnet ist. Der „Plan" wird im Gegensatz zu zentralverwaltungswirtschaftlichen System nicht imperativ, sondern indikativ (also unverbindlich leitend) begriffen; mit ihm werden vor allem die wirtschaftspolitischen Ziele für die jeweilige Planperiode aufgezeigt. Die Planification ist verwandt mit der auch in Deutschland früher praktizierten → Globalsteuerung.

Planwirtschaft → Zentralverwaltungswirtschaft

Policy mix

gleichzeitiger Einsatz mehrerer wirtschaftspolitischer Instrumente. Angenommen, es bestehe Unterbeschäftigung bei defizitärer Devisenbilanz. Über eine expansive → Fiskalpolitik ließe sich nun etwa das inländische → Einkommen erhöhen (mit dem Nebeneffekt einer sich verschlechternden → Leistungsbilanz). Der gleichzeitige Einsatz einer kontraktiven → Geldpolitik könnte einen Anstieg des inländischen Zinsniveaus bewirken, wodurch Kapitalimporte ausgelöst werden, die zum Zahlungsbilanzausgleich führen. Siehe auch → Diktat der Zahlungsbilanz.

Politikineffizienz

Aus der Annahme rationaler → Erwartungen ergeben sich, zumindest wenn man rationale mit „korrekten" Erwartungen gleichsetzt, wichtige Schlußfolgerungen. Insbesondere werden dann die → Wirtschaftssubjekte die geplanten wirtschaftspolitischen Maßnahmen richtig antizipieren, d. h. ihr Verhalten danach ausrichten. Staatliche Stabilisierungspolitik ist dann weder nützlich, wie von Vertretern des → Keynesianismus behauptet, noch schädlich, wie von Anhängern des → Monetarismus unterstellt, sondern selbst kurzfristig einfach wirkungslos. Expansive Politik erhöht allenfalls die Inflationsrate und stellt insofern einen Störfaktor dar. Sie kann nur bei Informationsvorsprüngen der wirtschaftspolitischen Instanzen oder überraschenden Maßnahmen Erfolg haben. Ökonometrische Modelle sind zur Vorhersage der Wirkungen wirtschaftspolitischer Maßnahmen ungeeignet, weil jede solche Maßnahme die Erwartungen der Wirtschaftssubjekte, damit ihr

Verhalten und folglich die Parameter des Modells ändert. Die Diskussion der rationalen Erwartungen geht auf *J. F. Muth* zurück, der die Idee zunächst auf Kreditmärkte anwandte. Vor allem *R. E. Lucas, T. J. Sargent, N. Wallace* und *R. J. Barro* verknüpften die Annahme rationaler Erwartungen mit klassischen preistheoretischen Hypothesen und schufen damit die → neue klassische Makroökonomik.

Politikversagen → Politikineffizienz

Polypol

→ Marktform, bei der sich viele kleine Anbieter und viele kleine Nachfrager einander gegenüberstehen. Bei → Vollkommenheit des Marktes spricht man auch von vollständiger Konkurrenz, bei Unvollkommenheit des Marktes von unvollständiger oder monopolistischer Konkurrenz.

Beim vollkommenen Polypol wählt der einzelne Anbieter wegen seines geringen Marktanteils die → Verhaltensweise der Mengenanpassung an den für ihn gegebenen Marktpreis, wobei er davon ausgehen kann, daß Variationen der eigenen Angebotsmenge keine spürbaren Auswirkungen auf den Marktpreis haben werden. Bei → Gewinnmaximierung legt er seine individuelle Angebotsmenge so fest, daß der Marktpreis seinen → Grenzkosten entspricht. Da der Marktpreis zudem

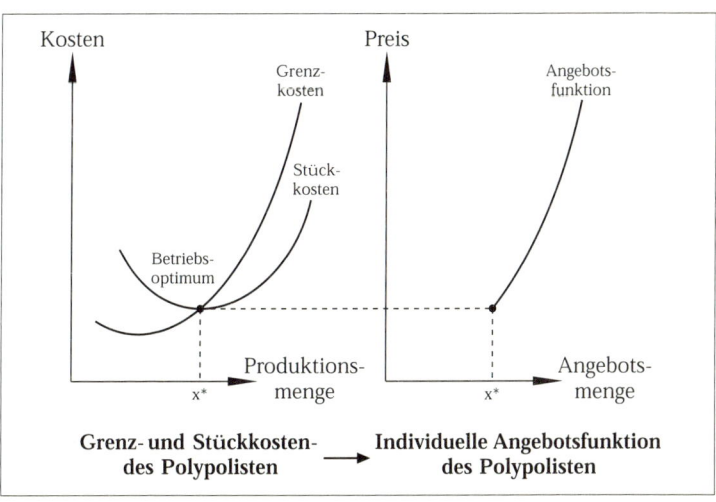

Angebotsfunktion beim vollkommenen Polypol

Polypol

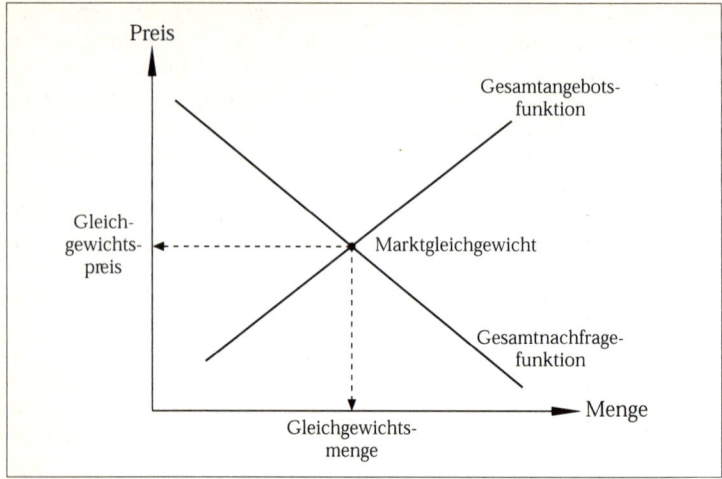

Marktgleichgewicht beim vollkommenen Polypol

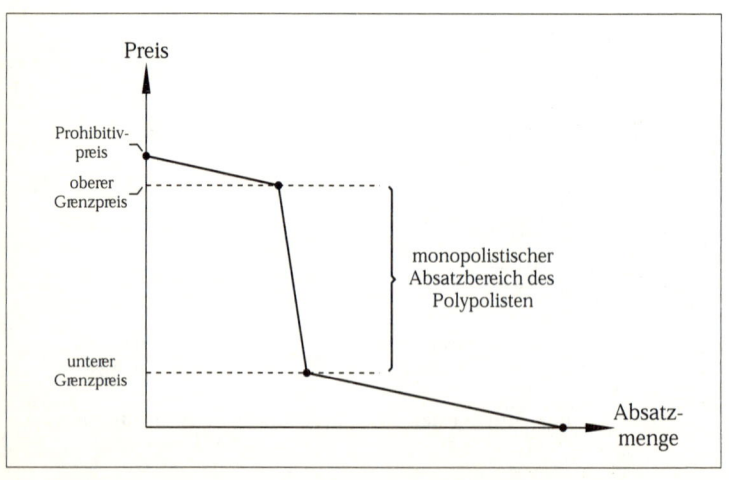

Individuelle Preisabsatzfunktion beim unvollkommenen Polypol

mindestens seine → Stückkosten decken muß, ist seine individuelle → Angebotsfunktion seine Grenzkostenkurve ab dem → Betriebsoptimum. Durch Aggregation (mengenmäßiger Addition) der individuellen Angebotsfunktionen aller Anbieter entsteht die Gesamtangebotsfunktion, die im Zusammenspiel mit der gesamten → Nachfragefunktion nach dem Gut den Marktpreis und die zu diesem Preis gehandelte Menge bestimmt. Solange der Marktpreis höher als die individuellen Durchschnittskosten ist, d.h. über dem Betriebsoptimum liegt, entstehen Gewinne, die tendenziell neue Anbieter anlocken, so daß der Marktpreis durch die Vermehrung des Angebots langfristig auf die durch das Betriebsoptimum gekennzeichnete Preisuntergrenze fallen wird.

Beim Polypol auf dem unvollkommenen Markt besitzt die → Preis-Absatzfunktion des einzelnen Anbieters durch die dort bestehenden Präferenzen einen sogenannten monopolistischen Absatzbereich zwischen einem oberen und einem unteren Grenzpreis. Innerhalb dieses Bereiches werden Preiserhöhungen von seiner Stammkundschaft mit nur geringen Nachfragerückgängen „bestraft". Oberhalb des oberen Grenzpreises verliert er seine Stammkundschaft dagegen schnell an die Konkurrenz, unterhalb des unteren Grenzpreises kann er Stammkunden seiner Konkurrenten hinzugewinnen, worauf er wegen seiner geringen Betriebsgröße aber verzichtet. Auf diese Weise werden die einzelnen Anbieter ihre Preise mit hoher Wahrscheinlichkeit jeweils innerhalb ihres monopolistischen Ansatzbereichs festlegen, so daß Preisunterschiede wegen der bestehenden Präferenzen zwar möglich sind, aber typischerweise nicht allzu hoch ausfallen.

Die Bedeutung des Polypols besteht vor allem in seiner Funktion als wettbewerbspolitisches Leitbild, da hier keine überhöhten Preise gefordert werden können, und der einzelne Anbieter seinen Marktanteil nur durch Reduktion seiner Grenzkosten oder durch Schaffung bzw. Ausbau persönlicher Präferenzen erhöhen kann. Auf diese Weise entsteht trotz mehr oder weniger einheitlicher Preise der Konkurrenten eine hohe Wettbewerbsintensität hinsichtlich der Einführung von → technischem Fortschritt sowie Qualitäts- und Serviceverbesserungen zum Nutzen der Nachfrager.

Popitzsches Gesetz von der Anziehungskraft des zentralen Etats

Johannes Popitz unterstellte aus verschiedenen Gründen, daß in einem föderativen System Aufgabenhoheit und Finanzvolumen der zentralen Instanz in Relation zu den anderen Gebietskörperschaften im Zeitablauf zunehmen. Die Gültigkeit des Popitzschen Gesetzes läßt sich in der Vergangenheit auch in Deutschland beobachten.

Portfolioinvestitionen

Kapitalbewegungen in Form von Wertpapieranlagen, die im Gegensatz zu → Direktinvestitionen keine intensive, anhaltende Einflußnahme auf das betroffene Zielunternehmen bezwecken.

Portfolio-Modelle → Wechselkurstheorien

Portfolio-Selection-Theorie → Portfoliotheorie

Portfoliotheorie

Theorieansatz zur Bestimmung von Kriterien zur optimalen Zusammensetzung des → Vermögens. Im Bereich der → Geldtheorie läßt sich dieses Konzept letztlich auf Keynes' → Liquiditätspräferenztheorie zurückführen. Entscheidende Beiträge zur Weiterentwicklung lieferten Ende der 50er Jahre vor allem *J. R. Hicks, H. M. Markowitz* und *J. Tobin.* Das besondere Augenmerk dient dabei der Unsicherheit der Erträge aus den verschiedenen in Frage kommenden Aktiva und der Einstellung der einzelnen → Wirtschaftssubjekte zum Risiko bei der Anlageentscheidung. Die Portfoliotheorie wird mittlerweile in den verschiedensten Gebieten der Wirtschaftstheorie eingesetzt, insbesondere in der Geldtheorie (→ Theorien der Portfoliowahl). Die grundsätzliche Methodik der Portfoliotheorie sei im folgenden anhand einer sehr einfachen Entscheidungssituation kurz erläutert: Ein Wirtschaftssubjekt stehe vor dem Problem, einen verfügbaren Betrag für ein Jahr optimal anzulegen. Als mögliche Anlageformen existieren lediglich Kasse und festverzinsliche Wertpapiere. Die Kassenhaltung ist zinslos, während Wertpapiere einen, wenngleich unsicheren Ertrag erbringen (die Unsicherheit ergibt sich aus eventuellen Kursschwankungen). Entscheidungskriterien bei der Bestimmung der optimalen Portfoliostruktur sind nun der Erwartungswert der Rendite des Gesamtvermögens und die Standardabweichung (d.h. die Streuung der möglichen Renditewerte um den erwarteten Gesamtertrag) als Maß für das Risiko, das mit der gewählten Portfoliostruktur verbunden ist. Zu ermitteln ist der Anteil festverzinslicher Wertpapiere am Gesamtvermögen, bei dem der Nutzen des Anlegers maximal wird. Dabei wird unterstellt, daß der Gesamtnutzen des Anlegers mit der erwarteten Rendite zunimmt, während der Einfluß des Risikos von der subjektiven → Risikoeinstellung abhängt. Weiterentwicklungen dieses einfachen Ansatzes berücksichtigen andere Entscheidungskriterien, vor allem aber zusätzliche Anlagemöglichkeiten wie Termin- und Spareinlagen, Obligationen, Investmentfonds-Anteile, Aktien etc. Die Theorie der portfolio selection versucht dann, für ein erweitertes Spektrum die optimale Mischung hinsichtlich erwartetem Ertrag und Risiko aus der Sicht des Anlegers zu bestimmen. Mit Hilfe der Portfolioanalyse lassen sich auch die Vorteile der Diversifikation der Anlagewerte zeigen. Das Ziel der Risikoverminderung kann durch Diversifikation indes nur erreicht werden, wenn es sich bei den Anlagen jeweils um Aktiva handelt, deren Erträge sich möglichst unabhängig voneinander bzw. im Idealfall gegenläufig entwickeln. Sind die Risiken von Vermögensobjekten negativ korreliert, so bewirkt eine Aufteilung des Vermögens auf diese Objekte, daß das Gesamtrisiko des Portfolios kleiner ist als die (mit den jeweiligen Anteilen der Objekte am Gesamtportfeuille gewichtete) Summe der Einzelrisiken. Bei vollständig negativer Korrelation der Einzelrisiken läßt sich durch eine ausgewogene Mischung das Gesamtrisiko (theoretisch) sogar völlig ausschalten.

Postkeynesianismus

Dieser Ansatz der → makroökonomischen Theorie geht auf Mitarbeiter und Schüler von *Keynes* zurück, die in der → Keynesianisch-neo-klassischen Synthese (sie bezeichneten diese auch als „Bastard-Keynesianismus") eine Um- und Fehldeutung der ursprünglichen Keynesschen Ideen sahen. Die Postkeynesianer, die sich in der Tradition der „wahren Keynes-Interpretation" sehen, obwohl sie keine eindeutig abgrenzbare, homogene Gruppe bilden, versuchen allgemein, eine größere Realitätsnähe ökonomischer Theorie durch den Einbezug historischer, institutioneller und wirtschaftssystemtypischer Gegebenheiten zu erreichen. Gemeinsam ist ihnen, daß sie beispielsweise angesichts oligopolistischer Preissetzung von Großunternehmen, der ständigen Expansion internationaler Konzerne und ähnlichen Entwicklungen neo-klassisch konzipierte Konkurrenz- und Gleichgewichtsmodelle zur Erklärung der Realität für ungeeignet halten. Der Postkeynesianismus begreift sich vielmehr als Theorie des permanenten Ungleichgewichts. Zentrale Elemente sind die Unsicherheit ökonomischer Entscheidungen, insbesondere der unternehmerischen Investitionsentscheidungen. Dies wurde zwar bereits von Keynes betont, ging im traditionellen → Keynesianismus indes weitgehend verloren. Ein weiterer wichtiger Theoriebaustein ist die Rolle der Zeit. Wirtschaftspläne von Anbietern und Nachfragern können üblicherweise nicht gleichzeitig aufgestellt werden. Dies bedingt eine

Potentialerwerbsquote

gegenseitige Abhängigkeit der → Märkte in Form einer zeitlichen Aufeinanderfolge (Dependenz). Schließlich unterstellen Postkeynesianer die Preisbildung auf den Märkten durch oligopolistische Preisfixierer nach einem Normalkostenprinzip. Ein solches Preisbildungsprinzip ergibt mithin → neben der Unsicherheit → eine weitere Begründung für die beobachtbaren Preisstarrheiten. Die Konsequenzen des Postkeynesianismus für die Beschäftigungspolitik sind nicht eindeutig. Zum Teil befürworten Postkeynesianer größere Kontrollen im Bereich der privaten Investitionen, der Finanzierung und der internationalen Kapitalströme. Teilweise befürworten sie auch die herkömmliche keynesianische Globalpolitik mit den Mitteln der Geld-, Fiskal- und Einkommenspolitik. Wissenschaftlich ist der Postkeynesianismus unter anderem mit den Namen *P. Davidson, N. Kaldor, M. Kallecki, J. A. Kregel, H. P. Minskj, J. Robinson* und *G. L. S. Shackle* verbunden.

Potentialerwerbsquote

als Quotient des → Erwerbspersonenpotentials und der Personen im → erwerbsfähigen Alter definierte Maßzahl zur Beschreibung des potentiellen → Erwerbsverhaltens einer Bevölkerung. Im Gegensatz zu den → Erwerbsquoten, die auf die tatsächliche Erwerbsbeteiligung abstellen, ist die Potentialerwerbsquote ein Maß dafür, wie stark sich die Bevölkerung im erwerbsfähigen Alter gerne unter günstigsten Arbeitsmarktbedingungen am Erwerbsleben beteiligen würde. Da sie im Zähler das Erwerbspersonenpotential enthält, kann sie statistisch nicht exakt ermittelt, sondern nur geschätzt werden, ist aber wegen der Unzulänglichkeit der Zahl der → Erwerbspersonen als Maß für das → gesamtwirtschaftliche Arbeitsangebot aussagekräftiger.

Potentialorientierte Kreditpolitik

→ Geldpolitische Strategien

Prebisch-Singer-These

von *R. Prebisch* und *H. Singer* aufgestellte These, nach der die säkulare Verschlechterung der → terms of trade im Handel mit den Industriestaaten eine primäre Ursache der Unterentwicklung der → Entwicklungsländer darstellt. Prebisch und Singer verwiesen dabei auf die unterschiedliche Preisentwicklung für Rohstoffe und Agrarprodukte einerseits sowie für industrielle Produkte andererseits.

Preferred-Habitat-Theory

von *F. Modigliani* und *R. Sutch* entwickelte Theorie zur Erklärung der zeitlichen → Zinsstruktur, die Elemente der → Erwartungs-, der

→ Liquiditätsprämien- und der → Marktsegmentationstheorie miteinander verbindet.

Preis

in Geldeinheiten ausgedrückter Wert eines Gutes. Durch die Bewertung verschiedener Güter mit ihren Preisen werden diese erst vergleichbar und können so beispielsweise in der Berechnung des → Bruttoinlandsprodukts zusammengefaßt werden.

Preis-Absatzfunktion

Wählt ein Anbieter eines Gutes von den ihm zur Verfügung stehenden → Verhaltensweisen die Preisfixierung, gibt die Preis-Absatzfunktion an, welche Menge seines Gutes er jeweils bei dem von ihm festgesetzten Preis absetzen kann. Die Preis-Absatzfunktion ist insbesondere beim → Monopol, beim → Teilmonopol und beim → Polypol auf dem unvollkommenen Markt relevant.

Preisbereinigung → Deflationierung

Preis-Bezugsfunktion

Pendant zur → Preis-Absatzfunktion, der v.a. bei der Marktform des → Monopsons relevant ist.

Preisbildung

Zustandekommen des → Preises eines Gutes oder Produktionsfaktors. Die Art der Preisbildung hängt entscheidend von der jeweiligen → Marktform und der von Anbietern und Nachfragern gewählten → Verhaltensweise ab. Im wesentlichen können die Preisfixierung (Setzung des Preises durch eine Marktseite), das → bargaining (bilaterale Verhandlung) und die Auktion (Vergabe bzw. Abnahme einer von einer Marktseite bestimmten Menge gegen das höchste bzw. niedrigste Preisgebot auf der anderen Marktseite) unterschieden werden.

Preisbindung

im Verlagshandel angewandte Spezialform der → Preisbildung, bei der der Hersteller eines Produktes dem Händler den Endverkaufspreis vorschreibt. In anderen Branchen ist die Preisbindung in Deutschland durch das → Gesetz gegen Wettbewerbsbeschränkungen verboten.

Preisdifferenzierung

Verkauf eines exakt identischen Gutes durch einen Anbieter an verschiedene Käufer zu unterschiedlichen Preisen. Man unterscheidet folgende Arten:
1. personelle Preisdifferenzierung (z.B. Preisnachlässe für Rentner, Kinder, usw.),

Preisdifferenzierung

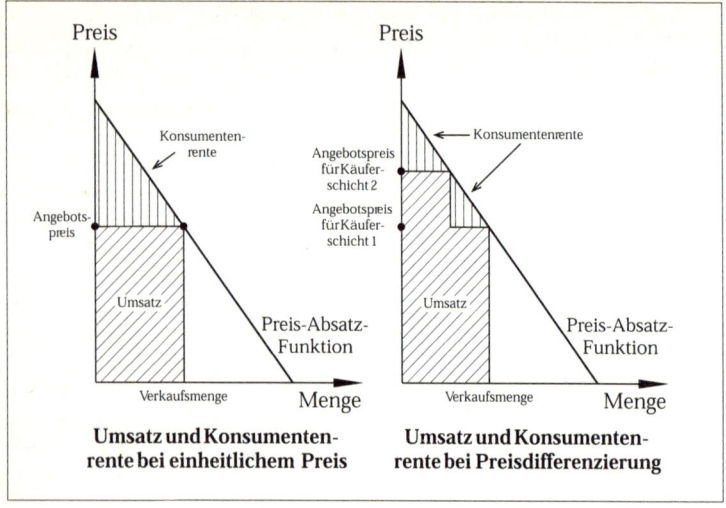

Preisdifferenzierung

2. räumliche Preisdifferenzierung (wenn derselbe Anbieter z. B. im In- und Ausland unterschiedliche Preise verlangt),
3. zeitliche Preisdifferenzierung (z. B. Vor- und Nachsaisonpreise im Touristikgewerbe),
4. quantitative Preisdifferenzierung (z. B. Mengenrabatte) und
5. qualitative Preisdifferenzierung (unterschiedliche Preise je nach Verwendungszweck eines Gutes, z. B. Mietdifferenzen bei gewerblich oder zu Wohnzwecken genutzten Räumen im selben Gebäude).

Der Grundgedanke der Preisdifferenzierung besteht darin, daß sich die → Nachfragefunktion nach einem Gut typischerweise aus verschiedenen Absatzschichten zusammensetzt, die bereit sind, unterschiedlich viel für dieses Gut zu zahlen. Bei einem einheitlichen Preis profitieren jedoch die Käufer, die mehr zu zahlen bereit gewesen wären als sie tatsächlich zahlen mußten. Diese sogenannte Konsumentenrente kann der Anbieter abschöpfen, wenn es ihm gelingt, durch geeignete Instrumente (z. B. Kontrolle des Rentnerausweises) die Absatzschichten voneinander zu trennen. Auf jedem so entstandenen Teilmarkt kann dann der für den Anbieter optimale Preis verlangt werden. Die damit verbundene Gewinnerhöhung stellt die Hauptmotivation des Anbieters zur Preisdifferenzierung dar. Nachteile und Risiken sind die Kosten der Trennung der Absatzschichten (z. B. Verwaltungs- und Kontrollaufwand) und ein Nachfragerückgang, der dadurch enstehen kann, daß Nachfrager, die mehr zahlen müssen, diese Preisdifferenzierung als ungerecht empfinden und auf andere Anbieter oder andere Güter ausweichen.

Preiselastizität der Nachfrage

– genauer: direkte Preiselastizität der Nachfrage – Maß für die Reagibilität der Nachfrage auf Preisänderungen. Sie gibt gemäß der allgemeinen Definition von → Elastizitäten an, um wieviel Prozent sich die von einem Gut nachgefragte Menge ändert, wenn der Preis dieses Gutes sich um ein Prozent verändert. Bei Kenntnis der → Nachfragefunktion kann die (direkte) Preiselastizität der Nachfrage aus dieser berechnet werden, anderenfalls ist sie empirisch durch das versuchsweise Festsetzen verschiedener Preise zu ermitteln. Da in aller Regel Preiserhöhungen Nachfragerückgänge und Preissenkungen Nachfragezuwächse zur Folge haben, nimmt sie typischerweise negative Werte an.

Preiserwartungseffekt

Erwarten die → Wirtschaftssubjekte – beispielsweise infolge einer Geldmengenausdehnung – steigende Preise, so werden sie ihre Ersparnisse nur dann in Nominalwerten anlegen, wenn sie durch einen höheren → Zins für den eintretenden Realwertverlust entschädigt werden. Diesen Einfluß der Preiserwartungen auf den Nominalzins bezeichnet man als Preiserwartungs- oder Fisher-Effekt. Mit *I. Fisher* ist nun zwischen dem Realzins, d. h. den Zins, der sich bei erwarteter Preisstabilität ergäbe, und dem Nominalzins als dem tatsächlichen Marktzins zu differenzieren. Die positive Korrelation zwischen der Höhe des Marktzinses und der → Inflation wird meist Gibson-Paradoxon genannt, Paradoxon deshalb, da man (gemäß dem → Liquiditätseffekt) angenommen hatte, eine Geldmengenausdehnung führe zu einem Sinken des Zinses.

Preisfixierung → Verhaltensweisen

Preisführerschaft → Oligopol

Preisindex

dynamische → Meßzahl, bei der die → Preisniveaus zweier verschiedener Zeitpunkte in Relation zueinander gesetzt werden. In der deutschen amtlichen Statistik werden eine Vielzahl sachlich verschiedener Preisindizes ermittelt, von denen der Preisindex der Lebenshaltung der am meisten beachtete ist. In Theorie und Praxis existieren mehrere Indexformeln, die sich darin unterscheiden, mit welchen Anteilen bzw. Gewichten die Preise der einzel-

Preiskartell

nen Güter in die gesamten Preisniveaus der beiden Vergleichsperioden eingehen. Dazu müssen sogenannte Warenkörbe gebildet werden, die die einzelnen Güter mit ihren jeweiligen Gewichten repräsentieren und aus anderen Erhebungen (z. B. beim Preisindex der Lebenshaltung aus der → Einkommen- und Verbrauchsstichprobe) gewonnen werden. Am gebräuchlichsten sind der Laspeyres-Index, der unter anderem beim Preisindex der Lebenshaltung Anwendung findet, und der Paasche-Index, der vor allem bei der → Deflationierung eine Rolle spielt. Stellen die p_{i0}, p_{it}, q_{i0}, q_{it} die Einzelpreise und -mengen der Güter in den jeweiligen Perioden 0 (Basisperiode) und t (Berichtsperiode) dar, ist der Laspeyres-Index als

$$P_{0,t}^L = \sum_{i=1}^n \frac{p_t^i}{p_0^i} \times \frac{p_0^i \times q_0^i}{\sum_{i=1}^n p_0^i \times q_0^i}$$

$$= \frac{\sum_{i=1}^n p_t^i \times q_0^i}{\sum_{i=1}^n p_0^i \times q_0^i}$$

und der Paasche-Index als

$$P_{0,t}^p = \sum_{i=1}^n \frac{p_t^i}{p_0^i} \times \frac{p_0^i \times q_t^i}{\sum_{i=1}^n p_0^i \times q_t^i}$$

$$= \frac{\sum_{i=1}^n p_t^i \times q_t^i}{\sum_{i=1}^n p_0^i \times q_t^i}$$

definiert. Der Unterschied zwischen beiden Indizes besteht also darin, daß in den Laspeyres-Index die Mengen der einzelnen Güter in der Basisperiode und in den Paasche-Index die in der Berichtsperiode eingehen. Diesem Nachteil des Laspeyres-Indexes, mit „alten" Verbrauchsstrukturen der Basisperiode zu gewichten, kann durch eine häufige Ermittlung von aktuellen Warenkörben entgegengewirkt werden.

Preiskartell

verpflichtet seine Mitglieder entweder zum Absatz ihrer Produkte zu einheitlichen Festpreisen oder es legt für die Mitglieder Mindestpreise (→ Preisvorschriften) fest.

Preiskonkurrenz

→ Verhaltensweise verschiedener Anbieter desselben Gutes, die durch gegenseitige Preisunterbietungen um ihre → Marktanteile kämpfen. Diese Form des Wettbewerbs ist insbesondere bei → Homogenität des Marktes relevant. Neben der Preiskonkurrenz ist auch der Qualitätswettbewerb und der Servicewettbewerb denkbar, bei dem die Konkurrenten durch Verbesserung der Produktqualität oder des Kundendienstes im weitesten Sinn (Beratung, Lieferzeiten, Zahlungsweise usw.) übertroffen werden sollen.

Preis-Konsum-Kurve

Wird beim → optimalen Verbrauchsplan der Preis eines Gutes verändert, gibt die Preis-Konsum-Kurve im Zwei-Güter-Fall graphisch an, welche Mengen beider Güter der Haushalt jeweils bei

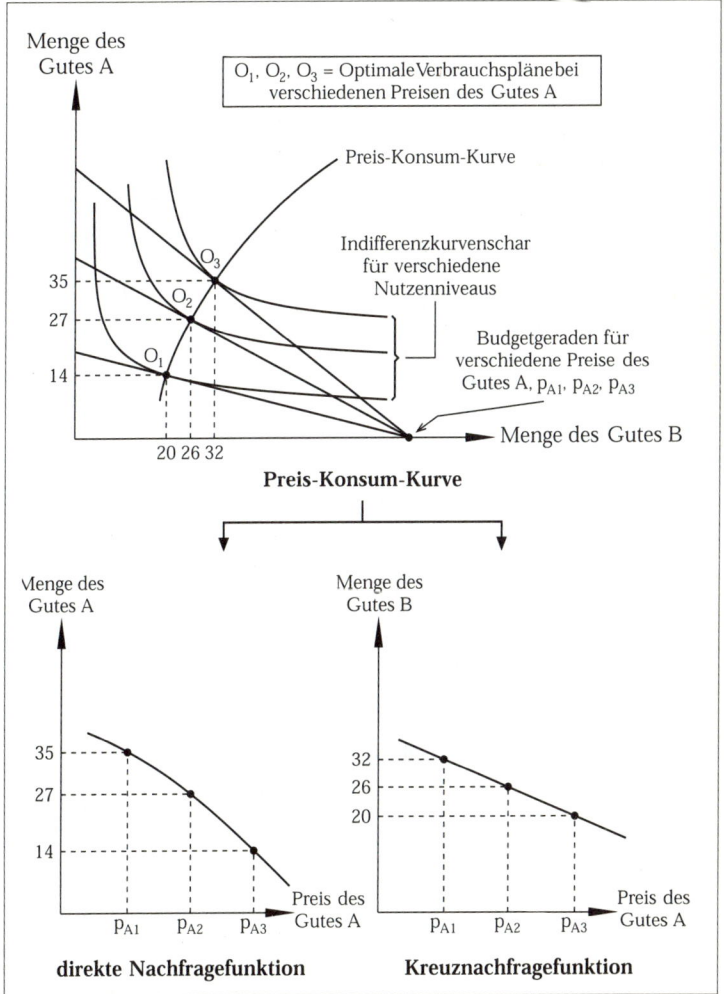

Preis-Konsum-Kurve

Preis-Lohn-Spirale

verschiedenen Preisen eines Gutes kaufen will. Die Preis-Konsum-Kurve ist insofern Grundlage für die Ermittlung sowohl der → direkten Preiselastizität als auch der → Kreuzpreiselastizität der Nachfrage.

Preis-Lohn-Spirale → Lohn-Preis-Spirale

Preisniveau

in der Wirtschaftstheorie definiert als gewogenes → arithmetisches Mittel der Preise verschiedener Güter. Obwohl es sich beim Preisniveau formal um eine Bestandsgröße handelt, kann sie als solche nicht sinnvoll verwendet werden, da keine Normvorstellung über ihr absolutes Niveau besteht. Statistisch und auch wirtschaftpolitisch wird das Preisniveau deshalb nur im sachlichen, räumlichen und vor allem zeitlichen Vergleich angewandt. Speziell zu letzterem wird ein sogenannter → Preisindex durch Division der Preisniveaus zweier Perioden gebildet. So ist auch das im → Magischen Viereck genannte wirtschaftspolitische Ziel der Konstanz des Preisniveaus bzw. das Ausbleiben von → Inflation nur mit entsprechenden Preisindizes überprüfbar.

Preisobergrenze → Polypol

Preisstatistik

Teilgebiet der amtlichen Statistik, das als Grundlage der Messung von → Inflation besondere Bedeutung für die gesamte Wirtschaftspolitik, vor allem aber für die → Geldpolitik hat. Vorrangiges Ziel der Preisstatistik ist die Erfassung der Preisentwicklung im Zeitablauf. Zentrales Instrument hierfür ist die Bildung eines jeweils geeigneten → Preisindexes. Daneben spielt der räumliche Preisvergleich – z. B. bei der Berechnung von → Kaufkraftparitäten – sowie die → Deflationierung, also die Preisbereinigung nominaler Größen, eine wichtige Rolle im Rahmen der Preisstatistik.

Preistheorie

Teilgebiet der → Mikroökonomie, das sich mit der Bestimmung der Preise von verschiedenen Gütern bzw. ihrer Austauschverhältnisse (relative Preise) befaßt. Im einzelnen umfaßt die Preistheorie die Haushalts- und die volkswirtschaftliche Unternehmenstheorie sowie die eigentliche Preisbildung auf verschiedenen Marktformen.

Preisuntergrenze → Polypol

Preisvorschriften

Aus sozialpolitischen Überlegungen, zur Förderung bestimmter Wirtschaftszweige oder zur Kor-

Preisvorschriften

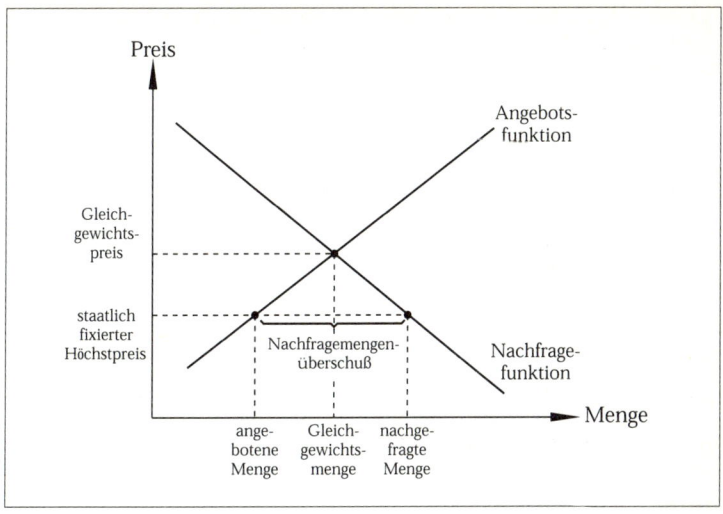

Auswirkungen eines Höchstpreises

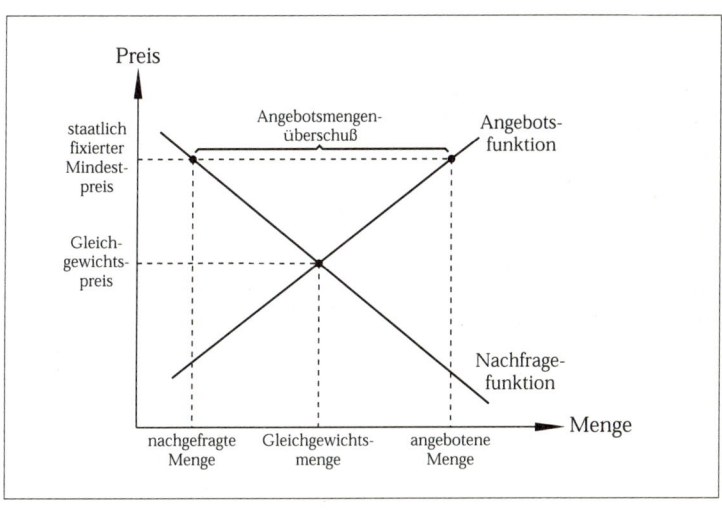

Auswirkungen eines Mindestpreises

Prestige-Effekt

rektur → externer Effekte kann der Staat durch Preisvorschriften in die freie → Preisbildung am Markt eingreifen und diese außer Kraft setzen. Erscheint dem Staat der Marktpreis eines Gutes zu hoch, setzt er einen Höchstpreis unterhalb des Marktpreises fest (in abgeschwächter Form z. B. bei Mieten im sozialen Wohnungsbau). Ist der Marktpreis dagegen zu hoch, bietet sich ein Mindestpreis oberhalb des Marktpreises an (z. B. in der EU-Agrarpolitik). Nachteil von Preisvorschriften ist, daß beim festgesetzten Preis Angebots- und Nachfragemenge am Markt nicht übereinstimmen, so daß sogenannte Angebotsmengenüberschüsse (bei Mindestpreisen) oder Nachfragemengenüberschüsse (bei Höchstpreisen) entstehen. Im ersten Fall muß das überschüssige Angebot vom Staat aufgekauft werden (z. B. EU-Agrarpolitik) Im zweiten Fall muß an die Stelle des Preismechanismus ein anderer Zuteilungsmechanismus (Warteschlangen, Bestechung, usw.) treten. Überdies besteht in beiden Fällen die Gefahr des Entstehens von Schwarzmärkten, auf denen die Preisvorschriften unterlaufen werden. Schließlich sind Preisvorschriften in marktwirtschaftlichen Systemen als Eingriff in die individuelle Vertragsfreiheit grundsätzlich nicht systemkonform und deshalb sehr kritisch zu beurteilen.

Prestige-Effekt → Nachfrageinterdependenzen

Primärer Sektor → Sektoren der Wirtschaft

Primärinput → Input-Output-Rechnung

Primärstatistik

statistisches Erhebungsprinzip, nach dem die zu beobachtenden Objekte (z. B. Unternehmen) direkt nach den interessierenden Tatbeständen (z. B. Auftragsbestand) befragt werden. Die Primärstatistik ist der Regelfall sowohl in der amtlichen Statistik als auch bei den privaten Markt- und Meinungsumfragen. Das Gegenteil hiervon stellen die → Sekundärstatistiken dar.

Prinzipal-Agent-Problem → Neue Politische Ökonomik

Private Güter → Öffentliche Güter

Privater Haushalt

→ Wirtschaftssubjekt, das hauptsächlich als Konsument, Steuer- bzw. Beitragszahler und Anleger von → Ersparnis in Erscheinung tritt. Die Statistik unterteilt in Ein- und Mehrpersonenhaushalte. Zu beachten ist, daß Käufe, Verkäufe und Vermietungen von

Grundstücken, Gebäuden und Wohnungen durch private Haushalte in den → volkswirtschaftlichen Gesamtrechnungen dem → Sektor → Unternehmen zugerechnet werden.

Privater Konsum

Käufe von Gütern durch → private Haushalte zuzüglich dem → Eigenverbrauch der privaten → Organisationen ohne Erwerbszweck und der → Unternehmer (einschl. der Nutzung von Wohnungen durch ihre Eigentümer). Käufe von Grundstücken, Gebäuden und Wohnungen zählen in den → Volkswirtschaftlichen Gesamtrechnungen als → Investition des → Sektors Unternehmen.

Privatisierung

Überführung von gemeinwirtschaftlichem oder öffentlichem Vermögen in Privatbesitz. In marktwirtschaftlich organisierten Wirtschaftssystemen betrifft die Privatisierung einzelne öffentliche Unternehmen, auch wenn diese einen ganzen Sektor umfassen können, wie z.B. bei der Telekommunikation. In Deutschland wurden vor allem in den achziger Jahren öffentliche Betriebe privatisiert, weil man sich davon eine höhere Effizienz der Betriebe versprach. Daneben wollte man auch Löcher in den öffentlichen Haushalten stopfen.

In den Ländern des ehemaligen Ostblocks ging und geht es bei der Privatisierung dagegen um die Überführung fast des gesamten Produktivvermögens in Privateigentum. Die Privatisierung stellt hier eine der zentralen Aufgaben bei dem Übergang zur Marktwirtschaft dar. Außer in der ehemaligen DDR und Tschechien, das die Privatisierung über Gutscheine relativ zügig abwickelte, ist in den meisten ehemals sozialistischen Ländern die Privatisierung nur sehr zögernd umgesetzt worden.

PRODCOM

1. Kurzbezeichnung für Europäische Güterliste für Produktionsstatistiken – einheitliche Systematik für vom Produzierenden Gewerbe hergestellte Güter in der Europäischen Union.
2. Bezeichnung für ein harmonisiertes System der Produktionserhebungen im Produzierenden Gewerbe mit entsprechenden Richtlinien in den EU-Mitgliedsstaaten.

Produktinnovationen → Technischer Fortschritt

Produktionsfaktoren

Im volkswirtschaftlichen Sinn wird zwischen den Faktoren Arbeit, Boden und → Kapital unterschieden. Der Faktor Arbeit umfaßt die (arbeitswillige) Gesamtheit der → Erwerbspersonen. Der Faktor Boden bezeichnet die

Produktionsfunktion

nutzbaren Grundstücke. Zum Faktor Kapital gehören dauerhafte Produktionsmittel (wie Gebäude, Maschinen, Werkzeuge) sowie nichtdauerhafte Produktionsmittel (wie Rohstoffe, Einbauteile, elektrische Energie). Da Kapital – anders als die ursprünglichen („originären") Faktoren Arbeit und Boden selbst erst geschaffen werden muß, bezeichnet man es auch als abgeleiteten („derivativen") Produktionsfaktor. Die genannten Faktoren werden in ihrer Effizienz durch den technischen Fortschritt beeinflußt, der wegen seiner Bedeutung teilweise als eigenständiger Produktionsfaktor angesehen wird. Als weiterer (derivativer) Produktionsfaktor können schließlich die im → Produktionsprozeß (ebenso wie die genannten nichtdauerhaften Produktionsmittel) als → Vorleistungen eingesetzten Dienstleistungen betrachtet werden. Je nach Art des Einsatzes kann man Produktionsfaktoren auch in Verbrauchsfaktoren und Bestandsfaktoren einteilen. Erstere („inputs") gehen im Produktionsprozeß während des betrachteten Zeitraums unter, letztere geben (wie arbeitende Menschen) Leistungen oder (wie Maschinen und Gebäude) Nutzungen ab und behalten ihre Identität.

Produktionsfunktion

mathematisch-funktionale Beziehung zwischen den Mengen an Produktionsfaktoren (Input) und der damit herstellbaren Produktionsmenge (Output) eines Gutes. Die Produktions- oder Ertragsfunktion spiegelt damit alle technischen und organisatorischen Rahmenbedingungen der Produktion in einem Unternehmen oder einer Volkswirtschaft wider. Graphisch darstellbar sind Produktionsfunktionen mit maximal zwei Produktionsfaktoren entweder in dreidimensionalen „Ertragsgebirgen", in zweidimensionalen „partiellen Ertragsfunktionen" oder mittels ebenfalls zweidimensionaler → Isoquanten. In der Volkswirtschaftslehre werden am häufigsten die Existenz folgender Typen von Produktionsfunktionen unterstellt:

1. Bei der Cobb-Douglas-Produktionsfunktion besteht → Substituierbarkeit der Produktionsfaktoren, d.h. ein bestimmter Output läßt sich mit mehreren verschiedenen Mengenkombinationen der Produktionsfaktoren herstellen. Die für das Unternehmen kostengünstigste Mengenkombination ist die → Minimalkostenkombination und hängt wesentlich von den Preisen der verschiedenen Produktionsfaktoren ab. Die Bedeutung der Cobb-Douglas-Produktionsfunktion liegt v. a. in langfristigen Analysen, bei denen Substitutionsvorgänge (z. B. von Arbeit durch Kapital) untersucht werden. Außerdem besitzt die Cobb-Douglas-Produktionsfunktion den →

Produktionsfunktion

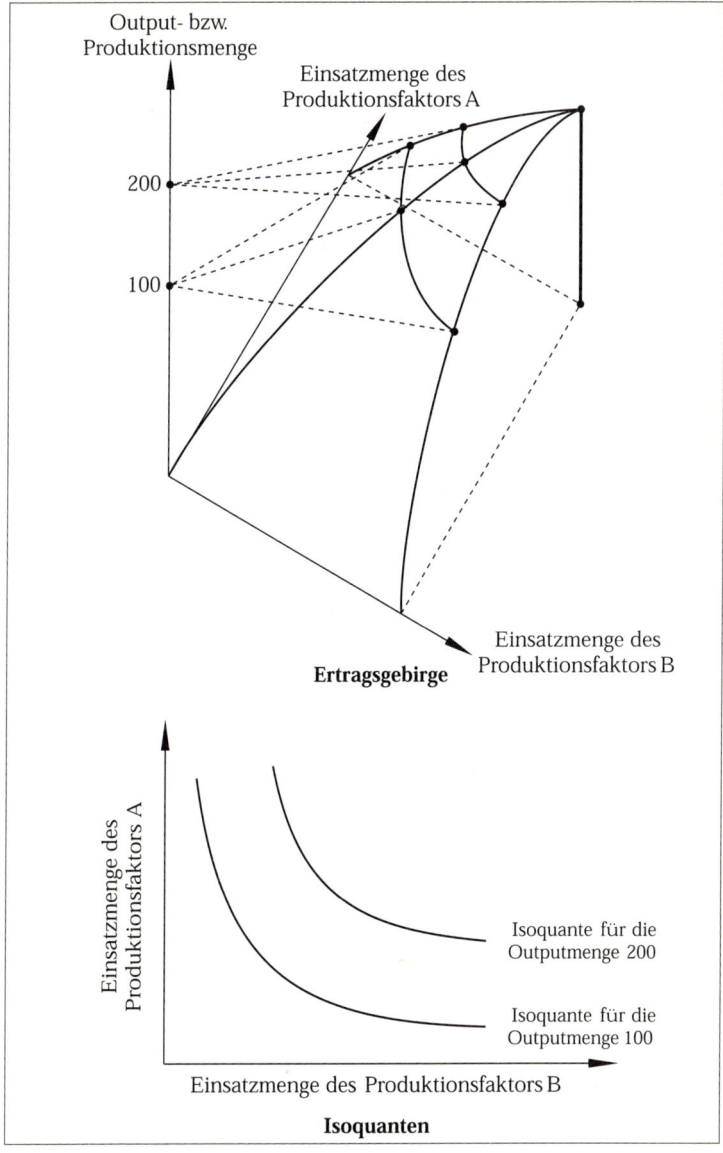

Cobb-Douglas-Produktionsfunktion

Produktionsfunktion

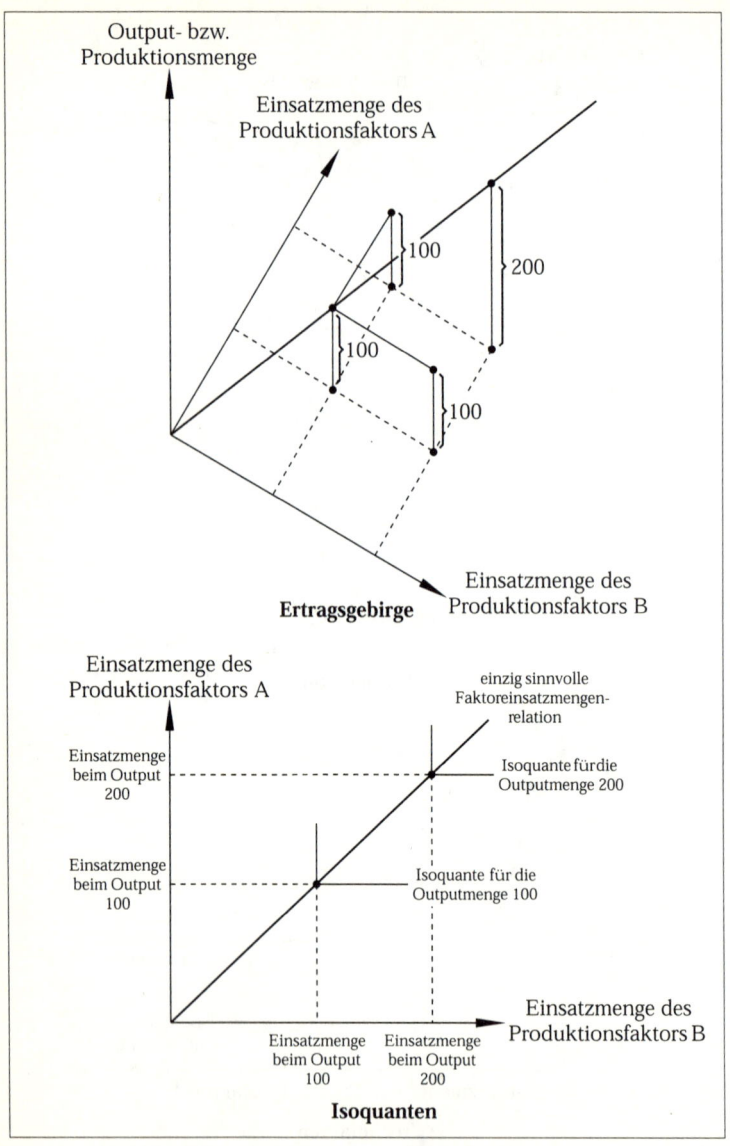

Leontief-Produktionsfunktion

Produktionsfunktion

Homogenitätsgrad Eins, d.h. die Input-Output-Relation verändert sich mit zunehmender Produktionsmenge nicht, woraus konstante → Grenzkosten folgen. Mathematisch kann sie wie folgt ausgedrückt werden:

$$x = a \times v_1^\alpha \times v_2^{1-\alpha} \; (0 < \alpha 1)$$

(x = Outputmenge, $v_{1,2}$ = Inputmengen, a, α = Parameter).

2. Bei der Leontief-Produktionsfunktion herrscht → Komplementarität zwischen Produktionsfaktoren d.h. ein bestimmter Output kann nur mit einer einzigen Mengenkombination hergestellt werden, so daß die alleinige Variation nur eines Produktionsfaktors sinnlose Verschwendung wäre. Dies ist vor allem in kurzfristigen Analysen einzelner Unternehmen (z.B. „Rezepturen" in der chemischen Industrie) realistisch. Ebenso wie die Cobb-Douglas-Produktionsfunktion besitzt die Leontief-Produktionsfunktion den Homogenitätsgrad Eins und damit konstante Grenzkosten. Mathematisch kann sie wie folgt ausgedrückt werden: x = min (av_1, bv_2) (a,b = Inputkoeffizienten).

3. Bei der ertragsgesetzlichen Produktionsfunktion (auch: Ertragsgesetz) ist ein Produktionsfaktor konstant (z.B. eine Maschine), die anderen aber variabel (z.B. Zahl der eingesetzten Arbeitskräfte, Rohmaterial). Ferner wird angenommen, daß die → Grenzproduktivität der variablen Faktoren mit zunehmender Menge zu-

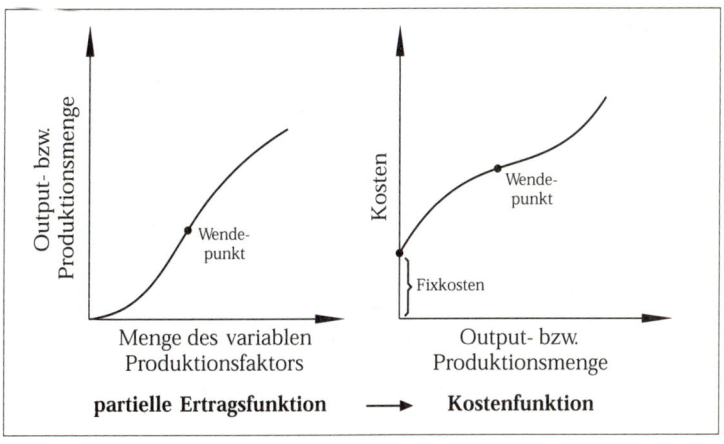

Ertragsgesetzliche Produktionsfunktion

nächst zu-, dann aber abnimmt, so daß zunächst ab- und dann zunehmende Grenzkosten resultieren (S-förmiger Ertrags- und Kostenverlauf). Dies impliziert, daß es ein optimales Einsatzverhältnis zwischen fixen und variablen Faktoren (z. B. die optimale Drehzahl einer Maschine) derart gibt, daß dort die Input-Output-Relation und damit die → Stückkosten am niedrigsten sind.

Produktionsindex → Index der Nettoproduktion

Produktionsmittel → Produktionsfaktoren

Produktionsmöglichkeitenkurve → Transformationskurve

Produktionsortkonzept → Inlandskonzept

Produktionspotential

gibt das Bruttoinlandsprodukt an, das bei vollständiger Auslastung der vorhandenen Produktionsfaktoren und gegebenem Stand des technischen Wissens maximal hergestellt werden kann. Dabei kann das Produktionspotential nicht direkt gemessen, sondern nur geschätzt werden. Eine Möglichkeit besteht darin, Unternehmensbefragungen über die betriebliche Kapazitätsauslastung und Kapazitätsgrenzen zu aggregieren. Die Deutsche Bundesbank und der → Sachverständigenrat zur Begutachtung der gesamtwirtschaftlichen Entwicklung wenden dagegen analytische Schätzmethoden an. Die Bundesbank arbeitet mit einer geschätzten gesamtwirtschaftlichen Produktionsfunktion, während der Sachverständigenrat das Produktionspotential als Produkt einer zu schätzenden → Kapitalproduktivität und des → Kapitalstocks ermittelt. Wird die tatsächliche Produktion zum Produktionspotential ins Verhältnis gesetzt, ergibt sich die Höhe der Kapazitätsauslastung. Das Produktionspotential ist sowohl für die Konjunktur- als auch für die Wachstumspolitik bedeutsam. Es kann direkt als Maßstab dafür eingesetzt werden, ob die Volkswirtschaft angemessen wächst. Mit Hilfe der Kapazitätsauslastung, bei deren Berechnung das Produktionspotential berücksichtigt werden muß, kann man Konjunkturzyklen abgrenzen. Auch für die geldpolitischen Entscheidungen der Deutschen Bundesbank ist das Produktionspotential eine wichtige Determinante. Der Sachverständigenrat zur Begutachtung der gesamtwirtschaftlichen Entwicklung unterscheidet anhand des Produktionspotentials konjunkturelle und strukturelle Defizite in den öffentlichen Haushalten.

Produktionspotential

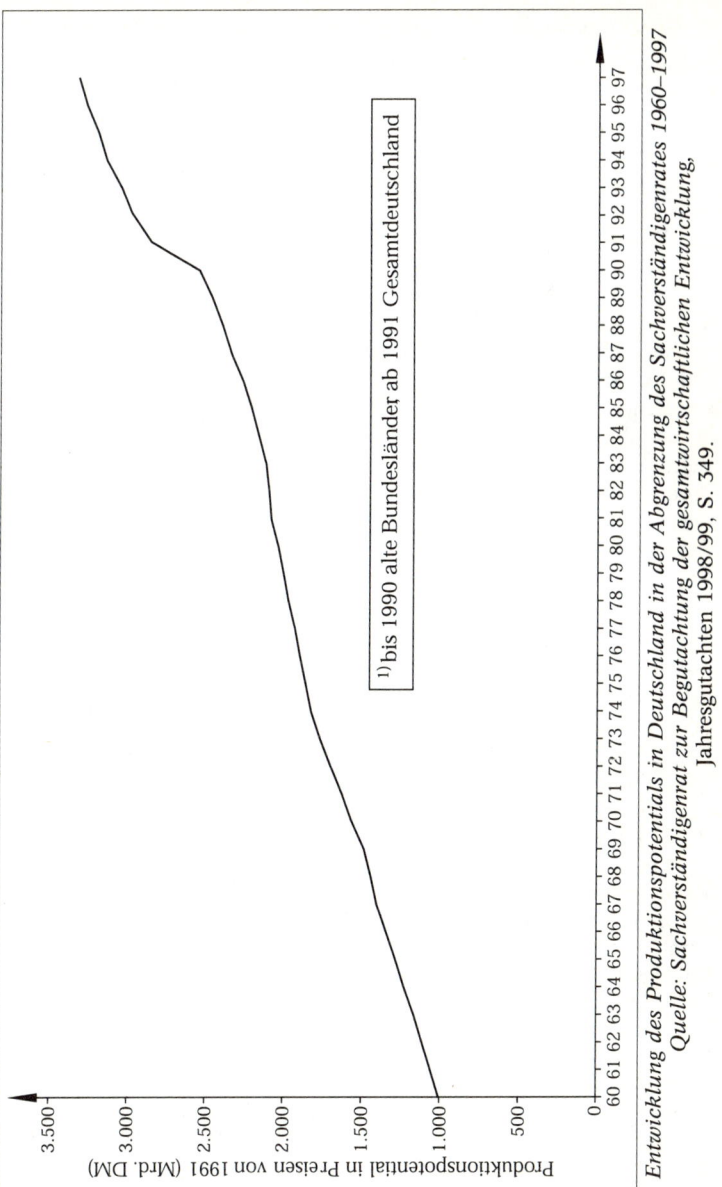

Entwicklung des Produktionspotentials in Deutschland in der Abgrenzung des Sachverständigenrates 1960–1997 Quelle: Sachverständigenrat zur Begutachtung der gesamtwirtschaftlichen Entwicklung, Jahresgutachten 1998/99, S. 349.

Produktionsprozeß

Produktionsprozeß

technischer Prozeß, im Rahmen dessen die → Produktionsfaktoren eingesetzt werden, um vorhandene Güter zu verändern oder neue Güter zu schaffen. Die von den Bestandsfaktoren direkt an den Produktionsprozeß abgegebenen Leistungen heißen Faktorleistungen. Die durch Kombination mit den von anderen → Unternehmen gelieferten → Vorleistungen bearbeiteten oder neu geschaffenen Güter werden entweder als Zwischenprodukte im Betrachtungszeitraum wieder im Produktionsprozeß eingesetzt oder sie bilden Endprodukte, die den Produktionsapparat des → Unternehmens vergrößern oder abgesetzt werden. Die ökonomische Analyse von Produktionsprozessen ist Gegenstand der → Produktionstheorie. Betrachtet man den gesamtwirtschaftlichen Produktionsprozeß, so sind neben den Faktorleistungen nur die aus dem Ausland bezogenen Vorleistungen relevant. Man nennt die entsprechenden Produktionsfaktoren „primäre" Faktoren, da sie im Betrachtungszeitraum in keinem Produktionsprozeß dieser Volkswirtschaft erzeugt wurden. Die in der Rechnungsperiode hergestellten und nicht während der gleichen Zeit im Produktionsprozeß der heimischen → Volkswirtschaft eingesetzten Güter bilden die → gesamtwirtschaftliche Endnachfrage. Zieht man von dieser die aus dem Ausland eingeführten Güter ab, so erhält man das Bruttoinlandsprodukt des Landes. Es wird in der → Sozialproduktsrechnung auf der rechten Seite des → gesamtwirtschaftlichen Produktionskontos ausgewiesen.

Produktionsschwelle → Betriebsminimum

Produktionsstatistik → Statistik des Produzierenden Gewerbes

Produktionstheorie

Teilbereich der → Mikroökonomie, der sich der ökonomischen Analyse von → Produktionsprozessen widmet. Die zentrale Fragestellung lautet: Welche → Produktionsfaktoren müssen im Rahmen der technischen Möglichkeiten wie kombiniert werden, damit eine gegebene Produktionsmenge mit minimalen Kosten hergestellt wird? Alternativ läßt sich fragen, wie bei gegebenem Faktoreinsatz ein maximales Produktionsergebnis zu erzielen ist. Die beschriebene Minimierungs- bzw. Maximierungsproblematik ist Ausdruck des → ökonomischen Prinzips.

Produktionswert

Wert der von einer produzierenden Einheit in einem Zeitraum hergestellten Sachgüter und Dienstleistungen. Bei Produktionsunternehmen ist dies der ge-

Produktionswert

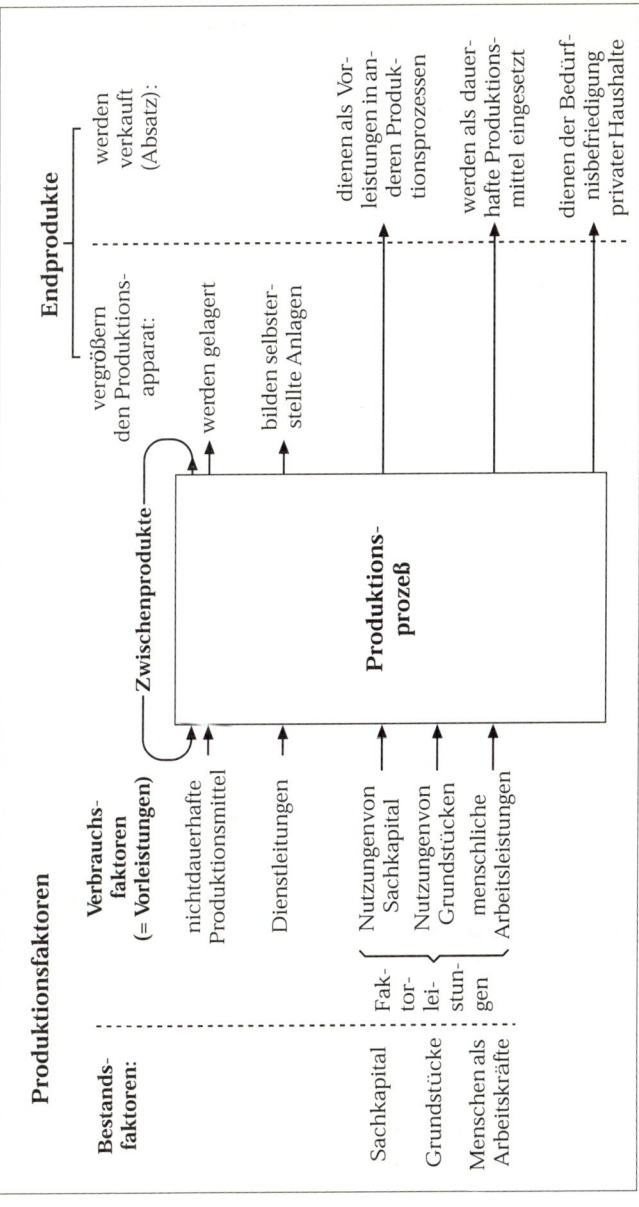

Produktionsprozeß eines Unternehmens
Quelle: Stobbe, A., Volkswirtschaftliches Rechnungswesen, 8. Aufl., Berlin 1994, S. 5.

Produktive Arbeitsförderung

samte Umsatz (einschließlich dem → Eigenverbrauch) zuzüglich der selbsterstellten Anlagen und der Bestandsänderung an eigenen Erzeugnissen. Bei Produzenten, die (wie der Staat) ihre Leistungen unentgeltlich abgeben, wird der Produktionswert als Summe aus gezahlten → Einkommen aus unselbständiger Arbeit, Produktionssteuern, → Abschreibungen und dem Wert der → Vorleistungen ermittelt. Der Produktionswert der → privaten Haushalte entspricht den Löhnen für Putzkräfte, Butler und ähnliche Erwerbstätige. Anhand des → zusammengefaßten Güterkontos ergibt sich der gesamtwirtschaftliche Produktionswert als Summe aus Bruttoinlandsprodukt und dem Wert der Vorleistungen aus dem In- und Ausland.

Produktive Arbeitsförderung → Lohnkostenzuschuß

Produktivität

Verhältnis zwischen Output und den für die Produktion verwendeten Inputs. Handelt es sich bei den Inputs um die Faktoren Arbeit und Kapital, so spricht man von → Arbeitsproduktivität und → Kapitalproduktivität. Zu unterscheiden sind dabei die Durchschnittsproduktivität, die ausdrückt, welche Outputmenge pro eingesetzter Faktormenge produziert worden ist, und die Grenzproduktivität oder marginale Produktivität, die angibt, welche zusätzliche Outputmenge man durch den Einsatz einer zusätzlichen Einheit des Faktors erzeugen kann.

Produktivitätsbedingte Arbeitslosigkeit → Technologische Arbeitslosigkeit

Produktivvermögen

In einer weiten Fassung des Begriffs versteht man darunter den Wert derjenigen Teile des gesellschaftlichen Vermögens, die Leistungen im Rahmen der Produktion erbringen. Dabei unterscheidet man menschliches Produktivvermögen (→ Humankapital) und sachliches Produktivvermögen, das wiederum aus investiertem Produktivvermögen (in Form von Anlagevermögen und Vorratsvermögen) und Grund und Boden besteht. Als Produktivvermögen im engeren Sinne wird das Betriebs- und Kapitalvermögen der privaten Haushalte bezeichnet.

Produktzyklustheorie

von *R. Verron* zur Erklärung von Außenhandelsströmen entwickelte Theorie, nach der ein neues Produkt zunächst in einem Land mit hoher Humankapitalausstattung entwickelt wird und nach der Einführung in den heimischen Markt schließlich exportiert wird.

Profit-push-inflation → Angebotsinflation

Prognose

– gelegentlich auch als Projektion bezeichnet – Vorhersage über das Eintreten bestimmter Ergebnisse bzw. Werte von Variablen in der Zukunft. Grundlage qualifizierter, d.h. objektiv nachvollziehbarer Prognosen sind in aller Regel → Regressionsanalysen oder → Zeitreihenanalysen, die in der Vergangenheit beobachtete Zusammenhänge numerisch konkretisieren und auf den Prognosezeitraum übertragen. Danach, ob nur Art und Richtung einer Entwicklung oder auch deren Ausmaß vorhergesagt wird, ist zwischen qualitativen und quantitativen Prognosen zu differenzieren. Ferner werden Ex-ante-Prognosen, also echte Vorhersagen über die Zukunft, und Ex-post-Prognosen, also nachträgliche Berechnungen bereits eingetretener Werte zur Qualitätsüberprüfung des angewandten Prognoseverfahrens, unterschieden. Gerade in den Wirtschaftswissenschaften können Prognosen zukünftige Entwicklungen nicht nur vorhersagen; deren Veröffentlichung kann über eine entsprechende Reaktion der betroffenen Wirtschaftssubjekte diese Entwicklung auch beeinflußen. Man spricht in diesem Zusammenhang von einer self-fulfilling-prophecy, wenn beispielsweise ein Ansteigen der Aktienkurse prognostiziert wird, Kapitalanleger daraufhin wegen der Hoffnung auf Kursgewinne verstärkt Aktien kaufen und die Kurse aufgrund der nun höheren Nachfrage tatsächlich steigen. Umgekehrt liegt eine sogenannte self-destroying-prophecy vor, wenn z. B. ein langfristiges Steigen des Benzinpreises vorhergesagt wird, Nachfrage und Benzinpreis aber zurückgehen, weil Autofahrer aufgrund dieser Vorhersage benzinsparendere Modelle kaufen als bisher. Werden Vorhersagen schließlich gezielt eingesetzt, um Entwicklungen zu beeinflußen, spricht man von Zweckprognosen.

Progression

Von einer steuerlichen Progression spricht man, wenn die durchschnittliche Belastung einer Bemessungsgrundlage mit deren zunehmendem Umfang wächst. Dieses Wachstum kann sich linear, unterlinear oder überlinear vollziehen, so daß von einer linearen, verzögerten oder beschleunigten Progression gesprochen werden kann (s. S. 478). Ist die Zunahme des Durchschittssteuersatzes mit einer Zunahme des Grenzsteuersatzes verbunden, so spricht man von direkter Progression. Die indirekte Progression ist dadurch gekennzeichnet, daß bei konstantem Grenzsteuersatz eine Zunahme des Durchschnittsteuersatzes durch den Einbau eines Freibetrags in den Tarif erreicht wird.

Progression

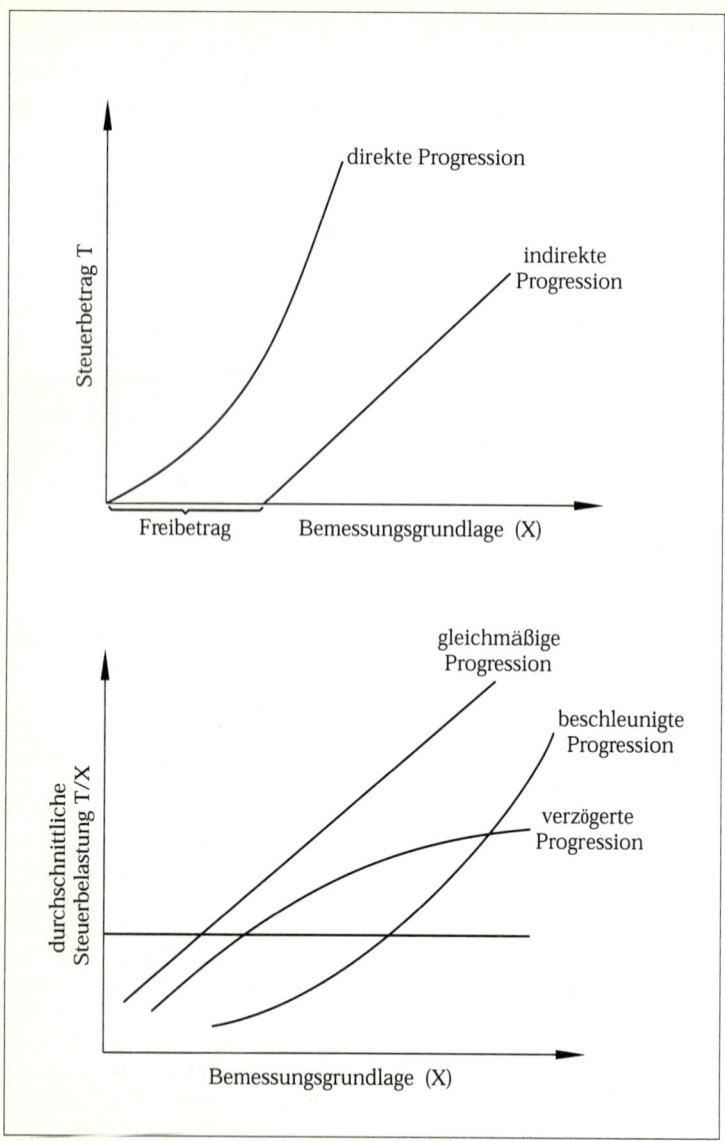

Progression

Progressionsvorbehalt

Lohnersatzleistungen, wie z. B. das → Arbeitslosengeld, das → Mutterschaftsgeld, das → Altersübergangsgeld, das → Kurzarbeitergeld oder das Schlechtwettergeld sind im Rahmen der → Einkommensteuer steuerfrei. Sie werden aber bei der Ermittlung des (durchschnittlichen) Steuersatzes berücksichtigt. Das bedeutet, daß die genannten Lohnersatzleistungen zwar steuerfrei sind, aber auf das übrige → zu versteuernde Einkommen insgesamt der höhere Steuersatz angewandt wird, der sich ergibt, wenn die → Lohnersatzleistung in die Einkommensteuerberechnung miteinbezogen wird.

Prohibitivpreis → Nachfragefunktion

Projektion → Prognose

Property Rights

Recht, über Eigentum zu verfügen. Das Fehlen von Eigentumsrechten kann zu Marktversagen führen und ein staatliches Eingreifen notwendig machen (siehe auch → Öffentliche Güter).

Protektion → Erziehungszoll

Protektionismus

Gesamtheit der Maßnahmen der → Wirtschaftspolitik, insbesondere der → Außenwirtschaftspolitik, mit denen versucht wird, die eigene → Volkswirtschaft oder bestimmte heimische Wirtschaftszweige vor ausländischer Konkurrenz zu schützen. Protektionismus steht damit im Gegensatz zum Freihandel. Die Ziele des Protektionismus können im Schutz neu aufzubauender Industrien liegen (etwa durch die Erhebung von „Schutzzöllen"), weitere typische Ziele sind die Sicherung der Landwirtschaft (Agrarprotektionismus) sowie die Sicherung der allgemeinen Beschäftigungslage. Wesentliche Maßnahmen sind: Einfuhrbeschränkungen oder -verbote (Zölle, Kontingentierungen) sowie auch die Maßnahmen der → Devisenbewirtschaftung.

Prozeßinnovationen → Technischer Fortschritt

Prozeßpolitik

– auch als Ablaufpolitik oder quantitative Politik bezeichnet – Teil der → Wirtschaftspolitik, der alle Maßnahmen und Mittel umfaßt, die den Wirtschaftsprozeß bzw. den Marktprozeß in Richtung der gesamtwirtschaftlichen Ziele beeinflussen. Wesentliche Bereiche sind die staatliche → Konjunktur- und → Wachstumspolitik sowie die → Außenwirtschafts- und → Währungspolitik.

Prozyklische Wirtschaftspolitik

Prozyklische Wirtschaftspolitik
→ Fiscal-Policy

Public-Choice-Theorie → Neue Politische Ökonomik

Punktschätzung

Verfahren der inferentiellen → Statistik, bei dem aus der Auswertung einer → Stichprobe ein konkreter Schätzwert für einen unbekannten Parameter der Grundgesamtheit ermittelt wird. Für qualifizierte Punktschätzungen bedarf es – im Gegensatz zur → Intervallschätzung – lediglich Annahmen über die Lage der betreffenden → Zufallsvariablen, aber nicht über deren Verteilung (vgl. auch → Schätzfunktionen).

Q

Qualitative Prognose → Prognose

Qualitatives Merkmal → Skalierung

Qualitatives Wachstum

Das Konzept des qualitativen Wachstums soll der Problematik Rechnung tragen, daß die Messung des Wirtschaftswachstums anhand der Steigerung des Bruttosozialproduktes wichtige Determinanten für den Lebensstandard einer Bevölkerung unberücksichtigt läßt. Vor allem die Belastung der Bevölkerung durch die bei Produktion und Konsum entstehenden Umweltschädigungen sollen im Rahmen des qualitativen Wachstums berücksichtigt werden.

Qualitätswettbewerb → Preiskonkurrenz

Quantil

weitverbreitetes und aussagekräftiges → Konzentrationsmaß für eine → Häufigkeitsverteilung. Ausgangspunkt für die Bestimmung von Quantilen ist die Bildung einer sogenannten Summen- oder → Verteilungsfunktion, die den einzelnen Merkmalsausprägungen jeweils die kumulierte relative Häufigkeit zuordnet. Quantile erlauben Aussagen derart, daß jeweils „y% der Merkmalswerte kleiner als x" oder „(100-y)% der Merkmalswerte mindestens so groß wie x" sind. Spezielle, häufig verwendete Quantile sind der Median (50%), die Quartile (25%, 50%, 75%), die Quintile (20%, 40%, 60%, 80%) und die Perzentile (10%, 20%, ..., 90%) (s. S. 482).

Quantitative Prognose → Prognose

Quantitatives Merkmal → Skalierung

Quantitätsgleichung

Sie dient als Grundlage der (ursprünglichen) → Quantitätstheorie. Es handelt sich um den definitorischen Zusammenhang zwischen dem Produkt aus → Geldmenge M und Umlaufsgeschwindigkeit U des → Geldes einerseits und dem Produkt aus Handelsvolumen H (also der Menge aller während der betreffenden Periode gekauften Güter) und Preisdurchschnitt P dieser Güter:

(1) $\quad M \times U = H \times P$

Die Quantitätsgleichung in dieser Form stammt von *I. Fisher* und

Quantitätsgleichung

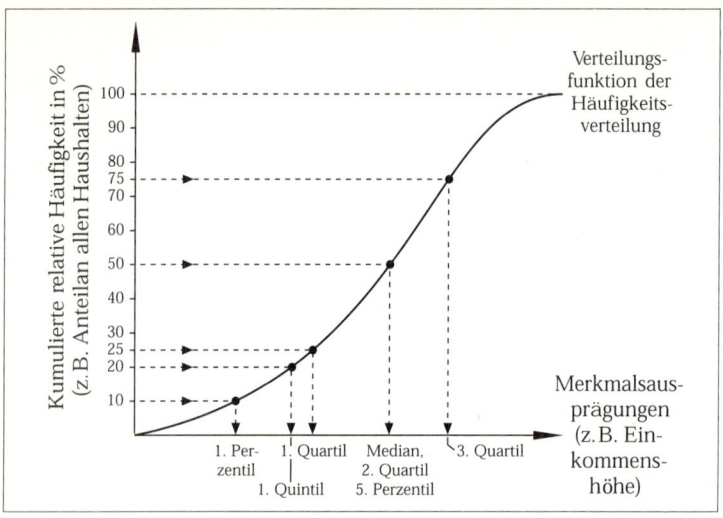

Quantile einer Häufigkeitsverteilung

wird deshalb vielfach als Fishersche Verkehrsgleichung bezeichnet. Sie stellt eine immer erfüllte Identität dar, aus der sich keinerlei kausale Aussagen etwa über die Wirkungen einer Geldmengenerhöhung auf das Preisniveau ableiten lassen. Von den in Gleichung (1) genannten Größen läßt sich nur die Geldmenge statistisch eindeutig ermitteln. Man findet die Quantitätsgleichung aber auch häufig in einer anderen Form, nämlich:

$$M \times U_Y = Y_R \times P_Y \qquad (2)$$

Y_R stellt hierbei das reale → Volkseinkommen dar (welches kleiner ist als das gesamte Handelsvolumen), P_Y ist das Preisniveau der in Y_R enthaltenen Güter. Entsprechend bezeichnet U_Y die → Einkommensgeschwindigkeit des Geldes. Das nominelle Volkseinkommen (Y) ist gleich dem Produkt aus realer Wertschöpfung und Preisniveau:

$$Y = Y_R \times P_Y, \qquad (3)$$

so daß Gleichung (2) auch geschrieben werden kann als:

$$U_Y = \frac{Y}{M} \qquad (4)$$

Beträgt beispielsweise Y = 100 und die Geldmenge M = 50, so kann das → Einkommen bei gegebener Geldmenge nur dadurch zustande kommen, daß die Geldmenge in der betreffenden Periode den Kreislauf zweimal bewältigt; U_Y wird deshalb häufig (Einkommens-) Kreislaufgeschwindigkeit genannt. Zwar erlaubt auch Gleichung (2) bzw. (4) keine kausalen Schlußfolgerungen; immerhin läßt sich aber, da Y und M statistisch meßbar sind, U_Y errechnen. Allerdings liefert dieser Ansatz noch keine Erklärung für eine etwaige Konstanz oder für bestimmte Veränderungen der Einkommens(kreislauf)geschwindigkeit des Geldes. Den Ausgangspunkt darauf gerichteter Überlegungen bildet eine weiterentwickelte Form der Quantitätsgleichung, nämlich die → Kassenhaltungs- (auch: Cambridge-) Gleichung.

Quantitätstheorie

Die Grundaussage der Quantitätstheorie lautet: Wird die → Geldmenge erhöht (reduziert), dann bewirkt dies einen allgemeinen Anstieg (Rückgang) des Preisniveaus. Der → Geldwert kann demzufolge nur dann stabil gehalten werden, wenn es gelingt, eine gleichgewichtige Entwicklung von Geldmenge und Güterangebot herbeizuführen. Als Begründer der Quantitätstheorie gilt *J. Bodin* (1530–1596). Damals kam es in Folge der Ausbeutung der Edelmetallreserven in Mittel- und Südamerika zu einer starken Geldmengenausdehnung in Europa (als → Geld fungierten im 16. Jahrhundert Gold- und Silbermünzen). Gleichzeitig war ein allgemeiner Preisanstieg zu beobachten. Bodin drückte nun das Preisniveau als Verhältnis von Geldmenge zu Gütermenge aus. Er traf damit implizit die – völlig unrealistische – Annahme einer Umlaufsgeschwindigkeit des Geldes von immer genau 1. Erst die Nationalökonomen der → Klassik, wie vor allem *D. Hume* und *D. Riccardo*, bezogen die Umlaufsgeschwindigkeit explizit in die Analyse ein. Sie wiesen darauf hin, daß beispielsweise eine Zunahme der Umlaufsgeschwindigkeit dieselben Wirkungen hervorrufen könnte, wie eine Vermehrung der Geldmenge. *S. Newcomb* präsentierte die Quantitätstheorie in Form einer Gleichung, die *I. Fisher* schließlich in Gestalt der „Fisherschen Verkehrsgleichung" populär machte. Dabei handelt es sich um eine Identitätsgleichung, die stets erfüllt ist. Die Verkehrs- bzw. → Quantitätsgleichung wird indes erst dann zu einer gehaltvollen, empirisch überprüfbaren Theorie, wenn über die einzelnen Variablen zusätzliche Annahmen hinsichtlich Exogenität oder Endogenität getroffen werden. Als endogen (abhängig) sind solche Größen zu betrachten, die durch das System – hier also den monetären Sektor – bestimmt werden. Exogene Variable sind solche Größen, die dem System von außen eingegeben werden, das heißt, von der monetären Politik gesetzt werden oder als Datum bzw. Konstante anzusehen sind. Fisher ging davon aus, daß das Handelsvolumen weitgehend durch die →

Quartil

gesamtwirtschaftliche Produktionsfunktion (bei → Vollbeschäftigung) bestimmt sei. Zu den Bestimmungsgründen der Umlaufsgeschwindigkeit zählte er die Zahlungsgewohnheiten und weitere institutionelle und technische Bedingungen des Zahlungsverkehrs, die sich nach seiner Ansicht kurzfristig gar nicht und langfristig nur graduell ändern. Unter diesen Annahmen – man spricht auch von der naiven Quantitätstheorie – lassen sich nun in der Tat Änderungen des Preisniveaus nahezu vollständig auf Geldmengenänderungen zurückführen. Die Kritik an dieser älteren Form der Quantitätstheorie bezieht sich vor allem auf die Annahme einer kurzfristig konstanten, insbesondere vom Zinsniveau unabhängigen, Umlaufsgeschwindigkeit des Geldes. Empirische Studien zeigen, daß die Umlaufsgeschwindigkeit des Geldes variabel ist und offenbar stark von sich auch kurzfristig ändernden Kassenhaltungsgewohnheiten bestimmt wird. Klassische Ökonomen griffen die daraus resultierende Frage nach den Motiven der → Geldnachfrage in der Kassenhaltungsgleichung auf. *J. M. Keynes* vollzog mit seiner → Liquiditätspräferenztheorie den konsequenten Übergang zur Theorie der Geldnachfrage. Eine dem entsprechende Weiterentwicklung erfuhr die Quantitätstheorie in Gestalt der → Neo-Quantitätstheorie.

Quartil → Quantil

Quasigeld → Geldsubstitute

Quellenabzugsverfahren

Verfahren, bei der die Steuer direkt bei der Entstehung der Steuerbemessungsgrundlage und nicht erst später beim Steuerpflichtigen erhoben wird. Das Quellenabzugsverfahren gilt insbesondere bei der → Lohnsteuer, die direkt vom Arbeitgeber an das Finanzamt überwiesen wird. Den Teil des Bruttolohns, den die Lohnsteuer ausmacht, bekommt der Arbeitnehmer erst gar nicht auf sein Konto überwiesen. Auch die Kapitalertragsteuer wird nach dem Quellenabzugsverfahren erhoben und direkt von den Banken weitergeleitet.

Quintil → Quantil

Quote

– auch als Gliederungszahl bezeichnet – → Verhältniszahl, bei der der Quotient zweier statistischer Zahlen gebildet wird, wobei der Zähler sachlich ein echter Teil des Nenners sein muß, z.B. Alterslastquote = Zahl der Personen mit einem bestimmten Mindestalter : gesamte Bevölkerungszahl. Quoten werden typischerweise in Prozent (%) angegeben, deren Veränderung in Prozentpunkten. Entgegen dieser relativ engen Definition werden viele bekannte → Verhältniszahlen fälschlicherweise ebenfalls als Quoten bezeichnet, z. B. die → Staatsquote.

Quotensystem

– auch als Verbundsystem bezeichnet – System der → Einnahmenverteilung im Rahmen des Finanzausgleichs. Bei ihm teilen sich mehrere Gebietskörperschaftsebenen das Aufkommen einer Steuer nach vorher vereinbarten Quoten. Es ist dabei zu unterscheiden, ob sich die Quote auf die Gesamtheit der gemeinschaftlichen Steuern bezieht (Gesamtverbundsystem) oder ob sie für jede Steuer einzeln festgelegt wird (Einzelverbundsystem). Ein solches Einzelverbundsystem gibt es in Deutschland etwa für die → Einkommensteuer, die sich Bund, Länder und Gemeinden teilen sowie für die → Körperschaftsteuer und die → Umsatzsteuer, die sich Bund und Länder teilen.

R

Rabattkartell

zählt im weiteren Sinne zu den Preiskartellen. Es regelt, aus welchem Anlaß, in welcher Form und in welcher Höhe Preisnachlässe gewährt werden dürfen.

Radcliffe-Report → Liquiditätstheorie des Geldes

Rangskaliertes Merkmal → Skalierung

Rat der Europäischen Gemeinschaften

Der Rat, eines der gemeinsamen Organe der → Europäischen Gemeinschaften, setzt sich aus Regierungsvertretern der Mitgliedstaaten zusammen. Jedes der 15 Mitgliedsländer entsendet ein Regierungsmitglied. Der Vorsitz im Rat wechselt alle 6 Monate nach festgelegter Reihenfolge. Der Vorsitzende wird von zwei Stellvertretern unterstützt, seinem Vorgänger und seinem Nachfolger im Amte. Welche Regierungsvertreter bei den Ratssitzungen anwesend sind, richtet sich nach dem zu behandelnden Sachgebiet, in der Regel werden die entsprechenden Fachminister entsandt. Man spricht dann z.B. vom Agrar-, Finanz- oder Verkehrsministerrat.

Rat für gegenseitige Wirtschaftshilfe (RGW)

internationale Wirtschaftsorganisation der sozialistischen Staaten, 1949 als politische Gegenmaßnahme zum Marshall-Plan gegründet. Die drei Hauptbereiche der RWG-Zusammenarbeit waren:
- der Intrablockhandel, der zuletzt rund 60% des Gesamthandels der Mitgliedsländer ausmachte,
- die Spezialisierung und Kooperation der Produktion über zwischenstaatliche Abkommen oder internationale Wirtschaftsverträge zwischen Wirtschaftsorganisationen (auch Betrieben) aus RGW-Staaten und
- das direkte Zusammenwirken bei der Lösung von Investitionsaufgaben, die mindestens zwei Mitgliedsstaaten betrafen.

1991 löste sich der RGW offiziell auf, nachdem ihm durch den rasanten Verfall des Intrablockhandels die ökonomische Basis entzogen worden war.

Ratchet-Effect → Sperrhakeneffekt

Rationale Erwartungen

Rationale Erwartungen → Erwartungen

Rationalisierung

Durch eine zweckmäßigere Gestaltung von Arbeitsvorgängen soll die Wirtschaftlichkeit erhöht werden. Dies geschieht z. B. durch Spezialisierung, durch Einführung entsprechender Maschinen und durch Arbeitszeitstudien. Häufig ist mit dem Begriff Rationalisierung das Einsparen des Faktors Arbeit verbunden.

Rationalisierungskartell

legt gemeinsame Maßnahmen fest, die die Leistungsfähigkeit oder die Wirtschaftlichkeit der beteiligten Unternehmen in technischer, betriebswirtschaftlicher oder organisatorischer Hinsicht steigern sollen.

Rationierung

mengenmäßige Beschränkung von Angebot oder Nachfrage. Sie kann unmittelbar über Mengenvorgaben (z.B. Güterzuteilung oder Konzessionierung) oder mittelbar über Preisregulierungen z. B. über → Preisvorschriften erfolgen.

Raumordnungspolitik

Gesamtheit aller politischen Maßnahmen zur Gestaltung der räumlichen Struktur eines Landes. Die Raumordnungspolitik ist im Unterschied zur → Regionalpolitik umfassender ausgerichtet. Ihre Zielsetzung liegt in der Schaffung gesunder Lebens- und Arbeitsbedingungen sowie ausgewogener wirtschaftlicher, sozialer und kultureller Verhältnisse.

Raumwirtschaftstheorie

auch Regionalwirtschaftstheorie, analysiert die räumlichen Aspekte des wirtschaftlichen Handelns. Dazu gehören die Standortentscheidungen von Unternehmen und Haushalten und die Herausbildung von Bodenpreisen an verschiedenen Standorten. Darüber hinaus werden die Güter- und Faktorbewegungen (einschließlich der Pendlerbewegungen) zwischen verschiedenen Regionen untersucht. Über die Berücksichtigung von Transportkosten und Agglomerationseffekten wird versucht, die räumliche Ausdehnung der Wirtschaft zu analysieren.

Reagonomics

→ angebotsorientierte Wirtschaftspolitik, die unter der Regierungszeit von *R. Reagan* in den USA diskutiert und teilweise auch umgesetzt wurde. Wesentliches Kennzeichen war die Erhöhung des Handlungsspielraumes der Unternehmer und eine Verringerung des Einflusses des Staates. Von einer Reduzierung der gewinnabhängigen Steuern, der betrieblichen Lohn- und Lohnnebenkosten und dem Abbau administrativer Investitionshemmnisse sollten positive Investitionsanreize ausgehen. Das Funktionieren des Preismechanismus sollte durch eine Reduzierung der Inflationsrate verbessert werden. Im Hinblick auf das Wirtschaftswachstum und die Schaffung von Arbeitsplätzen war die Politik durchaus erfolgreich, allerdings hat sich die soziale Absicherung der Arbeitnehmer weiter verschlechtert und eine große Zahl von Arbeitsplätzen wurde im Bereich der Mindestlöhne geschaffen.

Reaktionshypothese → Oligopol

Real-Balance-Effect → Realkassenhaltungseffekt

Realer Wechselkurs

Kehrwert der terms of trade bzw. des realen → Außenwerts einer Währung. Seine Entwicklung gilt als entscheidender Indikator für die internationale Wettbewerbsfähigkeit eines Landes. Sinkt (steigt) der reale Wechselkurs – was gleichbedeutend ist mit einem Anstieg (Rückgang) der terms of trade –, so spricht man von einer realen → Aufwertung (→ Abwertung). Dadurch verschlechtert (verbessert) sich die Wettbewerbsposition des betreffenden Landes.

Realkassenhaltungseffekt

Reales Austauschverhältnis

allgemein der Quotient aus Verkaufs- und Einkaufspreisniveau aus der Sicht einer Wirtschaftseinheit. Am bekanntesten ist das als terms of trade bezeichnete internationale Austauschverhältnis. Dabei handelt es sich um die Relation der Exportpreise (P EX) zu den in heimische Währung umgerechneten Importpreisen (P IM) eines Landes:

$$t = \frac{P\,EX}{w \times P\,IM}$$

mit w = Devisenkurs. Die terms of trade geben somit prinzipiell an, welche Importmenge eine → Volkswirtschaft im Austausch gegen eine Mengeneinheit Exportgüter erhält. Man spricht auch vom realen → Außenwert einer Währung. Die Messung erfolgt typischerweise mit Hilfe von → Preis- (und Wechselkurs)indizes. Steigen (sinken) die terms of trade bzw. der reale Außenwert, dann verbessert (verschlechtert) sich offenbar die Fähigkeit eines Landes, sich durch Exporterlöse mit Importgütern zu versorgen.

Realignment → Wechselkursregime

Realkassenhaltungseffekt

Der Realkassenhaltungseffekt (Real-Balance-Effect) ist eine Weiterentwicklung des → *Pigou*-Effektes durch *D. Patinkin*. Es handelt

Reallohn

sich um einen → Vermögenseffekt, wobei → Geld explizit als Vermögensbestandteil mit einbezogen wird. Änderungen der → Geldmenge ändern die Nachfrage nach Gütern direkt (und nicht nur indirekt über Änderungen der Zinssätze gemäß dem → Keynes-Effekt). Maßgebend ist die reale Geldmenge: Ein Anstieg, ausgelöst entweder durch ein Sinken des Preisniveaus oder eine Erhöhung der nominellen Geldmenge, bewirkt nicht nur eine erhöhte Nachfrage nach Konsumgütern, sondern auch nach Investitionsgütern und Wertpapieren. Und zwar entsteht durch den Überhang der tatsächlichen Realkasse der Unternehmen über die gewünschte ein Portfolioungleichgewicht, das via zusätzliche Investitionsgüterkäufe abgebaut wird. Der gleiche Zusammenhang besteht auch zwischen der Höhe der Realkasse und Wertpapierkäufen; Unternehmen und private Haushalte fragen mehr Wertpapiere nach, wenn ihre reale Kassenhaltung höher ist als die gewünschte. Daraufhin sinkt der (Effektiv-) Zins, da die Kurse anziehen, und die → Investitionen nehmen (nochmals) zu. Dieser Mechanismus wirkt, bis ein neues Gleichgewicht für das Preisniveau im Zustand der Vollbeschäftigung erreicht wird. Ausgehend von einer Situation der Unterbeschäftigung, stellt der Realkassenhaltungseffekt daher, wie der Pigou-Effekt, einen „Vollbeschäftigungsautomatismus" unter der Annahme flexibler Preise und Löhne dar. Analog bremst er eine → Inflation, wenn die Geldmenge angesichts steigender Preise konstant bleibt (und sich so die reale Kassenhaltung verkleinert). Der Realkassenhaltungseffekt setzt voraus, daß der Geldbestand einer → Volkswirtschaft Nettovermögen darstellt; die Diskussion über diese Frage ist noch nicht abgeschlossen (siehe → Außengeld, → Innengeld). Aufgrund von Preisänderungserwartungen könnten sich indes ganz andere Wirkungen als die geschilderten ergeben. So könnte etwa im Falle einer eingetretenen Preissenkung die Erwartung weiterer Preissenkungen zur Zurückhaltung bei Güterkäufen führen. Damit käme es zu einer Erhöhung statt einer Verminderung der realen Geldnachfrage mit der Folge (weiterer) kontraktiver Effekte. Auch würde die Erwartung zukünftiger Preissteigerungen eine bestehende Inflation durch das Vorziehen von Güterkäufen beschleunigen. Siehe auch → Monetärer Transmissionsmechanismus.

Reallohn

Relation des Nominallohns und eines → Preisindexes (Deflator). Dem Reallohn entspricht die Gütermenge, die mit einem bestimmten Nominallohn gekauft werden kann. Er gibt damit Auskunft über die Kaufkraft des Geldlohnes. Zu seiner Berechnung wird in Deutschland die Brutto- oder Nettolohn- und -gehaltssumme je durchschnittlich beschäftigten Arbeitnehmer zum Preisindex der Lebenshaltung eines Vier-Personen-Haushaltes in Beziehung gesetzt.

Reallohnbedingte Arbeitslosigkeit

Der Begriff der reallohnbedingten oder auch lohninduzierten bzw. neoklassischen Arbeitslosigkeit basiert auf der → neoklassischen Arbeitsmarkttheorie. Als alleinige mögliche Ursache für Arbeitslosigkeit wird danach ein Reallohn angesehen, der zu hoch ist, um das → gesamtwirtschaftliche Arbeitsangebot mit Arbeitsplätzen zu versorgen. Da die → gesamtwirtschaftliche Arbeitsnachfrage – rein technisch bestimmt – der → Grenzproduktivität der Arbeit entspricht, darf der Reallohn diese nicht übersteigen, um Vollbeschäftigung zu garantieren. Bestehen die Arbeitnehmer dagegen bei einem gegebenen Preisniveau auf einem höheren Lohnsatz, müssen sie Arbeitslosigkeit in Kauf nehmen, die insofern einen freiwilligen Charakter hat.

Realsteuern → Steuerarten

Realtausch → Tausch

Realtransfer

vom Staat kostenlos oder zu nicht kostendeckenden Preisen zur Verfügung gestellte nicht-monetäre Leistungen in Form von Gütern oder Dienstleistungen, wie sie z. B. im Rahmen der → Sozialhilfe vor allem für Asylbewerber (→ Asylbewerberleistungsgesetz) gewährt werden.

Realvermögen → Sachvermögen

Realzins → Preiserwartungseffekt

Realzinsargument

versucht, ebenso wie die → Nachfragedruckhypothese, die → Lohn-lag-Hypothese und die → Gläubiger-Schuldner-Hypothese, die Ansicht zu stützen, eine schleichende → Inflation begünstige das Wirtschaftswachstum. Die Argumentation lautet: Steigen die nominellen → Zinsen langsamer als die Preise, so sinkt die reale Zinsbelastung für fremdfinanzierte Investitionsprojekte, und die → Investitionen nehmen zu. Siehe auch → Inflationswirkungen.

Recycling

Rückgewinnung von Rohstoffen. Damit soll der Erschöpfung von Rohstoffquellen einerseits und der Belastung der Umwelt durch Abfälle andererseits entgegengewirkt

Reduktionseffekt

werden. Recycling ist ein Instrument der → Umweltpolitik, sie ist allerdings wegen des hohen Energiebedarfs und des immer unter 100% liegenden Wirkungsgrades nicht unbeschränkt einsetzbar.

Reduktionseffekt

In der → Geldtheorie bezeichnet man hiermit die von der Zinshöhe unabhängige Verminderung der → Geldnachfrage, die durch den Erwerb von Geldsubstituten (wie etwa Wechseln) hervorgerufen wird.

Reduzierte Form → Mehrgleichungsmodell

Referenzwert

In der → geldpolitischen Strategie des Eurosystems kommt der → Geldmenge eine herausragende Rolle zu. Der Rat der → Europäischen Zentralbank (EZB) gibt für das Wachstum des weitgefaßten Geldmengenaggregats (M3) jährlich einen quantitativen Referenzwert an. Bei der Ableitung des Referenzwertes wird die bekannte Beziehung zwischen Geldmengenwachstum, Inflation, Wachstum des realen Brutto-Inlandsprodukts und Veränderung der → Umlaufsgeschwindigkeit des Geldes zugrunde gelegt. Sie berücksichtigt die vom EZB-Rat im Oktober 1998 bekanntgegebene Definition von Preisstabilität („Anstieg der Verbraucherpreise im Euro-Währungsgebiet gegenüber dem Vorjahr von unter 2%"). Die Ableitung des Referenzwertes stützt sich ferner auf mittelfristige Annahmen über die Entwicklung des realen BIP-Wachstums und die Entwicklung, d. h. den trendmäßigen Rückgang, der Umlaufsgeschwindigkeit von M3. Der EZB-Rat gab bewußt einen Referenzwert und nicht ein anzustrebendes Ziel bekannt. Das Konzept des Referenzwertes beinhaltet keine Verpflichtung seitens des Eurosystems, kurzfristige Abweichungen des Geldmengenwachstums vom Referenzwert zu korrigieren. Die Zinsen werden nicht „mechanistisch" als Reaktion auf solche Abweichungen geändert, um das Geldmengenwachstum auf den Referenzwert zurückzuführen. Die Grundidee des Konzepts eines Referenzwertes besteht vielmehr darin, daß Abweichungen des Geldmengenwachstums vom Referenzwert eingehend analysiert werden. Wenn die monetäre Entwicklung Risiken für die Preisstabilität anzeigt, werden in der Regel geldpolitische Maßnahmen zur Gewährleistung der Preisstabilität getroffen.

Regelgebundene Wirtschaftspolitik

bezeichnet eine → Wirtschafts- und insbesondere → Konjunkturpolitik, die im Gegensatz zur diskretionären (also fallweisen) Wirtschaftspolitik auf den Prinzipien des → Regelmechanismus beruht. Ihre Vertreter lehnen die tradierte Wirtschafts-, → Finanz- und → Währungspolitik auf der Basis situativer Entscheidungen ab, da der demokratische Entscheidungsprozeß ihres Erachtens zu langwierig (siehe → Lag), zu unsicher und zu ungenau sowie unsachlich und interessengeleitet sei. Ziel ist die Versachlichung bzw. Verstetigung der Wirtschaftspolitik. Die Vorschläge zur regelgebundenen Wirtschaftspolitik beinhalten die Ansätze der → Built in Flexibility, der → Built in stabilizers sowie der → Formula flexibility.

Regelmechanismus

Kernelement der → regelgebundenen Wirtschaftspolitik, nach dem wirtschafts- und insbesondere konjunkturpolitische Entscheidungen ganz oder teilweise durch die automatische Anpassung ökonomischer Daten ersetzt werden. Der Regelmechanismus löst bei Abweichungen vom gewünschten wirtschaftlichen bzw. konjunkturellen Verlauf selbständig entgegenwirkende Maßnahmen bzw. Entwicklungen aus. Dies mindert indes naturgemäß den politischen Ermessensspielraum.

Regionale Mobilität → Funktionsfähigkeit des Arbeitsmarkts

Regionale Strukturpolitik → Regionalpolitik

Regionalfonds (EFRE)

Der Europäische Fonds für regionale Entwicklung (EFRE) ist ein Instrument der → Europäischen Union zur Hilfeleistung für die strukturschwachen Regionen in der Gemeinschaft. Aus diesem Fonds werden u.a. Vorhaben im Tourismus-Bereich gefördert.

Regionalförderung → Regionalpolitik

Regionalpolitik

räumlich ausgerichteter Zweig der Wirtschafts- und insbesondere der → Strukturpolitik. Der Marktmechanismus führt nicht zwangsläufig zur Vollbeschäftigung der Produktionsfaktoren und zu einem Ausgleich der Pro-Kopf-Einkommen in verschiedenen Regionen einer Volkswirtschaft. Um in allen Teilgebieten möglichst gleichwertige (Mindest-)Lebensverhältnisse zu schaffen, kann ein staatliches Eingreifen geboten sein. Tatsächlich ist die praktische Regionalpolitik in weiten Bereichen eine allokative Verteilungspolitik im Raum. Sie besteht überwiegend in der Hilfe für strukturschwache Regionen. Träger der Regionalpolitik sind in Deutschland seit 1969 Bund und Länder gemeinsam im Rahmen der →

Regionalwissenschaft

Gemeinschaftsaufgabe „Verbesserung der regionalen Wirtschaftsstruktur". Dabei werden vor allem gewerbliche Investitionen und wirtschaftsnahe Infrastrukturprojekte gefördert. Nach der Einigung Deutschlands wurden 1991 bei der regionalen Wirtschaftsförderung neue Prioritäten gesetzt. In den alten Ländern wurden das Fördergebiet von 39% auf 27% der Bevölkerung reduziert und die Förderhöchstsätze von 23% auf 18% gesenkt. Während in den alten Bundesländern nur Regionen mit besonders ungünstiger Arbeitslosenquote, Lohnentwicklung und Infrastrukturausstattung gefördert werden, werden die neuen Bundesländer flächendeckend unterstützt. Gewerbliche Investitionen in Betrieben mit überregionalem Absatz werden durch Investitionszuschüsse bis zu 23% verbilligt (→ Investitionsförderung), → Investitionszulagen (8%) und Sonderabschreibungen können darüber hinaus in Anspruch genommen werden. Wirtschaftsnahe Infrastruktur in den Gemeinden kann bis zu 90% gefördert werden. Immer größere Bedeutung für die Regionalförderung hat die Europäische Union erlangt. Zum einen kontrolliert sie im Rahmen der Beihilfeaufsicht die nationalen Beihilfen im Hinblick auf mögliche Wettbewerbsverzerrungen. So wurden gegen die Förderprogramme einiger Bundesländer bereits Verfahren eingeleitet. Zum anderen stellt die Europäische Union im Rahmen der → Strukturfonds zusätzliche Mittel zur regionalen Wirtschaftsförderung bereit.

Regionalwissenschaft

– auch als Regionalanalyse, Regionaltheorie oder regional economics bezeichnet – untersucht vor allem räumliche makroökonomische Wirkungszusammenhänge. Sie soll der → Regionalpolitik ein theoretisches Fundament liefern.

Registerstatistik

spezielle Form der → Sekundärstatistik, bei der Daten für jeweils dieselbe Erhebungseinheit aus verschiedenen Erhebungen verknüpft werden. Registerstatistiken sind bei Personenbefragungen aus Datenschutzgründen oft enge Grenzen gesetzt, bei Unternehmensbefragungen stellen sie aber ein durchaus praktikables Instrument dar, z.B. bei der Kartei des Produzierenden Gewerbes.

Registrierte Arbeitslose

Personen ohne Arbeitsverhältnis (abgesehen von einer → geringfügigen Beschäftigung), die sich als Arbeitsuchende beim Arbeitsamt gemeldet haben, eine Beschäftigung von mindestens 15 Stunden für mehr als drei Monate suchen, für eine Arbeitsaufnahme sofort zur Verfügung stehen, nicht arbeitsunfähig erkrankt und das 65. Lebensjahr noch nicht vollendet haben. Der aus der → Arbeitsmarktstatistik stammende Begriff ist nicht deckungsgleich mit dem des → Erwerbslosen aus der → Erwerbstätigkeitsstatistik, da beim registrierten Arbeitslosen im Gegensatz zum Erwerbslosen einerseits eine Meldung beim Arbeitsamt vorausgesetzt wird und andererseits geringfügige Beschäftigungen zulässig sind.

Regressand → Regressionsanalyse

Regression

Sinkt mit wachsender Bemessungsgrundlage der durchschnittliche Belastungssatz, spricht man in Analogie zur → Progression von einer steuerlichen Regression, die ebenfalls linear, verzögert oder beschleunigt sein kann (s. S. 496).

Regressionsanalyse

→ multivariate Analysemethode zur numerischen Konkretisierung der Kausal- bzw. Funktionalbeziehung zwischen mehreren Merkmalen bzw. Variablen und damit Kernstück der → Ökonometrie. Nach der Zahl der Gleichungen in einem Regressionsmodell differenziert man zwischen → Eingleichungsmodellen und → Mehrgleichungsmodellen. Ferner unterscheidet man danach, ob zur Erklärung einer Variable nur eine oder mehrere andere Variable herangezogen werden, zwischen der → Einfachregression und der → Mehrfachregression. Die in einer Gleichung abhängige, also durch andere Größen bestimmte Variable, wird als Regressand y bezeichnet, die zu ihrer Erklärung verwendeten Variablen als Regressoren x_i. Alle restlichen, nicht explizit erwähnten Einflüsse auf den Regressanden werden unter eine → Störvariable u subsumiert. Aus schätztechnischen Gründen unterstellt man in aller Regel einen linearen Zusammenhang zwischen Regressand und Regressoren, so daß eine Regressionsgleichung typischerweise die Form $y = \beta_1 + \beta_2 x_2 + \beta_3 x_3 + \ldots + \beta_n x_n + u$ besitzt. Die Schätzung der Funktionsparameter β_i erfolgt auf der Grundlage eines Stichprobenbefundes üblicherweise mit der → Methode der kleinsten Quadrate. Um die → Schätzqualitäten der → Schätzfunktionen für die Funktionalparameter beurteilen zu können, müssen vorab gewisse Annahmen über die Störvariable gemacht werden. Das dabei hauptsächlich verwendete, sogenannte klassische Annahmensystem beinhaltet, daß der → Erwartungswert der Störvariable gleich Null ist (d.h. daß sich die Störeinflüsse durchschnittlich ausgleichen), daß → Homoskedastie herrscht, keine → Autokorrelation vorliegt und die Störvariable einer → Normalverteilung unter-

Regressionsanalyse

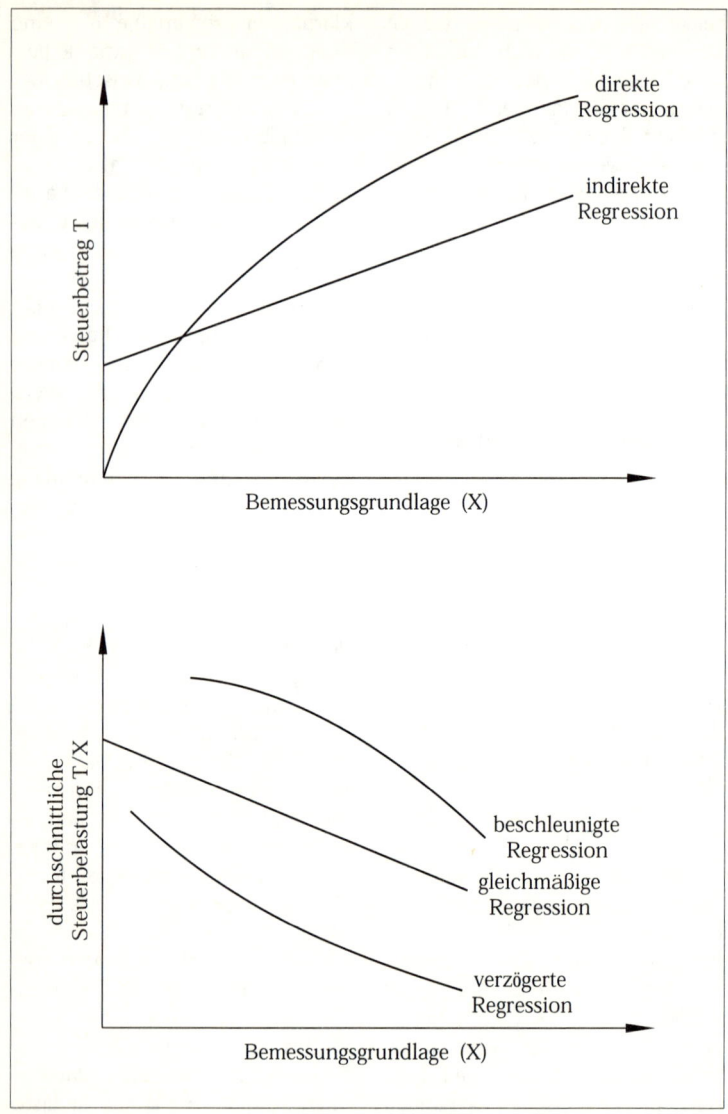

Regression

liegt. Die Qualität einer Regressionsschätzung kann schließlich durch eine → Korrelationsanalyse überprüft werden, da hier die Art und dort die Stärke des Funktionalzusammenhangs zwischen den Variablen ermittelt wird.

Regressor → Regressionsanalyse

Regulierung

staatliche Eingriffe in das Marktgeschehen, vor allem in die Gewerbe- und Vertragsfreiheit. Bereiche, in denen traditionell Regulierungen vorgenommen werden, sind der Energiesektor, der Transportsektor, die Telekommunikation und die Wasserversorgung. Darüber hinaus gibt es zahlreiche Regulierungen im Rahmen der Qualitätssicherung von Produkten über Sicherheitsvorschriften, Haftungsregelungen, Mindeststandards und Normen.

Reinvermögen

Vermögen eines Wirtschaftssubjektes, das von ökonomischen Ansprüchen anderer Wirtschaftssubjekte unbelastet ist.

Reinvestition → Investitionen

Reinvestitionszyklus → Echo-Effekt

Relative Einkommenshypothese

unterstellt, daß → private Haushalte sich bei ihren Konsumausgaben nicht nur nach ihrem laufenden, sondern auch nach ihrem in früheren Perioden erzielten → Einkommen richten. Das bedeutet, daß Haushalte bei Einkommensrückgängen das früher erreichte Verbrauchsniveau aufrechterhalten wollen bzw. bei Einkommenssteigerungen ihre Konsumausgaben nicht sofort ausdehnen (→ Sperrhakeneffekt). Haushalte orientieren sich außerdem am Konsumverhalten anderer Angehöriger ihrer sozialen Schicht und damit indirekt an deren Einkommen. Die relative Einkommenshypothese wurde durch *J. S. Duesenberry* untersucht (1949). Man spricht in diesem Zusammenhang auch vom Duesenberry-Modigliani-Effekt. Vgl. → Makroökonomische Konsumfunktion.

Relevanter Markt

Allgemein versteht man unter dem relevanten Markt den Bereich wirksamer Konkurrenz, das heißt alle Produkte, die aus der Sicht der Nachfrager kurzfristig substituierbar sind. Der relevante Markt muß zeitlich, räumlich und sachlich abgegrenzt werden, um eine Aussage machen zu können, wie groß die Zahl der Anbieter und wie hoch ihr Marktanteil ist. Vergleichsweise einfach ist die Bestimmung der zeitlichen Dimension. Die betrachtete Zeitspanne muß lang genug sein, um über Änderungen von Marktstruktur, Marktverhalten und Marktergebnis Aufschluß erhalten zu können. Der räumlich relevante Markt bezeichnet die Region, in der ein Anbieter in Konkurrenzbeziehung zu anderen Anbietern steht. Die Abgrenzung des sachlich relevanten Marktes hat das Problem zu lösen, daß die Produkte festzustellen sind, die die Nachfrager als gleichwertig ansehen. Gleichwertigkeit im Urteil des Käufers setzt indes nicht technische oder physische Gleichartigkeit voraus. Es hängt damit nicht von der objektiven Beschaffenheit, sondern von der subjektiven Bewertung durch den Konsumenten ab, ob und inwieweit Produkte als substituierbar anzusehen sind und wie stark damit die zwischen den Herstellern bestehende Konkurrenzbeziehung ist. Da es hierfür keine objektiven Kriterien gibt und da die Einschätzung durch die Verbraucher auch nicht allgemeingültig ist, beinhaltet dieses Konzept ein hohes Maß an Subjektivität. Das Konzept der „funktionalen Austauschbarkeit aus der Sicht des verständigen Verbrauchers" orientiert sich an Produkteigenschaften und Verwendungszwecken. Es bleibt allerdings auf Plausibilitätsüberlegungen angewiesen und eröffnet Ermessensspielräume.

Rente

Der Begriff der Rente wird in vielfältiger Weise verwendet. Man unterscheidet insbesondere
1. Leistungen im Rahmen der → gesetzlichen Renten- und Unfallversicherung sowie der Sicherung von Invaliden und Hinterbliebenen,
2. die Grundrente als Einkommen aus der Nutzung knapper natürlicher Ressourcen,
3. Einkommen aus der Nutzung sachlicher Produktionsmittel und
4. einen Transferüberschuß, z. B. Konsumentenrente als Differenz zwischen dem Preis, den ein Konsument zu zahlen bereit wäre und dem Marktpreis.

Rentenanpassung → Rentendynamik, → Aktueller Rentenwert.

Rentenberg

Mit diesem Begriff wird die ungünstige Entwicklung des zahlenmäßigen Verhältnisses zwischen Rentnern und beitragszahlenden Versicherten in der → gesetzlichen Rentenversicherung beschrieben. Diese Entwicklung führt im Rahmen des → Umlageverfahrens zu Finanzierungsproblemen.

Rentendynamik

Werden Renten im Zeitablauf entsprechend der Entwicklung bestimmter Bezugsgrößen – z. B. der Entwicklung der Produktivität oder der Löhne – angepaßt, so spricht man von Rentendynamik. In Deutschland findet eine solche Dynamik durch den → aktuellen Rentenwert Eingang in die Rentenhöhe. Dabei orientiert sich die Rentenentwicklung an der Entwicklung der Nettolöhne.

Rentenformel

Die Höhe einer Rente, sei es nun ein → Altersruhegeld, eine Hinterbliebenenrente, eine → Berufsunfähigkeitsrente oder eine → Erwerbsunfähigkeitsrente, kann anhand der Rentenformel berechnet werden. In die Rentenformel gehen drei Faktoren ein:
1. die Zahl der persönlichen Entgeltpunkte unter Berücksichtigung des „Zugangsfaktors",
2. der Rentenartenfaktor und
3. der → aktuelle Rentenwert.

Die Zahl der persönlichen Entgeltpunkte ergibt sich aus der Höhe der geleisteten Beiträgen und der Zahl der Beitragsmonate. Für jedes Versicherungsjahr, in dem soviel verdient wurde, wie im Durchschnitt alle Versicherten verdient haben, gibt es einen Entgeltpunkt. Bei höheren Löhnen und entsprechend Beiträgen steigt der persönliche Entgeltpunkt über 1,0, bei geringeren sinkt er unter 1,0. Die Entgeltpunkte werden auch durch Kindererziehungszeiten, die als vollwertige Beitragszeiten zählen, und → Anrechnungszeiten erhöht. Die Berücksichtigung der Beitragsleistung entspricht dem → Äquivalenzprinzip in dem Sinne, daß die Unterschiede in den Rentenleistungen den Unterschieden in den früheren Beitragsleistungen der Proportion nach entsprechen. Über den Faktor Entgeltpunkte gehen aber auch Solidarleistungen der Beitragszahler in die Rentenhöhe ein, weil bestimmte beitragsfreie Zeiten eines Versicherten Entgeltpunkte zugeordnet werden (z.B. Erziehungszeiten). Der Zugangsfaktor hat die Funktion bei vorzeitiger oder aufgeschobener Inanspruchnahme die unterschiedliche Rentenbezugsdauer im Vergleich zur Normalrente zu berücksichtigen. Wird die Rente vorgezogen (aufgeschoben), so vermindert (erhöht) sich der Zugangsfaktor pro Monat um 0,003 (0,005). Bei einem Jahr vorzeitigen Rentenbeginns verringert sich die Rente also um 3,6% (Zugangsfaktor: 1,0 – 0,036 = 0,964). Den unterschiedlichen Rentenarten sind unterschiedliche Rentenartfaktoren zugeordnet, z.B. Altersrenten der Faktor 1,0, Renten wegen Berufsunfähigkeit der Faktor 0,6667, Vollwaisenrenten der Faktor 0,2. Der → aktuelle Rentenwert koppelt die Höhe der Rente an die Lohnentwicklung. Als Rentenformel ergibt sich damit:

Monatliche Rente = Summe aller Entgeltpunkte × Zugangsfaktor × aktueller Rentenwert × Rentenartenfaktor

Rentenmarkt

Rentenmarkt

→ Markt, an dem → Rentenwerte gehandelt werden. Der Rentenmarkt ist Teil des → Kapitalmarkts.

Rentenversicherung

von der → gesetzliche Rentenversicherung, den Lebensversicherungen (Individualversicherung) sowie im Rahmen der → betrieblichen Alterssicherung angebotene Alters- und Hinterbliebenenvorsorge.

Rentenwert

→ Wertpapier, auf dessen Nennwert der Emittent einen fest vereinbarten → Zins zahlt (im Gegensatz zum Dividendenwert). Man spricht häufig auch von festverzinslichen Wertpapieren. Dies ist indes nicht korrekt, da auch → Schuldverschreibungen mit variabler Verzinsung zu den Rentenwerten zu rechnen sind. Man unterscheidet bei den Rentenwerten zwischen → Bankschuldverschreibungen, → Industrieobligationen und → Anleihen der öffentlichen Haushalte.

Repogeschäfte → Wertpapierpensionsgeschäfte

Reservebilanz → Devisenbilanz

Reservewährung

→ Währung und → Sonderziehungsrechte, die zur Bildung von Währungsreserven herangezogen werden. Hauptreservewährung ist nach wie vor der US-$. Allerdings hat seit Mitte der 70er Jahre eine Diversifizierung vor allem bei den Industrieländern eingesetzt.

Residuum → Methode der kleinsten Quadrate

Ressourcen

Im weiteren Sinne umfaßt der Begriff alle Bestände an Produktionsfaktoren (→ Arbeit, → Kapital, → Boden), die bei der Produktion und Verteilung von Gütern eingesetzt werden können. Aus der Tatsache, daß die Ressourcen knapp sind, ergibt sich die Notwendigkeit eines effizienten Einsatzes und einer optimalen Allokation. Im engeren Sinne versteht man unter dem Begriff „Ressource" Rohstoffe und Energieträger. Man unterscheidet zwischen nicht erneuerbaren (nicht regenerierbaren) Ressourcen, wie z.B. die fossilen Energieträger Erdöl und Kohle, und erneuerbaren Ressourcen, z.B. die Wasserkraft, Windkraft und Sonnenlicht. Das Problem der Erschöpfbarkeit der natürlichen Ressourcen wurde immer wieder im Rahmen der Diskussion über die → Grenzen des Wachstums angesprochen. Wie schnell sie tatsächlich erschöpft sind, hängt von der Preisentwicklung der einzelnen Ressource, von der Möglichkeit des → Recyclings, von der Existenz alternativer Technologien und Substitutionsmöglichkeiten und vom globalen → Wirtschaftswachstum ab.

Ressourcenverknappung → Ressourcen

Restarbeitslosigkeit → Bodensatzarbeitslosigkeit

Restposten der Zahlungsbilanz

Saldo der statistisch nicht aufgliederbaren Transaktionen im Leistungs- und Kapitalverkehr zwischen → Inländern und dem Ausland. Ursache für sein Entstehen sind Meldefreigrenzen bzw. -lükken, weiterhin Erfassungs-, Bewertungs- und Periodisierungsfehler.

Reswitching

Wiederkehr zunächst durch → technischen Fortschritt abgelöster Techniken im Zuge von Faktorpreisänderungen.

Returns to Scale → Skalenerträge

Revisionismus

in der deutschen Sozialdemokratie eingetretene reformerische Abkehr vom → Marxismus. Zentrale Elemente sind die Ablehnung des marxistischen Entwicklungsgesetzes sowie der Arbeitswert- und Mehrwertlehre. Die These eines zwangsläufigen Zusammenbruchs des → Kapitalismus aufgrund fortschreitender Konzentration sowie von sich verschärfenden Krisen wurde in Zweifel gezogen.

Rezession

Beginn einer Abschwungphase im → Konjunkturzyklus, insbesondere gekennzeichnet durch eine Stagnation bzw. einen beginnenden Rückgang der Wirtschaftsleistung. Die Rezession ist im Vergleich zur → Depression schwächer und kürzer.

Reziprozitätsprinzip

Prinzip der Gegenseitigkeit bzw. Wechselbeziehung, nach dem im internationalen Handel eine mit einem bestimmte Land vereinbarte Leistung (z. B. eine Meistbegünstigungsklausel) nur dann gilt, wenn dieses Land eine entsprechende Gegenleistung erbringt.

Ricardo-Theorem → Theorie der komparativen Kosten

Risikoeinstellung

Nach *J. Tobin* wird zwischen dem Typ des risikoscheuen (risk-averter), dem des risikofreudigen

Risikoprämien-Modell

(risk-lover) und dem des risikoneutralen → Wirtschaftssubjektes unterschieden. Die Risikoeinstellung spielt insbesondere bei Anlageentscheidungen eine große Rolle (siehe → Portfoliotheorie). Bei Risikoaversion bleibt der Nutzen aus einer Geldanlage nur dann unverändert, wenn das höhere Risiko durch eine höhere Renditeerwartung kompensiert wird. Bei Risikofreude sind die Anleger bereit, trotz gestiegenem Risiko eine niedrigere Renditeerwartung zu akzeptieren, da sie auf die Chance von (unerwarteten) Gewinnen setzen. Das Nutzenniveau eines risikoneutralen Anlegers ist dagegen vom Risiko unabhängig.

Risikoprämien-Modell → Wechselkurstheorien

Risikovorsorge

Bei der Risikovorsorge lassen sich mehrere Gestaltungsprinzipien und Finanzierungsformen unterscheiden (s. Abb. nächste Seite).

Rivalität des Konsums → Private Güter

Robertson-Lag

nach dem englischen Nationalökonomen *D. H. Robertson* (1890–1963) benannte Verzögerung zwischen einer Änderung des laufenden verfügbaren → Einkommens der → privaten Haushalte und der Änderung ihrer Konsumausgaben.

Robinson-Bedingung → Marshall-Lerner-Bedingung

Rohstoffpolitik

Gesamtheit der Maßnahmen zur Sicherung des Rohstoffbedarfs sowie zur Ordnung des internationalen Handels mit Rohstoffen. Dazu gehören staatliche Finanzierungshilfen und Bürgschaften zur Förderung der Suche und Ausbeutung (Exploitation) neuer Rohstoffquellen, Technologien zur Aufbereitung sowie zur rohstoffsparenden An- und Wiederverwendung (Recycling) von Rohstoffen. Hinzu tritt die Sicherung der Rohstoffversorgung zu angemessenen Preisen, Mengen und Qualitäten sowie die Stabilisierung der Erlöse durch internationale Rohstoffabkommen. Wichtige Instrumente solcher Rohstoffabkommen sind Bufferstock-Systeme (Ausgleichslager), multilaterale An- und Verkaufsverpflichtungen zwischen Konsumenten- und Produzentenländern sowie Exportquotenabkommen.

Roosa-Effekt → Locking-in-Effect

Rückwälzung → Steuerüberwälzung

Ruinöse Konkurrenz → Oligopol

Risikovorsorge

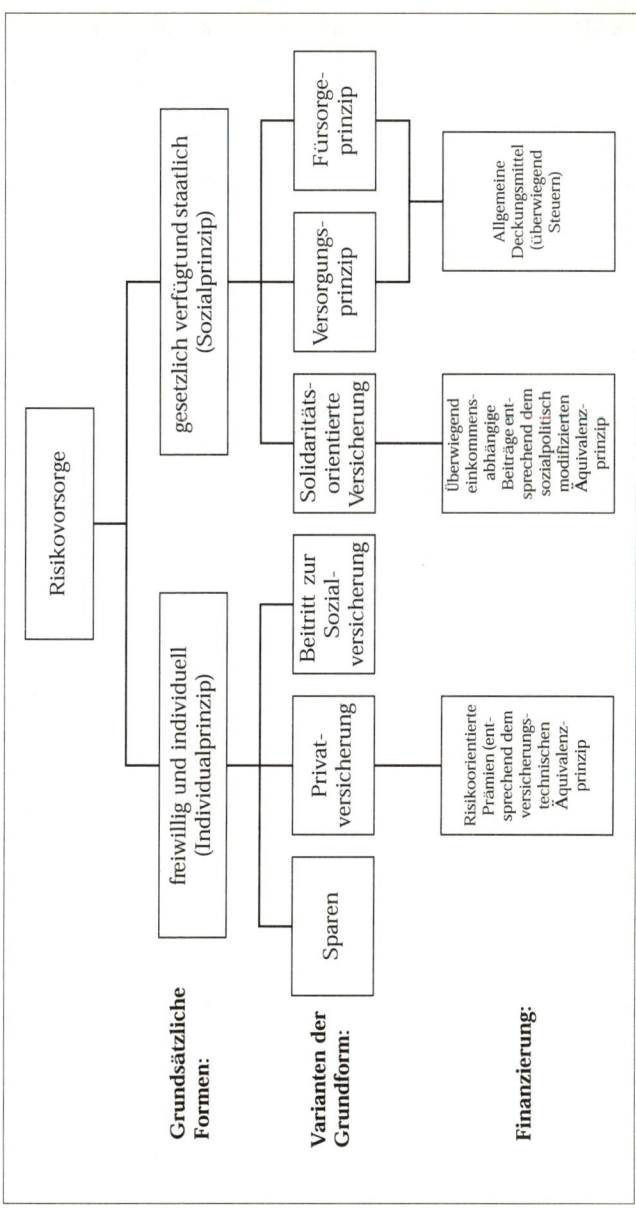

Formen, Varianten und Finanzierung der Risikovorsorge
Quelle: Lampert, H.,: Lehrbuch der Sozialpolitik, 5. Aufl., Berlin 1998.

Rybczynski-Theorem

Rybczynski-Theorem
auf *T. M. Rybczynski* zurückgeführte Hypothese, nach der in einem Land bei Zunahme eines Produktionsfaktors A und konstanten terms of trade die Erzeugung desjenigen Gutes, welches diesen Produktionsfaktor im Vergleich zum anderen Gut relativ intensiv nutzt, um einen höheren Prozentsatz steigt als das gesamte → Sozialprodukt. Vgl. auch → Faktorproportionentheorie.

S

Sachinvestition → Realinvestitionen

Sachkapital → Kapital

Sachvermögen

Teil des volkswirtschaftlichen Bruttovermögens. Es wird unterteilt in
- nicht reproduzierbares Sachvermögen (→ Boden einschl. Bodenschätze),
- reproduzierbares Sachvermögen (Anlagevermögen, Vorratsvermögen, Gebrauchsvermögen).

Sachverständigenrat zur Begutachtung der gesamtwirtschaftlichen Entwicklung

unabhängiges Gremium von fünf renomierten Wirtschaftswissenschaftlern, das jährlich ein → Jahresgutachten erarbeitet, zu dem die Bundesregierung mit einem → Jahreswirtschaftsbericht Stellung nimmt. Der Sachverständigenrat kann darüber hinaus nach eigenem Ermessen Sondergutachten und auch Gutachten auf Anforderung der Bundesregierung anfertigen.

Saisonale Arbeitslosigkeit

entsteht, wenn es durch jahreszeitliche Schwankungen in der Produktion auch zu entsprechenden Schwankungen in der Beschäftigung kommt. Sie ist in aller Regel kein gesamtwirtschaftliches Phänomen, sondern tritt nur in bestimmten Branchen wie z.B. der Landwirtschaft, dem Baugewerbe oder dem Tourismus auf.

Saisonbereinigungsverfahren

Ansätze im Rahmen der → Zeitreihenanalyse, um aus den Beobachtungswerten die mittelfristige, zyklische Saisonkomponente herauszurechnen. Danach kann dann getrennt der langfristige Trend der Zeitreihe (mit einem → Trendbereinigungsverfahren) und eben die Saisonkomponente prognostiziert und wieder zusammengefügt werden. Die einfachsten Verfahren zu diesem Zweck sind die Phasendurchschnittsverfahren, bei denen zunächst mit Hilfe → gleitender Durchschnitte die jeweiligen Saisoneinflüsse aus den Beobachtungswerten herausgezogen und dann einer separaten Durchschnittsbildung unterworfen werden, um den noch enthaltenen Zufallseinfluß zu eliminieren. In

Saisonkomponente

der Praxis wurden die Phasendurchschnittsverfahren vor allem zu dem vom Statistischen Bundesamt verwendeten Berliner Verfahren und dem von der Deutschen Bundesbank bevorzugten Census-Verfahren weiterentwickelt.

Saisonkomponente → Zeitreihenanalyse

Säkulare Inflation

langfristiger, mäßiger Inflationsprozeß ohne Tendenz, sich selbst zu verstärken, der in vielen westlichen Industrienationen zu beobachten ist.

Saldo der Gesamtbilanz

resultiert in der → Zahlungsbilanz aus der Zusammenfassung des gesamtwirtschaftlichen → Finanzierungssaldos mit dem Saldo der → Kapitalbilanz im engeren Sinne. Man spricht auch von der Overall Balance. Ist der Gesamtsaldo von Null verschieden, so erfolgt der Ausgleich durch den Saldo der → Devisen- (bzw. Reserve-)bilanz.

Satellitensysteme der Volkswirtschaftlichen Gesamtrechnung → Volkswirtschaftliche Gesamtrechnung

Satisficing → Aufschlagskalkulation

Sättigungsmenge → Nachfragefunktion

Saysches Theorem

von dem französischen Nationalökonomen *J. B. Say* aufgestellte These, wonach sich jedes Angebot gesamtwirtschaftlich seine eigenen Nachfrage schafft. Das Saysche Theorem bildet die Grundlage der im System der → Klassik unterstellten Tendenz zu einem Gleichgewicht bei Vollbeschäftigung. Basis des Sayschen Theorems ist der einfache → Wirtschaftskreislauf. Demnach entspricht zunächst einmal jeder Produktion ein in gleicher Höhe geschaffenes → Einkommen. Soweit dieses für Konsumzwecke verausgabt wird, steigt die Güternachfrage. Aber auch → Ersparnis ändert nach klassischer Ansicht nichts daran, daß die Nachfrage in Höhe des gesamten Einkommens erhalten bleibt. Da → Geld annahmegemäß nur zu Transaktionszwecken (und nicht auch als Wertaufbewahrungsmittel wie im System des → Keynesianismus) verwendet wird, wird nämlich die Ersparnis auf den Kreditmärkten angeboten und von den → Unternehmen zur Finanzierung von → Investitionen nachgefragt. Diese Gleichheit von Sparen und Investieren wird nach klassischer Auffassung durch den → Zins bewirkt. Im beschriebenen Fall käme es also zu einer Zinssenkung mit der Folge steigender Investitionstätigkeit (und sinkender Ersparnisbildung). Indes gibt es mindestens zwei Aspekte, die den geschilderten klassischen Zinsmechanismus fraglich erscheinen lassen: Einmal konnte bisher ein signifikanter Zusammenhang zwischen Ersparnis und Zinshöhe nicht nachgewiesen werden, so daß von einer weitgehenden Zinsunempfindlichkeit des Sparens auszugehen ist. Zum anderen hängt auch die Investitionsnachfrage nicht allein von den Zinsen ab. Entscheidend ist vielmehr der Vergleich der Finanzierungskosten mit den Gewinnerwartungen der Unternehmen. In Zeiten des konjunkturellen Abschwungs und extrem pessimistischer Erwartungen ist denkbar, daß es keinen positiven Zinssatz gibt, bei dem Angebot und Nachfrage nach Ersparnissen zum Ausgleich kommen. Das Sparen führt dann zu einem teilweisen Nachfrageausfall und der Kreislauf gerät in einen Schrumpfungsprozeß. Vgl. auch → *Pigou-Effekt*.

Schadstoffsteuer → Emissionssteuer

Schattenwirtschaft

– auch als inoffizielle, verborgene, parallele oder Untergrundwirtschaft bezeichnet – wirtschaftliche Aktivitäten, deren Wertschöpfung bei der Berechnung des → Bruttoinlandsproduktes statistisch nicht erfaßt werden, weil sie verheimlicht werden oder erhebungstechnisch nicht ermittelt werden können. Dazu gehören → Schwarzarbeit, Steuerhinterziehung, Geschäfte ohne Rechnung, Einkommen aus illegalen Geschäften (z. B. Drogenherstellung und -schmuggel). Darüber hinaus kann der Schattenwirtschaft auch die Nachbarschaftshilfe und die in privaten Haushalten geleistete Produktion (Hausarbeit, Selbstversorgung) zugerechnet werden.

Schatzanweisungen

kurz- und mittelfristige Schuldverschreibungen des Bundes, der Länder und der Sondervermögen. Man unterscheidet unverzinsliche Schatzanweisungen (U-Schätze). Es handelt sich hierbei um Diskontpapiere mit einer Laufzeit zwischen 6 und 24 Monaten. Sie werden auch in der Offenmarktpolitik eingesetzt. Daneben begibt der Staat festverzinsliche Bundesschatzanweisungen (ehemals: Kassenobligationen). Dies sind regelmäßig mit einem festen Satz zu verzinsende Wertpapiere mit 2- bis 7jähriger Laufzeit. Zu den festverzinslichen Schatzanweisungen zählen weiterhin → Anleihen des Bundes und → Bundesschatzbriefe.

Schätzfunktion

→ Zufallsvariable, die aus einer → Stichprobe resultiert und der

Schätzqualitäten

Schätzung der Parameter der Grundgesamtheit dient, aus der die Stichprobe entnommen wurde. So dient beispielsweise der → Erwartungswert des Stichprobenbefundes dazu, das → arithmetische Mittel der Grundgesamtheit zu schätzen. Die verschiedenen möglichen Realisierungen einer Schätzfunktion werden als Schätzwerte bezeichnet. Wichtig ist dabei, daß die Parameter der Grundgesamtheit zwar unbekannte, aber feste Werte sind, während die Schätzfunktion eine Zufallsvariable ist. Insofern können die konkreten Schätzwerte als Ausprägungen einer Zufallsvariable im Einzelfall durchaus falsch sein, obwohl die Schätzfunktion alle wichtigen → Schätzqualitäten besitzt (vgl. auch → Punktschätzung, → Intervallschätzung).

Schätzqualitäten

wünschenswerte Eigenschaften von → Schätzfunktionen. Als wichtigste Schätzqualitäten gelten:
1. die Erwartungstreue, d.h. daß die jeweilige Schätzfunktion „im Durchschnitt" den richtigen Wert des zu schätzenden Parameters hervorbringt,
2. die Effizienz, d.h. daß die jeweilige Schätzfunktion von allen erwartungstreuen Schätzfunktionen die geringste Varianz besitzt und dadurch den geringsten Schätzfehler aufweist, und
3. die Konsistenz, d.h. daß die Werte der Schätzfunktion mit zunehmendem Stichprobenumfängen immer weniger vom tatsächlichen Wert des zu schätzenden Parameters abweichen.

Schätzfunktionen, die die Eigenschaften der Erwartungstreue und Effizienz besitzen (und aus linearen Regressionsansätzen resultieren), werden auch als BLU(E)-Schätzer (Best Linear Unbiased Estimator) bezeichnet.

Schatzwechsel

Solawechsel der öffentlichen Haushalte mit höchstens 3monatiger Laufzeit. Sie werden auch in der Offenmarktpolitik eingesetzt.

Scheinselbständigkeit

gängige Bezeichnung für das Phänomen, daß juristisch selbständige Unternehmer für einen Auftraggeber Tätigkeiten ausführen, die bisher von → Arbeitnehmern des Auftraggebers ausgeführt wurden. Häufig handelt es sich bei den ausführenden Unternehmern sogar persönlich um frühere Arbeitnehmer des Auftraggebers. Die Intention einer solchen Auslagerung von Arbeiten ist das Einsparen von → Sozialversicherungsbeiträgen. Um einem Mißbrauch zu begegnen, unterwirft das Gesetz gegen Scheinselbständigkeit seit dem 1. 4. 1999 solche Unternehmer ebenfalls der Sozialversicherungspflicht, wobei zur

Beurteilung des Vorliegens eines Mißbrauchs auf verschiedene Kriterien wie z. B. die Zahl der Beschäftigten oder die Zahl der Auftraggeber abgestellt wird.

Schiedsgerichte → Arbeitsgerichte

Schlechtwettergeld

→ Lohnersatzleistung im Rahmen der → Arbeitslosenversicherung für Bauarbeiter bei witterungsbedingtem Arbeitsausfall. Das aus dem allgemeinen Beitragsaufkommen der Arbeitslosenversicherung finanzierte Schlechtwettergeld wurde als reine Lohnersatzleistung am 1.1.1996 von dem, einen etwas anderen Charakter habenden und an höhere Anspruchvoraussetzungen gekoppelte → Winterausfallgeld ersetzt. Seit der gesetzlichen Neuregelung vom 1.6.1999 löste das Schlechtwettergeld in modifizierter Form das Winterausfallgeld jedoch wieder ab.

Schlichtung

Verfahren zur friedlichen Beilegung von Streitigkeiten zwischen den → Tarifpartnern, das zum Zuge kommt, wenn die vorangegangenen Tarifverhandlungen erfolglos bleiben. Die mit dem Verfahren betraute Schlichtungsstelle ist von den Tarifparteien paritätisch besetzt und wird üblicherweise von einem unparteiischen Schlichter geleitet. Die Annahme eines Einigungsvorschlags der Schlichtungsstelle durch beide Tarifpartner führt zum Abschluß eines entsprechenden → Tarifvertrags. Wird der Einigungsvorschlag jedoch von mindestens einer Seite nicht angenommen, gilt die Friedenspflicht für die Tarifpartner als beendet, so daß ein → Arbeitskampf beginnen kann.

Schließende Statistik → Statistik

Schlüsselzuweisung → Zuweisungen

Schmutziges floating → Floating

Schrumpfende Wirtschaft → Investition

Schuldendeckelverordnung

maximal ein Jahr gültige Rechtsverordnung der Bundesregierung gemäß Art. 109 Abs. 4 GG und §§ 19ff. des → Gesetzes zur Förderung der Stabilität und des Wachstums mit dem Zweck, die Kreditaufnahme von Bund, Ländern, Gemeinden, Gemeindeverbänden, Sondervermögen und Zweckverbänden zu begrenzen, um eine Störung des wirtschaftlichen Gleichgewichts abzuwehren. Die Schuldendeckelverordnung ist eine Maßnahme der → Konjunkturpolitik und nicht zu

Schuldendienst

verwechseln mit der im Grundgesetz in Art. 115 vorgesehenen globalen Begrenzung der Verschuldung (nach Maßgaben der Investitionen).

Schuldendienst

Zusammenfassung der Ausgaben für Verzinsung und Tilgung aufgenommener Schulden.

Schuldenillusion

Erwerber öffentlicher Schuldtitel unterliegen einer Schuldenillusion, wenn sie bei der Zeichnung ihrer Titel nicht berücksichtigen, daß der → Schuldendienst zu einem späteren Zeitpunkt aus von allen Bürgern zu tragenden Einnahmen, vor allem Steuereinnahmen, geleistet werden muß.

Schuldenparadox

besagt, daß der Staat seinen Schuldenstand vermindern kann, wenn er zusätzliche Schulden eingeht, damit zusätzliche Ausgaben finanziert und so einen gesamtwirtschaftlichen Expansionsprozeß mit nachfolgend steigenden Steuereinnahmen und abnehmender Notwendigkeit von Sozialleistungen auslöst. Anders gewendet bedeutet das Schuldenparadoxon, daß eine Steuersenkung so stark expansiv wirkt, daß das steigende Steueraufkommen bei niedrigeren Steuersätzen das anfängliche Budgetdefizit überkompensiert. In diese Richtung argumentiert vor allem die → Angebotsökonomik.

Schuldenquote

→ Verhältniszahl, bei der der Schuldenstand zum Bruttosozialprodukt zu Marktpreisen ins Verhältnis gesetzt wird. (→ öffentliche Verschuldung). Obwohl so bezeichnet, stellt sie formal keine → Quote dar.

Schuldverschreibung

→ Wertpapier, auf dem sich der Aussteller zu einer bestimmten Leistung gegenüber dem Inhaber der Schuldverschreibung (Inhaberschuldverschreibung) oder gegenüber der auf der Schuldverschreibung bezeichneten Person (Namensschuldverschreibung bzw. Orderschuldverschreibung) verpflichtet. Der Begriff Schuldverschreibung wird auch als Synonym für festverzinsliche Wertpapiere verwendet. Dazu gehören → Bankschuldverschreibungen, → Industrieobligationen und → Anleihen öffentlicher Stellen.

Schwarzarbeit

Arbeitsleistungen, die für andere erbracht werden und bei denen die gesetzlichen Anmelde- und Anzeigepflichten umgangen werden. Nach dem Gesetz zur Bekämpfung der Schwarzarbeit in der Fassung vom 29.1.1992 wird der Arbeitgeber und der Schwarz-

arbeiter bestraft, wenn Dienst- oder Werkleistungen aus Gewinnsucht in erheblichem Umfang erbracht werden und
1. vorsätzlich der Verpflichtung zur Anzeige von der Aufnahme entlohnter oder selbständiger Arbeit nicht nachgekommen wurde,
2. vorsätzlich die Verpflichtung zur Anzeige vom Beginn des selbständigen Betriebs nicht erfüllt wurde,
3. ein Handwerk ohne Eintragung in die Handwerksrolle betrieben wird.

1989 wurde zur Bekämpfung der illegalen Beschäftigung sowie des Mißbrauchs von Leistungen der Sozialversicherung ein Sozialversicherungsausweis eingeführt und die Meldepflicht des Arbeitgebers gegenüber den Sozialversicherungen erweitert. Auch geringfügig Beschäftigte unterliegen seither der Meldepflicht.

Schwarzfahrerhaltung → Free-Rider-Haltung

Schwarzmarkt

Transaktionen, die außerhalb des staatlich geregelten (offiziellen) Marktes erfolgen. Schwarzmärkte entstehen dann, wenn aufgrund staatlicher Eingriffe (z. B. die Festsetzung von Höchst- oder Mindestpreisen, Kontingentierung, Bewirtschaftung) die freie Preisbildung außer Kraft gesetzt, und damit der Ausgleich von Angebot und Nachfrage nicht vollständig erreicht wird. Werden z. B. Höchstpreise gesetzt, die unter dem Marktpreis liegen, so ist die Nachfrage größer als das Angebot (Nachfragemengenüberschuß).
Nachfrager sind dann bereit auf Schwarzmärkten einen höheren Preis als den Mindestpreis zu bezahlen. Bei staatlich fixierten Mindestpreisen, die über dem Marktpreis liegen, ergibt sich dagegen ein Angebotsmengenüberschuß. Die Anbieter, die auf einem Teil ihrer Produkte sitzen zu bleiben drohen, können versuchen, die Waren auf dem Schwarzmarkt zu einem niedrigeren Preis abzusetzen. Der Schwarzmarktpreis kann als Indikator für die tatsächliche Knappheit der gehandelten Güter angesehen werden.

Schwedisches Modell

Der Begriff kennzeichnet das in Schweden bereits 1938 eingeführte und in mehreren Modifikationen über lange Jahre hinweg praktizierte konjunkturpolitische Maßnahmenbündel zur indirekten → Investitionslenkung mit dem Ziel der Verstetigung der → Konjunktur. Kernelement bildete ein sogenannte Investitionsfonds, dem die → Unternehmen in der Hochkonjunktur steuerlich abzugsfähige Einlagen zuführen konnten. In der → Rezession oder Stagnation standen diese Mittel

Schwerbehindertenschutz

dann generell oder mit selektiver Genehmigung für Investitionszwecke zur Verfügung.

Schwerbehindertenschutz → Bestandschutz des Arbeitsverhältnisses

Screening-Theorie → Humankapitaltheorien

630-DM-Job → Geringfügige Beschäftigung

Segmentationstheorien

Gruppe von → Arbeitsmarkttheorien, die im Gegensatz zur → neoklassischen Theorie des Arbeitsmarkts diesen nicht als einen einzigen, homogenen Markt betrachten. Vielmehr bestehen hier infolge der institutionellen Gegebenheiten voneinander getrennte Teilarbeitsmärkte, die sich hinsichtlich ihrer Funktionsweise und der Marktzutrittsschranken unterscheiden. Grundlegend ist überdies die Annahme, daß die individuelle → Arbeitsproduktivität weniger von den Fähigkeiten der einzelnen Arbeitskräfte abhängt, sondern davon, welchen konkreten Arbeitsplatz diese jeweils innehaben (Arbeitsplatzkonzept). Insofern überwiegt in der Arbeitsmarktanalyse auch der Aspekt, auf welche Arbeitsplätze eine bestimmte Arbeitskraft gelangen kann und auf welche nicht. Hauptanliegen aller Segmentationstheorien ist somit die Erklärung der jeweiligen Arbeitsmarktstruktur. Die einzelnen Ansätze unterscheiden sich vor allem darin, wieviele Teilarbeitsmärkte nach welchen Kriterien als voneinander getrennt zu betrachten sind. Die wichtigsten Segmentationstheorien sind die für die USA entwickelte → Theorie der dualen Arbeitsmärkte und die daraus auf deutsche Verhältnisse übertragene und erweiterte → Theorie des dreigeteilten Arbeitsmarkts. Segmentationstheorien leisten wichtige Erklärungsbeiträge zur Entstehung und Verfestigung bestimmter, in der Realität zu beobachtender Arbeitsmarktstrukturen und -besonderheiten. Sie begründen damit die Notwendigkeit einer sehr differenzierten → Arbeitsmarktpolitik. Eine Analyse der eigentlichen Ursachen für die Arbeitslosigkeit und damit konkrete wirtschaftspolitische Vorschläge zur Bekämpfung derselben liefern sie indes kaum.

Seigniorage

Gewinn, den Banken bei der → Geldschöpfung bzw. Geldemission erzielen, indem sie ertragbringende Vermögensobjekte von → Nichtbanken erwerben und diesen dafür unverzinsliche oder nur gering verzinsliche Sichtguthaben einräumen. Typischerweise wird der Begriff der Seigniorage im Zusammenhang mit der Emission von → Geld durch die Zentralbank und die Regierung gebraucht. Bei Zentralbanken entsteht durch den Druck von zusätzlichem Geld eine Seigniorage in Form des Banknotengewinns. Sie entspricht der Differenz zwischen dem Nennwert der Banknoten einerseits und den Herstellungskosten sowie den laufenden Aufwendungen für die Bestandspflege andererseits. Eine weitere Quelle der Seigniorage entsteht dadurch, daß die Geschäftsbanken zur Haltung unverzinslicher Reserven bei der Zentralbank verpflichtet sind. Der Staat erzielt einen Münzgewinn, wenn der Nennwert der Münzen ihre Herstellungskosten übersteigt. Insgesamt kann die Seigniorage innerhalb eines bestimmten Zeitraumes anhand der Veränderung der nationalen → Geldmenge gemessen werden. In der → Weltwirtschaft ergeben sich Gewinne für diejenigen Länder, welche maßgeblich zur Produktion von internationaler Liquidität beitragen, also international verwendete Reservewährungen emittieren. Im → Goldstandard der Vorkriegszeit ergab sich Seigniorage für die goldproduzierenden Länder in dem Ausmaß, in dem die Produktionskosten des Goldes unter seinem offiziellen Preis lagen. Vgl. auch → Zentralbankgewinn.

Sektor

Zusammenfassung von → Wirtschaftssubjekten im Rahmen der → volkswirtschaftlichen Gesamtrechnungen jeweils zum Bereich → Unternehmen, → öffentliche Haushalte und → private Haushalte. Auch das Ausland gilt als Sektor. In der → gesamtwirtschaftlichen Finanzierungsrechnung wird weiterhin der → Finanzsektor abgegrenzt.

Sektorale Strukturpolitik

– auch als sektorale Wirtschaftspolitik bezeichnet – umfaßt alle wirtschaftspolitischen Maßnahmen, die auf die Entwicklung der → sektoralen Wirtschaftsstruktur Einfluß nehmen. Ziel ist es, Richtung und/oder Tempo des → sektoralen Strukturwandels zu verändern. Geht es darum, den marktgesteuerten Strukturwandel abzubremsen bzw. unerwünschte Auswirkungen des Strukturwandels zu mildern, spricht man von Strukturerhaltungspolitik. Eine solche konservierende Strukturpolitik kann soweit gehen, daß ganze Branchen entgegen den Veränderungstendenzen des Marktes gestützt und aufrechterhalten werden. Bei der Strukturanpassungspolitik geht es darum, den Strukturwandel zu beschleunigen um → Produktivität und Wachstum einer Volkswirtschaft zu erhöhen. Soll schließlich der Strukturwandel in eine bestimmte Richtung gelenkt werden (z.B. durch die Förderung von sogenannten Schlüsselbranchen), handelt es sich um Strukturgestaltungspoli-

Sektorale Wirtschaftspolitik

tik. Folgende Instrumente können im Rahmen der sektoralen Strukturpolitik eingesetzt werden:
- Eingriffe in die Wettbewerbsordnung, z. B. Schutz vor ausländischer Konkurrenz durch Importbeschränkungen oder auch die zeitlich befristete Tolerierung kartellartiger Absprachen zwischen Unternehmen eines unter Strukturproblemen leidenden Wirtschaftszweiges (→ Strukturkrisenkartelle);
- Eingriffe in die Eigentumsordnung, z. B. Verstaatlichung nicht mehr wettbewerbsfähiger Unternehmen;
- Festlegung von Produktionsmengen, Preisen oder auch Beschränkungen der Produktionskapazität;
- Verbesserung der Absatzbedingungen, direkt durch zusätzliche staatliche Nachfrage (so kann z. B. durch staatliche Nachfrage die Bauwirtschaft unterstützt werden); die volkswirtschaftliche Nachfragestruktur kann indirekt über Steuern und Transferzahlungen (z. B. durch die Erhöhung, bzw. Senkung spezieller → Verbrauchsteuern, durch die Gewährung von Wohngeld u. ä.) beeinflußt werden;
- Verbesserung der Angebotsbedingungen, durch Entlastung der Unternehmen bei den Produktions- und Investitionskosten (→ Subventionen), eine verbesserte → Infrastruktur oder andere staatliche Vorleistungen, z. B. im Bereich der Forschung.

Eingriffe in die Wettbewerbs- und Eigentumsordnung haben negative Nebeneffekte und sind mit marktwirtschaftlichen Prinzipien schwer vereinbar. Im Stahlsektor hat sich gezeigt, daß die Probleme weder durch Strukturkrisenkartelle noch die Festlegung von Produktionsmengen und Preisen zu lösen sind. Auch das Beispiel der Landwirtschaftspolitik zeigt, daß die Festlegung von Preisen und Produktionskapazitäten problematisch ist, und schließlich andere marktlenkende Maßnahmen erforderlich macht. Träger der sektoralen Strukturpolitik sind die Wirtschaftsministerien von Bund und Ländern, teilweise aber auch spezielle Ressorts wie Landwirtschaft, Verkehr, Technologie. Darüber hinaus zieht die Europäische Union immer mehr strukturpolitische Kompetenzen an sich. Über die Agrarpolitik, die Handelspolitik, aber auch bei Maßnahmen zugunsten „sensibler" Wirtschaftsbereiche (Kohle, Stahl, Textilien) nimmt sie Einfluß auf die sektorale Strukturpolitik. Die nationalen strukturpolitischen Maßnahmen werden von ihr im Rahmen der Beihilfekontrolle überwacht. Über die → Strukturfonds beteiligt sich die Europäische Union allerdings auch an der nationalen Strukturpolitik.

Sektorale Wirtschaftspolitik → Sektorale Strukturpolitik

Sektoraler Strukturwandel

Sektorale Wirtschaftsstruktur

Wichtige volkswirtschaftliche Größen werden in ihrer sektoralen Zusammensetzung betrachtet; so vor allem
- sektorale Produktionsstruktur, die angibt, wie sich die gesamtwirtschaftliche Produktion aus den Wertschöpfungsbeiträgen einzelner → Sektoren der Volkswirtschaft zusammensetzt;
- sektorale Beschäftigungsstruktur, die Verteilung der Erwerbstätigkeit auf verschiedene Sektoren;
- sektorale Investitionsstruktur, die Verteilung der Investitionen auf die verschiedenen Sektoren.

Sektoraler Strukturwandel

Verschiebung in der → sektoralen Wirtschaftsstruktur, die aus dem unterschiedlichen Wachstum der einzelnen Wirtschaftszweige resultiert. Der sektorale Strukturwandel wird anhand der Veränderungen in den prozentualen Anteilen der Wirtschaftszweige am Sozialprodukt oder an der Gesamtzahl der Beschäftigten beschrieben. Ursachen des sektoralen Strukturwandels können sein:
1. Institutionelle Veränderungen: Veränderungen im Rechtssystem, z. B. der Steuergesetzgebung oder des Sozialversicherungssystems, des Wettbewerbsrechtes sowie im Ausmaß von

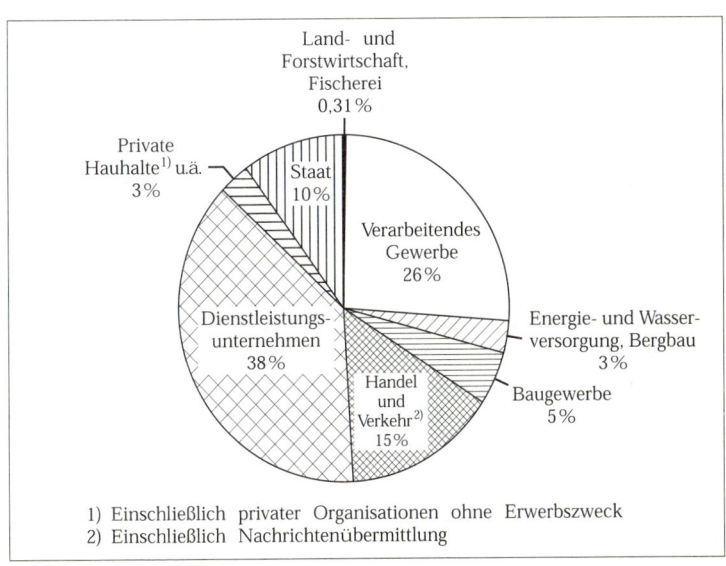

Bruttowertschöpfung nach Wirtschaftsbereichen in Deutschland 1998

Regulierung bzw. Deregulierung. So hatten etwa die Gesetzesänderungen, die im Zuge der Schaffung eines Binnenmarktes in der EU vorgenommen wurden, oder auch die sich ändernde Umweltgesetzgebung Einfluß auf den sektoralen Strukturwandel.
2. Angebotsseitige Faktoren: Änderungen in der Verfügbarkeit (hinsichtlich Menge und Preis) von Produktionsfaktoren; z. B. eine Verknappung oder Verteuerung von Energie oder Rohstoffen. Eine wichtige Rolle spielt das Angebot an menschlicher Arbeit. Nicht nur die Zahl und der Ausbildungsstand der Arbeitskräfte, sondern auch das Lohnniveau ist bedeutsam. Bei einem hohen Lohnniveau sind arbeitsintensive Produktionszweige benachteiligt. Eine wesentliche Determinante ist schließlich der → technische Fortschritt.
3. Nachfrageseitige Faktoren: Verschiebungen der gesamtwirtschaftlichen Nachfragestruktur, z. B. Veränderungen der Konsumstruktur der privaten Haushalte, der Zusammensetzung der staatlichen Ausgaben sowie Veränderungen der Exportstruktur und der Importstruktur.

Zwischen sektoralem Strukturwandel und → Wirtschaftswachstum besteht ein enger Zusammenhang: ein Wirtschaftswachstum ohne Verschiebung der Sektoranteile läßt sich in der Realität kaum beobachten. Friktionen im sektoralen Strukturwandel, vor allem als Ausdruck einer nicht ausreichenden Anpassungsbereitschaft oder -fähigkeit der Unternehmen, können zu Wachstumshemmnissen und letzlich zu → struktureller Arbeitslosigkeit führen (siehe auch → Sektorale Wirtschaftspolitik).

Sektoren der Volkswirtschaft

Der Begriff wird in zwei verschiedenen Arten verwendet:
1. Zusammenfassung wirtschaftlicher Institutionen im Rahmen der → Volkswirtschaftlichen Gesamtrechnung: Unternehmen als Unternehmenssektor, Staat als öffentlicher Sektor, private Haushalte sowie private Organisationen ohne Erwerbszweck als privater Sektor.
2. Gliederung entsprechend entwicklungstheoretischer Ansätze in einer zeitlichen und systematischen Reihenfolge:
   - Primärer Sektor: Land- und Forstwirtschaft, Fischerei
   - Sekundärer Sektor: warenproduzierendes Gewerbe
   - Tertiärer Sektor: Handel, Verkehr, Kreditgewerbe, Versicherungen, sonstige Dienstleistungsunternehmen, Staat, private Organisationen ohne Erwerbszweck usw.)

Eine tiefere Gliederung der Produktionssektoren bedient sich der Systematik der Wirtschaftszweige.

Sekundärer Sektor → Sektoren der Volkswirtschaft

Sekundärstatistik

statistisches Erhebungsprinzip, bei dem im Gegensatz zu → Primärstatistiken bereits vorliegende Daten, die primär zu anderen Zwecken erhoben wurden, ausgewertet werden. So basiert beispielsweise die → Arbeitsmarktstatistik auf Arbeitsamtsunterlagen, die primär der Arbeitsvermittlung und der Gewährung von → Lohnersatzleistungen dienen.

Selbstbeschränkungsabkommen

internationale Vereinbarung zur Begrenzung von Außenhandelsgeschäften. Selbstbeschränkungsabkommen zählen zu den → nichttarifären Handelshemmnissen.

Self Destroying Prophecy → Prognose

Self Fulfilling Prophecy → Prognose

Signifikanzniveau → Hypothesentest

Skalenerträge

Skalenerträge (Returns to Scale) informieren bei → Produktionsfunktionen über die Entwicklung der Produktionsmenge, wenn der mengenmäßige Einsatz aller Produktionsfaktoren gleichmäßig verändert wird. Rein mathematisch lassen sie sich als Summe der partiellen → Elastizitäten ermitteln. Man spricht von konstanten Skalenerträgen, wenn sich die Produktionsmenge im selben Maß verändert wie die Menge der Produktionsfaktoren und von zu- bzw. abnehmenden Skalenerträgen, wenn sich die Produktionsmenge stärker bzw. schwächer verändert als die Menge der Produktionsfaktoren. Bei homogenen Produktionsfunktionen besteht ein enger Zusammenhang zwischen Skalenerträgen und dem → Homogenitätsgrad. Über die Veränderung der Produktionsmenge bei Variation jeweils nur eines Produktionsfaktors informiert dagegen die jeweilige → Grenzproduktivität.

Skalierung

Festlegung der Menge der möglichen Werte eines statistischen Merkmals bzw. einer → Zufallsvariable und der Aussagekraft solcher Werte. Bei statistischen Merkmalen unterscheidet man folgende Typen:
1. Qualitative Merkmale
1.1. Nominal skalierte Merkmale, die lediglich die Unterschiedlichkeit zweier Merkmalswerte zum Ausdruck bringt (z. B. Geschlecht, Farbe, Wohnort, etc.)
1.2. Ordinal- oder rangskalierte Merkmale, die eine Reihen-

SNA

folge der Merkmalswerte darstellen können (z. B. Schulnoten)
2. Quantitative oder kardinal bzw. metrisch skalierte Merkmale
2.1. Intervallskalierte Merkmale, mit denen sinnvoll nur ein Abstand, aber kein Verhältnis zweier Merkmalswerte ausgedrückt werden kann (z. B. Temperaturen)
2.2. Verhältnisskalierte Merkmale, die auch ein Verhältnis zweier Merkmalswerte darstellen können (z. B. Körpergröße, Gewinn, Kosten, etc.)

Bei den quantitativen Merkmalen ist weiter zu unterscheiden zwischen diskreten Merkmalen mit nur einer begrenzten Zahl von möglichen Werten (z. B. Bevölkerungszahl) und stetigen Merkmalen mit unendlich vielen möglichen Werten (z. B. Alter einer Person). Bei Zufallsvariablen wird üblicherweise nur innerhalb der quantitativen Skalierungen zwischen diskreten und stetigen differenziert. Allerdings besteht die Möglichkeit, auch nominal- oder ordinalskalierte Merkmale in Form einer → Bernoulli-Variablen darzustellen.

SNA → System of National Accounts

Snob-Effekt → Nachfrageinterdependenzen

Sockelarbeitslosigkeit → Bodensatzarbeitslosigkeit

Solidaritätsprinzip

Der Grundsatz der Solidarität findet sich im Rahmen der gesamten Sozialpolitik. Bei den Sozialversicherungen zeigt es sich etwa dadurch, daß die Beiträge sich nicht an individuellen Risikowahrscheinlichkeiten orientieren und auch nicht erwerbstätige Familienangehörige beitragsfrei mitversichert sind. Die Leistungen des Sozialversicherungen sind ebenfalls nicht streng beitragsorientiert. Schließlich liegt auch staatlichen Transferleistungen wie Wohngeld, Sozialhilfe u.ä. der Grundgedanke der Solidarität, als wechselseitige Verbundenheit zwischen einzelnen und bestimmten sozialen Gruppen oder zwischen sozialen Gruppen zugrunde.

Solidaritätszuschlag

Zur Finanzierung der Vollendung der Einheit Deutschlands wird ein Zuschlag zur Einkommensteuer und zur → Körperschaftsteuer erhoben. Der Solidaritätszuschlag stellt eine Ergänzungsabgabe nach Art. 106 Abs. 1 Nr. 6 GG dar. Bemessungsgrundlage ist die Einkommen- bzw. Körperschaftsteuerschuld. Der Solidaritätszuschlag beträgt derzeit 7,5% der maßgeblichen Bemessungsgrundlage.

Sollertragsteuer

Besteuerung, die nicht an dem tatsächlich erreichten Ist-Ertrag eines Produktionsfaktors, sondern an einem in der Regel davon abweichenden Soll-Ertrag ansetzt. Ein Beispiel für eine Sollertragsteuer war die Gewerbekapitalsteuer, die unabhängig von der tatsächlichen Kapitalverzinsung auch in Verlustjahren, wenn kein Kapitalertrag anfällt, gezahlt werden mußte. Auch die Grundsteuer zählt zu den Sollertragsteuern.

Sologeschäfte → Outright-Geschäfte

Sonderabgaben

spezielle Abgaben, die nicht zu den Steuern gerechnet werden, da sie nicht zur Finanzierung des allgemeinen Staatsbedarfs, sondern für bestimmte Aufgaben von bestimmten Bürgern gefordert werden.

Sonderausgaben

steuerlicher Aufwand, bei dem es sich weder um Betriebsausgaben noch um Werbungskosten handelt, die bei der Ermittlung des steuerpflichtigen Einkommens ganz oder zum Teil abgesetzt werden können. Bei Einzelnachweis sind z. B. folgende Sonderausgaben möglich:
- Beiträge zu Kranken-, Pflege-, Unfall- und Haftpflichtversicherungen, zu den gesetzlichen Rentenversicherungen und an die Bundesanstalt für Arbeit
- Beiträge zu bestimmten Lebensversicherungen
- Renten und dauernde Lasten
- Unterhaltsleistungen an den geschiedenen/dauernd getrennt lebenden Ehepartner (maximal 27.000 DM)
- Kirchensteuer
- Steuerberatungskosten
- Aufwendungen für die Berufsausbildung, Weiterbildung, Umschulung in einem nicht ausgeübten Beruf
- Spenden und Mitgliedsbeiträge

Bei Arbeitnehmern wird die Einkommensteuer als Lohnsteuer direkt vom Lohn oder Gehalt abgezogen. Um hier nicht zuviel Steuern einzubehalten und den Arbeitnehmer wegen der Erstattung auf die Einkommensteuer-Veranlagung nach Ablauf des Jahres verweisen zu müssen, ist bereits ein Teil der möglichen Vorsorgeaufwendungen als Vorsorgepauschale in die Lohnsteuertabellen eingearbeitet. Diese Pauschale berücksichtigt insbesondere die Arbeitnehmer-Beiträge zur gesetzlichen Sozialversicherung.

Sonderziehungsrechte (SZR) → Internationaler Währungsfonds

Sonn- und Feiertagsarbeit → Arbeitszeitschutz

Sorten

Sorten → Devisen

Sozialabgaben

– auch als Sozialbeiträge bezeichnet – Zwangseinnahmen, die zweckgebunden für die Finanzierung der sozialen Sicherung eingesetzt werden. Besonders bedeutsam sind hier die Beiträge zur gesetzlichen Rentenversicherung, gesetzlichen Krankenversicherung, gesetzlichen Pflegeversicherung und Arbeitslosenversicherung. Die Sozialabgaben werden normalerweise je zur Hälfte von Arbeitgebern und Arbeitnehmern aufgebracht.

Sozialausgaben → Transferausgaben

Sozialbeiträge → Sozialabgaben

Sozialbericht

Bericht der Bundesregierung über die Aufgaben und Probleme der Sozialpolitik. Teil A des Sozialberichts informiert über die sozialpolitischen Maßnahmen und Vorhaben. Teil B beinhaltet das → Sozialbudget, das einen Überblick über die Ausgaben der Sozialpolitik und ihre Finanzierung gibt.

Sozialbudget

Rechenwerk, mit dem die Bundesregierung jährlich über den Umfang, die Struktur und die Entwicklung des → Systems der sozialen Sicherung in der Bundesrepublik Deutschland Bericht erstattet. Die statistisch-methodische Aufbereitung dieses Rechenwerks erlaubt es, das soziale Sicherungssystem aus verschiedenen Blickwinkeln zu betrachten. Im Vordergrund stehen neben der Höhe der Leistungen und ihrer Finanzierung die Leistungen in der funktionalen Gliederung des Sozialbudgets. Diese gibt Auskunft darüber, in welchem Umfang soziale Leistungen von öffentlichen und nicht-öffentlichen Stellen für

- Ehe und Familie
- Gesundheit
- Beschäftigung
- Alter und Hinterbliebene
- Folgen politischer Ereignisse (v.a. Kriegsfolgeschäden)
- Wohnen
- Sparen und Vermögensbildung
- Allgemeine Lebenshilfen

aufgewandt werden. Funktionen werden dabei als soziale Tatbestände, Risiken oder Bedürfnisse verstanden, deren Eintritt oder Vorhandensein die Anspruchberechtigung auf Sozialleistungen auslöst. Außerdem wird im Sozialbudget beschrieben, welche Institutionen welche sozialen Leistungen erbracht haben. Dabei werden unterschieden

- Allgemeines System
  → gesetzliche Rentenversicherung
  → gesetzliche Pflegeversicherung

Soziale Marktwirtschaft

- → gesetzliche Krankenversicherung
- → gesetzliche Unfallversicherung
- → Arbeitsförderung
- → Kindergeld
- → Erziehungsgeld
- Sondersysteme, die die Alterssicherung der Landwirte und Versorgungswerke beinhalten
- Leistungssystem des öffentlichen Dienstes
  Pensionen
  Familienzuschläge
  Beihilfen
- Arbeitgeberleistungen
  Entgeltfortzahlung
  → Betriebliche Altersversorgung
  Zusatzversorgung
  Sonstige Arbeitgeberleistungen
- Entschädigungen, wie soziale Entschädigungen, Lastenausgleich, Wiedergutmachung und sonstige Entschädigungen
- Soziale Hilfen und Dienste
  → Sozialhilfe
  Jugendhilfe
  → Ausbildungsförderung
  → Wohngeld
  Öffentlicher Gesundheitsdienst
  Leistungen zur Vermögensbildung
- Indirekte Leistungen
  Steuerliche Maßnahmen (ohne Familienleistungsausgleich)
  Familienleistungsausgleich.

Schließlich werden die Leistungen des Sozialbudgets nach ihrer Art aufgegliedert, d.h. danach ob es sich um

- Einkommensleistungen (Geldleistungen mit Lohnersatzfunktion, steuerliche Maßnahmen, Zinsermäßigungen),
- Barerstattungen,
- Waren und Dienstleistungen (können von Institutionen direkt oder von Dritten, z. B. Ärzten oder Apotheken, den Anspruchsberechtigten zur Verfügung gestellt werden.),
- Allgemeine Dienste und Leistungen (z. B. Zuschüsse, also Leistungen der Institutionen an Dritte außerhalb des Sozialbudgets, etwa an freie Träger der Sozial- und Jugendhilfe für deren Aufgaben) oder
- Verrechnungen

handelt.

Soziale Marktwirtschaft

nach den Prinzipien der → Marktwirtschaft, ergänzt durch die Vorstellungen des Neo- und Ordoliberalismus, geprägte und gestaltete → Wirtschaftsordnung. Sie umfaßt neben einer aktiven → Wettbewerbspolitik Maßnahmen zur Verbesserung der sozialen Verhältnisse mit dem Ziel der Herstellung sozialer Gerechtigkeit. Weitere Kernelemente sind die Vermögensbildung in Arbeitnehmerhand sowie die → Mitbestimmung. Die soziale Marktwirtschaft ist nach dem Zweiten Weltkrieg in der Bundesrepublik Deutschland insbesondere von *A. Müller-Armack* konzeptionell entwickelt und von *L. Ehrhard* verwirklicht worden.

Soziale Mobilität

Soziale Mobilität → Funktionsfähigkeit des Arbeitsmarkts

Sozialer Indikator → Wohlstandsindikator

Sozialer Wohnungsbau

wichtiges Instrument zur sozialen Absicherung des Wohnens für einkommensschwächere Haushalte und für Bevölkerungsgruppen, die Schwierigkeiten haben, sich auf dem Wohnungsmarkt mit geeignetem Wohnraum zu versorgen (z. B. Kinderreiche, Alleinerziehende, Schwerbehinderte). Durch direkte staatliche Förderung für den Bau von Mietwohnungen und für Eigentumsmaßnahmen sowie zur Wohnungsmodernisierung wird das Wohnungsangebot für Haushalte im unteren und mittleren Einkommensbereich erweitert und verbessert. Der soziale Wohnungsbau stellt eine sog Objektförderung dar. Im Vergleich zu anderen wohnungspolitischen Maßnahmen, insbesondere der Subjektförderung durch das → Wohngeld, weist der soziale Wohnungsbau einige Nachteile auf. Vor allem wurden die einkommensmäßigen Voraussetzungen für den Bezug einer Sozialwohnung nur im Augenblick der Zuweisung einer solchen Wohnung überprüft. Wenn Sozialmieter im Laufe der Zeit über die entsprechenden Einkommensgrenzen kommen, entsteht eine Fehlbelegung. Dieses Problem wurde auch mit der Einführung der → Fehlbelegungsabgabe nicht grundsätzlich gelöst.

Sozialhilfe

Entsprechend den Regelungen des Sozialhilfegesetzes erhalten Personen, die entweder nicht in der Lage sind, den Lebensunterhalt in Höhe eines soziokulturellen Existenzminimums aus eigenem Einkommen, aus Vermögen, aus Ansprüchen gegen die Sozialversicherung oder von dritter Seite zu beschaffen oder die nicht in der Lage sind, sich in besonderen Notlagen aus eigenen Mitteln und Kräften zu helfen, Sozialhilfe. Getragen wird die Sozialhilfe von den Bundesländern, vor allem aber den Gemeinden und den Verbänden der → freien Wohlfahrtspflege. Die Sozialhilfe soll die Lücken schließen, die das → System der sozialen Sicherung im engeren Sinne nicht abdeckt. Dies kann z. B. der Fall sein, wenn die einem Hilfbedürftigen zustehenden Leistungen der Sozialversicherungen nicht zur Sicherung des Lebensunterhaltes ausreichen, oder wenn einer Person überhaupt kein Anspruch gegen die Sozialversicherung zusteht, oder wenn es sich um eine Lebenslage handelt, deren Besserung oder Erleichterung nicht Sache der Sozialversicherung ist. Gestaltungsprinzipien der Sozialhilfe sind das → Subsidiaritätsprinzip, das → Bedarfsdeckungsprinzip und der

Grundsatz der Individualisierung der Hilfe. Das Subsidiaritätsprinzip gilt insofern, als Sozialhilfe nur erhält, wer bedürftig ist *und* wer die erforderliche Hilfe nicht von anderen, etwa von Angehörigen oder von Trägern anderer Sozialleistungen erhält. Nach dem Bedarfsdeckungsprinzip soll die Sozialhilfe die Deckung eines soziokulturellen Existenzminimums ermöglichen. Das Prinzip der Individualisierung wird § 3 Abs. 1 des Bundessozialhilfegesetzes deutlich: „Art, Form und Maß der Sozialhilfe richten sich nach der Besonderheit des Einzelfalles, vor allem nach der Person des Hilfeempfängers, der Art seines Bedarfs und den örtlichen Verhältnissen." Alle Hilfsbedürftigen, die ihren gewöhnlichen Aufenthalt in der Bundesrepublik haben – also auch Ausländer –, haben einen allgemeinen Rechtsanspruch auf Sozialhilfe allerdings nicht auf eine bestimmte Art von Sozialhilfe und auch nicht in einer bestimmten Höhe. Hier bleibt ein Ermessensspielraum der Sozialhilfebehörden. Die Ausgaben der Sozialhilfe werden in zwei Gruppen unterteilt: zum einen werden Hilfen zum Lebensunterhalt gewährt, zum anderen Hilfen in besonderen Lebenslagen. Die Ausgaben für die Sozialhilfe sind seit Mitte der 70er Jahre stark gestiegen. Dies ist vor allem auf eine starke Zunahme der Empfängerzahl zurückzuführen. Entscheidende Ursachen hierfür waren die langfristig gestiegene → Arbeitslosigkeit, die steigende Zahl der älteren, pflegebedürftigen Menschen (in Verbindung mit einer fehlenden Pflegeversicherung), ein starker Zustrom von Aussiedlern und Asylanten und die gestiegene Zahl lediger, getrennt lebender oder geschiedener Mütter und Väter.

Ausgaben für die Sozialhilfe in Mrd. DM	
1960	1,15
1970	3,25
1980	13,28
1990	29,15
1991	35,72
1994	52,35
1995	54,39
1996	53,12

Sozialismus

wirtschaftspolitische Konzeption, die sich grundsätzlich am → Sozialprinzip orientiert. Ziel ist die Gestaltung von Gesellschaft und Wirtschaft gemäß den Prinzipien der sozialen Gerechtigkeit, der Gleichheit und der Unabhängigkeit für alle. Wirtschaftspolitische Grundlage bilden die Vergesellschaftung der Produktionsmittel bzw. zumindest die Kontrolle ökonomischer Machtpositionen sowie die zentrale Lenkung des Wirtschaftsprozesses. Nächst hö-

Sozialistische Marktwirtschaft

here Stufen des Sozialismus sind der → Kollektivismus und der → Kommunismus. In Ablehnung politisch-diktatorischer Staats- und Gesellschaftsformen wird im Rahmen des Neosozialismus der freiheitliche bzw. demokratische Sozialismus vertreten.

Sozialistische Marktwirtschaft

→ Wirtschaftsordnung, in der Elemente der → Zentralverwaltungswirtschaft, vor allem die zentrale Lenkung der Wirtschaft, kombiniert werden mit marktwirtschaftlichen Elementen, insbesondere der freien Preisbildung. Ein Beispiel bildet das Modell des → Konkurrenzsozialismus.

Sozialleistungen

im engeren Sinne versteht man hierunter die laufenden Zahlungen ohne direkte Gegenleistung zur Abdeckung sozialer Risiken an → private Haushalte oder Ausländer. Die Zahlungen werden erbracht von → Unternehmen, Sozialversicherungshaushalten, Gebietskörperschaften und privaten → Organisationen ohne Erwerbszweck. Im weiteren Sinne umfassen Sozialleistungen auch (unentgeltliche) soziale Sachleistungen wie die Kriegsopferversorgung und die Gesundheitsversorgung (Arzt-, Krankenhausleistungen, Medikamente). Das Sozialbudget der Bundesrepublik rechnet daneben auch noch Vergünstigungen wie Steuererleichterungen, Zinsverbilligungen oder Erstattungen bestimmter Ausgaben zu den Sozialausgaben. Der Quotient aus dem Gesamtbetrag der Sozialausgaben in einer Volkswirtschaft und dem Bruttosozialprodukt zu Marktpreisen heißt Sozialleistungsquote.

Sozialleistungsquote → Sozialleistungen

Sozialpolitik

Planung, Durchführung und Erfolgskontrolle von Maßnahmen zur Verbesserung der Lebenslagen gesellschaftlich schwacher und schutzbedürftiger Bevölkerungsgruppen. Sozialpolitik soll darüber vor den Risiken des Verlustes von Gesundheit und Leben und der daraus drohenden wirtschaftlichen Not und sozialen Degradierung schützen. Zu den einzelnen Bereichen der Sozialpolitik siehe S. 525.

Sozialprinzip

ordnungspolitischer Grundsatz, der besagt, daß die Gemeinschaft, d.h. das gesellschaftliche Ganze (bzw. der Staat) gegenüber dem Individuum Vorrang haben. Politisch bzw. wirtschaftspolitisch führt das Sozialprinzip zum → Sozialismus. Im Gegensatz dazu steht das → Individualprinzip.

Sozialprodukt

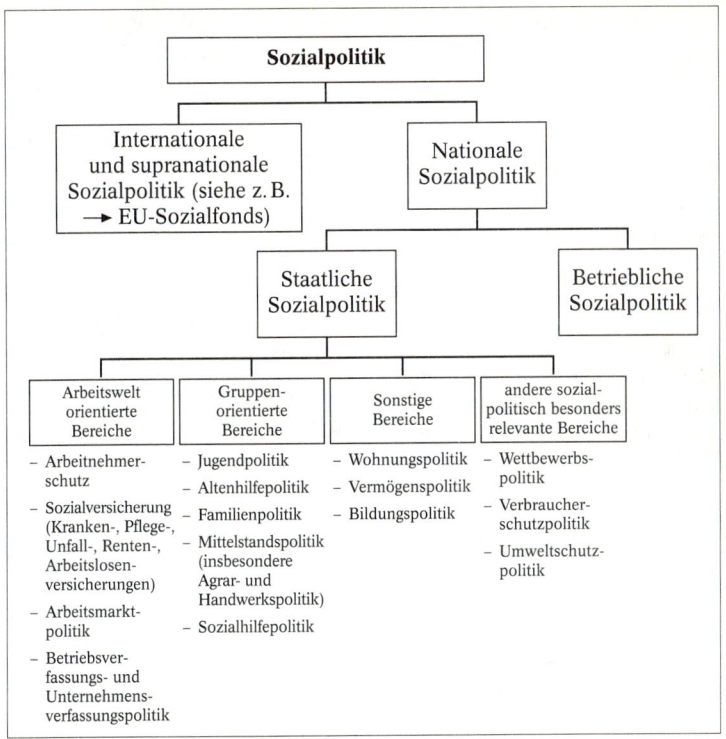

Bereiche der Sozialpolitik
Quelle: Lampert, H.: Lehrbuch der Sozialpolitik, 5. Aufl., Berlin 1998.

Sozialprodukt

– auch Inländerprodukt genannt – bezeichnet den Gesamtwert der von → Inländern erbrachten → Wertschöpfung. Zugrunde liegt also das → Inländerkonzept. In der → Sozialproduktsrechnung wird zwischen dem Brutto- und dem Nettosozialprodukt zu Marktpreisen bzw. dem Nettosozialprodukt zu Faktorkosten (= Volkseinkommen) unterschieden, welches jeweils (nominal) zu laufenden oder (real) zu konstanten Preisen gemessen wird. Subtrahiert man vom Sozialprodukt die vom Ausland empfangenen und addiert die ans Ausland abfließenden → Erwerbs- und Vermögenseinkommen, so ergibt sich das → Inlandsprodukt.

Sozialproduktsrechnung

Sozialproduktsrechnung

Teilbereich der → Volkswirtschaftlichen Gesamtrechnung, in dem versucht wird, den → Wirtschaftskreislauf mit Hilfe der Einnahme-Ausgabe-Rechnung zahlenmäßig abzubilden. Hierzu werden die mit der Ausübung → ökonomischer Aktivitäten verbundenen → ökonomischen Transaktionen zwischen den zu → Sektoren zusammengefaßten → Wirtschaftssubjekten verbucht. Das durch Konsolidierung entstehende gesamtwirtschaftliche Produktions-, Einkommens- und Vermögensänderungskonto zeigt die Struktur der Güterproduktion bzw. die entstandene → Wertschöpfung, die Einkommensverwendung sowie die Vermögensbildung in der → Volkswirtschaft. Ausgangspunkt ist das → zusammengefaßte Güterkonto. Die ökonomischen Transaktionen mit dem Ausland werden in dem → zusammengefaßten Konto der übrigen Welt verzeichnet. Detaillierte Angaben zur Wirtschaftsentwicklung liefert die Sozialproduktsrechnung darauf aufbauend in Form der → Entstehungs-, → Verteilungs- und → Verwendungsrechnung (vgl. S. 527).

Sozialstatistik

vor allem von der → Wirtschaftsstatistik nicht exakt abzugrenzendes Teilgebiet der → Statistik. In einer weiten Definition umfaßt sie alle Zahlen bzw. Erhebungen, die die Lebensbedingungen (vor allem Einkommen und Verbrauch) von Personen bzw. privaten Haushalten zum Gegenstand haben. In einem wesentlichen engeren Sinne wird der Begriff aber auch für Statistiken über die Gewährung und den Empfang von → Sozialleistungen verwendet.

Sozialversicherungspflichtig Beschäftigte

Arbeiter, Angestellte und Auszubildende, die in der → gesetzlichen Renten-, → gesetzlichen Kranken- und Pflege- oder → Arbeitslosenversicherung pflichtversichert sind oder für die Beiträge zur gesetzlichen Rentenversicherung bezahlt werden.

Sozialversicherungssystem → System der sozialen Sicherung

Spannweite

extrem einfaches → Streuungsmaß zur Beschreibung einer → Häufigkeitsverteilung, bei der die Differenz zwischen dem größten und dem kleinsten auftretenden Merkmalswert gebildet wird.

Sparen

der nach Abzug aller Konsumaufwendungen verbleibende Rest des → verfügbaren Einkommens. Wichtige Determinanten des Sparens sind die Höhe des Einkom-

Sozialproduktsrechnung

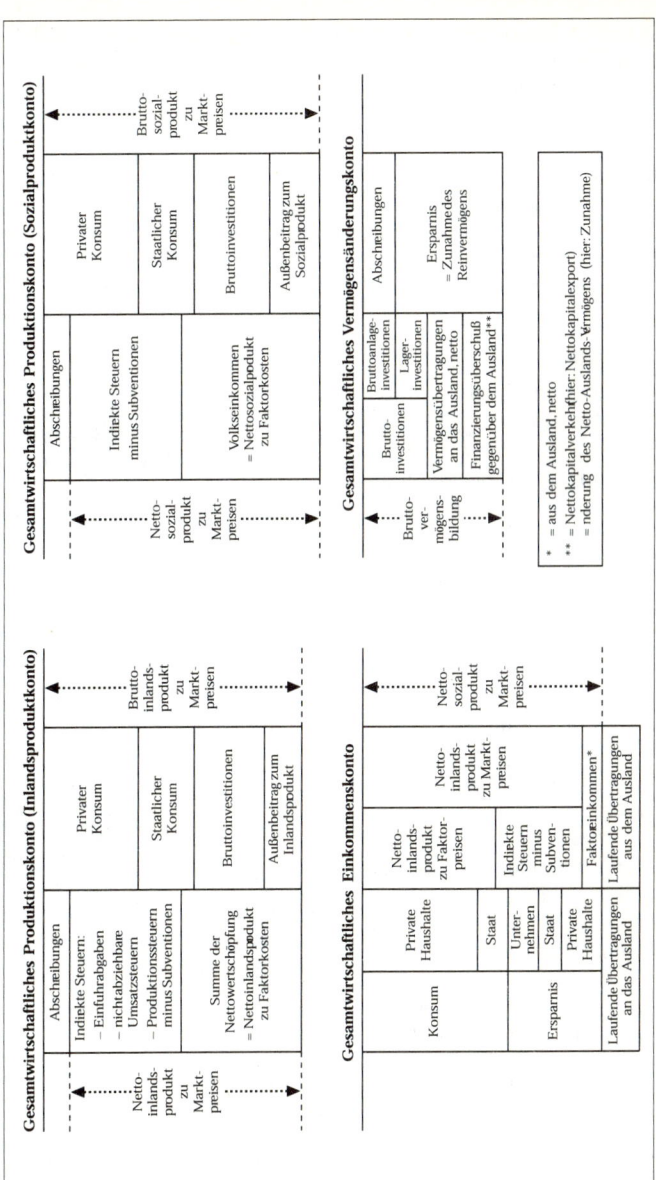

Konten der Sozialproduktsrechnung

Sparerfreibetrag

mens und der herrschende sowie der erwartete Zinssatz. Das Sparen hat für die Volkswirtschaft eine Doppelnatur: einerseits stellt es als Nachfrageverzicht ein dämpfendes Element dar, andererseits setzt es Ressourcen frei, die für Investitionszwecke und somit auch Kapazitätserweiterungen, genutzt werden können.

Sparerfreibetrag

Bei der Besteuerung der Erträge aus Kapitalvermögen wird nach § 20 EStG ein Freibetrag von 6.000 DM für Alleinstehende und 12.000 DM für Ehepaare gewährt.

Sparförderung

Instrument der Vermögenspolitik, das auf dem Wege staatlicher Einkommensumverteilung eine höhere Vermögensbildung und eine gleichmäßigere Vermögensverteilung bewirken soll. In Deutschland gibt es folgende Instrumente der Sparförderung:
- → Arbeitnehmer-Sparzulage und Wohnungsbau-Prämien (→ Vermögensbildung in Arbeitnehmerhand)
- Bestimmte Sparleistungen (z. B. in Form von Lebensversicherungen) sind als → Sonderausgaben bei der → Einkommensteuer abzugsfähig.

Sparfunktion

bildet den Zusammenhang zwischen der Höhe der Ersparnis und den mutmaßlichen Einflußgrößen wie z. B. verfügbares Einkommen oder Zinssatz ab.

Spar-Investions-Funktion

Funktion in Wachstumsmodellen, die Auskunft über das Verhältnis von Sparen und Investieren für das Einkommen einer bestimmten Periode gibt.

Sparparadoxon

bezeichnet den Wirkungskonflikt, daß Sparen kurzfristig kontraktiv, langfristig aber expansiv wirkt. Dies liegt darin begründet, daß Sparen als Konsumverzicht konjunkturdämpfend wirkt, es jedoch Ressourcen freisetzt, die zu Investitionen und damit zur Kapazitätserweiterung genutzt werden können.

Sparquote

Verhältnis von → Ersparnis und → verfügbarem Einkommen. Da das verfügbare Einkommen als Summe von → Konsum und → Ersparnis definiert ist, ergänzen sich Sparquote und → Konsumquote zu Eins.

Sparstruktur

Aufteilung der gesparten Mittel auf verschiedene Sparformen, z. B. auf Zahlungsmittel, Wertpapiere und physische Vermögensgüter.

Spekulationskasse

Jahr	Sparquote (Ersparnis in % des verfügbaren Einkommens)
1960	8,6
1965	12,2
1970	13,8
1975	15,1
1980	12,8
1985	11,4
1990	13,8
1991	12,9
1992	12,8
1993	12,2
1994	11,6
1995	11,4
1996	11,5
1997	11,7
bis 1990 westliches, ab 1991 gesamtes Bundesgebiet	

Entwicklung der Sparquote in Deutschland 1960–1997

Spekulationskasse

Teil der → Geldnachfrage, den die → Wirtschaftssubjekte zur Finanzierung eventueller zukünftiger Wertpapierkäufe, d.h. für Spekulationszwecke, halten. Die Spekulationskasse ist nach *J. M. Keynes* aus zwei Gründen von der Zinshöhe abhängig. Zum einen sinken die Alternativkosten der Kassenhaltung mit abnehmendem → Zins. Zum anderen richten sich die → Erwartungen um so mehr auf steigende Zinsen, d.h. sinkende Wertpapierkurse, je niedriger das gegenwärtige Zinsniveau ist. Je geringer der Zins ist, desto mehr Wirtschaftssubjekte werden folglich in Erwartung attraktiver Kurse ihre spekulative Kassenhaltung für zukünftige Wertpapierkäufe aufstocken. Die Geldnachfrage für Spekulationskasse MDL, man spricht auch von der eigentlichen Liquiditätspräferenz, ist also negativ korreliert mit dem Zinssatz i. Keynes unterstellt dabei, daß es als einzige Alternative zur Kassenhaltung lediglich festverzinsliche Wertpapiere mit unendlicher Laufzeit gibt. Weiterhin nimmt er an, daß die Wirtschaftssubjekte ihre disponiblen Mittel entweder ausschließlich für Spekulationszwecke zurückhalten oder ihre gesamte Spekulationskasse auflösen und dafür Wertpapiere kaufen.

Nach Keynes reagiert die Geldnachfrage unendlich elastisch, wenn der Zins so tief liegt, daß alle Wirtschaftssubjekte dies als absolute Untergrenze ansehen. Dann rechnen alle Anleger mit zukünftig wieder steigenden Zinsen, d.h. sinkenden Kursen. Entsprechend wird in dieser Situation jegliches von der Notenbank zusätzlich geschaffene → Geld in der Spekulationskasse „verschwinden". Deshalb spricht man von der Keynesschen Liquiditätsfalle (s. S. 530).

Sperrhakeneffekt

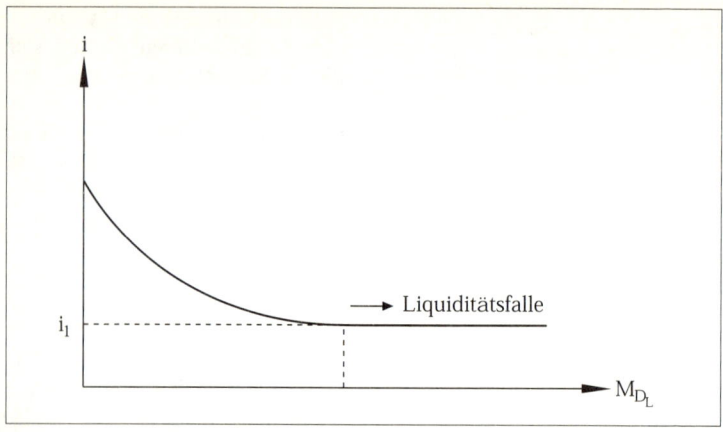

Nachfrage nach Spekulationskasse

Sperrhakeneffekt

In der Inflationstheorie bezeichnet der Sperrhakeneffekt (Ratchet-Effect) das Phänomen, daß das Preisniveau, wenn es erst einmal gestiegen ist, in der Folgezeit selbst bei einem spürbaren Rückgang der Nachfrage nicht bzw. nur geringfügig sinkt. Der Sperrhakeneffekt gilt hier als eine Ursache der schleichenden → Inflation. Ausgelöst wird die „Preisstarrheit" nach unten, etwa durch die Vereinbarung von Mindeslöhnen und durch mangelnden → Wettbewerb. In der Konsumtheorie charakterisiert der Sperrhakeneffekt die Beobachtung, daß die Konsumenten ihr Konsumniveau auch bei rückläufigem → Einkommen beibehalten bzw. nicht entsprechend reduzieren wollen. Vgl. → relative Einkommenshypothese.

Spezialhandel

umfaßt im Unterschied zum → Generalhandel nur die in den freien Verkehr oder zur aktiven Veredelung eingeführten sowie die aus dem freien Verkehr oder nach aktiver Veredelung ausgeführten Waren. Unter aktiver (passiver) Veredelung versteht man die zollamtlich bewilligte Be- und Verarbeitung von ausländischen (inländischen) Waren im Inland (Ausland).

Spezialisierung → Arbeitsteilung

Spezialisierungskartell

verpflichtet seine Mitglieder zur Spezialisierung ihres Absatzes auf bestimmte Produkte bzw. Sortimente.

Splitting

Maßnahme der → Familienpolitik im Rahmen der → Einkommensteuer, bei der das → zu versteuernde Einkommen entweder auf die einzelnen Personen des Haushalts, also auch auf Kinder (Vollsplitting oder Haushaltssplitting) oder nur auf die Ehegatten (Ehegattensplitting) aufgeteilt und dann individuell versteuert werden kann. Bei progressiven Steuertarifen ergibt sich dadurch eine geringere Steuerbelastung. In Deutschland wird nur das Ehegattensplitting praktiziert. Die Einkünfte, die beide Ehegatten erzielt haben, werden dabei addiert, den Ehegatten gemeinsam zugerechnet und die Ehegatten prinzipiell gemeinsam als Steuerpflichtiger behandelt. Freibeträge, Pauschbeträge usw. werden verdoppelt und auf das zu versteuernde Einkommen der sogenannte Splittingtarif angewendet. Dabei wird das gemeinsame Einkommen halbiert, aus dem halbierten Einkommen die Einkommensteuerschuld berechnet und anschließend verdoppelt. Dies bringt immer dann Vorteile, wenn die Einkünfte der Ehegatten unterschiedlich hoch sind, denn dann wird durch das Splitting erreicht, daß die Tarifprogression jeweils nur auf das halbierte Einkommen wirkt, so daß ein niedrigerer Grenz- und Durchschnittssteuersatz angewendet wird. Der Vorteil aus dem Splitting ist um so größer, je unterschiedlicher die Einkünfte der Ehegatten und je höher die Einkünfte sind.

Staatlicher Konsum

Wert der von → öffentlichen Haushalten unentgeltlich zur Verfügung gestellten → ökonomischen Güter (Dienste und Nutzungen). Hierzu gehören insbesondere → öffentliche Güter wie innere und äußere Sicherheit, Unterricht, Leistungen der Verwaltung, Straßennutzung etc. Da für solche Güter nur schwer Marktpreise zu ermitteln sind, wird ihre Abgabe zu den bei ihrer Herstellung angefallenen Kosten (= Faktorkosten) bewertet. Korrekterweise müßten die öffentlich erbrachten Dienste und Nutzungen den → privaten Haushalten sowie den → Unternehmen als unentgeltliche(r) Konsum bzw. → Vorleistungen zugerechnet werden. Da eine genaue kostenmäßige Erfassung und Zuordnung aber nicht möglich ist, fingiert die → Sozialproduktsrechnung statt dessen, daß die öffentlichen Haushalte die von ihr erzeugten Güter selbst verbrauchen. Man spricht auch vom öffentlichen oder Staats-Verbrauch.

Staatsausgaben

Ausgaben, die der öffentliche Sektor (Bund, Länder, Gemeinden, Zweckverbände, Sozialversicherung und Sondervermögen wie → ERP, → Fonds „Deutsche Ein-

Staatseinnahmen

heit", → Erblastentilgungsfonds) zur Erfüllung seiner Aufgaben vornimmt. Die Staatausgaben lassen sich nach verschiedenen Kriterien gliedern.

Ausgaben aller öffentlicher Verwaltungen nach volkswirtschaftlichen Arten 1997 in Mio. DM

Personalausgaben	390.203
Laufender Sachaufwand	411.456
Zinsausgaben	
an öffentlichen Bereich	634
an andere Bereiche	132.461
Laufende Zuweisungen und Zuschüsse, Schuldendiensthilfen	726.736
Ausgaben der laufenden Rechnung	1.661.491
Sachinvestitionen	89.203
Vermögensübertragungen	101.907
Darlehen	30.025
Erwerb von Beteiligungen	5.481
Tilgungsausgaben	
an öffentlichen Bereich	2.035
./. Zahlungen gleicher Ebene	55.318
Ausgaben der Kapitalrechnung	173.332

Ausgaben der öffentlichen Verwaltung nach Aufgabenbereichen 1995 in Mio. DM

Politische Führung und zentrale Verwaltung	63.292
Auswärtige Angelegenheiten	13.642
Verteidigung	47.708
Öffentliche Sicherheit und Ordnung	35.538
Rechtsschutz	17.085
Schulen und vorschulische Bildung	103.269
Hochschulen	49.318
Förderung des Bildungswesens	7.077
Sonstiges Bildungswesen	4.822
Wissenschaft, Forschung, Entwicklung außerhalb der Hochschulen	16.853
Kulturelle Angelegenheiten	14.874
Soziale Sicherung	281.307
Gesundheit, Sport, Erholung	77.842
Wohnungswesen, Raumordnung und Städtebau	27.200
Kommunale Gemeinschaftsdienste	34.974
Ernährung, Landwirtschaft und Forsten	11.484
Energie- und Wasserwirtschaft, Gewerbe, Dienstleistungen	48.110
Verkehr u. Nachrichtenwesen	46.645
Wirtschaftsunternehmen	35.165
Allgemeines Grund- und Kapitalvermögen, Sondervermögen	52.574
Allgemeine Finanzwirtschaft	163.393

In der → Volkswirtschaftlichen Gesamtrechnung setzen sich die Staatausgaben aus Ausgaben für Güter und Faktorleistungen und den von ihm geleisteten Übertragungen zusammen.

Staatseinnahmen

Wichtigste Einnahmenquellen des Staates (einschließlich Sozialversicherung) sind → Steuern und → Sozialabgaben. Daneben fließen ihm Einnahmen aus → Beiträgen und → Gebühren, Erwerbseinkünften, Gewinnen der → Deutschen Bundesbank und Krediten zu. Unter den einzelnen Ebenen des öffentlichen Sektors fließen schließlich noch → Zuweisungen.

Staatshandelsländer

Bezeichnung für diejenigen Länder, in denen der Staat das Außenhandelsmonopol innehat und der Außenhandel von einer staatlichen Zentrale teilweise oder vollständig abgewickelt wird. Früher waren alle Ostblockstaaten Staatshandelsländer, heute ist Kuba eines der letzten existierenden.

Staatskapitalismus

→ Wirtschafts- und Gesellschaftsordnung mit Bestandteilen des → Kapitalismus, wie etwa freie Preisbildung und Gewinnstreben, sowie des Sozialismus, insbesondere in Form des staatlichen Eigentums an den Produktionsmitteln. Siehe auch → Konkurrenzsozialismus.

Staatsquote

dient der Messung des budgetwirksamen Staatsanteils. Von einer allgemeinen Staatsquote wird gesprochen, wenn alle öffentlichen Ausgaben auf eine Sozialproduktsgröße bezogen werden. Eine spezielle Staatsquote liegt dann vor, wenn einzelne Finanzströme, z. B. Personalausgaben oder Gesundheitsausgaben, als Anteil an einer Sozialproduktsgröße ausgedrückt werden. Vgl. hierzu S. 534.

Stabilität der Geldnachfrage

Staatsverbrauch

entspricht als Teil der Verwendungsseite des Sozialprodukts den Aufwendungen des Staates (und der Sozialversicherungen) für Dienst- und Verwaltungsleistungen, die der Allgemeinheit unentgeltlich zur Verfügung gestellt werden. Er ergibt sich nach Abzug der entgeltlich abgegebenen Güter und Dienstleistungen (Verkäufe) sowie der selbsterstellten Anlagen vom Produktionswert des Staates.

Staatsverschuldung → Öffentliche Verschuldung

Stabilisierungsfunktion

umfaßt Konjunktur- und Wachstumsziele. Im Rahmen der → Fiscal Policy ergeben sich automatische Stabilisierungswirkungen, die zur Erreichung des wirtschaftlichen Gleichgewichts beitragen. Durch diskretionäre Veränderungen der öffentlichen Einnahmen und Ausgaben kann ebenfalls eine die Konjunktur und das Wachstum beeinflußende Steuerung versucht werden.

Stabilisierungspolitik → Stabilitätspolitik

Stabilität der Geldnachfrage → Einkommensgeschwindigkeit des Geldes

Stabilitäts- und Wachstumsgesetz

Land	Staatsausgaben in % des Bruttoinlandsproduktes			
	1980	1990	1995	1997
Deutschland	49,0	46,1	50,6	48,8
Belgien	57,8	53,6	53,8	52,2
Dänemark	56,2	54,5	56,3	54,4
Frankreich	46,1	49,8	54,3	53,9
Vereinigtes Königreich	43,0	39,9	43,0	39,7
Irland	48,2	39,0	38,0	36,1
Italien	42,1	53,6	52,7	50,6
Japan	32,0	31,3	35,6	35,2
Niederlande	55,8	54,1	51,4	49,1
Norwegen	43,8	49,7	47,6	44,7
Österreich	48,1	48,6	52,5	50,7
Portugal	23,6	41,9	46,0	45,9
Schweden	60,1	59,1	65,6	62,3
Spanien	32,2	42,0	44,8	42,2
USA	31,4	32,8	32,9	32,0

Staatsquote im internationalen Vergleich
Quelle: Bundesministerium der Finanzen: Finanzbericht 1998, S. 354.

Stabilitäts- und Wachstumsgesetz → Gesetz zur Förderung der Stabilität und des Wachstums der Wirtschaft

Stabilitäts- und Wachstumspakt

Ende 1996 geschlossener Vertrag zwischen den 15 EU-Staaten. Er sieht Sanktionen für diejenigen Teilnehmerländer der → Europäischen Währungsunion vor, bei denen das Finanzierungsdefizit der Öffentlichen Haushalte die im → Maastricht-Vertrag genannte Obergrenze von 3% des Bruttoinlandsprodukts (BIP) übersteigt. Bei Überschreitung ist danach zunächst eine unverzinsliche Einlage an die → Europäische Union zu leisten, die – je nach Höhe des Fehlbetrags – zwischen 0,2% und 0,5% des jeweiligen nominalen

BIP liegt. Die Einlage wird nach zwei Jahren in eine Geldbuße umgewandelt, falls Maßnahmen zur Haushaltssanierung unterlassen wurden. Allerdings entfallen die Sanktionen bei einem Rückgang des realen BIP in dem betreffenden Land um mehr als 2%. Sinkt das reale BIP um 0,75% bis 2%, so können die Sanktionen ausgesetzt werden.

Stabilitätsanleihe

in Zeiten der konjunkturellen Überhitzung in Betracht zu ziehende Sonderanleihe des Staates, deren Zweck darin besteht, über das Wertpapiersparen Kaufkraft und Liquidität abzuschöpfen. Eine Stabilitätsanleihe dient der Erreichung des Zieles der Preisniveaustabilität, in dem die aus dem Umlauf gezogene → Geldmenge bei der → Zentralbank stillgelegt wird.

Stabilitätspolitik

Gesamtheit aller Maßnahmen, die dem wirtschaftspolitischen Ziel der → Stabilität dienen. Demgegenüber ist der Begriff der Stabilisierungspolitik weiter gefaßt. Er beinhaltet allgemein die Maßnahmen, die auf die im Stabilitätsgesetz formulierten wirtschaftspolitischen Ziele gerichtet sind, also beispielsweise auch das Beschäftigungsziel. Siehe → Konjunkturpolitik.

Stabilitätszuschlag

fallweise eingesetzte konjunkturpolitische Maßnahme (gelegentlich auch Stabilitätsabgabe genannt), um bei Gefährdung des wirtschaftspolitischen Zieles der → Stabilität durch eine Kaufkraftabschöpfung die Nachfrage zu dämpfen. In Deutschland wurde Mitte der 70er Jahre ein befristeter Stabilitätszuschlag in Höhe von 10% der Einkommen- und Körperschaftschuld erhoben, um Inflationstendenzen entgegenzuwirken.

Stagflation

Der Ausdruck entstand aus den beiden Begriffen → Inflation und → Stagnation. Stagflation kennzeichnet eine gesamtwirtschaftliche Situation, in der das Preisniveau kontinuierlich ansteigt, gleichzeitig aber die Produktion stagniert oder sogar zurückgeht und → Arbeitslosigkeit herrscht. Eine solche Situation bestand in Deutschland etwa Ende der 70er Jahre. Stagflation tritt unter anderem dann ein, wenn in Zeiten der Rezession die Löhne (aufgrund tarifvertraglicher Regelungen) im Vergleich zur gesamtwirtschaftlichen Produktivität schneller steigen bzw. nicht so rasch sinken. Siehe auch → Sperrhakeneffekt.

Stagnation

Entwicklungsphase einer Volkswirtschaft, die durch ausblei-

Standardabweichung

bendes bzw. nur ein geringes positives oder negatives → Wirtschaftswachstum gekennzeichnet ist.

Standardabweichung

– auch als mittlere quadratische Abweichung bezeichnet – häufig verwendetes, als positive Wurzel der → Varianz definiertes → Streuungsmaß einer → Häufigkeitsverteilung bzw. → Streuungsparameter der Verteilung einer → Zufallsvariable.

Standardisierung → Zufallsvariable

Standardnormalverteilung → Normalverteilung

Stationäre Wirtschaft → Investition

Statistik

Der Begriff der Statistik wird typischerweise in drei unterschiedlichen Zusammenhängen verwendet, nämlich als Bezeichnung für
1. eine Zusammenstellung von Daten zur Beschreibung bestimmter Tatbestände,
2. eine Erhebung bzw. Befragung von Personen oder Institutionen und
3. die Gesamtheit aller formalen Methoden zur quantitativen Beschreibung und Analyse von Massenerscheinungen.

Ausgehend von der dritten Definition als wissenschaftliche Disziplin kann man unterscheiden zwischen der deskriptiven (beschreibenden) Statistik und der inferentiellen (Inferenz-, induktiven, schließenden, beurteilenden) Statistik. Zu ersterer zählen alle Methoden zur Beschreibung einer Grundgesamtheit, z. B. Maßzahlen von → Häufigkeitsverteilungen oder die Bildung von → Verhältniszahlen. Zu letzterer gehören dagegen alle Methoden, die aus den Ergebnissen von → Stichproben auf die Verhältnisse in der Grundgesamtheit schließen und Kausalzusammenhänge zwischen bestimmten Größen untersuchen, also z. B. die → Intervallschätzung, die → Regressionsanalyse oder andere → multivariate Analysemethoden.

Statistiken des Produzierenden Gewerbes

– früher vereinfachend und verkürzend auch als Industriestatistik bezeichnet – Berichtssystem der amtlichen Statistik über das Produzierende Gewerbe. Hierzu zählen neben dem Verarbeitenden Gewerbe der Bergbau, die Gewinnung von Steinen und Erden, die Energie- und Wasserversorgung sowie die Bauwirtschaft, einschließlich des warenproduzierenden Handwerks. Die Statistik des Produzierenden Gewerbes besteht aus einer Vielzahl, zum größten Teil fein aufeinander abgestimmter Erhebungen. Zu nennen sind unter anderem monatliche Auftragseingangserhebungen, monatliche, vierteljährliche und jährliche Produktionserhebungen („Produktionsstatistik"), Investitions- und Kostenstrukturerhebungen. Die Bedeutung der Statistik des Produzierenden Gewerbes liegt darin, daß sie zum einen sehr detaillierte Strukturanalysen über diesen zentralen Wirtschaftsbereich ermöglicht und zum anderen mit dem → Auftragseingangsindex und dem → Index der Nettoproduktion zwei überaus wichtige → Konjunkturindikatoren liefert.

Statistisches Bundesamt → Amtliche Statistik

Statistisches Landesamt → Amtliche Statistik

Statistisches Wahrscheinlichkeitsprinzip → Wahrscheinlichkeit

Sterilisierungspolitik → Neutralisierungspolitik

Stetige Zufallsvariable → Skalierung

Steuer

öffentliche → Abgabe ohne rechtlichen Anspruch auf Gegenleistung in Form von Geldleistungen. Sie werden auf der Basis von Gesetzen erhoben (vgl. § 3 Abgabenordnung) und dienen dem öffentlich-rechtlichen Gemeinwesen zur Finanzierung seiner Aufgaben. Steuern können neben diesem fiskalischen Zweck auch wirtschaftspolitischen, insbesondere verteilungspolitischen Zielen dienen. Die Verwendung von Steuern ist unabhängig von ihrer Erhebung. Dadurch unterscheiden sie sich von Beiträgen und Gebühren.

Steueramortisation

Form der Steuerüberwälzung, die dann vorliegt, wenn der Käufer eines besteuerten ertragabwerfenden Projekts die kumulierte ertragssenkende Wirkung der Steuer in einen Renditevergleich (z. B. Grundstück gegen Anleihe) einbezieht und den Kaufpreis um die entgangene Rendite mindert.

Steueranstoß

– auch als Impact Point bezeichnet – Veränderung oder veränderte Wahrnehmung einer Steuer, die bei den Besteuerten Verhaltensänderungen in Form von Steuerausweichung, Steuerüberwälzung i.e.S und/oder Steuereinholung auslöst.

Steuerarten

Steuerarten

→ Steuern lassen sich nach verschiedenen Kriterien klassifizieren. Nach dem Bereich des Steuerzugriffs unterscheidet man
- → Ertragsteuern: z. B. die → Einkommensteuer, die → Körperschaftsteuer, die → Gewerbesteuer.
- → Substanzsteuern: z. B. die → Vermögensteuer, die Gewerbekapitalsteuer, die → Grundsteuer oder die → Erbschaft- und Schenkungsteuer.
- → Verkehrsteuern: z. B. die → Kraftfahrzeugsteuer, die → Versicherungssteuer, und die → Grunderwerbsteuer.
- → Verbrauchsteuern: z. B. → Umsatzsteuer, → Biersteuer, → Mineralölsteuer.

Nach der Identität von Steuerschuldner und Steuerträger unterscheidet man → direkte und indirekte Steuern. Weiter lassen sich Objektsteuern (z. B. die → Grundsteuer) und Subjektsteuern (z. B. die → Einkommensteuer) unterscheiden. Bei letzteren werden die persönlichen Verhältnisse des Besteuerten berücksichtigt. Man spricht daher auch von personenbezogenen Steuern. Schließlich können nach der → Ertragshoheit Bundessteuern, Ländersteuern, Gemeindesteuern und → Gemeinschaftssteuern unterschieden werden.

Steueraufkommenselastizität →
Aufkommenselastizität

Steuerausweichung

– auch als Steuervermeidung bezeichnet – liegt dann vor, wenn Wirtschaftssubjekte einer sie treffenden Steuererhöhung aus dem Weg zu gehen versuchen, indem sie besteuerte Aktivitäten durch sachliche, zeitliche oder räumliche Anpassung vermeiden. Sachliche Anpassung bedeutet z. B., daß ein Haushalt den Kauf eines besteuerten Gutes vermeidet. Zeitliche Anpassung kann dann vorliegen, wenn der potentielle Steuerpflichtige einer vorgesehenen Erhöhung der Steuer vorübergehend dadurch ausweicht, daß er auf Vorrat kauft. Räumlich Anpassung bedeutet schließlich, daß der steuerliche Tatbestand in ein Gebiet verlagert wird, in dem er nicht steuerpflichtig ist. Es handelt sich bei diesen Vorgängen um Substitutionseffekte der Besteuerung.

Steuerbemessungsgrundlage

die der Besteuerung zugrunde gelegte mengen- oder wertmäßige Größe des Steuergegenstandes. Auf sie wird der Steuertarif angewendet, um die Steuerschuld zu bestimmen.

Steuerdestinatar

Wirtschaftssubjekt, das die Steuer nach dem Willen des Gesetzgebers tragen soll.

Steuereinholung

erhöhte Anstrengung der Steuerpflichtigen, die Steuerbelastung durch eine bestehende oder neu eingeführte Steuer etwa durch Mehrarbeit (Haushalte) oder Kostensenkungen (Unternehmen) auszugleichen.

Steuergegenstand

– auch als Steuerobjekt bezeichnet – die Sache, die Geldsumme, die wirtschaftliche Handlung oder die rechtlich-ökonomische Transaktion, an die die Besteuerung im konkreten Fall anknüpft.

Steuergesetzgebungshoheit

legt fest, welche Gebietskörperschaft befugt sein soll, durch Gesetzgebung Art und Höhe der Steuer zu fixieren. In Deutschland regelt Art. 105 GG die Gesetzgebung der Steuern folgendermaßen: Der Bund hat die ausschließliche Gesetzgebung über die Zölle und Finanzmonopole (zur Zeit existiert nur noch das Branntweinmonopol). Außerdem hat der Bund die konkurrierende Gesetzgebung über die übrigen Steuern, wenn ihr Aufkommen dem Bund ganz oder teilweise zusteht, oder wenn zur Herstellung gleichwertiger Lebensverhältnisse im Bundesgebiet oder die Wahrung der Rechts- oder Wirtschaftseinheit im gesamtstaatliche Interesse eine bundesgesetzliche Regelung erforderlich ist. Allerdings gilt: Bundesgesetze über Steuern, deren Aufkommen den Ländern oder Gemeinden ganz oder zum Teil zufließt, bedürfen der Zustimmung des Bundesrates. Die Länder haben die Gesetzgebung, wenn die Voraussetzungen für die konkurrierende Gesetzgebung des Bundes nicht gegeben sind, soweit der Bund von der konkurrierende Gesetzgebung keinen Gebrauch macht und über die örtlichen Verbrauch- und Aufwandsteuern. Da der Bund die konkurrierende Gesetzgebung weitgehend an sich gezogen hat, haben die Länder de facto kaum Rechte der Steuergesetzgebung.

Steuergrundsätze → Besteuerungsgrundsätze

Steuerharmonisierung

Versuche, nationale Steuersysteme auf internationaler Ebene anzugleichen. Dies kann in einem ersten Schritt durch den Abschluß von → Doppelbesteuerungsabkommen geschehen; weiterführende Harmonisierungsschritte können bis zur Vereinheitlichung von → Steuerbemessungsgrundlagen und → Steuertarifen führen. Die Steuerharmonisierung wird von der Europäischen Union im Rahmen der von ihr verfolgten Ziele angestrebt, insbesondere
• der Errichtung eines Gemeinsamen Marktes und der Ge-

Steuerhinterziehung

währleistung eines unverfälschten Wettbewerbs,
- der schrittweisen Annäherung der Wirtschaftspolitik der Mitgliedstaaten und
- der Finanzierung durch eigene Mittel.

Die erste Zielsetzung impliziert vor allem die Harmonisierung der → Verbrauchsteuern. Die europäischen Harmonisierungsbemühungen setzten daher auch bei der allgemeinen → Umsatzsteuer an. Zunächst wurde eine einheitliche Form der → Umsatzsteuer, nämlich die Allphasen-Nettoumsatzsteuer mit Vorsteuerabzug für alle Mitgliedstaaten festgeschrieben. Danach wurde versucht, die → Steuerbemessungsgrundlage zu vereinheitlichen. Die Steuertarife sind noch unterschiedlich hoch, allerdings wurde eine Bandbreite festgelegt, so daß sie zumindest nicht weiter auseinanderdriften können. Wegen der unterschiedlichen Steuersätze wurde für die Umsatzsteuer zunächst nach dem → Bestimmungslandprinzip verfahren. Jetzt ist der Übergang zum → Ursprungslandprinzip beabsichtigt und teilweise vollzogen. Dies ist nicht unproblematisch, denn die → Umsatzsteuer soll letztlich den Endverbrauch belasten, beim → Ursprungslandprinzip fließt sie aber nicht dem Land des Endverbrauches zu. Sie orientiert sich an der Wertschöpfung und hat somit den Charakter einer Produktionssteuer. Selbst bei vereinheitlichten Tarifen haben daher Länder mit Exportüberschüssen mehr Einnahmen als Länder mit Importüberschüssen. Bisher hat man versucht dies durch einen komplizierten „Clearing-Mechanismus" wieder auszugleichen. Die Harmonisierung der → Umsatzsteuer ist in der EU auch deshalb relativ weit fortgeschritten, weil sie als Basis für die sogenannten „Mehrwertsteuer-Eigenmittel" der EU dient. Bei anderen Steuern ist die Harmonisierung noch nicht weit gediehen. Bei speziellen → Verbrauchsteuern wurde festgelegt, auf welche Produkte (Tabak, Bier, Alkohol, Wein, Mineralöl) sie sich beziehen dürfen. Auch hier existieren keine einheitlichen Steuersätze. Die Harmonisierung der direkten Steuern wurde bisher kaum vorangetrieben. Dies war für den Gemeinsamen Markt zunächst nicht vorrangig und im EWG-Vertrag nicht vorgesehen. Mit der Mutter-Tochter-Richtlinie wurde lediglich geregelt, daß Ausschüttungen von Tochtergesellschaften im EU-Ausland an ihre inländische Muttergesellschaft frei von allen ausländischen → Quellensteuern gestellt werden. Die Fusionsrichtlinie soll die Möglichkeit zur steuerneutralen Umstrukturierung grenzüberschreitender Unternehmensgruppen innerhalb der EU sicher.

Steuerhinterziehung

illegale → Steuerausweichung (Steuervermeidung). Sie liegt z. B. dann vor, wenn Teile des steuerpflichtigen Einkommens oder Gewinns verschwiegen werden – wenn etwa ausländische Gewinn- oder Einkommensteile bei der inländischen Steuererklärung nicht angegeben werden – oder wenn Einkommensbestandteile durch geheime Transfers ins Ausland den Finanzbehörden entzogen werden.

Steuerhoheit

bestimmt, welche öffentliche Körperschaft das Recht auf eine Steuer erhalten soll. Dabei wird zwischen der Gesetzgebungshoheit, der Ertragshoheit und der Verwaltungshoheit (Zuordnung des Steuereinzugs) unterschieden.

Steuerindexierung

Bei einer Steuerindexierung werden Steuertarife, Freibeträge und Steuerbemessungsgrundlagen automatisch an die Geldwertentwicklung angepaßt. Dies kann z. B. in Form einer Bindung an die Entwicklung eines Preisindexes für die Lebenshaltung geschehen.

Steuerinzidenz

beantwortet die Frage, wer nach Abschluß aller Überwälzungsvorgänge die Steuerlast trägt. Die Inzidenz oder Lastverteilung einer Steuer hängt zunächst davon ab, wie sie auferlegt wird, welcher → Steuertarif(verlauf) gegeben ist, wie die Steuerbemessungsgrundlage definiert ist und wie allgemein ihre Reichweite ist. All das bestimmt die gesetzliche Inzidenz, doch diese stellt nur den Anfang dar. Am Ende wird die tatsächliche Inzidenz davon abhängen, wie die Wirtschaft reagiert. Diese Reaktion hängt ab von Nachfrage- und Angebotsbedingungen, den Marktstrukturen und dem Zeitraum, der für die Anpassung zur Verfügung steht. Die Anpassungen an eine Besteuerung werden z. B. Änderungen von Faktor- und Produktpreisen nach sich ziehen und das wird Auswirkungen für die Haushalte bei ihrer Einkommensentstehung und -verwendung haben. Das endgültige Ergebnis hängt vom Zusammenspiel all dieser Veränderungen ab. Die Inzidenztheorie versucht, diese komplexen Kräfte zu zerlegen und strategische Elemente zu identifizieren. Erste Erkenntnisse gewinnt man, wenn man die Reaktionen der Verkäufer und der Käufer auf dem speziellen Markt untersucht, dem die Steuer auferlegt wird.

Die Steuer führt zu einem Unterschied zwischen dem Marktpreis, den die Verkäufer erhalten und dem Nettopreis, den sie behalten können. Da die Verkäufer sich am Nettopreis orientieren, müssen sie jetzt einen höheren Marktpreis fordern, um ihre Kosten zu decken. Die Angebotskurve (A) steigt um den Steuersatz (t) auf (A'). Die nachgefragte Menge geht zurück, denn der Marktpreis

Steuerinzidenz

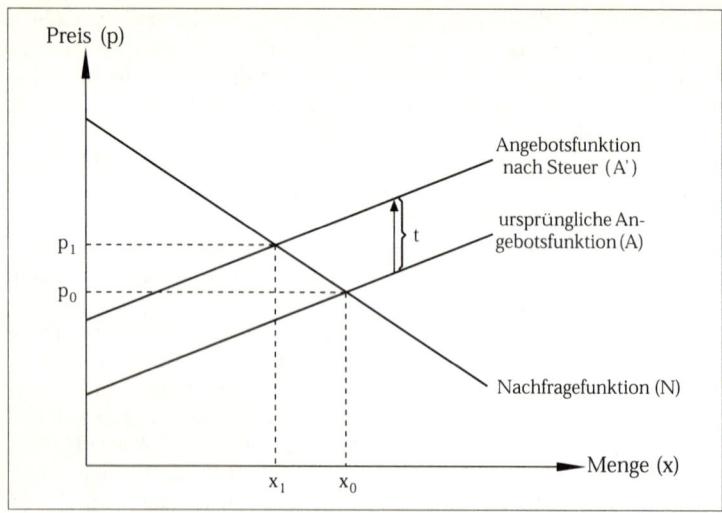

Wirkung einer Mengensteuer auf Wettbewerbsmärkten

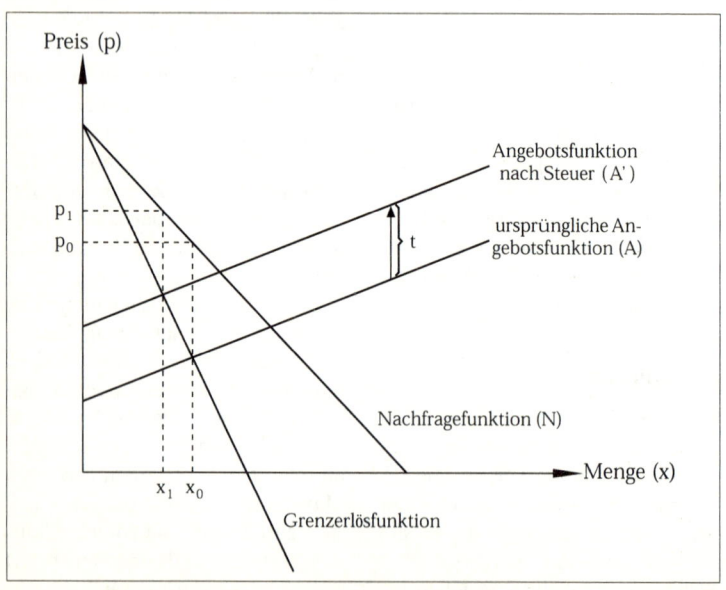

Wirkung einer Mengensteuer beim Monopol

Steuerinzidenz

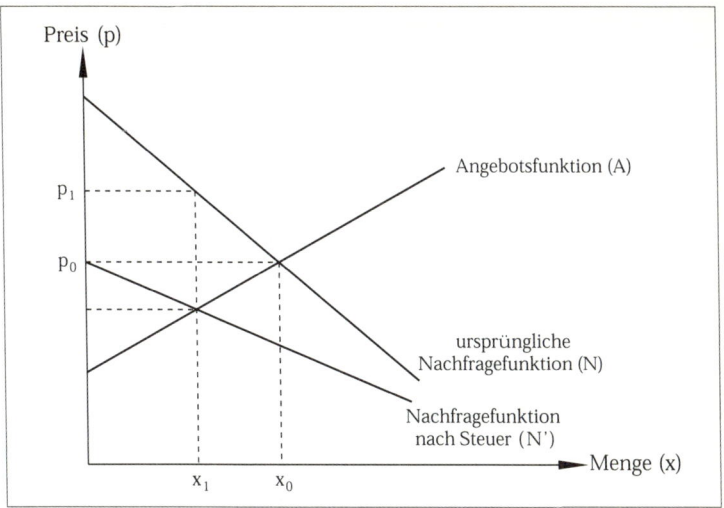

Wirkung von Erlössteuern

steigt, während der Nettopreis für die Verkäufer fällt. Die Marktpreiserhöhung kann um so größer sein, je weniger elastisch die Nachfrage- und je elastischer die Angebotskurve ist. Der Rückgang der nachgefragten Menge ist um so größer, je elastischer beide Kurven sind. Die Steuerlast wird zwischen Käufern und Verkäufern im Verhältnis der Elastizität des Angebots zur Elastizität der Nachfrage aufgeteilt.

Auch hier steigt der Marktpreis, die nachgefragte Menge geht zurück, allerdings weniger als im Wettbewerbsfall.

Die → Bemessungsgrundlage ist hier der Erlös $E = px$. Die Steuerbelastung ergibt sich als $T_E = t_E \, p(x)x$ mit $t_E = \text{konst}$. In diesem Fall ist der Nettoerlös $E_n = p(x)x - t_E p(x)x = p(x)x(1-t_E)$. Bei linearer Nachfragefunktion erhält man die Nettodurchschnittserlösfunktion durch Drehung der Nachfragefunktion um ihren Schnittpunkt mit der Abszisse. Die Anbieter können ihr ursprüngliches Angebot nicht aufrechterhalten. Die Marktmenge sinkt, der Nettopreis ebenfalls. Die Wirkungen von Kostensteuern können je nach → Bemessungsgrundlage und → Steuertarif unterschiedlich ausfallen. Wird eine Kostensteuer auf Fixkosten erhoben, verändern sich die Marginalbedingungen nicht. Bemessungsgrundlage einer Kostensteuer sind nicht regelmäßig die gesamten Fixkosten, sondern einzelne Kostenbestandteile.

Steuerklassifikation

So sind die deutsche Gewerbekapital- und Grundsteuer praktisch solche Fixkostensteuern. Variiert die Steuerbelastung dagegen mit der Produktionsmenge, werden auch die Grenzkosten einschließlich Steuer verändert. Die gewinnmaximale Ausbringungsmenge sinkt.

Steuerklassifikation → Steuerarten

Steuerlastverteilung → Steuerinzidenz

Steuerliche Nebenleistungen

nach § 3 III → Abgabenordnung Verspätungs- und Säumniszuschläge, Zinsen und Zwangsgelder.

Steuerobjekt → Steuergegenstand

Steuerpflichtiger

– auch als Steuersubjekt bezeichnet – die natürliche oder juristische Person, auf die der gesetzlich fixierte Steuerverpflichtungsgrund zutrifft.

Steuerprinzipien → Besteuerungsgrundsätze

Steuerquote

Relation, die die Steuerschuld zu einer anderen monetären Größe in Beziehung setzt, um die relative Belastung durch die Besteuerung darzustellen. Man unterscheidet eine gesamtwirtschaftliche Steuerquote (z. B. Anteil der Steuern am Bruttoinlandsprodukt BIP) und eine individuelle Steuerquote (z. B. Anteil der gezahlten Steuern am Bruttoeinkommen) eines Steuerzahlers.

Jahr	Steuerquote
1960	23,0
1970	24,0
1975	24,8
1980	25,9
1985	25,2
1990	23,6
1995	24,4
1996	23,2
1997	22,7

Steuerquote in der Bundesrepublik Deutschland (Steuereinnahmen zu BIP in %)

Steuersatz

als absolute oder prozentuale Größe ausgedrückter Betrag, der auf eine Einheit der Steuerbemessungsgrundlage entfällt.

Steuerschuld

der Betrag, der sich bei der Anwendung des Steuersatzes auf die Bemessungsgrundlage ergibt, und an das Finanzamt abzuführen ist.

Steuerschuldner → Steuerpflichtiger

Steuersubjekt → Steuerpflichtiger

Steuertarif

gesetzlich festgelegte funktionale Beziehung zwischen → Steuerbemessungsgrundlage und der → Steuerschuld. Der Tarifverlauf kann proportional, progressiv oder regressiv sein. Bei progressivem Tarifverlauf (→ Progression) steigt die Steuerschuld mit wachsender Bemessungsgrundlage überproportional, bei regressivem Tarif (→ Regression) unterproportional und bei proportionalem Tarif proportional an.

Steuerüberwälzung

Der Begriff der Steuerüberwälzung wird in unterschiedlicher Weise verwendet:
1. Mit Steuerüberwälzung im engeren Sinne wird in der Regel die Weitergabe der Steuerbelastung durch Steuerpflichtige an Nachfrager durch Erhöhung der Güterpreise (Vorwälzung) oder an Anbieter durch Herabsetzung der Faktorpreise und der Preise für Vorleistungen (Rückwälzung) bezeichnet. Die Analysemethode für die Steuerüberwälzung stellt die Steuerinzidenz dar.

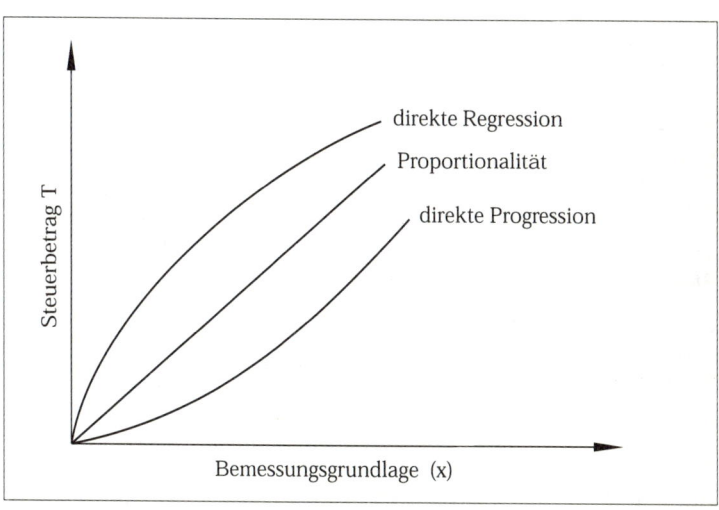

Unterschiedliche Tarifverläufe

Steuervermeidung

Mit der Steuerüberwälzung im weiteren Sinne werden darüber hinaus alle durch den Steueranstoß hervorgerufenen Anpassungen bezeichnet. Dazu zählen die Steuerausweichung, die Steuerüberwälzung i.e.S. und die Steuereinholung.

Steuervermeidung → Steuerausweichung

Steuerwiderstand

Abwehr der Steuerlast durch legales oder illegales Verhalten (→ Steuervermeidung, → Steuerhinterziehung) oder auch durch Einfluß auf die politische Willensbildung.

Steuerwirkungen

umfassen alle Verhaltensänderungen (Steueranpassungen) die durch Steuerrechtsänderungen ausgelöst werden. Man unterscheidet die Steuereinholung, die Steuerüberwälzung und die Steuerausweichung.

Steuerzahler

die natürliche oder juristische Person, die verpflichtet ist, die Steuerschuld abzuführen.

Stichprobe

Auswahl eines bestimmten Teils von Merkmalsträgern aus einer Grundgesamtheit. Eine Stichprobe gilt als repräsentativ, wenn die aus ihr gewonnenen statistischen Ergebnisse (z. B. das → arithmetische Mittel oder die → Varianz der Merkmalswerte) auf die Grundgesamtheit übertragen werden können, d. h.: wenn daraus die entsprechenden Kenngrößen der Grundgesamtheit qualifiziert abgeschätzt werden können. Dazu müssen die Verhältnisse in der Stichprobe möglichst genau mit denen in der Grundgesamtheit übereinstimmen. Sind letztere vollkommen unbekannt, stellt vom theoretischen Standpunkt aus eine reine Zufallsstichprobe, z. B. mittels eines Zufallszahlengenerators, die beste Methode zur Stichprobenziehung dar, da auf diese Weise jedes Mitglied der Grundgesamtheit die selbe Chance hat, in die Stichprobe zu gelangen. Dieses Verfahren wird häufig in der privaten Markt- und Meinungsforschung verwandt. Sind jedoch – z. B. aus → Totalerhebungen – Vorabkenntnisse über die Grundgesamtheit vorhanden, können und sollten diese genutzt werden, um die Repräsentativität der Stichprobe zu erhöhen. Dies geschieht in der → amtlichen Statistik vorzugsweise bei sogenannten geschichteten Stichproben. Dort wird zunächst durch eine Totalerhebung (z. B. aus der Kartei des Produzierenden Gewerbes) die Aufteilung aller potentiellen Erhebungseinheiten (hier: Unternehmen) auf bestimmte Gruppen (= Schichten) (hier: nach Wirtschaftszweigzugehörigkeit und Beschäftigtengrößenklassen) ermittelt. Erst danach wird eine Stichprobe (z. B. die → Arbeitskostenerhebung) gezogen, wobei sichergestellt wird, daß Erhebungseinheiten aus jeder Schicht in die Stichprobe gelangen. Die Hochrechnung der Stichprobenergebnisse auf Ergebnisse der Grundgesamtheit erfolgt demzufolge schichtweise.

Stichprobenerhebung

– auch Teilerhebung genannt – als → Stichprobe konzipierte statistische Erhebung, d. h. Befragung nur eines Teils der interessierenden Grundgesamtheit: Sie ist damit das Gegenteil von einer → Totalerhebung. Das Ergebnis der Stichprobe ist mittels einer Hochrechnung auf die Grundgesamtheit zu übertragen. Der Vorteil von Stichprobenerhebungen sind insbesondere in den geringeren Kosten, der schnelleren Aktualisierbarkeit und wohl auch der höheren Akzeptanz seitens der Erhebungseinheiten zu sehen, weshalb sie auch der Regelfall sowohl in der amtlichen als auch in der nicht-amtlichen Statistik ist. Der Nachteil besteht in der Möglichkeit, → Stichprobenfehler zu machen.

Stichprobenfehler

– auch als Zufallsfehler bezeichnet – bei → Stichprobenerhebungen entstehende Abweichung zwischen hochgerechneten Stichprobenergebnissen und tatsächlichen Verhältnissen in der Grundgesamtheit. Die Ursache für solche Stichprobenfehler liegt darin, daß bei der Stichprobe trotz aller Bemühungen um Repräsentativität immer zufällig Merkmalsträger befragt werden können, deren Merkmalswerte nicht vollkommen identisch sind mit den Werten aller Merkmalsträger, die sie gedanklich in der Grundgesamtheit repräsentieren. Schätztheoretisch kann der zu erwartende Stichprobenfehler zwar abgeschätzt und in → Intervallschätzungen eingebracht werden, weil die Stichprobenergebnisse den Charakter einer → Schätzfunktion haben. Allerdings ist der tatsächlich gemachte Stichprobenfehler aber nur höchst selten zu ermitteln, da in aller Regel Stichprobenerhebungen nicht durch → Totalerhebungen „nachgeprüft" werden. Vom Stichprobenfehler zu unterscheiden sind → systematische Fehler, die in allen statistischen Total- oder Stichprobenerhebungen auftreten können.

Stille Reserve

Personen, die grundsätzlich auf der Suche nach Arbeitsplätzen und bei geeigneten Angeboten auch zur Arbeitsaufnahme bereit sind, sich aber nicht beim Arbeitsamt als → registrierte Arbeitslose

Stochastische Eigenschaften

gemeldet haben. Hauptursache dafür ist die fehlende Hoffnung bei den betreffenden Personen, angesichts einer allgemein ungünstigen Arbeitsmarktlage zum gegenwärtigen Zeitpunkt selbst einen Arbeitsplatz zu finden. Die Nicht-Registrierung kann aber auch darin begründet liegen, daß einzelne Arbeitsuchende z. B. wegen fehlender Ansprüche auf → Lohnersatzleistungen aus der → Arbeitslosenversicherung (was insbesondere beim Eintritt ins Erwerbsleben der Fall ist) keinen Vorteil in der Meldung beim Arbeitsamt sehen und lieber anderweitig auf Arbeitsplatzsuche gehen. Die Stille Reserve kann quantitativ – als Bestandteil des → Erwerbspersonenpotentials – nicht exakt ermittelt, sondern nur geschätzt werden. Gleichwohl ist diese Größe wegen der Unzulänglichkeiten der Zahl der registrierten Arbeitslosen von größtem Interesse für die Beurteilung der Arbeitsmarktlage. Da sich überdies bei einer Verbesserung der Arbeitsmarktsituation Personen aus der Stillen Reserve typischerweise wieder als Arbeitslose registrieren lassen, sind solche Schätzungen auch unerläßlich, um die Erfolgsaussichten beschäftigungspolitischer Maßnahmen beurteilen zu können.

Stochastische Eigenschaften

alle im Rahmen eines ökonometrischen Modells gemachten Annahmen über die dort vorkommenden → Zufallsvariablen bzw. speziell die → Störvariablen. Festzulegen bzw. festzustellen sind insbesondere die → Lage- und → Streuungsparameter, die → Verteilungsfunktion und mögliche gegenseitige Beziehungen zwischen den Zufallsvariablen.

Stolper-Samuelson-Theorem

Hypothese über die Beziehungen zwischen Protektion und → Einkommen, insbesondere zwischen Zoll- und Einkommensveränderungen, die im Zusammenhang mit dem → Faktorproportionentheorem steht. Nach dem *Stolper-Samuelson*-Theorem erhöhen Zölle die Einkommen für relativ knappe Güter und senken die Einkommen für relativ reichlich vorhandene Güter. Dies läßt sich dadurch begründen, daß hohe Zölle ein → Monopol auf dem abgeschotteten nationalen → Markt schaffen können, welches dem Anbieter durch die Einführung von Freihandel evtl. verlorengeht. Wirtschaftspolitisch betrachtet setzen sich Monopolisten deshalb für Marktabschottung ein, während die Industrien, die auf dem Heimatmarkt bereits der → Konkurrenz ausgesetzt sind, eher für Marktöffnung plädieren.

Störvariable

→ Zufallsvariable in ökonometrischen Modellen, insbesondere in der → Regressions- und der → Zeitreihenanalyse, die alle Einflußgrößen widerspiegelt, die nicht explizit als erklärende Variablen ins Modell aufgenommen wurden. Das Einbringen einer Störvariable läßt sich ferner dadurch rechtfertigen, daß ökonomisches und damit menschliches Handeln zu einem gewissen Teil immer zufällig ist, und daß im statistischen Datenmaterial immer auch Meß- und Beobachtungsfehler auftreten können. Durch die Störvariable werden die erklärten Variablen und vor allem die → Schätzfunktionen für die unbekannten, zu schätzenden Parameter ebenfalls Zufallsvariable. Daher müssen zur qualifizierten Schätzung und → Prognose gewisse Annahmen über die Störvariable getroffen werden (vgl. → stochastische Eigenschaften).

Strategische Handelspolitik → Merkantilismus

Streik

planmäßige Arbeitsniederlegung und damit wichtigste Maßnahme der → Arbeitnehmer im → Arbeitskampf zur Durchsetzung ihrer Ziele in Tarifverhandlungen. Das grundsätzliche Streikrecht ist in Deutschland als Bestandteil der → Tarifautonomie verfassungsgemäßig garantiert, weitere gesetzliche Regelungen existieren hingegen nicht. Die Rechtsprechung hat für die Rechtmäßigkeit von Streiks im wesentlichen folgende Anforderungen gestellt:
1. Er muß von einer → Gewerkschaft geführt werden (kein „wilder Streik").
2. Er muß gegen einen → Tarifpartner gerichtet sein (kein politischer Streik).
3. Er muß ein tariflich regelbares Ziel (z. B. → Arbeitszeit, → Arbeitsentgelt) haben.
4. Er muß dem Verhältnismäßigkeitsgrundsatz entsprechen.
5. Er darf erst nach Ausschöpfung aller Möglichkeiten der friedlichen Einigung („Friedenspflicht") als ultima ratio eingesetzt werden.

Rechtmäßige Streiks lösen bestehende Arbeitsverhältnisse nicht auf, sondern suspendieren lediglich beide Seiten für die Dauer des Streik von den daraus resultierenden Rechten und Pflichten.

Streuungsmaße

Maßzahlen für die Unterschiedlichkeit der Merkmalsausprägungen einer → Häufigkeitsverteilung und damit auch Information über deren Form auf einer Merkmalsachse. Davon zu unterscheiden sind → Lagemaße und → Konzentrationsmaße, die ebenfalls der Beschreibung einer Häufigkeitsverteilung dienen. Das einfachste, aber nur bedingt aussagekräftige Streuungsmaß ist die → Spannweite. Besser und gebräuchlicher sind die → Varianz, die → Stan-

Streuungsparameter

dardabweichung sowie der → Variationskoeffizient.

Streuungsparameter

Maßzahlen für die Variabilität einer → Zufallsvariablen und damit auch Information über die Form der → Wahrscheinlichkeits- bzw. → Dichtefunktion dieser Zufallsvariablen auf einer Koordinatenachse. Hiervon zu unterscheiden sind → Lageparameter. Die mit Abstand gebräuchlichsten Streuungsparameter sind die → Varianz und die → Standardabweichung einer Zufallsvariablen.

Stromgröße

in Geldeinheiten oder physischen Einheiten gemessene Größe, die einem bestimmten Zeitraum zugeordnet wird (Beispiele: Güterkäufe, Zahlungseingänge, Produktionsmengen, Abgabe von Arbeitsleistungen). Die Zusammenstellung von Stromgrößen auf einzel- oder gesamtwirtschaftlicher Ebene nennt man Stromrechnung (Beispiel → Sozialproduktsrechnung, → Leistungsbilanz).

Strukturanpassung

Reform der Wirtschaftspolitik mit dem Ziel über eine stärkere Orientierung an marktwirtschaftlichen Elementen ein dauerhaftes → Wirtschaftswachstum zu erreichen. In den 80er Jahren wurde der Begriff vor allem im Zusammenhang mit der Schuldenkrise der Entwicklungsländer bekannt. Der → Internationale Währungsfonds (IWF) und die → Weltbank schufen zur Strukturanpassung besondere Fazilitäten. Auch die Europäische Union vergibt seit einiger Zeit Strukturanpassungsdarlehen an Entwicklungsländer. Während der Begriff sektoraler Strukturwandel auf die Wirtschaftsstruktur abzielt, hat die Strukturanpassung die Struktur der Wirtschaftspolitik im Visier. Anpassung bezieht sich dabei vor allem auf die Beachtung der gesamtwirtschaftlichen Budgetbeschränkung und der Gegebenheiten des Weltmarktes sowie auf die Schaffung der für eine Marktwirtschaft notwendigen institutionellen Rahmenbedingungen. Im einzelnen lassen sich folgende Elemente der Strukturanpassung unterscheiden:

1. Hauptziel der Stabilitätspolitik ist Beseitigung von Inflation. Dazu soll das Wachstum der Geldmenge reduziert und die Defizite der öffentlichen Haushalte eingeschränkt werden.
2. Stärkung marktwirtschaftlicher Strukturen durch Privatisierung staatlicher Unternehmen, mehr Wettbewerb, freiere Preisbildung (auch des Wechselkurses) und Liberalisierung des Außenhandels.
3. Reform des öffentlichen Dienstes und wichtiger Politikbereiche wie z. B. der Agrarpolitik.
4. Regulierung des Bankensektors.

5. Angebotsorientierte Strukturpolitik.

Der Begriff „Strukturanpassung" wurde zwar zuerst für die Entwicklungsländer geprägt, er kann jedoch ebenso auf reformbedürftige Industrieländer und die ehemals sozialistischen Industrieländer angewendet werden.

Strukturanpassungsmaßnahmen → Lohnkostenzuschuß

Strukturberichterstattung

hat die Aufgabe, Richtung und Ursachen des → sektoralen Strukturwandels zu analysieren, die Öffentlichkeit über eingetretene Strukturänderungen zu informieren, die staatliche Strukturpolitik zu kontrollieren und Anregungen zum Ausbau der sektoralen Strukturforschung zu geben. Dazu legen die sechs großen → Wirtschaftsforschungsinstitute (DIW, HWWA, IfO, FfW, RWI) seit 1981 Berichte vor.

Strukturbruch → Zeitreihenanalyse

Strukturelle Arbeitslosigkeit

Der Begriff der strukturellen Arbeitslosigkeit wird in der Wirtschaftstheorie sehr unterschiedlich definiert. In einer sehr weiten Fassung ist es der Oberbegriff für alle nicht-konjunkturellen Ursachen der Arbeitslosigkeit außer der saisonalen und friktionellen Arbeitslosigkeit (→ Kausalklassifikation der Arbeitslosigkeit). Im engeren Sinne tritt strukturelle Arbeitslosigkeit dann auf, wenn das → gesamtwirtschaftliche Arbeitsangebot und die → gesamtwirtschaftliche Arbeitsnachfrage zwar global übereinstimmen, aber in ihrer Struktur hinsichtlich Qualifikation, Region oder anderer Kriterien divergieren. Die Folge ist, daß auf bestimmten → Teilarbeitsmärkten Arbeitslosigkeit existiert, während gleichzeitig auf anderen die Arbeitsnachfrage das Arbeitsangebot übersteigt. Im Gegensatz etwa zur → konjunkturellen Arbeitslosigkeit verbieten sich hier wirtschaftspolitische Maßnahmen zur globalen Steigerung der Arbeitsnachfrage. Vielmehr müssen z. B. durch regionale Strukturpolitik, Verbesserung der Verkehrsverbindungen oder Qualifizierungsmaßnahmen die Strukturdivergenzen beseitigt werden.

Strukturelle Inflation → Demand-Shift-Inflation

Struktureller Wandel → Sektoraler Strukturwandel

Strukturelles Defizit

der Teil der öffentlichen Gesamtverschuldung, bei dem aufgrund seiner Dauerhaftigkeit ein erhöhter Konsolidierungsbedarf besteht.

Strukturerhaltungspolitik

Strukturerhaltungspolitik → Sektorale Strukturpolitik

Strukturfonds

Die der Verwaltung der Kommission unterstehenden Strukturfonds der → Europäischen Union finanzieren Strukturhilfen im Gemeinschaftsbereich. Es sind der → Europäische Ausrichtungs- und Garantiefonds für die Landwirtschaft, der Europäische Sozialfonds für die Verwirklichung der Sozialpolitik und der Europäische Fonds für regionale Entwicklung. Damit soll der wirtschaftliche und soziale Zusammenhalt in der EU so verstärkt werden, daß die Anforderungen des gemeinsamen Binnenmarktes überall in der EG bewältigt werden können. Der Anteil der Mittel für die Strukturfonds am Haushalt der EU betrug 1996 etwa ein Drittel. Im Vertrag zur Europäischen Union wurde die Einrichtung eines → Kohäsionsfonds vorgesehen, der den vier ärmeren Gemeinschaftsländern Portugal, Spanien, Griechenland und Irland zusätzliche Mittel zukommen läßt.

Strukturform → Mehrgleichungsmodell

Strukturhilfe → Sektorale Strukturpolitik

Strukturkrisenkartell

soll dauerhaft drohende strukturell bedingte Überkapazitäten abbauen, indem die Kartellmitglieder eine gemeinsame Regelung zum Kapazitätsabbau treffen. Strukturkrisenkartelle können vom Bundesminister für Wirtschaft unter Berücksichtigung der Belange der Gesamtwirtschaft und des Gemeinwohls abweichend vom generellen → Kartellverbot zugelassen werden.

Strukturpolitik

umfaßt alle Maßnahmen strukturpolitischer Instanzen, die darauf abzielen, Strukturveränderungen innerhalb von und zwischen Teilaggregaten (Wirtschaftszweige, Regionen, Betriebsgrößenklassen) in einer Volkswirtschaft auszulösen, zu verstärken, abzuschwächen oder zu unterbinden und strukturbestimmende Relationen bestimmter Teilaggregate einer Volkswirtschaft (z. B. die Wettbewerbsverhältnisse bestimmter Wirtschaftszweige oder Standortbedingungen bestimmter Regionen) abweichend von den allgemeingültigen Ordnungsprinzipien zu regeln. Teilbereiche der Strukturpolitik sind die → sektorale Strukturpolitik, die → Regionalpolitik und die → Mittelstandspolitik.

Strukturwandel

Änderung in der Zusammensetzung der sektoralen (→ sektoraler

Strukturwandel), intrasektoralen oder branchenmäßigen Produktion auf der Angebotsseite bzw. der Zusammensetzung und der relativen Anteile der großen Aggregate auf der Nachfrageseite (Konsumnachfrage der Haushalte, Staatsnachfrage, Investitions- und Auslandsnachfrage). Der Strukturwandel zwischen den drei volkswirtschaftlichen Sektoren steht im Mittelpunkt der → Drei-Sektoren-Hypothese.

Stückkosten

– auch als Durchschnittskosten bezeichnet – durchschnittliche → Kosten einer Mengeneinheit eines Produktes. Man kann dabei zwischen den gesamten und den variablen Stückkosten unterscheiden. Mathematisch sind die Stückkosten dadurch zu ermitteln, daß die gesamten bzw. nur die variablen Kosten durch die Gesamtzahl der vom Produkt hergestellten Einheiten dividiert werden.

Stufenflexible Wechselkurse → Wechselkursregime

Stützbereich → Zeitreihenanalyse

Subjektivistisches Wahrscheinlichkeitsprinzip → Wahrscheinlichkeit

Submissionskartell

Sonderform des → Preiskartells, das darauf abzielt, das Angebotsverhalten der Mitglieder bei öffentlichen Ausschreibungen so zu organisieren, daß ein gegenseitiges Sich-Unterbieten vermieden wird und jedes Kartellmitglied damit rechnen kann, in vereinbarter Folge den Zuschlag als der dann absprachegemäß preisgünstigste Anbieter zu erhalten.

Subsidiaritätsprinzip

Der Begriff des Subsidiaritätsprinzips wird sowohl in der Sozialpolitik als auch in der Finanzwissenschaft verwendet.
1. Im Rahmen der Sozialpolitik bezeichnet dieses Prinzip einen von der katholischen Sozial- und Gesellschaftslehre entwickelten Grundsatz, der die Zuständigkeit staatlicher Daseinsvorsorge und ihrer Träger gegenüber der privaten abgrenzen soll. Das Subsidiaritätsprinzip postuliert den Vorrang der individuellen Selbstverantwortlichkeit. Eine Hilfe, die dem einzelnen vom Staat gegeben wird, obwohl er sie nicht braucht, wird nicht als Bereicherung, sondern als Beeinträchtigung und als Einschränkung der Persönlichkeitsentfaltung gesehen. Zur Bereitstellung kollektiver bzw. staatlicher Leistungen, wenn diese notwendig sind, sagt das Sub-

sidiaritätsprinzip, daß immer die kleinsten, der Person, die die Hilfe empfängt, am nächsten stehenden Kollektive, sofern sie die Aufgabe bewältigen können, vorrangig zuständig sind. Übergeordnete größere Kollektive sollten Aufgaben nur dann übernehmen, wenn kleinere Kollektive sie nicht bewältigen könnten. In der Sozialpolitik ließe sich damit etwa folgende Rangfolge kollektiver Zuständigkeiten herleiten: erst Familie, dann Nächstenhilfe (wie Nachbarschaft oder freie Wohlfahrtspflege), dann Gemeinden, Kreise, Bundesländer und zuletzt der Bundesstaat.

2. In der Finanzwissenschaft bietet das Subsidiaritätsprinzip eine normative Begründung für einen föderativen Staatsaufbau. Danach liegt die Lösungskompetenz für öffentliche Aufgaben zunächst grundsätzlich auf der untersten Ebene der Körperschaften. Die nächst höhere Ebene ist erst dann zum Eingreifen legitimiert, wenn sie nachweisen kann, daß sie die Aufgabe besser erfüllen kann. (vgl. → Finanzausgleich). Der Vertrag über die → Europäische Union vom 7. 2. 1992 führt das Subsidiaritätsprinzip auch in den EG-Vertrag ein: Die Gemeinschaft soll nur in den Bereichen tätig werden, die nicht in ihre ausschließliche Zuständigkeit fallen, sofern und soweit die Ziele der in Betracht gezogenen Maßnahmen auf der Ebene der Mitgliedstaaten nicht ausreichend erreicht werden können und daher wegen ihres Umfangs oder ihrer Wirkungen besser auf Gemeinschaftsebene erreicht werden können. Unklar ist, inwieweit das Subsidiaritätsprinzip vor dem Europäischen Gerichtshof eingeklagt werden kann.

Substanzsteuern

orientieren sich an Vermögensgrößen und nicht an Einkommensgrößen bzw. am betrieblichen Erfolg. Da solche Steuern auch in Verlustjahren anfallen, können sie einen Eingriff in die Substanz von Unternehmen bedeuten.

Substituierbarkeit

Substituierbarkeit zwischen Produktionsfaktoren liegt vor, wenn im Rahmen der → Produktionsfunktion verschiedene Produktionsfaktoren gegeneinander ersetzt werden können, ohne daß die Produktion quantitativ oder qualitativ Schaden nimmt (z. B. Austausch verschiedener Schmiermittel). Entsprechend liegt Substituierbarkeit zwischen Gütern dann vor, wenn ein Haushalt einen bestimmten → Nutzen mit mehreren verschiedenen Konsummengenkombinationen erreichen kann.

Substitution

Die Substituierbarkeit bildet somit das Gegenstück zur → Komplementarität.

Substitution

gegenseitiger mengenmäßiger Austausch von Konsumgütern durch einen Haushalt bzw. von Produktionsfaktoren bei der Herstellung eines Gutes. Will der Haushalt dabei sein bisheriges Nutzenniveau bzw. das Unternehmen seine bisherige Produktion aufrechterhalten, muß er/es sich auf der bis dahin realisierten → Indifferenzkurve bzw. → Isoquante bewegen. Das Austauschverhältnis, auch Grenzrate der Substitution bzw. Grenzrate der technischen Substitution genannt, ergibt sich dabei als negatives, umgekehrtes Verhältnis der → Grenznutzen der Güter bzw. der → Grenzproduktivitäten der Produktionsfaktoren. Substitutionsvorgänge werden vor allem durch Veränderungen der Preisrelationen ausgelöst, die zu einer Veränderung des → Optimalen Verbrauchsplans bzw. der → Minimalkostenkombination führen. Der Gesamteffekt die-

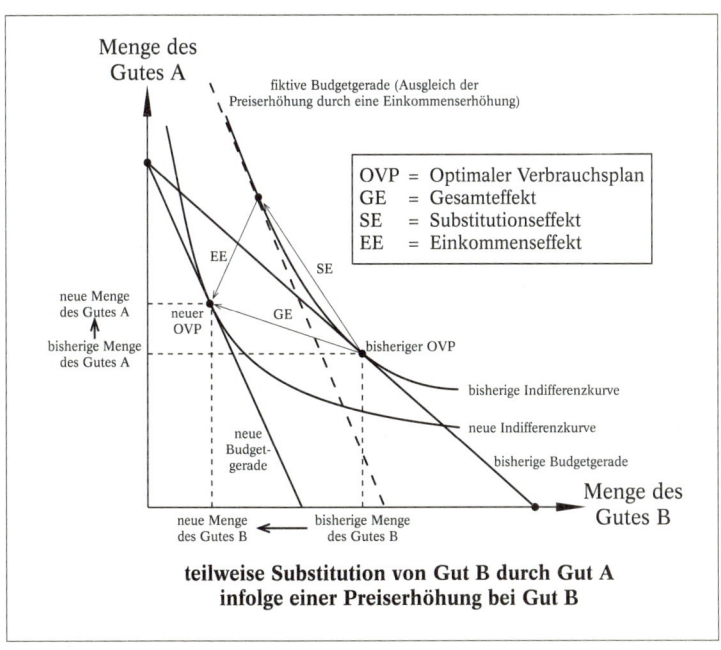

Substitutionsvorgang bei einer Güterpreiserhöhung

Substitutionseffekt

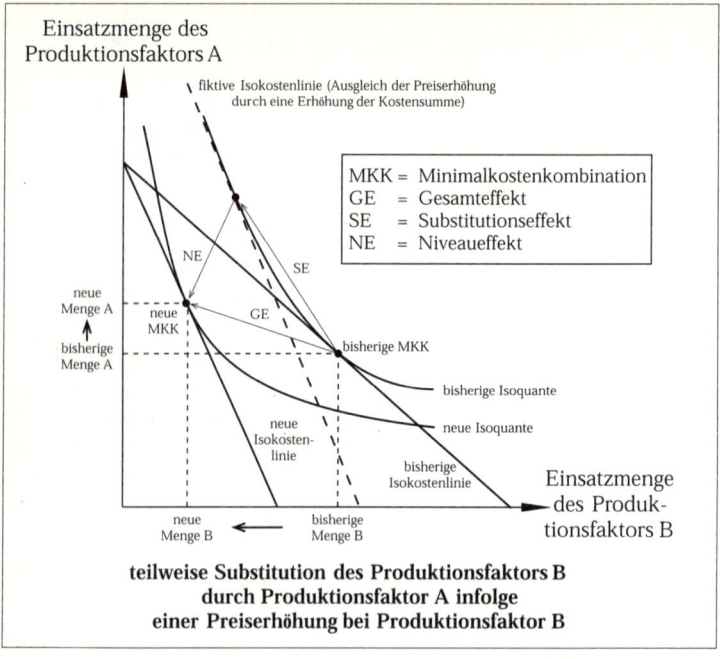

Substitutionsvorgang bei einer Faktorpreiserhöhung

ser Veränderung läßt sich gedanklich in einen Substitutionseffekt (reiner Effekt der veränderten Preisrelation unter der Fiktion, daß das bisherige Nutzen- bzw. Produktionsniveau beibehalten werden kann) und einen Einkommens- bzw. Niveaueffekt (Nutzen- bzw. Produktionsveränderung infolge der Preisänderung) zerlegen.

Substitutionseffekt → Substitution

Substitutionseffekt der Besteuerung

Effekt, der eintritt, wenn durch die Besteuerung eines Gutes dieses relativ teurer wird und von dem Steuerpflichtigen deshalb durch relativ billigere (nicht oder weniger besteuerte) Güter oder Tatbestände z. T. oder ganz ersetzt wird (Steuerausweichung).

Substitutionsgüter → Ökonomische Güter

Subventionen

Geldleistungen der öffentlichen Hand an Unternehmen ohne marktliche Gegenleistung. Sie können an bestimmte Auflagen gebunden sein: so gibt es teilweise Empfangsauflagen, etwa in der Agrarförderung wenn bestimmte Hektarzahlen nachgewiesen werden müssen; häufig werden auch finanzielle Auflagen gemacht, wenn etwa die öffentliche Hand verlangt, daß der Subventionsempfänger zusätzlich eigene finanzielle Mittel beisteuert oder daß er sich zusätzliche Mittel auf dem Kreditwege verschafft. Im letzteren Fall besteht die Subvention dann etwa in einem Zuschuß zu den bei der Kreditaufnahme im privaten Sektor entstehenden Kosten (Zinssubvention). Weitere wichtige Auflagen stellen die Verhaltensauflagen (in der Landwirtschaft z. B. die Vorschrift bestimmte Flächen nicht zu bebauen) und darüber hinausgehende Verwendungsauflagen dar (z. B. Kauf einer bestimmten Maschine oder Verbilligung von Düngemitteln). Mit Subventionen wird einerseits die Erhaltung von Betrieben angestrebt, sei es weil das dadurch bewirkte Güterangebot wünschenswert erscheint, z. B. aus energiepolitischen Autarkieüberlegungen, sei es, weil die Einkommen der in diesen Betrieben Beschäftigten erhalten bleiben sollen. Diese Erhaltungssubventionen behindern allerdings das wirtschaftliche Wachstum und binden Produktionsfaktoren in suboptimalen Bereichen. Daneben soll mit Subventionen die Anpassung an neue Bedingungen erleichtert oder sozial abgefedert werden. Auch bei Anpassungssubventionen tritt der Konflikt zwischen dem wachstumsbezogenen Ziel einer möglichst schnellen sektoralen Anpassung und dem sozialpolitischen Ziel der Vermeidung sozialer Härten auf. Für den Strukturwandel ist nämlich ein staatliches Eingreifen in der Regel gar nicht erforderlich. Vor allem besteht bei den Anpassungssubventionen immer die Gefahr, daß sie – auch wenn sie zunächst befristet eingeführt werden – dauerhaft gewährt werden. Subventionen werden schließlich auch dann eingesetzt, wenn die private Produktion unterbleibt oder zu gering ausfällt, weil die Entwicklungskosten und das Risiko des Scheiterns hoch sind (Subventionen zur Förderung des Produktivitätsfortschritts). In diesen Fällen kann die öffentliche Hand Forschungen subventionieren oder Entwicklungsaufträge erteilen, die in dem Umfang Subventionscharakter haben, wie der private Sektor aus dem entwickelten Produkt oder Verfahren Nutzen zieht. Die Praxis der Forschungsförderung hat allerdings gezeigt, daß hier sogenannte Mitnahmeeffekte nicht zu vermeiden sind, das bedeutet, daß Unternehmen, die auch ohne Subvention

Subventionsbericht

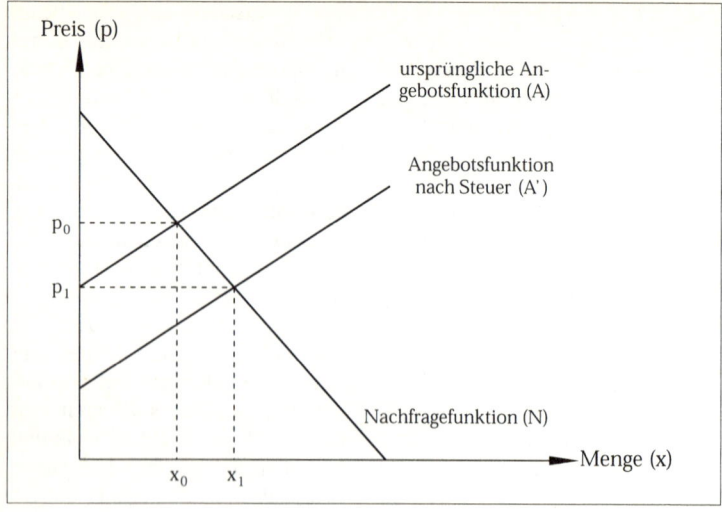

Preiseffekte von Subventionen

geforscht hätten, nun die entsprechende Förderung in Anspruch nehmen. Die Wirkungen von Subventionen auf das Marktergebnis lassen sich an folgendem Modell verdeutlichen:

Durch die Subventionen ergeben sich für die Anbieter im Grunde zwei Preise: erstens der Marktpreis, den die Nachfrager bezahlen und zweitens der Preis, den die Anbieter letzendlich nach Subvention erhalten. Ihre ursprüngliche Angebotsfunktion verschiebt sich nach unten, da sie nun einen um die Subvention niedrigeren Preis anbieten können. Der Marktpreis sinkt, die Marktmenge steigt. Auch hier hängen die Preis- und Mengeneffekte von den Angebots- und Nachfrageelastizitäten ab: Je unelastischer die Nachfrage ist, desto größer ist der Preisrückgang (vgl. → Steuerinzidenz). Über die Subventionen in der Bundesrepublik Deutschland informiert der alle zwei Jahre erscheinende Subventionsbericht. Dabei werden direkte Subventionen und Steuervergünstigungen, die im Grund ebenfalls den Charakter von Subventionen haben, unterschieden. Die Subventionen und Steuervergünstigungen werden auch hier eingeteilt in Maßnahmen zur Erhaltung, zur Anpassung an neue Bedingungen und zur Förderung der Produktivität und des Wachstums.

Subventionsbericht → Subventionen

Sucharbeitslosigkeit → Friktionelle Arbeitslosigkeit

Suchtheorien

Such- oder auch job-search- oder labor-turnover-Theorien sind → Arbeitsmarkttheorien, die in Weiterentwicklung des Basismodells der → neoklassischen Arbeitsmarkttheorie die dortigen Prämissen der vollständigen Information der Marktteilnehmer und der Homogenität der Arbeit aufgeben. Dadurch wird insbesondere die Bedeutung von Informationen als wertvolles ökonomisches Gut betont. Grundlage der Suchtheorien ist die Beobachtung, daß zumindest ein Teil der Arbeitskräfte ständig nach geeigneten Arbeitsplätzen sucht. Diese verfolgen das Ziel der Maximierung des Lebenseinkommens und sehen sich bei der Arbeitsplatzsuche dem Zielkonflikt gegenüber, daß mit zunehmender Zeit zwar die Wahrscheinlichkeit, einen attraktiven Arbeitsplatz zu finden, steigt, aber auch die Informationskosten. Die Unternehmen hingegen versuchen, offene Stellen so zu besetzen, daß diese möglichst geringe Lohnkosten verursachen. Ein Ausgleich von Arbeitsangebot und -nachfrage erfolgt über sich anpassende Lohnerwartungen derart, daß im Zeitablauf die Unternehmen ihre Lohnvorstellungen erhöhen und die Arbeitskräfte ihre Lohnforderungen verringern. Mit Suchtheorien läßt sich somit die → friktionelle Arbeitslosigkeit hinreichend erklären. Eine wirtschaftspolitische interessante Implikation ist dabei die, daß → Lohnersatzleistungen die Suchkosten verringern und so die Bezeitschaft des einzelnen erhöhen, freiwillig arbeitslos zu bleiben (vgl. auch → Lohnabstandsgebot). Die Kritik an den Suchtheorien konzentriert sich darauf, daß sie einseitig auf friktionelle Arbeitslosigkeit abstellt und zur Erklärung anderer Arbeitslosigkeitsarten wenig beiträgt.

Superiore Güter → Ökonomische Güter

Supermultiplikator

von *J. R. Hicks* so bezeichneter Multiplikator, bei dem von einkommensabhängigen Investitionen ausgegangen wird. Der Supermultiplikator ist größer als der „normale", da die während des Multiplikatorprozesses auftretenden Einkommensänderungen nicht nur die Konsumnachfrage, sondern auch die Investitionsnachfrage (gemäß der marginalen Investitionsquote) beeinflussen. Da jede Nachfrageänderung eine gleichgerichtete Produktionsänderung auslöst, wird die Einkommensänderung verstärkt.

Supply-Side Economics → Angebotsökonomik

Sustainable Development

Sustainable Development → Nachhaltige Entwicklung

Swap

Tauschgeschäft, das z. B. am → Devisenmarkt aus der Verbindung eines Termingeschäftes mit einem Kassageschäft besteht (Devisenswap). Eine weitere Swapart ist der sog. Währungsswap, bei dem Kapitalbeträge in unterschiedlichen Währungen (und die darauf bestehenden Zinsen) getauscht werden. Außerdem existieren Zinsswaps (Tausch fester gegen variable Zinssätze) sowie Zins-Währungsswaps (als Kombination aus Zins- und Währungsswaps). Der bei einem Swapgeschäft zu zahlende Preis ist der Swapsatz. Er bezeichnet bei einem Devisenswap die prozentuale Abweichung des Terminkurses einer ausländischen Währung vom Kassakurs dieser Währung. Der Swap als zweiseitiges Geschäft unterscheidet sich von einseitigen sog. Outright-Geschäften, bei denen heute der An- bzw. Verkauf einer Devise zum Terminkurs vereinbart wird, die Anschaffung der Devise erst zu dem vereinbarten späteren Zeitpunkt erfolgt. Swaps dienen vor allem der Sicherung gegen Kurs- oder Zinsänderungen und der → Arbitrage. Swapgeschäfte werden auch in der → Geldpolitik eingesetzt. Vgl. auch → Geldpolitische Instrumente und → Derivate.

Swing

wechselseitig eingeräumte Überziehungsgrenzen (Kreditlinien) bei bilateralen Verrechnungskonten zweier Länder mit nicht freikonvertierbaren Währungen. ein Swing wurde z. B. der DDR im Rahmen des innerdeutschen Handels gewährt.

Symmetrieannahme → Marktformenschema

Syndikalismus

geschichtliche Arbeiterbewegung anarchistischer und sozialistischer Prägung, nach der die Gewerkschaften revolutionär die Befreiung der Arbeiterklasse von politischen und wirtschaftlichen Abhängigkeiten durchsetzen wollten. Ziel war die Sozialisierung der Betriebe nach deren Übernahme durch die in ihnen tätigen Arbeiter (Syndikalisierung). Ausgangspunkt war Frankreich (ab 1890); namhafter Vertreter war *G. Sorell*. In Spanien kam es zu sog. „Anarchosyndikalismus".

Syndikat

spezielle Form eines → Kartells, bei der die Mitglieder auf eine autonome Preis- und Mengenpolitik verzichten und sich zum ausschließlichen Absatz über eine gemeinsame Verkaufsorganisation verpflichten. Die Verkaufsorganisation hat meist auch die Aufgabe, das Einhalten der vereinbarten Kartellbestimmungen zu überwachen.

System der Sozialen Sicherung

Unter dem System der sozialen Sicherung im engeren Sinne versteht man die Summe aller Einrichtungen und Maßnahmen, die das Ziel haben, die Bürger gegen die Risiken zu schützen, die verbunden sind
- mit dem vorübergehenden oder dauernden, durch Krankheit, Mutterschaft, Unfall, Alter oder Arbeitslosigkeit bedingten Verlust von Arbeitseinkommen,
- mit dem Tod des Ernährers (Ehepartner oder Eltern)
- mit unplanmäßigen Ausgaben im Falle von Krankheit, Mutterschaft, Unfall oder Tod.

Die Mehrzahl aller Systeme der sozialen Sicherung weist – von Land zu Land institutionell unterschiedlich organisiert – als Bestandteile auf:
- die Berufs- und Erwerbsunfähigkeitsversicherung
- die Alters- und Hinterbliebenenversicherung
- die Unfallversicherung
- die Kranken- und Pflegeversicherung und die
- Arbeitslosenversicherung.

Solche Systeme werden häufig als Sozialversicherungssysteme bezeichnet; diese Bezeichnung ist jedoch mißverständlich, weil nicht alle Teile des Systems auf dem Versicherungsprinzip beruhen. Zum System der sozialen Sicherung im weiteren Sinne gehören zusätzlich die Kriegsopferversorgung, die → Sozialhilfe und andere Sozialtransfers (im Rahmen der Wohnungspolitik, der Politik der → Ausbildungsförderung und der → Familienpolitik). Systeme der sozialen Sicherung können nach dem → Versicherungs-, dem → Versorgungs-, dem → Fürsorgeprinzip oder nach Mischformen aus den drei Prinzipien aufgebaut werden. In den realisierten Sicherungssystemen dominieren die Mischformen.

System of National Accounts (SNA)

von den Vereinten Nationen ausgearbeiteter Vorschlag zur internationalen Vereinheitlichung der → Volkswirtschaftlichen Gesamtrechnungen. Er ist in seinen Grundzügen von nahezu allen westlichen Ländern übernommen worden. Auch das → Europäische System volkswirtschaftlicher Gesamtrechnungen (ESVG) ist entsprechend aufgebaut.

Systematischer Fehler

Sammelbegriff für alle Fehlerarten bei statistischen Erhebungen, die keine → Stichprobenfehler sind und insofern auch keinen Zufallscharakter haben. Folglich können systematische Fehler sowohl in → Stichproben- als auch in → Totalerhebungen vorkommen. Zu den

Systematischer Fehler

systematischen Fehlern zählen beispielsweise eine falsche bzw. unklare Abgrenzung der Fragen in sachlicher und zeitlicher Sicht und eine fehlerhafte Auswahl der zu Befragenden (vgl. → Adäquationsproblem) ebenso wie Druckfehler im Fragebogen, bewußt oder unbewußt falsche Antworten seitens der Befragten, Fehler bei den Interviewern, fehlerhafte Dateneingaben oder Fehler in den elektronischen Plausibilitäts- und Tabellierprogrammen.

T

Tabaksteuer

nach der → Mineralölsteuer die ertragreichste Verbrauchsteuer. Ihr Aufkommen betrug 1997 rund 21 Mrd. DM.

Take off

Startphase des Wirtschaftswachstums von bisher stationären Wirtschaften.

Target-Return Pricing → Administered Prices

Tarifautonomie

in Deutschland durch Art.9 Abs.3 GG verfassungsmäßig garantiertes Recht der → Tarifpartner, → Tarifverträge ohne Einflußnahme von dritter Seite abzuschließen. Dies impliziert die alleinige Verantwortung der → Arbeitgeber(verbände) und → Gewerkschaften und eine Enthaltsamkeit des Staates bzw. der Bundesregierung in der → Tarifpolitik. Eine konkretere rechtliche Ausgestaltung findet die Tarifautonomie im → Tarifvertragsgesetz.

Tarifbindung

rechtliche Bindung von → Arbeitgebern und → Arbeitnehmern an die jeweiligen Inhalte von → Tarifverträgen. An einen Tarifvertrag gebunden sind:
1. die Arbeitgeber, die im Rahmen eines sogenannten Firmen- oder Haustarifvertrags selbst → Tarifpartner sind,
2. alle Arbeitgeber und Arbeitnehmer, die beim Abschluß oder während der Laufzeit eines Tarifvertrags Mitglied eines → Arbeitgeberverbandes oder einer → Gewerkschaft sind, die ihrerseits Tarifpartner sind und
3. in Ausnahmefällen (z. B. in der Baubranche) alle Arbeitgeber und Arbeitnehmer im Geltungsbereich eines Tarifvertrags, wenn dieser ausdrücklich vorsieht, daß er auch für Nichtmitglieder der jeweiligen Arbeitgeberverbände oder Gewerkschaften Gültigkeit hat (sogenannte Allgemeinverbindlichkeitserklärung).

Tariffähigkeit → Tarifpartner

Tarifkommission

von → Arbeitgeberverbänden und → Gewerkschaften entsandte Delegation, die mit der Führung von Tarifverhandlungen und dem Abschluß von → Tarifverträgen beauftragt ist.

Tariflohn

Tariflohn

das im Rahmen von → Tarifverträgen vereinbarte → Arbeitsentgelt für eine bestimmte Tätigkeit bzw. Tarifgruppe. Der Tariflohn ist ein vertraglich garantierter → Mindestlohn, d.h. das von Unternehmen, die an den Tarifvertrag gebunden sind, tatsächlich bezahlte Arbeitsentgelt darf den Tariflohn nicht unterschreiten, kann aber selbstverständlich höher sein als dieser (sogenannte übertarifliche Bezahlung).

Tarifpartner

Parteien eines → Tarifvertrags. Tariffähig, d.h. zum Abschluß von Tarifverträgen berechtigt, ist prinzipiell jeder einzelne → Arbeitgeber, sofern er nicht Mitglied eines tariffähigen → Arbeitgeberverbandes ist (in diesem Fall kommt es zum Abschluß von Haus- oder Firmentarifverträgen), ferner Arbeitgeberverbände und → Gewerkschaften, die jeweils gewisse Anforderungen (freiwillige Mitgliedschaft, auf die Verbesserung der Wirtschafts- und Arbeitsbedingungen ausgerichteter Verbandszweck, finanzielle und organisatorische Unabhängigkeit, genügend große Mitgliederzahl bzw. Verhandlungsmacht) erfüllen. Bei einer Bevollmächtigung durch ihre Mitgliedsorganisationen kann die Tariffähigkeit auch auf sogenannte „Spitzenorganisationen" (Zusammenschlüsse von Gewerkschaften und Vereinigungen von Arbeitgeberverbänden) übergehen.

Tarifpolitik

Gesamtheit der von den → Tarifpartnern ergriffenen Maßnahmen zur Beeinflussung des Inhalts von → Tarifverträgen. So definiert umfaßt Tarifpolitik die Gestaltung von → Arbeitsentgelt, → Arbeitszeit und der sonstigen Arbeitsbedingungen und geht über den engeren Begriff der → Lohnpolitik hinaus.

Tarifrecht

Gesamtheit aller Rechtsnormen, die die Rechtsbeziehungen zwischen den → Tarifpartnern betreffen. Zum Tarifrecht gehören die im Art. 9 GG garantierte → Tarifautonomie, alle weiteren gesetzlichen Normen, insbesondere das → Tarifvertragsgesetz (TVG), die Gesamtheit aller existierenden → Tarifverträge sowie die Rechtsprechung der zuständigen Gerichte.

Tarifregister

aufgrund von § 2 → Tarifvertragsgesetz (TVG) vom Bundesministerium für Arbeit und Sozialordnung geführtes Verzeichnis über alle → Tarifverträge in Deutschland.

Tarifvertrag

schriftliche Vereinbarung zwischen → Tarifpartnern zur kollektiven Regelung der Arbeitsbedingungen. Die wichtigste Rechtsgrundlage für die etwa 42.000 verschiedenen Tarifverträge in Deutschland bildet das → Tarifvertragsgesetz. Danach enthalten alle Tarifverträge einen schuldrechtlichen und einen normativen Teil. Im schuldrechtlichen Teil sind die Verpflichtungen der Tarifpartner enthalten. Hierzu zählt insbesondere, während der Geltungsdauer des Tarifvertrages keinen → Arbeitskampf zu führen (Friedenspflicht) und die einzelnen Mitglieder zur Einhaltung des Tarifvertrages zu veranlassen (Einwirkungspflicht). Der normative Teil umfaßt alle Regelungen über Abschluß, Inhalt und Beendigung von individuellen Arbeitsverhältnissen. Gegenstand dieses Teils sind also beispielsweise die Dauer der Wochenarbeitszeit, die Höhe und Struktur der → Arbeitsentgelte und Sonderzahlungen, Urlaubsdauer, Überstunden-, Einstellungs-, Kündigungs- und Arbeitsschutzregelungen oder Vereinbarungen über Vorsorgeeinrichtungen wie etwa Pensionskassen. Die in Tarifverträgen getroffenen Regelungen sind grundsätzlich Mindestanforderungen, die von den → Arbeitgebern im Geltungsbereich des Tarifvertrags nicht unterschritten, aber nach dem sogenannten Günstigkeitsprinzip überboten werden dürfen (vgl. → Tariflohn). Tarifverträge verlieren ihre Wirksamkeit, wenn die darin vereinbarte Laufzeit zu Ende ist oder der Vertrag von einem Tarifpartner gekündigt wird. Bis zum Abschluß eines neuen Tarifvertrags haben jedoch die bisherigen tariflichen Ansprüche von → Arbeitnehmern weiterhin Bestand. Der Geltungsbereich von Tarifverträgen beschränkt sich grundsätzlich auf solche Unternehmen, in denen beide Partner der individuellen Arbeitsverhältnisse der → Tarifbindung unterliegen, es sei denn, im Tarifvertrag ist ausnahmsweise eine Allgemeinverbindlichkeitserklärung enthalten. Darüber hinaus ist es in Deutschland üblich, nach Wirtschaftszweigen und Regionen spezifizierte Tarifverträge abzuschließen („Flächentarifverträge"). Daneben gibt es in einzelnen Fällen sogenannte Firmen- oder Haustarifverträge zwischen einem einzelnen Unternehmen und der für diesen Wirtschaftszweig zuständigen → Gewerkschaft. Arbeitgeber und Arbeitnehmer, die keinem → Arbeitgeberverband bzw. keiner Gewerkschaft angehören können Tarifverträge ganz oder teilweise („in Anlehnung an") übernehmen. Exisiert kein Tarifvertrag oder ist der Arbeitgeber an einen solchen nicht gebunden und übernimmt ihn auch nicht freiwillig, treten an dessen Stelle gesetzliche Regelungen zum Schutz von Arbeitnehmern (z. B. Bundesurlaubs-

Tarifvertragsgesetz

gesetz, Nachtarbeitsverbot), die jedoch in aller Regel weit geringere Standards vorsehen als Tarifverträge.

Tarifvertragsgesetz

Das Tarifvertragsgesetz vom 25. 8. 1969 regelt in seiner aktuellen Fassung zusammen mit seinen Durchführungsverordnungen die Rechtsfolgen, die sich aus → Tarifverträgen ergeben. Das Tarifvertragsgesetz stellt insofern die konkrete Ausgestaltung der im Grundgesetz garantierten → Tarifautonomie dar.

Tausch

wechselseitige Übertragung von Gütern. Man unterscheidet den Real- oder Naturaltausch „Ware gegen Ware" vom Kauf „Geld gegen Ware" bzw. Verkauf „Ware gegen Geld".

Tax-Push-Inflation → Angebotsinflation

Taylor-Zins

geldpolitischer Indikator, der in den 90er Jahren – ebenso wie der → Monetary Conditions Index – eine recht große Beachtung gefunden hat. Die von *John Taylor* 1993 vorgestellte geldpolitische Regel postuliert, daß die Notenbank den kurzfristigen Zinssatz in Abhängigkeit von der aktuellen Inflations- und Konjunktursituation setzen sollte:

Taylor-Zins = realer Gleichgewichtszins
+ (erwartete) Inflationsrate
+ a_p · Produktionslücke
+ a_I · Inflationslücke.

Die Produktionslücke ist die relative Abweichung zwischen dem tatsächlichen und dem potentiellen Produktionsniveau, die Inflationslücke die Differenz zwischen der gemessenen Inflationsrate und der von der Zentralbank angestrebten Teuerungsrate. Beide Größen gehen mit positiven Gewichten a_p beziehungsweise a_I in den Taylor-Zins ein. Hierin kommt die Vorstellung zum Ausdruck, daß einer übermäßigen Preissteigerung und einer Überauslastung der Produktionskapazitäten durch einen höheren kurzfristigen Zinssatz entgegengewirkt werden sollte und umgekehrt. Entsprechend ist bei Vollauslastung und Realisation der anvisierten Inflationsrate der „reale Gleichgewichtszins" dasjenige Realzinsniveau, bei dem der langfristige Gleichgewichtszustand nicht durch die Geldpolitik verändert wird. Die (erwartete) Inflationsrate wird der Summe dieser drei Komponenten hinzuaddiert, damit der Taylor-Zins mit dem entsprechenden nominalen Zinssatz vergleichbar wird. Der Taylor-Zins wird teilweise von externen Beobachtern der → Geldpolitik auch zur Beurteilung der Politik des Eurosystems (bzw. früher der Bundesbank) verwendet. Zudem wird er den Notenbanken selber zur Nutzung vorgeschlagen. Ebenso wie der Monetary Conditions Index weist der Taylor-Zins indes bedeutende Schwächen auf. Seine jeweilige Berechnung unterliegt einem hohen Maß an Beliebigkeit, und auch seine Interpretation ist keineswegs so einfach, wie es auf den ersten Blick erscheinen mag. Insofern liefert er grundsätzlich allenfalls grobe Anhaltspunkte für die Einschätzung der Geldpolitik. Er eignet sich – isoliert angewendet – nicht zur Ableitung zinspolitischer Empfehlungen.

Technical Progress Function →
Technische Fortschrittsfunktion

Technische Dienstleistungen

Unter technischen Dienstleistungen versteht man vor allem Tätigkeiten wie Forschung und Entwicklung, Datenverarbeitung, technische Planung und Beratung, Entsorgungsleistungen sowie Wartungs- und Inspektionsleistungen. Sie sind Teil des gesamten Dienstleistungssektors.

Technische Fortschrittsfunktion

funktionaler Zusammenhang zwischen der Wachstumsrate der → Kapitalintensität und der Wachstumsrate des Sozialproduktes pro Kopf. *N. Kaldor* führte sie in die → Wachstumstheorie ein. Sein Grundgedanke war dabei, daß die Durchsetzung neuen technischen Wissens nur durch gleichzeitige Kapitalakkumulation möglich ist und Kapitalakkumulation zu neuem technischen Wissen führt.

Technischer Fortschritt

kann in zwei, sich häufig auch vermischenden, Ausprägungen auftreten:
- als Herstellung neuer, verbesserter Produkte (Produktinnovation);
- als Einführung verbesserter Produktionsverfahren, die die Produktion derselben Menge eines unveränderten Produktes mit einem geringeren Einsatz an Produktionsfaktoren ermöglichen (Prozeßinnovation).

Der unternehmerische Anreiz zur Durchführung des technischen Fortschritts liegt bei der Prozeßinnovation in Kostenersparnissen, bei der Produktinnovation in der Erschließung neuer Absatzmärkte begründet. Die qualitative Verbesserung von Produkten und Produktionsverfahren beruht auf der Zunahme naturwissenschaftlicher Erkenntnisse und technisch-organisatorischen Wissens. Der Prozeß technischer Neuerungen beginnt mit der Forschung, d.h. mit der Suche nach neuen wissen-

Technischer Fortschritt

schaftlichen Erkenntnissen. Der Versuch, diese Erkenntnisse in neue Produkte oder Produktionsverfahren umzusetzen, führt zu Erfindungen (inventions). Von Innovationen spricht man dagegen erst bei der Anwendung der Erfindungen, bei der eigentlichen Realisation des technischen Fortschritts. Als Indikator des technischen Fortschritt kann man die Zahl der erteilten Patente heranziehen. Folgende Arten des technischen Fortschritts lassen sich unterscheiden:

1. Autonomer und induzierter technischer Fortschritt: Ist in wachstumstheoretischen Modellen die Wachstumsrate des technischen Fortschritts unabhängig von den übrigen Variablen des Modells, spricht man von autonomem technischen Fortschritt, von induziertem dagegen, wenn sie durch die anderen Variablen erklärt werden kann. Letzteres ist z. B. dann der Fall, wenn man annimmt, daß technischer Fortschritt davon abhängt, wie häufig ein bestimmtes Gut bereits produziert wurde (→ Learning-by-doing-Modelle).
2. Gebundener und ungebundener technischer Fortschritt: technischer Fortschritt, der an das Vorhandensein einer positiven Nettoinvestition gebunden ist, bezeichnet man als investitionsgebunden. Sind Sachinvestitionen notwendig spricht man von kapitalgebundenem technischem Fortschritt, sind neue Fähigkeiten und Kenntnisse beim Faktor Arbeit notwendig, von ausbildungsgebundenem oder arbeitsgebundenem technischem Fortschritt. Beim kapitalgebundenen technischen Fortschritt wird nur der jüngste Investitionsjahrgang vom technischen Fortschritt erfaßt, die Effizienz früherer Investitionen bleibt unberührt. Im Gegensatz dazu erhöht ungebundener technischer Fortschritt die Effizienz des gesamten Kapitalstocks.
3. Neutraler technischer Fortschritt. Hier gibt es verschiedene Ansätze. Hicks-neutraler technischer Fortschritt liegt dann vor, wenn sich die Grenzproduktivität des Kapitals bei Konstanz der Kapitalintensität (K/A) in gleichem Maße ändert wie die der Arbeit. Bei *Hicks* ist der technische Fortschritt demgemäß arbeitssparend, wenn bei konstanter Kapitalintensität die Arbeitsproduktivität langsamer wächst als die Kapitalproduktivität. Der technische Fortschritt ist Harrod-neutral, wenn sich bei konstanter Profitrate der Kapitalkoeffizient (K/Y) nicht ändert. Ein Harrod-arbeitssparender technischer Fortschritt läßt dagegen bei konstanter Profitrate den Kapitalkoeffizienten steigen.

Volkswirtschaftlich ist technischer Fortschritt überwiegend positiv zu beurteilen. Dies gilt insbesondere im Hinblick auf eine effizientere Ressourcennutzung, die damit verbundene Steigerung des → Produktionspotentials und des materiellen Wohlstandes sowie auf die höhere Wettbewerbsintensität auf Märkten (vgl. auch → Marktphasen). Lediglich als mögliche Ursache von → Arbeitslosigkeit kann technischer Fortschritt problematisch sein.

Technologie

umfaßt alle aufgrund von Erfahrungen, wissenschaftlichen Erkenntnissen und technischen Erfindungen angewendeten Methoden und Verfahren der Produktion und Verteilung von Sachgütern und Dienstleistungen. Sie zählt zu den grundlegenden Daten einer Volkswirtschaft und beeinflußt wesentlich den Grad der → Arbeitsteilung, der → Produktivität und damit letztlich des Wohlstandes einer Gesellschaft.

Technologiepark → Technologiezentren

Technologiepolitik

umfaßt alle Maßnahmen, mit denen der Staat eine Erhöhung des → technischen Fortschritts in der Wirtschaft fördern möchte. Wichtige Instrumente sind dabei:
- Subventionen (einschließlich Steuervergünstigungen) zur Förderung privater Forschungs- und Entwicklungsaktivitäten,

Technologiepolitik

- die Bereitstellung wirtschaftlich verwertbaren technischen Wissens durch staatliche Forschungseinrichtungen,
- die Förderung des Absatzes und der Verwendung technologieintensiver Produkte,
- der gewerbliche Rechtsschutz (vor allem der Patentschutz),
- die Festsetzung von Normen und Standards, soweit damit eine raschere Verbreitung moderner Technologien bezweckt wird und
- die Bereitstellung einer innovationsfördernden → Infrastruktur.

Begründet wird die Techologiepolitik damit, daß technisches Wissen kein rein privates Gut ist. Der Bestand an technischem Wissen wird nicht dadurch kleiner, daß ein einzelner Anwender dieses Gut nutzt. Es besteht damit eine Nicht-Rivalität bei der Verwendung (→ öffentliches Gut). Die private Bereitstellung dieses Gutes ist tendenziell zu gering. Durch staatliche Förderung soll das Angebot an technischem Wissen auf ein volkswirtschaftlich optimales Maß erhöht werden. Diese Begründung kann vor allem bei der Grundlagenforschung gegeben werden, die tatsächlich zum großen Teil in den Hochschulen und anderen staatlichen Forschungseinrichtungen durchgeführt wird. Man kann Technologiepolitik darüber hinaus damit begründen, daß neue Technologien externe Erträge (→ externe Effekte) her-

Technologietransfer

vorrufen. Wenn das in einem Unternehmen hervorgebrachte technische Wissen auch anderen Unternehmen nützt, ohne daß diese dafür einen Preis zu bezahlen brauchen, sind die privaten Nutzen oder Erträge aus der Forschung geringer als die sozialen Nutzen. Um ein gesamtwirtschaftlich optimales Niveau an Forschungsaktivitäten zu erreichen, kann der Staat die privatwirtschaftliche Forschung entsprechend der externen Effekte subventionieren. Schließlich wird zugunsten einer staatliche Technologiepolitik angeführt, daß damit Wissen gebündelt, economies of scale ausgenutzt und Parallelforschungen vermieden werden können. Diese Argumente wurden z. B. häufig im Rahmen der Technologiepolitik der EU genannt. Eine zu starke Koordinierung der Forschung durch staatliche Stellen kann sich allerdings auch hemmend auswirken, wenn die Bearbeiter bestimmter Aufgaben keinem Wettbewerbsdruck mehr unterliegen. Technologiepolitik betreiben in Deutschland sowohl der Bund, der Projekte der Großforschung finanziert, den Ordnungsrahmen schafft (etwa das Patentrecht) und steuerliche Anreize zur Innovationsförderung setzt bzw. → Subventionen (vor allem in Form von Kostenzuschüssen) gewährt. Allerdings ist die deutsche Förderung im Vergleich zu anderen Ländern vor allem durch das hohe Gewicht der direkten Projektförderung und durch ein geringes Ausmaß an indirekter steuerlicher Förderung geprägt. Die Ausgaben des Bundes für die Forschungspolitik beliefen sich 1997 auf rund 15 Mrd. DM. Die Bundesländer liefern einen Beitrag zur Technologiepolitik im Rahmen ihrer Hochschulpolitik. Oft trägt auch die von den Ländern betriebene Mittelstandsförderung technologiepolitische Züge. 1995 betrugen die Ausgaben der Länder für die Hochschulen knapp 46 Mrd. DM, die Ausgaben für die sonstige Forschungsförderung knapp 5 Mrd. DM. Zunehmenden Einfluß auf die Technologiepolitik gewinnt die EU. Die einerseits in der Gemeinsamen Forschungsstelle eigene Forschungsprojekte durchführt, und sich andererseits an Projekten von Unternehmen und nationalen Forschungsinstituten durch Kostenübernahmen beteiligt.

Technologietransfer

Transfer von technischem Wissen zwischen der Entstehung (als Ergebnisse der → Forschung und Entwicklung) und der Verwendung im Produktionsprozeß. Technologietransfer stellt den Prozeß der Diffusion oder Verbreitung von technologischem Wissen dar, so daß neue → Technologien für Dritte wirtschaftlich nutzbar werden. Er kann z. B. zwischen Forschungseinrichtungen und Unter-

nehmen erfolgen, aber auch zwischen Industrie- und Entwicklungsländern. Mögliche Bestandteile sind:
1. direktes technisches Wissen (Patente, Lizenzen, Blaupausen);
2. technologische Vermittlung des Objekts (in Form von Spezialmaschinen, Ausrüstungen bis hin zur „schlüsselfertige" Fabrik);
3. Ausbildung von Personal;
4. zur Verfügung gestelltes Kapital.

Technologietransferförderung

Maßnahmen zur Förderung des → Technologietransfers. So soll z. B. kleinen und mittleren Unternehmen der Zugang zu neuem technischen Wissen erleichtert werden. Dazu kann die Inanspruchnahme von Innovations- und Technologieberatung finanziell gefördert werden. Auch die Einrichtung von → Technologiezentren können ein Instrument der Technologietransferförderung sein.

Technologiezentren

Standortgemeinschaft meist junger, technologieorientierter Unternehmen, die sich auf verschiedenen, mehr oder weniger benachbarten Gebieten der → Forschung und Entwicklung betätigen. Durch die räumliche Nähe der Produktionsstandorte und den Zugang auch zu externen Forschungseinrichtungen (z. B. Universitäten) sollen nach Möglichkeit Synergieeffekte ausgelöst werden. Vorbild für Technologiezentren stellte Silicon Valley in den USA dar.

Technologische Arbeitslosigkeit

– zutreffender, aber seltener auch produktivitätsbedingte Arbeitslosigkeit genannt – tritt auf, wenn die → Arbeitsproduktivität v. a. durch → technischen Fortschritt so stark steigt, daß die Steigerung der gesamtwirtschaftlichen Produktion nicht ausreicht, um global genügend Arbeitsplätze für ein gegebenes → gesamtwirtschaftliches Arbeitsangebot zur Verfügung zu stellen. In diesem Fall ist der Effekt der → Freisetzung von Arbeitskräften durch technischen Fortschritt größer als der der → Kompensation. Da die Definition der technologischen Arbeitslosigkeit von gegebenen Steigerungsraten der gesamtwirtschaftlichen Produktion und des gesamtwirtschaftlichen Arbeitsangebots ausgeht, gibt es bereits theoretisch, v. a. aber empirisch erhebliche Abgrenzungsprobleme zur → wachstums- und → demographisch bedingten Arbeitslosigkeit.

Technologische Lücke

bezeichnete in den 60er Jahren die Überlegenheit der USA gegenüber Europa im Bereich der → Technologie.

Teilarbeitsmarkt

Teilarbeitsmarkt

nach bestimmten Kriterien abgegrenzter Teilausschnitt des gesamtwirtschaftlichen → Arbeitsmarkts. Die Betrachtung unterschiedlicher Teilarbeitsmärkte anstelle eines einzigen, als homogen angenommenen Arbeitsmarkts gebietet sich nicht nur bei der Erklärung von → Arbeitslosigkeit, sondern auch bei der Konzeption einer geeigneten → Arbeitsmarktpolitik. Teilarbeitsmärkte werden zum einen nach regionalen und/oder qualifikatorischen (vgl. → strukturelle Arbeitslosigkeit), seltener auch nach zeitlichen (vgl. → saisonale Arbeitslosigkeit) Gesichtspunkten voneinander abgegrenzt. Andere Gliederungsaspekte liefern die → Segmentationstheorien des Arbeitsmarkts, die auf dessen institutionelle Besonderheiten eingehen und beispielsweise zwischen betriebsinternen Segmenten (nur für Betriebsangehörige erreichbare Arbeitsplätze) und externen Segmenten (für jedermann erreichbare Arbeitsplätze) unterscheiden.

Teilerhebung → Stichprobenerhebung

Teilmonopol

→ Marktform, bei der vielen Nachfragern ein großer Anbieter (Teilmonopolist, Marktführer) und ein oder mehrere kleine Anbieter gegenüberstehen. Typischerweise werden die kleineren Anbieter wie auf dem vollkommenen → Polypol die → Verhaltensweise der Mengenanpassung wählen, d.h. den vom Teilmonopolisten festzulegenden Preis übernehmen. Bei kurzfristiger → Gewinnmaximierung betreibt der Teilmonopolist dann Überlegenheitsstrategie, in dem er bei der Festsetzung des für ihn gewinnmaximalen Preises das zu diesem Preis voraussichtliche Angebot seiner Mitkonkurrenten berücksichtigt. Seine → Preis-Absatzfunktion ist dann die um die → Angebotsfunktion der Konkurrenten verringerte → Nachfragefunktion, auf deren Grundlage er dann wie beim → Monopol den gewinnmaximalen Preis festlegt (s. S. 578). Bei langfristiger Gewinnmaximierung kann ein Anreiz bestehen, z.B. durch Preisunterbietungen die Konkurrenten gezielt vom Markt zu verdrängen und dann eine uneingeschränkte Monopolstellung zu realisieren. Dem stehen jedoch der Gewinnverzicht durch die vorübergehend niedrigen Preise und vor allem die Gefahr, durch hohe Monopolgewinne später wieder neue Konkurrenten anzulocken, entgegen, so daß sich der Teilmonopolist oft auch langfristig mit seiner Marktführerschaft begnügt.

Tenderverfahren

Der Begriff des Tenderverfahrens wird in unterschiedlicher Weise verwendet:

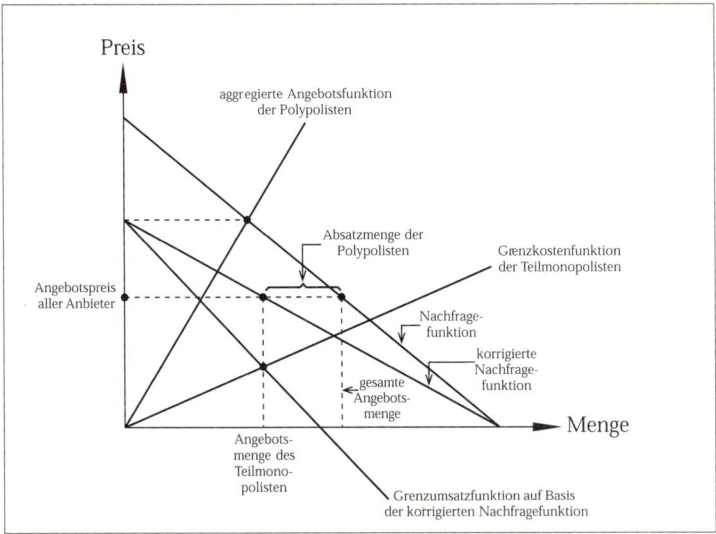

Preisbildung beim Teilmonopol

1. Es stellt zum einen eine Plazierungsmöglichkeit für → Wertpapiere dar, wobei die Titel nach Ausschreibung an den Meistbietenden verkauft werden.
2. Zum anderen findet das Tenderverfahren bei Offenmarktgeschäften mit Wertpapieren unter Rückkaufsvereinbarung (→ Wertpapierpensionsgeschäfte) Anwendung.

Man unterscheidet zwei Grundformen: beim Mengentender legt die → Zentralbank den Wertpapierpensionssatz fest, und die bietenden Kreditinstitute nennen in ihren Geboten lediglich die Beträge, über die sie Wertpapiere an die Notenbank verkaufen möchten. Beim Zinstender müssen Kreditinstitute neben den gewünschten Beträgen auch den Zinssatz nennen, den sie zu zahlen bereit sind. Das sog. holländische Verfahren beim Zinstender zeichnet sich durch eine einheitliche Abrechnung aller Wertpapierpensionsgeschäfte zu dem niedrigsten zum Zuge kommenden Zinssatz aus. Demgegenüber müssen beim amerikanischen Verfahren die von den Banken gebotenen Zinssätze auch tatsächlich bezahlt werden.

Terms of Payment

zeitliche Zahlungsgewohnheiten im Außenhandel.

Terms of trade

Terms of trade → Reales Austauschverhältnis

Tertiärer Sektor → Sektoren der Volkswirtschaft

Test → Hypothesentest

Theorie der dualen Arbeitsmärkte

auf die Arbeitsmarktverhältnisse in den USA zugeschnittene → Arbeitsmarkttheorie. Sie gehört zu den → Segmentationstheorien und ist Ausgangspunkt der auf deutsche Verhältnisse angepaßten → Theorie des dreigeteilten Arbeitsmarktes. Grundlegend für die Theorie der dualen Arbeitsmärkte ist die Beobachtung, daß der amerikanische Arbeitsmarkt im wesentlichen aus zwei sehr unterschiedlichen und deutlich voneinander abgetrennten Teilarbeitsmärkten besteht. Im primären Segment sind Arbeitsplätze zu besetzen, die sich durch gute Arbeitsbedingungen, hohe Löhne, hohe Arbeitsplatzsicherheit und gute Aufstiegschancen auszeichnen. Im sekundären Segment dagegen werden schlechtbezahlte Arbeitsplätze mit ungünstigen Arbeitsbedingungen und Karrierechancen gehandelt, die zudem durch eine hohe Fluktuation („hire and fire") auffallen. Wie alle Segmentationstheorien konzentriert sich die Theorie der dualen Arbeitsmärkte auf die Analyse der Arbeitsmarktstrukturen und dient insofern der Indentifikation der Problemgruppen am Arbeitsmarkt. Sie trägt aber nur wenig zur Ursachenerklärung der → Arbeitslosigkeit bei.

Theorie der relativen Preise

neuerer Ansatz zur Erklärung des → monetären Transmissionsmechanismus. Er wird von den Monetaristen vertreten und basiert auf den Erkenntnissen der allgemeinen → Portfoliotheorie (siehe auch → Theorien der Portfoliowahl). Als Hauptvertreter gelten *M. Friedman* und *K. Brunner*. Nach der Theorie der relativen Preise bestimmen die → Wirtschaftssubjekte die Höhe der gewünschten realen Kassenhaltung im Rahmen einer Simultanentscheidung über die Zusammensetzung ihres gesamten → Vermögens. Als Vermögensobjekt wird dabei jedes Gut angesehen, welches einen Ertrag liefert bzw. einen Nutzen stiftet. Hierzu zählen neben den finanziellen Aktiva wie Kasse, Sparguthaben und Wertpapiere auch Sachaktiva, wobei hier zwischen bereits bestehenden und neu zu produzierenden Sachaktiva, das heißt, Investitions- und Konsumausgaben, zu unterscheiden ist. Die optimale Vermögensstruktur (Vermögensgleichgewicht) ist dann erreicht, wenn das Gesamtvermögen so auf die verfügbaren Anlagealternativen verteilt ist, daß der Ertrag bzw. Nutzen maximal ist. Das ist der Fall, wenn – entsprechend dem zweiten → Gossenschen Gesetz – die relativen Grenznutzen bzw. -erträge bei allen Anlagearten gleich groß sind. Eine Erhöhung der → Geldmenge zerstört ein bestehendes Vermögensgleichgewicht, da der Grenznutzen der (erhöhten) Kassenhaltung absinkt. Dies wird die → Wirtschaftssubjekte veranlassen, Kasse abzubauen und mehr andere Aktiva nachzufragen. Zunächst steigen dadurch die Wertpapierkurse und der Effektivzins sinkt. Dieser Prozeß der Preis- bzw. Kurssteigerung und Zinssenkung greift nach und nach auf alle Finanzaktiva über, dann werden auch die Sachaktiva involviert. Inwieweit die zusätzliche Güternachfrage hier zu Preissteigerungen führt, hängt vom Auslastungsgrad der Wirtschaft ab. Der beschriebene Umschichtungsprozeß kommt (theoretisch) zur Ruhe, wenn alle Aktiva in der Einschätzung ihrer Besitzer wieder die gleichen relativen Grenznutzen (bzw. -erträge) aufweisen. Allerdings können sich vielfältige „Rückkopplungseffekte" einstellen. Beispielsweise führt eine erhöhte Investitionstätigkeit zu steigender Kreditnachfrage und steigenden → Zinsen. In die gleiche Richtung wirkt, daß die Banken zur Deckung des im Zuge der monetären Expansion entstehenden höheren Zentralbankgeldbedarfs auch Wertpapiere veräußern. Auf die durch die → Geldpolitik ausgelöste Zinssenkungstendenz folgt also eine marktmäßig bewirkte Tendenz zur Zinssteigerung. Das heißt, eine diskretionäre, antizyklisch ausgerichtete Geldpolitik führt zu Schwankungen um das gedachte Gleichgewicht. Deshalb empfiehlt die → Neo-Quantitätstheorie, die Geldpolitik zu verstetigen und die Geldmenge mit einer konstanten, am → gesamtwirtschaftlichen Produktionspotential orientierten Rate wachsen zu lassen. Die konjunkturpolitische Wirksamkeit der → Fiskalpolitik wird hingegen äußerst skeptisch beurteilt.

Theorie des dreigeteilten Arbeitsmarkts

→ Arbeitsmarkttheorie, die eine Weiterentwicklung und Anpassung der → Theorie der dualen Arbeitsmärkte auf deutsche Verhältnisse darstellt. Sie beruht auf der Feststellung, daß der deutsche Arbeitsmarkt aus drei Teilarbeitsmärkten besteht, denen völlig unterschiedliche Funktionsmechanismen zugrunde liegen und die stark voneinander abgeschottet sind:
1. Der „fachliche" Teilarbeitsmarkt liegt im System der dualen Berufsausbildung in Deutschland begründet und ist durch Zugangsbeschränkungen in Form von staatlich anerkannten Prüfungen sowie – durch diese allgemeinen Zeugnisse – einer relativ großen

„horizontalen Mobilität" zwischen den Betrieben gekennzeichnet. Arbeitsangebot und -nachfrage werden über die erworbenen Qualifikationen in Einklang gebracht.
2. Der „betriebsinterne" Teilarbeitsmarkt dagegen umfaßt Arbeitsplätze für die betriebsspezifisch aus- bzw. weitergebildeten Arbeitskräfte. Er ist nach außen weitgehend abgeschlossen und bietet den Stammbelegschaften nicht nur Arbeitsplatzgarantien, sondern auch gute Aufstiegschancen (hohe „vertikale Mobilität"), so daß dem Lohnsatz als Steuerungsmechanismus auch hier wenig Bedeutung zukommt. Wegen der Betriebsspezifika der Qualifikation ist ein Wechsel zu anderen Betrieben deutlich erschwert.
3. Der unspezifizierte „Jedermann"-Teilarbeitsmarkt stellt schließlich Arbeitsplätze für un- oder schlecht qualifizierte Arbeitskräfte bereit. Diese sind aber durch eine hohe Fluktuationsrate gekennzeichnet. In diesem Teilarbeitsmarkt spielt der Lohnsatz – der → neoklassischen Arbeitsmarkttheorie entsprechend – die entscheidende Rolle für den Ausgleich von → gesamtwirtschaftlichem Arbeitsangebot und → gesamtwirtschaftlicher Arbeitsnachfrage.

Wie bei allen Segmentationstheorien wird in der Theorie des dreigeteilten Arbeitsmarkts kaum Ursachenforschung betrieben. Die genaue Analyse der Arbeitsmarktstrukturen dient aber einer differenzierteren → Arbeitsmarktpolitik.

Theorie des internationalen Handels

Teilbereich der → Außenwirtschaftstheorie. Er befaßt sich mit den Waren- und Dienstleistungsbewegungen zwischen → Wirtschaftssubjekten verschiedener Länder. Die Erklärung internationaler Handelsbeziehungen stützt sich auf eine Reihe von Hypothesen bzw. theoretischen Modellen. Hierzu gehören insbesondere die → Theorie der komparativen Kosten, weiterhin die → Faktorproportionentheorie, das → Faktorpreisausgleichstheorem und das daraus ableitbare → Stolper-Samuelson- und Rybczynski-Theorem sowie Modellerweiterungen im Gefolge des Leontief-Paradoxons.

Theorien der Portfoliowahl

heute weitgehend konsentierte Anwendung der → Portfoliotheorie in der → Geldtheorie, insbesondere für die Erklärung des → monetären Transmissionsmechanismus. Als Theorien der Portfoliowahl gelten heute hauptsächlich zwei Varianten. Die eine wird von denjenigen Theoretikern vertreten, die sich der Tradition der

→ Quantitäts- bzw. Neoquantitätstheorie verpflichtet fühlen – den sog. Monetaristen; sie interpretieren ihre Analyse als eine → Theorie der relativen Preise. Die andere Ausprägung vertreten solche Theoretiker, die in der Tradition des → Keynesianismus stehen – die sog. Neo-Keynesianer; ihr Ansatz ist eine → makroökonomische Portfoliotheorie. Obwohl die Analysemethode bei beiden Gruppen von Theoretikern im Ansatz dieselbe ist, kommen sie zu substantiell verschiedenen Ergebnissen. Das gemeinsame Charakterisikum ist, daß die Theorie der Portfoliowahl eine Abkehr von einer stromorientierten Betrachtungsweise (wie im bekannten keynesianischen Einkommen-Ausgaben-Modell) zugunsten einer bestandsorientierten Betrachtungsweise vollzogen. Es werden Vermögensbestandsanpassungsprozesse als entscheidendes Vehikel für die Übertragung monetärer Impulse in den güterwirtschaftlichen Bereich angesehen und keine Stromgrößen. Es wird angenommen, daß die → Wirtschaftssubjekte eine optimale Struktur ihres → Vermögens herzustellen suchen, wobei die Kriterien der Optimalität sowohl Ertragsmaximierung (von den Monetaristen betont) als auch Risikominimierung (von den Neo-Keynesianern betont) sein können. Monetäre Impulse wirken nun dadurch, daß sie die optimale Vermögensstruktur stören und die Höhe des Gesamtvermögens verändern. Es kommt zu Bestandsanpassungsprozessen, in deren Verlauf auch die gesamtwirtschaftlichen Zielgrößen der → Geldpolitik beeinflußt werden. In den bestandstheoretischen Ansätzen besteht die typische Wirkungskette eines monetären Impulses in Veränderung der folgenden Größen: → Geldangebot – finanzielle Vermögensbestände (Finanzaktiva) – realwirtschaftliche Vemögensbestände (Sachaktiva) – Investitions- und Konsumausgaben – Preisniveau und Beschäftigung.

Tobin-Steuer

von *J. Tobin* 1978 unterbreiteter Vorschlag zu einer Reform der Weltwährungspolitik mit dem Zweck, die internationalen Währungsbeziehungen, insbesondere die → Wechselkurse zu stabilisieren. Nach Tobin sind spekulative kurzfristige Kapitabewegungen für die hohe Volatilität und Fluktuation der Wechselkurse verantwortlich. Sein Plan setzt daran an, die Spekulation durch eine → Steuer auf den grenzüberschreitenden Kapitalverkehr unattraktiver zu machen. Die Kritik an der Tobin-Steuer richtet sich insbesondere auf die dadurch bewirkte Beeinträchtigung des Güter- und Dienstleistungshandels. Auch wird darauf hingewiesen, daß Finanztransaktionen an Plätze verlagert werden können, an denen die Tobin-Steuer nicht erhoben wird

Totalanalyse

(Steueroasen). Befürworter der Tobin-Steuer sehen darin hingegen eine Möglichkeit, den Gestaltungsspielraum der nationalen → Wirtschaftspolitik wieder zu stärken.

Totalanalyse

Methode der Volkswirtschaftslehre, Zusammenhänge aus der ökonomischen Realität in Modellen abzubilden und zu erklären. Im Gegensatz zur → Partialanalyse werden dabei die relevanten Gesamtzusammenhänge vollständig berücksichtigt.

Totalerhebung

– auch als Vollerhebung bezeichnet – statistische Erhebungsform, bei der alle Erhebungseinheiten einer interessierenden Grundgesamtheit befragt werden. Wichtigste Beispiele für Totalerhebungen sind → Volkszählungen und Strukturerhebungen bei Unternehmen wie etwa die → Arbeitsstättenzählung. Das Gegenteil hiervon ist die → Stichprobenerhebung. Der Vorteil einer Totalerhebung liegt vor allem in der Vermeidung von → Stichprobenfehlern. Außerdem ist ein Mindestmaß von Totalerhebungen als Basis für Stichprobenerhebungen einfach unumgänglich. Die Nachteile liegen insbesondere im Organisations- und damit Kostenbereich sowie in einer möglicherweise niedrigeren Akzeptanz bei den Befragten, die zu verweigerten oder bewußt falschen Auskünften führen kann (z. B. Volkszählungsboykott).

Trade-off

insbesondere im Zusammhang mit der → Phillips-Kurve bedeutsames Abwägen wirtschaftspolitischer Alternativen bei → Zielkonflikten.

Träger der Wirtschaftspolitik

Man unterscheidet zwischen sog. Entscheidungsträgern als jenen Institutionen und Personen, denen die Gesellschaft die Kompetenz zuerkannt hat, wirtschaftspolitische Entscheidungen zu treffen, und die über das Monopol der legalen, verbindlichen Durchsetzung ihrer Entscheidungen verfügen (also über die Macht). Demgegenüber verfügen sog. Einflußträger der Wirtschaftspolitik lediglich über Möglichkeiten der wirtschaftspolitischen Einflußnahme (Macht ohne Kompetenz). Aufgrund ihrer föderalistischen Struktur und ihrer engen Einbindung in die Weltwirtschaft gibt es in der bzw. für die Bundesrepublik Deutschland eine Vielzahl nationaler und internationaler Träger der Wirtschaftspolitik (s. S. 579).

Transaktionskasse

Teil der → Geldnachfrage, der von den → Wirtschaftssubjekten

Träger der Wirtschaftspolitik

Internationaler Sektor	Träger supranationaler Wirtschaftspolitik
	Vereinte Nationen (UNO); Europäische Gemeinschaften (EG); Internationaler Währungsfonds (IWF); Weltbank; Welthandelsorganisation (WTO); Europäische Zentralbank (EZB).
Staatlicher Sektor	Träger staatlicher Wirtschaftspolitik
	Legislative: Bundestag, Landtage, Kommunalparlamente. Exekutive: Bundesregierung, Landesregierungen, Kommunalbehörden. Judikative: Oberste Gerichte, u.a. Bundesverfassungsgerichte, Arbeits- und Sozialgerichte.
Intermediärer Sektor	Autonome Träger der Wirtschaftspolitik mit öffentlich-rechtlichen Entscheidunngsfunktionen
	Bundesbank; Bundesversicherungsanstalten; Deutscher Industrie- und Handelstag; Industrie- und Handelskammern; Handwerkskammern; Landwirtschaftskammern.
	Weisungsgebundene Träger der Wirtschaftpolitik mit öffentlich-rechtlichen Entscheidungsfunktionen
	Bundeskartellamt; Bundesanstalt für Arbeit; Bundesamt für Umwelt.
	Träger der Wirtschaftspolitik mit öffentlich-rechtlicher Informationsfunktionen
	Sachverständigenrat; Monopolkommission; Wissenschaftliche Beiräte.
Privater Sektor	Träger der Wirtschaftspolitik mit privatrechtlichen Entscheidungs- und Informationsfunktionen
	Gewerkschaften; Unternehmensverbände.

Träger der Wirtschaftspolitik
Quelle: Berg, H., Cassel, D., Theorie der Wirtschaftspolitik,
in: Vahlens Kompendium der Wirtschaftstheorie und Wirtschaftspolitik,
Bd. 2, 6. Auflage, München 1995, S. 211.

Transaktionskosten

zur Bezahlung von Güterkäufen als Kasse gehalten wird. Aus dem Transaktionsmotiv wird → Geld gehalten, weil in der Regel bei jedem einzelnen die Ein- und Auszahlungen nicht synchron sind. Nach Auffassung von *J. M. Keynes* verändert sich die Höhe der Transaktionskasse direkt proportional mit dem → Volkseinkommen; sie ist weitgehend unabhängig von der Zinshöhe.

Transaktionskosten

Kosten, die bei der korrekten Abwicklung einer Transaktion entstehen, so z. B. Kosten für den Abschluß verbindlicher Verträge, Transportkosten, Kosten aufgrund von Wartezeiten.

Transaktionskostenökonomik → Neue Institutionenökonomik

Transfer → Übertragung

Transferausgaben

Geldleistungen der öffentlichen Hand an private Haushalte (z. B. Sozialtransfers wie → Sozialhilfe, → Wohngeld oder Bafög) oder an Unternehmen (→ Subventionen) ohne marktliche Gegenleistung.

Transformationskurve

stellt graphisch alle möglichen Mengenkombinationen zweier Güter(gruppen) dar, die bei gegebener Ausstattung mit Produktionsfaktoren in einem Unternehmen oder einer Volkswirtschaft hergestellt werden können. Die Transformations- oder Produktionsmöglichkeitenkurve repräsentiert im Zwei-Güter-Fall somit alle Entscheidungsalternativen, die einem Mehrproduktunternehmen bzw. einer Volkswirtschaft bei der Festlegung des Produktionsprogramms zur Auswahl stehen.

Transformationstheorie

ordnungspolitische Auffassung, nach der als Ergebnis politischer Entscheidungsprozesse oder aufgrund des Wechselspiels zwischen politischen und wirtschaftlichen Entscheidungsprozessen gemischte → Wirtschaftsordnungen entstehen können. Als Hauptvertreter gilt *W. Eucken*. Vgl. auch → Antagonismusthese.

Transithandel → Generalhandel

Transitorisches Einkommen → Permanente Einkommenshypothese

Trend → Zeitreihenanalyse

Trendbereinigung

Aufgabenstellung der → Zeitreihenanalyse, um (gegebenenfalls nach einer → Saisonbereinigung) aus den Beobachtungswerten den langfristigen Trend der Zeitreihe zu berechnen und zu prognostizieren. Wird ein konstanter Trend vermutet, werden in aller Regel → gleitende Durchschnitte 1. Ordnung oder das → exponentielle Glätten 1. Ordnung zur Trendbereinigung angewandt. Bei einem linearen Trend werden jeweils gleitende Durchschnitte 2. Ordnung bzw. zweifach exponentiell geglättete Werte eingesetzt. Bei nicht-linearen Trends kann schließlich die herkömmliche → Methode der kleinsten Quadrate mit der Zeit als Regressor verwendet werden.

Treuhandanstalt

Nach Art. 25 Abs. 1 des Einigungsvertrages ist die Treuhandanstalt damit beauftragt, die ehemals volkseigenen Betriebe wettbewerblich zu strukturieren und zu privatisieren. Ihre Kernaufgabe, die Privatisierung ostdeutscher Unternehmen, hat sie im wesentlichen 1994 beendet. Gleichwohl sind Aufgaben verblieben, deren Erledigung nun dezentral organisiert wird. Dabei gibt es folgende Nachfolgeeinrichtungen der Treuhandanstalt:

- Bundesanstalt für vereinigungsbedingte Sonderaufgaben (betreut noch ca. 17.000 Privatisierungsverträge durch Überwachung von Investitions- und Arbeitsplatzzusagen und ca. 3.300 Unternehmen in der Abwicklung; darüber hinaus erledigt sie hoheitliche Aufgaben der Vermögenszuordnung, des Investitionsvorranges und der Grundstücksverkehrsgenehmigung),
- Beteiligungs-Management-Gesellschaft Berlin,
- Treuhand Liegenschaftsgesellschaft,
- Bodenverwertungsgesellschaft.

Triffin-Koeffizient → Kreuzpreiselastizität der Nachfrage

Trittbrettfahrer-Haltung → Free-Rider-Haltung

Typenkartell → Normenkartell

U

Überbrückungsgeld

Zuschuß der → Bundesanstalt für Arbeit zur Förderung der Aufnahme einer selbständigen Tätigkeit (Existenzgründung) und damit eine Maßnahme der → aktiven Arbeitsmarktpolitik. Bezugsberechtigt ist, wer vor Aufnahme der selbständigen Tätigkeit mindestens vier Wochen → Arbeitslosengeld, → Arbeitslosenhilfe oder → Kurzarbeitergeld bezogen oder an → Arbeitsbeschaffungs- bzw. Strukturanpassungsmaßnahmen teilgenommen hat. Außerdem müssen objektive Chancen auf Erfolg der Existenzgründung bestehen. Die Förderung erfolgt für maximal sechs Monate in Höhe des zuletzt bezahlten Arbeitslosengeldes incl. der Sozialversicherungsbeiträge.

Übergangsgeld

→ Lohnersatzleistung im Rahmen der → Arbeitslosenversicherung für Behinderte, die an beruflichen Eingliederungsmaßnahmen teilnehmen. Anspruchsberechtigt ist, wer in den zurückliegenden drei Jahren mindestens 12 Monate Beiträge zur Arbeitslosenversicherung gezahlt oder → Arbeitslosengeld oder → -hilfe bezogen hat. Die Höhe des Übergangsgelds beträgt 60% bis 75% des pauschalierten Nettoarbeitsentgelts.

Überinvestitionstheorien

Nach den Überinvestitionstheorien kann ein Konjunkturaufschwung oder Boom dadurch verursacht werden, daß – bei entsprechend großer Kapitalabnutzung – die Investitionsgüternachfrage der Konsumgüternachfrage vorauseilt. Wesentliche Ansätze stammen u.a. von *A. Spiethoff, J. A. Schumpeter* und *R. F. Harrod*. Siehe auch → Konjunkturtheorie.

Überlegenheitsstrategie
→ Verhaltensweisen

Überschußreserve
→ Mindestreserve

Übertragung

→ ökonomische Transaktion ohne Gegenleistung. Man spricht auch von unentgeltlichen Leistungen oder Transfers bzw., bei der Übertragung von → Geld, von Transferzahlungen. In der → volkswirtschaftlichen Gesamtrechnung wird zwischen laufenden Übertragungen, die typischerweise regelmäßig erfolgen und konsumorien-

Übertragungsbilanz

tiert sind, und Vermögensübertragungen unterschieden. Zu den laufenden Übertragungen zählen insbesondere → Subventionen, → Steuern, → Sozialbeiträge und → Sozialleistungen, weiterhin bspw. Überweisungen von Gastarbeitern in ihre Heimat oder laufende Entwicklungshilfeleistungen (wie Nahrungsmittelhilfe). Aus Sicht der Empfänger bilden diese Transfers sog. Übertragungseinkommen. Ein typischer Vermögenstransfer wäre die an ausländische Staaten geleistete Wiederaufbauhilfe nach Kriegen oder Naturkatastrophen. Bei → privaten Haushalten gelten fallweise Zahlungen von 2.000 DM und mehr statistisch als vermögenswirksam.

Übertragungsbilanz

Teil der → Zahlungsbilanz, in dem die Gegenbuchungen zu den realen oder monetären Strömen von → Übertragungen zwischen Inländern (ohne Zentralbank) und dem Ausland erfaßt werden. Dabei wird zwischen laufenden und Vermögens-Übertragungen unterschieden.

Umlageverfahren

Verfahren zur Finanzierung von Renten oder andere Leistungen der Sozialversicherungssystemen: Dabei werden die Leistungen einer Periode durch die in derselben Periode erhobenen Beiträge finanziert. Dieses Verfahren wird beim bundesdeutschen Sozialversicherungssystem angewandt, weil nach dem zweiten Weltkrieg der gesamte Kapitalstock der alten Sozialversicherungssysteme vernichtet war, aber dennoch sofort Renten ausbezahlt werden mußten. Dabei muß eine Liquiditätsreserve berücksichtigt werden, die nicht unterschritten werden darf. Das Umlageverfahren birgt dann Risiken, wenn die demographische Entwicklung die Zahl der Rentenempfänger dauerhaft steigen und die Zahl der Beitragszahler sinken läßt. In diesem Fall steigen entweder die Beiträge stark an und/oder die ausbezahlten Renten müssen sinken (→ Rentenberg).

Umlaufsgeschwindigkeit des Geldes
→ Einkommensgeschwindigkeit des Geldes

Umlaufsrendite

Rendite bereits im Umlauf befindlicher festverzinslicher → Wertpapiere. Die Rendite erstmalig abgesetzter, d.h. neu emittierter Wertpapiere wird als Emissionsrendite bezeichnet.

Umsatz

– auch: Erlös – Produkt aus dem Preis einer Ware und der davon verkauften Menge. Bei Mehrproduktunternehmen ergibt sich der gesamte Umsatz aus der Summe

Umsatzsteuer

der Einzelumsätze aller verkauften Waren.

Umsatzmaximierung

eine mögliche Zielsetzung von → Unternehmen. Im Rahmen der → Marginalanalyse ergibt sich die umsatzmaximierende Menge als diejenige, bei der der → Grenzumsatz gerade Null wird. Im Gegesatz zur → Gewinnmaximierung wird hier der Kostenaspekt der Güterherstellung vollkommen unterschlagen.

Umsatzsteuer

zählt aus steuerrechtlicher Sicht zu den Verkehrsteuern. Die Steuerpflicht knüpft an bestimmte Vorgänge (Verkauf von Gütern, Kauf von Gütern) an. Unter volkswirtschaftlichen Gesichtspunkten ist die Umsatzsteuer jedoch eine Verbrauchsteuer, weil sie nach dem Willen des Gesetzgebers und auch, wenn man ihre rechtliche Ausgestaltung genauer betrachtet, auf den Konsumenten überwälzt werden soll. Da sie direkt mit dem Konsum und nicht mit dem Einkommen verknüpft ist und der Konsum mit steigendem Einkommen nur unterproportional steigt – mit steigendem Einkommen wird ein relativ größerer Teil des Einkommens gespart –, ergibt sich auf das Einkommen bezogene eine regressive Wirkung der Umsatzsteuer, d.h. Bezieher höherer Einkommen zahlen nur unterproportional mehr Umsatzsteuer als Bezieher niedriger Einkommen. Diese grundsätzlich unsoziale Wirkung soll durch niedrigere Umsatzsteuersätze auf lebensnotwendigen Konsum (vor allem Nahrungsmittel) gemildert werden. In den Ländern der EU ist die Umsatzsteuer eine Allphasen-Netto-Umsatzsteuer mit Vorsteuerabzug. Das bedeutet auf jeder Stufe der Produktion wird vom jeweiligen Unternehmer Umsatzsteuer erhoben (Allphasen), der Unternehmer unterwirft seine Leistung zunächst voll der Umsatzsteuer. Von dem so berechneten Betrag kann er allerdings die ihm von anderen Unternehmern in Rechnung gestellte Umsatzsteuer als Vorsteuer abziehen. (Netto-Umsatzsteuer). Da jede Stufe die Umsatzsteuer der jeweils vorgelagerten Stufe von der eigenen Umsatzsteuer abziehen kann, wird eine Kumulation vermieden. Im Endverkaufspreis, den der Konsument bezahlt, ist die Umsatzsteuer nur in Höhe ihres effektiven Satzes enthalten. Durch dieses System wird nur die Wertschöpfung oder der Mehrwert des Unternehmens besteuert (→ Mehrwertsteuer). Die Bemessungsgrundlage der Umsatzsteuer ist das Entgelt, das ein Unternehmer bei steuerbaren Umsätzen in Form von Lieferungen und sonstigen Leistungen im Inland erhält. Die Lieferungen müssen erstens von einem Unternehmen, zweitens im Inland und drittens gegen Entgelt ausgeführt worden sein.

Umsatzsteuer

Neben den Lieferungen unterliegen auch die sonstigen Leistungen, z. B. Vermietung und Verpachtung von Gegenständen, freiberufliche Leistungen, Reperaturleistungen, Speditions- und Beförderungsleistungen, Lizenzgewährungen u. ä. der Umsatzsteuer. Auch der Eigenverbrauch wird besteuert. Des weiteren müssen auch Importe (aus Drittländern) und der sogenannte innergemeinschaftliche Erwerb (aus Ländern der EU) mit der Umsatzsteuer belastet werden, während Exporte (in Drittländer) und innergemeinschaftliche Lieferungen (in Länder der EU) steuerbefreit sind. Importiert eine Privatperson aus einem anderen Land der EU, dann liegt keine innergemeinschaftliche Lieferung und kein innergemeinschaftlicher Erwerb vor. Der Konsument bezahlt die Umsatzsteuer im Ursprungsland (→ Ursprungslandprinzip). Handelt es sich bei dem Produkt allerdings um ein neues Kraftfahrzeug, dann wird auch der private Konsument faktisch wie ein Unternehmer gestellt. Es liegt dann eine innergemeinschaftliche Lieferung mit der Folge der Umsatzsteuerfreiheit und ein innergemeinschaftlicher Erwerb mit der Folge der Steuerbarkeit im Inland vor. Besondere Regelungen gelten auch für den Versandhandel in der EU. Hier wird der Ort der Lieferung immer ins Bestimmungsland verlegt, um Verzerrungen zu vermeiden. Der Umsatzsteuertarif ist proportional. Der Regelsatz beträgt für jeden steuerpflichtigen Umsatz 16%. Für bestimmte Umsätze ermäßigt sich der Steuersatz auf 7%. Dies gilt vor allem für Nahrungsmittel und Produkte, die zu Nahrungsmitteln verarbeitet werden, für Druckerzeugnisse (Bücher, Zeitungen) und kulturelle, gemeinnützige, mildtätige oder kirchliche Aktivitäten sowie den Personenverkehr auf der Schiene, mit Bussen oder im Taxi. Ein Unternehmer ist grundsätzlich zum Vorsteuerabzug berechtigt. Steuerfreie Umsätze ohne Vorsteuerabzug, aber mit Optionsrecht und damit die Möglichkeit, den Vorsteuerabzug in Anspruch nehmen zu können, bestehen bei:

- Kreditgewährung und -vermittlung
- Vermietung und Verpachtung von Grundstücken
- Umsätze der Blinden

Zu den steuerfreien Umsätzen ohne Vorsteuerabzug und ohne Optionsrecht gehören:

- Rennwett-, Lotterie- und Spielbankumsätze,
- Versicherungs- und Bausparkassenumsätze,
- Leistungen der freiberuflichen Heilberufe,
- Umsätze von Sozialversicherungsträgern, Wohlfahrtsverbänden Krankenanstalten, Alterseinrichtungen,
- Umsätze von Theatern, Orchestern u. ä.,
- Umsätze privater Schulen, Volkshochschulen u. ä.

Bei diesen Umsätzen entsteht keine volle Entlastung von der Umsatzsteuer, denn die Vorsteuer, die gezahlt worden ist, wird hier im Preis weitergegeben. Ist eine vollständige Entlastung bei diesen gesundheitspolitisch, bildungspolitisch oder sozialpolitisch motivierten Sonderregelungen angestrebt, ist das Abzugsverbot der Vorsteuer inkonsequent.

Umverteilung → Verteilungspolitik

Umweltabgaben

Instrument der → Umweltpolitik, das durch Erhebung von Abgaben Anreize oder Finanzierungsmöglichkeiten geben soll, um umweltpolitische Ziele zu verwirklichen. Die Vorteile von Umweltabgaben liegen darin, daß die Abgaben grundsätzlich zu einer gesamtwirtschaftlichen Kostenminimierung beitragen. Durch die Abgaben wird jede weitere Reduzierung der Umweltbelastung in Form vermiedener Abgaben honoriert. Dies fördert die Entwicklung des umwelttechnischen Fortschritts. Umweltabgaben sind ein marktkonformes umweltpolitisches Instrument. Als Nachteile sind anzuführen, daß im politischen Prozeß die Abgabenhöhe meist zu niedrig festgesetzt wird. Ferner ist häufig eine einheitliche Abgabenhöhe für ein größeres Gebiet notwendig, so daß unterschiedliche Umweltschutzerfordernisse der verschiedenen Regionen nicht berücksichtigt werden können.

Umweltauflagen

Gebote oder Verbote in Form von direkten umweltbezogenen Verhaltensvorschriften für Produzenten und sonstige die Umwelt beeinträchtigende Wirtschaftssubjekte zur Erreichung umweltpolitischer Ziele. Umweltauflagen sind das in Deutschland bei weitem am häufigsten eingesetzte umweltpolitische Instrument. Ansatzpunkte für Umweltauflagen sind Emissionsnormen (Grenz- bzw. Höchstwerte des Schadstoffausstoßes von ortsfesten Anlagen), Reduzierungsverpflichtungen der Emissionen um ein bestimmtes Maß und Auflagen in Form von Produktnormen (Grenzwerte hinsichtlich der Schadstoffmenge, die in der Zusammensetzung oder bei den Emissionen eines Produktes nicht überschritten werden dürfen). Umweltauflagen besitzen einige Vorteile, die dazu geführt haben, daß sie zu Beginn der → Umweltpolitik in Deutschland überwiegend eingesetzt wurden. So ist die Wirkung leicht einzusehen. Sie besitzen damit in der politischen Diskussion gegenüber den für viele schwierig durchschaubaren ökonomischen Instrumenten wie → Umweltabgaben oder → Emissionszertifikate einen Vorteil. Daneben kann ihre Einhaltung leichter überwacht, durchgesetzt und kontrolliert werden. Der wesentliche Nachteil von Umweltauflagen liegt in ihrer ökonomischen Ineffizienz. Dies resultiert daraus, daß keine Rücksicht auf die individuellen Kosten der Vermeidung von Umweltbelastungen genommen wird.

Umweltgebühren

Mit Umweltgebühren (oder -beiträgen) werden insbesondere die umweltrelevanten Entsorgungsaufgaben finanziert, die vor allem von kommunalen Unternehmen bzw. Zweckverbänden oder von privatwirtschaftlich organisierten Unternehmen, die mit dieser Aufgabe beauftragt sind, durchgeführt werden. Es handelt sich dabei vor allen Dingen um die Entwässerung und die nachfolgende Abwasserbehandlung, die Abfallbeseitigung, die aus Sammlung, Transport und Behandlung von Abfall besteht, sowie um die Wasserversorgung. In diesen Bereichen werden die öffentliche Hand und die von ihr beauftragten Institutionen meist dadurch tätig, daß sie mit dem Bau, der Installation und dem Betrieb von Ver- und Entsorgungseinrichtungen eine Vorleistung erbringen. Die dadurch entstandenen Aufwendungen werden in Form von Beiträgen an die Benutzer der (öffentlichen) Ver- und Entsorgungseinrichtungen weitergegeben, oder es werden Gebühren erhoben. Diese werden so kalkuliert, daß nicht nur die laufenden Betriebskosten, sondern auch die Kapitalkosten in Form von tatsächlichen oder kalkulatorischen Zinsen oder Abschreibungen auf die Anlagen eingehen.

Umweltlizenzen → Emissionszertifikate

Umweltökonomie

wirtschaftswissenschaftliche Disziplin, die die Beziehungen zwischen der Wirtschaft, d.h. den Betrieben und Unternehmen, sowie der Gesamtwirtschaft und ihren Sektoren und der Umwelt darstellt, analysiert und entsprechende Empfehlungen für eine möglichst optimale Gestaltung dieser Beziehungen entwickelt. Sie setzt sich aus zwei Teildisziplinen zusammen, der betrieblichen Umweltökonomie und der volkswirtschaftlichen Umweltökonomie. Letztere ist eine volkswirtschaftliche Spezialdisziplin (spezielle Wirtschaftspolitik), deren prinzipielle Aufgabe es vornehmlich ist, ökonomische Hilfestellung dabei zu geben, die gesellschaftliche Wohlfahrt unter Berücksichtigung der mit steigendem materiellen Wohlstand immer bedeutender werdenden Wohlfahrtskomponente „hohe Umweltqualität" zu maximieren. Die Erkenntnisse in die praktische Wirtschaftspolitik umzusetzen, ist allerdings schwierig, da sich eine eindeutige gesellschaftliche Rangfolge der Zielkombinationen von wirtschafts- und umweltpolitischen Zielen nicht bestimmen läßt. Die Umweltökonomie kann allerdings einen Beitrag zur gesamtwirtschaftlichen Kostenminimierung bei der Verwirklichung umweltpolitischer Ziele leisten. Sie kann insbesondere durch ihre Untersuchungen dazu beitragen, daß in der Umweltpolitik die jeweils möglichst konkret vorgegebenen umweltpolitischen Ziele mit minimalen gesamtwirtschaftlichen Kosten erreicht werden.

Umweltökonomische Gesamtrechnung (UGR)

Teil des Satellitensystems der → Volkswirtschaftlichen Gesamtrechnung. Die Umweltökonomische Gesamtrechnung soll die Veränderung im Naturvermögen erfassen, die durch wirtschaftliche Tätigkeiten ausgelöst werden. Natur wird als Produktionsfaktor betrachtet, dessen Knappheit in einer wirtschaftlichen Bilanz berücksichtigt werden muß. Es sollen Abschreibungen auf die Natur kalkuliert werden, wie dies beim Sachkapital üblich ist. Die UGR soll zeigen, welche natürliche Ressourcen durch wirtschaftliche Aktivitäten beansprucht, verbraucht, entwertet oder zerstört werden. Es wird also der Versuch unternommen, die in der Sozialproduktberechnung nicht berücksichtigten → externen Effekte von Produktion und Konsum auf die Umwelt quantitativ zu erfassen. Als generelles Leitbild dient dem Statistischen Bundesamt dabei die → Nachhaltige Entwicklung. Die UGR geht das Umweltproblem in drei Schritten an: Diagnose (Umweltzustand), Ursachen (Entstehung der Umweltbelastungsströme und Flächennutzungen), Therapie (Umweltschutzmaßnahmen, sowohl nachsorgend als auch präventiv) und stellt statistische Daten für diese drei Kategorien bereit.

Umweltpolitik

Nach dem Umweltprogramm der Bundesregierung von 1971 versteht man unter Umweltpolitik „die Gesamtheit aller (umweltinstrumentellen) Maßnahmen, die notwendig sind, um dem Menschen eine Umwelt zu sichern, wie er sie für seine Gesundheit und für ein menschenwürdiges Dasein braucht, um Boden, Luft und Wasser, Pflanzen- und Tierwelt von nachteiligen Wirkungen menschlicher Eingriffe zu schützen und um Schäden und Nachteile aus menschlichen Eingriffen zu beseitigen". Aus dieser Definition ergibt sich als oberstes Ziel der deutschen Umweltpolitik die Wahrung der Würde des Menschen, seiner Gesundheit und seines Wohlbefindens. Dafür sind die Naturgrundlagen vor schädlichen Wirkungen menschlicher Eingriffe zu schützen bzw. nachträglich bereits vorhandene Umweltschäden zu beseitigen.

Umweltpolitische Finanzierungsinstrumente

Neben den → Umweltgebühren und -beiträgen sowie der Finanzierung einer umweltbewußten staatlichen Beschaffungspolitik, die als umweltpolitische Instrumente nach dem → Verursacherprinzip bezeichnet werden können, sind die folgenden umweltpolitischen Finanzierungsinstrumente nach dem Gemeinlastprinzip zur Erreichung staatlicher Umweltschutzziele zu nennen:
- Direkter öffentlicher Umweltschutz mit Steuerfinanzierung.
- Finanzierung sonstiger umweltverbessernder Maßnahmen, die nicht primär aus umweltbezogenen Gründen durchgeführt werden, aber erhebliche positive umweltbedeutsame Auswirkungen haben.
- Induzierung umweltverbessernder privatwirtschaftlicher Aktivitäten mit Hilfe umweltrelevanter Finanzhilfen und Steuervergünstigungen.

Umweltpolitische Instrumente

Bei den umweltpolitischen Instrumenten, die dem → Verursacherprinzip entsprechen, soll der Verursacher die Kosten der Vermeidung, der Beseitigung oder zum Ausgleich von Umweltbelastungen tragen. Dies könnten beispielsweise unter den nicht-fiskalischen Instrumenten → Umweltauflagen sein. Bei den fiskalischen Instrumenten entsprechen Umweltlizenzen oder → Umweltabgaben dem Verursacherprinzip auf der Einnahmenseite oder die Finanzierung des Umweltschutzes über Gebühren oder Beiträge auf der Ausgabenseite dem Verursacherprinzip. Demgegenüber trägt bei den Instrumenten nach dem → Gemeinlastprinzip nicht der Verursacher die Kosten, sondern die öffentliche Hand. Dies wäre etwa der Fall, wenn der Umweltschutz oder auch eine umweltrelevante Forschungs- und Entwicklungstätigkeit durch Steuereinnahmen finanziert würden. In der umweltpolitischen Praxis dominieren in Deutschland eindeutig die Umweltauflagen in Form von Geboten oder Verboten als direkte umweltbezogene Verhaltensvorschrift.

Umweltpolitische Prinzipien

Die Durchsetzung der Umweltpolitik beruht in Deutschland auf drei grundlegenden Prinzipien, dem → Verursacherprinzip, dem → Gemeinlastprinzip und dem → Vorsorgeprinzip. Daneben wird auch das → Kooperationsprinzip eingesetzt.

Umweltschäden

volkswirtschaftliche Kosten der Umweltverschmutzung. Diese sind nur zum Teil in Geld zu bewerten. Allerdings lassen sich Teile der Umweltschäden dadurch quantifizieren, daß man die Kosten für ihre Behebung oder für Produktionsausfälle berechnet oder daß man die Zahlungsbereitschaft nach einer besseren Umwelt erfragt. Eine Untergrenze für den durch Krankheit verursachten materiellen Schaden läßt sich bspw. durch die Summierung der Behandlungskosten, Kosten von Produktionsausfällen und Leistungseinbußen durch Krankheit schätzen. Ebenso lassen sich die Kosten für die Restaurierung von Baudenkmälern, die durch die Gewässerverschmutzung erhöhten Kosten der Trinkwassergewinnung, die Kosten des Schutzes vor Lärm usw. bestimmen.

Umweltschutz

Der Umweltschutz umfaßt alle Maßnahmen, mit denen dem Menschen eine Umwelt gesichert wird, wie er sie für seine Gesundheit und ein menschenwürdiges Dasein benötigt, und mit denen Boden, Luft und Wasser, Pflanzen- und Tierwelt vor nachteiligen Wirkungen menschlicher Eingriffe geschützt werden. Des weiteren soll Umweltschutz Schäden und Nachteile, die aus menschlichen Eingriffen entstanden sind, beseitigen. Soweit diese Ziele von seiten des Staates verfolgt werden, sind sie Bestandteil der staatlichen → Umweltpolitik.

Umweltstatistik

Sammelbegriff für Statistiken, die Zahlen zum Umweltschutz und zur Umweltnutzung bereitstellen. Dazu zählen insbesondere Erhebungen über
1. die Versorgung mit Umweltgütern und Ressourcen, z. B. die Wasserversorgung,
2. die Entsorgung, v. a. die Abfall- und Abwasserbeseitigung,
3. die Produktion von Umweltschutzgütern und Umweltschutzinvestitionen sowie
4. zusammenfassende Auswertungen zur Umweltnutzung (z. B. Energienutzung, Emissionen).

Umweltzertifikate → Emissionszertifikate

UNCTAD → Konferenz der Vereinten nationen für Handel und Entwicklung

Unechte Arbeitslosigkeit

liegt vor, wenn die betreffenden Arbeitslosen nicht die Fähigkeit oder den Willen haben, eine Arbeit aufzunehmen. Zur Gruppe der unechten Arbeitslosen können z. B. Kranke, Behinderte oder Streikende gehören. Soweit nur der Wille zur Aufnahme einer bestimmten Arbeit fehlt, kann auch von → freiwilliger Arbeitslosigkeit gesprochen werden.

Unfallschutz

Unfallschutz

Teil des → Betriebsschutzes, → Gefahrenschutzes.

Unlauterer Wettbewerb → Gesetz gegen unlauteren Wettbewerb

Unterbeschäftigung

jegliche Form der gesamtwirtschaftlichen Unterauslastung des Produktionsfaktors → Arbeit. Unterbeschäftigung kann sich zum einen darin äußern, daß arbeitswillige Personen überhaupt nicht beschäftigt werden (→ Arbeitslosigkeit), zum anderen aber auch darin, daß beschäftigte Personen nicht so lange arbeiten können, wie sie das wünschen. Die zweite Form von Unterbeschäftigung kann bespielsweise in → Kurzarbeit, der Umwandlung von Vollzeit- in Teilzeitarbeitsplätze (vgl. auch → verdeckte Arbeitslosigkeit) oder auch einer (von den Betroffenen nicht gewünschten) Verkürzung der Lebensarbeitszeit (z. B. durch frühzeitige Verrentung von Arbeitnehmern oder verspäteten Eintritt von Jugendlichen ins Erwerbsleben) zum Ausdruck kommen.

Unterbeschäftigungsgleichgewicht

zentraler Begriff des traditionellen → Keynesianismus. Er bezeichnet eine gesamtwirtschaftliche Situation, in der die zur Produktion des → Gleichgewichtseinkommens (bzw. -sozialprodukts) benötigte Arbeitsmenge kleiner ist als das → Arbeitsangebot. Das heißt, auf dem Güter- und dem Geldmarkt besteht Gleichgewicht, während auf dem → Arbeitsmarkt bei den gegebenen Kosten-Erlös-Relationen ein Überangebot (und damit → Arbeitslosigkeit) existiert. Als ein Hauptgrund gilt die Existenz von Preisstarrheiten, insbesondere eines „nach unten starren" Nominallohnes. Die Marktkräfte sind dann nicht – wie von den Klassikern behauptet – in der Lage, jederzeit „automatisch" wieder zur Vollbeschäftigung zurückzuführen. Nach *Keynes* bieten indes auch völlig flexible Preise und Löhne keine Garantie für das Erreichen von Vollbeschäftigung. Zwar bewirkt Arbeitslosigkeit in diesem Falle ein Sinken des Geld- und Reallohnes und veranlaßt damit die Unternehmer zu einer Mehrnachfrage nach Arbeitskräften. Wenn aber die gesamte Nachfrage wegen des Sinkens der Löhne zurückgeht, ist es durchaus denkbar, daß die kontraktive Wirkung der Lohn-Einkommen-Senkung den expansiven Einfluß der Lohn-Kosten-Senkung per Saldo überwiegt und damit weitere Entlassungen ausgelöst werden. Keynes hat jedoch selbst in seiner Theorie mit dem → Keynes-Effekt einen „Mechanismus" berücksichtigt, der diese Abwärtsbewegung der Wirtschaft abfängt bzw. abfangen kann. Siehe auch → Keynesianisch-neoklassische Synthese.

Unterhaltsgeld

→ Lohnersatzleistung im Rahmen der → Arbeitslosenversicherung für Arbeitnehmer, die an Maßnahmen der beruflichen Weiterbildung teilnehmen. Die gesetzlichen Regelungen über Höhe und Dauer der Zahlungen entsprechen grundsätzlich denen über das → Arbeitslosengeld.

Unterkonsumtionstheorien

führen einen Konjunkturabschwung oder eine konjunkturelle Schwäche auf mangelnde (Konsum-)Nachfrage bei gegebenen oder sogar wachsenden Kapazitäten in einer → Volkswirtschaft zurück. Die Begründungen sind unterschiedlich. Hauptvertreter sind *K. Marx, E. Lederer* und *E. Preißer* → Konjunkturtheorie.

Unternehmen

In der Volkswirtschaftslehre wird der Unternehmensbegriff einerseits sehr allgemein und andererseits speziell in der → Volkswirtschaftlichen Gesamtrechnung verwendet.
1. Ganz allgemein bezeichnet ein Unternehmen eine rechtliche und finanzielle Einheit, in der Entscheidungen über die Beschaffung von Produktionsfaktoren, die Güterproduktion und den Güterverkauf getroffen werden. Ein Unternehmen kann dabei aus mehreren Betrieben als seine technischen Einheiten zusammengestzt sein. Dieser volkswirtschaftliche Unternehmens- und Betriebsbegriff steht im Gegensatz zur betriebswirtschaftlichen Terminologie.
2. In der Volkswirtschaftlichen Gesamtrechnung ist ein Unternehmen eine Wirtschaftseinheit, die vorwiegend Sachgüter und Dienstleistungen herstellt und verkauft oder hauptsächlich Kredite nimmt und gewährt, wobei sie in der Regel Überschüsse erzielt oder mindestens seine Kosten deckt. Dem → Sektor Unternehmen werden u.a. sämtliche wohnungswirtschaftlichen Aktivitäten zugerechnet, also bspw. auch der Kauf, die Vermietung oder Eigennutzung von Grundstücken, Gebäuden und Wohnungen durch → private Haushalte. Zum Unternehmenssektor zählen ferner solche → Organisationen ohne Erwerbszweck, die, wie etwa Industrie- und Handelskammern oder Arbeitgeber- und Wirtschaftsverbände, vorwiegend für Unternehmen tätig sind. In der → volkswirtschaftlichen Gesamtrechnung differenziert man zwischen Produktions- und Finanzunternehmen, weiterhin zwischen privaten und öffent-

Unternehmenskonzentration

lichen sowie zwischen Unternehmen mit und ohne eigene Rechtspersönlichkeit. Als Unternehmen mit eigener Rechtspersönlichkeit gelten zum einen die Kapitalgesellschaften, d. h. insbesondere Aktiengesellschaften und Gesellschaften mit beschränkter Haftung. Hinzugerechnet werden Genossenschaften, Reedereien, Kreditinstitute (unabhängig von ihrer Rechtsform), rechtsfähige Vereine und Stiftungen sowie einige öffentliche Unternehmen wie insbesondere die Deutsche Bahn AG, die Bundesbank, die Bundespost-Nachfolger und die Verkehrs- und Versorgungsunternehmen. Sämtliche anderen Betriebe sind Unternehmen ohne eigene Rechtspersönlichkeit. Zu ihnen gehören die Personengesellschaften, Freiberufler, alle Betriebe der Land- und Forstwirtschaft sowie auch die → privaten Haushalte als Käufer, Nutzer oder Vermieter von Immobilien.

Unternehmenskonzentration

Die Möglichkeit, einen Markt durch eine überdurchschnittliche Expansion gegenüber dem Konkurrenten zu monopolisieren, ist zwar grundsätzlich gegeben, sie ist in der Realität jedoch nur von begrenzter Bedeutung. Wettbewerbspolitisch wesentlich bedenklicher und auch häufiger ist der Fall, in dem ein Ansteigen der Unternehmenskonzentration durch Zusammenschlüsse stattfindet. Werden dabei Unternehmen der gleichen Branche übernommen, spricht man von horizontaler Konzentration. Ein Prozeß der vertikalen Konzentration ist dadurch gekennzeichnet, daß Unternehmen vor- oder nachgelagerte Produktionsstufen erwerben. Bei konglomeraten Unternehmenszusammenschlüssen sind die Fusionspartner weder horizontal noch vertikal miteinander verbunden. Alle Fälle von Unternehmenskonzentration sind Ausdruck einer Strategie, die die im Rahmen der Unternehmenspolitik verfolgten Ziele nicht allein durch internes, sondern auch durch externes Wachstum verwirklichen will. Die Strategie des externen Wachstums durch Fusion oder Konzernbildung kann Chancen der Expansion eröffnen, die bei ausschließlich internem Wachstum versagt blieben. Als Sachverständigengremium äußert sich die → Monopolkommission regelmäßig zur Unternehmenskonzentration. Auch der für Wettbewerb zuständige Kommissar der EG beurteilt die Unternehmenskonzentration innerhalb der EU zunehmend kritisch. Vgl. auch → Konzentrationsmessung.

Unterstützungskassen → Betriebliche Altersversorgung

Unvollständige Konkurrenz → Polypol

Ursachen(gliederung) der Arbeitslosigkeit → Kausalklassifikation der Arbeitslosigkeit

Ursprungslandprinzip

Grundsatz, nach dem die Güter mit den Steuern des Ursprungslandes, in dem sie erzeugt wurden, belastet und dann ins Bestimmungsland geliefert werden. Die unterschiedlichen Steuersätze auf dieselben Güter, je nachdem ob sie im Inland oder im Ausland produziert wurden, führen zu Wettbewerbsverzerrungen. Aus Sicht der Befürworter des Ursprungslandprinzips werden Steuern hier allerdings als Standortfaktoren betrachtet. Das System des Ursprungslandprinzips. ist steuertechnisch einfach zu handhaben, macht protektionistische Maßnahmen unmöglich und erfordert keine Steuergrenzen.

Uruguay-Runde → Allgemeines Zoll- und Handelsabkommen (GATT)

Usance-Geschäft

bezeichnet ein Devisengeschäft Fremdwährung gegen Fremdwährung.

V

Valutapolitik → Devisenpolitik

Varianz

häufig verwandtes und aussagekräftigstes → Streuungsmaß einer → Häufigkeitsverteilung bzw. → Streuungsparameter einer → Zufallsvariablen. Bei Häufigkeitsverteilungen ist die Varianz als

$$s^2 = \frac{1}{n} \sum_{i=1}^{n} (x_i - \bar{x})^2,$$

also als Durchschnitt der quadrierten Abweichungen der n Merkmalswerte x_i vom → arithmetischen Mittel $\bar{x}$ definiert. Liegen nur klassierte Daten vor, wird die Varianz häufig mit Hilfe der Klassenmitten x_j' und der relativen Häufigkeiten der Klassen p_j als

$$s^2 = \sum_{j=1}^{m} p_j \times (x_j' - \bar{x})^2$$

gemessen, wobei die interne Streuung innerhalb der Gruppen – weil unbekannt – vernachlässigt wird. Bei einer Zufallsvariablen $\tilde{x}$ ist die Varianz analog als gewogenes Mittel der quadrierten Abweichungen vom → Erwartungswert $E\tilde{x}$ wie folgt definiert:

$$\text{var } \tilde{x} = \sum_{i=1}^{n} (x_i - E\tilde{x})^2 \times f(x_i)$$

bzw.

$$\text{var } \tilde{x} = \int_{-\infty}^{\infty} (x - E\tilde{x})^2 \times f(x)dx$$

(mit $f(x)$ = → Wahrscheinlichkeits- bzw. → Dichtefunktion der diskreten bzw. stetigen Zufallsvariablen). Die positive Wurzel aus der Varianz wird generell als → Standardabweichung bezeichnet.

Variationskoeffizient

als Quotient aus → Standardabweichung und → arithmetischem Mittel definiertes → Streuungsmaß einer → Häufigkeitsverteilung. Der Vorteil des üblicherweise in Prozent gemessenen Variationskoeffizienten besteht darin, daß die Standardabweichung mit der Division durch das arithmetische Mittel der Merkmalsausprägungen relativiert wird, d.h. daß eine Kombination von Streuungs- und → Lagemaß erfolgt.

Veblen-Effekt → Nachfrageinterdependenzen

Verallgemeinerte Kleinste-Quadrate-Schätzfunktion →
Methode der kleinsten Quadrate

Veränderungsrate

– häufig auch als Wachstumsrate bezeichnet – in Prozent gemessene → Verhältniszahl, bei der die Veränderung einer Größe in einem bestimmten Zeitraum auf deren Wert zu Beginn des Zeitraums bezogen wird. Die Division durch den Ausgangswert ermöglicht zwar die Vergleichbarkeit zwischen Größen, deren Niveau unterschiedlich ist. Sie kann aber über das Ausmaß der absoluten Veränderung einer Größe auch einen verfälschenden Eindruck hinterlassen. Man spricht in solchen Fällen von einem Basiseffekt.

Verbrauch → Konsum

Verbraucherschutz

Der rechtliche Schutz des Verbrauchers umfaßt zwei Bereiche:
1. Schutz der Gesundheit: dazu sind zahlreiche Rechtsvorschriften erlassen worden, die sich einerseits auf Produkte (Lebensmittelgesetz, Gerätesicherheitsgesetz, Arzneimittelgesetz u. ä.) aber auch auf die Herstellung von Produkte (Bundesimmissionsschutzgesetz, Abwasserbeseitigungsgesetz) beziehen. Auch die Produkthaftung ist diesem Bereich zuzuordnen.
2. Schutz der Marktstellung. Hier sind vor allem die Rechtsvorschriften zur Erhöhung der Markttransparenz zu nennen, die dem Anbieter entweder bestimmte Informationsinhalte oder -gestaltungen verbieten oder aber Mindestinformationen vorschreiben (Gesetz gegen unlauteren Wettbewerb, Fertigpackungsverordnung, Verbot der Preisbindung). Daneben sind auch gesetzliche Regelungen bedeutsam, die zur Stärkung der Rechtsposition der Verbraucher gegenüber Anbietern beitragen (z. B. bei Ratenzahlungsverträgern, Haustürgeschäften).

Der Verbraucherschutz ist ein Politikbereich bei dem über nationale Regelungen hinaus auch immer stärker Regelungen der Europäischen Union zu beachten sind.

Verbrauchsgut → Konsumgüter

Verbrauchsteuern

sollen den privaten Verbrauch von Haushalten besteuern. Man unterscheidet allgemeine Verbrauchsteuern, die den gesamten Konsum eines Haushalts belasten (sollen), entweder direkt über eine persönliche → Ausgabensteuer oder indirekt über eine → Umsatzsteuer. Spezielle Verbrauchsteuern sind Abgaben, die als Steuern auf die Einkommensverwendung den Verbrauch oder Gebrauch bestimmter Waren belasten. Grundsätzlich soll die Steuerbelastung den Verbraucher treffen; aus Gründen der Zweckmäßigkeit und der einfacheren Erhebung werden die Verbrauchsteuern jedoch, wie bei der → Umsatzsteuer, beim Hersteller oder beim Handel erhoben. Von dort soll die Steuer an die Verbraucher überwälzt werden (→ Steuerüberwälzung). Die wichtigsten speziellen Verbrauchsteuern sind die → Mineralölsteuer, die → Tabaksteuer, die → Branntweinsteuer, die → Kaffeesteuer und die → Biersteuer. Bei der → Mineralölsteuer ergeben sich allerdings Abgrenzungsprobleme, da hier nicht nur der private Konsum, sondern auch der Verzehr von Gütern einbezogen wird, der z. T. der Produktion dient. Spezielle Verbrauchsteuern können (a) als Prozentsatz des Wertes, (b) als absoluter Geldbetrag je Mengeneinheit oder (c) als Mischform (z. B. → Tabaksteuer) erhoben werden. Die Tarife der speziellen Verbrauchsteuern sind meist proportional, während die Steuerlastverteilung bezogen auf das Einkommen in der Regel regressiv ist, da der Verbrauch des besteuerten Gutes, außer bei Luxusgütern, mit zunehmendem Einkommen unterproportional steigt. Der fiskalische Zweck der speziellen Verbrauchsteuern, nämlich ein hohes Aufkommen zu erzielen, herrscht in der steuerpolitischen Praxis vor. Daneben kann es eine Reihe nichtfiskalischer Ziele geben, z. B. gesundheitspolitische Ziele (→ Tabaksteuer) oder umweltpolitische Ziele (→ Mineralölsteuer).

Verdeckte Arbeitslosigkeit → Versteckte Arbeitslosigkeit

Verdeckte Gewinnausschüttungen

liegen dann vor, wenn Leistungsvereinbarungen zwischen einer Kapitalgesellschaft und ihrem Anteileigner getroffen werden, die willkürlich überhöht sind, so z. B. wenn einer der Gesellschafter einen Geschäftsführervertrag hat, der ihm ein marktunüblich hohes Gehalt, oder eine GmbH ihrem Gesellschafter ein Darlehen zu marktunüblich niedrigen Zinsen gewährt. Eine solche überhöhte Betriebsausgabe darf bei der Ermittlung des steuerlichen Gewinns der Körperschaft nicht abgesetzt werden, sondern nur der marktübliche Teil dieser Ausgabe. Bei einer Vermögensminderung wie im letzten Fall muß die verdeckte Ausschüttung bei der Einkommensermittlung zugerechnet werden. Verdeckte Gewinnausschüttungen sind vor allem bei Kapitalgesellschaften mit wenigen Gesellschaftern anzutreffen.

Verdrängungsstrategie → Verhaltensweisen

Veredelung → Spezialhandel

Verfügbares Einkommen

(Netto-)Einkommen eines → Wirtschaftssubjekts oder eines → Sektors nach Abzug der → direkten Steuern und der → Sozialbeiträge sowie der sonstigen laufenden → Übertragungen.

Vergabe öffentlicher Aufträge

Durch die Vergabe öffentlicher Aufträge kann der Staat Einfluß auf die Wettbewerbssituation in und zwischen den Branchen nehmen, die die von ihm nachgefragten Güter und Dienste anbieten. Lieferanten versuchen, staatliche Aufträge möglichst zu für sie günstigen Konditionen zu erhalten. Um in diesem Bereich für Wettbewerb zu sorgen und die sogenannte Submissionskartelle – es handelt sich hier um Absprachen unter den an öffentlichen Aufträgen interessierten Unternehmen einer Branche – zu vermeiden, sind Vorschriften für das Vergabewesen erlassen worden, die unterschiedliche Vergabeformen für öffentliche Aufträge vorsehen. Den Regelfall soll die öffentliche Ausschreibung bilden. Wie der Name sagt, wird der Auftrag öffentlich, d.h. für alle potentiellen Bewerber ausgeschrieben. Steht von vornherein fest, daß nur wenige Bewerber existieren oder gibt es zwingende Gründe, eine Ausschreibung auf nur wenige Bewerber zu beschränken, z.B. aus Geheimhaltungsgründen bei Verteidigungskäufen, so erfolgt eine auf die in Frage kommenden Lieferanten beschränkte öffentliche Ausschreibung. Lohnt eine Ausschreibung aus Kostengründen nicht (einzelne Kleinaufträge) oder gibt es andere zwingende Gründe, so kann eine sogenannte freihändige Vergabe erfolgen. Abgesehen davon, daß bei diesem Verfahren die Gefahren der Begünstigung der Auftragnehmer vergleichsweise höher sind, ist insbesondere der Wettbewerb zwischen verschiedenen Anbietern völlig ausgeschaltet, so daß schon aus diesem Grunde diese Vergabeart auf ein Minimum eingeschränkt werden sollte.

Verhaltensgleichung

Gleichung in ökonomischen und ökonometrischen Modellen, die eine funktionale Beziehung zwischen den auf beiden Seiten enthaltenen Größen impliziert. Diese basiert in aller Regel auf Entscheidungen und Reaktionen der Wirtschaftssubjekte und ist insofern immer mit einer gewissen Unsicherheit behaftet. In ökonometrischen Modellen sind die Koeffizienten einer Verhaltensgleichung daher aus einer bestimmten Zahl von beobachteten Wertepaaren zu schätzen, was die Hauptaufgabe der → Regressionsanalyse ist. Das Gegenteil einer Verhaltensgleichung ist eine → Identitätsgleichung.

Verhaltensweisen

Einsatz von Aktionsparametern (z.B. Preis, Menge, Qualität, Service) durch die Wirtschaftssubjekte zur Verfolgung ihrer jeweiligen Zielsetzung. Die Wahl der Verhaltensweise hängt wesentlich von der Marktform bzw. der Marktmacht des jeweiligen Marktteilnehmers ab. Grundsätzlich kann zwischen wirtschaftsfriedlichen (auch: marktwirtschaftskonformen) Verhaltensweisen, bei denen die bestehende Marktform akzeptiert wird, und marktfeindlichen Verhaltensweisen, mit denen diese Rahmenbedingung verändert oder das Wirtschaftsgeschehen unterbrochen werden soll, unterschieden werden. Innerhalb der wirtschaftsfriedlichen Verhaltensweisen wird ferner differenziert zwischen vollständiger Anpassung an die Marktgegebenheiten (z. B. Übernehmen des bestehenden Marktpreises) und Strategien zur Beeinflußung des Marktergebnisses (z. B. eigenständige Preisfestsetzung). Die weitere Einteilung der Strategien erfolgt danach, in welchem Umfang und in welcher Weise Reaktionen anderer Marktteilnehmer auf die eigene Aktion einkalkuliert werden. Im einzelnen ergibt sich damit folgende Klassifikation der Verhaltensweisen:

1. Wirtschaftsfriedliche (marktwirtschaftskonforme) Verhaltensweisen
1.1. Anpassung
1.1.1. Mengenanpassung an einen gegebenen Preis (z. B. Einkauf in einem Supermarkt)
1.1.2. Preisanpassung an eine gegebene Menge (z. B. Auktionen)
1.1.3. Optionsempfang: Akzeptieren des Preis- und Mengendidakts des Marktpartners.
1.2. Strategien
1.2.1. Autonome Strategie: Eine Reaktion anderer Marktteilnehmer wird nicht berücksichtigt (z. B. monopolistische Preisfestsetzung).
1.2.2. Konjekturale Strategie: Die vermutete Reaktion anderer Marktteilnehmer wird bei der Wahl der eigenen Aktion eingeplant (z. B. bargaining bei Tarifverhandlungen).
1.2.3. Überlegenheitsstrategie: Die vorab bekannte Reaktion anderer Marktteilnehmer wird bei der Wahl der eigenen Aktion eingeplant (z. B. Preisoffensive eines Marktführers).
2. Marktfeindliche Verhaltensweisen
2.1. Verdrängungswettbewerb (ruinöse Konkurrenz)
2.2. Kartellbildung (vertragliche Vereinbarungen bisheriger Konkurrenten)
2.3. Konzernbildung (rechtlicher Zusammenschluß bisheriger Konkurrenten)
2.4. Boykott, Streik, Aussperrung

Verhältnisskaliertes Merkmal → Skalierung

Verhältniszahl

ganz allgemein der Quotient zweier statistischer Zahlen und insofern Oberbegriff für → Quoten, → Beziehungszahlen, → Veränderungsraten und → Meß- bzw. Indexzahlen.

Verhandlungstheorie

Verhandlungstheorie → Bargaining

Verkäufermarkt

Markt mit Tendenz zu Preissteigerungen durch einen Anstieg der Nachfrage oder einen Rückgang des Angebots. Pendant zum → Käufermarkt.

Verkehrsinfrastruktur → Infrastruktur, → Verkehrspolitik

Verkehrspolitik

umfaßt alle staatlichen Maßnahmen, die die Rahmenbedingungen und das Verhalten der Anbieter und Nachfrager von Personen- und Gütertransportleistungen beeinflussen. Die Verkehrsleistungen werden dabei von den Verkehrsträgern Straßenverkehr, Schienenverkehr, Binnenschiffahrt, Seeschiffahrt, Luftverkehr und Rohrfernleitungen erbracht. Man unterscheidet zwei Hauptformen der Verkehrspolitik:
1. Verkehrsinfrastrukturpolitik. Der Bund ermittelt über die Verkehrswegeplanung den Bedarf an Bundesfernstraßen, Schienenstrecken und Wasserstraßen. Dabei werden die Instrumente der → Kosten-Nutzen-Anaylse eingesetzt. Für den Erhalt und die Erweiterung des Straßennetzes wurden 1995 von Bund, Ländern und Gemeinden 35 Mio. DM ausgegeben.
2. Verkehrsordnungspolitik. In Deutschland bestehen die wesentlichen Marktordnungseingriffe des Staates neben einem stark reglementierenden Einfluß auf den Luftverkehr in der Kontingentierung und Konzessionierung sowie der staatlichen Tarifgenehmigung und -kontrolle im gewerblichen Straßengüterfernverkehr. Nach § 9 Güterkraftverkehrsgesetz setzt der Bundesminister für Verkehr unter Berücksichtigung des öffentlichen Verkehsbedürfnisses und der Verkehrssicherheit auf den Straßen die Höchstzahl der Kraftfahrzeuge im Güterfernverkehr fest und teilt sie nach einem Schlüssel unter die Bundesländer auf. Die unternehmerische Tätigkeit ist ausschließlich auf den Besitzer der Konzession beschränkt. Infolge der Realisierung des Europäischen Binnenmarktes ist eine schrittweise Deregulierung und Liberalisierung der Gütertransportmärkte unausweichlich. Allerdings sollen gleichzeitig die verkehrspolitischen Rahmenbedingungen in der Europäischen Union harmonisiert werden.

Verkehrsteuer

besteuert bestimmte Transaktionen im Geschäftsverkehr, vor allem Rechtsvorgänge. Zu den Verkehrsteuern gehören die → Umsatzsteuer, die → Versicherungsteuer, die Rennwett- und

Lotteriesteuer, die Spielbankenabgabe, die Feuerschutzsteuer und die → Grunderwerbsteuer.

Verlust → Gewinn

Verlustabzug

bedeutet, daß Verluste von früheren Jahren oder rückwirkend von späteren Jahren bei der Ermittlung des zu versteuernden Einkommens abgezogen werden können (Verlustrücktrag, Verlustvortrag). Davon zu unterscheiden ist der → Verlustausgleich. Verlustrücktrag bedeutet die Saldierung früherer positiver mit späteren negativen Einkünften. Der Verlustrücktrag ist bei der → Einkommensteuer bzw. → Körperschaftsteuer nur auf die beiden jeweils vorangegangen Kalenderjahre möglich und nur soweit der Verlust nicht größer ist als 10 Mio. DM. Bereits ergangene Steuerbescheide müssen dann geändert werden. Führt der Verlustrücktrag nicht zur vollständigen Neutralisierung des Verlustes, wird ein Verlustvortrag durchgeführt. Verlustvortrag bedeutet, daß frühere negative Einkünfte mit späteren positiven Einkünften saldiert werden.

Verlustausgleich

Saldierung von positiven und negativen Einkünften verschiedener Einkunftsarten innerhalb eines Steuerjahres im Rahmen der Einkommensteuer. Beispiel: Ein Verlust bei Gewerbebetrieb von 10.000 DM und ein Gewinn bei Einkünften aus Vermietung und Verpachtung von 10.000 DM ergeben Gesamteinkünfte von 0.

Verlustrücktrag → Verlustabzug

Verlustvortrag → Verlustabzug

Vermögen

Gesamtwert der Vermögensobjekte im Eigentum eines → Wirtschaftssubjekts, eines → Sektors oder einer → Volkswirtschaft abzüglich der Verbindlichkeiten. Das Bruttovermögen (vor Abzug der Verbindlichkeiten) gliedert sich in das Sachvermögen als dem Wert aller Sachgüter, das immaterielle Vermögen (wie Patente, Lizenzen, Warenzeichen, Optionsrechte, Geschäfts- oder Firmenwerte etc.) und die auch als → Geldvermögen bezeichneten → Forderungen. Das reproduzierbare Sachvermögen kann nach seinem Verwendungszweck in Produktivvermögen (Synonym: → Anlagevermögen) und Gebrauchsvermögen (= dauerhafte Konsumgüter) eingeteilt werden. Gesamtwirtschaftlich saldieren sich sämtliche Forderungen der Inländer zu Null, so daß lediglich die Auslandsforderungen verbleiben. Das Reinvermögen der Volkswirtschaft (= Volksvermögen) ergibt sich dann als Sach- und immaterielles Ver-

Vermögensbildung in Arbeitnehmerhand

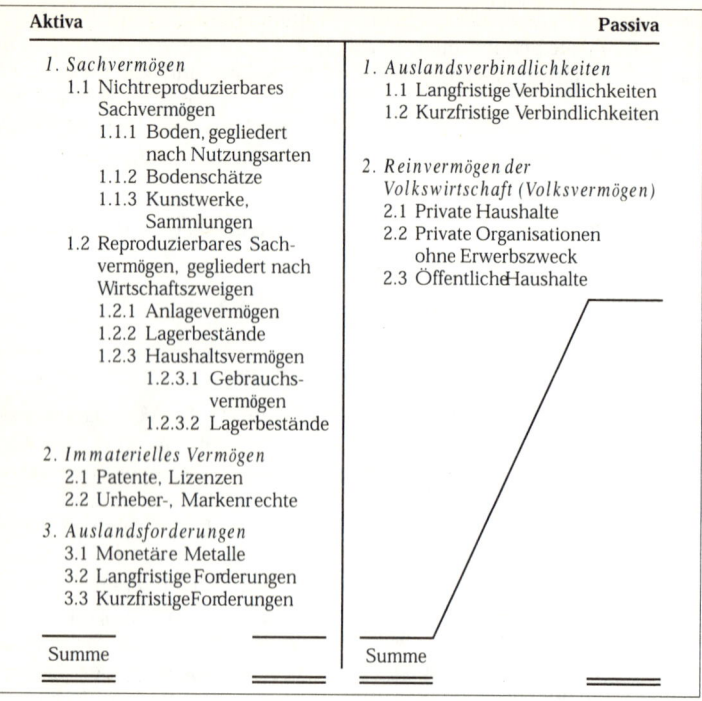

Schema einer Volksvermögensrechnung
Quelle: Stobbe, A.: Volkswirtschaftliches Rechnungswesen, 8. Aufl., 1994, S. 80.

mögen zuzüglich Nettoauslandsvermögen. Im weiteren Sinne kann das → Arbeitsvermögen mit einbezogen werden. Die exakte Berechnung des Volksvermögens stößt indes auf große Erfassungs- und Bewertungsprobleme.

Vermögensbildung in Arbeitnehmerhand

Die Vermögensbildung der Arbeitnehmer wird durch folgende staatliche Maßnahmen gefördert:

1. durch die Arbeitnehmer-Sparzulage: diese erhalten Arbeitnehmer, deren Einkommen bestimmte Grenzen nicht übersteigen für vermögenswirksame Leistungen, die sie in den geförderten Anlageformen des Gesetzes anlegen. Sie beträgt 10% der jährlich angelegten vermögenswirksamen Leistungen bis zum Höchstbetrag von 936 DM, also maximal 94 DM. Sie wird auf Antrag jährlich vom Finanzamt festgesetzt und

nach Ablauf bestimmter Sperrfristen ausbezahlt.
2. durch eine steuerliche Begünstigung des Arbeitslohnes in der Form eines Sachbezugs, den Arbeitnehmer durch kostenlose oder verbilligte Überlassung bestimmter Vermögensbeteiligungen erhalten nach § 19a EStG.
3. Förderung des Bausparens durch eine Wohnungsbauprämie. Arbeitnehmer, deren Einkommen die Grenzen von 50.000 DM für Alleinstehende und 100.000 DM für Verheiratete nicht übersteigt, können eine Wohnungsbauprämie in Höhe von 10% ihrer Aufwendungen für Bausparverträge erhalten.

Vermögensbildung 1997 in Mrd. DM	
Wohnungsbauprämie	0,3
Arbeitnehmer-Sparzulage	0,7
Leistungen der Arbeitgeber	9,0
Steuerliche Maßnahmen	9,9

Vermögensbildung

Der Begriff bezeichnet meist die individuelle Vermögensbildung, also die individuelle Bildung von Geld- und auch Humanvermögen der privaten Haushalte. Noch enger gefaßt meint der Begriff häufig die Förderung der → Vermögensbildung in Arbeitnehmerhand.

Vermögensverteilung

Vermögenseffekte

Wirkungen des (realen) Netto-Vermögens auf die Konsumnachfrage sowie auf die Nachfrage nach Investitionsgütern und Wertpapieren. Bekannte Vermögenseffekte sind insbesondere der → Pigou-Effekt und der → Realkassenhaltungseffekt. Die Bedeutung des → Vermögens für die → Konjunktur wird vor allem in Zeiten stark schwankender Börsenkurse spürbar. Siehe auch → Weltwirtschaftskrise.

Vermögensrechnung → Vermögen

Vermögens-Spar-Relation → Pigou-Effekt

Vermögensumverteilungspolitik → Verteilungspolitik

Vermögensverteilung

Der Begriff wird in zwei verschiedenen Arten verwendet:
1. Kategoriale Vermögensverteilung: Aufgliederung einer Vermögensgesamtheit auf Sach-, Geld-, Reinvermögen.
2. Sektorale und personelle Vermögensverteilung: Aufgliederung bestimmter Vermögensgesamtheiten auf Wirtschaftssektoren oder Wirtschaftssubjekte. Aufgrund der Schwierigkeiten bei der Erfassung und Bewertung des Vermögens sind Aus-

Vermögenswirksame Leistungen

sagen über die Vermögensverteilung in Deutschland nur mit Vorsicht zu treffen.

Vermögenswirksame Leistungen
→ Vermögensbildung in Arbeitnehmerhand

Versicherungspflichtgrenze

Bis zur Höhe der → Beitragsbemessungsgrenze von monatlich 6.150 DM werden Angestellte in der → gesetzlichen Krankenversicherung pflichtversichert. Bei einem Einkommen, das über dieser Grenze liegt, können sie sich privat versichern.

Versicherungsprinzip

beruht auf der Einsicht und Erfahrung, daß der im Einzelfall nicht vorhersehbare Risikoeintritt und der vorher nicht bestimmbare Bedarf an Mitteln für eine größere Gesamtheit der von gleichartigen Risiken Betroffenen zu kalkulierbaren Größen werden. Bei Privatversicherungen werden die Versicherungsprämien auf der Grundlage von Risikoausgleichskalkülen nach dem Prinzip der versicherungstechnischen Äquivalenz gestaltet, d.h. die beanspruchbare Leistung orientiert sich streng an der Prämienleistung, die sich ihrerseits streng an den Wahrscheinlichkeiten des Risikoeintritts orientiert. Trotz ihrer Orientierung am versicherungstechnischen → Äquivalenzprinzip produzieren Privatversicherungen sozialpolitische Effekte, da die negativen wirtschaftlichen Folgen des Eintritts bestimmter Risiken vermieden werden und dadurch die wirtschaftliche Lage der Versicherten vor Instabilitäten geschützt wird. Durch die freiwillige Bildung von Versichertengemeinschaften und durch die Verteilung der Kosten für die Abdeckung eingetretener Schäden auf die große Zahl der Versicherten muß der einzelne Versicherte keine Risikovorsorge durch eine aufwendige individuelle Vermögensbildung treffen. Das Sozialversicherungsprinzip ist ein in zweifacher Hinsicht nach dem Grundsatz der Solidarität modifiziertes Individualprinzip:
- Die Beiträge in der Sozialversicherung orientieren sich nicht an individuellen Risikowahrscheinlichkeiten (so sind z.B. die Beiträge zur gesetzlichen Krankenversicherung weder alters- noch familienstandabhängig, nichterwerbstätige Familienmitglieder werden beitragsfrei mitversichert).
- Auch die Versicherungsleistungen sind nicht streng beitragsorientiert; in der → gesetzlichen Rentenversicherung hat die Höhe der Beiträge noch einen begrenzten Einfluß auf die Höhe der Rentenzahlung, bei der → gesetzlichen Krankenversicherung gibt es dagegen fast keine Äquivalenz

zwischen Beiträgen und Leistungen mehr.
- Im Gegensatz zur Privatversicherung gibt es auch weder Risikoausschlüsse noch Leistungsausschlüsse.

Man spricht beim Sozialversicherungsprinzip auch von einer relativen Beitragsäquivalenz.

Versorgungsprinzip

Wird bei einem → System der sozialen Sicherung das Versorgungsprinzip angewandt, so entstehen Leistungsansprüche nicht aufgrund von Beitragszahlungen, sondern aufgrund anderer Voraussetzungen, vor allem Leistungen für den Staat (Dienstleistungen als Beamte, Wehrdienst). Auf Versorgungsleistungen besteht ein Rechtsanspruch. Sie sind nach Art und Höhe normiert und werden durch Steuereinnahmen finanziert. Das Versorgungsprinzip ist dann unumstritten, wenn bestimmten Bürgern besondere Opfer abverlangt werden. Um normale Risiken abzusichern ist es in Deutschland und anderen Ländern nicht üblich, das Versorgungsprinzip anzuwenden, weil es den Prinzipien der → Subsidiarität und der Selbstverantwortung widerspricht, denn es stellt auch diejenigen beitragsfrei, die fähig sind, eigene Beiträge zu leisten.

Versteckte Arbeitslosigkeit

Der Begriff der versteckten oder auch verdeckten Arbeitslosigkeit wird in zwei unterschiedlichen Zusammenhängen verwendet:
1. Versteckte Arbeitslosigkeit liegt zum einen vor, wenn die jeweiligen Betroffenen sich nicht offiziell als Arbeitssuchende bei der Arbeitsvermittlungsbehörde melden (→ registrierte Arbeitslose). Eine mögliche Ursache hierfür ist, daß die Betroffenen sich zum gegenwärtigen Zeitpunkt in Aus- oder Fortbildungsmaßnahmen befinden oder bei der aktuellen Arbeitsmarktlage keine Hoffnung haben, erfolgreich auf einen Arbeitsplatz vermittelt zu werden (Zugehörigkeit zur → Stillen Reserve). Eine weitere Möglichkeit besteht darin, daß Teilzeitbeschäftigte einen Vollzeitarbeitsplatz suchen, aufgrund ihrer gegenwärtigen Teilzeitbeschäftigung aber nicht die Kriterien eines registrierten Arbeitslosen erfüllen.
2. In anderem Zusammenhang bezeichnet der Begriff den Umstand, daß bestimmte Personen auf häufig sehr stark subventionierten Arbeitsplätzen ohne volkswirtschaftliche Notwendigkeit bzw. mit sehr niedriger → Arbeitsproduktivität beschäftigt werden, um der registrierten Arbeitslosigkeit zu entgehen. Dahinter steht v.a. in planwirtschaftlichen, teilweise aber auch in marktwirtschaftlichen Systemen das politische Ziel, möglichst wenige Arbeitslose offiziell auszuwei-

Versteckter öffentlicher Bedarf

sen. (vgl. hierzu auch → Unterbeschäftigung).

Versteckter öffentlicher Bedarf

Von verstecktem öffentlichen Bedarf spricht man, wenn öffentliche Aufgaben nicht mittels staatlicher Ausgaben, sondern mehr oder weniger unentgeltlich durch Private erfüllt werden (z. B. Wehr- und Ersatzdienst, Schöffentätigkeit, betriebliche Lohnsteuerabrechnung).

Verteilungsfunktion

Funktion einer → Zufallsvariable, die jeder reellen Zahl x die → Wahrscheinlichkeit zuordnet, daß die Zufallsvariable einen Wert von höchstens x annimmt. Sie ist insofern mit der (relativen) Summenfunktion von → Häufigkeitsverteilungen vergleichbar und die Grundlage zur Ermittlung von → Quantilen einer Zufallsvariable.

Verteilungsmaße

Oberbegriff für → Lagemaße, → Streuungsmaße und → Konzentrationsmaße einer → Häufigkeitsverteilung, die geeignet sind, diese hisichtlich Niveau und Form hinreichend gut zu beschreiben.

Verteilungspolitik

Jede staatliche Tätigkeit verändert die Verteilung der Markteinkommen (Zur Wirkung des staatlichen Budgets auf die Umverteilung vgl. → Budgetinzidenz). Bei den gezielten Maßnahmen der Verteilungspolitik unterscheidet man vermögenspolitische und einkommenspolitische Maßnahmen.

Vermögenspolitische Maßnahmen:

- Umverteilung vorhandenen Vermögens: durch Enteignung, Privatisierung von Staatsvermögen, und vor allem durch die Vermögensteuer;
- Beeinflussung der Wirkung von Vermögensübertragungen: Erbschaft- und Schenkungsteuer;
- Umverteilung über den Vermögenszuwachs: Förderung der → Vermögensbildung in Arbeitnehmerhand, Wohnungsbauprämien, Vergünstigungen im Rahmen der → Sonderausgaben.

Einkommenspolitische Maßnahmen:

(1) im Rahmen der Einkommensteuer

- steuerliche Vergünstigungen bei der Ermittlung der Einkünfte aus den Einkunftsarten (Steuerbefreiung bestimmter Einnahmen, z. B. der Arbeitslosenunterstützung, Freibeträge für Landwirte)
- Abzug von → Sonderausgaben und → außergewöhnlichen Belastungen. (z. B. Sozialversicherungsbeiträge, private Alters- und Gesundheitsvorsorge,

Kosten einer schweren Krankheit) entweder in unbeschränkter Höhe oder bis zu einem bestimmten Höchstbetrag.
- Steuertarif: Progressionsverlauf, Splitting, Grundfreibetrag, Kinderfreibetrag, Haushaltsfreibetrag, zusätzliche Freibeträge und Steuerermäßigungen (z. B. Altersfreibetrag).
- Steuerschuld kann durch Abzüge gemildert werden

Abzüge von der Bemessungsgrundlage nützen dabei nur Haushalten mit positivem Markteinkommen. Der Entlastungseffekt ist abhängig vom Steuersatz und steigt bei progressiven Tarifen mit steigendem zu versteuernden Einkommen. Diese Nachteile vermeiden Transferzahlungen, die auch jenen Haushalten zugute kommen, die keine oder nur geringe Steuern zahlen.

(2) durch Transferzahlungen, z. B.:
- Renten,
- Arbeitslosengeld, -hilfe,
- Sozialhilfe,
- Kindergeld,
- Erziehungsgeld,
- Wohngeld.

Transferzahlungen können personenbezogene Merkmale berücksichtigen. Mit Einkommensgrenzen kann dafür gesorgt werden, daß die Vergünstigungen auf den zu unterstützenden Empfängerkreis bis zu einem bestimmten Höchsteinkommen beschränkt bleiben.

(3) durch Realleistungen
→ Realtransfers und Infrastruktureinrichtungen, die v. a. von Beziehern niedriger Einkommen genutzt werden

(4) durch → Subventionen
kommen den Haushalten indirekt zugute. Sie begünstigen zunächst die Unternehmen, geben diese die Subvention weiter, so schlägt sich das in niedrigeren Preisen nieder, z. B. → Sozialer Wohnungsbau

Verteilungsrechnung

Gliederung des → Volkseinkommens in → Einkommen aus unselbständiger Arbeit und → Einkommen aus Unternehmertätigkeit und Vermögen. Ausgewiesen werden auch → Steuern und sonstige Abgaben, das → verfügbare Einkommen der → privaten und → öffentlichen Haushalte sowie die unverteilten Gewinne der Unternehmen.

Verteilungstheorie

Teilgebiet der Volkswirtschaftslehre, die sich mit den Bestimmungsgründen der Einkommens- und teilweise auch der Vermögensverteilung befaßt. Hinsichtlich der Einkommensverteilung sind die funktionale Verteilung auf die Produktionsfaktoren Arbeit und Kapital und die personelle Verteilung auf Haushalte voneinander zu unterscheiden.

Vertikale Preisbindung

– auch als Preisbindung der zweiten Hand bezeichnet – Verpflich-

Verursacherprinzip

tung des Einzelhandels gegenüber dem Hersteller, beim Verkauf der Ware einen vorgeschriebenen Preis einzuhalten. § 15 des Gesetzes gegen Wettbewerbsbeschränkung hat die vertikale Preisbildung allgemein verboten, eine Ausnahme besteht nur für Verlagserzeugnisse.

Verursacherprinzip

eines der Prinzipien der → Umweltpolitik. Diesem Prinzip zufolge wird der Verursacher mit den Kosten der Umweltschädigung belastet. Das heißt: Die negativen externen Effekte sind beim Emittenten als dem Verursacher zu internalisieren. Das Verursacherprinzip ist dabei sowohl auf Kosten anzuwenden, die durch schon entstandene Schäden hervorgerufen wurden, als auch auf Kosten der Vermeidung und des Ausgleichs von Umweltschäden.

Verwendungsrechnung

Gliederung des → Sozialprodukts (brutto oder netto) zu Marktpreisen in die Komponenten → privater Konsum, → staatlicher Konsum, → Investition (brutto oder netto) und → Außenbeitrag zum → Sozialprodukt.

VGR → Volkswirtschaftliche Gesamtrechnung

Volkseinkommen

Summe der → Erwerbs- und Vermögenseinkommen der → Inländer einer → Volkswirtschaft vor Abzug der → direkten Steuern, → Sozialbeiträge und sonstigen laufenden → Übertragungen. Entspricht als Inländereinkommen dem Nettosozialprodukt zu Faktorkosten.

Volkskapitalismus

Bezeichnung für die durch Beteiligung breitester Bevölkerungsschichten am Produktivvermögen angestrebte Dezentralisierung des → Kapitals und der Streuung der Kapitaleigner. Der Volkskapitalismus wird vor allem als Gegengewicht bzw. Alternative zur → Mitbestimmung vertreten. Vgl. auch → Vermögensbildung in Arbeitnehmerhand.

Volksvermögen

Produktiv- und Gebrauchsvermögen einer Volkswirtschaft abzüglich der Schulden an das Ausland und zuzüglich der Forderungen an das Ausland.

Volkswirtschaft

Oberbegriff für die gesamt- und einzelwirtschaftlichen Erscheinungen bzw. Vorgänge innerhalb eines mit dem Staatsgebiet eines Volkes zusammenfallenden Wirtschaftsraumes. Eine Volkswirtschaft – man bezeichnet sie auch als „Ökonomie" (engl. economy) – erhält ihre spezifische Prägung durch die jeweilige → Wirtschaftspolitik, weiterhin durch die ihr zugrundeliegenden rechtlichen und gesellschaftlichen Verhältnisse sowie durch sonstige Standortbedingungen wie Klima, Rohstoffvorkommen, Infrastruktur oder Lage gegenüber anderen Volkswirtschaften.

Volkswirtschaftliche Abgabenquote → Volkswirtschaftliche Steuerquote

Volkswirtschaftliche Gesamtrechnung

auch als nationale Buchhaltung oder volkswirtschaftliches Rechnungswesen bezeichnete Zusammenstellung von Strom-, Bestandsänderungs- und Bestandsrechnungen mit dem Ziel, ein statistisches Gesamtbild des → Wirtschaftskreislaufes eines Landes für eine abgelaufene Periode zu erhalten. Die so ermöglichte Ex-post-Beschreibung bildet die Grundlage für die von der → Makroökonomik zu leistende Ex-ante-Erklärung und Prognose sowie die darauf aufbauende Beeinflussung ökonomischer Prozesse durch die → Wirtschaftspolitik. Teilrechnungen der volkswirtschaftlichen Gesamtrechnung sind die → Sozialproduktsrechnung, die → Input-Output-Rechnung und die → gesamtwirtschaftliche Finanzierungsrechnung, weiterhin die Vermögensrechnung, die Geldbestands- und Geldbestandsänderungsrechnung sowie die Außenwirtschaftsrechnung (insbesondere in Form der → Zahlungsbilanz). Hinzu kommen Strukturanalysen etwa der Erwerbstätigkeit oder der → funktionalen bzw. → personellen Einkommensverteilung sowie sog. „Satellitensysteme", mit denen ergänzende Sachverhalte, unter anderem aus den Bereichen Ökologie-, Bildungs- und Gesundheitswesen, erfaßt werden. Allen voran hat hierbei die → umweltökonomische Gesamtrechnung an Bedeutung gewonnen. Sie versucht in erster Linie, die in der Sozialproduktsrechnung weitgehend vernachlässigten Umweltkosten des volkswirtschaftlichen Produktions- und Konsumverhaltens deutlich zu machen.

Volkswirtschaftliche Steuerquote

Anteil des Steueraufkommens in einer → Volkswirtschaft am Bruttosozialprodukt zu Marktpreisen. Durch Hinzurechnung der → Sozialbeiträge ergibt sich die volkswirtschaftliche Abgabenquote.

Volkswirtschaftlicher Produktionsapparat

Gesamtheit des → Anlagevermögens und der Lagerbestände (also des Sachkapitals) zuzüglich des Bestandes an nicht reproduzierbarem Sachvermögen (wie Grundstücken) und evtl. auch immateriellem → Vermögen, das im → Produktionsprozeß von → Unternehmen, → öffentlichen Haushalten und → privaten Organisationen ohne Erwerbszweck einsetzbar ist. Wohnbauten gelten unabhängig von den Eigentumsverhältnissen als Teil des volkswirtschaftlichen Produktionsapparates im → Sektor Unternehmen.

Volkswirtschaftslehre

wissenschaftliche Disziplin, welche die Tätigkeiten der → Wirtschaftssubjekte im Zusammenhang mit der Gewinnung und dem Verbrauch von → ökonomischen Gütern analysiert. Insbesondere versucht die Volkswirtschaftslehre – man bezeichnet sie auch als „Ökonomik" (engl.: Economics) → das ökonomische Geschehen zu verstehen und zu erklären (Erklärungsziel). Die Erkenntnis gesetzesmäßiger Zusammenhänge lässt sodann die bedingte Prognose künftiger Ereignisse möglich erscheinen (Prognoseziel). Neben diesen beiden verfolgt die Ökonomik seit jeher das Gestaltungsziel, d. h., sie will die → Wirtschaftspolitik und die Gesellschaft insgesamt beraten und beeinflussen.

Volkszählung

→ Totalerhebung zur Ermittlung von Umfang, Struktur, räumlicher Verteilung und Erwerbsverhalten der Wohnbevölkerung eines Landes und damit wichtiges Instrument der → Bevölkerungsstatistik und auch der → Erwerbstätigkeitsstatistik. Neben den ursprünglichen Erhebungszielen spielen Volkszählungen auch zur Schaffung von Auswahlgrundlagen für verschiedene Stichprobenerhebungen, vor allem den → Mikrozensus, für die Adjustierung von Bevölkerungsfortschreibungen und für Bevölkerungsprognosen eine große Rolle. In Deutschland fanden seit 1871 19 Volkszählungen statt, die bisher letzte 1987. In der üblichen Kombination mit einer → Arbeitsstättenzählung und einer Gebäude- und Wohnungszählung gewinnt die Volkszählung für Analysen und Maßnahmen auf dem Arbeits- und Wohnungsmarkt eine besondere Bedeutung.

Vollbeschäftigung

volkswirtschaftlicher Zustand, in dem das gesamte → Erwerbspersonenpotential ein zumutbares Beschäftigungsverhältnis finden kann. Da immer mit einem gewissen Niveau an → friktioneller bzw. → freiwilliger Arbeitslosigkeit zu rechnen ist, geht man allgemein davon aus, daß Vollbeschäftigung nicht erst bei einer → Arbeitslosenquote von 0%, sondern bereits bei einem geringen Wert derselben erreicht ist. Es besteht allerdings weder eine gesetzliche Definition noch wissenschaftlich oder politisch exakte Einigkeit darüber, bis zu welchem Wert der Arbeitslosenquote von Vollbeschäftigung gesprochen werden kann. Dennoch gilt das im → Stabilitäts- und Wachstumsgesetz als „hoher Beschäftigungsstand" formulierte Beschäftigungsziel allgemein erst bei Vollbeschäftigung als vollständig erreicht.

Vollerhebung → Totalerhebung

Vollkommenheit

eines → Marktes liegt vor, wenn die auf diesem Markt gehandelten Güter sachlich völlig gleichartig (homogen) sind, die Nachfrager keine persönlichen Präferenzen für einen Anbieter haben (und umgekehrt), es keine räumlichen Differenzen innerhalb der einzelnen Anbieter bzw. Nachfrager gibt, wenn keine zeitlichen Differenzierungen (z. B. unterschiedliche Lieferfristen) vorgenommen werden, und sowohl Anbieter als auch Nachfrager vollständig über alle Marktgegebenheiten informiert sind (vollständige Markttransparenz). Entsprechend liegt ein unvollkommener Markt vor, wenn mindestens eine dieser Bedingungen nicht erfüllt sind. Eines der wenigen Beispiele für vollkommene Märkte ist der Handel mit einem Wertpapier an der Börse. Dagegen dürften fast alle Konsumgütermärkte unvollkommen sein. Bei Vollkommenheit des Marktes gibt es für die Nachfrager keine Veranlassung, bei einem Anbieter einen höheren Preis zu bezahlen als bei dessen Konkurrenten, so daß sich auf solchen Märkten immer ein einheitlicher Preis bilden wird (Gesetz der Unterschiedslosigkeit der Preise, Law of Indifference).

Vollständige Konkurrenz → Polypol

Vorgezogenes Altersruhegeld

Anspruch auf „Altersrente für langjährige Versicherte" haben Versicherte, die das 63. Lebensjahr vollendet und eine Wartezeit von 35 Jahren erfüllt haben. Anspruch auf „Altersrente für Schwerbehinderte, Berufs- und Erwerbsunfähige" haben Versicherte, die das 60. Lebensjahr vollendet haben, anerkannte Schwerbeschädigte mit wenigstens 50% Behinderungsgrad oder berufs- oder erwerbsunfähig sind und eine Wartezeit von 35 Jahren nachweisen können. Anspruch auf „Altersrente wegen Arbeitslosigkeit" haben Versicherte, die das 60. Lebensjahr vollendet haben, arbeitslos sind und innerhalb der letzten eineinhalb Jahre insgesamt 52 Wochen arbeitslos waren, in den letzten 10 Jahren 8 Jahre Pflichtbeitragszeiten hatten und die Wartezeit von 15 Jahren erfüllt

Vorleistungen

haben. Anspruch auf „Altersrente für Frauen" haben weibliche Versicherte, die das 60. Lebensjahr vollendet haben, nach Vollendung des 40. Lebensjahres mehr als 10 Pflichtbeitragszeiten und die Wartezeit von 15 Jahren erfüllt haben. Das Rentenreformgesetz 1992 sieht bei den Altersrenten für langjährig Versicherte und bei der Altersrente wegen Arbeitslosigkeit sowie bei der Altersrente für Frauen ab dem Jahr 2001 eine stufenweise Anhebung der Altersgrenze auf 65 Jahre vor, ermöglicht jedoch nach wie vor eine vorzeitige Inanspruchnahme der Rente ab 62 Jahren, allerdings mit versicherungstechnische Abschlägen von der „Standardrente".

Vorleistungen

von produzierenden Wirtschaftseinheiten bezogene nichtdauerhafte Produktionsgüter, die im Betrachtungszeitraum im → Produktionsprozeß eingesetzt, d. h. verbraucht, be- oder verarbeitet oder in andere Sachgüter eingebaut wurden. Vorleistungen sind entweder Sachgüter (Roh-, Hilfs-, Betriebs- und Brennstoffe, Halbfabrikate, Handelsware) oder Dienstleistungen (Transportkosten, Mieten, Reisekosten, Anwaltshonorare etc.) einschl. der Aufwendungen für die laufende Instandhaltung der dauerhaften Produktionsmittel. Den Quotienten aus Vorleistungen und → Produktionswert bezeichnet man als Vorleistungsquote. Von den Vorleistungen zu unterscheiden sind → Vorprodukte.

Vorprodukte

von produzierenden Wirtschaftseinheiten bezogene nichtdauerhafte Produktionsmittel, die – anders als → Vorleistungen – im Betrachtungszeitraum nicht im → Produktionsprozeß eingesetzt werden und deshalb den Lagerbestand des Käufers erhöhen.

Vorratsvermögen

produzierte Güter im Bestand einer Wirtschaftseinheit oder Volkswirtschaft, die noch nicht verbraucht, exportiert oder zur Bildung von Anlagevermögen verwendet wurden. Es kann Vorprodukte (aus fremder Produktion), halbfertige und fertige Erzeugnisse aus eigener Produktion und Handelsware beinhalten.

Vorruhestand → Vorruhestandsgeld

Vorruhestandsgeld

Nach dem Gesetz über die Vorruhestandsregelung für → Arbeitnehmer, die auf den Zeitraum vom 1.5.1984 bis zum 31.12.1988 befristet war, konnten Arbeitnehmer, die 58 Jahre oder älter waren, frühzeitig in den Ruhestand gehen. In solchen Fällen zahlte der → Arbeitgeber dem betreffenden Arbeitnehmer ein sogenanntes Vorruhestandsgeld bis zum möglichen Rentenbeginn. Die Höhe des Vorruhestandsgeldes mußte nach den gesetzlichen Regelungen mindestens 75% des letzten Bruttoarbeitsentgelts betragen, lag aber aufgrund von tarifvertraglichen Bestimmungen oder Einzelvereinbarungen in der Regel sogar bei 75 bis 80%. Im Falle einer Wiederbesetzung des Arbeitsplatzes gewährte die → Bundesanstalt für Arbeit einen Zuschuß zum Vorruhestandsgeld. Zu beachten ist, daß das Vorruhestandsgeld selbst eine Zahlung des Arbeitgebers und keine → Lohnersatzleistung der Bundesanstalt für Arbeit war. Der von ihr an den Arbeitgeber gewährte Zuschuß leistete aber durch den Anreiz, Neueinstellungen vorzunehmen, einen Beitrag zur Verringerung der Arbeitslosigkeit. Insofern war die Vorruhestandsregelung ein Instrument der → aktiven Arbeitsmarktpolitik.

Vorsichtskasse

Teil der → Geldnachfrage, den die → Wirtschaftssubjekte aus Vorsichtsgründen als Kasse halten, um unvorhergesehene Zahlungen leisten zu können. Die Haltung von Vorsichtskasse entspricht nach *J. M. Keynes* der Unsicherheit über Höhe und zeitliche Synchronisation von Zahlungsein- und -ausgängen. Unterstellt man, daß die daraus resultierende Geldnachfrage vom Volumen der Transaktionen abhängt, so läßt sich die Vorsichtskasse als „Zuschlag" auf die → Transaktionskasse auffassen.

Vorsorgeprinzip

eines der Prinzipien der → Umweltpolitik. Das → Verursacherprinzip als marktkonformes umweltpolitisches Prinzip stößt bspw. dann an Grenzen, wenn schnell gehandelt werden muß, um Gefahren für die Gesundheit abzuwenden. Ziel des Vorsorgeprinzips ist es, in solchen oder ähnlichen Fällen, potentielle Umweltgefahren zu vermeiden. Nach dem Vorsorgeprinzip sollen präventive umweltpolitische Maßnahmen eine → nachhaltige Entwicklung sicherstellen.

Vorsteuerabzugsverfahren → Mehrwertsteuer, Umsatzsteuer

W

Wachsende Wirtschaft → Investition

Wachstum → Wirtschaftswachstum

Wachstumsbedingte Arbeitslosigkeit

tritt auf, wenn die Steigerung des gesamtwirtschaftlichen Produktionspotentials langfristig zu gering ist, um bei einer gegebenen Steigerung der → Arbeitsproduktivität genügend Arbeitsplätze für ein gegebenes → gesamtwirtschaftliches Arbeitsangebot zur Verfügung zu stellen. Wird die Steigerung des Produktionspotentials von einer zu geringen Investitionstätigkeit verursacht, handelt es sich um eine Form der → Kapitalmangelarbeitslosigkeit. Liegt dagegen eine längerfristige Schwäche der gesamtwirtschaftlichen Güternachfrage zugrunde, kann von einer Art → Nachfragemangelarbeitslosigkeit gesprochen werden. Im Gegensatz zum Fall der → konjunkturellen Arbeitslosigkeit muß es sich hier aber wirklich um ein längerfristiges Phänomen handeln. Da die Definition der wachstumsbedingten Arbeitslosigkeit von gegebenen Steigerungsraten der Arbeitsproduktivität und des gesamtwirtschaftlichen Arbeitsangebots ausgeht, gibt es bereits theoretisch, v. a. aber empirisch erhebliche Abgrenzungsprobleme zur → technologischen und → demographisch bedingten Arbeitslosigkeit.

Wachstumsdeterminante

Folgende Faktoren beeinflussen das → Wirtschaftswachstum und stellen Ansatzpunkte für eine staatliche → Wachstumspolitik dar:
1. Sachkapital oder Realkapital, Bestand an produzierten Produktionsmitteln, die für die Produktion von Gütern und Dienstleistungen verwendet werden,
2. → Humankapital in Form von an Personen gebundenes Wissen,
3. Umfang des technologischen Wissens (Verständnis der Gesellschaft, wie die Welt funktioniert. → Humankapital betrifft dagegen die Ressourcen, die dazu aufgewendet werden, den Arbeitskräften dieses Verständnis zu vermitteln),
4. Wettbewerb auf Faktor- und Gütermärkten,
5. Freihandel von Waren, Dienstleistungen und Wissen,

Wachstumsgrenze

6. Form und Ausmaß staatlicher → Regulierung,
7. Qualität der öffentlichen → Infrastruktur,
8. Qualität von Bildungs- und Ausbildungssystem (in engem Zusammenhang zum → Humankapital)
9. Ausgestaltung des Steuersystems,
10. Ausmaß von Verteilungsunterschieden,
11. Stabilität des politischen Systems.

Wachstumsgrenze → Grenzen des Wachstums

Wachstumspolitik

Gesamtheit der Maßnahmen zur Förderung des → Wirtschaftswachstums. Wachstumspolitische Maßnahmen lassen sich in vielen Bereichen der Wirtschaftspolitik ergreifen. Sie sind dadurch gekennzeichnet, daß bei ihnen längerfristige Aspekte im Vordergrund stehen, und daß sie darauf abzielen, die wirtschaftliche Leistungsfähigkeit eines Landes und damit den Wohlstand der Bürger in einem Land zu erhöhen. Ansatzpunkte für eine Wachstumspolitik findet man bei den → Determinanten des Wachstums. Entsprechend können Teile der Ordnungspolitik als Wachstumspolitik begriffen werden, denn in der Realität sind gerade in den staatlichen Rahmenbedingungen Ursachen für Wachstumshemmnisse festzustellen. Die Wettbewerbspolitik wird schon seit *A. Smith* von vielen Ökonomen als die klassische Form von Wachstumspolitik angesehen. Ziel ist es dabei auf den verschiedenen Märkten für einen reibungslos funktionierenden Preismechanismus zu sorgen. Wichtige ordnungspolitische Maßnahmen sind hier z. B. das Gesetz gegen Wettbewerbsbeschränkungen oder die Verhinderung des Mißbrauchs von Marktmacht. Eine weitere wachstumspolitisch bedeutsame ordnungspolitische Maßnahme ist etwa die → Deregulierung von Märkten. Wachstumspolitische Relevanz besitzt auch die → Technologiepolitik, die Bildungspolitik, die → Umweltpolitik, die → Strukturpolitik, die Außenhandelspolitik und die Steuerpolitik:

- Wirtschaftliches Wachstum hängt sehr stark von der Weiterentwicklung technologischen Wissens ab. So können Maßnahmen der → Technologiepolitik, wie z. B. Subventionierung privater Forschung, staatliche Grundlagenforschung, Patentschutz usw. wichtige wachstumspolitische Maßnahmen sein.
- Die Bildung von Humankapital, eine wichtige Determinante des Wirtschaftswachstums, läßt sich durch die Bildungspolitik direkt beeinflussen.
- Die Umwelt kann als Input einer volkswirtschaftlichen Produktionsfunktion betrachtet

werden. Eine hohe produktionstechnische Effizienz ermöglicht eine ressourcenschonende Produktion.
- Durch die Bereitstellung einer guten Infrastruktur kann der Staat wichtige wachstumspolitische Voraussetzungen schaffen.
- Das Steuersystem kann starken Einfluß auf die Investitionsbereitschaft der Unternehmen haben. Durch Abschreibungsvergünstigungen, Investitionsprämien niedrige Gewinnsteuern für nichtausgeschüttete Gewinne, Verlustvor- oder -rücktrag kann die private Investitionstätigkeit angeregt werden.
- Schließlich fördert ein freier Handel von Waren, Dienstleistungen und Wissen das Wirtschaftswachstum. Ein Abbau von Handelshemmnissen kann insofern ebenfalls dem Wachstumsziel dienen.

Wachstumsrate

Ganz allgemein stellt die Wachstumsrate einer Größe eine → Veränderungsrate dar. Speziell bezeichnet die Wachstumsrate des Wirtschaftswachstums den prozentualen Anstieg des Bruttoinlandsproduktes eines Landes (siehe auch → Konjunkturzyklen). Als gleichgewichtig bezeichnet man in der → Wachstumstheorie eine Wachstumsrate, die sich aus der erfüllten Gleichgewichtsbedingung für eine wachsende Wirtschaft als Lösung ergibt. Unter einer befriedigenden Wachstumsrate versteht Harrod jene (hypothetische) Wachstumsrate, bei der die Wirtschaftspläne der Unternehmen realisiert werden. Die natürliche Wachstumsrate ist die durch Bevölkerungswachstum und technischen Fortschritt bestimmte Wachstumsrate. Als angemessen wird die Wachstumsrate im Zustand der Vollbeschäftigung bezeichnet.

Wachstumstheorie

beschäftigt sich mit der Erklärung des langfristigen wirtschaftlichen Wachstums. Als Determinanten des Wachstums werden dabei vor allem Kapitalakkumulation (Investitionsquote), Bevölkerungswachstum und → Technischer Fortschritt gesehen. Harrod und Domar versuchten mit Hilfe von Wachstumsmodellen, die einen hohen Abstraktionsgrad aufweisen, die Frage nach den Bedingungen eines makroökonomischen dynamischen Gleichgewichts, nach der Möglichkeit von einem Gleichgewichtspfad zu einem andern überzugehen und nach dem optimalen Wachstumspfad zu beantworten (siehe → *Harrod-Domar*-Modell). Als Prämissen gehen in die Wachstumsmodelle bestimmte Annahmen über die technischen Bedingungen der Produktion (Produktionsfunktion); das Verhalten der Unternehmer und Haushalte (Investitionsfunktion, Sparfunktion), die Wachstumsrate der Bevölkerung, Art und Ausmaß des → technischen Fortschritts und die Annahme der Vollbeschäftigung bzw. der Vollauslastung der Kapazitäten ein. Weiterentwicklungen bezogen verschiedene Aspekte des → technischen Fortschritts ein, berücksichtigten monetäre Faktoren oder bildeten Teilmärkte (wie Konsumgüter- und Produktionsmittelindustrie). Der Einfluß von Investitionen in → Humankapital und in → Infrastruktur sowie der mit ihnen verbundenen Effekte auf die Wachstumsraten stehen seit den 70er Jahren im Zentrum der Analysen. Die Modelle der neuere Wachstumstheorie sind durch ihre konsequente Mikrofundierung gekennzeichnet. Die Konsum-, Spar-, Investitions- und Arbeitsangebotentscheidungen werden aus Optimierungskalkülen rational handelnder Wirtschaftssubjekte gewonnen. Die Wachstumsraten ergeben sich modellendogen als Ergebnis von individuellen Entscheidungen (endogenes Wachstum). Die ökologische Wachstumstheorie schließlich zieht die Auswirkungen von Produktion und Konsum auf die natürliche Umwelt mit in die Betrachtung ein (→ Qualitatives Wachstum).

Wagnersches Gesetz der wachsenden Staatstätigkeit

Das von *Adolph Wagner* aufgestellte „Gesetz" besagt, daß im moderenen Rechts- und Wohlfahrtsstaat die Aufgaben des Staates nach Art und Umfang langfristig zunehmen und damit der vom Staat beanspruchte Anteil am Sozialprodukt wächst.

Wahlparadoxon → *Arrow*-Paradoxon

Wahrscheinlichkeit

eine der relativen Häufigkeit einer → Häufigkeitsverteilung entsprechende, auf den Wertebereich zwischen Null und Eins normierte reelle Zahl, um das Eintreten zufälliger Ereignisse bzw. die Tatsache, daß eine → Zufallsvariable einen bestimmten Wert annimmt, zu charakterisieren. Für die Festlegung konkreter Wahrscheinlichkeitswerte gibt es drei Prizipien:

1. Laplace'sches Wahrscheinlichkeitsprinzip: Es wird davon ausgegegangen, daß alle möglichen Elementarereignisse (z. B. die bei einem Würfelwurf erscheinenden Zahlen) dieselbe Wahrscheinlichkeit haben, realisiert zu werden. Die Wahrscheinlichkeit für ein irgendwie definiertes Ereignis bzw. den Wert einer Zufallsvariable (z. B. „es wird mindestens eine Zwei gewürfelt") ergibt sich dann aus der Zahl der „günstigen" Fälle, dividiert durch die Zahl aller möglichen Fälle.

2. Statistisches Wahrscheinlichkeitsprinzip: Die Wahrschein-

lichkeiten für zukünftige Ereignisse bemessen sich daran, wie oft das Ereignis in der Vergangenheit eingetreten ist. In dieser Fassung wird die Verwandtschaft der Wahrscheinlichkeit mit der relativen Häufigkeit besonders deutlich.
3. Subjektivistisches Wahrscheinlichkeitsprinzip: Vergabe von subjektiv erwarteten Wahrscheinlichkeiten für die Ereignisse ohne wissenschaftliche bzw. empirische Fundierung.

Wahrscheinlichkeitsfunktion

Funktion einer diskreten → Zufallsvariablen, die jeder rellen Zahl x die → Wahrscheinlichkeit zuordnet, mit der die Zufallsvariable eben den Wert x annimmt. Sie ist insofern mit einer (relativen) → Häufigkeitsverteilung vergleichbar. Ihr Pendant bei stetigen Zufallsvariablen ist die → Dichtefunktion. Außerdem kann aus der Wahrscheinlichkeitsfunktion durch Kumulierung der Wahrscheinlichkeiten die zugehörige → Verteilungsfunktion der Zufallsvariablen gewonnen werden.

Währung

Begriff für
1. die gesamte Geldverfassung eines Landes (→ Währungssystem),
2. die konkrete Währungseinheit eines Landes, z. B. für die USA der US-$.

Währungskonkurrenz

besteht, wenn einzelne nationale Währungen um die Übernahme internationaler Geldfunktionen, insbesondere der Funktion der Wertaufbewahrung und des Zahlungsmittels, konkurrieren. Entscheidendes Kriterium für die Übernahme internationaler Geldfunktionen bildet die Sicherheit vor Entwertung durch → Inflation und → Abwertung. Sogenannte → Leitwährungen, die in der Weltwährungshierarchie weit oben stehen, besitzen den Vorteil, daß sie aufgrund hoher „Liquiditätsprämien" über ein international niedriges (reales) Zinsniveau verfügen. Solche Währungen werden auch als Reservewährungen weltweit präferiert (Weltreservewährungen).

Währungsordnung

grundlegende vertragsmäßige bzw. gesetzliche Regelung des Währungswesens einer → Volkswirtschaft bzw. eines Währungsraumes. Die Festlegungen gelten einerseits in internationaler Hinsicht (vgl. internationales → Währungssystem), andererseits in nationaler Hinsicht, d. h. die Ordnung des Geldwesens und der nationalen Währungseinheit betreffend.

Währungspolitik

Gesamtheit staatlicher Maßnahmen zur Gestaltung der → Wäh-

Währungsreform

rungsordnung, insbesondere des Geld- und Kreditwesens, einschließlich der rechtlichen Regelung des Aufbaus der → Zentralbank und des Zentralbanksystems sowie des währungs-, geld- und kreditpolitischen Instrumentariums. Die binnenwirtschaftlich orientierte Währungspolitik erstreckt sich im wesentlichen auf den nationalen Bereich und umfaßt vor allem die → Geld- und Kreditpolitik mit der Aufgabe, eine dem Ziel der Stabilität gemäße Geld- und Kreditversorgung zu sichern. Die international orientierte Währungspolitik ist eng mit der → Außenwirtschaftspolitik verknüpft, sie beinhaltet insbesondere die Zahlungsbilanz- und Wechselkurspolitik. Ihr Ziel besteht darin, außenwirtschaftliche Störungen, speziell destabilisierende Kapitalbewegungen, zu vermeiden. Als extreme Maßnahme ist auch die → Devisenbewirtschaftung Teil der Währungspolitik.

Währungsreform

grundlegende Neuordnung des Geldwesens einer → Volkswirtschaft, typischerweise mit dem Zweck der Beendigung einer → Hyperinflation. Bei der deutschen Währungsreform 1948 trat die Deutsche Mark als neue Währungseinheit an die Stelle der Reichsmark. Damals wurden die laufenden Verbindlichkeiten wie zum Beispiel Löhne im Verhältnis 1:1, bestehende Verbindlichkeiten grundsätzlich im Verhältnis 10 zu 1 umgestellt.

Währungsreserven

Bestand an kurzfristig mobilisierbaren, unbedingten Auslandsforderungen sowie Währungsmetallen bei der zentralen Währungsbehörde eines Landes. Die Währungsreserven der → Deutschen Bundesbank umfassen ihre Devisenreserven, d.h. hauptsächlich kurzfristig verfügbare US-$-Guthaben bei ausländischen Banken sowie (sonstige) Geldmarktanlagen im Ausland einschließlich Sorten, weiterhin Gold, → Sonderziehungsrechte und die Reserveposition im → Internationalen Währungsfonds. Die Währungsbehörde kann mit den vorhandenen bzw. beschaffbaren Fremdwährungen an den → Devisenmärkten intervenieren oder den internationalen Zahlungsverpflichtungen des Staates nachkommen.

Währungssubstitution

liegt vor, wenn → Geld in fremder Währung die Inlandswährung in ihrer Zahlungsmittel- und Wertaufbewahrungsfunktion teilweise oder ganz ersetzt, d.h. wenn Inländer sowohl inländisches Geld als auch ausländisches Geld halten.

Währungssystem

rechtliche Ordnung des Währungswesens eines Landes, wobei zwischen dem nationalen Währungssystem (welches im wesentlichen das Geld- und Kreditwesen betrifft) und dem internationalen Währungssystem zu unterscheiden ist. Unter letzterem ist die Gesamtheit der Regeln zu verstehen, nach denen die → Wirtschaftssubjekte eines Landes die Bezahlung ihres internationalen Güter- und Kapitalverkehrs in unterschiedlichen Währungen durchführen können. Währungssysteme lassen sich hauptsächlich durch zwei Kriterien kennzeichnen. Ein Merkmal ist der Grad der Freizügigkeit grenzüberschreitender Zahlungen. Man differenziert diesbezüglich zwischen Währungssystemen mit freier → Konvertibilität und Systemen der → Devisenbewirtschaftung. Währungssysteme mit (mehr oder weniger) freier Konvertibilität können weiterhin nach dem gewählten → Wechselkursregime unterschieden werden.

Währungsunion → Wechselkursregime

Walras-Gesetz

ökonomische Gesetzmäßigkeit, deren Erkenntnis auf den französischen Nationalökonomen *Léon Walras* (1834–1910) basiert. Sie geht davon aus, daß jedes rational handelnde → Wirtschaftssubjekt seine Ausgaben (Käufe) für die unterschiedlichsten Zwecke (bspw. auch für den Erwerb von Wertpapieren oder von Bankguthaben) nur in Höhe seiner geplanten Einnahmen (Verkäufe) aus den ihm verfügbaren Quellen (etwa auch durch Verschuldung oder Auflösung von Bankguthaben) planen wird. Daraus folgt, daß die Summe der von allen Wirtschaftseinheiten auf allen Märkten geplanten Ausgaben (Käufe) der Summe der auf allen Märkten geplanten Einnahmen (Verkäufe) entspricht. In dem vier → Märkte umfassenden System der → Makroökonomik gilt deshalb die Aussage: Ist der Wert der Käufe und Verkäufe auf drei Märkten der → Volkswirtschaft ausgeglichen, so muß dies auch auf dem vierten Markt der Fall sein. Dieses „Gesetz" rechtfertigt die übliche Vorgehensweise der Makroökonomik, nur drei Märkte zu analysieren, wobei meist der Wertpapiermarkt vernachlässigt wird.

Warenkorb → Preisindex

WBF → Wissenschaftlicher Beirat beim Bundesministerium der Finanzen

WBW → Wissenschaftlicher Beirat beim Bundesministerium für Wirtschaft

Wechselkurs

Wechselkurs

Preis, zu dem zwei Währungen ausgetauscht werden. Man unterscheidet den Wechselkurs in Preisnotierung, beispielsweise die Relation Euro zu Dollar (man spricht auch vom Devisenkurs) und den Wechselkurs in Mengennotierung, beispielsweise die Relation Dollar zu Euro. Über die Bildung von Wechselkursen gibt es zahlreiche → Wechselkurstheorien.

Wechselkursarbitrage → Devisenarbitrage

Wechselkursmechanismus

– auch als Zahlungsbilanzausgleichsmechanismus bezeichnet – Rückkopplungseffekt auf den → Devisenmarkt bei flexiblen → Wechselkursen. Danach lösen Ungleichgewichte auf dem → Devisenmarkt Wechselkursänderungen aus; die dadurch bewirkte Anpassung von Exporten und Importen bringt den Devisenmarkt aber wieder ins Gleichgewicht. Die geschilderte automatische Stabilisierung der Zahlungsbilanz durch flexible Wechselkurse impliziert einen gewissen „Abschirmungseffekt" gegenüber außenwirtschaftlichen Einflüssen. Dieser gilt gemeinhin als zentraler Vorteil eines Systems flexibler Wechselkurs.

Wechselkurspolitik

Gesamtheit der Maßnahmen zur Beeinflussung des → Außenwertes einer Währung, insbesondere die Anpassung des → Wechselkurses an veränderte Devisenmarktsituationen. Für die Wechselkurspolitik sind typischerweise die Regierungen (und nicht die Zentralbanken) zuständig.

Wechselkursregime

Regelung der Wechselkursbildung in einem → Währungssystem. In Währungssystemen mit frei flexiblen → Wechselkursen bilden sich die Devisenkurse völlig ungehindert aus dem Zusammenspiel von Angebot und Nachfrage der Marktteilnehmer am → Devisenmarkt. Dieser idealtypische Fall ist in der Realität letztlich so gut wie nie anzutreffen. Wesentlich häufiger wird dem gegenüber das Währungssystem mit flexiblen Wechselkursen und managed floating praktiziert. Es ist durch fallweise Eingriffe der Währungsbehörden gekennzeichnet. Beispielsweise besteht ein solches System faktisch im Verhältnis der weltweit führenden Währungen US-$, japanischer Yen und → Euro. Daneben existiert in mehreren Regionen der Welt ein Währungssystem mit stufenflexiblen Wechselkursen (anpassungsfähige Festkurse). In diesem System „relativ" fester Devisenkurse wird jeweils ein bestimmtes Austauschverhältnis zu den Währungen anderer Staaten festgelegt. Man spricht hier auch von Leitkursen oder Paritätskursen. Dabei gibt es zwar einen freien Devisenmarkt, auf dem sich die Kurse nach Angebot und Nachfrage bilden. Der Staat setzt indes Höchst- und Niedrigstkurse fest, bis zu denen der Marktkurs vom Leitkurs abweichen darf. Spätestens bei Erreichen des Höchst- oder Niedrigstkurses sind die Zentralbanken der beteiligten Länder dazu verpflichtet einzugreifen. Die Höchst- und Niedrigstkurse heißen daher auch (obere bzw. untere) Interventionspunkte. Die Eingriffe (Interventionen) bestehen darin, daß die Zentralbank des Schwachwährungslandes die Währung des Starkwährungslandes verkauft, während umgekehrt die Zentralbank des Starkwährungslandes die Währung des Schwachwährungslandes ankauft. Dadurch kommt es zu einem zusätzlichen Angebot der starken und einer zusätzlichen Nachfrage nach der schwachen Währung. Die Folge ist eine Stabilisierung des Marktkurses, wodurch dieser wieder näher an den Leitkurs gerückt wird. Beispiel für ein System stufenflexibler Wechselkurse war das → Europäische Währungssystem (1979–1998), in dem zwischen den Währungen seiner Mitglieder ein „Paritätengitter" mit einer bestimmten Schwankungsbreite (Bandbreite) der Marktkurse um die jeweiligen bilateralen Leitkurse festgelegt war. Für den Fall „fundamentaler Ungleichgewichte" bestand dabei die Möglichkeit einer Neufestsetzung der Paritäten (Realignment). In einem System mit absolut festen Wechselkursen ist der Wechselkurs grundsätzlich unwiderruflich fixiert. Beispiel hierfür war das vor dem 1. Weltkrieg (und teilweise auch noch bis in die 20er Jahre praktizierte System des → Goldstandards. Unter der gleichzeitigen Voraussetzung einer uneingeschränkten → Konvertibilität der Währungen sowie völliger Freiheit des Kapitalverkehrs entspricht ein derartiges System einer Wechselkursunion. Diese ist ihrerseits eine Vorstufe zu bzw. – was die ökonomischen Konsequenzen angeht – praktische gleichzusetzen mit einer Währungsunion, in der nur noch eine gemeinsame einheitliche Währung existiert. Siehe auch → Europäische Währungsunion.

Wechselkursspaltung

in einigen Ländern von den Zentralbanken durchgeführte Sonderbehandlung von Transaktionen zwischen Inländern und Ausländern, die dementsprechend einem anderen → Wechselkurs unterworfen werden. Typischerweise wird inländischen Exporteuren und ausländischen Importeuren heimischer Güter und Dienstleistungen ein für sie günstigerer Währungskurs gestellt. Dies soll

Wechselkurstheorien

die Konkurrenzfähigkeit der Inlandsproduktion auf dem Weltmarkt verbessern. Weiterhin werden → Kapitalexporte zu einem günstigen, hingegen Kapitalimporte zu einem ungünstigen „Finanzkurs" abgerechnet, um die inländische Ersparnisbildung zu fördern.

Wechselkurstheorien

befassen sich mit der Frage, welche Bestimmungsfaktoren für die Wechselkursentwicklung maßgeblich sind, und über welche Wirkungskette sie die → Wechselkurse beeinflussen. Es lassen sich zum einen Erklärungsansätze unterscheiden, die die Wechselkursentwicklung kurzfristig oder langfristig auf der Basis von Gegenwarts- oder Vergangenheitswerten gesamtwirtschaftlicher Größen erklären. Solche Modelle, die fundamentale Größen als erklärende Variable nutzen, werden als traditionelle Wechselkursmodelle bezeichnet. Zum anderen gibt es neuere Wechselkurstheorien, die die → Erwartungen der Marktteilnehmer in den Mittelpunkt stellen. Die traditionellen Modelle lassen sich in 3 Gruppen gliedern. Es gibt rein güterwirtschaftliche Erklärungen der Wechselkursbildung sowie ebenso rein finanzwirtschaftliche sowie die Verbindung realer und monetärer Größen als Determinanten der Wechselkursentwicklung. Die neueren Ansätze lassen sich danach unterscheiden, ob sie bei den Akteuren rationale oder nicht-rationale Erwartungen unterstellen. Bei den reinen Gütermarktansätzen ergibt sich das gleichgewichtige Wechselkursniveau ausschließlich durch Größen, die auf den Gütermärkten bestimmt werden. Hierzu zählen die → Kaufkraftparitätentheorie sowie die Einkommenstheorie des Wechselkurses. Letztere stellt auf die Entwicklung des Realeinkommens ab. Demzufolge bewirkt eine Einkommenserhöhung im Inland eine Zunahme der → Importe. Bei vorher ausgeglichener → Leistungsbilanz kommt es zu einem Leistungsbilanzdefizit. Daraus resultiert eine → Abwertung der Inlandswährung, die das Leistungsbilanzdefizit kompensiert, denn bei stabilen → Devisenmärkten sorgt der Wechselkurs – wenn von internationalen Kapitalbewegungen abgesehen wird – für eine ausgeglichene Leistungsbilanz. Bei den reinen Finanzmarktansätzen spielen die Güterströme für die Wechselkursbestimmung keine Rolle. Diese Erklärungen analysieren kurzfristige Kapitalbewegungen und sind daher im Gegensatz zu den güterwirtschaftlichen Ansätzen zur Betrachtung kurzfristiger Wechselkursänderungen geeignet. Zu den rein finanzwirtschaftlichen Erklärungen gehört die → Zinsparitätentheorie. Sie bildet den Grundbaustein der Finanzmarktansätze unter den traditionellen Wechselkurstheorien. Wäh-

Wechselkurstheorien

rend bei der Zinsparitätentheorie die vollständige Substituierbarkeit in- und ausländischer Aktiva angenommen wird, gehen die Portfoliomodelle von unvollkommener Substituierbarkeit zwischen verschiedenen Finanzaktiva aus. Diese Modelle sind deshalb allgemeiner als die Zinsparitätentheorie. Sie unterstellen nicht, daß Anlieger völlig indifferent zwischen alternativen internationaler Finanzaktiva sind, sofern die Erträge übereinstimmen, sondern sie beziehen die Möglichkeit mit ein, daß alternative Anlagen mit unterschiedlichen Risiken behaftet sind, die zusammen mit Ertragsüberlegungen die Anlageentscheidung beeinflussen. Die Änderung relativer Ertragsraten oder veränderter Risikoeinschätzungen beeinflussen demnach das optimal angesehene Portfolio und lösen als Reaktion Portfolioumschichtungen aus. Neben dem beschriebenen „monokausalen Erklärungsansätzen" existieren mehrschichtige Theorien zur Wechselkursentwicklung. Diese ziehen sowohl reale als auch monetäre Größen zur Erklärung heran. Die monetaristische Wechselkurstheorie erklärt die Höhe des Wechselkurses durch die Geldbestände im In- und Ausland. Bausteine dieses Ansatzes sind die → Quantitätstheorie und die → Kaufkraftparitätentheorie. Wenn im Inland die → Geldmenge zunimmt, muß sich nach der Quantitätstheorie, die ein allgemeines Gleichgewicht im realwirtschaftlichen Bereich, also auch → Vollbeschäftigung unterstellt, das inländische Preisniveau erhöhen. Gemäß der Kaufkraftparitätentheorie führt ein Anstieg des inländischen Preisniveaus bei Konstanz des ausländischen zu einer Abwertung der heimischen Währung. Aus dem monetaristischen Ansatz folgt, daß eine (im Vergleich zum Ausland) expansive → Geldpolitik zur Abwertung führt. Bei langsamen Preisreaktionen kann dieser Schluß indes unzutreffend sein. Im *Dornbusch-Modell* wird das monetaristische Modell erweitert. Zum einen wird hier die unrealistische Annahme völliger Preisflexibilität durch die Annahme „träger Preisanpassungen" ersetzt, und zum anderen wird die Zinsparität berücksichtigt. Die dynamischen Portfolio-Modelle erweitern schließlich die kurzfristigen Portfolioansätze um Gütermarkt- und Leistungsbilanzeffekte, die Folge des Wechselkurses sind und auf diesen über Veränderungen der Auslandsvermögensbestände zurückwirken. Portfolio-Modelle erlauben es, Zahlungsbilanzmechanismen in die Wechselkurstheorie zu integrieren. Allen traditionellen Wechselkursmodellen ist gemeinsam, daß der empirische Befund relativ unbefriedigend ist. Seit den 80er Jahren setzte in der Wechselkurstheorie verstärkt die Entwicklung einer Reihe von Ansätzen ein, die sich von den traditionellen Modellen in einem Punkt deutlich

Wechselkurstheorien

abheben. Sie versuchen nicht mehr, die Wechselkursentwicklung durch die Entwicklung von ökonomischen Fundamentalvariablen in der Vergangenheit oder durch deren aktuelle Werte zu erklären, sondern sie weisen auf die Bedeutung von Unsicherheit und von Erwartungen über die Entwicklung fundamentaler Variablen hin. Eine Gruppe von Ansätzen geht von der Gültigkeit der Hypothese der rationalen Erwartungen aus und zeigt, wie es trotzdem zu Wechselkursschwankungen und zur Verzerrung von Terminkursen kommen kann. Die andere Gruppe von Ansätzen stellt die Annahme rationaler Erwartungen in Frage. Die meisten Ansätze gehen indes von der Hypothese rationaler Erwartungen aus. Hierzu gehört das Risikoprämien-Modell, nach dem eine Risikoprämie Ursache sein kann, warum der Terminkurs von der Wechselkurserwartung abweicht. In diesem Fall ist der Terminkurs selbst bei rationalen Erwartungen nicht zur Vorhersage der Kassakursentwicklung geeignet. Demgegenüber stellt der News-Ansatz Erwartungsirrtümer in den Mittelpunkt. Solche Erwartungsirrtümer entstehen immer dann, wenn die Entwicklung der Fundamentalvariablen falsch prognostiziert wurde. Die unvorhergesehene Entwicklung einer fundamentalen Größe, also die Abweichung zwischen einer realen Größe und deren Erwartungswert, kann dann die gleichen Wechselkursschwankungen bewirken wie die Änderung realer Größen in den traditionellen Wechselkursmodellen. Als rationale spekulative Blasen (→ bubbles) bezeichnet man Wechselkursentwicklungen, die über einem bestimmten Zeitraum hinweg mit zunehmenden Abweichungen des Kassakurses von dem durch fundamentale Variable erklärten Niveau einhergehen. Die Gültigkeit der Hypothese rationaler Erwartungen für den Devisenmarkt wird seit Ende der 80er Jahre häufiger angezweifelt. Wenn man fragt, wie die Akteure am Devisenmarkt ihre Kauf- bzw. Verkaufsentscheidungen treffen, so ist festzustellen, daß die Marktteilnehmer für kürzerfristige Prognosen vor allem Techniken der Chart-Analyse, während sie sich für die Betrachtung längerer Fristen stärker von der Entwicklung fundamentaler Variablen leiten lassen. Auch wenn sehr unterschiedliche Techniken der Chartanalyse existieren, so laufen sie in den meisten Fällen doch auf eine Form von Extrapolation der unmittelbar zurückliegenden Wechselkursbewegungen hinaus. Hieraus läßt sich folgern, daß zumindest kurzfristig für die Erwartungsbildung am → Devisenmarkt keine rationalen Erwartungen unterstellt werden können. Die Bedeutung der Chartanalyse bei der kurzfristig orientierten Kursanalyse scheint beträchtlich. Bei der Erklärung kurzfristiger Schwankungen ist es also durchaus plausibel, wenn für die Gesamtheit der Marktteilnehmer nicht rationale Erwartungen unterstellt werden.

Wechselkursunion → Wechselkursregime

Weltbank

Vier, rechtlich selbständige, juristische Personen bilden die Weltbankgruppe:
- die Internationale Bank für Wiederaufbau und Entwicklung (International Bank for Reconstruction and Development, IBRD),
- die Internationale Entwicklungsgesellschaft (International Development Agency, IDA),
- die Internationale Finanzierungs-Gesellschaft (International Finance Corporation, IFC) und
- die Multilaterale Investitions-Garantie-Agentur (Multilateral Investment Guarantee Agency, MIGA).

Diese Finanzierungsinstitutionen haben die gemeinsame Aufgabe, die wirtschaftliche Entwicklung in ihren weniger entwickelten Mitgliedsländern durch finanzielle Hilfen, durch Beratung und als Katalysator für die Unterstützung durch Dritte zu fördern. Jede Institution übt dabei zur Erfüllung dieses übergeordneten Zieles unterschiedliche Tätigkeiten aus.

Nur Mitgliedsländer des IWF können Mitglied der IBRD werden, wobei wiederum nur diese Mitglieder der IDA, der IFC oder der MIGA werden können. Höchstes Gremium aller Gesellschaften ist der Gouverneursrat, in den jedes Mitgliedsland je einen Gouverneur entsendet. Alle übertragbaren Kompetenzen hat der Gouverneursrat an das Exekutivdirektorium übergeben, das aus 22, vom Gouverneursrat gewählten Personen besteht. Das Exekutivdirektorium wählt den geschäftsführenden Präsidenten, der bei seiner Amtsführung den Weisungen des Direktoriums unterliegt. Der Kapitalanteil eines Landes bestimmt dessen Stimmengewicht sowohl im Gouverneursrat als auch im Direktorium. Die einzelnen Institutionen sind durch verwaltungsmäßige Verflechtungen weitgehend integriert. Die Einstufung der Mitgliedsländer in verschiedene wirtschaftliche Kategorien bei der IDA und der MIGA bestimmt den Umfang der finanziellen Verpflichtungen der einzelnen Länder gegenüber den jeweiligen Institutionen. Die Weltbankgruppe hat eine zentrale Funktion bei der Koordinierung der weltweiten Entwicklungshilfe. Die engen Beziehungen der Weltbank zum IWF und zu den Vereinten Nationen erklären sich aus der gemeinsamen Interessenlage, die weltweiten, wirtschaftlichen Entwicklungen frühzeitig zu erkennen und die den jeweiligen Orga-

Weltbank

IWF (182 Mitgliedsländer) →	IBRD (182 Mitgliedsländer)	IDA (159 Mitgliedsländer)	IFC (172 Mitgliedsländer)	MIGA (142 Mitgliedsländer)
	Gouverneursrat; Präsident Exekutivdirektorium	Gouverneursrat; Präsident Exekutivdirektorium	Gouverneursrat; Präsident Exekutivdirektorium	Gouverneursrat; Präsident Exekutivdirektorium
	Gründung: 1946	Gründung: 1960	Gründung: 1956	Gründung: 1988
	Geschäftspolitik: Originäre Tätigkeit war die Bereitstellung von Mitteln für den Wiederaufbau Europas. Nach Inkrafttreten des Marshall-Plans wandte sich die Weltbank der Unterstützung der Entwicklungsländer zu.	Geschäftspolitik: Gezielte Förderung der ärmsten Länder durch Vergabe von Krediten zu sehr weichen Bedingungen (praktisch unverzinslich); unter den vorgegebenen Rahmen fallen mehr als 40 Entwicklungsländer.	Geschäftspolitik: Vergabe von Krediten an private Unternehmen in Entwicklungsländern und Übernahme von Beteiligungen. Die Politik ist auf Förderung rentabler Unternehmen ausgerichtet; die Rückführung der Kredite soll aus den erwirtschafteten cash flows erfolgen.	Geschäftspolitik: Verbürgung von Investitionsprojekten in Entwicklungsländern mit dem Ziel, private Investoren vor nicht-kommerziellen Risiken zu sichern. Daneben bietet die MIGA technische Hilfe bei Direktinvestitionen privater Unternehmen in Entwicklungsländern an.
	Finanzierung: Kapitalzeichnung; Begebung von Anleihen und Schuldscheinen; Inanspruchnahme von Zentralbankfazilitäten; auch Einsatz von financial swaps.	Finanzierung: Kapitalzeichnung der Mitgliedsländer, wobei reiche Länder ihre Subskription in Gold oder konvertiblen Devisen leisten müssen.	Finanzierung: Aufnahme von Krediten bei der Weltbank; Inanspruchnahme der internationalen Kapitalmärkte; Veräußerung von Beteiligungen.	Finanzierung: Durch die Geschäftstätigkeit, nämlich die Übernahme von Eventualverbindlichkeiten gegen Zahlung einer Versicherungsprämie.

Organisationsstruktur der Weltbankgruppe
Quelle: Internationale Organisationen und Gremien im Bereich von Währung und Wirtschaft. Sonderdrucke der *Deutschen Bundesbank*, Nr. 3.

nisationen eigenen Hilfs- und Finanzierungsinstrumente entsprechend auszurichten.

Welthandelsorganisation (WTO)

Die World Trade Organization (WTO) ist die Nachfolgeorganisation des GATT, die sich nach Inkrafttreten der in der sog. Uruguay-Runde vereinbarten Abkommen konstituierte. Die WTO hat eine eigene Rechtspersönlichkeit. Wurden im Sinne des GATT bisher die Zölle abgebaut und nichttarifäre Handelshemmnisse in Zölle umgewandelt, so wird sich die WTO neben den bisherigen Aufgaben des GATT und auch neuen Aufgaben zuwenden, wie bspw. dem Multifaserabkommen, der Agrarmarktordnung, dem Allgemeines Übereinkommen über den Handel mit Dienstleistungen (GATS) oder dem Abkommen über handelsbezogene Aspekte von Rechten zum Schutz des geistigen Eigentums (TRIPs). Der WTO gehören derzeit 132 Länder an.

Weltwährungskonferenz

Zusammenkunft der Vertreter interessierter bzw. betroffener Staaten (→ G7-Staaten), um über Lösungen internationaler Währungsprobleme zu beraten. Ziel ist jeweils die Entwicklung bzw. Verbesserung von Funktionsmerkmalen des Weltwährungssystems.

Weltwirtschaftskrise

Weltwirtschaft

Gesamtheit aller internationalen Wirtschaftsbeziehungen, insbesondere den Welthandel und den internationalen Kapitalverkehr. Die Weltwirtschaftslehre beschäftigt sich insbesondere mit der Struktur, Organisation und Gestaltung des internationalen Wirtschaftsverkehrs mit dem Ziel der Verbesserung der internationalen Arbeitsteilung und dadurch möglicher Wohlstandsgewinne.

Weltwirtschaftsgipfel

Zusammenkunft der Regierungschefs, Außen- und Finanzminister der führenden westlichen Industrienationen sowie Rußlands (vgl. → G7-Staaten) zur Abstimmung der → Wirtschafts- und → Währungspolitik.

Weltwirtschaftskrise

Man versteht hierunter die von 1929 bis 1933 andauernde tiefste weltweite wirtschaftliche → Depression seit Beginn des Industriezeitalters. Oft wird von der „großen" Weltwirtschaftskrise gesprochen. Weitere weniger gravierende Konjunkturkrisen weltweiten Ausmaßes waren zwischen 1857 und 1859 sowie infolge der Ölpreisschocks 1973 bzw. 1979 zu verzeichnen. Im Herbst 1987 kam es zu einem temporären markanten Börsencrash, der indes keine spürbaren gesamtwirtschaft-

Weltwirtschaftskrise

lich negativen Folgen hatte. Der Ausbruch der großen Weltwirtschaftskrise war am „schwarzen Donnerstag" (nicht Freitag), dem 24. Oktober 1929. An diesem Tag trat an der New Yorker Börse ein rapider Rückgang der zuvor durch vor allem kreditfinanzierte spekulative Käufe übersteigerten Aktienkurse ein. Als auslösend für den Kurseinbruch gelten die sich damals abzeichnende Abflachung der amerikanischen → Konjunktur und Diskontsatzerhöhungen in Europa, insbesondere in England. Von Panik getriebene Verkäufe ließen das Kursniveau daraufhin innerhalb weniger Tage um etwa 40% sinken. Die Kursstürze an der New Yorker Börse zogen auch die Notierungen in Deutschland nach unten. Der große Börsencrash führte – über die davon ausgehenden negativen – Vermögenseffekte und den (in Deutschland durch hohe Reparationsforderungen aus dem 1. Weltkrieg verschärften) Liquiditäts- und Kreditmangel → zu einem sich selbst verstärkenden Abschwungprozeß, der schließlich alle westlichen → Volkswirtschaften befiel. Infolge des Aktienkursrückganges und der einsetzenden → Rezession schränkten die USA ihren Warenimport und Kapitalexport erheblich ein. Der Kapitalabzug führte zu Liquiditätsproblemen bei den Banken und im Sommer 1931 schließlich zur Bankenkrise in Deutschland. Diese gipfelte in dem Sturm auf die Bankschalter, die dann am 13. Juli 1931 durch die „Brüningsche Notverordnung" geschlossen wurden. Die zunehmenden Unternehmensinsolvenzen führten zu einer täglich wachsenden Zahl von Arbeitslosen. Auf dem Höhepunkt der Krise waren im Deutschen Reich rund 7 Mio. Menschen oder ein Viertel aller unselbständigen Erwerbspersonen ohne Beschäftigung. Das Bruttosozialprodukt schrumpfte von 1929 bis 1932 nominal insgesamt um 36% und real um 18%. Im Zuge des Nachfrageverfalls sank auch das Preisniveau weltweit. In Deutschland gingen die Preise der Lebenshaltung im genannten Zeitraum um 22% zurück, Industriewaren- und Großhandelspreise ermäßigten sich um 25–30%. Der Index der Aktienkurse fiel um fast 60%. Eine Ursache des Börsencrashs liegt zweifellos in der Vorgeschichte: die „Goldenen Zwanziger Jahre" waren von einem überaus optimistischen Fortschrittsglauben geprägt gewesen. Von Amerika ausgehend wurde die Welt mit Krediten geradezu überschwemmt. Dies nährte die Illusion grenzenloser Kaufkraft und beflügelte die Hausse-Spekulation. In Deutschland sprach man vom „Wirtschaftswunder" (ab 1926). Als entscheidend für die Schwere und Dauer der nachfolgenden Wirtschaftskrise gilt vielfach, daß es damals kein internationales Krisenmanagement gab und die → Wirtschaftspolitik der National-

Weltwirtschaftspolitik

staaten selbst prozyklisch reagierte. Wegen des zunehmenden → Protektionismus kam der Welthandel bis 1932 fast zum Erliegen. Auf das 1930 verabschiedete „Smoot-Hawley-Gesetz", das Schutzzölle für landwirtschaftliche Güter festlegte, antworteten die anderen Länder mit Vergeltungs-("Retorsions-")Maßnahmen in Form von Zöllen, Einfuhrkontingenten und Währungsabwertungen (→ Abwertungswettlauf). In Deutschland wurde die große → Depression weiterhin dadurch verstärkt, daß insbesondere die amerikanischen Banken (aber auch Frankreich im Zuge der Rückkehr zum → Goldstandard) die an das Ausland vergebenen Kredite zurückriefen. Nach dem spektakulären Wahlerfolg der Nationalsozialisten bei den Wahlen zum Reichstag im Herbst 1930 wurden in großem Umfang weitere in Deutschland investierte Auslandsgelder gekündigt. Neue Devisenkredite, um die der deutsche Reichsbank-Präsident Hans Luther 1931 in den westlichen Hauptstädten nachsuchte, wurden verweigert. Die einzelnen Länder bekämpften die größte → Deflation aller Zeiten zudem nicht (nach keynesianischem Muster) mit Zinssenkungen, mit einer expansiven → Fiskalpolitik und öffentlichen Beschäftigungsprogrammen. Im Gegenteil verfügten sie Zins- und Steuererhöhungen, Haushaltkürzungen und weitere Restriktionsmaßnahmen, mit denen sie die Rezession noch verschärften. Der Währungstheoretiker und Bankpraktiker L. A. Hahn sprach in diesem Zusammenhang vom „Brüning-Lutherschen-Deflationsmasochismus".

In Deutschland war diese Politik zweifellos auch von der Angst vor einer Wiederholung der 1922/23 verzeichneten → Hyperinflation mit der anschließenden → Währungsreform beeinflußt. Bei aller Kritik an dem verfolgten kontraktiven Kurs ist auch nicht zu übersehen, daß die deutsche Geld-und Währungspolitik international in das System des → Gold-Devisen-Standards eingebunden war, nach dessen Regeln der Abfluß von Gold und → Devisen früher oder später eine Einschränkung des Geldumlaufs erzwingt. So war im sogenannten „Young-Plan" ausdrücklich festgelegt, daß die → Golddeckung der Mark nicht geändert werden dürfe. Da gleichzeitig auch die amerikanische und die englische Notenbank in Reaktion auf den verstärkten Umtausch von US-$ und Pfund in Gold eine Deflationspolitik verfolgten, wird das → Währungssystem unter den Ursachen für die Weltwirtschaftskrise immer wieder hervorgehoben.

Weltwirtschaftsordnung → Neue Weltwirtschaftsordnung

Weltwirtschaftspolitik → Neue Weltwirtschaftsordnung

Werbungskosten

gemäß § 9 I 1 EStG Aufwendungen zur Erwerbung, Sicherung und Erhaltung der Einnahmen z. B. Aufwendungen für Fahrten zwischen Wohnung und Arbeitsstätte, Aufwendungen für Arbeitsmittel u. ä. Sie können bei der Bestimmung des → zu versteuernden Einkommens abgezogen werden.

Werner-Plan

von einem Ausschuß unter der Leitung des damaligen luxemburgischen Ministerpräsidenten und Finanzministers *Pierre Werner* erarbeiteter Bericht über die stufenweise Ausarbeitung der → Wirtschafts- und Währungsunion (WWU). Er wurde im Oktober 1970 vorgelegt und sah die schrittweise Schaffung der WWU in drei Stufen bis 1980 vor, die durch Währungskooperation, Koordinierung der Konjunkturpolitiken, Aufhebung der Kapitalverkehrsgrenzen und einen regionalen Finanzausgleich verwirklicht werden sollte. Die erste Stufe begann 1971. Das Auseinanderdriften der Währungen in den siebziger Jahren und der Rückgriff auf nationale Krisenbewältigungsstrategien verhinderten die weitere Verwirklichung des Plans.

Wertpapiere

Urkunden, die dem Inhaber des Wertpapiers (Inhaberpapier) oder der auf dem Wertpapier bezeichneten Person (Namenspapier) oder einer Person, die ihre Berechtigung zum Besitz des Wertpapiers durch eine lückenlose Kette von Indossamenten nachweisen kann (Orderpapier), eine Forderung gegenüber dem Aussteller (Emittent) des Wertpapiers verbrieft. Zu differenzieren ist zwischen → Rentenwerten (im wesentlichen handelt es sich hier um festverzinsliche Werte) und → Dividendenwerten. Wertpapiere werden meist am → Kapitalmarkt gehandelt.

Wertpapierpensionsgeschäfte

Es handelt sich um Offenmarktgeschäfte „auf Zeit", das heißt um befristete Käufe bzw. Verkäufe von Wertpapieren durch die → Europäische Zentralbank. Transaktionspartner sind die Geschäftsbanken, welche die Papiere gleichzeitig per Termin zurückkaufen bzw. -verkaufen müssen. Siehe → geldpolitische Instrumente.

Wertschöpfung

der den bezogenen → Vorleistungen durch eine produzierende Einheit hinzugefügte Wert, auch ermittelbar als → Produktionswert abzüglich Vorleistungen. Der Produktionswert wird dabei ohne (nichtabziehbare) Umsatzsteuer und die Vorleistungen werden einschließlich der Einfuhrabgaben ausgewiesen. In der → Sozialproduktsrechnung läßt sich die Bruttowertschöpfung (zu Marktpreisen) durch Abzug der → Abschreibungen in die Nettowertschöpfung zu Marktpreisen überführen. Zieht man von letzterer den Saldo aus (gezahlten) Produktionssteuern und (empfangenen) Subventionen ab, so ergibt sich die Nettowertschöpfung zu Faktorkosten. Sie entspricht der Summe der jeweils entstandenen → Erwerbs- und Vermögenseinkommen. Die Addition sämtlicher Bruttowertschöpfungen (zu Marktpreisen) in einer → Volkswirtschaft bildet – bereinigt um die unterstellten Bankdienstleistungen und nach Hinzurechnung der (nichtabziehbaren) Umsatzsteuer und der Einfuhrabgaben – das Bruttoinlandsprodukt (zu Marktpreisen). Entsprechend ergibt die Summe der Nettowertschöpfungen (zu Marktpreisen oder Faktorkosten) das Nettoinlandsprodukt (zu Marktpreisen oder Faktorkosten).

Westeuropäische Union (WEU)

Die Westeuropäische Union (WEU) wurde 1948 gegründet. In den Gründungsverträgen sicherten sich die Mitglieder (heute 11 Länder) gegenseitigen Beistand im Falle eines Angriffs zu. Darüber hinaus wurde eine Zusammenarbeit auf wirtschaftlichem, sozialem und kulturellem Gebiet vereinbart. Lange Zeit spielte die WEU keine maßgebliche Rolle, da militärisch die NATO und wirtschaftlich und kulturell andere europäische Organisationen die WEU in den Hintergrund drängten. Im Rahmen der → Europäischen Union soll die WEU (als integraler Bestandteil der Entwicklung der EU) beim Ausbau der verteidigungspolitischen Zusammenarbeit gemeinsame Aktionen der Union mit verteidigungspolitischen Zügen ausarbeiten und durchführen. Damit übernimmt die WEU als Verteidigungskomponente der Europäischen Union eine selbständige Rolle im Rahmen des europäischen Einigungskonzepts.

Wettbewerbsbeschränkungen

Unter Wettbewerbsbeschränkungen ist jede freiwillige oder erzwungene Einschränkung des Wettbewerbsverhaltens von Konkurrenten zu verstehen (siehe auch Gesetz gegen Wettbewerbsbeschränkungen).

Wettbewerbsintensität

läßt sich nach dem Konzept des funktionsfähigen Wettbewerbs (→ wettbewerbspolitische Leitbilder) durch die Geschwindigkeit messen, mit der die Vorsprungsgewinne eines innovativen Wettbewerbers durch den Prozeß erfolgreicher Imitation beseitigt werden. Diese Geschwindigkeit ist vor allem von der Stärke des Zwangs

Wettbewerbspolitik

zur Reaktion abhängig, dem sich die Konkurrenten ausgesetzt sehen. Die Notwendigkeit der Reaktion ist dabei um so größer, je eher sich die Wettbewerber in ihrer Existenz bedroht sehen. Die günstigsten Voraussetzungen für eine hohe Wettbewerbsintensität sind nach diesem Konzept in einem weiten Oligopol bei mäßiger Produktdifferenzierung gegeben.

Wettbewerbspolitik

Gesamtheit der Maßnahmen, deren Ziel die Erhaltung oder Förderung von Wettbewerb ist. Auch wenn hinsichtlich der gesellschaftspolitischen und ökonomischen Zielsetzungen der Wettbewerbspolitik Einigkeit besteht, so existiert dennoch kein Konsens bei der Frage nach der konkreten Gestaltung und den Bedingungen der Marktprozesse, die als zielkonforme wettbewerbliche Prozesse gelten können. Dies wird deutlich in den verschiedenen → wettbewerbspolitischen Leitbildern, die der praktischen Wettbewerbspolitik einen Orientierungsrahmen geben wollen, indem sie Aussagen über den Zusammenhang zwischen wettbewerblichen Bedingungskonstellationen und dem Erreichen wettbewerbspolitischer Ziele machen. Zu nennen ist hier das Konzept des funktionsfähigen Wettbewerbs, das Konzept der Wettbewerbsfreiheit sowie die sogenannte Chicago School. Angesichts der Kontroversen über eine leistungsfähige Konzeption für die Wettbewerbspolitik ergibt sich die praktische Wettbewerbspolitik und ihre rechtliche Grundlage, das → Gesetz gegen Wettbewerbsbeschränkungen (GWB), als Mischung der verschiedenen Konzeptionen.

Wettbewerbspolitisches Leitbild

Wettbewerbsprozesse können sich nur vollziehen, wenn die dazu erforderlichen Voraussetzungen erfüllt sind. Hieraus ergibt sich als Aufgabe der Wettbewerbspolitik, daß sie Wettbewerbsvorstöße fördern und den Wettbewerb vor Beschränkungen schützen sollen. Um Wettbewerbspolitik zielbewußt und sachgerecht durchzuführen, ist ein Leitbild erforderlich. Dieses muß deutlich machen, was die Politik erreichen will und wie sie es erreichen will. Es muß die angestrebten Ziele begründen und mögliche Zielkonflikte aufzeigen. Im wesentlichen lassen sich folgende Leitbilder unterscheiden:

- Das Leitbild des funktionsfähigen Wettbewerbs versucht, die Merkmale der Marktstruktur zu bestimmen, die wettbewerbliches Verhalten begünstigen. Ferner soll das Marktverhalten benannt werden, das als wettbewerbspolitisch erwünscht gilt und es sollen die Kriterien formuliert werden, die zur Bewertung des Marktergebnisses geeignet sind. Das Konzept des funktionsfähigen Wettbewerbs (workable competition) will durch empirische Studien überprüfen, inwieweit sich Wettbewerbsprozesse in der Realität vollziehen, welche Voraussetzungen sie erfordern und zu welchen Ergebnissen sie führen.

- Das Konzept der Wettbewerbsfreiheit unternimmt demgegenüber den Versuch, wesentliche Ergebnisse der ökonomischen Klassik in die moderne Wettbewerbstheorie einzubringen. Das Bestehen von Wettbewerbsfreiheit gewährleistet demnach stets gute ökonomische Marktergebnisse, wenn sie sich mit unternehmerischer Initiative und Dynamik verbindet. Die Aufgabe der Wettbewerbspolitik besteht nach diese Konzept darin, Wettbewerbshemmnisse zu beseitigen. Lediglich dann, wenn „natürliche Wettbewerbshemmnisse" vorliegen, sei ein Ausnahmebereich gegeben, in dem der freie Leistungswettbewerb durch andere Ordnungsprinzipien zu ersetzen ist.
- Das von der Chicago School propagierte Konzept der Wettbewerbspolitik sieht insbesondere das Leitbild des funktionsfähigen Wettbewerbs als untauglich an. Die Chicago School vertraut seht weitgehend auf die Selbstheilungskräfte des Marktes. Sie erachtet Eingriffe der Wettbewerbspolitik vielfach als ineffizient oder kontraproduktiv und hält somit weitgehende wettbewerbspolitische Zurückhaltung für geboten. Die Vertreter der Chicago School sind der Überzeugung, daß der Wettbewerb als Prozeß des „survival of the fittest" langfristig in dem Sinne wirksam ist, daß er ein hohes Maß an produktiver und allokativer Effizienz herbeiführt und gewährleistet. Auch Oligopolisten stehen demgemäß unter Wettbewerbsdruck. Wenn sie Leistungsschwächen zeigen oder versuchen, zu hohe Preise durchzusetzen, werden sie durch Markteintritte potentieller Konkurrenz unter Druck gesetzt. Demnach bestehen Markteintrittsbarrieren nur dort, wo sie durch staatliche Eingriffe geschaffen werden.

Da es mehrere konkurrierende Leitbilder gibt, folgt auch die praktische Wettbewerbspolitik meist nicht einer in sich geschlossenen Konzeption. Auch das → Gesetz gegen Wettbewerbsbeschränkungen (GWB) stellt sich als Kombination verschiedener wettbewerbspolitischer Leitbilder dar.

Wicksellsche Zinstheorie

Weiterentwicklung der → klassischen Zinstheorie durch den schwedischen Nationalökonomen *K. Wicksell*. Dieser unterscheidet zwischen zwei Zinssätzen: Der Darlehenszins ist der → Zins, der

Winterausfallgeld

sich auf dem Kreditmarkt aufgrund von Angebot an und Nachfrage nach Krediten bildet. Daneben steht der natürliche (reale) Zins, bei dem sich die Kreditnachfrage für Investitionszwecke und das Angebot an → Ersparnis gerade ausgleichen. Die → Volkswirtschaft befindet sich im Gleichgewicht, wenn der Darlehenszins und der natürliche Zins gleich hoch sind. Wicksell spricht dann vom „normalen" Zins. → Geldschöpfung bedeutet nun eine Erhöhung des Kreditangebots über die Ersparnis hinaus, so daß der Darlehenszins unter das Niveau des natürlichen Zinses sinkt. Unter der Annahme der → Vollbeschäftigung führt die durch die Zinssenkung bewirkte zusätzliche Investitionsnachfrage zu steigenden Preisen der Produktionsfaktoren, später auch der produzierten Güter. Die Geldschöpfung wird dadurch real „aufgezehrt". Die kumulative Preissteigerung muß solange anhalten, wie der Darlehenszins unter dem natürlichen Zins liegt. Der geschilderte Wicksellsche Prozeß kann sich selbstverständlich auch nach unten „entwickeln" (im Fall von Geldvernichtung). Allgemein wird er ausgelöst, sobald Darlehenszins und natürlicher Zins voneinander abweichen. Im neuen Gleichgewicht herrschen nach klassischer Auffassung die gleichen realen Bedingungen wie vorher, das heißt, es hat sich lediglich das Preisniveau geändert, während die Produktion und die relativen Preise konstant geblieben sind. Ein Einfluß der Geldschöpfung auf die realen Größen könnte sich indes durch → Zwangssparen ergeben, infolge dessen der natürliche Zins sinkt und die Ausstattung der Volkswirtschaft mit Realkapital zunimmt. Vgl. auch → Neutralität des Geldes.

Winterausfallgeld

bis zum 31. 3. 1999 gewährte → Lohnersatzleistung im Rahmen der → Arbeitslosenversicherung für Bauarbeiter bei witterungsbedingtem Arbeitsausfall. Bemessungsgrundlagen, Dauer und Höhe entsprachen den Regelungen beim → Kurzarbeitergeld. Die Finanzierung erfolgte jedoch über die sogenannte Winterbauumlage, also über Beiträge der → Arbeitgeber in der Baubranche. Das Winterausfallgeld löste am 1. 1. 1996 das bis dahin gewährte, an niedrigere Anspruchsvoraussetzungen gekoppelte → Schlechtwettergeld ab. Im Gegensatz zu dieser reinen Lohnersatzleistung war die Intention des Winterausfallgeldes, flankiert von tarifvertraglichen Rahmenbedingungen vorrangig die ganzjährige Beschäftigung im Baugewerbe zu fördern und die Ausgaben der → Bundesanstalt für Arbeit zu senken. Mit Wirkung zum 1. 7. 1999 wurde das Winterausfallgeld jedoch wieder durch ein modifiziertes Schlechtwettergeld ersetzt.

Wirtschafts- und Sozialausschuß der EG/EU

Der Wirtschafts- und Sozialausschuß hat beratende Aufgaben. Er setzt sich aus Vertretern verschiedener Gesellschafts- und Wirtschaftsgruppen zusammen. Der Ausschuß hat insgesamt 222 Mitglieder, je nach Größe der Mitgliedstaaten entsenden diese die festgesetzte Anzahl von Mitgliedern. Seine Aufgabe besteht darin, in den Fällen, in denen seine Beteiligung am Rechtsetzungsverfahren vorgesehen ist, eine Stellungnahme abzugeben, welche die Interessen und Auffassungen der verschiedenen Gesellschafts- und Wirtschaftsgruppen widerspiegeln soll. Die Stellungnahme ist für andere Organe nicht bindend, so daß die Anhörung zwar obligatorisch ist, eine echte Mitentscheidungsbefugnis aber nicht besteht.

Wirtschafts- und Währungsunion (WWU)

Das Ziel einer Wirtschafts- und Währungsunion zählt zu den herausragenden Themen in der Geschichte der → Europäischen Union (vgl. → Werner-Plan). Kurz zusammengefaßt beinhaltet die WWU einen Binnenmarkt mit freiem Personen-, Waren-, Dienstleistungs- und Kapitalverkehr, unwiderruflich feste Wechselkurse, eine einheitliche Währung sowie eine einheitliche Geld- und Wechselkurspolitik. Im Vertrag über die → Europäische Union vom 7. 2. 1992 wurde ein genauer Fahrplan zur Verwirklichung der WWU festgelegt. Anfang 1999 wurde mit dem → Euro die einheitliche Währung in der Gemeinschaft eingeführt.

Wirtschaftseinheit → Wirtschaftssubjekt

Wirtschaftskreislauf

Der Begriff sagt aus, daß die → Wirtschaftssubjekte in ständigem Tausch miteinander stehen. Insbesondere liefern → Unternehmen Konsumgüter an → private Haushalte, die ihrerseits Arbeitsleistungen an Unternehmen abgeben. Diesen Güterströmen fließen monetäre Ströme entgegen: Die Haushalte leisten Ausgaben zum Kauf der Konsumgüter (Konsumausgaben). Von den Unternehmen fließen → Einkommen wie Löhne, Gehälter und Gewinne (Faktoreinkommen) an die Haushalte. Zu bedenken ist indes, daß die Haushalte nicht ihr gesamtes Einkommen ausgeben, sondern einen Teil sparen und so Mittel freisetzen zur Finanzierung von → Investitionen. Auch nehmen am Wirtschaftskreislauf außer den Unternehmen und Haushalten noch der Staat und das Ausland teil. In der volkswirtschaftlichen Kreislaufanalyse sind also auch die → ökonomischen Transaktionen die-

Wirtschaftsobjekt

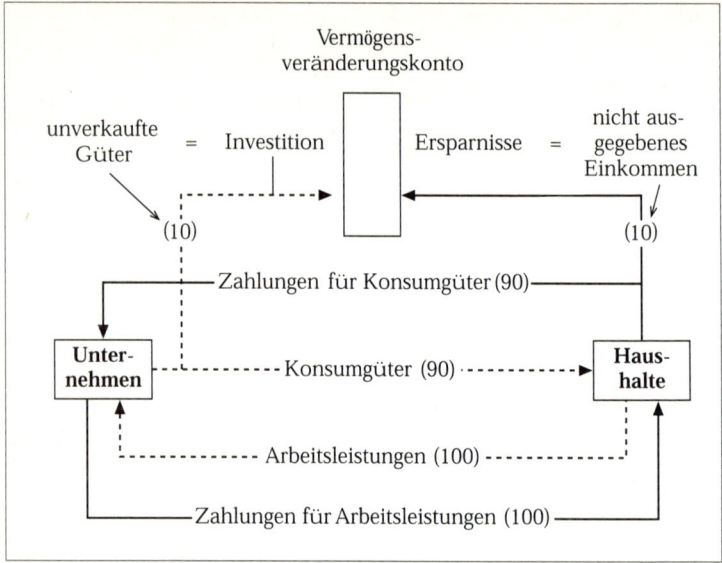

Wirtschaftskreislauf zwischen Unternehmen und privaten Haushalten
Quelle: In Anlehnung an: *Siebert, H.:* Einführung in die Volkswirtschaftslehre, 12. Aufl., Stuttgart 1996, S. 229.

ser → Sektoren zu erfassen. Im Ergebnis derartiger Betrachtungen und der → Arbeitsteilung steht die → Sozialproduktsrechnung.

Wirtschaftsobjekt

bezeichnet jedes Wirtschaftsgut, das – sei es als Sachgut, Dienst- oder Faktorleistung oder als → Forderung, immaterielles Vermögens- oder sonstiges Objekt (wie z. B. „Information") – Gegenstand → ökonomischer Transaktionen sein kann.

Wirtschaftsordnung

Gesamtheit der (wirtschaftlich relevanten) rechtlichen Vorschriften, Koordinationsmechanismen, Zielsetzungen, Verhaltensweisen und Institutionen, die den organisatorischen Aufbau und Ablauf einer → Volkswirtschaft bestimmen. Die Gesamtheit dieser Vorschriften nennt man Wirtschaftsverfassung. Sie manifestiert sich z. B. im Gesetz gegen Wettbewerbsbeschränkungen, im Aktiengesetz, Bundesbankgesetz oder in den Steuergesetzen. Von einem Wirtschaftssystem wird gesprochen, wenn aus der Vielzahl der

Wirtschaftspolitik

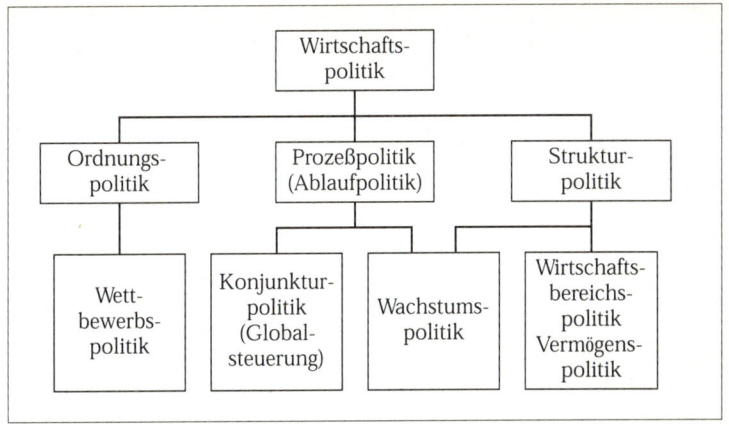

Einteilung der Wirtschaftspolitik
Quelle: *Stobbe, A.*: Volkswirtschaftslehre I, Volkswirtschaftliches Rechnungswesen, 6. Aufl., Berlin 1994, S. 31.

eine Wirtschaftsordnung prägenden Elemente die wichtigsten herausgegriffen und zu einem (vereinfachten) Ordnungsmodell zusammengefügt werden. Hinsichtlich des Koordinationsprinzips stehen sich die Systeme der → Marktwirtschaft und der → Zentralverwaltungswirtschaft als Pole gegenüber. In bezug auf die Eigentumsordnung unterscheidet man zwischen → Kapitalismus und → Sozialismus. Die in der Realität beobachtbaren Wirtschaftssysteme stellen indes Mischformen dar, bei denen über die wirtschaftspolitischen Grundfragen überwiegend dezentral oder überwiegend dirigistisch entschieden wird und die Produktionsmittel überwiegend in privater Hand oder überwiegend Gemeineigentum sind.

Wirtschaftspolitik

Gesamtheit aller Maßnahmen zur Ordnung und Gestaltung einer → Volkswirtschaft bzw. eines Wirtschaftsraumes. Oberstes Ziel ist dabei die Maximierung der gesellschaftlichen Wohlfahrt. Als Zwischenziel gilt die Maximierung der ökonomischen bzw. gesamtwirtschaftlichen Wohlfahrt, als deren Kriterien insbesondere die im → Gesetz zur Förderung der Stabilität und des Wachstums genannten Zielsetzungen gelten können. Eine Differenzierung ist z. B. institutionell nach Wirtschaftszweigen möglich (→ Branchenpolitik) oder funktionell, d. h. nach Wirkungsbereichen zwischen → Ordnungs-, → Struktur- und → Prozeßpolitik. Unter anderen Gesichtspunkten ergeben sich weitere Einteilungen der Wirtschaftspolitik, so nach der Art der eingesetzten Instrumentvariablen z. B. in → Geldpolitik und → Fiskalpolitik. Das jeder rationalen Wirtschaftspolitik notwendigerweise zugrundeliegende Leitbild heißt wirtschaftspolitische Konzeption. Als „reine" Formen wirtschafts- (und gesellschafts)politischer Konzeptionen stehen sich der, das Individualprinzip bejahende → Liberalismus und der, dem Kollektivprinzip zugeneigte → Sozialismus gegenüber. Die zusätzlich erforderliche Entscheidung über die gewünschte Abstimmung der Güterproduktion auf die Nachfrage durch den → Markt oder eine zentrale staatliche Instanz determiniert dann das Wirtschaftssystem.

Wirtschaftspolitischer Entscheidungsprozeß

besteht in der zeitlichen Abfolge aller Entscheidungen und Handlungen, die vom Erkennen eines wirtschaftspolitischen Problems bis zu seiner Lösung erforderlich sind. Nach den zentralen Aufgaben der wirtschaftspolitischen Entscheidungsträger läßt sich der Entscheidungsprozeß einteilen in die Phasen der Lageanalyse, der Maßnahmeplanung sowie der Realisierung und Kontrolle (s. S. 623).

Wirtschaftsstatistik

Teilgebiet der → Statistik, das sich mit der zahlenmäßigen Darstellung, Analyse und Interpretation ökonomischer, meist volkswirtschaftlicher Tatbestände, Entwicklungen und Zusammenhänge befaßt. Sie zerfällt ihrerseits in eine Vielzahl von Teilgebieten wie z. B. die → Arbeitsmarktstatistik und → Erwerbstätigkeitsstatistik, die → Volkswirtschaftliche Gesamtrechnung, Statistiken zu den einzelnen Wirtschaftsbereichen, die → Geld- und Kapitalmarktstatistik, die → Einkommens- und Verbrauchsstatistik, die → Preisstatistik oder die → Außenhandelsstatistik. Die Abgrenzung zu anderen statistischen Fachgebieten ist nicht immer exakt bzw. problemlos möglich; dies gilt insbesondere für die → Bevölkerungsstatistik und die → Sozialstatistik.

Wirtschaftsstruktur

Gesamtheit von Teilaggregaten (z. B. Wirtschaftszweige, Wirtschaftsregionen, Betriebsgrößen-Klassen) einer Volkswirtschaft. Siehe auch → Sektorale Wirtschaftsstruktur.

Wirtschaftssubjekt

natürliche oder juristische Person – man spricht auch von Wirtschaftseinheit – die wirtschaftliche Entscheidungen trifft und entsprechend handelt. Man unterscheidet in → private Haushalte, private Unternehmen, → Organisationen ohne Erwerbszweck und öffent-

Wirtschaftspolitischer Entscheidungsprozeß

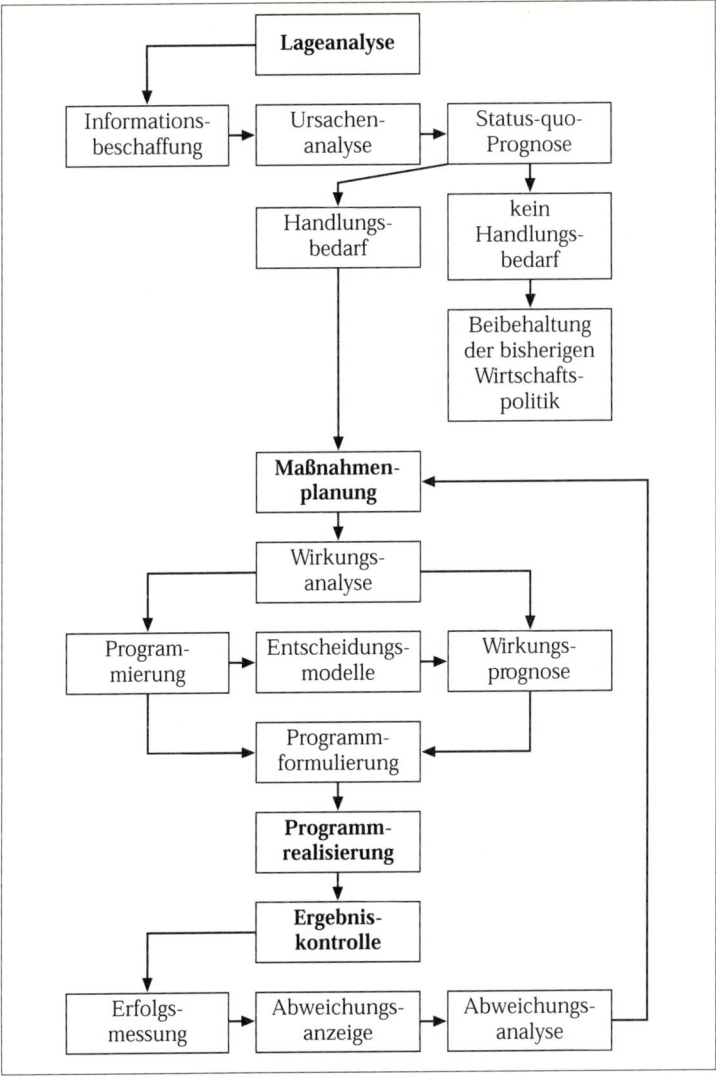

Phasen des wirtschaftspolitischen Entscheidungsprozesses
Quelle: Berg, H., Cassel, D.: Theorie der Wirtschaftspolitik, in: Vahlens Kompendium der Wirtschaftstheorie und Wirtschaftspolitik, Bd. 2, 7. Aufl., München 1999.

Wirtschaftssystem

liche Wirtschaftssubjekte. Letztere werden insgesamt auch als Staat oder Öffentliche Hand bezeichnet und umfassen die → öffentlichen Haushalte, die öffentlichen → Unternehmen sowie die wirtschaftspolitischen Instanzen als Träger der → Wirtschaftspolitik.

Wirtschaftssystem → Wirtschaftsordnung

Wirtschaftsverfassung → Wirtschaftsordnung

Wirtschaftswachstum

Zunahme des realen Sozialproduktes zwischen zwei aufeinanderfolgende Perioden, die zurückgeführt werden kann auf den vermehrten Einsatz von Kapital und Arbeit sowie auf → technischen Fortschritt. Von extensivem Wachstum spricht man, wenn das Sozialprodukt in gleichem Maße wie die Bevölkerung wächst. Intensives Wachstum liegt dagegen bei einer Erhöhung des Sozialproduktes pro Kopf vor.

Wirtschaftswissenschaftliche Forschungsinstitute

Institutionen, die sich mit der Analyse, Diagnose und Prognose des Wirtschaftsablaufs und der Wirtschaftsstruktur befassen und Forschungen insbesondere auf den Gebieten des → Arbeitsmarktes, der → Einkommensverteilung und im Zusammenhang mit der Internationalisierung durchführen. Die in der Bundesrepublik Deutschland bedeutenden wirtschaftswissenschaftlichen Forschungsinstitute sind: Deutsches Institut für Wirtschaftsforschung (DIW), Berlin; HWWA-Institut für Wirtschaftsforschung, Hamburg; Institut für Weltwirtschaft (IfW), Kiel; IFO-Institut für Wirtschaftsforschung, München; Institut für Wirtschaftsforschung, Halle; Rheinisch-Westfälisches Institut für Wirtschaftsforschung (RWI), Essen; Wirtschafts- und Sozialwissenschaftliches Institut des deutschen Gewerkschaftsbundes (WSI), Düsseldorf; Institut der deutschen Wirtschaft (IW), Köln; Zentrum für Europäische Wirtschaftsforschung (ZEW), Mannheim; Institut zur Zukunft der Arbeit (IZA), Bonn.

Wissenschaftlicher Beirat beim Bundesministerium der Finanzen (WBF)

Gremium von Professoren, das sich autonom als unverbindliches Beratungsorgan zu finanz- bzw. steuerpolitischen Grundsatzthemen gutachterlich äußert. Der WBF ist 1948 entstanden und erhielt seine Satzung 1958.

Wissenschaftlicher Beirat beim Bundesministerium für Wirtschaft (WBW)

Gremium von Professoren, das sich autonom als unverbindliches

Beratungsorgan zu wirtschafts- und konjunkturpolitischen Grundsatzthemen gutachterlich äußert. Der wissenschaftliche Beirat beim Bundesministerium für Wirtschaft ist aus dem wissenschaftlichen Beirat der Verwaltung für Wirtschaft des vereinigten Wirtschaftsgebietes 1948 hervorgegangen und erhielt seine Satzung 1958.

Wochenausweis

Darstellung des finanziellen Status einer → Zentralbank zu den vier Bankwochenstichtagen, die den Stand der Vermögenswerte und Verbindlichkeiten der Notenbank aufzeigt. Der Wochenausweis ist wesentlicher Bestandteil der → Bankenstatistik und dient volkswirtschaftlichen Zwecken, wie beispielsweise währungs- und geldpolitischen Analysen.

Wohlstandsindikator

– auch als sozialer Indikator bezeichnet – Maßzahl für die Lebensqualität bzw. Wohlfahrt der Bevölkerung. Aus der Erkenntnis heraus, daß das → Bruttosozialprodukt als alleinige Größe hierfür nicht ausreichend ist, werden zusätzlich eine Reihe meist nicht in Geldeinheiten bewertbare Indikatoren hierfür herangezogen. Zu nennen sind etwa Indikatoren im Bereich des Gesundheitswesens (z. B. Zahl der Ärzte bzw. Krankenhausbetten je Einwohner), im Bildungsbereich (z. B. Zahl der Universitäten bzw. Schulen je Einwohner), für das Freizeitangebot (z. B. Zahl der Sportstätten oder Theater je Einwohner) oder für die Umweltqualität (z. B. Ausstoßmengen bestimmter Schadstoffe).

Wohngeld

Wohngeld hat die wichtige sozialpolitische Aufgabe als staatliche Leistung zur sozialen Absicherung der Wohnkostenbelastung einkommensschwächerer Haushalte, insbesondere von Familien, beizutragen. Auf Wohngeld – in Form des staatlichen Zuschusses zur Miete oder Belastung bei eigengenutztem Wohnraum – besteht ein individueller Rechtsanspruch. Maßgeblich für die Gewährung und die Höhe des Wohngeldes sind die genau berechneten und aus den Wohngeldtabellen abzulesenden „Tabellenwohngeld" die Zahl der Familienmitglieder, das Familieneinkommen und die zuschußfähige Miete oder Belastung. Empfänger von → Sozialhilfe erhalten ein „pauschaliertes Wohngeld", das mittels eines regional differenzierten Prozentsatzes der anerkannten Unterkunftskosten bestimmt wird. Ende 1996 bezogen in Deutschland insgesamt rund 2,7 Mio. Haushalte Wohngeld, davon ca. 2,1 Mio. Haushalte in den alten Bundesländern. Damit erhielten dort rund 7% der Haus-

Wohnortkonzept

halte Wohngeld, während es in den neuen Bundesländern ca. 9% aller Haushalte waren.

Wohnortkonzept → Inländerkonzept

Wohnungsbauprämie → Vermögensbildung in Arbeitnehmerhand

Wohnungspolitik

Wohnungspolitik umfaßt alle Maßnahmen der öffentlichen Hand, mit denen das Ziel verfolgt wird, die Wohnungsversorgung der Bevölkerung zu beeinflussen. Die Wohnungspolitik kann eingeteilt werden in Wohnungsbaupolitik und Wohnungsbestandspolitik. Die Wohnungsbaupolitik zielt darauf ab, möglichst alle Familien und Alleinstehenden mit Wohnungen zu versorgen, die nach Größe, Qualität, Verkehrslage und Preis eine möglichst weitgehende Befriedigung des Grundbedürfnisses „Wohnen" erlauben. Die Wohnungsbestandspolitik verfolgt eine doppelte Zielsetzung: Sie ist auf die ökonomische Erhaltung, auf die Instandsetzung und die Verteilung des Wohnungsbestandes gerichtet und sie will zweitens den Mieter vor Verlust der Wohnung und von Preisüberhöhungen schützen. Die Wohnungsbaugesetze, die die Grundlage der deutschen Wohnungsbaupolitik bilden, unterscheiden drei Wohnungsbaukategorien, die heute die drei Bestandteile des gespaltenen Wohnungsmarktes bilden:

1. Den freifinanzierten Wohnungsbau, der durch Wohnungsbauprämien, Steuervergünstigungen nach § 10 EStG und durch erhöhte → Abschreibungen nach 7b EStG gefördert wird; er ist frei von Mietbindungen und unterliegt den allgemeinen Bestimmungen des Mieterschutzes;
2. Den steuerbegünstigten Wohnungsbau, der zusätzlich zu den Fördermaßnahmen des frei finanzierten Wohnungsbaus durch eine Befreiung von der Grunderwerbsteuer und durch staatliche Bürgschaften gefördert wird. Hier gibt es Wohnflächenbegrenzungen. Für die Mietfestsetzung ist die Kostenmiete maßgeblich.
3. Den öffentlich geförderten → sozialen Wohnungsbau, der zusätzlich noch durch die Gewährung öffentlicher Mittel in Form von Darlehen oder Zuschüssen gefördert wird. Die Wohnfläche des öffentlich geförderten sozialen Wohnungsbaus unterliegt Begrenzungen. Bauherren, die für den Eigenbedarf bauen, haben nur Anspruch auf Förderung, wenn ihr Einkommen bestimmte Grenzen nicht übersteigt. Bei Vermietung gilt die entsprechend den Fördersätzen korrigierte Kostenmiete.

Wichtige Instrumente der Wohnungsbaupolitik sind dabei:

1. Instrumente zur Beeinflussung der Wohnungsqualitäten: z.B. das Aufstellen von Bebauungsplänen, die die Qualität des Wohnumfeldes sichern, baupolizeiliche Kontrollen, Förderung der Bautechnik.
2. Instrumente der Baulandbeschaffung, Bodenpreis- und Mietpreisverbilligung: z.B. Bereitstellung öffentlichen Baulandes, Wohnungsbausubventionierung in Verbindung mit Mietpreisbindung.
3. Instrumente zur Erleichterung der Wohnungsbaufinanzierung: z.B. Förderung des Bausparens, Bereitstellung preisgünstiger Hypotheken und Kredite aus öffentlichen Mitteln, Gewährung von Zinszuschüssen, Möglichkeit der Abschreibung.

Wichtigste Instrumente der Wohnungsbestandspolitik ist das → Wohngeld und das soziale Miet- und Wohnrecht (Mieterschutz). Mit der Einführung des Wohngeldes wurde die Objektförderung, d.h. die Förderung des Wohnungsbaus durch Kapital- und Zinssubventionierung durch eine Subjektförderung, d.h. eine Förderung der Mieter ergänzt. Grundsätzlich ist die Subjektförderung aufgrund ihrer größeren Verteilungsgerechtigkeit und ihrer größeren Marktkonformität überlegen. Da bei der Zuweisung einer Sozialwohnung zunächst nur im Zeitpunkt der Vergabe die Einkommensverhältnisse geprüft wurden, trat als erstes gravierendes Verteilungsproblem die Fehlbelegung auf, das bedeutet, daß ein großer Teil der Sozialwohnungen von nicht mehr Sozialwohnungsberechtigten bewohnt werden. Seit 1981 wird zwar in diesen Fällen eine → Fehlbelegungsabgabe erhoben, wenn das Einkommen eine bestimmte Grenze um 20% übersteigt, dies hat das Problem allerdings nicht grundsätzlich gelöst. Ein zweites Verteilungsproblem liegt darin, daß Sozialwohnungen unterschiedlichen Alters im Verhältnis zu den Altersunterschieden überproportionale Unterschiede in der Miethöhe aufweisen, so daß Mieter älterer Wohnungen unter sonst gleichen Bedingungen stärker begünstigt sind. Ausgleich sollte hier eine Zusatzförderung durch einkommensabhängige Zuschüsse zur Miete (also durch Subjektförderung) erreicht werden. Der Mieterschutz beruht auf dem Wohnraumkündigungsgesetz und dem Mietrechtsänderungsgesetz. So dürfen Mieten nur einmal im Jahr und nur im Rahmen bestimmter Grenzen erhöht werden. Eine Kündigung ist nur noch zulässig bei Eigenbedarf des Vermieters, bei Vertragsverstößen des Mieters und bei erheblichen wirtschaftliche Nachteile für den Vermieter bei Fortdauer des Mietverhältnisses.

Workable competition → Wettbewerbspolitisches Leitbild

WTO → Welthandelsorganisation

WWU → Wirtschafts- und Währungsunion

Z

Zahlungsbilanz

In der Zahlungsbilanz werden die → ökonomischen Transaktionen, die während eines bestimmten Zeitraumes (monatlich, vierteljährlich, jährlich) zwischen In- und Ausländern stattfinden, registriert. Hierbei gelten Gebietsansässige als Inländer, Gebietsfremde als Ausländer. Entgegen dem traditionell mit dem Begriff „Bilanz" verbundenen Verständnis handelt es sich bei der Zahlungsbilanz also nicht um eine Bestandsrechnung (zu einem bestimmten Zeitpunkt), sondern um eine Stromrechnung. Auch werden keinesfalls nur Zahlungen verbucht. Die Erfassung erfolgt nach dem Prinzip der doppelten Buchführung zu Transaktionswerten. Statistisch muß die Zahlungsbilanz als Ganzes folglich immer ausgeglichen sein, d.h.: die Salden der einzelnen Teilbilanzen müssen sich zu Null addieren. Grundlage für die Erstellung der Zahlungsbilanz sind die vom → Internationalen Währungsfonds formulierten Prinzipien zur Zahlungsbilanzerstellung aus dem Jahre 1993. Um veränderten wirtschaftlichen Bedingungen und erhöhten analytischen Anforderungen Rechnung zu tragen, fand dabei eine Reihe von Neuerungen Eingang in die Zahlungsstatistik.

In der Abbildung besteht die Zahlungsbilanz aus vier Teilbilanzen: Der → Leistungsbilanz (LB), dem Saldo der → Vermögensübertragungen, der → Kapitalbilanz (KB) und der → Devisenbilanz (DB). Die korrespondierenden Salden aus der → volkswirtschaftlichen Gesamtrechnung sind fett in das Zahlungsbilanzschema eingefügt. Aus buchhalterischen Gründen fügt die → Deutsche Bundesbank (welche die deutsche Zahlungsbilanz erstellt) den → Restposten der Zahlungsbilanz und einen → Ausgleichsposten hinzu. In Deutschland wird die Zahlungsbilanz von der → Deutschen Bundesbank erstellt. Seit Beginn der → Europäischen Währungsunion wird von der Europäischen Notenbank zusätzlich eine gemeinsame Zahlungsbilanz für das Gebiet der beteiligten Länder veröffentlicht. Die hierzu notwendigen Daten werden von den Institutionen geliefert, die für die nationalen Zahlungsbilanzstatistiken zuständig sind. Da für Zwecke der → Wirtschafts-, → Struktur- und → Finanzpolitik, die unter der Verantwortung der einzelnen Mitgliedstaaten verbleiben, weiterhin auf nationaler Ebene Informationen über die außen-

Zahlungsbilanz

	Einnahmen und Kapitalimporte	Ausgaben und Kapitalexporte
LB	Warenausfuhr Dienstleistungen (Einnahmen)	Wareneinfuhr Dienstleistungen (Ausgaben)
	Außenbeitrag zum BIP	
	Erwerbs- und Vermögenseinkommen (empfangene Faktoreinkommen)	Erwerbs- und Vermögenseinkommen (geleistete Faktoreinkommen)
	Außenbeitrag zum BSP	
	Laufende Übertragungen (empfangen)	Laufende Übertragungen (geleistet)
	Saldo aus Ersparnis und Nettoinvestitionen	
	Vermögensübertragungen (empfangen)	Vermögensübertragungen (geleistet)
	Finanzierungssaldo	
KB	Kapitalimporte (Zunahme der Verbindlichkeiten gegenüber dem Ausland bzw. Abnahme von Forderungen an das Ausland)	Kapitalexporte (Zunahme von Forderungen an das Ausland bzw. Abnahme von Verbindlichkeiten gegenüber dem Ausland)
DB	Verminderung der Nettoposition der Notenbank gegenüber dem Ausland (einschließlich Goldverkäufe)	Erhöhung der Nettoposition der Notenbank gegenüber dem Ausland (einschließlich Goldkäufe)

Struktur der Zahlungsbilanz

wirtschaftlichen Transaktionen mit Ländern der Europäischen Währungsunion erforderlich sind, wird es aber auch weiterhin nationale Zahlungsbilanzen geben.

Zahlungsbilanzausgleichsmechanismus → Wechselkursmechanismus

Zahlungsbilanzfinanzierung

wird im Falle eines Zahlungsbilanzdefizits, d.h. bei einem defizitären Saldo der → Devisenbilanz, notwendig. Als Finanzierungsquellen kommen grundsätzlich die → Devisenreserven der → Zentralbank sowie die Nutzung internationaler Kreditlinien in Frage. Sind diese erschöpft, so steht ein solches Land vor einem Liquiditätsproblem. Es handelt sich um ein zentrales Problem von → Währungssystemen mit festen → Wechselkursen. Die Situation kann in der Praxis noch dadurch verschärft werden, daß es zu massiven spekulativen Kapitalbewegungen gegen die Währung des Defizitlandes kommt. Die mögliche Folge ist eine Zahlungsbilanzkrise, die letztlich eines drastische Änderung der Paritäten erzwingt.

Zahlungsbilanzgleichgewicht → Außenwirtschaftliches Gleichgewicht

Zahlungsbilanzkorrektur → Diktat der Zahlungsbilanz

Zahlungsbilanzkrise → Zahlungsbilanzfinanzierung

Zahlungsbilanzpolitik

Gesamtheit der Maßnahmen der → Wirtschafts- und insbesondere der → Außenwirtschaftspolitik, die dazu dienen, die Situation eines Zahlungsbilanzausgleichs zu verstetigen bzw. evtl. mittels Zahlungsbilanzkorrektur herzustellen. Die Zahlungsbilanzpolitik kann die Selbstregulierung der → Zahlungsbilanz bei flexiblen → Wechselkursen (→ Wechselkursmechanismus) unterstützen oder Störungen korrigieren. Als Maßnahmen kommen insbesondere → Auf- und → Abwertungen sowie der Einsatz der → Geld- und Fiskalpolitik in Frage. Denkbar sind weiterhin administrative Ausgleichstransaktionen bzw. handels- und zollpolitische Mittel, etwa auch der → Devisenbewirtschaftung.

Zeitbudget

Zeit, die ein Haushalt insgesamt für Arbeit, Freizeitbeschäftigung und Konsum der von ihm gekauften Güter zur Verfügung hat. Die Berücksichtigung von Zeitbudgets ist wesentlicher Bestandteil der Aufstellung von → Haushaltsproduktionsfunktionen.

Zeitliche Lastverschiebung

Zeitliche Lastverschiebung

Die Diskussion um die Möglichkeit einer zeitlichen Verschiebung der Last öffentlicher Ausgaben beinhaltet die Frage, ob es möglich ist, zukünftige Generationen durch vermehrte staatliche Schuldaufnahme anstelle von Steuern an der Finanzierung heute zu leistender Infrastrukturausgaben, die in die Zukunft reichen, zu beteiligen (Pay-as-you-use-Prinzip). Die Diskussion um diese Frage läßt sich anhand mehrerer Ansätze gliedern, die sich dadurch unterscheiden, daß in ihnen jeweils ein anderer Begriff von der zu verschiebenden „Last" öffentlicher Ausgaben verwendet wird. Entsprechende Modellüberlegungen gehen in der Regel von konstanten Staatsausgaben aus. Ferner wird Vollbeschäftigung und eine geschlossene Volkswirtschaft unterstellt.

(1) Eine These lautet, daß eine heute aufgenommene und von späteren Generationen zurückgezahlte Schuld insofern eine Verschiebung der „Last" bedeute, als diejenige Generation die Last zurückzahle, die auch den Nutzen aus der Investition ziehe. Dagegen ist folgendes einzuwenden: Der Staat verschuldet sich am Kapitalmarkt, damit werden aber nicht nur die Schuld, sondern auch die ihr entsprechenden Vermögenstitel in die Zukunft vererbt, also auch ein Vorteil weitergegeben. Zinsen und Kredittilgung stellen also Übertragungen zwischen Gruppen von Wirtschaftssubjekten dar. Die künftige Generation als Ganzes ist insofern nicht schlechter gestellt. Außerdem erwies sich diese „zahlungstechnische" Sicht der Schuldfinanzierung auch mit dem Blick auf den Ressourcenverbrauch als irreführend; denn unabhängig davon, ob Investitionen über Steuern oder Kredite finanziert werden, müssen die Ressourcen in der Periode, in der die Investition getätigt wurde, auch aufgebracht werden. Sieht man also die Last als Entzug von Ressourcen aus privater Verwendung an, so kommt es nicht zu ihrer Verlagerung in die Zukunft. Wenn man allerdings die Annahme der geschlossenen Volkswirtschaft aufgibt und die Kreditaufnahme im Ausland erfolgt, wird die künftige Generation durch an das Ausland zu leistende Kredittilgung und Zinsen belastet, so daß ihre im Inland verwendbaren Ressourcen im Vergleich zur Steuerfinanzierung sinken.

(2) Stellt man das einzelne Individuum in den Mittelpunkt der Betrachtung, kann man Last als individuelle Nutzeneinbuße interpretieren. Die Kreditvergabe an den Staat, etwa die Zeichnung einer Anleihe, ist ein freiwilliger Vorgang. Daher kommt es in der Ge-

genwart zu keinem Wohlfahrtsverlust. Eine Belastung entsteht erst in der Zukunft, wenn die Anleihe zurückgezahlt werden muß und zu diesem Zweck die Steuern erhöht werden. Die Belastung liegt dann im Zwangscharakter der Besteuerung.
(3) Schließlich kann die Last als Wachstumseinbuße interpretiert werden. Wenn die Ressourcen durch Steuerfinanzierung stärker aus dem privaten Konsum und durch Kreditfinanzierung stärker aus der privaten Investition abgezogen werden, stimmen wegen der unterschiedlichen Höhe des weitergegebenen Kapitalstocks die Wirkungen auf die Generationen nicht überein. Bei der Steuerfinanzierung entsteht eine Last durch den Ausfall gegenwärtigen Konsums zugunsten der Kapitalbildung, und der zukünftigen Generation wachsen höhere Realeinkommen mit entsprechenden Konsummöglichkeiten zu. Bei einer Kreditfinanzierung dagegen wird zugunsten eines erhöhten Gegenwartskonsums die Kapitalbildung und damit zukünftiges Realeinkommen beschnitten. Entscheidend ist bei diesem Ansatz welche Wirkung die beiden Finanzierungsalternativen auf Konsum und Investition haben.

Zeitpräferenzfunktion

spezielle Form einer → Nutzenfunktion, mit der ein Haushalt seine → Bedürfnisstruktur hinsichtlich des Güterkonsums zu verschiedenen Zeitpunkten (vereinfachend: heute oder später) zum Ausdruck bringt. Bei der Ermittlung des → optimalen Verbrauchsplans muß dann berücksichtigt werden, daß das für späteren Konsum gesparte Einkommen vorübergehend zinsbringend angelegt werden kann.

Zeitreihenanalyse

in der → empirischen Wirtschaftsforschung weitverbreitetes Verfahren zur Analyse der Entwicklung von statistischen Größen im Zeitablauf und zu deren → Prognose. Die Zeitreihenanalyse ist insofern ein Sonderfall der → Regressionsanalyse, als die Zeit als einzige erklärende Variable für die Veränderung der betrachteten Größe herangezogen wird. Da vom theoretischen Standpunkt aus die Zeit alleine keine befriedigende Erklärungsgröße darstellt, sondern nur eine komplexes Geflecht vieler verschiedener Einflußgrößen widerspiegelt, stellt man in Zeitreihenanalyse ex- oder implizit immer eine sogenannte Zeitstabilitätshypothese auf: Die tatsächlichen Wirkungszusammenhänge dürfen sich weder im zurückliegenden Beobachtungszeitraum (Stützbereich) noch für den pro-

Zeitstabilitätshypothese

gnostizierten Zeitraum verändern. Mit anderen Worten: Es darf in dieser Zeit kein Strukturbruch stattfinden. Diesen theoretischen Nachteilen der Zeitreihenanalyse steht als Vorteil der – im Vergleich zur Regressionsanalyse – wesentlich geringere Datenbedarf gegenüber. Zeitreihen werden typischerweise in folgende Komponenten zerlegt:
- einen langfristigen, häufig als konstant oder linear angenommenen Trend,
- eine kurz- bzw. mittelfristige zyklische oder Saisonkomponente sowie
- eine nicht erklärbare Restkomponente, die einer → Störvariable entspricht.

Zur Ermittlung der einzelnen Komponenten bzw. zur Prognose der künftigen Entwicklung einer ökonomischen Größe stehen jeweils verschiedene Verfahren zur → Trend- und zur → Saisonbereinigung zur Verfügung.

Zeitstabilitätshypothese → Zeitreihenanalyse

Zeitverzögerungen in der Wirtschaftspolitik

Mit Maßnahmen der praktischen Wirtschaftspolitik sind in der Regel verschiedene Verzögerungen verbunden (vgl. S. 655):
- Die Diagnoseverzögerung tritt auf, weil unerwünschte Zustände und Entwicklungen erst einmal wahrgenommen werden müssen. Es müssen Informationen über die Problemaspekte sowie erklärungsrelevante Theorien und Anwendungsbedingungen beschafft werden. Schließlich muß die Ursache für problematische Sachverhalte aufgedeckt werden.
- Prognoseverzögerungen ergeben sich dadurch, daß eine Vorhersage über die künftige Entwicklung des Problems bei Verzicht auf wirtschaftspolitisches Handeln getroffen werden muß (Status-quo-Prognose) Man muß sich für ein bestimmtes Prognoseergebnis entscheiden und dies mit den politischen Zielsetzungen vergleichen. Danach kann erst der Handlungsbedarf festgestellt werden.
- Zu Planungsverzögerungen kommt es deshalb, weil zunächst alle alternativen Ziel-Mittel-Kombinationen ermittelt werden müssen (Wirkungsanalyse). Danach erfolgt die Ableitung geeigneter Maßnahmen zur Erreichung vorgegebener Ziele (Programmierung). Schließlich muß der sachliche und zeitliche Wirkungsablauf vorgesehener Maßnahmen prognostiziert werden (Wirkungsprognose).
- Entscheidungsverzögerungen beruhen darauf, daß eine Entscheidung zwischen den von der Wirkungsanalyse aufgezeigten Handlungsalternativen ge-

Zeitverzögerungen in der Wirtschaftspolitik

Zeitverzögerungen der Wirtschaftspolitik (total policy lag)					
Innenverzögerung (inside lag)				Außenverzögerung (outside lag)	
Handlungsverzögerung (recognition lag)		Aktionsverzögerung (action lag)		Durchführungsverzögerung (administrative, instrumental, intermediate lag)	Wirkungsverzögerung (policy effect lag)
Erkennungsverzögerung (recognition lag)	Prognoseverzögerung (prognostic lag)	Planungsverzögerung (planning lag)	Entscheidungsverzögerung (decision lag)		Reaktionsverzögerung bei den Adressaten (reaction lag)	Durchsetzungsverzögerung bei den Adressaten (operational lag)
Diagnoseverzögerung (diagnostic lag)						
Wahrnehmung unerwünschter Zustände und Entwicklungen. Beschaffung von Informationen über die Problemaspekte sowie erklärungsrelevante Theorien und Anwendungsbedingungen. Erklärung der problematischen Sachverhalte (Ursachenanalyse).	Vorhersage der künftigen Entwicklung des Problems bei wirtschaftspolitischem Handeln Verzicht auf (Status-quo-Prognose). Entscheidung für ein bestimmtes Prognoseergebnis und Vergleich mit den politischen Zielsetzungen. Feststellung des Handlungsbedarfs.	Ermittlung alternativer Ziel-Mittel-Kombinationen (Wirkungsanalyse). Ableitung geeigneter Maßnahmen zur Erreichung vorgegebener Ziele (Programmierung). Prognose des sachlichen und zeitlichen Wirkungsablaufs vorgesehener Maßnahmen (Wirkungsprognose).	Entscheidung zwischen den von der Wirkungsanalyse aufgezeigten Handlungsalternativen. Definitive Festlegung bestimmter Zielwerte und Maßnahmen. Innerparteiliche und parlamentarische Durchsetzung des Programms.	Rechtsverbindliche Ausgestaltung und praktische Durchführung der Maßnahmen. Beteiligung nachgeordneter Körperschaften, Ressorts, Behörden usw. sowie autonomer sozialer Gruppen (Tarifparteien, Berufsverbände), nationaler Entscheidungsträger (Bundesbank) und internaionaler Institutionen (EG-Kommission, IWF, BIZ). Überwindung rechtlicher (Normenkontrollverfahren, Verfügungen) und tatsächlicher Widerstände (Boykott, Proteste).	Wahrnehmung geplanter oder ergriffener Maßnahmen und Beschaffung von Informationen. Feststellung der Betroffenheit durch die Maßnahmen. Prognose der sich durch die Maßnahmen möglicherweise ergebenden Vor- und Nachteile. Feststellung des Handlungsbedarfs und Entscheidung über zu ergreifende Maßnahmen. Vorbereitung des Maßnahmevollzugs (Antragstellung, Vertragsabschlüsse oder -kündigungen, Auftragserteilung.	Anweisung ausführender Betriebe, Abteilungen usw. durch die Unternehmensleitung. Arbeitsvorbereitung, Projektplanung, Koordination, Einkommens-, Vermögens- und Kosumdispositionen. Überwindung unternehmensinterner Widerstände, z. B. bei geplanten Entlassungen, Neueinstellungen, Überstunden, Rationalisierungsvorhaben, Überwindung unternehmensexterner Widerstände, z. B. bei Betriebsstillegungen und -erweiterungen, Neubauvorhaben, Umweltbelastungen.

Zeit →

Quelle: Berg, H./Cassel, D.: Theorie der Wirtschaftspolitik, in: Vahlens Kompendium der Wirtschaftstheorie und Wirtschaftspolitik, Bd. 2, 7. Aufl., München 1999, S. 262.

Zentralbanken

troffen werden muß. Es müssen bestimmte Zielwerte und Maßnahmen festgelegt werden. Schließlich muß das Programm innerparteilich und parlamentarisch durchgesetzt werden.
- Zu Durchführungsverzögerungen kommt es, weil die Maßnahmen rechtsverbindlich ausgestaltet und praktisch durchgeführt werden müssen. Auch die Beteiligung nachgeordneter Körperschaften, Ressorts, Behörden usw. sowie autonomer sozialer Gruppen (Tarifparteien, Berufsverbände), nationaler Entscheidungsträger (Bundesbank) und internationaler Institutionen (EG-Kommission, IWF), die Überwindung rechtlicher (Normenkontrollverfahren) und tatsächlicher Widerstände (Boykott, Proteste) können zu Durchführungsverzögerungen beitragen.
- Reaktionsverzögerungen lassen sich dadurch erklären, daß die von den Regelungen Betroffenen die Maßnahmen erst einmal wahrnehmen müssen und feststellen müssen, daß sie von der Maßnahme betroffen sind. Die sich durch die Maßnahme ergebenden Vor- und Nachteile müssen prognostiziert werden. Wenn ein Handlungsbedarf festgestellt wird, muß eine Entscheidung über zu ergreifende Maßnahmen getroffen werden. Der Maßnahmevollzug muß vorbereitet werden (Antragstellung, Vertragsabschlüsse oder Vertragskündigungen, Auftragserteilung).
- Auch bei den Adressaten gibt es Durchsetzungsverzögerungen. Ausführende Betriebe oder Abteilungen müssen angewiesen werden, Arbeitsvorbereitung, Projektplanung, Koordination müssen geregelt werden. Bei vielen politischen Maßnahmen kommt es zu neuen Einkommens-, Vermögens- und Konsumdispositionen.

Zentralbanken → Europäisches System der Zentralbanken.

Zentralbankgeld

Von der → Zentralbank geschaffenes → Geld in Form von Bargeld (Banknoten und Münzen) sowie von Sichtguthaben bei der Notenbank. Zentralbankgeld wird entweder von Kreditinstituten gehalten oder von Nichtbanken. Siehe auch → Geldbasis.

Zentraler Grenzwertsatz → Normalverteilung

Zentralverwaltungswirtschaft

→ Wirtschaftsordnung, in der die Planung und Lenkung des Wirtschaftsprozesses von einer Zentralstelle, meist einer zentralen Planungsbehörde (Ministerium, Planungsrat) durchgeführt wird. Man spricht auch von Planwirtschaft. Der von der Administration erstellte Zentralplan ist prinzipiell für alle → Wirtschaftssubjekte verbindlich (Imperativ), insbesondere für diejenigen, die dem Plan entsprechend in den Bereichen der Produktion und der Verteilung der Produktionsergebnisse tätig sind. Der Zentralplan soll eine optimale → Allokation der Ressourcen sowie die Maximierung der Produktion gewährleisten. Grundsätzlich sind in der Zentralverwaltungswirtschaft die Produktionsmittel vergesellschaftet. Der → Wettbewerb ist ausgeschaltet, Preise und Löhne werden administrativ festgesetzt. Leitbild aller Formen der Zentralverwaltungswirtschaft ist der → Sozialismus. Den Gegensatz bildet die → Marktwirtschaft.

Zentralwert → Quantil

Zero growth → Nullwachstum

Zielantinomie → Zielkonflikte

Ziele der Wirtschaftspolitik

bilden den Orientierungsrahmen bzw. Endzweck der praktischen → Wirtschaftspolitik. Dabei wird das Ziel der Maximierung der ökonomischen Wohlfahrt (Wohlstand) aus den gesellschaftlichen Grundwerten Freiheit, Gerechtigkeit, Sicherheit und Fortschritt abgeleitet, die ihrerseits der Maximierung des Gemeinwohls dienen sollen. Die wirtschaftspolitischen Ziele lassen sich in diesem Zusammenhang als Instrumente auffassen, um sich übergeordneten gesellschaftlichen Zielen anzunähern (vgl. S. 658).

Zielkonflikte

Die praktische → Wirtschaftspolitik soll eine Vielzahl von Zielen verwirklichen. Dabei treten in der Regel Schwierigkeiten auf, wesentliche Ziele gleichzeitig zu erreichen. Man spricht auch von Zielantinomien. Bestimmte Ziele lassen sich nur schwer kombinieren bzw. sind als inkompatibel anzusehen. Konkret sind solche Zielkonflikte dadurch gekennzeichnet, daß Fortschritte bei der Annäherung an ein Ziel (z. B. → Vollbeschäftigung) dazu zwingen, gegen ein anderes Ziel zu verstoßen (z. B. → Preisniveaustabilität). Zielkonflikte machen insofern ein Abwägen erforderlich, das auch als Problem des → Trade-off bezeichnet wird. Vgl. auch → Magische Vielecke, → Phillipskurve.

Zins

Allgemein versteht man unter dem Zins den Preis, den der Schuldner für die Inanspruchnahme eines Kredits an den Gläubiger zahlen muß. Der Zins ist grundsätzlich wohl in der Tat ein reales Phänomen (wie von den Klassikern behauptet). Entsprechend seinem intertemporalen

Ziele der Wirtschaftspolitik

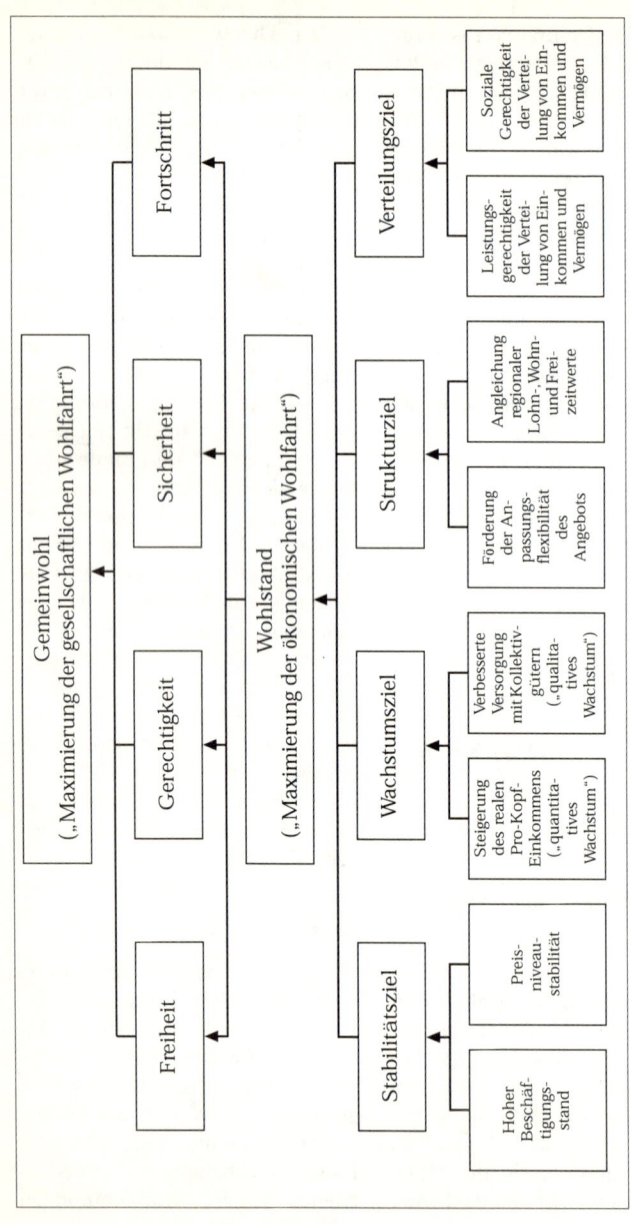

Beispiele gesellschaftlicher Grundwerte und wirtschaftspolitischer Ziele
Quelle: Berg, H., Cassel, D.: Theorie der Wirtschaftspolitik, in: Vahlens Kompendium der Wirtschaftstheorie und Wirtschaftspolitik, Bd. 2, 7. Aufl. München 1999.

Charakter stellt er den Preis für die frühere Verfügbarkeit bzw. die spätere Bezahlung von Gütern dar. Zur Erklärung der Höhe des Zinses existiert eine Reihe von Zinstheorien. Die wichtigsten davon sind die → klassische Zinstheorie, die → Wicksellsche Zinstheorie, die → Liquiditätstheorie des Zinses und die → Loanable-Funds-Theorie. Als zinsbeeinflussend sind zudem der → Einkommens- sowie der → Preiserwartungseffekt von Geldmengenänderungen zu beachten.

Zinsarbitrage

→ Arbitrage in Form von risikolosen Gewinnen durch die Kombination von Devisengeschäften mit Geld- und Kapitalmarktanlagen. Bei der Zinsdifferenzarbitrage leiht sich der Arbitrageur einen Betrag in einer (A-)Währung, den er am Kassamarkt in eine andere (B-) Währung umtauscht und am Geldmarkt dieser Währung anlegt. Gleichzeitig verkauft er die B-Währung plus Zinsen am Devisenterminmarkt gegen A-Währung, um den Kredit zurückbezahlen zu können. Den Gewinn dieser Transaktion tauscht er auf dem Terminmarkt in eigene Währung. Die Zinsdifferenzarbitrage führt zu einer Bilanzverlängerung des Arbitrageurs, aber zu keiner offenen Position in irgendeiner Währung. Wenn die Marktdaten Arbitrage zulassen, realisiert der Arbitrageur einen risikolosen Gewinn. Anders als die Zinsdifferenzarbitrage setzt die Zinsausgleichsarbitrage voraus, daß ein Marktteilnehmer eine offene Position am Geldmarkt eingehen will. Der Marktteilnehmer, der Geld anlegen möchte, kann dies in seiner heimischen Währung oder Fremdwährung, wobei er zur Vermeidung eines Kursrisikos die Geldanlage plus Zinsen am Terminmarkt gegen heimische Währung verkauft. Für einen Anleger lohnt sich die Ausgleichsarbitrage solange, wie der ausländische Zinssatz abzüglich Swapkosten den inländischen Zinsertrag übersteigt bzw. für einen Kreditnehmer, solange die ausländischen Zinskosten zuzüglich der Swapkosten niedriger sind als die inländischen Kreditaufwendungen. Ebenso wie die Zinsdifferenzarbitrage bewirkt auch die Zinsausgleichsarbitrage, daß sich der Swapsatz der Differenz der Zinssätze zweier Währungen für den jeweiligen Laufzeitenbereich angleicht.

Zins-Ausgaben-Quote

→ Verhältniszahl, die die öffentlichen Zinsausgaben zu den öffentlichen Gesamtausgaben in Beziehung setzt. Zur Entwicklung der Zins-Ausgaben-Quote in der Bundesrepublik Deutschland siehe Öffentliche Verschuldung.

Zinsausgleichsarbitrage → Zinsarbitrage

Zinsdifferenzarbitrage → Zinsarbitrage

Zinsparitätentheorie

Ansatz, der zu den rein finanzwirtschaftlichen Erklärungen von Wechselkursänderungen zählt (→ Wechselkurstheorien). Die Zinsparität ist die Arbitrage-Gleichgewichtsbedingung für verzinsliche Aktiva. Die zentrale Aussage ist, daß internationale Renditedifferenzen durch gegenläufige Wechselkursanpassungen kompensiert werden. Bringt beispielsweise die inländische Geldanlage einen → Zins von 6% und verzinst sich eine Anlage im Ausland mit 10%, so muß sich zwischen dem Terminkurs (über den die Kurssicherung erfolgt) und dem Kassakurs der ausländischen Währung eine Differenz (Deport) von 4% ergeben, damit die Anleger indifferent zwischen den Anlagealternativen sind. Die beschriebene Version wird als erweiterte Zinsparität bezeichnet, in der der Terminkurs mit dem in der allgemeinen Version verwendeten erwarteten Wechselkurs gleichgesetzt wird. Dies unterstellt einen effizienten → Devisenmarkt.

Zinsstruktur

Verhältnis der einzelen Zinssätze auf den Geld-, Kredit- und Kapitalmärkten zueinander. Im Zentrum des Interesses steht vor allem die zeitliche Zinsstruktur oder Fristigkeitsstruktur (Term-Structure). Betrachtet werden dabei die effektiven Zinssätze für festverzinsliche Wertpapiere, die sich lediglich durch ihre Restlaufzeit unterscheiden. Die grafische Abbildung geschieht anhand der Zinsstruktur- bzw. Zinsertrags- oder Renditestrukturkurve (Yield-Curve). Zur Erklärung der zeitlichen Zinsstruktur existieren in erster Linie die traditionelle → Erwartungstheorie, die → Liquiditätsprämientheorie, die → Marktsegmentationstheorie sowie die → Preferred Habitat Theory.

Zinstender → Geldpolitische Instrumente

Zinstheorien → Zins

Zölle

→ Verbrauchsteuern auf importierte Güter. Sie dienen der Einnahmenerzielung und der Protektion. In der EU werden sie im Rahmen des Gemeinsamen Zolltarifs auf eingeführte Waren erhoben werden. Die heutigen Zölle dienen vor allem dem Schutz der Wirtschaft gegen Drittlandswettbewerb (Schutzzölle). Finanzzölle, die nur zur Erzielung von Staatseinnahmen bestimmt sind, gibt es in der Bundesrepublik, wie auch in den übrigen Mitgliedstaaten der EU nicht mehr. Die Gesetzgebungskompetenz und die Ertragskompetenz über die Zölle besaß früher der Bund, inzwischen sind sie fast völlig auf die EU übergegangen.

Zollunion

kennzeichnet ein Stadium der wirtschaftlichen Integration, bei der sich mehrere Staaten zur Errichtung eines → Binnenmarktes durch Beseitigung jeglicher Handelshemmnisse zusammengeschlossen haben, aber einen einheitlichen Außenzoll gegenüber Ländern außerhalb der Zollunion festgelegt haben. Die Zollunion unterscheidet sich dahingehend von einer Freihandelszone mit autonomer Zollpolitik.

Zu versteuerndes Einkommen

der Einkommensbetrag, auf den der Einkommensteuertarif angewendet wird, um die Steuerschuld zu ermitteln. Es wird bestimmt, indem die sieben Einkunftsarten, die das deutsche Einkommensteuerrecht kennt, addiert und bestimmte Abzugsposten (z.B. Sonderausgaben, außergewöhnliche Belastungen) subtrahiert werden.

Grundstruktur der Berechnung des zu versteuernden Einkommens:

Einkünfte aus Land- und Forstwirtschaft
+ Einkünfte aus selbständiger Arbeit
+ Einkünfte aus Gewerbebetrieb
+ Einkünfte aus nichtselbständiger Arbeit
 (Arbeitslohn ./. Versorgungs-Freibetrag ./. Werbungskosten)
+ Einkünfte aus Kapitalvermögen
 (Kapitalerträge ./. Werbungskosten ./. Sparer-Freibetrag)
+ Einkünfte aus Vermietung und Verpachtung
+ Sonstige Einkünfte
= Summe der Einkünfte
 (§ 2 Abs. 1 EStG)
./. Altersentlastungsbetrag
./. Freibetrag für Land- und Forstwirte
= Gesamtbetrag der Einkünfte
 (§ 2 Abs. 3 EStG)
./. Sonderausgaben (§§ 10, 10b, 10c EStG)
./. außergewöhnliche Belastungen
 (§§ 33 bis 33c, § 33a i.V. mit § 52 Abs. 22 EStG)
./. Verlustabzug
= Einkommen (§ 2 Abs 4 EStG)
./. Kinderfreibetrag (§ 32 Abs. 6 EStG)
./. Haushaltsfreibetrag
 (§ 32 Abs.7 EStG)
= zu versteuerndes Einkommen
 (§2 Abs. 5 EStG)

Zufallsfehler → Stichprobenfehler

Zufallsstichprobe → Stichprobe

Zufallsvariable

Funktion, die jedem möglichen Ergebnis eines zufälligen, nicht

Zugangsfaktor

vorherbestimmten Vorgangs eine reelle Zahl zuordnet. Man sagt auch: „die Zufallsvariable nimmt einen bestimmten Wert an". So sind beispielsweise die Zahlen 2 bis 12 die möglichen Werte (Ausprägungen) der Zufallsvariablen, die als Summe aus zweimaligem Würfeln definiert ist. Die Bedeutung von Zufallsvariablen für die → empirische Wirtschaftsforschung liegt zum einen darin, daß viele Erhebungen als → Stichproben konzipiert sind, deren Ergebnisse insofern immer zufällig und als Werte einer Zufallsvariable zu verstehen sind. Zum anderen werden in der → Regressions- und der → Zeitreihenanalyse alle nicht explizit berücksichtigten Einflüsse unter der → Störvariablen subsumiert, die ebenfalls den Charakter einer Zufallsvariable hat und so auch die jeweils ermittelbaren → Schätzfunktionen zu Zufallsvariablen werden läßt. Zu unterscheiden ist zwischen diskreten Zufallsvariablen mit nur endlich vielen möglichen Werten und stetigen Zufallsvariablen, die unendlich viele Werte annehmen können (vgl. → Skalierung). Die Verteilung einer Zufallsvariablen, d.h. mit welcher Wahrscheinlichkeit sie jeweils welche Werte annimmt, wird mit Hilfe ihrer → Verteilungsfunktion und ihrer → Wahrscheinlichkeits- bzw. → Dichtefunktion exakt dargestellt. Darüberhinaus kann sich auch durch bestimmte → Lage- und → Streuungsparameter charakterisiert werden.

Zugangsfaktor → Rentenformel

Zusammengefaßtes Güterkonto (Werte in Mrd. DM)			
Produktionswerte		Vorleistungen	
Unternehmen	7372	Unternehmen	4588
Staat	828	Staat	438
Private Haushalte	142	Priv. Organisationen	
Einfuhr von Gütern	823	ohne Erwerbszweck	42
Nichtabziehbare Umsatzsteuer	237	Letzter Verbrauch	
Einfuhrabgaben	30	Privater Verbrauch	2040
		Staatsverbrauch	705
		Bruttoinvestitionen	
		Unternehmen	677
		Staat	77
		Ausfuhr von Gütern	866
Gesamtes Aufkommen		**Gesamte Verwendung**	
von Gütern	**9432**	**von Gütern**	**9432**

Zusammengefaßtes Güterkonto der Volkswirtschaft in Deutschland 1996
Quelle: Statistisches Bundesamt, Statistisches Jahrbuch für die Bundesrepublik Deutschland, Stuttgart 1998, S. 651.

Zusammengefaßtes Güterkonto

auf dem → Inlandskonzept beruhendes Überblickskonto der → Sozialproduktsrechnung, das auf der linken Seite das gesamte Güteraufkommen eines Jahres aus heimischer Produktion und Einfuhr und auf der rechten Seite die gesamte Güterverwendung zeigt.

Zusammengefaßtes Konto der übrigen Welt → Sozialproduktsrechnung

Zusammenschlußkontrollle → Fusionskontrolle

Zuschlagsystem

Besteuerungssystem, bei dem im Rahmen des → Finanzausgleichs eine Körperschaft die → Ertragshoheit für eine Steuer besitzt und eine andere (in der Regel untergeordnete) Körperschaft Zuschläge auf diese Steuer erheben darf. Dabei können diese Zuschläge nach Art und Höhe von der übergeordneten Körperschaft festgelegt werden, oder deren autonome Gestaltung kann bei der untergeordneten Gebietskörperschaft liegen.

Zuweisungen

Zahlungen einer Gebietskörperschaft (etwa eines Bundeslandes) an eine andere (etwa eine Gemeinde). Zuweisungen zwischen verschiedenen Gebietskörperschaften kann es vor allem aus effizienz- oder verteilungspolitischen Gründen geben. Zuweisungen an untere Ebenen sollen deren Ausgabenmöglichkeiten erhöhen und/oder Anreize für bestimmte Aktivitäten geben. Sie können mit einer Zweckbindung versehen sein (Zweckzuweisung oder spezielle Zuweisung, z. B. für den Bau einer Schule) oder ungebunden vergeben werden (Schlüsselzuweisung oder allgemeine Finanzzuweisung). Die Höhe der Zuweisungen der Bundesländer an Gemeinden und Gemeindeverbände in Deutschland beträgt etwa 90 Mrd. DM (vgl. S. 664).

Eine ungebundene Zuweisung verschiebt die ursprüngliche Budgetgerade parallel nach rechts, da sie für alle öffentlichen Güter verwendet werden kann. Entsprechend erhöht sich die Bereitstellung des Gutes x auf x'. Bei einer zweckgebundenen Zuweisung für das Gut X wird die Budgetgerade gedreht, da die Zuweisung nicht für andere Güter verwendet werden darf. Die Bereitstellung des Gutes x steigt auf x'. Allerdings wird auch hier mehr für die anderen öffentlichen Güter ausgegeben als im Ausgangspunkt, da durch die Zuweisung ein Teil der bisher im Haushalt für Gut x verwendeten Mittel nun für andere Güter frei wird (vgl. S. 665).

Zuweisungen

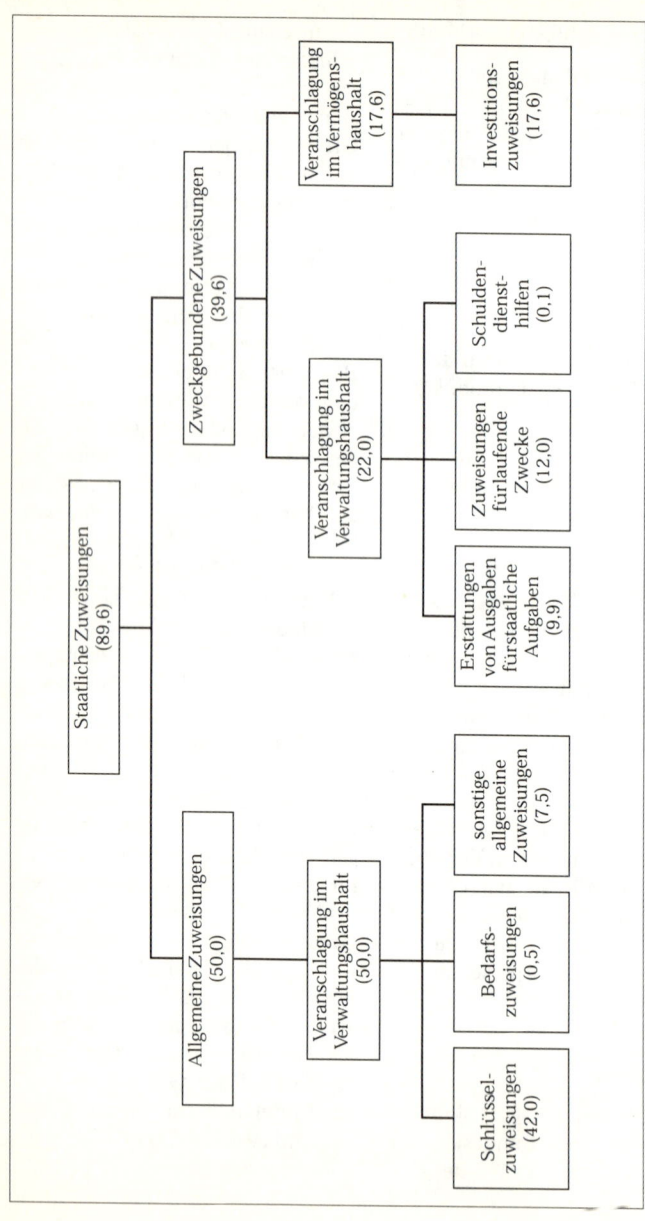

Zuweisungen der Länder an die Gemeinden/Gemeindeverbände in den Ländern 1997 – in Mrd. DM
Quelle: Bundesministerium der Finanzen: Finanzbericht 1998, S. 158.

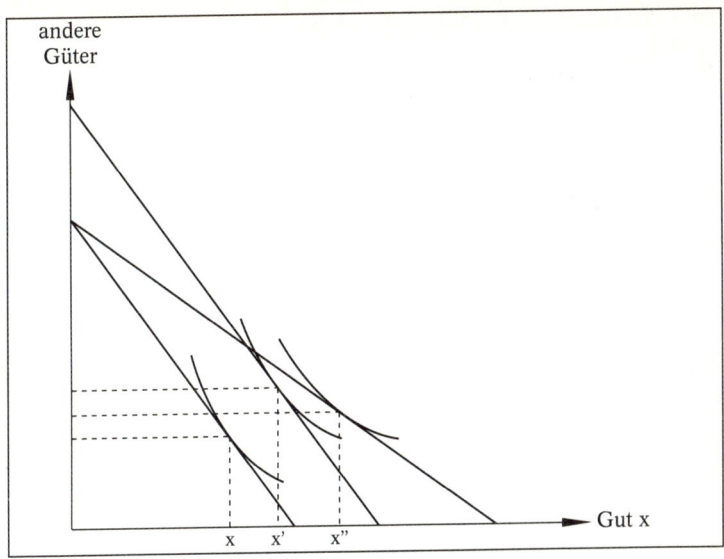

Die Wirkungen ungebundener und gebundener Zuweisungen auf die Bereitstellung öffentlicher Güter

Zwangssparen

Mögliche Folge der → Inflation. Ein Preisanstiegsprozeß kann die → Einkommensverteilung dergestalt ändern, daß der Anteil der Unternehmensgewinne im Vergleich zu den Löhnen und Renten zunimmt. Erhöhen sich demzufolge die → Investitionen, so bedeutet dies einen Rückgang des Konsumanteils an den Gesamtausgaben und damit eine (unfreiwillige) Zunahme der → Ersparnis. Der Fall des Zwangssparens spricht gegen die klassische These der → Neutralität des Geldes. Siehe auch → Inflationswirkungen.

Zweckprognose → Prognose

Zweistufige Kleinste-Quadrate-Methode

Schätzverfahren bei → Mehrgleichungsmodellen der → Regressionsanalyse. Nachdem die → endogenen Variablen in eine Linearkombination transformiert worden sind, können in einem ersten Schritt die Parameter dieses transformierten Ansatzes mit der gewöhnlichen → Methode der kleinsten Quadrate geschätzt werden. Im zweiten Schritt sind dann die Transformationsparameter zu schätzen, mit denen linear transformiert wurde. Schließlich können damit

Zweiter Arbeitsmarkt

dann die Paramater der transformierten Form in die der ursprünglichen „rückgerechnet" werden.

Zweiter Arbeitsmarkt

→ Arbeitsbeschaffungsmaßnahmen von Ländern und Gemeinden, die Arbeitslosen für mindestens ein Jahr bis zu drei Jahren einen Arbeitsplatz bieten. Zuerst von der Hansestadt Hamburg 1983 entwickelt werden entsprechende Initiativen heute vor allem in den neuen Bundesländern durchgeführt.

Zwischenauslandsverkehr → Generalhandel

Zyklische Komponente → Zeitreihenanalyse

Literaturverzeichnis nach Fachgebieten

Einführende Lehrbücher in die Volkswirtschaftslehre

Bartling, H., Luzius, F.: Grundzüge der Volkswirtschaftslehre, 12. Aufl., München 1998
Cezanne, W.: Allgemeine Volkswirtschaftslehre, 2. Aufl., München 1994
Mankiw, N.: Grundzüge der Volkswirtschaftslehre, aus dem amerikan. Englisch übertragen von A. Wagner, Stuttgart 1999
Mussel, G.: Volkswirtschaftslehre. Eine Einführung, Frankfurt/Main 1997
Wagner, A.: Volkswirtschaft für jedermann. Die marktwirtschaftliche Demokratie, 2. Aufl., München 1994
Woll, A.: Allgemeine Volkswirtschaftslehre, 12. Aufl., München 1996
Samuelson, P. A., Nordhaus, W. P.: Volkswirtschaftslehre, Übersetzung der 15. amerikan. Aufl., Frankfurt/Main 1998
Stiglitz, J. E.: Volkswirtschaftslehre, München/Wien 1999

Agrarpolitik

Anderegg, R.: Grundzüge der Agrarpolitik, München 1999
Kible-Kaup, A.: Strukturelle Leitbilder der Agrarpolitik in der Bundesrepublik Deutschland, Frankfurt/Main 1996
Planck, U., Ziche, J.: Land- und Agrarsoziologie, Stuttgart 1979
Wöhlken, E.: Einführung in die Landwirtschaftliche Marktlehre, 3. Aufl., Stuttgart 1991

Literaturverzeichnis nach Fachgebieten

Arbeitslosigkeit und Arbeitsmarktpolitik

Arndt, H.: Arbeitslosigkeit und Wirtschaftsentwicklung, Opladen 1996

Blancke, S., Schmid, J.: Die aktive Arbeitsmarktpolitik der Bundesländer im Vergleich, Tübingen 1998

Blauermel, G., Sesselmeier, W.: Arbeitsmarkttheorien. Ein Überblick, 2. Aufl., Heidelberg 1998

Bundesministerium für Arbeit und Sozialordnung: Wegweiser durch das neue Arbeitsförderungsrecht – Sozialgesetzbuch III, Bonn 1998

Carlberg, M.: Theorie der Arbeitslosigkeit. Angebots- versus Nachfragepolitik, München 1988

Empter, S. (Hrsg.): Methoden und Instrumente einer erfolgreicher Beschäftigungspolitik, Gütersloh 1995

Engelen-Kefer, U.: Beschäftigungspolitik, 3. Aufl., Köln 1995

Gahlen, B.: Arbeitslosigkeit und Möglichkeiten ihrer Überwindung, Tübingen 1996

Hohlstein, M.: Demographisch bedingte Arbeitslosigkeit, Tübingen 1992

Institut für Arbeitsmarkt- und Berufsforschung (Hrsg.): Zur Arbeitsmarktentwicklung 19../... Entwicklungstendenzen und Strukturen, jährlicher Aufsatz in: Mitteilungen aus der Arbeitsmarkt- und Berufsforschung

Klös, H.-P.: Arbeitsmarktpolitik in der Beschäftigungskrise, Köln 1994

Lampert, H. u. a.: Ordnungs- und prozesspolitische Probleme der Arbeitsmarktpolitik in der Bundesrepublik Deutschland, Berlin 1991

Stadermann, H.-J.: Arbeitslosigkeit im Wohlfahrtsstaat, 2. Aufl., Tübingen 1998

Wilkens, H.: Wege aus der Arbeitslosigkeit, Beihefte zur Konjunkturpolitik, H. 43, Bonn 1995

Literaturverzeichnis nach Fachgebieten

Außenwirtschafts- und Entwicklungspolitik

Claassen, E. M.: Monetäre Außenwirtschaftslehre, München 1996
Ethier, W.: Moderne Außenwirtschaftstheorie, 4. Aufl., München 1996
Jarchow, H.-J., Rühmann, P.: Monetäre Außenwirtschaft, Bd. 1: Monetäre Außenwirtschaftstheorie, 4. Aufl., Göttingen 1994
Jarchow, H.-J., Rühmann, P.: Monetäre Außenwirtschaft, Bd. 2: Internationale Währungspolitik, 4. Aufl., Göttingen 1997
Lachmann, W.: Entwicklungspolitik Bd. 1, Grundlagen, 2. Aufl., Münster 1999
Rose, K., Sauernheimer, K.: Theorie der Außenwirtschaft, 13. Aufl., München 1999
Siebert, H.: Weltwirtschaft, Stuttgart 1997
Sperber, H., Sprink, J.: Monetäre Außenwirtschaftslehre, Stuttgart 1996
Vahlens Kompendium der Wirtschaftstheorie und Wirtschaftspolitik: Bd. 1 + 2, 7. Aufl., München 1999
Wolff, J.: Entwicklungspolitik – Entwicklungsländer, 2. Aufl., Landsberg/Lech 1998

Empirische Wirtschaftsforschung/Wirtschafts- und Sozialstatistik

Assenmacher, W.: Einführung in die Ökonometrie, 4. Aufl., München, Wien 1991
Eckey, H.-F. u. a.: Ökonometrie. Grundlagen – Methoden – Beispiele, Wiesbaden 1995
Heil, J.: Einführung in die Ökonometrie, 5. Aufl., München, Wien 1996
Hoffmeister, W.: Quantitative Methoden. Eine Einführung für Wirtschaftswissenschaftler, Stuttgart u. a. O. 1997
Hübler, O.: Ökonometrie, Stuttgart, New York 1989
Krug, W. u. a.: Wirtschafts- und Sozialstatistik. Gewinnung von Daten, 4. Aufl., München, Wien 1996

Literaturverzeichnis nach Fachgebieten

Lippe, P. v. d.: Wirtschaftsstatistik. Amtliche Statistik und Volkswirtschaftliche Gesamtrechnung, 5. Aufl., Stuttgart 1996
Maddala, G. S.: Introduction to Econometrics, 2nd edition, New York 1992
Neubauer, W.: Statistische Methoden. Ausgewählte Kapitel für Wirtschaftswissenschaftler, München 1994
Schaich, E., Schweitzer, W.: Ausgewählte Methoden der Wirtschaftsstatistik, München 1995
Schulze, P. M.: Beschreibende Statistik, 2. Aufl., München, Wien 1994
Stier, W.: Empirische Forschungsmethoden, Berlin u. a. O. 1996
Zwer, R.: Einführung in die Wirtschafts- und Sozialstatistik, 2. Aufl., München, Wien 1994

Finanzwissenschaft

Andel, N.: Finanzwissenschaft, 3. Aufl., Tübingen 1992
Arnold, V.: Theorie der Kollektivgüter, München 1992
Birk, Dieter (Hrsg.): Handbuch des europäischen Steuer- und Abgabenrechts, Herne, Berlin 1995
Brümmerhoff, D.: Finanzwissenschaft, 7. Aufl., München, Wien 1996
Bundesministerium der Finanzen: Finanzbericht, Bonn bzw. Berlin, erscheint jährlich
Häde, U.: Finanzausgleich. Die Verteilung der Aufgaben, Ausgaben und Einnahmen im Recht der Bundesrepublik Deutschland und der Europäischen Union, Tübingen 1996
Homburg, S.: Steuerrecht für Ökonomen. Eine Einführung in das allgemeine Steuerrecht, Einkommensteuerrecht und Umsatzsteuerrecht, München 1996
Musgrave, R. A. u. a.: Die öffentlichen Finanzen in Theorie und Praxis, Bd. 1–3, 4. Aufl., Tübingen 1992
Petersen, H.-G.: Finanzwissenschaft, Bd. 1 u. 2, 3. Aufl., Stuttgart u. a. O. 1993
Seidel, B.: Die Einbindung der Bundesrepublik Deutschland in die Europäischen Gemeinschaften als Problem des Finanzausgleichs, Frankfurt/Main u. a. O. 1992

Zameck, W. v.: Finanzwissenschaft. Grundlagen der Stabilisierungspolitik, München, Wien 1996

Zimmermann, H., Henke, K.-D.: Finanzwissenschaft. Eine Einführung in die Lehre von der öffentlichen Finanzwirtschaft, 7. Aufl., München 1994

Geldtheorie und Geldpolitik

Bofinger, P. u. a.: Geldpolitik, München 1996

Dudler, H. J.: Geldpolitik und ihre theoretischen Grundlagen, Frankfurt/Main 1984

Duwendag, D. u. a.: Geldtheorie und Geldpolitik in Europa, 5. Aufl., Berlin, Heidelberg 1999

Issing, O.: Einführung in die Geldtheorie, 11. Aufl., München 1998

Issing, O.: Einführung in die Geldpolitik, 6. Aufl., München 1996

Jarchow, H.-J.: Theorie und Politik des Geldes, Bd. 1 u. 2 10. Aufl., Göttingen 1998

Mussel, G.: Grundlagen des Geldwesens, 4. Aufl., Sternenfels 1997

Sperber, H., Sprink, J.: Finanzmanagement internationaler Unternehmen, Stuttgart u. a. O. 1999

Internationale Organisationen

FIW-Forschungsinstitut für Wirtschaftsverfassung und Wettbewerb e. V.: Die Bedeutung der WTO für die europäische Wirtschaft, Köln 1997

Frenkel, M., Bender, D. (Hrsg.): GATT und neue Welthandelsordnung. Globale und regionale Auswirkungen, Wiesbaden 1996

Jauchtenfuchs, M., Kohler-Koch, B. (Hrsg.): Europäische Integration, Opladen 1996

Kantzenbach, E., Mayer, O. G. (Hrsg.): Europäische Gemeinschaft – Bestandsaufnahme und Perspektiven, Berlin 1993

Literaturverzeichnis nach Fachgebieten

Klemmer, P. (Hrsg.): Handbuch Europäische Wirtschaftspolitik, München 1998

Makroökonomik, Volkswirtschaftliches Rechnungswesen, Allgemeine Wirtschaftspolitik

Baßeler, U. u. a.: Grundlagen und Probleme der Volkswirtschaft, 14. Aufl., Köln 1995

Branson, W.: Makroökonomie, 4. Aufl., München 1997

Felderer, B., Homburg, S.: Makroökonomik und neue Makroökonomik, 6. Aufl., Berlin, Heidelberg 1994

Issing, O. (Hrsg.): Allgemeine Wirtschaftspolitik, 3. Aufl., München 1993

Mankiw, N.: Grundzüge der Volkswirtschaftslehre, aus dem amerikan. Englisch übertragen von A. Wagner, Stuttgart 1999

Mankiw, N.: Makroökonomik, 3. Aufl., Stuttgart 1998

Mussel, G.: Einführung in die Makroökonomik, 5. Aufl., München 1996

Mussel, G., Pätzold, J.: Grundfragen der Wirtschaftspolitik, 3. Aufl., München 1998

Rittenbruch, K.: Makroökonomie, 10. Aufl., München 1998

Samuelson, P., Nordhaus, W.: Volkswirtschaftslehre, Übersetzung der 15. amerikan. Aufl., Frankfurt/Main 1998

Siebert, H.: Einführung in die Volkswirtschaftslehre, 12. Aufl., Stuttgart 1996

Stobbe, A.: Volkswirtschaftliches Rechnungswesen, 8. Aufl., Berlin, Heidelberg 1994

Stobbe, A.: Volkswirtschaftslehre, Bd. 3, 2. Aufl., Berlin, Heidelberg 1987

Vahlens Kompendium der Wirtschaftstheorie und Wirtschaftspolitik, Bd. 1 + 2, 7. Aufl., München 1999

Mikroökonomie

Franke, J.: Grundzüge der Mikroökonomik, 8. Aufl., München, Wien 1996

Huber, P.: Volkswirtschaftslehre. Skriptum Mikrökonomik, Reutlingen u. a. O. 1994
Ott, A. E.: Grundzüge der Preistheorie, 3. Aufl., Göttingen 1986
Schneider, H.: Mikroökonomie, 4. Aufl., München 1986
Schumann, J.: Grundzüge der mikroökonomischen Theorie, 6. Aufl., Berlin u. a. O. 1992
Stocker, F.: Spaß mit Mikro. Einführung in die Mikroökonomik, 4. Aufl., München 1997
Varian, H. R.: Microeconomic Analysis, 3rd ed., New York 1992
Wagner, A.: Volkswirtschaftliche Strukturen I. Mikroökonomik, 3. Aufl., Stuttgart, New York 1995

Sozialpolitik

Bundesministerium für Arbeit und Sozialordnung: Sozialbericht 1997, Bonn 1998
Herrmann, P.: Sozialpolitik in der Europäischen Union, Berlin 1997
Knappe, E. (Hrsg.): Ökonomische Theorie der Sozialpolitik, Heidelberg 1998
Knappe, E., Winkler, A. (Hrsg.): Sozialstaat im Umbruch. Herausforderungen an die deutsche Sozialpolitik, Frankfurt/Main 1997
Lampert, H.: Lehrbuch der Sozialpolitik, 5. Aufl., Berlin, Heidelberg 1998
Schmähl, W. (Hrsg.): Europäische Sozialpolitik, Baden-Baden 1997
Schmidt, M. G.: Sozialpolitik in Deutschland. Historische Entwicklung und internationaler Vergleich, 2. Aufl., Opladen 1998
Siebert, H. (Hrsg.): Sozialpolitik auf dem Prüfstand. Leitlinien für Reformen, Tübingen 1996

Literaturverzeichnis nach Fachgebieten

Umweltökonomie

Bartel, R., Hackl, F. (Hrsg.): Einführung in die Umweltpolitik, München 1994
Coase, R. H.: The problem of social cost, in: Journal of Law and Economics, Vol. 3, 1960, S. 1–44
Endres, A.: Umweltökonomie. Eine Einführung, Heidelberg 1994
Frey, B. S.: Umweltökonomie, 3. Aufl., Göttingen 1992
Heller, P. W.: Das Problem der Umweltbelastung in der ökonomischen Theorie, Frankfurt/Main 1989
Jakubowski, P. u. a.: Strategien umweltpolitischer Zielfindung. Eine ökonomische Perspektive, Münster 1997
Michaelis, P.: Ökonomische Instrumente der Umweltpolitik. Eine anwendungsorientierte Einführung, Heidelberg 1996
Wegehenkel, L. (Hrsg.): Marktwirtschaft und Umwelt, Tübingen 1981
Weimann, J.: Umweltökonomik. Eine theorieorientierte Einführung, 2. Aufl., Berlin 1991

Wachstumspolitik

Gahlen, B. (Hrsg.): Wachstumstheorie und Wachstumspolitik – Ein neuer Anlauf, Tübingen 1991
Mankiw, N.: Grundzüge der Volkswirtschaftslehre, aus dem amerikan. Englisch übertragen von A. Wagner, Stuttgart 1999
Mankiw, N.: Makroökonomik, 3. Aufl., 1998
Müller, R., Röck, W.: Konjunktur-, Stabilisierungs- und Wachstumspolitik. Theoretische Grundlagen und wirtschaftspolitische Konzepte, 4. Aufl., Stuttgart 1993
Oppenländer, K.-H.: Wachstrumstheorie und Wachstumspolitik, München 1988
Sachverständigenrat zur Begutachtung der gesamtwirtschaftlichen Entwicklung: Vorrang für die Wachstumspolitik, Jahresgutachten 1987/88, Bonn, Stuttgart 1987
Teichmann, U.: Grundlagen der Wachstumspolitik, München 1987

Wettbewerbspolitik

Aberle, G.: Wettbewerbstheorie und Wettbewerbspolitik, 2. Aufl., Stuttgart 1993

Bartling, H.: Leitbilder der Wettbewerbspolitik, München 1980

Berg, H.: Internationale Wettbewerbsfähigkeit und nationale Zusammenschlußkontrolle, Köln 1985

Emmerich, V.: Kartellrecht, 8. Aufl., München 1999

Herdzina, K.: Wettbewerbspolitik, 5. Aufl., Stuttgart 1999

Hoppmann, E.: Wirtschaftsordnung und Wettbewerb, Baden-Baden 1988

Kantzenbach, E.: Die Funktionsfähigkeit des Wettbewerbs, Göttingen 1966

Klemmer, P. (Hrsg.): Handbuch Europäische Wirtschaftspolitik, München 1998

Schmidt, I.: Wettbewerbspolitik und Kartellrecht, 6. Aufl., Stuttgart 1999

Zohlnhöfer, W.: Wettbewerbspolitik im Oligopol. Erfahrungen der amerikanischen Antitrustpolitik, Tübingen 1968

Buchanzeigen

Pepels
**Lexikon
der Marktforschung**
Über 1000 Begriffe zur
Informationsgewinnung
im Marketing.
1.A.1997. 358 S.
DM 24,90. dtv 50803

Dichtl/Eggers (Hrsg.)
Marke und Markenartikel als Instrumente des Wettbewerbs
Aus dem Inhalt:
· Grundidee, Varianten
und Funktionen der
Markierung von Waren
und Dienstleistungen
· Die Psychologie des
Markenartikels
· Strategien zur Profilierung
von Marken · Der Umweltschutz als Herausforderung und Chance für den
Markenartikel · Das Markenrecht in Deutschland
und in der Europäischen
Gemeinschaft.
1.A.1992. 335 S.
DM 16,80. dtv 5835

Pauli
**Leitfaden
für die Pressearbeit**
Anregungen, Beispiele,
Checklisten.
2.A.1999. 223 S.
DM 16,90. dtv 5868

Kastin
**Marktforschung
mit einfachen Mitteln**
Daten und Informationen
beschaffen, auswerten
und interpretieren.
2.A.1999. 409 S.
DM 29,90. dtv 5846

Dichtl
**Strategische Optionen
im Marketing**
Durch Kompetenz und
Kundennähe zu
Konkurrenzvorteilen.
3.A.1994. 303 S.
DM 16,90. dtv 5821

Rota
**PR- und Medienarbeit
im Unternehmen**
Instrumente und Wege
effizienter Öffentlichkeitsarbeit.
2.A.1994. 203 S.
DM 14,90. dtv 5814

Schelle
**Projekte
zum Erfolg führen**
Projektmanagement
systematisch und kompakt
2.A.1999. 286 S.
DM 17,90. dtv 5888

Betriebs- und Volkswirtschaft: Fragen und Antworten für das Management

Heinrichs/Klein
Kulturmanagement von A–Z

Wegweiser für Kultur- und Medienberufe.

1.A.1996. 328 S.
DM 19,90. dtv 5877

Francke
Erlaubtes und Unerlaubtes in der Verkaufsförderung und in der Werbung von A–Z

Handel, Handwerk, Industrie, Gewerbe, Makler, Versicherungen, Reiseveranstalter und andere Dienstleistungsgewerbe.

3.A.1997. 319 S.
DM 16,90. dtv 5248

Mehrmann/Plaetrich
Der Veranstaltungs-Manager

Organisation von betrieblichen Veranstaltungen, Messen, Ausstellungen, Kongressen und Tagungen.

1.A.1993. 191 S.
DM 12,90. dtv 5867

Schulz/Schulz
Ökomanagement

So nutzen Sie den Umweltschutz im Betrieb.

1.A.1994. 483 S.
DM 19,90. dtv 5870

Volkswirtschaft kompakt

Hohlstein/Pflugmann/Sperber/Sprink
Lexikon der Volkswirtschaft

Über 2500 Begriffe für Studium und Beruf.

Dieses aktuelle Lexikon mit über 2500 Begriffen und vielen Abbildungen erklärt kompetent, präzise und verständlich das Wichtigste aus Ordnungs- und Wettbewerbspolitik, Geld- und Fiskalpolitik, Außenwirtschafts- und Entwicklungpolitik, Sozialpolitik und Agrarpolitik.

1.A.2000. Rd. 700 S.
Ca. DM 29,90. dtv 5898

In Vorbereitung für Anfang 2000

Wagner
Volkswirtschaft für jedermann

Die marktwirtschaftliche Demokratie.

2.A.1994. 160 S.
DM 13,90. dtv 5822

Thieme
Soziale Marktwirtschaft

Hintergrundwissen zu Zielen und Instrumenten: Ordnungskonzeption und wirtschaftspolitische Gestaltung.

2.A.1994. 153 S.
DM 12,90. dtv 5817

Sinn/Sinn
Kaltstart

Volkswirtschaftliche Aspekte der deutschen Vereinigung.

3.A.1993. 332 S.
DM 12,80. dtv 5856

Finanz- und Börsenlexikon im Taschenbuch und auf CD

Bestmann
Finanz- und Börsenlexikon
Über 3000 Begriffe mit allen wichtigen Gesetzestexten
1998. Eine CD-ROM in Jewelbox mit Programmanleitung 24 Seiten DM 69,–
ISBN 3-8006-2231-9

Systemvoraussetzungen:
IBM- oder vollständig kompatibler PC mit mindestens 80386-Prozessor und 8 MB Hauptspeicher, CD-ROM-Laufwerk und Windows 3.11, Windows 95/98/NT.

VERLAG VAHLEN · 80791 MÜNCHEN

Bestmann · Finanz- und Börsenlexikon
Von Prof. Dr. Uwe Bestmann
3. Auflage. 1997. VIII, 715 Seiten. Kartoniert DM 29,80
(dtv-Band 5803)

Die rasche Entwicklung der nationalen und internationalen Finanzmärkte, neue Finanzierungsinstrumente und -techniken sowie aktuelle Trends im Finanzmanagement erschließen neue Bereiche und prägen neue Begriffe, die im Buch und auf der CD-ROM kompetent und verständlich erläutert werden.

Alle wichtigen Gesetzestexte sind auf der CD-ROM im Volltext enthalten: AktG, AMR (Anweisung über Mindestreserven), BBankG, BGB, BörsG, BörsTermZulV, BörsZulV, DepotG, GmbHG, HGB, HypBankG, KAGG (Gesetz über Kapitalanlagegesellschaften), KWG, ScheckG, VAG (Versicherungsaufsichtsgesetz), WG und WpHG. Sie sind über zahlreiche Verweise mit dem Lexikon verknüpft und schaffen damit eine vielseitige Datenbank für Studierende, Geldanleger sowie Finanz- und Börsenprofis.

112423/A831

Das Lexikon der Betriebswirtschaft im Taschenbuch und auf CD

Schneck · Lexikon der Betriebswirtschaft

Über 3000 grundlegende und aktuelle Begriffe für Studium und Beruf. Herausgegeben von Prof. Dr. Ottmar Schneck
**3. Auflage. 1998. XI, 812 Seiten.
Kartoniert DM 34,90**
(dtv-Band 5810)

Kompetent und aktuell

Was ist Strategische Planung, welche Steuerarten gibt es, was versteht man unter Break-Even-Analyse, Prozeßkostenrechnung, Konzernrechnungslegung, Corporate Identity, Kaizen oder Lean Management? Ein aktuelles Nachschlagewerk mit zahlreichen Verweisen für Studenten und Praktiker.

**Beck-Wirtschafts-
berater im**

Schneck · Lexikon der Betriebswirtschaft

Über 3000 Begriffe mit allen wichtigen Wirtschaftsgesetzen
**1999. Eine CD-ROM in Jewelbox mit Programmanleitung 24 Seiten.
DM 69,–**
ISBN 3-8006-2329-3

Systemvoraussetzungen:
IBM- oder vollständig kompatibler PC mit mindestens 80386-Prozessor und 8 MB Hauptspeicher, CD-ROM-Laufwerk und Windows 3.11, Windows 95/98/NT.

Alle wichtigen Wirtschaftsgesetze

(AktG, AO, BetrVG, BewG, BGB, ErbStG, EStG, GenG, GewStG, GG, GmbHG, GWB, HGB, KStG, KWG, MitbG, PublG, UmwG, UmwStG, UStG und VBG) sind auf der CD-ROM über zahlreiche Verweise mit dem Lexikon verknüpft und schaffen damit eine einzigartige Wirtschaftsdatenbank für Studium und Beruf.

VERLAG VAHLEN
80791 MÜNCHEN
Fax: (089) 3 81 89-402
Internet: www.beck.de
E-Mail: bestellung@beck.de

Lexikon der Rechnungslegung im Taschenbuch und auf CD

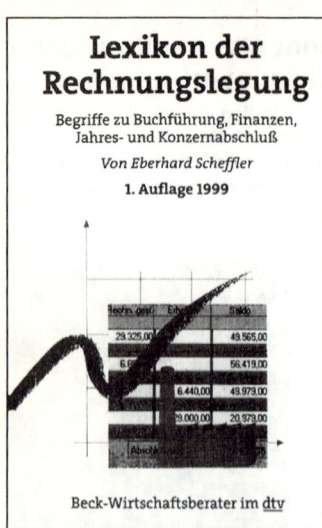

Scheffler · **Lexikon der Rechnungslegung**

Begriffe zu Buchführung, Finanzen, Jahres- und Konzernabschluß

Von Prof. Dr. Eberhard Scheffler.
**1999. XIV, 397 Seiten.
Kartoniert DM 24,90**
dtv 50814

Beck-Wirtschaftsberater im

Scheffler · **Lexikon der Rechnungslegung**

Über 500 Artikel zu Buchführung, Finanzen, Jahres- und Konzernabschluß mit allen wichtigen Gesetzestexten

Prof. Dr. Eberhard Scheffler

1999. CD-ROM in Jewelbox mit Programmanleitung (24 Seiten) DM 78,– ISBN 3-8006-2432-X

Hard-/Softwarevoraussetzungen: PC 80386 mit mind. 8 MB Hauptspeicher, CD-ROM-Laufwerk, Windows 3.11 oder Windows 95/98/NT.

Dieses Lexikon erläutert die wesentlichen Begriffe der Buchführung, des Finanz- und Rechnungswesens sowie der Rechnungslegung von Unternehmen und Konzernen. Alle wichtigen **Gesetzestexte sind auf der CD-ROM im Volltext** enthalten: AktG, EGAktG, AO, BGB, BörsG, BörsZulV, DMBilG, HGB, EGHGB, EStG, EstDV, GenG, GmbHG, KonBefrV, KWG, PublG, RechKredV, RechVersV, UmwG, UmwStG sowie WPHG.

VERLAG VAHLEN · 80791 MÜNCHEN